KB088612

스포츠의 탄생

스포츠의 탄생

고대 올림피아부터 현대 올림픽까지

볼프강 베링거

강영옥 옮김

까치

Kulturgeschichte des Sports :
Vom antiken Olympia bis ins 21. Jahrhundert

by Wolfgang Behringer

Copyright © Verlag C. H. Beck Ohg, München 2012

All rights reserved.

This Korean edition was published by Kachi Publishing Co., Ltd. in 2021
by arrangement with VERLAG C. H. BECK through KCC(Korea Copyright
Center Inc.), Seoul.

이 책은 (주)한국저작권센터(KCC)를 통한 저작권자와의 독점계약으로
(주)까치글방에서 출간되었습니다. 저작권법에 의해서 한국 내에서 보
호를 받는 저작물이므로 무단전재와 복제를 금합니다.

역자 강영옥(姜令鈺)

덕성여자대학교 독어독문과를 졸업하고 한국외국어대학교 통역번역 대
학원 한독과에서 공부한 후, 여러 기관에서 통번역 활동을 했다. 현재
번역 에이전시 엔터스코리아에서 번역가로 활동 중이다. 옮긴 책으로는
『말의 마지막 노래 : 또 하나의 말의 문화사』, 『아름답거나 혹은 위태롭
거나』, 『인간과 자연의 비밀 연대』, 『호모 에렉투스의 유전자 여행』,
『자연의 비밀 네트워크』, 『바이러스』, 『200세 시대가 온다』, 『노화, 그
오해와 진실』, 『워런 버핏』 등 다수가 있다.

편집, 교정_옥신애(玉信愛)

스포츠의 탄생
고대 올림피아부터 현대 올림픽까지

저자 / 볼프강 베링거
역자 / 강영옥
발행처 / 까치글방
발행인 / 박후영
주소 / 서울시 용산구 서빙고로 67, 파크타워 103동 1003호
전화 / 02 · 735 · 8998, 736 · 7768
팩시밀리 / 02 · 723 · 4591
홈페이지 / www.kachibooks.co.kr
전자우편 / kachibooks@gmail.com
등록번호 / 1-528
등록일 / 1977. 8. 5
초판 1쇄 발행일 / 2021. 7. 20
    2쇄 발행일 / 2021. 11. 10

값 / 뒤표지에 쓰여 있음

ISBN 978-89-7291-746-5   93900

차례

일단, 노 스포츠!

일단, 노 스포츠!
— 윈스턴 처칠

우리는 역사 수업이나 대학교의 사학 공부에서도 스포츠에 대해서 들어본 적이 없다. 이것은 스포츠의 역사에 관해서 배울 것이 없다는 뜻이 아니라, 교육 정책가와 역사학자의 선호를 말해줄 뿐이다. 우리가 전통적인 역사 기록에서 스포츠를 조금밖에 접할 수 없었던 이유는 아마 독일의 역사가 레오폴트 폰 랑케와 같은 책벌레의 제자들이 신성 로마 제국의 카를 5세 혹은 프랑스의 프랑수아 1세나 영국의 헨리 8세와 같은 역사의 주인공을 땀 흘리는 운동선수나 고함을 지르는 팬의 모습으로 상상하고 싶어하지 않았기 때문이다. 이제부터 우리는 역사의 주인공들에게도 이러한 모습이 있었음을 보게 될 것이다. 역사의 현실과 기록 사이의 어긋난 관계를 보여주는 전형적인 사례가 팔츠의 선제후 프리드리히 4세이다. 프로테스탄티즘의 영웅인 프리드리히 4세는 그의 사망 300년 이후에 자신의 일기를 출판한 발행인에게까지 비난을 받았다. 그의 일기에 거의 매일 종교와 정치가 아닌 스포츠와 경기 이야기만 나오기 때문이었다.[1] 이에 대해서 독일의 역사학자 모리츠 리터는 경멸적인 글을 썼다. "젊은 제후가 내면은 텅 비어 있고, 사냥과 기사의 마상 시합,

공놀이와 소란스러운 여흥에만 끊임없이 집착한다."[2] 이 문장에는 스포츠에 대한 거부감이 역력해 보이는 그런 진부한 사고가 고스란히 드러나 있다. 선제후의 일기를 보면 그가 좋아한 것은 무용이나 사냥이 아니라 테니스임을 알 수 있기 때문이다. 그러나 평화를 사랑하는 운동선수는 지도자의 이미지에 부합하지 않는다. 나치즘이 지배하던 시대에 젊은 이들이 모범으로 삼으려고 했던 인물이 구기 선수가 아니라 영웅적인 전사였던 것도 비슷한 맥락이다.

　이제 우리는 대부분의 사회에서 스포츠 활동이 얼마나 중요했는지를, 그리고 정치인처럼 학자도 이런 사회 분위기에 맞추어 행동했음을 알게 될 것이다. 고대의 철학자 플라톤도 청년 시절 이스트미아 제전에 출전하여 레슬링 경기에서 우승한 적이 있다.[3] 현대 물리학의 창시자 아이작 뉴턴 경은 나이가 들어서도 자신의 이두박근을 과시했고, 당대에 현역 선수로 활동하며 실력을 뽐냈다.[4] 신성 로마 제국의 황제 카를 5세도 프랑스와 영국의 정적들처럼 열정적인 테니스 선수였다. 운동은 즐기는 대상이었을 뿐만 아니라 통치력을 보여주는 수단이기도 했다. 현대 정치인들에게서도 이런 모습을 볼 수 있다. 노쇠해가는 마오쩌둥은 문화 혁명을 일으키기 전, 자신의 건재함을 과시하려고 양쯔 강에서 수영하는 모습을 방송으로 내보냈다.[5] 영국의 일간지 「더 메일(*The Mail*)」도 "선거를 위한 달리기(Running for Election)"라는 말장난(영어 단어 'run'에는 '달리다'라는 뜻과 함께 '선거에 출마하다'라는 뜻이 있다/옮긴이)으로, 조깅을 하는 정치인들의 사진을 실었다.[6] 미국의 대권 주자들은 매일 운동하는 모습을 보여준다. 자신의 힘을 보여주려는 것 말고 다른 어떤 이유가 있겠는가? 버락 오바마 대통령은 농구와 조깅을 하는 모습을 보여주었다. 1979년 지미 카터 대통령이 달리기를 하다가 어지럼증으로 쓰러지는 장면은 그다지 좋은 인상을 남기지 않았다.[7] "스포츠는 살인이다"라는 말은 스포츠를 경멸하는 이들이 가장 많이 인용하는 문구이다.

윈스턴 처칠이 남겼다고 알려져 있지만 사실인지는 알 수 없다. 청소년 펜싱 사범과 인도 기병대 소위를 지냈으며, 고령이 되어서도 폴로와 골프를 즐겼던 윈스턴 처칠 경의 이 문구는 "일단, 노 스포츠!"만큼 자주 인용되지는 않는다.[8]

그럼에도 불구하고 많은 스포츠 학자들은 이 문구를 자신들에게 편리한 쪽으로만 해석하려는 듯하다. 100년 혹은 200년간 스포츠라는 것은 전혀 없었고 종교 의식의 일환으로서 제전(祭典)만 있었다는 것이다.[9] 프랑스의 사회학자 피에르 부르디외는 이러한 관점에서 현대 스포츠와 고대의 운동 문화를 철저하게 구분했다.[10] 독일의 영국사 학자 크리스티아네 아이젠베르크는 축구가 1863년이 되어서야 영국에서 발명되었고, 영국의 "전도사들"을 통해서 세계의 다른 지역으로 확산되었다고 주장한다.[11] 그녀는 영국 축구 협회에서 규정을 정의했고, 정관이 있는 클럽이 조직했으며, 정규 경기가 개최되었기 때문에, 유일하게 축구만을 당시의 스포츠로 간주할 수 있다고 보았다. 물론, 스포츠 클럽이나 내셔널 리그 등 19세기의 매체 혹은 기관을 기준으로 하여 스포츠를 정의할 경우,[12] 그전까지는 스포츠가 존재하지 않았다고 보는 주장에 일리가 전혀 없는 것은 아니다. 스포츠 클럽은 시민 사회의 전형적인 특성이 반영된 기관이다. 철도가 없었더라면 여러 지역에서 내셔널 리그가 개최될 수 없었을 것이며, 항공 교통이 없었더라면 월드컵 경기는 불가능했을 것이다. 그러나 이렇게 좁은 범위로 스포츠를 정의할 경우, 19세기 이전에 스포츠 활동을 했던 사람들이나 다른 규칙이 적용되는 축구를 했던 사람들은 무엇을 했다는 말인가?[13]

역사학자들은 아직 개념도 정리되지 않은 어떤 상황이나 사건이 과거에 실제로 존재했는지에 관하여 오랫동안 논쟁을 벌여왔다.[14] 많은 분석적 개념들이 정립된 지 상대적으로 오래되지 않았고 새로운 통찰을 통해서 정립되었으므로, 옛 문헌에서는 이를 찾기가 어렵다. 그러나 "정치" 혹은

"사회" 현상은 우리가 이러한 논의를 시작하기도 전에 존재했다.[15] 스포츠 역시 마찬가지이다. 신생 학문인 스포츠 학계 일각에서 주장하는 "스포츠"의 정의를 따른다면, 19세기 이전까지는 스포츠가 존재하지 않았다는 설에 대해서 충분히 반론을 제기할 수 있다. 어원학적인 관점에서 보면 스포츠(sport)라는 영어 단어는 중세 영어 디스포트(disport), 고대 프랑스어 데스포르(desport) 또는 스 데스포르테르(se desporter)에서 유래했다. 이 단어의 어원은 "즐기다"라는 뜻의 라틴어 데(스)포르타레(de[s]portare)이다.[16] 이 단어는 문자 그대로는 "실려가다"라는 뜻이고, 지금도 수백만 명의 사람들이 스포츠인이나 스포츠의 팬으로서 자신이 좋아하는 스포츠에 "열광한다"라는 뜻으로 사용한다. 13세기에는 프랑스어에 "즐기다"라는 뜻을 지닌 데스포르테르(desporter)라는 단어가 등장했고, 이 단어는 14세기 초에 영국으로 전파되었다. 15세기 초에는 여자 곡예사를 디스포터리스(disporteress)라고 했다. 근대 초기에 스포터즈(sporters)라는 단어를 활발하게 사용하기 시작하면서 영어에서 스포츠는 보편적인 개념이 되었다.[17]

영국의 헨리 8세는 "운동 실력을 발휘한 날이면 경기가 끝난 후에도 서너 시간씩 스포츠에 대한 대화를 나누려고 했다"고 한다. 그의 아내인 캐서린 왕비와 모든 궁정 귀족들은 "스포츠를 즐기며 여름을 보냈다"고 한다. 이들은 기사들의 무술 시합, 말을 타고 높은 곳에 걸려 있는 고리를 창으로 빼내는 시합, 경마, (말을 타고 개나 매 등의 동물과 함께하는) 사냥, 말 위 또는 땅에서의 검술 시합, (황소, 곰, 개, 닭 등의) 유혈 스포츠, 궁술 및 석궁 시합, 배드민턴, 테니스, 레슬링, 볼링, 다트, 멀리 던지기, 당구, 체스, 무용, 야외 승마, 산책 등으로 하루를 보냈다. 수십 채의 저택과 별장이 있는 영국의 궁정 사회에는 스포츠와 관련된 사회기반시설이 갖춰져 있었고 이를 유지하고 관리하는 인력만 해도 스포츠 교사, 사범, 심판, 볼 보이, 건축가, 조경 설계사, 경기장 관리자, 장비 관리사 등 수백 명에 달했다. "테니스 경기 관리자(Keeper of the Tennis

여가 활동을 하는 것을 일요일을 지키지 않는 행위로 간주했던 과격한 청교도들이 국왕의 『체육 교서』를 불태우고 있다. 작가 미상, 1618년, 영국.

Plays)"는 궁정의 공식 관직이었다. 유희 행사들이 많이 열린 축제 기간에는 행사 관리를 위해서 "유희 스포츠 장관(Master of Merry Disports)"이라는 관직을 추가로 도입했다.[18]

제임스 1세는 책 『체육 교서(Book of Sports)』를 통해서 일요일에도 활쏘기, 무용, 도약 등의 대중 오락을 허용하며 청교도 정신에 정면으로 도전했는데, 과격한 청교도들은 1618년에 이 책을 태워버렸다.[19] 영어 단어 스포츠에는 취미와 동일한 의미로 재미를 위해서 혹은 시간을 때우기 위해서 하는 일이라는 의미도 있었다.[20] 조지프 스트럿의 저서 『영국인의 스포츠와 취미(The Sports and Pastimes of the People of England)』에서 볼 수 있듯이, 19세기까지 스포츠라는 단어에는 중의적인 의미가 있었다.[21] 당대의 사전에서 확인할 수 있듯이 모든 유럽 언어에는 스포츠에 해당하는 개념들이 있었는데, 16세기 독일어에는 스포츠에 해당하는 개념으로 시간 때우기 혹은 심심풀이라는 뜻의 "쿠르츠바일(Kurzweil)"이 있었다.[22] 요한 하인리히 체들러의 『대백과사전(Universal-Lexicon)』의 "내기 경주" 항목에는 경주의 기록과 내기에 걸린 금액을 포함하여, 동시대의 독일,

프랑스, 이탈리아, 영국의 스포츠 종목과 고대 그리스, 로마 시대의 스포츠 종목(달리기 경주, 전차 경주, 경마, 그리고 레가타[Regatta : 배를 타고 하는 경주]에 관한 지침)을 모두 소개했다.[23] 스포츠 행사에 대해서 이탈리아에서는 주오키(giuochi),[24] 프랑스에서는 죄(jeux),[25] 스페인에서는 후에고스(juegos)[26]라는 단어를 사용했다. 세 단어 모두 영어의 게임(game), 독일어의 "슈필렌(Spielen)"과 같은 의미이다. 체들러는 이 단어 아래에 당구, "팔라말리오(pallamaglio : 크로케와 유사한 스포츠)", 창으로 과녁 찌르기와 마상 시합을 포함시켰다. 현재 우리가 사용하는 개념에 의하면 이것은 카드 놀이, 보드 게임, 아이들의 놀이 등의 내기[27]와는 뚜렷한 차이가 있는 현대적인 의미의 스포츠이다.[28]

고대 올림픽과 19세기 사이 또는 중세 기사 시대와 19세기 사이에 스포츠가 심각한 침체기를 겪었다는 관점은 전문 서적에서 확인할 수 있다. 이러한 관점은 프란츠 베고프의 논문「근대 스포츠의 역사(Sportgeschichte der frühen Neuzeit)」에도 나타나는데, 여기에서 우리는 판단의 오류 세 가지를 발견할 수 있다. 첫 번째 오류는 19세기와 중세에는 스포츠가 번성한 반면, 근대에는 침체했다는 것이다. 두 번째 오류는 근대 초기의 스포츠 행사는 승부를 가리는 경기가 아니었기 때문에, 점수도 매기지 않고 상도 주지 않았다는 것이다. 마지막으로 세 번째 오류는 17세기에 스포츠의 전환기가 도래했다는 것이다. 17세기에 스포츠의 전환기가 오기 전까지 스포츠 활동은 중세의 군사 훈련 위주로만 이루어졌고, 이후 무용과 발레를 거쳐 19세기에 진정한 의미의 스포츠가 발명되었다는 것인데 이는 오류이다.[29] 그러나 최근에는 "스포츠는 각 문화에서 고유한 특성을 체험할 수 있는 인류학적인 상수(常數)이고, 스포츠의 정의는 변화하는 자연, 정치, 사회, 역사적 조건에 따라서 결정된다"라는 견해를 보이는 역사학자들이 점점 많아지고 있다.[30]

스포츠를 이해하기 위한 다양한 시도들

스포츠를 정의하려는 시도는 지금까지 별다른 성과를 얻지 못했다. 그래서 최근 사회 이론에서는 스포츠가 "사회 구조"와 관련이 있다는 합리적인 결론을 내렸다. 그러나 이제는 스포츠가 무엇인지에 관한 존재론적인 질문이 아니라, "스포츠가 어떤 의미를 지니는지"[31] 맥락에 관한 질문을 해야 한다는 결론도 사실 설득력이 없다. 이 역시 스포츠에 대한 정의가 선행되어야 하기 때문이다. 역사학자의 관점에서는 다양한 형태의 사회가 다양한 형태의 스포츠를 탄생시켰다고 결론을 내려야 한다. 미국의 스포츠 사회학자 앨런 거트만은 최근 발표한 저서에서 놀이와 스포츠의 관계를 이분법적으로 구분할 수 있도록 일종의 도표를 만들었다. 이 책에서 그는 놀이(play)를 상위 개념으로 간주했다. 그의 견해에 의하면, 스포츠는 즉흥적인 놀이가 아니라 체계적인 놀이, 즉 게임(game)이고, 비경쟁적인 게임이 아니라 경쟁적인 게임, 즉 시합(contest)이며, 정신적인 시합이 아니라 신체적인 시합(sports)이다.[32] 이러한 구분(놀이, 게임, 시합, 스포츠)은 사고 모델로 유용해 보이는 한편, 언어적인 한계를 드러낸다. 독일어를 비롯한 다른 언어에서는 그 구분이 드러나지 않기 때문이다. 사실 이 주제로 시작할 이야깃거리도 많지 않다. 사격은 스포츠로 간주되지만 자루 달리기 경주가 스포츠로 간주되지 않는 이유를 증명할 수 있는 자료가 있는가?

　다양한 사회가 다양한 스포츠 종목을 탄생시켰을 때, 스포츠는 현대 스포츠 개념을 알지 못했던 그때 당시 사람들이 만든 것일 뿐만 아니라, 우리가 스포츠라고 확인할 수 있는 활동이어야 할 것이다. 이것이 구스타프 아돌프 에리히 보겡(독일의 법학자, 책 수집가/옮긴이)의 그 유명한 "모든 민족과 시대의 스포츠"라는 개념일까?[33] 라이프치히 민속 박물관장인 카를 보일레는 자신의 논문 「스포츠 민속학(Ethnologie des Sports)」에서 민속학만이 폭넓은 관찰의 토대를 제공할 수 있다는 결론에 이르렀다. 그는 자신의 주장을 뒷받침하기 위해서 당대의 민속학 문헌에서 전 세계 원시 민족들의 스포츠 활동이 활발했다는 사실을 입증할 수 있는 기록들을 수집했다. 또한 그는 다른 문명에서 사실상 고대 유럽과 같은 종목의 스포츠 활동, 이를테면 달리기, 도약, 던지기, 클라이밍, 봉술(棒術), 레슬링, 사격, 수영, 조정, 사냥, 체조 외에도 축구, 핸드볼, 슐라크발(Schlagball : 12명이 두 팀으로 나뉘어서 하는 독일의 전통 구기 종목으로, 야구의 기원으로도 여겨진다) 등의 단체 경기를 해왔다는 사실을 입증했다. 유일한 차이점은 아프리카, 아메리카, 아시아, 오스트레일리아의 많은 지역들에서 사람들이 나체로 (혹은 반나체로) 스포츠 활동을 했다는 점이었다.[34] 어쨌든 이들과 고대 그리스인들 사이에 공통점이 있는 셈이다. 1980년대 이후로는 전통적인 학회에서도 이 새로운 인류학적 관점에서 스포츠를 집중적으로 연구하고 있다. 이러한 연구 결과에 의하면, 다른 문명에서도 신체 능력을 강조한 경기로서 스포츠 활동을 했다는 데에 반론을 제기할 여지가 더는 없다.[35]

모든 실력 겨루기에는 유희적인 요소가 포함된다. 네덜란드의 문화사학자 요한 하위징아는 유희를 인류 문명의 뿌리라고 보았다. 호모 루덴스(*Homo Ludens*), 즉 유희하는 인간은 동물과 달리 더 높은 문화적인 성과를 얻기 위해서 자신의 능력을 자유롭게 발산한다. 그는 이에 대한 명제로 "놀이는 문화적인 경쟁의 토대이다"를 제시했다.[36] 하위징아는 유희의 주된 특징으로 관심의 자유, "탈일상성", 공간 및 시간의 제약, 반복 가능성, 결속력, "규칙의 지배"를 꼽는다.[37] 인류학자 에드워드 노벡은 문화 간 비교 분석에 유용하도록 이 정의를 일부 수정했는데, 그는 유희와 스포츠 외에 연극, 음악, 예술 등 인간의 표현 활동이 유전적인 성향에 따라서 결정되며 문화적으로는 특수한 형태를 취한다는 점을 강조했다.[38]

사회과학에서는 스포츠가 문화적인 핵심 사상을 해석하거나 심지어는 한 사회의 기능 방식을 이해할 수 있는 열쇠라고 가정한다. 미국의 인류학자 클리퍼드 기어츠가 쓴, 발리 섬의 투계(鬪鷄)에 관한 논문은 모범적인 사례이다. 그는 이 논문에서 당시에 이미 불법 행위였으나 자주 행해졌던 투계가 발리 사회의 핵심 가치를 대변한다는 점을 입증하기 위해서 노력했다. 그는 사람들이 타인과의 유사성보다는 싸움을 통해서 더 많이 배운다고 주장했다. 그중에서도 닭이 소유주 또는 마을 등 소유주가 속한 집단을 대변하는 존재로 간주되며, 투계라는 행위는 구경꾼들의 판돈 내기와 함께 모든 사회적인 관계를 비유함으로써 또다른 심오한 차원을 획득하여 여러 영역에서 중요한 **심층 놀이**가 된다는 것은 가장 중요한 발견이었다.[39] 앨런 거트만은 이와 유사한 방식으로 전형적인 미국 스포츠인 야구의 의미를 해석했다. 그는 유럽은 물론이고 세계 어느 나라에서도 야구만큼 큰 인기를 얻은 구기 종목이 없으며, 야구는 미국의 개척자 정신을 대변한다고 보았다.[40] 야구의 인기가 시들해진 이후 정치학 교수 마이클 맨들바움은 미국에서 가장 인기 있는 단체 스포츠 종목들을 연대기순으로 구성했다. 이 순서에 따르면 야구는 "시간에 제약이 없는 농촌 사회"에 이상적인 스포츠였다. 아울러 그는 전개가 빠르고 거친 미식축구가 산업화된 미국을 대변하는 단체 스포츠로서의 의미가 사라진 데에 반해, 날로 인기를 얻고 있던 농구는 비폭력적이고 섬세한 기술 덕분에 여성도 즐길 수 있고 미국 국경 너머에도 팬들이 있으며 미국의 후기 산업 시대를 대변한다고 보았다.[41]

거트만은 『제례 의식에서 기록 추구로(*From Ritual to Record*)』에서 "근대 스포츠의 본질"을 강조했다.[42] 스포츠 훈련이 문명화 이전에는 종교적인 색채를 지녔던 반면, 20세기에는 기록을 추구하는 특성을 보였다는 그의 진단은 논의할 만한 가치가 있다. 전통 사회에서 스포츠에 제식의 의미가 담겨 있었다는 사실은 간과할 수 없는 부분이기 때문이다. 현재 인류학자들의 정의에 의하면, 동시대의 스포츠 행사도 제식적인 특성이

석기 시대의 축구. 스포츠의 역사는 얼마나 오래되었을까?

강하다. 이러한 행사들은 언제나 공통으로 추구해야 하는 가치를 강조하며, 경기장에 입장하기, 입구에서부터 줄 지어서 들어가기, 같은 팀을 응원하는 사람들끼리 모여 앉기, 국가 제창하기, 국기 게양하기, 다 같이 모여 술 마시기, 특정 응원 용품(수건, 모자, 배지) 사용하기, 단체로 응원하기(단체로 점프하거나 팔을 위로 올리는 등의 파도타기), 함성 지르기, 노래 부르기, 환호하기, 때에 따라서 우승자 시상하기, 안내 방송하기 등 항상 일정한 형식으로 진행되기 때문이다.

스포츠는 언제부터 존재했을까? 신체를 사용하는 능력은 분명 인류 발전의 역사가 남긴 유산이다. 수렵과 채집 생활을 했던 인류의 가장 오랜 조상에게 오래 달리는 능력, 도약하는 능력, 던지는 능력은 필수적으로 갖추어야 할 조건이었다. 언제부터 운동 실력을 겨루기 시작했는지는 정확하게 알 수 없고 다만 추측할 뿐이다. 동물의 세계에서 볼 수 있는 실력 겨루기는 인류의 가장 오랜 조상도 자신의 신체 능력을 "측정했을" 가능성을 암시한다.[43] 마지막 최대 빙하기의 말기에 인류의 정착 생활이 시작되고 농경, 가축 사육으로 식량 생산이 증가하면서, 스포츠와 유희가 등장했다.[44] 그러나 "풍요로운 원시 사회"에 관한 미국의 인류학자 마셜 살린스의 연구에 따르면, 수렵민과 채집민이 농경민보다 더 많은 시간을 자유롭게 사용할 수 있었고 여러 자세로 몸을 많이 움직였기 때문에 신체 조건이 더 우수했고 영양 상태도 더 좋았다.[45] 인류가 정착 생활을 시작한 1만 년 전부터 신체 운동의 유형에 변화가 나타나기 시작했다는 설도 자주 거론되지만, 이와 관련해서 확실하게 밝혀진 것은 없다. 정착 생활은 반유목 생활에서 주기적인 정착 생활이라는 과도기를 거쳐 탄생한, 극도로 복잡한 과정이었기 때문이다. 게다가 신석기 이후로도 농경 사회의 상류계층에서는 사냥과 투쟁적인 성향이 계속 나타났으며 이와 관련된 훈련과 시합도 있었다. 야생 짐승의 가축화와 함께 새로운 유형의 사냥, 전쟁, 시합이 등장했다. 말을 타려면 균형을 잡기 위한 체계적인 훈련이 필요했다. 최초로 말을 승용 동물로 이용하기 시작한 것은 기원전 2000년의 아시리아에서였다. 기원전 18세기에는 전차 모는 법을 배우는 데에 3년이 걸렸다. 기원전 16세기가 되자 고대 오리엔트에서는 사냥과 전쟁, 행렬과 경주에 전차가 보편적으로 사용되었다. 그러나 그리스가 이 정도의 수준에 이르기까지는 1,000년이 더 걸렸다.[46]

물론 우리는 스포츠의 역사를 국가 형성, 개혁, 문명화 과정, 산업화, 전문화 등 보편적인 사회학 개념과 연관시킬 수 있다. 망명 생활 중에 스포츠학의 선구자가 된 독일의 사회학자 노르베르트 엘리아스는 1930년대에 근대 초기의 궁정 사회를 분석하기 위해서 개발한 행동 양식의 분석 방법을 스포츠의 역사에 응용했고,[47] 이 연구를 통해서 사회 구조의 변화와 신체 구조의 변화의 연관성을 찾았다.[48] 독일의 사회학자 헤닝 아이히베르크는 이 접근 방식을 통해서 17세기 "바로크 행동 규범으로서의 기하학"이 무용, 펜싱, 승마, 정원 조경, 왕궁 건축 등 다양한 영역으로 어떻게 침투했는지를 입증하기도 했다.[49] 아이히베르크는 이후 안장(鞍裝)의 시대 가설의 대표 주자가 되었다. 안장의 시대 가설에 의하면, 약 1800년을 기준으로 시대를 뚜렷하게 구분할 수 있다. 아이히베르크는 산업화로 사회가 급변하면서, 신체 훈련이 "축제의 행위로부터 전문적인 특성으로" 발전했다고 주장했다. 이른바 안장의 시대 이전에는 축제로서의 신체 훈련만 존재했고, 그 이후에야 스포츠가 탄생했다는 것이다.[50]

더 오래된 스포츠의 역사는 발전의 범주에서 접근 가능하다. 20세기 스포츠에서 나타난 잔혹성 때문에 현대인들은 스포츠가 끊임없이 발전하는 문명화 과정이라는 개념을 쉽게 수용하지 못한다. 테오도어 아도르노는 『계몽의 변증법(*Dialektik der Aufklärung*)』의 부록에서 "스포츠마저 유희가 아닌 제례 의식이다. 예속당한 자들은 자신의 예속을 축제로 즐긴다. 이들은 자신의 신체를 다시 한번 강제로 속박시키고 자발적으로 예속되면서 자유를 모방한다. …… 대중문화의 지배자들은 스포츠에 대한 대중의 열정이 독재를 휘두르기 위한 기반임을 감지한다"라고 지적했다.[51] 거시경제 이론과 세계화에 대한 사람들의 회의도 짙어지고 있다. 이것은 현재의 잣대로 과거를 평가할 때에 나타나는 현상이다. 특히 우리 시대의 스포츠는 급속한 변화를 겪고 있기 때문에, 시장의 요구가 무질서하다는 것 외에는 스포츠의 정의가 원래 무엇인지를 정확하게 말할 수 없다. 이제 스포츠 활동의 범위는 대중 스포츠에서부터 장애인 스포츠, 재미를 위한 오락 스포츠로 확장되었고, 올림픽 정신인 "더 빠르게, 더 높게, 더 힘차게"만으로는 스포츠를 이해하기가 어렵다.[52] 이 올림픽 정신은 하프파이프(half-pipe : 파이프를 반으로 자른 모양의 구조물로 스케이트 보드, 인라인 스케이트, BMX 등에 사용된다) 위에서는 아직 그 의미가 살아 있지만, 리듬체조나 수중 발레에서는 더는 아무런 의미가 없다. 경기 스포츠는 예나 지금이나 넓은 스펙트럼의 스포츠 활동을 구성하는 하나의 요소일 뿐이다.

이 책으로 얻을 수 있는 것

스포츠의 역사는 역사책에는 언급되지 않는 일상의 역사 영역에 속한다.

나는 우연히 게라르도 오르탈리와 베른트 뢰크가 창간한, 스포츠와 문명의 역사를 다루는 학술지 「루디카(Ludica)」의 창간식에 참석한 이후로 이 주제에 관심을 두게 되었다. 당시 이 행사에는 베네통 재단의 후원으로 에릭 더닝과 같은 저명한 사회학자들이 참석했다.[53] 또한 나는 『근대 백과사전(Enzyklopädie der Neuzeit)』(전 16권, 2005-2012)의 발행인으로서 런던의 독일 역사 학회[54]의 스포츠 학회로부터 강연 초청을 받았고 그 이후로 이 주제에 더 큰 관심을 두게 되었다.[55] 나의 관심이 스포츠 문화사에 쏠리면서, 문헌의 상황으로부터 판단컨대 결정적인 모든 사료들이 이제까지 사용된 적이 없다는 사실을 알게 되었다. 동시대인의 일상생활과 가치관에 관한 정보가 담긴 서신 교환, 회고록, 일기, 그리고 교회 교구나 시 재판소, 정부 등의 회계 장부와 기록 장부, 신문 기사를 비롯한 동시대의 다양한 영역의 인쇄 기록물 등이 그런 자료에 속한다. 여러 가지 측면을 새롭게 조명한 아른트 크뤼거와 존 맥클리랜드의 논문까지 읽고 나자[56] 스포츠 문화사 전반을 다루려는 시도는 나에게 의미 있는 일이 되었다.

이 책의 관심은 이른바 근대 초기, 즉 인쇄술의 발명과 철도가 건설된 시대이자[57] 고대 올림픽과 19세기 이후 근대 스포츠의 도약 사이를 이어주는 기능을 담당한 시대에 있다. 이 시대를 이해하지 않고서는 스포츠의 발전을 새로운 관점에서 이해할 수 없다. 이 주장은 과장이 아니다. 이 시기에 관한 역사 연구 덕분에 르네상스 시대에 고대 스포츠가 재발견되었으며, 이러한 맥락에서 "근대 스포츠의 시초"가 밝혀졌기 때문이다.[58] 신체 연마와 훈련은 근대 초기에 시작되었다.[59] 이것은 표준이라는 체계의 틀 안에서 이루어졌으며, 당시 새롭게 등장한 교육학과 행동 편람 등에 상세히 묘사되어 있다. 현재 우리는 이러한 프로그램을 스포츠라고 표현하는데, 당시 영국에서도 이러한 훈련 프로그램에 스포츠라는 명칭을 사용했다.

우리는 유럽 역사상 근대 초기만큼 스포츠 활동이 활발했던 적이 없었다는 사실뿐만 아니라, 이러한 과정에서 나타난 스포츠의 근본적인 특성이 현재까지 영향을 끼치고 있다는 사실을 이해해야 한다. 유럽의 중세 후기이자 근대 초기에는 군사 훈련뿐만 아니라 대중 경기에서도 스포츠화 현상이 나타났다. 이는 다양한 발전이 신체와 운동을 새로운 관점에서 이해하도록 해주고, 일과 여가 시간의 관계 등 환경적인 요인들이 변화를 겪은 것과 관련이 있다. 몇 년 전부터 기존의 여가 및 새로운 여가 활동이 (19세기 이후가 아니라) 근대의 발명품이라는 연구 결과가 발표되고 있다. 오락, 여가, 취미, 소일하기, 시간 보내기, 시간 때우기 등 전부 의미론 영역에 속하는 이러한 개념들은 15세기 이후부터 유럽에 확산되었다. 이러한 현상은 영어에서 스포츠라는 어휘 영역과 다른 언어에서 스포츠에 해당하는 개념이 발달하기 시작한 것과 맞물린다.[60]

이 책의 논제는 스포츠화의 과정을 근대의 기본적인 발전 과정으로서 다루어야 한다는 것이다. 스포츠화도 중세 후기인 15세기부터 18-19세기로 넘어가는 과도기의 규율화, 법제화, 세속화, 현대화, 세계화 등 근본적인 변화 과정을 다룰 때, 여러 가지 핵심 개념들 중의 하나로서 이해해야 한다. 스포츠화 역시 근대 초기에 발전하기 시작하여 현재까지 계속되어왔으며, 현대를 구성하는 데에 전반적으로 영향을 미쳤다. 이러한 접근은 발견적 도구로서 새로운 주제를 개발하고 설명하면서 역사를 이해하는 데에 도움이 된다.[61] 스포츠화의 과정은 앞에서 언급한 모든 과정과 중첩되며, 더 나아가 이른바 신체와 개인이라는 완전히 새로운 차원을 제시한다. 신체에 대한 관점의 변화는 근대 초기에 나타났다.[62] 이전 시대와 비교하면 일상과 물질문화에 근본적인 변화가 나타났다는 사실을 알 수 있다.[63] 사회 이론의 대가들이 스포츠화를 근본적인 변화 과정으로서 인식하지 않은 것은 역사학자들처럼 이들도 1920년대까지는 스포츠에 관심이 없었기 때문이다.[64] 이런 관점에서 보면 인류학자들은 앞서 있었던 셈이다. 경험적 현장 연구 1세대인 이들은 전통적인 생활방식을 유지해온 민족들이 스포츠 활동을 활발히 하고 있다는 사실에 놀라면서 자신들의 연구 결과를 발표하기 시작했다.[65]

현대 사회에서 스포츠가 어떤 의미인지를 추론할 수 있는 지표에는 여러 가지가 있다. 엄청난 수의 프로 스포츠 선수, 최고 스포츠 선수의 인기와 소득, 교회나 극장을 비롯한 집회 장소보다 훨씬 더 많은 관중들을 수용할 수 있는 경기장, 여가 활동의 예산, 일간지 또는 텔레비전 프로그램에서 스포츠가 차지하는 비중 등이 그것이다. 또한 큰 스포츠 행사에 정치인들이 참석하는 모습에서도 현대 사회에서 스포츠가 얼마나 중요한 의미를 차지하는지 알 수 있다. 스포츠와는 거리가 먼 편인 앙겔라 메르켈 독일 총리가 독일 월드컵 경기장에 나타난 것도 일종의 의무감을 느꼈기 때문이다. 어떤 스포츠 행위들은 지난 수십 년간 발전한 현상이지만, 나는 이 책에서 매우 오랜 역사를 가진 스포츠 행위도 있음을 알려주고 싶다. 스포츠와 관련된 화두들은 우리가 역사적으로 정확하게 접근해야 하는 문제일 뿐만 아니라, 유럽의 스포츠가 다른 문명과 어떤 관계에 있는지 그리고 유럽 내부와 외부에서 현대의 세계 스포츠와 전통적인 스포츠 문화가 어떤 관계에 있는지와도 관련된다. 또한 우리가 더 깊이 고민할수록 답을 찾기 어려워지는 질문, "스포츠란 무엇인가?"도 다룰 것이다.

이 책에서는 많은 질문들을 던진다. 그 답을 찾기 위한 방안으로 나는 정보의 미로로 들어가는 커다란 진입로를 만들고 역사적 발전의 특성을 설명했다. 유감스럽지만 스포츠 법률,[66] 스포츠 저널리즘,[67] 현대 스포츠 의학,[68] 도핑 등 스포츠와 관련한 심각한 문제들[69]과 같은 중요한 분야는 짧게 설명하고 넘어갈 수밖에 없었다. 스포츠와 관련된 모든 분야를 동일한 비중으로 다룰 수는 없다. 최근 한 저자는 320가지의 구기 종목을 열거하면서 구기 종목의 수가 얼마나 많은지는 정확하게 알 수가 없었다고 지적했다.[70] 어떤 스포츠 종목을 다룰지 선택하는 데에는 개인적인 취향이 어느 정도 반영될 것이다. 그러나 어떤 주제를 다루든 간에 주제는 자기 자신을 위한 것이 아니라, 포괄적인 측면을 설명할 수 있어야 할 것이다. 역사학자로서 나는 시대에 따른 변화와 그 원인을 중요시하지만, 이 질문에 대한 답은 스포츠의 사회적인 기능에 관한 질문과 연결되어야 할 것이다. 역사적인 관점을 강조하기 위해서 각 장은 연대기순으로 배열했고, 가독성을 위해서 각 장을 세분화했으며, 이해하기 쉽도록 소제목으로 나누었다. 시간은 스포츠에서뿐만 아니라 실생활에서도 소중하다. 이 책은 여러분에게 많은 정보와 놀라움, 오락거리를 제공할 것이다. 나는 철저히 과거의 관점에서 정의한 **스포츠**를 다루려고 한다. 따라서 여러분은 **스포츠**를 기록을 갱신하기 위한 활동이 아닌 즐기기 위한 활동으로서 이해해주기를 바란다.

기술 방식에 관하여

주석의 수가 많아서 출처에 관한 내용은 필요한 부분만 발췌했다. 이 책의 참고 문헌은 지면상의 이유로 부제나 판본, 번역 등에 관한 정보 없이 인용되어 있다. 백과사전의 관련 항목은 표제어 아래에 인용했다. 단락의 마지막에 전거(典據)가 있는 경우, 전체 단락과 관련이 있다는 뜻이다. 부록에는 더 읽어보면 좋을 만한 참고 문헌들을 정리했다. 별도로 출처가 제시되지 않은 정보들은 스포츠 협회 홈페이지나 위키피디아의 월드컵이나 올림픽 개요를 참고한 것이다. 자금 정보, 경기장, 스포츠 기록, 협회나 선수에 관한 정보는 공식 웹 사이트(sports-reference.com 등)에서 발췌 인용했다. 인터넷 자료는 2011년 12월 혹은 2012년 1월 기준이다. 아울러 전자도서관 제이스토어(JSTOR)의 전문지 정보를 활용했다. 수많은 디지털 문서 프로젝트 덕분에 온라인으로 사용할 수 있는 고판본 자료가 많아지고 있다.

감사의 말

연구년 제도와 도서 대출, 원격 대출, 자료 복사, 수정 등을 도맡고 함께 토론해준 능력 있는 동료들이 없었더라면 나는 이 책을 집필할 수 없었을 것이다.[71] 레베카 폰 말린크로트의 국제 독일 연구협회(DFG) 네트워크 "근대 초기의 신체 기술(Korpertechniken der Fruhen Neuzeit)"을 토대로, 지난 수십 년간 베를린, 파리, 자르브뤼켄 등에서 개최된 워크숍을 통해서 유럽 차원의 정보를 교류할 수 있었다. 가장 최근의 워크숍은 앙겔라 샤트너가 공동 기획한 2011년 독일 역사 연구소(GHI) 런던 회의였다.[72] 이 회의뿐만 아니라 볼펜뷔텔의 헤르초크-아우구스트 도서관의 국제 하계 강좌[73] 참석자들과 내가 주최한 스포츠 역사 세미나에 참석했던 학생들도 이 책의 집필에 큰 도움이 되었다. 서면 문의에 자체 조사로 응답해준 오스트리아와 독일의 연방주 및 시립 도서관 관련자께도 감사 인사를 전한다. 오랜 기간 나의 담당자이자 원고 심사 담당자로서 문화사 프로젝트에 관심을 보여주며 업무에 탁월한 지원을 해준 C. H. 벡 출판사의 크리스티네 차일레, 깔끔한 제안과 탁월한 편집 실력을 보여준 그녀의 동료 시몬 군디와 베티나 브라운에게 감사하다. 마지막으로 각기 다른 스포츠 활동을 즐기고 있는 우리 가족에게 특별히 감사하다는 말을 전하고 싶다.

제1장

고대의 운동 경기

> 그리스에는 불쾌한 것들이 많다.
> 그중 가장 불쾌한 것은
> 그리스가 스포츠 민족의 나라라는 사실이다.
> — 에우리피데스, 기원전 5세기

올림피아 정신

올림피아에서의 승리는 인류에게 어떤 유익이 되었는가

올림피아 제전에서 불패를 기록한 선수가 한 명이라도 있었다는 사실은 어떤 측면에서 인간에게 유익했을까? 스포츠를 비판하는 전통은 로마의 건축가 비트루비우스가 스포츠와 운동선수의 무익함을 조롱했을 무렵부터 시작되었다. 철학자 플라톤은 인간이 근육 기능에만 집중하면 이성의 발달을 저해할 수 있다며 스포츠를 부정적으로 평가했다. 그리스의 비극 작가 에우리피데스는 자신의 작품 『아우톨리코스(*Autolykos*)』에서 많은 칼로리를 섭취해야 하는 운동선수를 "씹기기관의 종"이자 "위(胃)의 노예"라며 경멸적으로 표현했다. 그리스 도시국가 시민들은 무리를 지어 올림피아로 순례 여행을 다니며 먹는 것이 인생의 목표라는 사람들에게 환호를 보내기보다는, 어떻게 하면 국가로부터 훌륭한 통치를 받을 수 있을지에 관심을 두어야 했다. 그러나 당시 정치인들은 인류의 진정한 미덕을 발전시키는 데에는 관심이 없었기 때문에, 명백하게 포퓰리즘에

서 기인한 이 정신 나간 짓을 내버려두었다.[1]

이미 고대 그리스 시대에도 스포츠 시합에서 승리하면 사회적 혹은 정치적으로 출세할 수 있는 길이 열렸다. 역사가 투키디데스가 보고했듯이 젊고 부유한 정치인 알키비아데스는 군에서 시칠리아 원정을 떠나라는 명령을 받고, 군사 지휘권을 얻기 위해서 올림피아 제전에 7대의 마차를 전차 경주에 참가시켜 승리함으로써 그 지휘권을 얻었다. 기원후 165년 로마의 작가인 사모사타의 루키아노스는 헤로도토스와 같은 고대 그리스의 정신적 거장들도 명성을 얻기 위해서 올림피아 제전을 이용했다며 다음과 같이 썼다. "이제 올림피아에서는 전에 볼 수 없었던 거대한 숭배 의식이 열린다. 헤로도토스는 올림피아 제전이 자신이 찾던 기회라는 사실을 알고 있었다. 그래서 그는 올림피아로 여행을 떠나, 자신이 집필한 역사서에 등장하는 제우스 신전의 뒷방에서 강연을 했다. 이후 그리스에서 헤로도토스라는 이름을 모르는 사람은 없었다. 올림피아에서 그를 직접 본 적이 없던 사람들까지도, 올림피아 축제를 관람하고 고향으로 돌아온 사람들이 풀어놓는 체험담을 통해서 헤로도토스라는 이름을 들었다."[2]

올림피아의 의미

당시 스포츠 시합은 신을 기리기 위한 숭배 의식(Panegyris)의 일환으로 종교 숭배지에서 열렸기 때문에, 스포츠 문화에 대한 비판은 종교적으로 허용되지 않았다. 그러나 고대 이후부터는 상황이 달라졌다. 올림피아는 처음에는 제사를 올리는 장소였던 듯하다. 기원전 11세기 이후로는 동물 형상의 봉헌 제물이 등장했다. 봉헌 제물은 대개 소나 말이었지만 숫양과 개인 경우도 있었다. 고대 그리스 문헌에서는 항상 이러한 지역들이 특히 비옥했음을 강조한다. 다른 많은 문화들과 마찬가지로 고대 그리스에서는 비옥함을 신의 선물이라고 여겼다. 그래서 이곳에서 사냥과 여성의 여신 아르테미스나 미와 사랑의 여신 아프로디테, 땅의 여신 데메테르나 대지의 여신 가이아 등 다산의 상징인 여신들을 숭배했던 것으로 추정된다. 최소한 기원전 7세기부터 올림피아는 제우스 신전이었다. 올림포스 산에서는 제우스 이외에 다른 신들도 숭배했는데, 헤라나 제우스의 아들이자 스포츠에 뛰어난 헤라클레스와 같은 신들을 섬기는 신전은 나중에 지어졌다.

올림피아 근처 곳곳에 신전이 생기기 시작했다. 올림피아 신탁의 예언이 용했고, 이 사실을 부풀리는 선전이 유포되며 날이 갈수록 올림피아에 더 많은 순례자들이 몰려들었기 때문이었다. 올림피아는 전성기를 누리며 4년에 한 번 지중해 지역 출신의 해외파 그리스인들이 정기적으로 회합하는 장소가 되었다. 기원전 700년, 성지가 확장되고 있던 올림피아 계곡에는 더 많은 방문객들을 수용하기 위해서 넓은 면적의 땅이 개간되었고, 홍수에 대비하여 클라오데스 강을 막아 둑을 쌓았다. 순례자에게 식수를 공급하기 위해서 지하 깊은 곳까지 땅을 파내 우물도 설치했다. 또한 순례자를 위한 호화로운 신전과 숙박 시설, 봉헌물 보관소도 지어졌다. 이러한 전통을 전하기 위해서 송시 작가 핀다로스나 지리학자 스트라본과 같은 저자들은 그리스의 축제 의식과 일반적인 춤, 연회, 대화 등 화려한 축제 분위기를 묘사했다.[3]

올림피아에서 언제부터 운동 경기가 열렸는지 고고학적으로 입증하기가 어려우므로 정확한 시기는 알 수 없다. 다만 육상 경기는 역사가 아주 오래되어 기원전 11세기 무렵으로 거슬러 올라간다는 견해가 가장 유력하다. 기원전 700년의 건축물에서 최초의 스포츠 행사 시설이 발견되었다. 출발선, 결승선, 관중석, 동시에 여러 선수들이 뛸 수 있는 육상 경주로가 갖춰진 이 시설은 최초의 스타디온(Stadion)으로서 아직 단순한 형태였다. 스타디온보다 규모가 훨씬 더 큰 경마 시설인 히포드롬(Hippodrom)은 이보다 얼마 후에 지어진 것으로 보인다. 건축물에 드러나듯이 이 시기에 제사

의식과 스포츠 시합은 이미 분리될 수 없는 관계였다. 아마 스포츠 행사는 초지역적인 모임의 기반이 되는 행사였던 듯하다. 이렇게 스포츠 시합이 제도화되면서 시합 참여자들은 평범한 순례자가 아니라, 그리스 전역에서 이 행사만을 위해서 특별히 훈련을 받은 프로 선수들로 바뀌었다.

뮌헨의 고대역사가 크리스티안 마이어는 그리스 문화의 특수성을 고려하여 올림피아 제전의 의미를 해석했다. 올림피아 제전에는 정치적인 독립성을 철저하게 존중했던 도시국가의 특성이 반영되어 있었다. 기원전 8세기 이후 그리스의 식민화 정책으로 지중해와 흑해 주변에 새로운 도시들이 세워졌다. 그리스인들은 대제국을 건설하지 않고, 국내외의 적에 대항할 정치적, 군사적 동맹을 맺어 도시국가라는 자신들만의 세계를 지키려고 했다. 그래서 독립적인 도시국가들의 문화적인 공통점을 유지하기 위한 합의의 장소가 필요했다. 성역(聖域)은 공동으로 숭배할 수 있는 신들의 세계를 구축하는 역할을 했다. 올림피아는 멀리 떨어져 있었으므로 어떤 도시국가도 독점적인 이득을 취할 수 없었고 그리스 전역에서 성역으로 인정받았다.[4] 제전의 매력은 성역의 명성을 높였다. 오히려 성역의 명성이 제전의 매력을 더해주기도 했다. 고졸기의 귀족문화에서도, 민주정 시대에도 마그나 그라에키아(Magna Graecia : 대그리스라는 의미로, 고대 이탈리아 남부 동해안 연안에 건설된 그리스의 식민시/옮긴이)에서는 공공성과 경쟁이 중요한 역할을 했다. 도시국가들은 전쟁보다는 스포츠 시합을 통해서 경쟁했다. 예술사가 야코프 부르크하르트는 도시국가들의 경쟁을 그리스 문화의 특징으로 꼽았고 **투쟁적**(Agonalen)이라는 개념으로 표현하며 경쟁심, 공개적인 경쟁, 업적, 명예욕 등이 그리스 문화를 발전시키는 원동력이라고 했다. 그리스인들의 이러한 성향은 "항상 최고가 되어 남보다 뛰어나기를 원한다"는 호메로스의 인용구에도 축약되어 있다.[5]

그리스인들은 항상 개인 간 경쟁을 추구했기 때문에 단체 경기가 없었다. 이러한 개인주의적인 특성 때문에 운동선수는 차츰 각 도시국가를 대변하기 시작했고, 시합에서의 승리는 도시국가의 정체성과 내부의 연대 의식을 강화했다. 운동선수는 기량을 키울 수 있도록 고국으로부터 적극적인 지원을 받았고 시합에서 승리하면 축제가 열렸다. 올림피아 제전에서 우승하려면 수년간 체계적인 훈련을 받아야 했기 때문에 스포츠는 그리스의 모든 도시에서 중요한 활동 가운데 하나가 되었다. 그리하여 올림피아 제전은 전 그리스 문화권에서 독보적인 위치를 차지하는 행사로 자리매김했다. 4년에 한 번 전령이 그리스의 모든 도시에 올림피아 제전 개최 소식을 알리면서 모든 도시에서 경기가 개최되었다. 올림피아 제전은 창설 이후 4년에 한 번씩 총 293회 열렸고 1,000년 이상 지속되었으며, 고졸기 시대에서 민주주의 시대로의 이행기에도 명맥을 유지했다. 심지어 헬레니즘 문화 이행기와 로마 제국에 통합된 이후에도 살아남았다. 올림피아 제전은 고대 그리스 문화의 정수였다. 그리스인들은 신들이 경쟁을 아주 많이 즐긴다고 생각했고 이러한 특성은 스포츠의 위상을 높이는 데에 공헌했다. 그리하여 스포츠는 신들의 이미지를 최대한 운동선수처럼 묘사하는, 즉 완벽한 신체와 나신으로 표현하는 데에 영향을 미쳤다.[6]

올림피아와 페르시아 전쟁

올림피아 제전의 탄생 시기(그리고 이를 기준으로 개최 시기를 계산했다)와 이를 계산하는 기준은 고대 그리스 시대부터 기원전 776년 전으로 고정되어 있었다. 이는 이후 고대 그리스의 역사에서 중요한 사건, 즉 페르시아 전쟁과 관련이 있다. 기원전 5세기 초 페르시아 제국은 두 차례나 그리스 본국에 대한 정복을 시도했다. 당시 그리스는 도시국가로 분열되어 있었기 때문에 페르시아의 침략에 맞설 힘이 없었다. 군사력이 약한 상황에서도 그리스는 기원전 490년의 마라톤 전투에서 페르시아를 물리쳤다. 10년 후에 페르시아가 그리스를 다시 침략했을 때, 그리스의 많은 도시국가들은 페르시아의 막강한 군사력에 맞서지 않고 자발적으로 항복했다. 그러나 막판에 아테네, 스파르타, 코린트가 동맹을 맺으며 처음에는 살라미스 해전, 기원전 479년에는 플라타이아이 전투에서 전환점을 만들어냈다. 압승을 거둔 테미스토클레스 장군은 기원전 476년 올림피아를 방문하여 군중들로부터 축하를 받았다. 이 일로 관심의 중심에서 멀어진 운동선수들은 불만을 터뜨렸을 것이다. 페르시아의 공격을 막아내기 위해서는 그리스의 각 도시들의 동맹이 반드시 필요했으므로, 올림피아의 제우스 신전에 그리스 내부의 분쟁을 평화롭게 해결하는 중재 기관을 설치하자는 아이디어가 탄생했다. 기원전 476년과 472년에 중재 판결이 이루어졌다는 사실이 고고학적으로도 입증되었다.

올림피아는 모든 그리스인들의 단결을 상징하는 장소가 되었다. 이러한 역사적인 배경으로부터 올림피아 제전에 "휴전(Ekecheiria)"이라는 개념이 연결된다. 기원전 476년은 올림피아 신전 역사상 정점을 찍은 해로 매우 중요한 의미가 있다. 기원전 476년은 거대한 제우스 신전을 신축하기 시작한 해인데, 이 제우스 신전은 이후 수백 년간 성역인 올림피아에 영향을 주었다. 신전과 대형 강당의 건축을 비롯하여 관청 건물, 관중석과 극장이 계속 증축되며 이 지역은 이전보다 훨씬 더 강한 대표성을 가지게 되었다. 올림피아의 건축 열풍은 기원전 5세기와 4세기에도 계속 이어졌고, 대형 숙박 시설, 욕장, 훈련 시설도 건축되었다. 그중에는 부유한 후원자들, 마케도니아의 왕들이나 그리스의 왕들, 이집트의 프톨레마이오스 왕조의 후원을 받은 건축물도 있었다.

올림픽의 시대 계산

"올림픽(Olympics)"은 올림피아 제전의 경기를 의미하는 반면, "올림피아드(Olympiad)"는 경기가 열리는 4년의 기간을 의미한다. 그러나 핀다로스와 헤로도토스와 같은 몇몇 저자들은 "올림피아드"를 경기라는 의미로 사용했다.[7] 물론 올림피아드에는 경기라는 의미도 있지만 시대 계산이라는 의미로 더 많이 사용된다. 동방의 대제국들과 달리 그리스 도시국가에는 통치 기간을 계산할 만큼 실권을 압도적으로 장악한 통치자가 없었고, 시대 구분의 기준으로 삼을 만한 장기 통치자 명단도 없었다. 로마와 달리 그리스에는 경쟁 관계에 있는 도시국가들이 너무 많았기 때문에 각 도시국가의 건국 시기를 시대 구분의 기준점으로 삼기에도 무리가 있었다. 도시국가들은 자국에 이익이 된다면 누구와도 우호 관계를 맺을 수 있었다.

그러나 그리스가 지중해 지역을 식민지화하면서 외부의 적에 대항하기 위한 정치적인 동맹 관계의 필요성이 대두되자 공동의 기준이 필요해졌다. 역사가 투키디데스는 펠로폰네소스 전쟁을 그리스 도시국가들의 다양한 시대 계산을 통일하는 데에 사용했다. 시칠리아와 아테네에 살았던 그리스 역사가인 타우로메니움의 티마이오스는 올림픽 우승자 명단을 참고하여 기원전 약 300년을 올림피아 제전의 기원으로 삼았고 이를 이후의 시대 계산에 활용했다. 몇 년 후에 수학자이자 역사학자인 키레네의 에라토스테네스 역시 시대 계산에 올림피아 제전이 열린 시기를 활용했다. 기원전 776년부터 올림피아 제전이 정기적으로 개최되면서, 통일된 계산 체계가 발명되었다. 역사가 센소리누스와 마르쿠스 테렌티우스 바로는 최초의 올림피아드를 정확히 계산하려고 했다. 기원전 276년의 이른바 『연대기(*Chronicle*)』를 통해서 확인할 수 있듯이 올림피아드는 그리스의 모든 역사적인 기록의 기초가 되었으며 그것의 중요성은 원래의 숭배 의식이나 범그리스 스포츠 제전 그 이상으로 커졌다.[8] 예수의 탄생과 서력의 관계처럼, 올림피아드의 시작은 그리스 시대 계산의 휴지기에 전환점 역할을 했다. 심지어 로마인들마저 제각각인 그리스와 로마의 시대 계산을 통일하기 위해서 올림피아드를 이용했다. 올림피아드를 기준으로 한 시대 계산 방식은 수백 년 넘게 통용되었고 고대 후기에까지 시간에 관한 인식에 영향을 미쳤다.[9]

올림픽 경기 종목

엘리스의 히피아스가 기록한 우승자 명단은 기원전 776년 최초의 올림픽이 개최된 해부터 시작된다. 초기에는 스타디온의 달리기 경주가 올림픽의 유일한 스포츠 종목이었다. 같은 세기에 다른 종류의 달리기 경주, 5종 경기(Pentathlon : 펜태슬런), 레슬링이 추가되었다. 다음 세기에는 권투를 비롯하여 다양한 종목의 전차 및 마차 경주, 거친 격투기(판크라티온[Pankration : 레슬링과 권투를 결합한 듯한 경기])와 청소년을 위한 특별 스포츠 경기(달리기, 레슬링, 권투, 5종 경기)가 시작되었고 페르시아 전쟁 시기에는 무장 경주(Hoplites)가 있었다. 기원전 520년 이전의 경기에 관한 확실한 자료가 없으므로 이러한 흐름은 전설에 의존한다. 그러나 우승자 명단은 한 가지 측면에서 발전 과정을 정확하게 보여주고 있는데, 초창기 승자들은 올림피아 주변 지역에서 배출되었으나 후기에는 그리스 전역에서 배출되었다는 것이다. 지역 축제였던 올림픽이 그리스인만이 출전할 수 있는, 지중해 전역의 스포츠 행사로 규모가 커진 것이다.

올림픽은 페르시아 전쟁 이후로는 정확하게 일주일 동안 개최되었다. 구체적인 시기는 하지 이후 두 번째 보름달이 뜨는 기간, 즉 7월 말 혹은 8월 초였다. 1일째에는 올림픽 출전자들과 사범들이 제우스 호르키온, 즉 제우스 신전 앞까지 행진하고 선서를 했다. 그후에 올림픽 출전자는 물론, 말[馬]도 나이별로 분류되었다. 2일째에는 청소년 경기가 개최되었다. 3일째 오전에는 전차 경주와 경마(말들의 시합)가, 오후에는 5종 경기가 열렸다. 4일째에는 제우스에게 희생 제물을 바치는 의식과 대규모 행진이 있었고, 보름달이 뜨는 저녁에는 연회가 열렸다. 5일째 오전에는 달리기 경주가, 오후에는 격투기 경기(레슬링, 권투, 판크라티온,

범그리스 제전의 육상 선수들. 암포라 장식화, 기원전 530년경, 독일 뮌헨 국립 고대 미술 박물관.

무장 경주)가 있었다. 6일째 되는 날 아침에는 제우스 신전에서 우승자를 축하하는 행사가 열렸고 저녁에는 만찬이 있었다.[10]

이러한 경기 종목 중에 5종 경기인 펜태슬런은 스포츠 역사상 모든 다종목 경기의 전형이라는 점에서 특히 주목할 만하다. 이에 대한 우리의 접근 방법 역시 신화 시대에 의존한다. 펜태슬런은 이아손과 아르고나우타이(아르고 원정대/옮긴이) 이야기에서 유래하는데,[11] 이 경기는 기원전 708년 올림픽에 처음 시작되었다고 하지만 사실 여부는 검증할 수 없다. 도입된 이후로 펜태슬런은 빠지지 않는 필수 종목이 되었으며 이 종목의 강력한 도상학적 재현(예컨대 암포라[양쪽에 손잡이가 달린 항아리 모양의 토기/옮긴이]의 그림)을 통해서 이 종목이 대중적으로 인기가 많았음을 유추할 수 있다. 현재와 마찬가지로, 펜태슬런은 육상 종목인 원반 던지기, 창 던지기, 멀리뛰기, 달리기와 격투기 종목인 레슬링으로 구성되었다. 달리기와 레슬링은 독립된 올림픽 종목이기도 했지만, 던지기와 멀리뛰기는 펜태슬런의 세부 종목으로만 경기가 진행되었다. 멀리뛰기의 경우 도움닫기 구간 없이 서 있는 자리에서 양다리로 도약했다. 멀리뛰기 선수는 연속으로 다섯 번 도약했는데, 선수들은 가장 좋은 기록을 달성하기 위해서 양손에 중량물(重量物)을 들고 뛰었다.[12]

우승자를 확인하는 방법도 독특했다. 그리스의 경기에서는 항상 심판이 우승자를 가려냈다. 먼저 세 가지 육상 종목 경기의 결과를 기준으로 성적이 떨어지는 선수들을 탈락시켰다. 가장 성적이 좋은 4명의 선수에게만 스타디온에서 달리기 경주를 할 자격이 주어졌다. 달리기 경주에서 가장 성적이 좋은 2명의 선수를 가려낸 이후 레슬링 경기를 통해서 최종 우승자를 결정했다. 고대 그리스의 레슬링은 현재 일본의 스모 경기와 가장 비슷하다. 스모에서는 잡기 동작이 전부 허용되고 때리기와 조르기를 비롯하여 관절 비틀기는 금지된다.[13]

올림픽 이전 지중해의 스포츠

이집트

지중해 지역의 스포츠는 고대의 그림 작품이나 비문(碑文)만큼이나 상당히 오래되었다. 그 전통의 시작은 고대 이집트에서 최초로 등장했으며, 나중에는 그리스 이전 시대의 크레타 섬에서도 나타났고 그리스 문헌에서 확인할 수 있듯이 고대의 다른 민족에게서도 나타났다. 이집트 문명은 역사 시대의 초창기에 해당하며 3,000년이 넘는 문화적인 연속성을 보이므로 특히 중요한 의미가 있다. 그리스와 마찬가지로 이집트에서도 달리기 경주는 가장 오래된 스포츠 활동으로 기록되어 있는데, 이집트는 선왕조 시대부터 달리기 선수와 달리기 경주를 묘사해왔다. 게다가 파라오의 경주로가 기념 축제에서 사용되었다면 달리기는 이후에 제도화된, 고대 이집트의 유일한 스포츠 종목이다. 사카라에 있는 파라오 조세르의 계단식 피라미드 옆에는 두 반환점의 간격이 약 55미터(이집트 단위로 100엘레)인 경주로가 있다. 이 경주로는 돌로 만들어져 후대까지 보존되었다. 그러나 이 경주로는 사망한 파라오가 영원히 돌 수 있었다는 실제 경주로의 모조품일 가능성이 크다. 따라서 "세계 역사상 가장 오래된 스포츠 시설"이라는 표현은 조심스럽게 받아들여야 한다.[14]

가장 눈여겨볼 부분은 이집트의 첫 왕조부터 마지막 왕조까지의 왕들이 스포츠와 관련이 있었다는 것이다. 그러나 이집트에는 세계 질서의 수호자인 파라오를 승자로 묘사할 수 있는 스포츠 종목만이 존재했다. 파라오는 말 그대로 언제나 승자였기 때문에 파라오가 스포츠 선수일 수는 없었다. 파라오 부활 축제의 제식 행사 중에는 달리기 의식이 있었다. 이 의식은 아마 영토 점령을 상징하면서 파라오의 힘을 보여주기 위한 행사였던 것으로 보인다. 그런데 기원전 17세기에 이민족인 힉소스 왕조가 동방에서 나일 계곡으로 침입하여 하이집트 지역을 점령한 이후부터는 파라오가 다르게 묘사되기 시작한다. 처음에는 말, 전차, 합성궁(목재와 짐승의 뿔, 힘줄 등 비목재 재료를 조합하여 만든 활/옮긴이)으로 전쟁을 하는 힉소스 왕조에 이집트인들은 그 무엇으로도 맞설 수 없었다. 이민족 통치자가 물러난 이후(제18왕조 때) 모든 파라오는 말이 끄는 전차를 타고 전쟁에 나가서 적을 물리쳤다고 묘사된다. 파라오는 적절한 신체 능력(말 훈련, 전차 운전, 궁술 등)을 갖추고 있어야 했던 것이다. 이집트 왕조 가운데 제18왕조는 스포츠에 대한 묘사가 가장 많은데 이는 우연이 아니다. 왜냐하면 힉소스 왕조에 대한 저항이 이들의 호전적인 정신을 일깨웠기 때문이다. 투트모세 3세 이후 이집트인들은 역공을 시작했고 매년 원정을 가며 이웃 국가를 침략했다. 스포츠와 마찬가지로 병기를 다루는 데에도 꾸준한 훈련이 필요했다. 궁술과 같은 스포츠는 스포츠와 군사 훈련이 불가분의 관계였다는 증거이다.

왕족과 달리 다른 사회계층에서는 스포츠 시합을 자주 즐겼다. 이집트 제5왕조의 묘비(프타호테프의 무덤)에는 청소년 레슬링 선수들이 상대방의 몸을 붙들고 메어치기를 하는 모습이 묘사되어 있다. 파피루스 삽화나 부

공중제비를 하는 여자 곡예사. 석회암 그림, 기원전 1250년경(제19왕조), 이탈리아 토리노 이집트 박물관.

조에서의 레슬링 장면은 그리스 시대까지 계속 등장했다. 바케트 3세의 무덤에 있는 레슬링 장면은 특히 유명한데, 219가지 자세의 이 레슬링 장면들은 일종의 레슬링 교과서와 같은 역할을 했다. 선수들은 일본의 스모처럼 레슬링용으로 특수 제작된 띠만 두르고 아무것도 걸치지 않았다.

무덤에 스포츠 경기 장면이 묘사되었다는 것은 파라오 생존 당시에 실제로 스포츠 행사가 열렸다는 의미이다. 또는 이후 그리스나 로마에서처럼 사자를 기리기 위한 축제에서 이러한 장례 경기가 열렸을 가능성도 있다. 이미 고인이 된 투트모세 3세의 무덤 옆에서는 아마도 봉술 시합이 열렸던 듯하다. 이 장면을 묘사한 그림은 제19왕조 초기가 되어서야 그려졌지만, 현존하는 가장 오래된 장례 경기 그림이다. 카르나크의 아몬 신전에서 발견된 장밋빛 화강암 부조(浮彫)에는 아멘호테프 2세가 전차를 타고 화살을 쏘아 과녁을 명중하는 궁수로 묘사되어 있다. 1936년 이

부조가 발견되자 관련 논문에서 이집트학 역사상 최초로 스포츠가 주제로 등장했다.[15] 우리는 이제 고대 그리스 시대의 달리기,[16] 멀리뛰기, 전차 경주, 궁술, 권투와 레슬링,[17] 봉술, 창술, 무용, 체조에 관해서 상세하게 알고 있다. 구기 시합 장면을 묘사한 그림은 많지 않지만 몇 가지 구기 시합에 관한 정보는 알 수 있다. 수상 스포츠 중에서는 수영, 잠수, 작살 던지기, 조정을 비롯하여 독일에서 "낚싯배 찌르기"로 알려진 일종의 수상 시합이 묘사되었다. 낚싯배 찌르기는 2대의 배가 서로를 향해서 노를 저어 오고, 양 팀 선수들이 긴 막대기를 이용하여 상대방의 배를 넘어뜨리는 경기이다.[18] 모든 귀족계층에서는 사냥만큼이나 창 던지기, 궁술, (새를 잡기 위한) 투창, (황소를 잡기 위한) 래소(한쪽 끝을 올가미로 만든 길이 15-30미터의 밧줄/옮긴이) 던지기 역시 중요했다.

이후 대부분의 스포츠 종목이 지중해 전역으로 전파되었다. 이것은 미노아 혹은 그리스 이후의 문명이 이집트 문명으로부터 어떤 영향을 받았는지에 관한 질문으로 이어진다.[19] 이집트에서는 스포츠에 제식의 의미가 있었다. 대부분의 이집트 비문과 예술 작품은 신이나 파라오 숭배 혹은 사자 숭배와 관련이 있다.[20] 그러나 그리스인들은 스포츠를 경기로 인식했다. 호메로스와 같은 저자는 이미 고대 그리스 문헌에서 파라오의 궁술에 관한 소식을 다루었다. "역사 기술의 아버지"인 할리카르나소스의 헤로도토스는 기원전 5세기 중반 이집트를 직접 여행하며 다양한 경기와 스포츠 의식을 기록했다. 심지어 그보다 100년 전에 올림피아 제전 개최를 위해서 그리스에서 이집트로 사절단이 파견되어, "경기 규칙을 기준으로 경기 결과를 판정하는 방식"을 배우고 왔다는 기록도 있다.[21]

크레타

지중해 크레타 섬의 미노아 문명에서도 스포츠 활동을 했던 흔적들이 있다. 예술에서는 이러한 스포츠 활동이 제전을 중심으로 묘사되었다.

이곳에서는 일종의 묘기와 같은 투우 경기가 핵심이었는데 선수는 물구나무 자세로 재주를 넘으며, 자신을 공격하려는 황소에게 맞공격을 했다. 적어도 신석기 시대 이후의 동방에서는 황소 숭배가 다산과 관련하여 중요한 의미가 있었으므로 미노아의 투우 경기는 다산 숭배 문화의 소산일 가능성이 있다. 그러나 무용, 수영, 혹은 "다이빙(높은 낭떠러지에서 바다로 뛰어들기)" 같은 스포츠 활동과 권투, 체조를 비롯한 기타 활동이 제식의 의미를 넘어 어느 정도까지 자율적인 훈련 차원에서 행해졌는지는 벽화나 화병의 부조만으로는 추론하기가 어렵다.[22]

그리스의 미케네 문명 시대에도 올림피아 제전의 특성을 표현한 스포츠 회화가 발달했다. 크레타에서는 기원전 14세기 이후부터 화병에 권투 시합 장면뿐만 아니라 달리기와 전차 경주 장면도 묘사되었다. 기원전 13세기의 점토 관은 사자를 기리기 위한 장례 경기의 장면을 묘사한 그림으로 장식되었다. 이러한 맥락에서 보면 이로부터 400년 후 호메로스가 상세히 묘사한 장례 경기 장면은 무척 흥미롭다. 『일리아스(Ilias)』 23권은 아킬레우스의 친구이자 트로이의 헥토르와 결투하다가 목숨을 잃은 파트로클로스에게 바치는 장례 경기에 관한 이야기인데, 3분의 2가량이 경기에 관한 내용이다. 그중 가장 길게 서술된 부분은 전차 경주이고 권투, 레슬링, 달리기, 호플로마쉬(Hoplomachie : 2인 무장 경기), 원반 던지기, 궁술, 창술 등은 짧게 서술되어 있다. 전차 경주를 상세히 설명한 부분은 스포츠 중계와 비슷하다. 여기에서는 말과 전차 기수들을 소개하는데 성격까지 일일이 묘사하고 있다. 우승자는 값비싼 우승컵("삼발이") 외에 여자 노예 1명을 부상으로 받았고, 4위까지 큰 부상을 받았다. 승자는 트로이 전쟁의 영웅이기도 하다. 이방인인 오디세우스는 달리기에서, 아가멤논은 창 던지기에서 우승하여 영웅이 되었다. "파트로클로스 시합"에는 사회적인 지위가 반영되어 있었으며, 이 시합은 참가자의 대중적인 인지도를 높였다.[23]

그리스의 고졸기 시대에는 다양한 계기로 스포츠 시합이 열렸는데, 호메로스의 서사시 『오디세이아(Odysseia)』에도 묘사되어 있다. 스케리아 섬에서 파이아키아인들은 스포츠 축제를 열고 오디세우스를 맞이하는데 이 축제의 주최자는 자신의 실력을 입증해야 하는 듯하다. 알키노오스 왕의 아들들이 축제에 참여하면서 광장에서 달리기, 레슬링, 멀리뛰기, 원반 던지기, 권투 등의 경기가 열린다. 왕의 아들 중에 한 명은 남자에게 팔과 다리로 할 수 있는 일보다 더 명예로운 일은 없다며 오디세우스를 도발한다. 즉, 경기에서 이겨야 한다는 뜻으로 이러한 말을 한 것이다. 오디세우스는 자신이 승리할 수 없을 것이라는 말을 듣고 분노로 불타오른다. 오디세우스는 옷을 완전히 갖춰 입고 원반을 던지는데, 앞선 참가자들보다 훨씬 멀리 날아간다. 이어서 그는 달리기, 레슬링, 권투, 궁술, 창술에도 참가하겠다고 선언한다. 그러자 왕이 나타나 무용 공연과 구기 시합으로 손님인 오디세우스를 달래준다.

범그리스 스포츠의 활동 범위

범그리스 제전

고대 그리스 문화에서 스포츠의 위상은 "아곤(Agon)"이라는 단어의 의미 변천사에서 확인할 수 있다. 원래 아곤은 자유민들이 용무를 협의하기 위해서 모이는 회합을 뜻했다. 이 회합은 자유민들이 공통으로 섬기는 신의 보호를 받으며 열렸고, 회합이 열린 기념으로 장이 서고 스포츠 시합이 열렸다. "아곤"의 중요성은 점차 증가하여 호메로스 이후 그리스에서는 경기 또는 스포츠 제전이라는 의미로만 사용되었다. 일반적으로 지역 및 지방 스포츠 제전은 1년에 최소 1회 개최되었다. 그러나 몇몇 스포츠 제전은 초지역적인 행사였다. 지중해 지역에서 그리스의 세력이 팽창하면서, 초지역적인 스포츠 제전이 중요해졌고 참여 범위가 그리스 본

기원전 5세기 말 범그리스 제전의 개최 시기

연도	봄	여름
480	이스트미아 제전	올림피아 제전
479		네메아 제전
478	이스트미아 제전	피티아 제전
477		네메아 제전
476	이스트미아 제전	올림피아 제전
475		네메아 제전
474	이스트미아 제전	피티아 제전

토와 섬 너머로 확장되었다. 이러한 범그리스 제전에는 흑해 지역, 아나톨리아, 이탈리아는 물론이고, 마실라(마르세유) 등 그리스의 식민지가 있는 지중해 서부 지역의 그리스인들도 참가했다.

선수들이 이동하는 데에 시간이 오래 걸렸기 때문에 이 범그리스 제전이 매년 개최될 수는 없었고 2년 혹은 4년에 한 번꼴로 열렸다. 각 범그리스 제전은 그리스에서 중요한 신들의 수호를 받으며 거행되었고, 이러한 제식으로 이득을 취했다. 고대 올림피아에서는 제우스를, 델포이에서는 아폴론을, 코린토스 지협(地峽)에서는 포세이돈을, 네메아에서는 또다시 제우스를 숭배했다. 이러한 개최지들은 개최지 다음으로 큰 도시와 상대적으로 멀리 떨어져 있어 큰 규모의 모임이 열리는 장소로 특히 적합했다는 공통점이 있었다. 범그리스 제전은 각 제전들 간의 경쟁을 방지하기 위해서 체계적으로 조직되어 있었다.

스포츠 제전들은 서로를 보완하는 역할을 하며 전문성을 갖춘 스포츠 선수의 발전을 촉진했다. 4대 제전의 경기 종목이 동일했기 때문에 오늘날의 국제 경기처럼 최고 선수들끼리 반복하여 대결하는 경우가 많았다. 선수들에게는 한 제전에서 우승하는 것만도 영광스러운 일이었다. 그래서 한 선수가 여러 제전에 중복으로 출전하여 우승하면 명성을 높일 수 있었다. 현재 세계 테니스 대회의 그랜드 슬램처럼 한 선수가 한 종목에서 4대 제전 모두를 석권하는 때도 있었다. 4대 제전이 모두 열리기까지의 주기를 "페리오데(Periode)"라고 했고, 4대 제전에서 모두 우승을 차지한 선수에게는 "페리오도니케(Periodonike)"라는 명예로운 타이틀이 수여되었다.[24]

모든 범그리스 제전에서 선수에게 가장 중요한 것은 명예였다. 지역혹은 지방 경기와 달리 우승자는 상으로 계관(桂冠)을 받았다. 올림피아에서는 헤라클레스의 성스러운 올리브 나뭇가지로, 델포이에서는 아폴론성역의 월계수 나뭇가지로 계관이 만들어졌다. 게다가 선수들은 각 지역을 대표하는 얼굴이었기 때문에 우승의 대가로 물질적인 보상을 받았다. 범그리스 제전에서 우승하고 금의환향을 하는 선수는 돈, 관직, 유가물등의 보상을 받았다. 많은 도시들에서 선수들의 임금을 법으로 보장했다. 아테네에서는 솔론의 집권기에 올림피아 제전의 승자들에게 한 번에 500드라크마의 지원금을 수여했다. 이것은 당시 양 500마리의 값어치에 해당하는 금액이었다. 이외에도 승자의 명예를 위해서 동상이 세워졌고 승자의 이름은 비문에 영원히 새겨졌다. 고대 그리스에서 스포츠 선수에게가장 큰 성공은 올림피아 제전에서 승리하는 것이었다.[25] 범그리스 제전은 선수로서 이력을 쌓기 위한 가장 중요한 행사였다. 고대 그리스 시대에 범그리스 제전 우승자라는 칭호 없이 탁월한 선수로 평가받고 명예로운 지위를 얻는 것은 상상조차 할 수 없는 일이었기 때문이다.[26]

그리스의 스포츠 전용 건축물 : 스타디온, 히포드롬, 김나시온

고대 그리스의 스포츠가 제도화되는 과정에서 나타난 특징은 스포츠 전용 건축물이 지어졌다는 것이다. 최초의 스포츠 전용 건축물은 달리기경주를 위해서 인공적으로 표면을 고르게 만든 스타디온이었다. 스타디온에는 특히 일정한 규격의 경주 구간, 운동선수를 위한 출발점, 최소한

한 개의 관중석이 있었다. 스타디온에는 두 가지 뜻이 있다. 먼저, 스타디온은 길이 측정 단위로 쓰였다. 1스타디온은 6플레트라 혹은 600피트에 해당하는 길이의 단위였다. 이러한 단위들은 18세기 말 미터원기가 길이의 규격 단위로 정착될 때까지 각 지역의 표준으로 사용되었다. 현재의 단위로 환산하면 올림피아의 스타디온은 약 192미터, 아테네의 스타디온은 약 184미터, 델포이의 스타디온은 약 177미터였다. 그리스에서 스타디온은 긴 거리를 측정할 때에 사용했다. 예를 들면, 군인의 행군 거리는 하루에 약 150스타디온이라고 쓰여 있었다. 아리스토텔레스가 계산한 지구의 둘레는 약 40만 스타디온이었다. 로마의 1마일(약 1.5킬로미터)은 8스타디온으로 환산되었다. 스타디온 경주는 1스타디온만큼의 거리를 달리는 경주를 의미했다. 최초의 올림픽 경기 종목인 스타디온은 기원전 776년부터 시작되어 나중에는 최단거리의 경주가 되었다.

기원전 약 600년부터 스타디온은 1스타디온의 단거리 경주를 개최하는 장소라는 뜻으로 사용되었다. 시합장의 유의어로 드로모스(dromos)와 아곤이 사용되었다. 스포츠가 제도화되는 징후로는 평평한 경주로와 선수들을 위해서 지면에 설치한 출발점을 꼽을 수 있다. 기원전 540년 올림피아에서는 스타디온 건축이 성행하기 시작하여 20채 이상의 스타디온이 건축되었다. 스타디온에는 출발점은 물론이고 결승점도 표시되었다. 초기의 달리기 시설은 자연 지형에 맞춰져 있어서, 고고학적으로 추적이 어렵다는 특징이 있다. 건축 양식이라는 의미의 스타디온은 기원전 5세기 초 그리스 문헌에 처음으로 언급되었다. 스타디온의 전형적인 특징은 선수를 위한 구역과 관중석이 분명하게 둘로 구분되어 있었다는 것이다. 그리고 세 번째 영역인 심판석은 별도로 지어졌다. 천연 단층절벽이 있던 자리에는 경주로 전체를 볼 수 있는 관중석이 지어졌다. 기원전 5세기에는 올림피아, 델포이, 네메아, 이스트미아, 에피다우로스 등 모든 거대한 성역에 이러한 시설이 설치되었다. 기원전 4세기에 스타디

제1회 근대 올림픽을 위해서 고대의 평면도를 기초로 신축된 아테네 파나티나이코 경기장. 그리스.

온은 견고한 석조 건축 양식으로 계승되었다. 김나시온(Gymnasion)이나 테아트론(Theatron)이 함께, 간혹 아고라(광장) 근처에 이와 비슷한 경기장이 그리스 도시들에 건설되었다. 스타디온 발전 후기에는 관중석이 경주로를 양측에서 둘러싼 형태가 나타났다. 경주로의 출발점과 결승점(장거리 경기인 경우 반환점)은 반원을 그리며 서로 연결되었다. 현재 아테네의 파나티나이코 경기장이 이러한 건축 작품의 전형으로 여겨진다. 현대적으로 복원된 파나티나이코 경기장에서 1896년에 최초의 근대 올림픽이 개최되었고 이 건축물은 지금까지도 사람들의 찬사를 받고 있다.[27]

올림피아의 두 번째 스포츠 전용 건축물은 **히포드롬**(히포스[hippos] = 말, 드로모스[dromos] = 경주로)이다. 달리기 경주를 위한 스타디온처럼 히포드롬도 정확하게 거리를 측정하여 평평하게 만든 공간이었다. 히포드롬은 스타디온보다 길이가 길고 너비도 훨씬 컸으며 최소한 한 개의 관중석이 설치되어 있었다. 그리스인들이 가장 즐겨 관람했던 스포츠 종목인 경마는 그리스의 모든 대규모 경기 가운데 하나였으며, 호메로스의『일리아스』에도 언급되었다. 기원전 680년 이후 올림피아에서는 4두 전차 경주가 열렸고, 기원전 648년 이후로는 순수한 의미의 경마 시합이 열렸으며, 이후 다른 형태의 "말들의 시합"이 생겼다. 기원전 5세기에는 올림피아에서만 히포드롬이 스타디온과 나란히 건축되었으며, 관중석도 갖추고 있었다. 출발점과 반환점은 표시되어 있었지만, 심판관 전용 좌석이나 관중의 보호를 위한 장치는 없었다.

그리스의 세 번째 스포츠 전용 건물로 김나시온이 있다. 김나시온은 대규모 스포츠 경기에 출전하는 선수를 위한 훈련 장소였다. 김나시온은 '김노스(벌거벗은)'에서 파생된 단어로, 당시 그리스의 경기 스포츠 선수들은 일반적으로 나체로 경기에 출전했다. 김나시온에는 신체 훈련을 위한 "체육학교"라는 의미도 있었다. 그리스의 김나시온은 원래 운동선수의 훈련을 위해서 세워진 시설이었지만, 목욕이나 학습을 위한 공용 장소이기도 했다. 김나시온은 스포츠 훈련 이외에 음악과 철학 공부를 하는 장소이기도 했다. 그러나 스포츠 훈련이 언제나 주를 이루었다. 그리스어 김나스트(gymnast)에는 사범(師範)이라는 의미가 있었다. 기원전 6세기의 김나시온은 공간 대부분이 레슬링 경기장과 경주로(드로모스)였고, 모든 시설이 견고한 건축물로 구성된 상태는 아니었다.

기원전 5세기에는 팔라이스트라(Palaestra)라는 복합 스포츠 시설이 등장했다. 팔라이스트라는 내부에 대개 정사각형의 커다란 안뜰이 열주랑(列柱廊)으로 둘러싸인 구조로 만들어졌다. 이러한 구조는 김나시온의 가장 인상적인 건축 양식이 되었고, 레슬링과 권투는 물론이고 구기 종목 훈련장으로도 사용되었다. 4세기에 많은 그리스 도시국가들과 델포이, 네메아, 테라 등의 성역에 이러한 시설들이 생겼다. 올림피아의 김나시온은 기원전 2세기에 신축되었다. 대부분의 김나시온과 마찬가지로 이곳에서는 승마술을 제외한 모든 종목의 스포츠 훈련이 이루어졌다.

팔라이스트라의 부속 공간으로 다양한 용도별 공간(옷 보관소와 탈의실, 목욕탕, 샤워실, 오일 바르는 곳, 사우나, 장비실, 주방, 화장실뿐만 아니라 스포츠 경기 준비실)이 설치되었다. 대개 1개 이상의 경주로가 있었고, 나중에는 비가 올 때나 겨울에도 훈련할 수 있도록 지붕이 있는 경주로(xystos)가 설치되었으며, 이외에 연습 및 수업 공간이 늘어선 긴 열주랑까지 추가되었다. 이러한 복합 시설 공간 중에는 부지가 2만 제곱미터를 넘는 것도 적지 않았다. 김나시온은 문명이 발달하지 않은 다른 국가들과 달리 공적인 자금과 후원금으로 세워졌으며, 그리스 도시의 대표적인 상징이 되었다. 도시를 대표하는 건축물이었던 김나시온은 고가의 자재로 지어졌고 화려한 건축 조형물들로 장식되었다. 밀레토스, 에페소스혹은 프리에네 등 소아시아의 그리스 도시국가들은 대형 시설 외에 부속 시설로 극장과 공공 도서관 등을 지으면서 김나시온을 호화판 문화 센터로 만들었다. 기원전 8세기에 아테네에 지어진 3곳의 김나시온은 기원전 6세기까지 발전을 거듭했는데, 플라톤(아카데메이아), 안티스테네스(키노사르게스), 아리스토텔레스(리케이온)의 이름과 연관이 있는 철학 학교로 발전했다. 이렇게 스포츠와 교육을 연계함으로써 인문주의 이후 김나시온이 사회의 엘리트를 양성하는 기관이라는 사상이 싹트기 시작했다.

스포츠 및 훈련 센터인 김나시온은 그리스만의 고유한 문화적인 특성이었지만 대부분의 다른 민족들은 이러한 문화를 기피했다. 로마인들은 나체 스포츠가 그리스에 만연한 소아성애증을 연상시킨다며 이를 비판했다. 시리아나 이집트 등 지중해 지역에 있는 고대 그리스의 다른 민족들도 그리스의 스포츠 문화를 쉽게 수용하지 못했다. 그러나 김나시온은 알렉산드로스 대왕의 원정과 함께 헬레니즘 문화의 일부가 되어 퍼져나갔다. 마케도니아의 장군들은 고대 그리스식 훈련 및 오락 센터를 페르시아, 박트리아, 메소포타미아, 이집트에 설치했다. 알렉산드로스 제국의 뒤를 이은 셀레우코스 제국과 시돈, 티로스, 비블로스 등 페니키아의 도시에서도 김나시온은 헬레니즘의 정체성을 표현하는 건축물로서 중요한 의미가 있었다. 그러나 철학자 포세이도니오스는 시리아인들이 로마인들처럼 김나시온을 목욕탕으로만 사용한다며 조롱했다.[28]

지역 및 지방의 제전 경기

지역 제전 경기는 한 장소에 대한 자기 인식을 표현하는 방식이었다. 스포츠 제전이 열리는 지역의 상류층은 스포츠 제전을 통해서 자신을 표현했고, 그 지역을 넘어 그리스 전체 문화와 관련 있는 공동체를 세우고 정체성을 확립했다. 스포츠 경기(아곤)는 그리스 전역의 모든 주거 지역으로 확산되었는데, 심지어 소아시아 남부의 리키아처럼 외진 지역에까지 퍼졌다. 스포츠 제전은 주로 부유한 상인이나 귀족들이 기부한 자금으로 운영되었다. 각 지역의 스포츠 제전은 고유한 특성이 있었다. 어떤 지역들에서는 스포츠보다 예술에 더 치중했던 반면, 그리스에서는 예술 경연과 운동 경기의 비중이 거의 같았다. 대부분의 제전은 3일간 열렸지만, 범그리스 제전처럼 큰 행사는 일주일간 열렸고, 리키아의 오이노안다에서 열리는 축제는 3주일 이상 열렸다. 22일 동안 열리는 이 축제에서 12일 동안에는 스포츠 경기가 있었고, 나머지 10일 동안에는 집회, 시장, 숭배 의식이 열렸다.

그러나 행사 기간이 스포츠 제전의 중요성을 판단하는 데에 유일한 지표는 아니었다. 아테네의 대표적인 축제인 **파나텐 제전**은 4일 동안만 열렸다. 파나텐 제전은 후에 참주(僭主)가 된 페이시스트라토스가 기원전 566년에 설립했거나 재편했는데, 매년 송화 봉송, 아테네 여신에게 큰 제물을 바치는 의식, 그리고 **아크로폴리스**로 향하는 화려한 행렬로 구성되었다. 게다가 4년마다 마차 경주, 전차 경주, 육상 경기, 격투기 시합과 음악 공연이 있었다. 올림피아 제전과 마찬가지로 경기는 소년, 청소년, 성인 남성 등 연령별로 나뉘어 열렸다. 기원전 4세기 이후 파나텐 제전은 파나티나이코 경기장에서 열렸다. 파나텐 제전은 올림피아 제전에 비해서 승마 경기가 상당히 세분되어 있었기 때문에 히포드롬도 중요한 장소였다. 리구리아, 이집트, 팔레스타인, 바그다드 등 그리스 전역에서 파나텐 제전의 우승자가 배출되었다. 그중에는 페르가몬의 에우메네스 2세, 심지어 이집트의 여왕 클레오파트라 2세처럼 유명한 이름도 있었다. 5위까지가 최종 우승자였으며, 각 우승자는 부상으로 올리브유, 금, 은, 드라크마를 받았다.[29]

그리스의 대중 스포츠와 스포츠 용품 산업

범그리스 제전과 지역 및 지방 제전이 열리는 횟수, 스포츠 시설의 수와 특징을 보면, 고대 그리스에서의 스포츠가 소수의 전유물이 아니라 잘 훈련받은 젊은 남성들의 보편적인 활동이었음을 알 수 있다. 이러한 스포츠 활동 인구에는 특정 계층뿐만 아니라 청소년이나 귀족, 도시의 하층민도 포함되었다. 철학자 플라톤은 모든 청소년들(여기에서 그가 말하는 청소년은 남자만을 의미했다)에게 펜태슬런에 참여할 것을 권했다. 펜태슬런에 출전하려면 정기적으로 달리기, 멀리뛰기, 던지기, 레슬링 훈련을 받아야 했다. 학생들에게 철학과 수사학을 가르치는 것도 김나시온 교사의 일이었다. 물론 체계적인 훈련(gymnastikos)을 받으려면 전문 사범(paidotribai)이 필요했다. 핀다로스가 작성한 목록에는 격투기 종목에만 5명의 전문가의 이름이 있었다. 고대 후기에는 4일간의 다양한 강도의 훈련인 이른바 "테트라덴 시스템"이 보편적으로 행해졌다. 게다가 선수들을 위한 일종의 스포츠 다이어트(anankophagia)도 있었다. 그리스에서는 일반 대중도 스타디온에 출입할 수 있었던 반면, 로마의 제국 시대 때에는 대중 스포츠 활동이 대형 공중 목욕탕과 개인 목욕탕에서 행해졌다. 구기 시합이 주로 이러한 공간에서 열렸는데, 아직 전용 구장이 없었기 때문이다.[30]

스포츠 행사는 폭넓은 층의 대중으로부터 호응을 얻었다. 기원전 5세기에 이르자 모든 관중이 선수들의 경기 장면을 볼 수 있는 계단식 관중석이 등장했고, 다음 세기의 스타디온에는 석조 관중석이 나타났다. 당시 관중들이 스포츠에 얼마나 열광했는지 확인할 수 있는 사례들도 많다. 대표적인 예로, 렘노스 출신의 소피스트 철학자 필로스트라투스의 관중 묘사를 꼽을 수 있다. "관중들은 긴장감 넘치는 광경을 보며 차분히 앉아 있을 수 없기 때문에 소리 지르고, 자리에서 벌떡 일어나고, 양손을 위로 번쩍 들고, 방방 뛰고, 옆에 있는 사람들과 다툰다."[31] 필로스트라투스는 올림피아의 도시 경관과 아테네라는 도시에 압도되어 있었고, 자신이 묘사하는 상황을 정확하게 알고 있었다.[32] 필로스트라투스는 올림피아 제전을 중심으로 그리스 체육(Gymnastikos)에 관한 글을 발표했다. 이미지 묘사가 있는 그의 다른 작품들과 달리 이 글은 오랫동안 단편으로만 전해졌는데 19세기에 이르러서야 전편(全篇)이 발견되어 편집되었다. 이 글의 집필 시기는 올림픽 우승자라고 언급된 T. 아우렐리오스 헬릭스라는 인물을 통해서 유추할 수 있다. 그는 기원후 213년과 217년 올림픽에서 우승을 차지했고, 219년에서는 로마의 카피톨리움에서 2연승을 거두었다.[33]

스포츠에 대한 끝없는 열광은 스포츠 시설의 건축으로 이어졌을 뿐만 아니라, 경기와 훈련에 필요한 장비를 생산하는 "스포츠 용품 산업"의 탄생 계기가 되었다. 달리기 경주에서는 나체로 뛰었기 때문에 도구가 필요 없었지만, 펜태슬런 중 멀리뛰기 시합에는 스포츠 용품이 필요했다. 할테레스(Halteres)라고 불린 멀리뛰기용 중량물은 경기 전용 용품으로 제작되었다. 현재 발견된 고고학 유물을 통해서 할테레스가 납이나 점토로 만들어졌고 중량이 1.5-4.5킬로그램이라는 사실을 확인할 수 있다. 원반 던지기용 원반도 전문 스포츠 용품이었다. 이 원반은 할테레스와 매우 비슷한 형태에 중량 역시 비슷하여 대개 1.4-4.8킬로그램이었다. 따라서 경기에 참여한 선수들이 각각 같은 중량의 원반을 던졌음을 알 수 있다. 창 던지기에 사용된 창은 전쟁 무기로 사용되는 창보다 훨씬 가벼웠다. 경기용 창은 손가락 정도의 두께에 길이는 사람의 키 정도였고, 사고를 방지하기 위해서 끝이 뭉툭했다.

그리스와 로마의 스포츠 제전

그리스의 도시국가들이 몰락하는 동시에 범그리스 제전은 점점 시대착오적으로 변해갔다. 기원전 5세기에 마케도니아의 왕 알렉산드로스 1세는 그리스인들이 미개인이라고 여겼던 북쪽 지방 사람들을 강제로 경기에 출전시켰다. 또한 알렉산드로스 대왕은 자신의 아버지를 기리기 위해서 올림피아에 필리페이온이라는 아주 이색적인 건물을 건축했다.[34] 로마 제국이 팽창하면서 그리스 도시국가는 기원전 2세기에 로마의 세력권에 편입되었다. 기원전 145년 로마의 속주 총독 루키우스 뭄미우스는 코린토스 파괴 이후 올림피아에 많은 제물들을 바쳤다.

새로운 통치자들은 범그리스 제전을 계속 개최했고, 로마 제국 시대에는 제전 기간 동안 다른 경기들도 개최했다. 아우구스투스 황제는 기원전 27년 악티움에서 안토니우스 장군을 무찌른 이후 니코폴리스에서 "악티움 제전"을 거행했다. 그리스인의 제전은 로마 황제 숭배 의식으로 이어졌다. 아마 로마의 첫 황제는 스포츠를 좋아했던 듯하다. 기원후 2년에 그는 그리스의 식민지였던 이탈리아의 나폴리에서 다른 스포츠 축제를 열었다. 이 축제는 "세바스타"라고 불렸다. 세바스타라는 표현은 아우구스투스(sebastos = 숭고한 자)를 그리스어로 번역한 단어였다. 기원후 86년 도미티아누스 황제는 로마 제국의 수도에서 최초의 로마 스포츠 제전인 "카피톨리움"을 개최했다. 국제적인 규모의 스포츠 제전이 많아지자 "페리오도니케" 타이틀을 획득하는 것은 현실적으로 어려운 일이 되었다. 올림피아, 델포이, 네메아, 이스트미아에서 우승하고도 3개의 타이틀을 더 따야 했기 때문이다. 2세기 중반 셀레우키아의 레슬링 선수 아엘리우스 아우렐리우스는 7개 제전에서 우승했다고 하여 "완벽한 페리오도니케"라고 불렸다.

특히, 네로 황제의 올림피아에 대한 애정은 대단했다. 그는 철학자 세네카를 통해서 그리스 문화를 가까이에서 접하며 자랐다. 그는 그리스어를 할 줄 알았고 그의 주변에는 그리스 출신 자문관들이 포진되어 있었으며 로마에 그리스식의 스포츠 시설 김나지움을 설립하기도 했다. 그래서 로마인들은 그가 제국의 수도를 그리스로 이전하려는 의도를 품고 있다고 의심했다. 네로가 올림피아에 나타났을 때에 로마의 모든 사관(史官)들은 네로의 의도가 불순하다고 의심했고, 네로의 로마 방문에 대한 보고서는 전부 비판적인 내용이었다. 66년 가을, 황제는 대규모의 수행원과 500명의 군사들을 거느리고 배를 타고 그리스의 수도인 이집트의 알렉산드리아로 떠났다. 도중에 그는 코린토스 지협, 아르고스, 네메아, 델포이, 악티움, 올림피아의 성역을 방문할 계획이었다. 네로는 전차 경주에서 우승하기 위해서 10필의 말이 끄는 전차를 몰며 질주하다가 전차에서 떨어졌지만 자신이 승자라고 외쳤다고 한다. 이에 로마의 사관 수에토니우스와 카시우스 디오는 네로 황제를 광기로 가득 찬 군주라고 표현했다. 실제로 네로의 방문을 위해서 경기의 일정이 조정되었다. 그러나 고고학 연구 결과에 의하면 네로는 존경하는 태도로 그리스의 성지를 방문했고, 올림피아 제전이 끝날 때까지 선수들이 사용했던 선수 협회 회관 건축을 지원했다고 한다. 올림피아 승자 명단에 관한 기록은 277년을 마지막으로 사라졌다. 그러나 선수 협회 회관의 동판에는 385년에 아테네 출신 운동선수 아우렐리오스 조피로스가 청소년급 권투에서 승리했다고 기록되어 있다. 이러한 모든 사실은 기독교도 황제인 테오도시우스 1세가 393년에 올림피아 제전 금지령을 내릴 때까지 올림피아 제전이 계속되었다는 증거이다.[35]

로마의 제전

루디 로마니

로마의 황제는 그리스뿐만 아니라 그리스의 제전까지 로마 제국에 편입하려고 했다. 그러나 이는 생각보다 어려운 일이었다. 로마인은 대체로 그리스의 우월한 문화에 감탄했으나 나체로 경기를 하는 운동선수의 모습 등 이들이 쉽게 수용할 수 없는 부분들이 있었다. 그뿐만 아니라 로마인에게도 끝까지 놓지 않았던 자신들만의 고유한 행사가 있었다. 로마의 토착 제전(Ludi Romani)은 로마인이 이민족의 제전으로부터 자신의 정체성을 지키려는 시도였던 듯하다. 이러한 제전들의 대부분은 에트루리아인이나 삼니움인과 같은 이웃 민족을 통해서 전승받은 것이었으나, 이탈리아 지역에서 유래했기 때문에 이민족의 문화로 여겨지지 않았다.

　올림피아 제전과 마찬가지로 루디 로마니의 대부분은 성스러운 의식에 뿌리를 두고 있었고, 종교적인 행렬과 특정한 신들을 위한 공개적인 제물 봉헌이 포함되었다. 이러한 제전 경기의 개최를 두고 특정한 성역, 성직자, 숭배자들끼리는 경쟁을 벌였다. 제전의 화려함은 성역 또는 신의 중요성을 가늠하는 잣대였다. 신에게 맹세를 다짐하는 종교적인 이유, 혹은 개인적인 이유로 개최되는 제전도 있었다. 이러한 봉헌 경기는 원래 일회성 행사였지만 성공적으로 개최되면 다음 해에 또다시 열렸고 지속적인 행사로 정착되며 찬양을 받았다. 로마의 승리, 황제의 사망, 황제의 생활과 관련된 행사를 기념하는 제전의 성격은 점점 강해졌다.

　이러한 행사의 개최 동기는 항상 동일했다. 몇몇 예외적인 경우를 제외하면 루디 로마니의 하이라이트는 스포츠 행사였고, 대부분의 방문객들은 이러한 스포츠 행사에 매료되었다. 이 점은 그리스 제전과 로마 제전이 동일하다. 그러나 그리스의 제전은 모든 사람들이 운동장을 이용할수 있었고 심지어는 경기에 참여할 수 있었다는 측면에서 참여적인 성

루디 로마니 : 주요 제전 목록

이름	도입	일정	경기 종목
에쿠우스 옥토버	매우 오래됨	10월 15일	전차 경주
에퀴르리아제	매우 오래됨	2월 27일	전차 경주, 경마
		3월 14일	전차 경주, 경마
콘수알리아제	매우 오래됨	12월 15일	전차 경주
루디 마그니	기원전 4세기	9월 4-19일	전차 경주, 경마, 레슬링, 무용, 키르쿠스 경기
루디 플로랄레스	기원전 238년	4월 28일-5월 3일	베나티오네스, 키르쿠스 경기
루디 플레비	기원전 215년	11월 4-17일	키르쿠스 경기
루디 아폴리나레스	기원전 212년	7월 6-13일	전차 경주, 경마
루디 메갈렌세스	기원전 204년	4월 4-10일	키르쿠스 경기, 경마
루디 케레알레스	기원전 202년	4월 13-19일	키르쿠스 경기
루디 타우리	기원전 186년	6월 25-26일	경마, 투우
루디 로마니	기원전 161년	9월 4-19일	키르쿠스 경기
루디 세비라니	기원전 2년		기마 시합
루디 팔라티니	기원후 14년	1월 17-22일	?
네로니아	기원후 40년		달리기, 도약, 던지기, 레슬링, 경마

향이 강했던 반면, 로마의 제전은 관중의 흥미를 위해서 프로 선수들이 각색한 무대에 가까웠다. 관중과 선수의 구분이 처음에는 놀라울 수도 있겠지만, 실제로 그렇게 놀랄 만한 일은 아니다. 그리스의 스타디온마저도 오늘날의 스타디움처럼 경기장과 관중석이 철저하게 양분되어 있었음을 생각해보라. 현대 대중 스포츠의 시대에는 활동하는 스포츠 선수보다 스타디움의 관중석이나 거실 소파에서 축구 경기를 보는 사람의 수가 훨씬 많다.

로마의 모든 제전에서 나타난 공통적인 특성은 지속성이었다. 이러한 경향으로 수백 년에 걸쳐 특징적인 축제 달력이 생겼다. 4세기 어느 해에 로마에서는 이틀에 한 번꼴로 축제가 열린 적도 있었다. 대부분의 축제는 1년에 한 번, 하루나 며칠에 걸쳐 열렸다. 이러한 축제 달력이 제작되면서 스포츠 행사가 열리는 주요 축제 일정이 연대기순으로 정리되었다.

빵과 키르쿠스

고대 로마의 시인 유베날리스는 로마 민족이 "빵과 키르쿠스" 때문에 황제와 관료에 대한 자신들의 주권을 포기했다고 풍자했다.[36] 사회 제도로서의 스포츠 경기, 특히 키르쿠스(Circus : 고대 로마에서 전차 경주를 위해 만들어진 경기장/옮긴이)는 로마 문화를 이해하는 데에 중요한 역할을 한다. 이 점은 스포츠 경기가 그리스에 끼친 영향과 매우 유사하다. 로마인들의 대다수가 키르쿠스를 세계적인 도시 로마의 명물이라고 여겼다. 이러한 이유로 키르쿠스는 황제의 지원을 받았고, 로마 제국 전역에서 이를 모방했다. 반면, 학식이 있는 계층들은 키르쿠스를 경멸했고 기독교인들은 악마적인 행위라고 낙인을 찍었다. 이 루디 푸블리키(ludi publici : 대중적인 경기)가 무엇보다도 로마의 국교나 다름없었기 때문이다. 이 경기는 누구나 관람할 수 있었고, 공화국은 물론 이후 제국의 공직자들에 의해서 개최되었기 때문에 대중적이었다. 또한 국비로 개최되는 공무였기 때문에 관람료가 무료였다.[37]

로마 공화국 시대에 키르쿠스 경기는 연례 축제 지침의 범위 내에서 열렸고 축제 달력에서도 한 자리를 차지했다. 기원전 366년부터 그리스의 제우스에 해당하는 로마의 신 유피테르 카피톨리누스를 기리기 위한 키르쿠스 축제가 열렸고, 기원전 322년부터는 매년 9월 둘째 주에 열렸다. 유피테르를 기리기 위한 경기가 열리는 또다른 축제 주간은 기원전 220년부터 11월 초로 옮겨졌다. 마찬가지로 기원전 3세기 말부터는 4월 중순에는 케레스를, 6월 중순에는 아폴론을 기리기 위한 축제가 열렸다.

2세기에는 4월과 5월에 키벨레와 플로라 여신을 기리기 위한 축제가 추가되었고, 나중에는 전쟁에서의 승리, 신전 봉헌식(이를테면 고대의 교회 헌당[獻堂] 기념 축제), 황제의 탄생일, 정부의 기념일을 축하하기 위한 축제가 추가되었다. 기원후 354년 필로칼루스 달력에 의하면 로마에서는 총 175일의 일요일과 공휴일 중에 64일 동안 경기가 개최되었다고 한다.[38] 이것은 현대의 경기 개최 횟수에 견줄 만한 빈도이다.

키르쿠스라는 단어를 들으면 영화 「벤허」의 대전차 경기와 재위 기간이 유독 짧았던 칼리굴라 황제 등의 전차 경주가 가장 먼저 떠오를 것이다. 그러나 실제 경기 종목은 훨씬 다채로웠다. 그리스의 제전과 마찬가지로, 달리기, 권투, 레슬링과 같은 운동 경기 외에도 청소년들의 준군사적인 기마 시합, 이국적인 아프리카 맹수가 등장하여 대중들에게 가장 인기가 많았던, 동물들끼리의 싸움 혹은 동물과 사람 간의 싸움(베나티오네스), 나중에 키르쿠스 경기에 밀려 암피테아터(원형투기장/옮긴이)로 장소를 옮긴 검투사 시합(munera) 등이 있었다. 당시 로마에서는 곳곳에서 대중을 위한 스포츠 경기가 열렸다. 네로 황제는 자신의 이름을 딴 네로니아라는 경기를 위해서 전용 경기장을 세울 정도였다. 심지어 도미티아누스 황제는 카피톨리누스 제전을 창설하고 도미티아누스 경기장을 세웠는데, 지금도 바로크풍의 나보나 광장에 그 흔적이 남아 있다. 이 경기장의 옛 기능에 대한 기억은 결코 사라지지 않았다. 영국의 여행자 존 에벌린은 1645년 로마를 방문했을 때에 나보나 광장에 관한 글을 남겼다. "이곳은 과거에 키르쿠스 경기장이 있었던 장소로, 스포츠와 오락에 대한 열정이 녹아 있다. 지금은 도시에서 가장 큰 시장이다."[39]

당연히 키르쿠스에서는 스타가 배출되었고 이들에게는 사회적인 인정, 기념상, 재물이 뒤따랐다. 당대에 가장 성공한 전차 경주 선수 스코르푸스는 무려 2,048회의 우승을 차지했지만 27세의 젊은 나이에 요절했다. 실제로 세대마다 슈퍼스타가 있었고 이들의 승리는 스타에 대한 환상을

심었다. 기수나 경주자뿐만 아니라 말에게 영광을 돌리는 비문과 기념상
도 세워졌는데, 마차의 좌측에서 경주를 주도하는 말이 곡선 구간을 도
는 요령에 따라서 경기의 승패가 갈렸기 때문이다. 운동선수와 마찬가지
로 전차 경주자들 역시 경기에 출전하지 않을 때에도 체계적인 훈련을
받았다. 현역 경주 선수로 활동하던 이들이 나중에 사범이 되었다. 모든
경비는 부유한 후원자들이 지원했고, 특히 로마의 선수들은 4대 파벌에
게서도 지원을 받았다. 4대 파벌은 자신들만의 당파성을 가진 정당으로,
고대에 스포츠 클럽과 유사한 역할을 했다. 후원자들은 현역 선수들을
위해서 최고의 명마를 구입했다. 최고 선수들은 더 좋은 조건을 제시하
는 파벌을 자유롭게 직접 선택할 수 있었다. 사례비와 상금 덕분에 이들
은 호화로운 삶을 누릴 수 있었다. 전차 경주자 디오클레스는 경주에서
우승하여 3,600만 세스테르티우스 상당의 수익을 올렸는데, 이는 현재의
화폐 가치로 억대 규모에 해당하는 금액이다.[40]

로마의 스포츠 전용 시설 : 키르쿠스 막시무스와 아레나

로마인은 그리스의 스포츠 전용 시설을 잘 알고 있었지만, 자신들보다는
그들에게 유용한 시설이라고 여겼다. 그리스 문화에 감탄했던 로마인은
로마 제국에 있는 그리스 지역의 스타디온을 보존하고 관리했지만 그대
로 수용하지는 않았다. 라틴어권인 서로마 제국에는 예외적으로 로마의
도미티아누스 경기장처럼 단 하나의 스타디온만이 세워졌다. 로마 문화
권에도 실력이 우수한 프로 선수들이 있었지만 대중 스포츠는 상대적으
로 널리 보급되지 않은 상태였고, 그래서 대중을 위한 스포츠 훈련 장소
는 필요가 없었다. 로마 제국 시대에 그리스의 김나시온은 일시적으로
테르미온, 즉 공중 목욕탕으로 용도가 변경되었고, 아레나(Arena)라는 새
로운 스포츠 건축 양식이 발달하기 시작했다.

로마 대전차 경기장인 키르쿠스 막시무스는 주로 마차 및 전차 경주

키르쿠스 막시무스 유적지. 이탈리아 로마.

를 위한 장소였지만 공간이 확 트여 있어서 다른 스포츠 경기에도 사용할 수 있었다. 그리스의 히포드롬과 달리 로마의 키르쿠스 막시무스는 건축 비용이 더 많이 들었고 내구성이 강한 구조로 되어 있었다. 경주로의 폭은 상대적으로 좁은 편이고, 0.5킬로미터 길이의 경주로가 매끈하게 깔려 있고, 양 끝 연단에 있는 세 개의 원뿔은 반환점 역할을 한다. 2개의 경주로는 견고한 장벽으로 분리되어 있었다. 이 장벽은 경기장의 척추와 같은 역할을 했으며, 기념상, 성물, 재단, 신상(神像) 혹은 오벨리스크로 장식되어 있었다. 또한 게시판이 설치되어 있어서 관중들은 경기가 몇 회까지 진행되었는지 알 수 있었다. 키르쿠스의 아레나에는 관중석이 설치되어 있었다. 관중석은 2개의 긴 면과 1개의 짧은 면(반환점 쪽)에 있었으며, 보통 여러 등급으로 나뉘었고, 때에 따라서 회랑으로 장식되어 있었다. 관중석이 없는 다른 쪽의 짧은 면에는 출발점이 있었는데, (대개 12개의) 고정문이 설치되어 있어서 시차를 두고 출발할 수 있었다. 결승선 주변과 경주로를 따라서 고위직 관리와 귀빈을 위한 관람석이 설치되어 있었고, 반환점에는 선수들이 규칙을 준수하는지 감시하기 위한 심판관 전용 좌석이 있었다.

관련 연구에서는 키르쿠스 막시무스보다 더욱 높은 수준으로 제도화된 건축물의 전형으로, 기원전 6세기 에트루리아의 경주로를 언급한다. 에트루리아의 네크로폴리스(공동묘지)에는 이를 입증할 수 있는 그림이 보존되어 있다. 이 그림에서 우리는 관중석 외에도 고위직 관리를 위한 칸막이 좌석과 심판관을 위한 승강단도 확인할 수 있다. 키르쿠스 막시무스는 에트루리아의 왕 타르퀴니우스 프리스쿠스가 기원전 약 600년에 같은 장소에 설계했던 건축물에서 유래한다. 로마 공화국 시대인 기원전 329년에 키르쿠스 막시무스에는 나무로 된 출입문 시설(carceres)이 설치되었다.

카이사르와 아우구스투스 통치하의 로마 제국 시대 과도기에 이르러서야 키르쿠스 막시무스를 기념하기 위한 작업이 이루어졌다. 네로의 로마 대화재 이후인 트라야누스 황제 시대에 키르쿠스 막시무스는 완전히 새로 지어지면서 전보다 더 화려해졌다. 그중 일부는 지금까지도 보존되고 있다. 관중석의 모든 층이 돌로 만들어졌고, 가장 꼭대기 층에도 관중석이 있었으며, 지붕은 아티카풍으로 장식되어 콜로세움과 견줄 만했다. 관중석의 바깥 면은 대표성을 높이기 위해서 회랑으로 구분되었다. 길이 620미터와 너비 140미터의 이 건축물 주변에는 넓은 대로가 깔려 있어서 출입이 용이했다. 아치 모양의 출입구는 1층 쇼핑가와 바로 연결되었고, 방문객들은 계단과 오르막길을 통해서 좌석까지 갔다. 경주로의 양쪽을 분할하는 벽, 즉 스피나는 여러 개의 개수대와 분수, 여신 키벨레와 사자 등의 모습의 값비싼 동상 등으로 장식되어 있었다. 고대 후기에는 동상, 탑, 오벨리스크 등의 장식이 점점 더 사치스러워졌다.

키르쿠스 막시무스는 15만 명의 관중을 수용할 수 있는 세계 최대의 건축물 가운데 하나였다. 아마 당대 최고 규모의 건축물이었으리라. 키르쿠스 막시무스는 이탈리아와 로마 제국의 모든 경주로 시설의 기준이 되었다. 특히, 스페인과 북아프리카에는 말을 사육하는 전통이 있어서 이러한 시설이 도입되기에 매우 좋은 조건이었으므로 도시 인근에 설치되었다. 1세기의 메리다와 타라고나, 2세기 이후 아프리카(카르타고와 렙티스 마그나) 등이 그 대표적인 예이다. 반면 갈리아, 게르마니아, 브리타니아에서는 마차 경주와 전차 경주의 인기가 그렇게 많지 않았기 때문에 관련 시설도 그만큼 적었다. 4세기에는 사분(四分) 통치의 수도(아우구스타 트레베로룸, 메디올라눔)에서만 새로 건축한 왕궁의 부속 시설로서 경주로가 건축되었다(예를 들면 안티오키아, 테살로니키, 니코메디아 등). 그리스 동부 지방의 시설은 (경주로가 더 넓은) 그리스식으로 변형되었고 그리스인들의 요구에 맞춰 스포츠 경기용으로 사용되었다.[41]

고대 로마의 건축가 비트루비우스의 『건축 10서(De Architectura)』에 따르면, 그는 애초부터 운동장을 염두에 두고 도시를 설계했다. 아우구스투스 황제 시대에 최초의 훈련 시설(팔라이스트라)과 김나시온뿐만 아니라 이러한 스포츠 시설이 대형 목욕 시설 및 극장과 함께 차츰 그리스인들을 통해서 도입되었다. 그러나 비트루비우스는 로마 도시를 설계하면서, 경기를 할 수 있는 대형 건물을 포룸(광장)에 자신만의 양식으로 건축했다. 그리스 도시의 광장은 정사각형으로 건축되었던 반면, 로마의 포룸은 직사각형이었다. "검투사 시합을 개최할 수 있는 구조로 광장을 설계하는 전통을 조상들로부터 물려받았기 때문이었다."[42] 맨 위층에는 관람객들을 위한 발코니가 있었다고 한다. 시설의 규모는 인구에 비례했고, 길이와 너비는 3 대 2의 비율이었다. "형태는 장방형이었고 시설은 경기의 특성에 맞춰 지었다."[43]

공공 시설 건축에 관한 비트루비우스의 저서(제5서)에는 "레슬링 훈련장(팔라이스트라)"을 다룬 장(章)이 있다. 그는 김나지움을 커다란 안뜰 주변에 4개의 열주랑이 있는 시설이라고 설명한다. 또한 그는 열주랑 중의 하나가 두 배는 깊게 박혀 있어야, "폭풍을 동반한 소나기가 쏟아질 때" 안뜰에서 훈련하는 선수들을 보호할 수 있다고 쓰고 있다. 김나지움은 청소년을 위한 수업용 강당, 장비 보관실, 레슬링 선수들이 몸에 오일을 바른 이후 잘 뒹굴 수 있도록 미세한 모래가 깔려 있는 방, 냉수 샤워실, 오일을 보관할 수 있는 탈의실, 욕조가 있는 욕실, 몸을 따뜻하게 할 수 있는 온탕, 발한실로 구성되어 있었다. 열주랑에서 계단을 지나 평평한 안뜰로 가면, 다양한 경기장이 용도별로 구분되어 있었다. 선수들은 겨울에는 열주랑에서 훈련을 받았다. 그 뒤에는 관중석이 있는 스타디온이 있고, 그 위에서는 관중들이 선수들의 경기 모습을 관람할 수 있었다.[44]

검투 경기

그리스의 올림피아 제전, 발리의 투계, 미국의 야구(서문 참조) 등 사회학적인 욕망이라는 관점에서 한 사회에서의 스포츠 경기나 특정 스포츠 종목의 가치를 설명할 때, 로마 제국의 검투 경기(글라디우스[gladius]는 검, 글라디아토르[gladiator]는 검투사라는 뜻이다)를 언급하지 않을 수 없다. 이탈리아와 로마 제국 속주에는 콜로세움, 아레나, 암피테아터가 지어졌다. 로마의 많은 작가들이 그리스의 스포츠 경기나 로마의 극장에 대해서 의구심을 품었으나, 공화국 시대는 물론이고 제국 시대에도 철학자 세네카[45]를 제외하면 저명한 작가 중에서 검투 경기를 부정한 사람은 없었다. 고대후기 기독교 저자들은 한 번도 검투 경기를 부정한 적이 없었다. 이들은 단지 검투사의 영혼 구제에 힘썼으며, 웅장한 규모의 검투 경기가 허용되는 로마 사회를 감히 뒤흔들 용기도 내지 못했다. 사람들은 검투 경기의 어떤 부분에 끌렸던 것일까? 검투 경기의 실체는 대체 무엇일까?

검투 경기(선물이라는 뜻의 라틴어로, 단수는 무누스[munus], 복수는 무네라[munera]이다)의 유래는 로마 제국이 설립되기 이전의 에트루리아에서 찾을 수 있을 듯하다. 에트루리아인들은 고인의 업적을 기리기 위해서 "죽음의 경기"와 장례 의식을 시작했다. 경기에서 패배한 검투사는 신에게 제물로 바친다는 의미로 죽어야만 했다. 그러나 이 제물은 점차 축제 참여자들에게, 그리고 나중에는 대중에게 선물과 같은 존재가 되었다. 그러다가 패자의 죽음이 꼭 필요하지는 않다고 여겼다. 검투 경기는 사적인 의식에서 유래했고 결코 공적인 숭배 문화의 일부가 아니었다. 기원전 264년, 로마의 장례식에서 처음으로 3팀의 검투사들이 서로 대결을 했다. 이 풍습은 사람들에게 인기를 얻었고 귀족들이 이를 먼저 수용했다. 이와 동시에 가문 간의 화려한 장비 경쟁이 벌어졌다. 기원전 216년 로마 포럼에서 열린 마르쿠스 아이밀리우스 레피두스의 죽음을 기리는 경기에서는 검투사 22팀이 대결했다. 비트루비우스의 기록에 의하면, 검투 경기 개최를 감안하여 기원전 200년에 로마 포럼이 개축되었다고 한다.[46] 가이우스 율리우스 카이사르는 기원전 46년에 승전 기념으로 그때까지 볼 수 없었던 화려한 검투 경기를 개최했다고 한다. 그의 누이의 장례 의식은 구실에 지나지 않았다. 로마의 경기 주최자들(editores)은 원래 숭배 의식에 관심이 없었다. 경기 주최자들은 검투 경기를 장례 의식(ludi funebres)과 분리시켰고, 자신들이 주요 관직(안찰관, 재무관, 법무관)에 입후보했을 때를 대비하여 대중적인 인기를 끌어올리려고 검투 경기를 개최했다.

기원전 105년 군대의 도덕심을 드높이고 효율성을 높이기 위해서 검투사들이 로마 군대의 훈련을 맡으면서, 공화국 시기의 검투 경기는 더 중요한 의미를 띠었다. 기원전 42년부터 일부 고위직 관리들은 공적인 의미에서 검투 경기를 개최하기 시작했다. 로마 제국 최초의 황제인 아우구스투스는 기원전 22년 로마 전역의 이 경기에 새로운 규정을 적용했다. 그는 법무관에게 검투 경기를 매년 주최하도록 명령했고, 파괴적인 경쟁을 끝내기 위해서 출전 인원을 120팀으로 제한했다. 검투 경기와 장례 의식과의 연관성은 공식적으로 사라졌다. 검투 경기가 로마의 국가 스포츠로 정착되면서 국가 차원에서 개최되는 경기들을 중심으로 로마 제전 달력이 제작되었다. 결국 클라우디우스 황제는 연례 경기를 주최할 수 있는 권한을 재무관 협의회에 넘겼다. 108년 트라야누스 황제가 다키아 전쟁에 승리한 기념으로 개최되었던 검투 경기는 가장 큰 비용이 들었던 행사였다. 경기는 총 123일 동안 열렸고 경기에 출전한 검투사는 1만 명에 달했다.[47]

로마 제국 시대에 "빵과 경기"라는 표현에서 경기는 주로 검투 경기를 의미했다. 로마인들은 검투 경기의 어떤 점에 매력을 느꼈던 것일까? 검투사들은 원래 사회에서 존중받지 못하던 계층, 이를테면 노예, 전쟁 포로, 중범죄자 등으로 구성되어 있었다. 그러나 그중에는 계약한 동안에만 노예로 살겠다고 계약한 자유민도 있었다. 이들이 검투사의 길을 선택한 것은 개인적인 어려움 때문이기도 했지만 모험심이나 명예욕 때문이기도 했다. 자유민들은 검투사들과 마찬가지로 루두스 글라디아토리우스라는 훈련장에서 전문적인 훈련을 받았다. 그중에서도 로마의 루두스 마그누스는 가장 규모가 큰 검투사 훈련장이었다. 이 훈련장에서는 약 2,000명의 검투사가 합숙할 수 있었다. 페르가몬, 알렉산드리아, 카푸아에도 대규모의 검투사 양성 학교가 있었으나 로마가 독보적이었다. 로마는 여러 곳의 검투사 양성소를 갖추고 있었다. 검투사들은 아마추어가 아니라 전문적으로 훈련을 받은 프로 선수였다. 잘 훈련받은 검투사의 모습에 반해서 결혼을 포기하는 여성들이 속출할 정도였다. 심지어 로마의 고위계층 남성들이 직접 경기에 출전하려고 할 만큼 검투사는 당시 로마인들에게 매력적인 존재였다. 연로했던 티베리우스 황제는 자발적으로 검투사가 된 로마의 기사와 원로원 계층 귀족들을 추방했다. 그러나 청소년기에 즉위한 콤모두스 황제는 직접 링에 올랐다. "황제의 위엄으로 아레나의 승리가 더욱 빛나기를" 원했기 때문이다.[48] 검투 경기는 그물과 삼지창으로 싸우는 검투사(retiarii)는 물론, 단도와 둥근 방패로 싸우는 검투사(mymillones)도 경기 도중 중상을 입어 생명의 위협을 받을 수 있었다. 어떤 검투사든지 손을 들면 경기를 중단할 수 있었는데, 검투사가 자진해서 패배를 선택했다면 그의 생사는 아레나의 관중들에 의해서 결정되었다. 관중들이 항상 검투사의 죽음을 원했던 것은 아니었다. 플람마라는 검투사의 묘비에는 그가 네 번이나 죽음을 면제받은 검투사라고 쓰여 있다. "플람마, 검투사, 향년 30세로 사망. 총 34회 출전하여 21승, 4패, 9무를 기록. 국적은 시리아. 델리카투스, 검투 경기에서 큰 공로를 세운 검투사 동지를 위해서 이 글을 남기노라."[49]

노예, 범죄자, 전쟁 포로는 3년만 버티면 자신의 신분에서 명예롭게 벗어날 수 있다는 막연한 희망으로 검투사의 길을 선택했다. 검투사는 1년에 두 번 혹은 세 번 출전할 수 있었으므로 최소 여섯 번에서 아홉 번은 승리해야 한다는 의미였다. 그다음에 이들은 루두스 글라디아토리우스에서 2년을 더 버텨야 했지만, 더는 경기에 출전하지 않아도 되었다. 자유민의 신분을 획득하면 약간의 권리가 주어졌고, 공직과 병역의 의무에서는 제외되었다. 오늘날의 스포츠 스타처럼, 성공한 검투사는 큰 인기와 부를 얻고 출세하여 정치적으로 영향력 있는 인물이 될 수 있었다. 이들은 영웅으로서 로마의 미덕을 실천했다. 경기를 통해서 실력을 검증받은 검투사는 용기와 용맹, 규율과 기술, 계산과 죽음을 두려워하지 않는 마음, 적국보다 우월한 로마의 질서를 실체화했다. 경기 주최자와 관중들은 자신을 승자와 동일시했고 승자의 영웅적인 행위를 통해서 자신들의 판단력이 검증받은 것이라고 여겼다. 물론 경기에는 오락적인 요소도 있었지만, 관중들은 공통의 긴장감 속에서 로마, 황제, 또는 속주의 지배층과 함께 공동체 의식을 체험했다. 이러한 이유로, 검투 경기는 암피테아터와 같은 건축물들과 함께 로마 제국 전역으로 퍼졌다. 검투 경기는 로마 제국의 몰락과 동시에 몰락했다.

베나티오네스

로마에서 육상 종목은 검투 경기에 비해서 다소 인기가 떨어졌다. 이러한 사회적인 분위기에서 레슬링 선수와 권투 선수가 등장했다. 가장 인기가 높은 종목은 베나티오네스(venationes), 즉 사자, 표범, 하마, 코뿔소, 기린 등 이국적인 아프리카 포유동물과 싸우는 격투기였다. 이러한 쇼를 개최하려면 수준 높은 운송 기술이 뒷받침되어야 했다. 사람들은 쇼에 출연하는 동물들을 아프리카에서 잡거나 북아프리카의 동물 시장에서 사서, 이탈리아까지 배로 실어왔다. 운송하는 동안 동물을 먹이고 돌보려면 전문가가 필요했다. 비싼 돈을 들여 사오는 인기 상품이 이탈리아에 도착하기도 전에 죽는 일이 발생해서는 안 되기 때문이었다. 로마 제국 시대에는 대형 철창의 운송을 위해서 암피테아터로 향하는 통로와 승강기 시설이 갖춰져 있었는데, 이러한 신기술을 도입하려면 엄청난 비용과 시간이 들어갔다. 이것만 보아도 로마인들이 이러한 쇼를 얼마나 중요시했는지 알 수 있다. 이국적인 동물의 중요성은 말할 것도 없었다. 아프리카 동물의 참신함은 엄청난 화젯거리였고, 사람들은 동물의 강인함과 육중한 몸집을 보며 짜릿함을 느꼈다. 게다가 이국적인 분위기는 이러한 모든 것들을 누릴 수 있을 만큼 로마 제국이 세력을 확장했으며 로마 황제가 막강하다는 사실을 입증하는 증거였다.

로마에서 가장 유명한 베나티오네스(원래는 사냥이라는 뜻이었으나 나중에는 인위적인 조건에서 동물을 죽인다는 의미로 사용되었다)는 공화국 시대인 기원전 186년까지 행해졌다. 국가의 숭배 의식과 관련된 스포츠 경기에서 시작하여 관중에게 즐거움을 주기 위한 행사로 확장되면서, 야생 고양이 63마리, 곰 40마리, 코끼리 몇 마리를 몰아넣고 싸움을 붙이는 경기가 열렸다.[50] 그러다가 이러한 쇼는 인간 대 맹수의 싸움으로 바뀌었다. 루키우스 코르넬리우스 술라의 독재 당시 100마리가 넘는 사자가 임시 아레나에서 아프리카 출신 궁수들의 화살에 맞아 죽었다. 술라의 후계자이자 카이사르의 적수인 폼페이우스는 5일간 700마리가 넘는 동물을 경기에 출전시켰다. 이때 스포츠 경기는 이미 국가의 숭배 의식에서 분리된 상태였다. 가이우스 율리우스 카이사르는 전쟁에서 승리한 기념으로 베나티오네스를 개최했다. 이 행사는 5일 동안 열렸고 인간 500명이 두 팀으로 나뉘어서, 코끼리 20마리 또는 기수 300명과 서로 맞서 싸웠다. 네로는 동물과 인간의 싸움을 변형시킨 맹수형(猛獸刑)을 발명했다. 사형 선고를 받은 사람은 관중의 함성 속에서 경기장의 야생 동물에게 죽임을 당했다. 이것은 동물을 이용한 일종의 공개 처형이었다.

이후 수백 년간 행해진 베나티오네스의 규모를 보면 로마 제국의 흥망성쇠를 알 수 있다. 아우구스투스 황제는 총 41년의 재위 기간 동안 3,500마리의 동물을 경기에 출전시켰고, 티투스 황제는 콜로세움 봉헌 축제에서 약 5,000마리의 동물을 희생시켰다. 트라야누스 황제는 106년에 다키아에 승리한 기념으로 1만1,000마리의 동물을 암피테아터로 보냈고, 이 초대형 행사는 베나티오네스의 절정이었다. 프로부스 황제는 281년에 승리를 축하하기 위해서 600마리의 동물을 희생시켰다. 콘스탄티누스 1세는 325년에 최초로 베나티오네스를 금지한다는 칙령을 발포했으나, 백성과 로마 귀족들의 반대로 완전히 금지되는 데에는 수십 년이 더 걸렸다. 베나티오네스는 마지막 로마 황제가 폐위된 후에도 계속되어, 동고트 왕국의 테오도리크 대왕이 523년에 마지막으로 베나티오네스를 개최했다.

대형 아레나를 건축할 때, 베나티오네스는 암피테아터에서 중요한 위치를 차지했다. 일반적으로 베나티오네스는 검투 경기의 일부였다. 첫날 오전 행사에는 짐승들이 등장했다. 먼저, 이국적이고 위험한 짐승들끼리 싸움을 붙였다. 그리고 분위기가 한창 달아오를 무렵에 조련된 귀한 동물들이 무대에 등장했다. 베나티오네스에는 막간극으로 희극이 포함되기도 했다. 배우들은 곰과 같은 짐승의 털가죽을 입었다. 오전 행사의 하이라이트는 특수한 검투사가 등장하는 베스티아리(bestiarii)라는 경기였다. 이 경기는 스페인과 라틴 아메리카 지역에서 열리는 투우 경기와 유사했다. 오전 행사가 끝날 무렵에 맹수형 선고를 받은 범죄자들이 아레나로 인도되었다. 오후가 되면 본격적인 검투 경기가 열렸다.

검투 경기에서 베나티오네스는 비교적 인기가 떨어지는 종목이었다. 검투사들은 베나티오네스가 상대적으로 덜 위험하므로 앞에서 언급했던 로마의 미덕을 구현하기에 부족하다고 여겼고, 그래서 베나티오네스를 높이 평가하지 않았다. 그러나 로마 제국 시대의 바닥 모자이크에 베나티오네스 장면이 점점 더 많이 묘사되었다는 점을 보면, 베나티오네스의 인기가 점점 높아졌음을 짐작할 수 있다. 검투사들의 행적은 로마 제국 전역의 바닥 모자이크에서부터 시작하여 아프리카는 물론이고 흑해와 알프스 북부 지역에서까지 칭송을 받았다. 보존 상태가 좋은 로마의 보르게세 공원 또는 독일 자를란트 주에 위치한 빌라 네니히의 모자이크를 통해서 베나티오네스가 예술 작품에 풍부한 모티브를 제공했음을 알 수 있다. 예술가들은 작품 의뢰인의 동의 없이 임의로 모티브를 선택할 수 없었지만, 동물 묘사는 예술가들에게 자신의 능력을 펼치는 기회가 되었다.

노예 그리고 여성

스파르타쿠스

검투사 훈련장과 관련하여 빼놓을 수 없는 인물이 바로 스파르타쿠스이다. 그는 고대사, 아니 세계사에서 가장 유명한 검투사였을 것이다. 그는 운동선수가 아니라 고대 최대 규모의 노예 반란의 주동자로 유명한 인물이다. 로마 역사에서 이 사건은 "제3차 노예 전쟁"(기원전 73-71), 이른바 "검투사 전쟁"으로 기록되었다. 후대에 이 폭동은 스파르타쿠스의 반란으로 알려졌다. 여기에서 다루는 로마의 국내 정책이 스포츠와 관련이 없다고 생각한다면 20세기 공산주의 국가들의 최대 스포츠 행사였던 스파르타키아트(Spartakiad)를 떠올려보기를 바란다. (자본주의 국가들의) 올림픽에 해당하는 스파르타키아트는 "스파르타쿠스"와 "올림피아드"의 합성어다. 동독에도 아동 및 청소년 스파르타키아트가 있었다. 1964년부터 대중 및 경기 스포츠와 연계되었던 이 행사는 서독의 체력장에 대응한 것이다. 실제로 러시아, 불가리아, 슬로바키아에는 스파르타쿠스라는 이름의 스포츠 클럽이 많았다. 현재 모스크바의 축구 클럽 이름도 스파르타크 모스크바이다. 스파르타쿠스는 권리를 박탈당한 자들의 봉기를 대표하는 인물일 뿐만 아니라 스포츠 역사에서도 상징적인 인물이다.

로마의 역사가들이 기록한 내용이 사실이라면 스파르타쿠스는 발칸 동부 지역(현재의 불가리아와 터키 서부 지역)인 트라키아 출신이다. 이 지역은 기원전 341년부터 기원전 305년까지 마케도니아에 정복당했고, 알렉산드로스 제국의 붕괴 이후 헬레니즘 왕조인 디아도코이에 의해서 독립했다가, 기원후 44년 트라키아라는 속주로 로마 제국에 편입되었다. 그리스의 작가 플루타르코스는 스파르타쿠스가 유목민 출신의 트라키아인이었고, 그와 함께 노예가 되었으며 노예 봉기 당시 감시인으로 활약한 그의 아내는 트라키아 혈통의 마이디족이라고 쓰고 있다. 또한 플루타르코스는 스파르타쿠스가 건강한 신체와 정신력을 모두 갖춘 남자이며 매우 교양 있고 똑똑하여 우수한 혈통 출신으로 짐작된다고 기록했다.[51] 스파르타쿠스라는 이름은 고대 그리스 흑해 지역에 흔했다. 또한 트라키아인이라는 단어는 한편으로 양날이 휘어진 검, 작은 방패, 투구, 팔 보호대, 정강이 보호대를 갖춘, 특정한 유형의 검투사를 뜻했다. 스파르타쿠스가 어떻게 검투사가 되었는지, 그가 전쟁 포로였는지 아니면 범죄자였는지 확실히 알려진 것은 없다. 그는 카푸아에서 가이우스 코르넬리우스 렌툴루스 바티아투스가 운영하는 훈련장 루두스 글라디아토리움 소속이었고, 검투사들이 부당한 대우를 받고 있다고 생각했다. 기원전

73년 스파르타쿠스는 70명의 노예들과 함께 검투사 훈련장을 탈출했다. 잘 훈련받은 투사들로 구성된 이 소규모 집단은 노예 부대의 핵심 세력이었다. 노예 반란이 절정에 달했을 때, 노예 부대에 소속된 군사는 무려 20만 명이었다.

스파르타쿠스의 반란은 노예를 소유한 로마 사회를 뒤흔들었고, 몇 주일 만에 로마 제국을 내부부터 파괴시킬 기세였다. 스파르타쿠스와 2명의 갈리아 노예를 지도자로 선출한 소규모 검투사 부대에 불과 몇 주일 만에 라티푼디움(대규모 소유지)의 노예 수천 명이 합세했고, 가난하고 땅이 없는 자유민들의 무리까지 반란에 가세했다. 이전의 모든 노예 봉기와 달리, 카푸아 검투사들의 노예 반란은 탁월한 조직력을 갖추고 있었다. 스파르타쿠스는 나날이 늘어나는 자신의 지지 세력을 관리하고, 훈련시키고, 무장시켰다. 또한 그는 이들을 공평하게 대하기 위해서 노력했다. 반란 세력들이 검투사 훈련장에서 탈출한 이후 가장 먼저 향한 곳은 길도 제대로 뚫리지 않고 험준한 지형인 베수비오 산이었다. 이곳에서 검투사들은 주변을 돌아다니며 약탈했고 그해 말 로마 민병대를 두 번이나 물리쳤다. 기원전 72년 봄 스파르타쿠스는 자신의 노예 부대와 함께 이탈리아 북부(갈리아 키살피나)로 이동하던 중에 로마 황제의 친위대를 두 번이나 물리쳤다. 갈리아로 가는 길에는 걸림돌이 없었지만 기원전 71년 스파르타쿠스는 방향을 돌려 남부로 이동했다. 그는 이미 로마 제국을 공격할 준비가 되어 있었다. 스파르타쿠스는 8개의 군단과 함께 로마 원로원으로부터 최고 지휘권을 위임받은 법무관 마르쿠스 리키니우스 크라수스에 맞서 싸웠다. 크라수스는 폭도들을 메시나 거리까지 몰아내어 전투를 승리로 이끌었다. 스파르타쿠스는 마지막 전투에서 무너졌다. 수천 명의 포로가 체포되었고 아피아 가도로 끌려가서 반란죄로 십자가형에 처해졌다. 다음 해 크라수스는, 스페인에서 돌아와서 스파르타쿠스와의 마지막 전쟁에 참전했던 폼페이우스와 함께 집정관으로 선출되었다. 그로부터 10년 후 크라수스는 폼페이우스, 카이사르와 함께 최초의 삼두정치(三頭政治) 체제를 이끌었다.

아피아노스와 같은 고대의 일부 작가들은 스파르타쿠스의 의협심을 강조했다. 스파르타쿠스는 노예 봉기가 절정에 달했을 때에도 전리품을 독점하지 않고 자신의 소속 군대 대원들과 공평하게 분배했다고 한다. 그는 "연극 같은 삶이 아니라, 오직 자유를 위해서 살았다."[52] 스파르타쿠스는 크라수스와 폼페이우스의 전기에 등장할 정도로 로마 작가들이 자주 언급한 인물이자 환상의 결정체였다. 비밀 결사 조직 일루미나티의 창시자 아담 바이스하웁트는 18세기에 "스파르타쿠스"라는 익명을 사용했다. 프랑스인들은 아이티의 노예 반란 지도자 앙리 크리스토퍼를 "검은 스파르타쿠스"라고 불렀다. 스파르타쿠스라는 이름은 후손들에게 오랫동안 회자되었다. 이렇게 된 데에는 카를 마르크스의 공이 크다. 마르크스는 스파르타쿠스를 "로마 프롤레타리아의 진정한 지도자"라고 극찬했다. 그러나 고대의 스파르타쿠스 노예 반란의 목표는 공산주의 사회 건설이 아니라, 로마의 세력권에서 벗어나는 것이었다.

여성 관중과 여성 검투사

야코프 부르크하르트는 이렇게 썼다. "여기에 덧붙여서 (모든 주요 경기와 마찬가지로) 올림피아 제전은 남성만의 전유물이었고, 여성은 철저히 소외되었다는 점을 언급할 필요가 있다." 그는 그 이유를 다음과 같이 설명했다. "이는 여성들이 운동 실력이 아니라 다른 이유로 선수들에게 박수를 남발할 수 있다는 우려 때문이었다. 여성들은 스타디온의 달리기 경기만 관람할 수 있었다. 여사제 데메테르 카뮈네에게는 공식 지정석이 있었다."[53] 물론 그리스에서는 스포츠 경기에 참여하기 위해서 우회적인 방법을 사용하는 여자 선수들이 있었다. 예를 들면 기수의 실력을 겨루기 위해서가 아니라 마주(馬主)에게 경의를 표하기 위해서 열리는 마차 경주가 있었는데, 이러한 시합에는 여자 선수들도 출전할 수 있었다. 스파르타의 키니스카는 기원전 396년과 기원전 392년 히포드롬에서 어린 말 4마리가 끄는 마차 경주에서 승리했다. 그녀는 자신의 우승에 대하여 신에게 영광을 돌리기 위해서 올림피아의 제우스 신전에 청동 군상을 세웠는데, 다음의 비문은 그녀가 직접 마차를 몰았음을 암시한다. "스파르타의 왕들이 나의 아버지이자 형제이다. 나, 키니스카는 사나운 말들과 함께 경기에서 승리하여 이곳에 상을 세운다. 그리스 전역에서 내가 이 영예로운 관을 받은 유일한 여성임을 나는 자랑스럽게 생각한다." 키니스카는 올림피아 제전 최초의 여성 우승자였다.[54] 그녀는 펠로폰네소스 전쟁에서 승리한 스파르타의 영웅 아르키다모스 2세의 딸이었고, 그리스 도시국가 체제에서 군사 통치에 성공한 아기스 2세와 아게실라오스 2세의 누이였다. 이러한 배경은 그녀가 독특한 방식으로 경기에 출전하는 데에 유리하게 작용했을 것이다. 이러한 정치적인 상황에서는 그리스를 제패한 전쟁 영웅들의 누이가 올림피아 제전에 출전하는 것을 누구도 막기 힘들었으리라.[55]

여성 관중들이 음악 행사뿐만 아니라 아레나와 키르쿠스의 경기도 즐겼음을 입증할 수 있는 증거들은 수없이 많다.[56] 여성들은 관중 자격으로 경기장에 출입하려는 것이 아니라 직접 경기에 출전하려고 했던 듯하다. 티베리우스 황제는 원로원 의원의 딸, 손녀와 증손녀, 그리고 "기사 계급을 위해서 마련된 예약 좌석에 앉을 권리가 있는 남성의 배우자이거나 딸이거나 손녀이거나 형제인 모든 여성들"은 친가이든 외가이든 간에 상관없이 훈련을 받거나 검투 경기에 출전할 자격이 없다고 칙령으로 정했는데, 이는 역으로 몇몇 여성들이 실제로 그렇게 했음을 암시한다. 네로 황제가 자신의 어머니 아그리피나를 기리기 위해서 개최한 검투 경기에는 여성 엔터테이너만 등장한 것이 아니라 여성 검투사가 출전하여 말을 타고 야수와 싸웠다. 누군가의 강요 때문이 아니라 자발

비키니를 입은 여자 구기 선수들. 기원후 350년경, 이탈리아 시칠리아, 카살레의 빌라 로마나.

적인 참가였다.[57] 66년 네로 황제는 아르메니아의 티리다테스 1세가 방문한 기념으로 화려한 행사를 개최했다. 풍자가 페트로니우스는 『사티리콘(Satyricon)』에서 이 행사를 묘사하고 있는데, 그중 "트리마키온의 향연"에서는 넝마 장수 에키온이 이 행사를 상세하게 소개하며 전차 경주를 하는 여성을 이야기한다.[58] 밤에 햇불을 밝힌 가운데 열리는 여성 검투사들의 경기는 인기 종목이 되었다. 남성 검투사들처럼 여성 검투사들도 상의를 입지 않고 경기에 출전했다. 차이가 있다면 여성 검투사들은 투구를 착용하지 않았다는 것이다. 페트로니우스가 검을 든 여성 검투사를 덧붙여서 언급한 것으로 보아, 생각보다 여성 검투사의 출전이 흔한 일이었다는 사실을 유추할 수 있다. 에이미 졸은 여성 검투사들의 야간 경기에 대해서 선정성 때문이 아니라, 야간 경기 자체의 매력 때문이었다고 해석한다.[59] 또한 많은 연구자들은 경기에 출전하는 여성 검투사들이 검투사 훈련장이 아니라 청년 모임에서 정기적으로 훈련을 받았을 것이라고 주장한다.[60]

여성 검투 경기의 특징에 관해서는 더 활발한 논의가 필요하다. 도미티아누스는 여성 검투사들끼리의 경기만으로도 모자라 여성 검투사와 난쟁이에게 경기를 시켰다. 이를 통해서 여성 검투사의 경기는 남성 검투사의 경기와 같은 수준이 아니었으며, 이색적인 경기로서 관객의 관심을 끌기 위한 목적이었음을 짐작할 수 있다. 여성 검투사들의 경기는 별난 쇼였을까? 황제 역사가 수에토니우스는 도미티아누스 황제 시대에 콜로세움과 키르쿠스 막시무스에서 밤마다 횃불을 밝힌 가운데 여성 검투사들의 경기가 열렸다고 기록했다.[61] 할리카르나소스의 부조에서 여성 검투사는 "아마존"처럼 중무장을 한 모습으로 묘사되어 있다. 풍자 작가 유베날리스에 의하면 검투 경기에 출전하는 여성들은 주로 일상의 무료함을 달래고 관심을 받고 싶어하는 로마 상류층 여성들이었다고 한다. 셉티미우스 세베루스 황제는 기원후 200년에 여성 검투 경기 금지령을 내렸다. 그러나 로마의 항구인 오스티아의 비문을 보면 얼마 지나지 않아서 격투기를 하는 여성이 등장했다고 한다.

콜로세움

비트루비우스는 **암피테아터**(Amphitheater : 원형투기장)가 로마 제국에서 인기 있는 경기장이 되리라고는 것을 예상하지 못했던 듯하다. 그는 기계에 관한 마지막 저서에서, 로마인들은 더운 여름에도 대형 천막이 있었기 때문에 아레나를 방문할 수 있었다는 내용만 잠시 다루었다. 라틴어인 아레나는 경기장에 흩뿌려져 있던 모래(arena)에서 유래한 단어이다. 마찬가지로 라틴어인 암피테아트론(Amphitheatron)도 아우구스투스 황제 시대에 처음으로 언급된 단어로, 원래는 "두 개의 극장" 혹은 "두 부분으로 된 극장"이라는 뜻이었다. 암피테아터는 사실 고대 극장(테아트론)의 두 반원이 하나의 큰 타원으로 합쳐졌다는 뜻이다. 건축사가들은 기원전 1세기에 암피테아터의 최종 양식이 나타났다는 사실에 그저 감탄할 뿐이다. 그래서 건축사가들은 경기를 위해서 광장에 설치했다가 철거하는 임시 목조 건축 양식이 기원전 3세기 이후로 사라진 이유가 이것과 관련이 있을 것이라고 추측한다. 대형 암피테아터의 기본 건축 양식은 그리스 대부분의 극장과 스타디움처럼 천연 지형에 맞춰 땅이나 바위에 지어졌다. 초창기 암피테아터 중의 두 곳은 이러한 양식인데, 땅을 파거나(기원전 70년 폼페이) 응회암을 두들겨 깨서(기원전 50년 수트리) 만들어졌다. 두 번째 양식은 기념 건물로서 플라비우스 암피테아터처럼 복도가 있고 독립적으로 세워졌다는 것이 특징이다. 플라비우스 암피테아터는 한참 후인 기원후 8세기 무렵에 거대한 크기라는 의미로 콜로세움이라고 불리게 되었다.

로마에서는 공화국 시대인 기원전 52년에 원로원 의원이 최초의 암피테아터를 건축했다. 그러나 이 암피테아터의 운명은 잘 알려져 있지 않다. 기원전 29년 로마의 캄푸스 마르티우스(군사 훈련장)가 완공될 때까지 사람들은 암피테아터가 포로 로마노(로마 중심지)의 경기용 임시 목조 건물이라고 생각했기 때문이다. 수에토니우스의 기록처럼 아우구스투스 황제가 실제로 대형 암피테아터 건축을 계획하고 있었다면, 건축가 비트루비우스가 이 계획에 별로 관심을 두지 않았다는 점은 이상하다. 기원후 57년 네로는 목조 아레나를 다시 건축했지만 몇 년 되지 않아 로마 대화재로 소실되었다. 콜로세움은 베스파시아누스 황제와 티투스 황제 시대에 이르러서야 완공되었다. 기원후 80년에 봉헌 의식이 치러진 이후, 콜로세움은 로마 제국 시대 내내 경기장으로 사용되었다. 지금도 남아 있는 콜로세움은 여전히 경이로운 건축물이며 문화 행사장으로도 사용된다. 무려 5만 명의 청중을 수용할 수 있었던 이 웅장한 건축물의 규

베스파시아누스 황제가 기원후 72-80년에 건축한 로마의 콜로세움. 약 5만 명의 관중을 수용할 수 있었으며 동고트 왕국의 테오도리크 대왕 시대까지 사용되었다(마지막 기록은 기원후 523년).

모는 고대 최대 수준이었고, 평평한 지형에 완벽한 조적식구조로 지어졌으며, 기술적인 측면에서도 역작이었다. 콜로세움에는 방, 통로, 기중기, 승강기, 물탱크 등 복잡한 시설을 갖추고 있었다. 덕분에 무거운 무대와 동물 우리의 운반은 물론이고 모의해전을 개최할 때에 아레나의 인파도 쉽게 이동할 수 있었다.[62]

콜로세움은 이탈리아에서 발명한 건축 양식의 진수였다. 이러한 건축 양식은 1세기에 주로 북아프리카와 북부의 브리타니아, 동부의 판노니아에 이르는 라틴어권 서로마 제국에까지 널리 퍼졌다. 로마 제국에 속했던 그리스 동부는 이미 스타디온과 히포드롬이라는 스포츠 전용 건축물과 더불어 스포츠 역시 발달한 지역이었다. 로마인들은 그리스 동부 지역에 로마의 검투 경기 문화를 정착시키기 위해서 기존의 극장 건축물을 개축했고(도도나와 코린토스 등), 암피테아터를 신축하는 경우는 비교적 드물었다. 반면, 라틴어권인 서로마 제국에서는 암피테아터가 스포츠 건축을 주도하는 새로운 양식으로 자리매김했다. 로마 공화국 시대에는 15곳이었던 암피테아터가 제국 시대가 되자 수백 개, 아니 수천 개씩 신축되었다. 폼페이, 포추올리, 베로나와 같은 이탈리아의 소도시에는 2만-3만 명의 관중을 수용할 수 있는 아레나가 지어졌다. 심지어 카푸아의 아레나는 4만 명의 관중을 수용할 수 있었다.

이러한 대형 스포츠 시설은 이탈리아뿐만 아니라 현재의 프랑스(예를 들면 아를, 보르도, 부르주, 리모주, 님, 니스, 파리, 상스, 투르), 스페인(카르타헤나, 코르도바, 메리다, 타라고나), 영국(체스터, 콜체스터, 도체스터, 런던, 실체스터, 세인트 올번스) 독일(트리어, 크산텐), 스위스(아방슈, 아욱스트), 오스트리아(페트로넬-카르눈툼), 헝가리(부다페스트), 크로아티아(풀라, 솔린), 알바니아(두러스), 불가리아(히사리아, 플로브디프, 소피아, 스타라자고라), 북아프리카 지역에도 있었다. 현재 튀니지의 엘젬에 있는 암피테아터는 보존 상태가 매우 좋으며 약 3만 명의 관중을 수용할 수 있는 규모이다. 현재의 리비아(키레네, 렙티스마그나, 프톨레마이스, 사브라타), 알제리(셰르셸, 랑베즈, 테베사, 티파자), 모로코(릭수스), 시리아(보스라), 레바논(바트로운), 터키(페르가몬)에도 대형 암피테아터가 많다. 현재까지 남아있는 암피테아터들 중에 보존 상태가 양호한 것은 230채가 넘는다.[63]

스포츠에 적대적인 기독교

테르툴리아누스와 스포츠에 적대적인 기독교

17세기 초, 청교도들은 휴일에 운동 시합을 하면 일주일에 하루뿐인 일요일을 소홀히 하게 된다며[64] 영국의 국왕 제임스 1세가 쓴 『체육 교서』를 불태웠다. 이것은 신체를 적대시해왔던 기독교의 오랜 전통과 관련이 있었다. 교회사에서는 라틴어 교부(敎父) 터툴리안이라는 이름으로 알려진 북아프리카의 저술가 쿠인투스 셉티미우스 플로렌스 테르툴리아누스는 기원후 200년 「데 스펙타쿨리스(De spectaculis : 구경거리)」라는 논문에서 스타디온, 키르쿠스, 암피테아터 등 고대 스포츠 경기장과 극장에서 하는 모든 훈련과 경기를 악마의 작품이라고 표현했다. 테르툴리아누스는 그리스 및 로마 문학에 대한 정확한 지식을 바탕으로 여가 시간에 행하는 모든 오락 행위에 대한 판단 기준을 마련했고, 이 기준은 이후 1,500년간 영향을 미쳤다. 기독교로 개종하기 이전에는 그도 검투 경기를 관람했기 때문에 그는 스포츠 종복뿐만 아니라 경기가 개최되는 장소도 잘 알고 있었다. 그는 키르쿠스의 마차 및 전차 경주, 암피테아터의 무네라와 베나티오네스, 스타디온의 달리기, 도약, 던지기 등을 구체적으로 언급했다. 그는 극장의 공연은 물론 이러한 모든 활동이 우상 숭배와 같은 맥락에서 일어나며, 그리스와 로마의 경기장이 악마가 사는 곳이라고 주장하면서 스포츠 활동을 우상 숭배(idolatria)와 동일시했다. 기독교 신학자들은 이교도의 신을 마귀라고 여겼다. 이러한 사고 체계에 의하면, 모든 다른 스포츠 행사들처럼 올림피아 제전 역시 우상 숭배와 다를 바가 없었다.[65]

테르툴리아누스의 논문은 현대인에게는 난해하게 느껴지지만, 뛰어난 글일 뿐만 아니라 핵심적인 질문을 다룬다. 예를 들면, 당시 많은 기독교인들은 성경에서 스포츠와 공연 관람을 금한다고 쓰여 있지는 않기 때문에 암피테아터, 키르쿠스, 스타디온에서의 관람을 허용해야 한다고 주장했다. 이에 대해서 테르툴리아누스는 그리스 철학은 물론이거니와 그리스 철학의 전통을 이어받은 로마 철학까지도 악명 높은 궤변임을 입증했다. 첫째로, 테르툴리아누스는 그리스와 로마의 스포츠 경기가 이교도의 사자(死者) 숭배 사상에서 비롯되었으며, 이방의 신을 섬기기 위한 축제에서 유래했다는 역사적인 근거를 제시했다. 사자를 숭배하는 축제가 살아 있는 사람들을 위한 것일지라도 이것 역시 우상 숭배라는 것이다. 둘째로, 그는 모든 경기장들이 이교도 신들에게 제사를 지냈던 곳이기 때문에 이것 역시 신학적인 측면에서 우상 숭배라고 주장했다. 셋째로, 그는 당대의 심리학이었던 그리스의 감정 이론을 바탕으로 윤리적인 측면의 근거를 제시했다. 스포츠 행사와 공연은 광란과 노여움, 분노와 고통을 부추기며, 이것은 기독교의 교육 원칙에 맞지 않는다는 것이었다. "이러한 광란 행위를 금지한다면 우리는 모든 구경거리, 특히 광란의 중심지인 키르쿠스를 멀리하게 될 것이다. 광란 속에서 소리치고 발광하고 완전히 흥분한 상태에서 내기에 현혹되는 군중들을 한번 보라."[66]

이러한 극단적인 측면이 있음에도 테르툴리아누스의 반박문 가운데 우리도 거부감 없이 받아들일 만한 것이 있다. 예컨대, 경기를 위해서 남자 선수는 영혼을, 여자 선수는 몸을 바쳤기 때문에 스포츠 스타들이 신처럼 숭배되는 동시에 법적으로는 배제되는 모순을 그는 다음과 같이 우려했다. "이 얼마나 왜곡된 세상인가! 이들은 자신들이 깔보는 사람들을 사랑하고, 자신들이 박수갈채를 보내는 사람들을 깎아내린다. 이들은 예술을 찬양하면서 예술가들에게 낙인을 찍는다!"[67] 특히, 테르툴리아누스는 아레나의 야생 동물에게 내던져지는(맹수형을 당하는) 사람들을 보면서 즐기는 행위를 비판했다. "판사의 복수심이든, 변론이 빈약하든, 자백을 받아내기 위한 심문의 심한 고문이든 간에 상관없이, 억울하게 맹수형을 받고 야생 동물에게 내던져지는 죄인들이 존재하며 이러한 형벌이 무고한 자들에게 내려지지 않으리라고 누가 확신할 수 있겠는가?"[68] 스포츠 팬의 심리학이라는 측면에서도 테르툴리아누스의 관찰은 주목할 만하다. 예컨대 "과격한 싸움이 거리에서 벌어졌다면 사람들은 이 싸움을 중재하거나 혐오했을 텐데, 스타디온의 스포츠 팬들은 야만적인 주먹질을 말리기는커녕 환호를 보낸다."[69] 그는 사람들의 태도에 이러한 모순적인 변화가 나타나는 것을 지적했다. 여기에는 우상 숭배, 광신, 잔혹

함이 혼재되어 있다. 테르툴리아누스와 마찬가지로 다른 교부들도 스포츠에 대해서 극단적인 태도를 보였다. 대표적인 인물로 테르툴리아누스처럼 북아프리카 출신의 교부 성 아우구스티누스를 꼽을 수 있다. "구경하고 싶은 욕망 때문에 사람들은 사탄을 닮아간다. 사탄은 사람들이 소란을 피우고 서로 죽이도록 몰아간다."[70]

그러나 고대 후기의 그밖의 주요 신학자들도 자신들의 소망을 구체적으로 묘사하기 위해서 스포츠를 메타포로 이용했다. 트리어 태생의 대부이자 밀라노의 주교 암브로시우스는 서품식에 관해서 다음과 같은 글을 썼다. "그대는 신(神)의 운동선수처럼 이 세상이라는 레슬링 판에서 싸우기 위해서 기름 부음을 받았노라." 그리고 교부 아우구스티누스도 같은 메타포를 이용했다. "기름 부으심은 우리 레슬링 선수들이 악마와 맞서 싸운다는 상징이다."[71]

테오도시우스 1세와 고대 경기의 종말

처음에 기독교도들은 로마 제국에서 소수에 불과했고 이러한 기독교 사상가들의 견해는 영향력을 가지지 못했다. 기원후 3세기 말에는 강진과 같은 자연재해가 일어나도 올림피아 제전에 아무런 영향을 끼치지 못했다. 문화 중심지의 사회기반시설은 발전되고 보수, 관리, 확장되었다. 300년에는 선수와 관중들의 위생 상태를 개선하고자 공중 목욕 시설이 새로 지어졌다. 그러나 기독교 복음이 널리 전파되자, 기독교 신학자들로 인해서 등장한 경기에 대한 거부감은 장기적인 영향을 미쳤다. 로마 최초의 기독교도 황제 콘스탄티누스 1세는 검투사 시합보다 전차 경주를 먼저 시작하도록 했다. 전차 경주가 검투사 시합보다 이교도의 숭배 이미지가 더 약하다는 이유에서였다. 그는 비잔티움에 콘스탄티노플(현재의 이스탄불)이라는 새 도시를 건설하여 로마 제국의 수도로 승격시켰고, 옛 도시인 비잔티움의 사회적인 중심지인 히포드롬을 길이 450미터에 10만 명의 관중을 수용할 수 있는 거대한 스포츠 경기장으로 확장했다(현재의 술탄아흐메트 광장). 황가의 일원들은 인근에 있는 황궁(현재이 자리에는 술탄아흐메트 모스크, 이른바 블루 모스크가 있다)의 통로를 이용해서 황제 전용 특별 관람석(카티스마)으로 이동할 수 있었다. 히포드롬을 장식하는 것 중에는 말 4마리가 끄는 마차를 표현한 실물 크기의 금박 청동상이 있었다. 이 청동상은 1204년 콘스탄티노플 약탈 당시 십자군에게 도난당해서 베네치아로 옮겨졌고, 현재는 베네치아의 산 마르코 대성당 입구에 있다. 구조적으로 보면 히포드롬은 그리스의 확 트인 전차 경주로보다는 로마의 키르쿠스 막시무스와 더 깊은 관련이 있으나, 중세 내내 콘스탄티노플, 즉 비잔티움 제국의 사회적 중심지였다.[72]

올림피아 제전은 율리아누스 황제 시대에 마지막 전성기를 누렸다. 고대의 신들에게 회귀하려고 했던 이 시기에는 이교도 숭배 문화가 번성했다. 물론 기독교도들도 경기에 함께 참여했다. 올림피아 제전의 마지막 승자는 291회 고대 올림피아 제전, 즉 385년에 권투 경기에서 우승했던 아르메니아의 기독교도 왕자 바라츠다테스로 알려져 있다.[73] 385년 이후 올림피아 제전이 한두 차례(389, 393) 더 개최되었을 가능성이 있지만 이를 입증할 수 있는 자료는 없다.

기독교도 황제 테오도시우스 1세는 391년과 392년에 모든 이교도 숭배 의식을, 394년에 올림피아 제전을 전면 금지한다는 칙령을 발표했다.[74] 여기에서 놀라운 사실은 390년에 경기를 금지한 테오도시우스 1세가 한편으로는 막대한 비용을 들여 파라오 투트모세 3세의 거대한 오벨리스크를 콘스탄티노플로 가져와서 히포드롬에 세우려고 했다는 점이다. 지금도 그 유적지가 남아 있다. 콘스탄티누스 1세는 전차 경주를 기독교 황제가 주관하도록 하여 교회에 대한 공격을 면제받으려고 했었는데, 테오도시우스는 이 전통을 따른 것이다.

테오도시우스 1세와 함께 고대 후기는 새로운 국면을 맞이했다. 실제로 그는 기독교를 로마 제국의 새로운 국교로 삼으려고 했다. 이 일을 계기로 그는 기독교 역사에서 대제(大帝)라는 호칭으로 기록된다. 그는 죽기 전에 로마 제국을 라틴어 문화권인 서로마 제국과 그리스 문화권인 동로마 제국으로 분할했다. 그 이후로는 분열된 상태가 된 서로마 제국과 동로마 제국의 스포츠에 대한 태도는 서로 다른 발전 양상을 보였다.[75] 동로마 제국에서는 393년의 칙령이 별다른 효과를 발휘하지 못했다. 그래서 동로마 제국의 황제 테오도시우스 2세는 426년에 올림피아 제전을 다시 금지시키고, 올림피아의 제우스 신전을 폐쇄하고, 성전을 파괴할 필요가 있다고 보았다. 테오도시우스 2세는 이교도와 유대교도보다 앞서 조치를 취했다. 그는 새로운 유대교 회당(會堂)의 건설을 금지했고, 438년에는 모든 회당을 기독교 교회로 바꿀 것을 명했다. 그러나 이교도도 유대교도도 박해당하지는 않았고 이교도 숭배 의식을 올리지 않는 한, 스포츠 훈련도 허용되었다. 테오도시우스 2세는 낙마 사고로 인한 척추 골절로 사망했다.[76]

400년 이후, 상징적인 장소의 용도가 바뀌었다. 이는 고고학적으로도 입증할 수 있다. 올림피아 성역은 고트족의 전쟁 행렬로 피해를 보았다. 알라리쿠스 1세는 그리스 전역을 약탈하며 이동했다. 제우스 신전이 파괴되지는 않았지만 옛 성역터에 수공업자들의 주거지와 작업장이 지어졌다. 기독교인들은 올림피아에 정착했고, 예전의 관청 건물을 자신들의 양식으로 개조하여 예배를 드리기 시작했다. 수도 시설, 공중 목욕탕, 화장실 등 기존의 사회기반시설은 매력적이었다. 이교도의 목욕탕 중의 한 곳은 기독교의 포도주용 포도 압착 시설로 개축되었다. 중세 초기에 올림피아는 비잔티움 제국의 서부 국경 지대의 군사 주둔지 역할을 했다. 혼란스러웠던 게르만족의 대이동 시기에는 고트족, 반달족, 슬라브족이 올림피아를 차례로 점령했고, 6세기에는 지진과 홍수로 주거지의 기능을 상실했다. 이후 수십 년간, 황량한 숭배지는 모래 더미 속으로 사라졌다. 기독교도 황제인 콘스탄티누스 3세가 운동 경기 금지령을 내렸던 로마에서도 5세기까지는 검투 경기와 베나티오네스가 계속되었다. 키르쿠스 막시무스 최후의 전차 경주는 549년에 열렸다.[77]

전차 경주와 비잔티움의 키르쿠스 정당

동로마 비잔티움 제국에서도 올림피아 제전을 비롯하여 이교도 숭배지와 관련된 스포츠 경기를 금지했다. 그럼에도 "빵과 키르쿠스"라는 슬로건은 계속 이어졌다. 1453년 콘스탄티노플이 오스만 제국에 함락될 때까지, 즉 중세 내내 히포드롬은 이 도시의 사회적인 중심지였다. 그중 정기적으로 네 팀이 승부를 겨루는 전차 경주가 가장 인기가 많았다. 전차 경주 팀은 스타디온의 여러 정당의 재정 지원을 받았고 청색당, 녹색당, 적색당, 백색당으로 구분되었다. 현재 터키의 3대 프로 축구 클럽인 갈라타사라이, 페네르바흐체, 베식타시처럼, 키르쿠스 정당의 색깔은 팬들의 사고와 생활 방식에 영향을 미쳤고, 그 영향력은 심지어 의복에까지 다다랐다. 스포츠 행사가 여전히 그 중심에 있었음에도 이러한 색깔은 항상 정치적, 심지어 종교적 관심사와 연관되었다. 각 팀은 2대의 전차를 운행했고, 최대 8명의 선수가 전차 경주에 정기적으로 출전했다. 전차 경주는 군중을 히포드롬으로 끌어들였고 군중들의 열광을 자극했다. 전차 경주의 승부를 두고 엄청난 판돈을 건 도박이 성행했다.

로마에서와 마찬가지로 키르쿠스는 단순한 스포츠가 아니라, 제국의 황제, 황가, 유명 정치인과 민중을 단합시키는 행사였다. 군중들은 히포드롬의 거대한 무대 뒤에서 국가에 대한 만족과 불만족을 표현할 수 있었다. 전차 경주는 스포츠 행사라는 틀 안에서 정치적인 논의를 할 수 있는 최고의 기회였던 셈이다. 수도인 로마의 최강 팀이었던 녹색당과 청색당은 고대 후기에 백색당 및 적색당과 가벼운 우호 관계를 맺었으며, 둘의 대립은 종교 및 정치 갈등으로 번졌고 이는 반란이나 봉기로 이어졌다.

그중 최악의 사건은 532년 유스티니아누스 1세 시대에 일어난 니카 반란(Nika riots)이었다. 청색당을 지지했던 유스티니아누스 1세는 황제로 즉위한 후, 조세 인상에 반대하는 반란 주동자들에게 매우 강경한 태도를 보였다. 531년 전차 경주 이후 녹색당과 청색당의 일부 열성 당원들이 살인 혐의로 체포되었고 주동자 2명이 처형되자, 532년 1월 13일 분노한 군중들이 황제를 모욕하기 위해서 히포드롬에 모였다. 제22회 전차 경주가 열린 이후 녹색당과 청색당은 체포된 주동자들의 석방을 요구하기 위해서 하나로 뭉쳤다. 이들은 "니카, 니카(승리, 승리)"라고 투쟁 구호를 외치며 히포드롬에서 뛰쳐나와 원로원 의원의 저택을 습격했다. 다음 날 키르쿠스 경기가 취소되면서 폭동이 터졌다. 히포드롬의 나무 벤치와 아케이드 상점가는 불길에 휩싸였다. 그다음 날에는 황궁이 포위되었고, 원로원, 황제의 포룸, 황궁의 중심지가 불타올랐다. 도시 일부가 화재로 파괴되는 동안 거리에서는 격렬한 시가전이 벌어졌다. 반란자들은 전 황제였던 아나스타시우스 1세의 조카, 히파티우스를 황제로 임명했다. 유스티니아누스 1세는 도주할 생각이었으나, 그의 아내이자 영향력이 막강했던 테오도라 황후(그녀의 아버지는 히포드롬의 청색당 소속 곰 조련사였다)는 죽음만이 왕관을 내려놓을 수 있다는 말 한마디로 남편을 설득했다.[78] 이 말을 들은 유스티니아누스 1세는 벨리사리우스 장군에게 히포드롬의 반란자들을 공격하라고 명령했다. 인기가 많았던 환관 나르세스도 금(金) 한 자루만을 마련하여 히포드롬에 들어가, 청색당원들에게 황제는 언제나 청색당을 지지해왔다는 사실을 상기시켰다. 한편, 유스티니아누스 황제와 대립 관계에 있던 히파티우스는 녹색당을 지지하고 있었다. 나르세스의 설득은 금과 더불어 엄청난 효과를 발휘했고, 청색당은 히포드롬을 떠났다. 황제의 군대는 스타디온으로 쳐들어와 반란군을 무력으로 진압했다. 비잔티움 제국의 역사가이자 니카 반란의 목격자인 카이사레이아의 프로코피우스는 이 투쟁에서 3만 명이 목숨을 잃었다고 기록했다. 로마 시민의 안전을 보장하고 폭도들을 처벌한다는 의미에서 이후 오랫동안 히포드롬에서는 전차 경주가 열리지 않았다.[79]

반면, 키르쿠스 정당들은 해체되지 않았고 경기도 계속 이어지면서 영향력을 되찾았다. 602년, 마우리키우스 황제는 반란군이 일으킨 폭동의 희생양이 되고 말았다. 반란군은 녹색당을 자기편으로 끌어들이고 청색당을 견제하고자 했다. 마우리키우스 황제는 가족과 함께 살해당했고, 반란 주동자인 포카스 황제는 비잔티움 제국 역사상 최초의 왕위 찬탈자가 되었다. 포카스 황제는 청색당을 지원하며 녹색당의 영향력을 견제하려고 했고, 이러한 태도 변화는 결국 로마 제국의 내전을 일으켰다. 유스티니아노스 2세는 청색당의 봉기로 왕위에서 물러나게 되었다. 마케도니아 왕조가 등장하면서 키르쿠스 정당들의 정권 장악 시대는 끝났고, 9세기에는 체제가 개편되었다. 마케도니아 왕조의 초대 황제 바실리오스 1세는 사냥을 하다가 심각한 사고를 당해서 열병으로 사망했다.[80] 유럽의 군대가 로마를 약탈한 이후인 13세기에 이르자 전차 경주의 의미는 희미해졌다. 히포드롬은 쇠락했고 간혹 구경거리만 있을 뿐이었다.

아시아와 아메리카

고대와 중세 아시아의 스포츠

우리가 지금까지 고대 그리스와 로마에서의 스포츠를 중점적으로 살펴보았던 이유는 한편으로는 올림피아에 집중했기 때문이고, 다른 한편으로는 다른 문명권에 관한 우리의 지식이 제한적이고 아시아 언어와 문자로 된 문헌을 읽는 데에 어려움이 있었기 때문이다. 그러나 이것이 스포츠가 유럽에서만 행해졌던 활동이라는 의미는 아니다. 운동 기술로 실력을 겨루는 행위는 모든 문화에 존재했을 것이다. 격투기도 마찬가지이다. 수십 년이 아니라 수백 년, 심지어 수천 년의 전통이 있는 스포츠 종목들도 많다.

씨름처럼 거의 모든 문명권에서 볼 수 있는 스포츠 종목은 여러 가지가 있다. 수메르의 길가메시 서사시에서 영웅 길가메시는 지도자로서의 신뢰를 얻기 위해서 경쟁자인 엔키두와 씨름을 한다. 고대 인도의 서사시 마하바라타는 힘이 장사인 비마 장군과 마가다 왕국의 자라산다 왕의 씨름 장면을 묘사하고 있다. 이집트의 무덤 묘실에서는 4,000년이 넘은 레슬링 지침서가 발견되었는데, 이 지침서에는 지금도 사용되는 던지기 및 들어올리기 기술을 설명하는 삽화들이 많이 수록되어 있었다. 중국의 쇼이 자오 기술은 4,000년 전통이 있다고 한다. 한편, 몽골에서는 말타기, 활쏘기와 함께 "남성의 3대 운동"인 씨름이 지금도 인기 스포츠 종목이다. 몽골 남서부의 동굴 벽화는 씨름이 오랫동안 인기 있는 스포츠였음을 보여준다. 칭기즈 칸과 몽골의 황제들은 씨름을 전사들이 좋은 신체 조건을 유지하는 데에 중요한 운동이라고 여겼다. 씨름 시합에서 우승한 선수는 큰 상을 받았다. 중국의 청나라 시대에는 궁정에서 만주족과 몽골족 사이의 씨름(상박[相撲]) 경기를 즐겼다. 현재 몽골에서도 씨름 경기와 전국 대회가 중요하다. 중앙 아시아 전역과 현재의 터키까지 분포한 돌궐족 사이에서도 씨름은 인기가 많았다. 이 지역에서 선수들은 몸에 오일을 바르고 경기를 했다.[81]

중국에서는 축구가 지중해권 지역과 유럽에서 발전했던 것과는 별개로 오래 전부터 축구를 즐겼고 중요한 스포츠로 여겼다. 당나라 시대 이후 축국 경기에 대한 묘사는 예술 작품에도 등장했다. 이를 보면 사람들이 무리를 지어 큰 공으로 놀이를 하고 있다.[82] 축국을 즐겼던 사람들은 주로 남성이었고 여성과 아이도 있었다. 중국의 한나라 시대의 작품에도 축국이 언급되었음을 고려한다면, 중국도 축구의 종주국이라고 볼 수 있다.[83] 축국은 중국에서 한국, 일본, 베트남으로 전파되었다. 많은 사람들이 축국이 전국 시대에 군사들을 위한 일종의 체력 단련 방법으로 처음 개발되었을 것이라고 생각한다. 한무제는 축국을 매우 즐겼다고 한다. 한무제의 통치 시기에는 궁정 안뜰에 축국 경기장이 특별히 설치되어 있었다. 당나라 시대에는 깃털로 채운 공 대신, 두 겹으로 되어 공기를 빵빵하게 채운 공을 사용했다. 당의 수도인 장안에는 큰 농가의 뒤뜰은 물론이고 황궁에도 축국 경기장이 많았다. 군인들은 축국 팀을 만들어 황제와 궁정의 유희를 위해서 경기를 했다. 그뿐만 아니라 여자 축국 팀도 있었다. 군인 팀과의 시합에서 17세 소녀의 활약으로 여성 팀이 승리한 적도 있다.[84]

송나라 시대 이후 중국의 축국은 모든 계층에서 인기를 끌었다. 이와 동시에 경기의 전문화 및 상업화 현상이 나타났다. 프로 선수들이 황궁을 위해서 뛰었다. 개인적으로 축국 경기로 생계를 유지하는 일반인들도 있었다. 대도시에는 축국 클럽(위안서[圓社])이 있었다. 이곳에서 아마추어 선수들은 전문가로부터 수업을 받을 수 있었고, 수업료를 지불해야 했다. 한 축국 클럽(치원서[齊雲社])은 10세기에 매년 중국판 월드컵(산웨정싸이[山岳正賽])을 개최했다. 시민들의 축국 경기에서 각 팀은 2명에서 10명 사이의 선수로 구성되었고, 손을 제외한 모든 신체 부위로 공을 다룰 수 있었다. 궁정의 축국 경기는 궁정의 축제나 외교 행사의 일환으로 열렸는데, 12-16명의 선수가 두 팀으로 나뉘어 경기를 했다. 송 태조는 축국 경기를 좋아해서 관료들과 직접 경기를 했고, 궁정 화가에게 경기 장면을 그리도록 했다. 송 태조는 이외에도 스포츠 발전에 큰 공헌을 했다. 그는 중국어로 "태조장권(太祖長拳)"이라고 부르고 소림사에서 일종의 권법으로 발전시킨 격투기를 정착시켰다. 명나라 시대가 열리면서 축국의 인기는 시들해졌다. 축국 외에도 사냥과 궁술, 승마, 마구(馬球), 추환(捶丸), 무용, 수영, 빙상 유희 등 다양한 스포츠 문화가 발달했다. 중국에서 이러한 신체 문화가 시작된 시기는 많은 스포츠 종목들에서 기록을 추구하는 특성이 나타났던 유럽의 중세 초기에 해당한다.

페르시아의 마흐무트 궁정에서 폴로를 즐기는 모습. 페르시아의 한 서적에 수록된 "공과 폴로 선수(Guy u Chawgan)"라는 시의 삽화. 타브리즈, 1546년. 페르시아에서는 기원전 600년경부터 폴로를 즐겨온 것으로 확인된다. 이슬람의 초기 정복 전쟁을 통해서 폴로는 아라비아, 아프가니스탄, 인도, 중국으로 전파되었다. 영국의 한 기병대 장교가 폴로를 영국에 도입했고 1859년에는 최초의 폴로 클럽을 창설했다.

가라테도 당나라 시대에 유래한 격투기 스포츠이다. 1930년대까지 일본에서는 "당수도(唐手道)"라고 표기했으나, 이후 일본 내에서 민족주의가 팽창하면서 "가라테(空手道)"라는 명칭으로 변경되었다.[85] 이 무예는 6세기에 불교 승려인 달마가 인도에서 중국으로 들여와서, 선불교와 중국 무예의 수련 장소이기도 한 소림사에서 가르쳤다고 한다.[86] 근대의 대영제국에서 표준화된 스포츠 종목이 전 세계로 퍼져나갔듯이, 근대 초기의 중국도 동아시아에 대제국을 형성하며 이와 유사한 역할을 했다.[87]

한편, 일본의 격투기인 유도는 8세기로 거슬러 올라간다. 717년부터 일본의 황궁에서는 매년 스포츠 시합이 열렸다. 이 전통을 이어받아 발달한 것이 무기 없이 겨루는 격투 스포츠 주짓수이다. 주짓수는 양보(柔)

를 기본 원칙("이기기 위해서 양보한다")으로 하는 스포츠이다. 주짓수의 가르침은 시로베이 아키야마라는 의사가 중국 유학 시절에 눈이 많이 쌓인 나뭇가지는 부러졌지만 유독 보리수 나뭇가지만은 휘어지면서 눈을 땅으로 떨어뜨리는 모습을 보면서 깨달음을 얻었다는 일화에서 유래한다. 무로마치 시대의 체술과 포승술(잡고 감는 기술) 등도 주짓수에 속한다. 근대 유도는 메이지 시대, 즉 1909년에 가노 지고로가 일본인 최초로 국제 올림픽 위원회(IOC)의 위원이 되었을 때, 도쿄에 학교를 세우고 다양한 주짓수 기술을 조합하면서 발전했다. 유도가 손을 활용하는 다른 격투기 종목들보다 경쟁에서 우월하다는 사실이 입증된 이후로, 1911년 유도는 일본 학교의 의무 과목으로 도입되었다.[88]

구기 스포츠의 중심지 : 고대 아메리카 문화

아메리카만큼 구기 스포츠가 널리 보급된 대륙은 없다. 중앙아메리카의 가장 오래된 문화인 올멕 문명에서 종교 의식으로서 구기 시합을 한 역사가 3,000년이 넘었다는 기록도 있다.[89] 마야 문명권 전역뿐만 아니라 아즈텍 제국에도 문자 기록, 회화, 자형, 고대에 건축된 대형 구기 경기장 등 이들이 구기 스포츠를 즐겼다는 증거가 많다. 특히 구기 경기장은 고대 그리스 로마의 스포츠 시설과 비교해도 손색이 없을 만큼 훌륭하다. 규모가 큰 숭배지에는 한 개 혹은 여러 개의 구기 시합 시설이 갖춰져 있었다. 치첸이트사와 같은 대형 유적지에는 세로 166미터, 가로 68미터에 달하는 구기 경기장이 있었다.[90] 이에 대해서 많은 학자들이 구기 종목과 고대 고등 문명의 다산 및 사자 숭배 신화의 유사성을 지적한다. 이러한 문화에서는 인간 세계의 대표들이 지하 세계의 신들과 구기 스포츠 경기를 하면서 목숨을 위해서 싸우고, 사후에 육신이 소멸한 후에도 부활하여 생명을 되찾을 수 있다고 믿었다.[91] 현재 우리가 범죄 영화나 컴퓨터 게임에서 경험할 수 있는 선과 악의 대결이 고대 아메리카

사회에서는 종교 의식적인 구기 경기를 통해서 구체화된 것이다.[92]

옛날에 (마야 문명에서는 올라말리츨리[ullamaliztli]라고 하는) 구기 스포츠는 주로 인간 제물을 바치는 의식과 관련이 있었다. 그러나 이것은 너무 정형화된 사고이다. 중앙아메리카의 고등 문명에서 특히 위태로운 시기에 인간이 신에게 제물로 바쳐진 것은 사실이지만, 실제로 인류학자들은 북아메리카와 남아메리카 지역에 대한 민족지학 연구를 통해서 구기 경기장의 용도에 관한 더 많은 사실들을 확인할 수 있었다. 파괴된 마야의 도시에서 지금까지 발견된 구기 경기장만 1,500곳이 넘는다. 그렇게 많은 사람들이 끊임없이 제물로 바쳐졌다는 것은 상상할 수도 없는 일이다. 두 팀으로 나누어서 하는 이 경기에서 선수들은 경기장 이곳저곳을 왔다 갔다 한다. 선수들은 상대편 구역에 있는 목표물을 맞히거나 통과시키면 1점을 얻는다. 서로 합의한 점수를 먼저 획득한 팀이 승자이다. 이러한 추상적인 설명을 통해서 중앙아메리카의 구기 스포츠가 실제로는 우리가 생각해왔던 이국적인 분위기와는 거리가 멀고, 현재 우리가 잘 알고 있으며 그것이 가진 가치를 인정하는 대부분의 단체 스포츠와 매우 유사했다는 점을 알 수 있다. 아메리카 대륙 전역에 구기 종목이 전파되었다는 사실을 이해하는 데에 반드시 신화가 필요한 것은 아니다.[93]

고대에는 운동 팀이 각 공동체를 대변했다. 선수들은 엉덩이를 이용하여 경기장 이곳저곳으로 큰 고무공을 패스했다. 선수들은 이 공을 상대편의 골에 맞히거나 경기장 중앙에 있는 8미터 높이의 돌로 된 링에 통과시켜야 했다. 무거운 공이 돌로 된 경기장의 측벽에 부딪히면 튀어나오는 속도가 엄청나게 빨라졌다. 무거운 공 때문에 선수들은 부상을 당했고, 심지어 부주의로 머리에 공을 맞으면 사망할 수도 있었다. 마야에서는 이 경기를 폭-타-폭(pok-ta-pok)이라고 했고, 아즈텍에서는 틀라츠틀리(tlachtli)라고 했다. 큰 경기일 때는 판돈을 많이 걸고 내기를 하기도 했다. 경기의 승패가 사회적, 경제적, 심지어 정치적으로 영향을 끼쳤다. 아즈텍의 악사야카틀 황제는 테노치티틀란 광장과 정원을 걸고 내기를 벌였다. 승리한 군인들에게는 목에 꽃 장식을 해주었다. 승자가 목이 졸려 죽을 수도 있다고 하여 꽃 장식의 띠를 가죽으로 만드는 것은 금지되어 있었다.[94] 고고학자들은 메소아메리카의 구기 스포츠가 멕시코에서 남아메리카와 북아메리카로 전파되었다고 보고 있다. 미국 남서부의 호호캄 문화에서는 500년 전에 고전적인 스포츠 경기를 했다고 한다.[95]

제2장

중세의 마상 시합

『근대 백과사전(*Enzyklopädie der Neuzeit*)』, 『고대 백과사전(*Lexikon der Antike*)』, 『노이에 파울리(*Der Neue Pauly*)』 등의 백과사전에는 "스포츠" 항목이 있다. 반면, 총 10권으로 된 『중세 백과사전(*Lexikon des Mittel-alters*)』에는 "스포츠"라는 항목이 없다는 사실을 바로 알 수 있다. 이 주제에 관해서는 백과사전 항목에서 "유희(Spiel)", 특히 "구기"를 참고하라고 되어 있다.[1] 근대 초기부터 19세기까지와 마찬가지로 중세에 유희는 "오락"이나 "시간 때우기(sublevamen temporis)" 등 동시대인들이 사용했던 개념으로 이해되었다. 출처가 불분명한 "암흑 시대"의 자료에 의하면 그전까지 신체 훈련은 군사 훈련이나 연례 축제의 범위 내에서 이루어졌다. 축제에서 열린 운동 시합에서 우승하면 상당히 큰 상금을 받았고, 선수들은 개인적으로 출전 준비를 했을 것이다. 교회에서는 경기 준비를 위해서 여유 시간을 가지는 것에 매우 부정적이었다. 그러나 이것은 귀족의 위임을 받아 시합에 출전했던 자유민 또는 농노들이나 고민할 문제였다. 수공업을 천시했던 고대 노예제 사회에서 여유 시간은 추구할 만한 가치 있는 일이었던 반면, 중세 유럽은 베네딕트 수도회의 정언 명령(기도하고 일하라[ora et labora])이 지배했던 사회였다. 수도원에서도, 도시의 시민 사회에서도 사람들이 여유 시간을 보내는 것을 달갑게 여기지 않았다.[2]

중세 기독교 사회의 한 해 일정은 농사력과 교회력의 특징을 그대로 반영했다. 교회력의 축제 일정은 농사철을 기준으로 한 농사력과 맞추어졌다. 크고 작은 교회 축제는 주요 농사철과 연관이 있었고, 그중 일부는 기독교 도입 이전부터 있었던 관습이었다. 날씨가 추운 유럽 북부에서는 성탄절에서 동방박사 축일(1월 6일/옮긴이)까지 동지 시기의 기독교 축제와 2월의 성모 마리아 축일이 스포츠 행사가 열리기에 적합하지 않았다. 부활절이나 오순절과 같은 기독교의 대축제는 교회의 축제로 계속 유지되었다. 반면, 성인 축일의 시기는 연시(年市)와 연관되어 있었고, 특히 사육제는 겨울의 끝, 즉 봄 농사철이 시작되기 이전으로 잡는 것이 적합했다. 사육제는 모든 기독교 사회에서 공통으로 열렸던 축제였는데 사육제의 꽃은 스포츠 행사였다. 한편, 가장 중요한 지역 스포츠 경기의 일정은 도시의 성인 축제일을 따랐다. 피렌체에는 세례 요한 축제(6월 24일),[3] 나폴리에는 성 야누아리오 축제(1월 31일), 베네딕트에는 주님 승천 대축일(도시와 바다의 결합), 바르셀로나에는 성 게오르기우스 축일(4월 23일)이 있었다. 축제일은 종종 이중의 의미를 띠기도 했다. 예를 들면 기름진 목요일(Giovedi grasso)은 스포츠 행사가 있어서 가장 인기가 많았던 사육제의 목요일이자, 중세 초기에 베네치아를 독립으로 이끈 대주교 아퀼레이아의 울리히의 승전을 기념하기 위한 행사였다. 대주교는 베네치아의 자유를 인정받기 위해서 돼지 12마리와 황소 1마리를 공물로 바쳐야 했기 때문에 이날 산 마르코 광장에서는 투우 경기가 열렸다. 스페인의 많은 도시들에서 연례 축제의 절정은 무슬림으로부터 도시를 해방시킨 성인들의 축일이었다. 발렌시아의 성 디오니시우스 축일(10월 9일), 세비야의 성 클레멘스 축일(11월 23일) 등이 대표적인 예이다. 도시의 대

축제 일정이 겹치지 않도록 조율되어 있었기 때문에 선수들은 각 도시의 경기에 편하게 참여할 수 있었다.[4]

물론 당시에는 현대 사회처럼 여가 시간이라는 개념이 없었지만, 중세 기독교 시대에는 현대인의 1년 휴가 일수에 맞먹을 만큼 교회 축일이 많았다. 일요일을 포함하면 1년에 평균 50일에서 65일의 휴일이 있었다. 기독교 교부인 테르툴리아누스를 따랐던 많은 신학자들은 유희와 스포츠를 혐오했다. 심지어 시에나의 성 베르나르디노 또는 지롤라모 사보나롤라와 같은 광신적인 종교인들은 설교 후에 놀이판과 운동 용품을 불태우기도 했다. 그럼에도 몇몇 신학자들은 놀이와 신체 단련을 조금은 연구했음을 알 수 있다. 라우인겐 출신의 도미니코 수도회 수도사 알베르투스 마그누스는 유희를 세 가지 유형으로 분류했다. 첫째는 "목적이 없는 유희(ludus liberalis)"이다. 이러한 유희는 음악처럼 정신을 자유롭게 하고 유익하며 마음에 기쁨을 준다. 둘째는 "유익한 유희(ludus utilis)"이다. 이를테면 나라를 지키기 위해서 필요한 기마 시합이 이에 해당한다. 셋째는 "혐오스럽고 수치스러운 유희(ludus obscoenus et turpis)"이다. 그는 수치심을 자극하는 유희로 내기와 연극을 꼽았다.[5]

알베르투스 마그누스의 제자이자 중세에 고대 철학과 기독교 신학의 중요한 전달자였던 토마스 아퀴나스는 대표작 『신학 대전(Summa Theologiae)』에서 인간에게는 회복과 정신적, 신체적 건강이 필요하다고 썼다. "정신과 육체는 당연히 하나이므로 인간이 행복을 얻으려면 정신적으로나 신체적으로나 온전해야 한다. 이 두 가지를 배타적인 관계에 두면서 어떻게 온전할 수 있다고 믿겠는가?"[6] 미국의 스포츠 역사학자 로버트 메치코프는 도미니크 수사인 아퀴나스가 아리스토텔레스의 입장을 따라서, 플라톤의 신체 배격 사상, 특히 신체를 본질적으로 악한 것으로 보았던 동시대의 순결파 및 발도파 등의 이단 운동에 반대하는 입장이었다고 주장한다.[7] 중세 후기의 신학자들은 내기에 대한 배척(그러나 내기는 이미 널리 퍼져 있었다)과 신체 훈련의 유용성에 관해서 공통된 입장을 보였다. 그래서 니콜라우스 쿠자누스는 헝가리의 젊은 국왕 라디슬라우스를 위한 "군주 품행 교육서"에서 굴렁쇠 굴리기와 구기 경기를 권유했다.[8]

격투 스포츠

중세의 "핵심 스포츠", 마상 시합

많은 스포츠 역사학자들은 중세 스포츠의 성격이 독특하다고 생각한다. 그 이유는 그 시대의 주요 스포츠 종목이었던 마상 시합에서 찾을 수 있다. 고대의 올림피아 제전처럼 중세의 마상 시합은 스포츠 경기에 대한 일반 사람들의 생각에 영향을 주었고, 이는 언어에까지 이르렀다. 독일어로 투르니어(Turnier)는 원래 마상 시합이라는 의미였지만 지금은 테니스나 축구 등 운동 경기 대회라는 의미로 사용되며, 체조라는 뜻의 "투르넨(Turnen)"은 19세기 이후에 만들어진 단어이다. 중세를 배경으로 한 소설이나 영화에는 대부분 대규모 마상 시합 장면이 등장한다. 그러나 잘못된 역사 지식을 바탕으로 재현될 때가 많다. 사실 다른 스포츠 종목들처럼 마상 시합 역시 특정 조건, 특정 시대, 특정 장소에서 열렸다. 특히, 아서 왕 전설에 기반을 둔 마상 시합은 시대착오적인데, 중세 초기에는 기사도 없었고, 기사가 중심이 된 행사도 없었기 때문이다. 키르쿠스 막시무스와 암피테아터에서 열렸던 고대의 화려한 스포츠 행사는 게르만족의 대이동 시기를 겪으면서 다른 행사로 대체되지 않은 채 사라졌다. 고대의 대제국들이 멸망하자 경기를 개최할 필요가 없어졌고 그 정도로 큰 규모의 행사를 개최할 시합 장소도 없었다. 그러나 그렇다고 해서 군사 훈련이나 대중 스포츠 경기가 열리지 않았다는 뜻은 아니다. 이 시대에 관련된 자료가 부족하여 우리가 알고 있는 것이 적을 뿐이다.

우리는 기사들의 마상 시합이 등장하기 이전, 이를테면 카롤루스 대제의 궁정에서의 기마 시합이 대략 어떤 모습이었는지에 대해서만 알고 있을 뿐이다. 여기에서 핵심은 기사나 기사단이 예리한 무기를 갖추고 정면으로 충돌하는 경기는 아직 없었다는 점이다. 이러한 마상 시합이 등장하려면, 그 전제 조건으로서 창술과 기사의 무장 장비가 계속 발전되어야 한다. 코르바이의 비두킨트는 "작센의 연대기"에서 하인리히 1세가 직접 마상 시합 우승자 시상식을 거행했다고 기록했다. 13세기에 쓰인 『니벨룽의 노래(Nibelungenlied)』에 따르면, 중세 초기에 군터 국왕은 시간 때우기를 하고 싶을 때에 보름스의 부르고뉴 궁정에서 돌 들어올리기와 창 던지기와 같은 경기를 열었다.[9]

마상 시합의 등장은 무장한 기마 전사, 즉 기사라는 사회적인 계층과 관련이 있다. 중세 성기에 새로운 제국들이 탄생하고 십자군 원정기에 유럽이 팽창하면서 기사 제도의 기틀이 마련되었다. 또한 인구가 증가하고 시골에서 농가 건축이 가능해지면서 곳곳에서 자원들이 공급되었다. 농민 인구가 증가하고 효율적인 농경이 가능해지자, 늘어나는 전사와 성직자의 식량도 감당할 수 있었다. 이는 도시 건설과 당대의 화려한 왕실을 형성하는 토대가 되었다. 프랑스 연대기에 의하면 귀족인 죄프루아드 프뢰이가 "마상 시합을 발명했다"고 한다. 최초라고 알려진 1095년의 마상 시합은 죽음으로 끝났다. 뢰벤의 백작 하인리히 3세는 격투 스포츠 시합에서 상대방의 창에 심장이 찔려 그 자리에서 즉사했다.[10] 실제로 마상 시합이 열렸다는 증거는 플랑드르의 백작 샤를 1세의 방문 및 노르망디와 프랑스에서의 그의 기사들의 마상 시합에 관한 갈베르트 폰 브뤼게의 기록에서 볼 수 있다. 당대인들은 마상 시합을 프랑스의 풍습이라고 여겼다. 이외에도 프랑스 북부에서 고대 마상 시합이 탄생했고, 그곳이 마상 시합의 초창기 중심지였으며, 그곳에서부터 플랑드르, 부르고뉴, 그리고 영국으로 퍼졌다는 사실을 알려주는 증거들이 많다. 영국에서는 1141년 링컨 함락 기념으로 최초의 마상 시합이 열렸다. 영국의 국왕 블루아의 스티븐은 기사인 로버트 글루체스터와 함께 경기장에 말을 타고 등장했다. 마상 시합의 전성기는 1170년대와 1180년대였을 것으로 추측된다. 기욤 르 마레샬이라고 알려진 기사의 일대기만 봐도, 이 시기에 12회의 대규모 마상 시합이 있었다고 서술되어 있다.[11] 그중 일 드 프랑스와 블루아 백작령에서 각각 4회, 샹파뉴에서 3회가 열렸다고 한다. 역사학자들은 프랑스 북부에서 수십 년간 2주일에 한 번 마상 시합이 열렸을 것이라고 추정한다.[12] 사자심왕이라고도 불리는 영국의 국왕 리처드 1세는 마상 시합 금지령을 폐지했고 1194년에는 마상 시합 규정을 공포했다. 프랑스에 비해서 영국에서는 기사들을 위한 교육에서 마상 시합의 가치를 강조했다. 에드워드 1세는 자신을 위대한 마상 시합의 투사라고 여겼고, 그의 손자인 에드워드 3세는 기사를 사회의 지배계층으로 양성하기 위해서 노력했다. 에드워드 3세는 가터 기사단을 창설하여 아서 왕 전설("원탁의 기사")을 현실화하고자 했다.

이러한 연대기에 따르면 1130년에 교회가 클레르몽 공의회에서 마상 시합 금지령을 최초로 공포했음을 알 수 있다. 클레르몽 공의회는 "기사들이 자신들의 힘과 용맹함을 확인하기 위해서 역겨운 시장이나 연시에서 마상 시합을 개최하는 풍습은 남자들을 종종 죽음으로 내몰고 영혼을 위협한다"며 마상 시합을 금지했다.[13] 교회는 사람들에게 공포감을 조성하기 위해서 마상 시합에서의 사망이 일종의 자살이라며 기사들을 봉헌된 땅에 매장하지 못하게 했다. 교회의 마상 시합 금지령도 프랑스에서 시작되었고, 1139년 제2차 라테란 공의회에서는 이를 모든 로마 가톨릭 교회에 적용할 것을 공포했다. 1179년 제3차 라테란 공의회에서도 마상 시합 금지령이 반복되었다. 루이 9세부터 장 2세까지의 프랑스의 국왕들은 교회의 마상 시합 금지령을 따랐다. 마상 시합이 특히 전쟁 복무에 악영향을 끼친다고 여겼기 때문이었다. 중세 성기 말엽에 마상 시합 규정이 도입되면서 잔혹하고 위험한 요소들이 사라졌고, 1316년에는

티오스트 경기의 모습. 『보름스의 장미 정원(*Rosengarten zu Worms*)』의 삽화. 약 1420년경.

마상 시합 금지령이 폐지되었다. 이제야 교황청은 기사들의 마상 시합이 십자군 전쟁 준비에 유용하다고 인정했다. 프랑스 발루아 왕가의 필리프 6세 시대의 (기사이자 작가인) 죄프루아 뒤 샤르니는 저서 『기사의 책(*Livre de Chevalerie*)』에서 마상 시합과 전쟁 복무는 서로 보완하는 이상적인 관계라고 서술했다.

독일어로 마상 시합이라는 뜻인 "투르니어(투르네이[turnei]라고도 한다)"는 프랑스어의 투르누아(tournoi) 혹은 투르누아망(tournoiement)에서 유래하는데, 이 표현은 1160년 오토 폰 프라이징이 최초로 사용했다. 독일어 표현은 한두 세대 후에 하인리히 폰 벨데케의 소설 『에네아스(*Eneas*)』에서 사용한 것으로 확인된다. 궁정 가인인 울리히 폰 리히텐슈타인의 마상 시합 묘사가 가장 섬세하다. 그는 1224년 케른텐 주의 프리자흐에서 열린 마상 시합에 직접 출전했고, 『마네세 필사본(*Manessische Handschrift*)』의 삽화를 통해서 마상 시합 장비를 모두 착용한 기사의 모습을 보여주고 있다.[14] 어원학에 의하면 라틴어의 토르나이멘툼(torneamentum, 독일어로는 토르나멘트[tornament])에서 이 단어의 어원을 찾을 수 있다. 이 개념은 노르만 정복을 계기로 영국(영어로 토너먼트[tournament])으로 급속히 전파되었다. 이 단어는 개인전 혹은 단체전의 형태로 확 트인 전쟁터에서 양측이 격전을 벌이는 호전적인 경기를 의미했다. 전사가 말을 타고 검이나 창으로 상대방을 겨눌 때의 독특한 회전 운동에서 이 단어의 개념이 유래했다. 기사 계급이 자신의 존재감을 인정받는 데에는 군사 훈련이 중요했기 때문에 의식화된 격투 스포츠 시합은 중세 성기 귀족 문화의 핵심이 되었다. 단체전은 부허트(Buhurt)라고 불렸는데, 부허트에서는 검 대신 위험하지 않은 둔기 혹은 방패만 사용했다. 두 명의 기사가 말을 타고 대결하는 마상 창 시합을 독일어로 티오스트(Tjost, 프랑스어로 주트[joute], 라틴어로 죽스타[juxta], 영어로 주스트[joust])라고 한다. 티오스트는 날카로운 창이나 검으로 겨루기를 하는 2인 대결 경기(마상 무술 시합) 혹은 둔탁한 무기로 대결하는 2인 대결 경기(마상 창 시합)로 구분된다. 말을 타거나 타지 않은 상태로 창, 검, 둔기를 가지고 벌이는 2인 대결은 격투라고 불렸다. 격투에서 이기려면 반드시 펜싱을 배워야 했다.

기사들의 마상 시합은 프랑스 북부에서 프랑스 남부, 영국, 네덜란드를 비롯하여 독일, 그리고 십자군 국가로 퍼져나갔다. 독일에서 가장 오래된 마상 시합 관련 언급은 시합 중의 사망에 관한 내용이다. 수사 베르톨트는 『츠비팔텐의 연대기(Zwiefalter Chronik)』에서 합스부르크의 하인리히의 무분별한 행동을 이야기한다. "그는 오락으로 자주 즐기던 이 위험한 경기를 하다가 불행히도 사망했다."[15] 이후 마상 시합 사망 사건에 관한 기록은 중세의 연대기를 가득 채웠다. 13세기에 마상 시합은 신성 로마 제국을 통해서 유럽 중부와 동부를 거쳐 보헤미아 왕국, 폴란드, 헝가리, 발트 해 연안의 독일 기사단 국가로 전파되었다. 반면, 이탈리아에서 나타난 도시 문화는 기사 제도를 꽃피우기에 좋은 곳이 아니었다. 1115년의 기록 중에 경마(cursus equorum)와 창술 시합(hastarum ludi)에 관한 내용이 있는지는 확실하지 않다. 1158년 바르바로사 프리드리히 1세의 이탈리아 원정 기념으로 크레모나 시민과 피아첸차 시민들 사이에 마상 시합과 유사한 경기인 케르타멘(certamen)이 열렸지만, 이 시합에서는 부상자, 사망자가 많이 발생했고 또한 많은 사람들이 체포되었기 때문에 이를 스포츠 행사라고 볼 수는 없다. 프랑스의 앙주 왕조가 나폴리 왕국을 정복한 1266년 이후, 이탈리아 남부에서는 마상 시합이 더 자주 열렸다. 란디노는 다음과 같이 기록했다. "마상 시합과 마상 창 시합은 민족의 오락을 위한 축제이자 경기로서의 군사 훈련이었다. 마상 시합은 단체 대 단체로 대결하는 경기였던 반면, 마상 창 시합은 개인 대 개인으로 대결하는 경기였다."[16] 승마와 마상 창 시합이 조합된 형태의 경기로는 창으로 과녁 찌르기, 두 개의 창 경기, 무도 시합 등이 있었는데, 이러한 경기들은 위험하지 않은 이탈리아식 마상 시합으로 스페인에서도 널리 퍼졌다. 이러한 경기에서는 무기가 사용되었으나 전쟁 무기와는 약간 차이가 있었다.

그리스에서는 유럽의 마상 시합이 큰 호응을 얻지 못했다. 비잔티움 제국에서는 마상 시합이 열렸지만 이는 외국, 이른바 라틴 문화권에서 온 황제의 궁정 사신들을 위한 공연이었다. 그리스의 역사가 니케타스 코니아테스는 1159년에 비잔티움 제국의 안티오키아에서 마상 시합이 처음으로 개최되었다는 소식을 주목할 만한 사건으로 보았다. 당시 콤네노스 왕조의 마누엘 1세가 이 시합에 출전했기 때문이었다. 비잔티움 제국에는 정규군으로서 기병대가 있었지만 유럽과 같은 귀족 기사계층은 없었다. 그래서 이 지역에는 마상 시합에 대한 사회적인 지지가 없었다. 라틴 제국의 십자군 기사들이 콘스탄티노플을 함락한 이후, 점령지에서 몇 년간 마상 시합이 열리면서 비잔티움 제국 사람들도 시합에 참여하기 시작했다. 그러나 이러한 신체 훈련은 베네치아와 프랑스 점령지에서

만 활발하게 이루어졌고, 그리스나 터키가 통치하는 지역에서는 그다지 활성화되지 않았다.[17]

스포츠 제전 역할을 했던 중세 성기의 제후 회의

영국의 사자심왕 리처드 1세와 바르바로사 프리드리히 1세 등 모험적인 십자군들은 기사와 마상 시합에 관해서 더 큰 환상을 가지고 있었다. 물론 여기에는 그럴 만한 이유가 있었다. 이들 주변에서 대규모의 마상 시합이 실제로 열렸고, 보편적인 마상 시합 규정이 공포되었기 때문이다. 호엔슈타우펜 왕조 시대였던 1184년과 1188년에 열린 마인츠 제후 회의는 기사 문화의 절정이었다. 대대적인 제후 회의를 소집한 기념으로 열렸던 마상 시합은 이미 극도로 의식화되어 있었다. 시합 규정에는 확정된 경기 규칙, 공식적인 초대, 정식 경기장의 구조, 심판관을 통한 경기 감독, 중재 위원회의 승자 선언, 우승자 시상식 혹은 귀족 부인에 의한 시상식이 포함되어 있었다. 귀족 사회의 축제 행사는 예배, 음악, 연회, 무도회 등으로 구성되었지만 그중 스포츠 행사의 하이라이트는 마상 시합이었다. 다른 사회계층은 기사들의 마상 시합을 모방하려고 했는데, 이 점만 보아도 이러한 사교 모임의 형태가 얼마나 큰 영향을 끼쳤는지 알 수 있다. 지방의 하급 귀족은 마상 시합 모임을 결성했고, 도시에서는 젊은이들이 단체로 창 찌르기 시합을 했다.[18]

1184년 바르바로사 프리드리히 1세가 개최한, 유명한 마인츠 제후 회의에는 7만 명이 참석했는데 그중 최소 2만 명은 기사였다고 한다. 원래 이 회의에서 각종 기마 시합이 열릴 예정이었으나, 교회의 마상 시합 금지령 때문에 마인츠에서 멀리 떨어진 잉겔하임으로 자리를 옮겨 시합을 개최하기로 했다. 그러나 결국 모든 행사가 취소되었다.[19] 그리하여 궁정 축제의 부수 행사로서 스포츠 공연과 각종 시합이 열렸다. 프리드리히 2세는 1241년 영국 콘월의 리처드 백작이 시칠리아 궁정에 방문했을 때에 아랍 소녀의 곡예 기술을 선보이게 했다. 현대 독자들의 눈에는 이 곡예 기술이 리듬체조처럼 보였을 것이다.[20] 기록에는 동시대의 궁정 문학에 비해서 이러한 부분이 상세하게 묘사되지 않는다. 반면 궁정 문학은 이상적인 궁정 축제의 모습을 전달한다. 이러한 축제에는 당연히 화려한 의상과 무대 장치, 춤과 음악이 있었을 것이고, 이외에도 창찌르기, 석궁, 궁술, 창 던지기, 돌 던지기, 도움닫기가 있는 멀리뛰기와 도움닫기가 없는 멀리뛰기, 달리기, 장애물 경기, 레슬링, 공 치기 등의 스포츠 행사가 열렸을 것이다. 구기 종목에는 젊은 여성도 출전할 수 있었다. 한 문헌에는 이렇게 쓰여 있다. "부허트, 기사들의 마상 시합, 방패 방어전, 창 던지기, 돌 던지기, 도약, 바이올린 연주, 하프 연주, 노래가 있었다. 이곳에서는 소녀와 귀부인이 춤추는 모습을 볼 수 있었다."[21]

　단체 마상 시합은 제후 회의의 스포츠 행사 가운데 하이라이트였고 마상 시합에서도 최고 수준의 경기였다. 마상 시합을 위해서 공식적인 초대장이 작성되었는데, 이 초대장에는 우승자 시상에 관한 항목이 포함되어 있었다. 우승자는 귀족 여성으로부터 재정 지원이나 상을 받았고, 이는 귀족 여성에게 구애하는 기사 문화와도 관련이 있었다. 마상 시합 출전자들이 시합 장소에 도착하면 팀 편성이나 숙박지, 재정에 관한 규정이 결정되었다. 마상 시합의 출전자 수는 보통 수백 명, 제후 회의 마상 시합의 출전자 수는 무려 수천 명에 달했다. 따라서 안전 구역의 설정이 매우 중요했다. 도시의 내부와 외부에 한 곳씩, 두 곳의 안전 구역을 두는 경우가 흔했고 팀 편성에는 이러한 요소가 반영되었다. 우리가 알다시피 13세기부터는 마상 시합의 경기장이 따로 준비되었다. 그러면서 마상 시합은 공개적인 경기에서 의식적인 행사로 바뀌어갔다. 대개 마상 시합 본선 전날에 예선전(Vesperie)이 있었고, 이 예선전은 개인전이었다. 12세기에 이르자 본선 경기는 잘 조직된 팀들 간의 시합이 되었고, 일종의 경기 지도자가 경기 전략을 결정했다. 조직적으로 짜인 각 팀은 마상 시합에서 전진과 후진을 반복했고 더는 크게 움직일 수 없을 때에야 일대일 대결이 펼쳐졌다. 일대일 대결의 목표는 최대한 많은 적들을 안장에서 떨어뜨리거나 무력화하거나 생포하는 것이었다. 특히, 선수들은 팀의 보호를 받는 상대편의 지도자를 집중적으로 공격했다. 격전이 벌어지면 기사들은 막대기와 곤봉으로 무장한 방패잡이 역할의 종과 하인들, 이른바 키퍼(keeper)의 지원을 받았다. 그러나 키퍼가 없어도 마상 시합은 가능했다. 한 팀의 지도자가 상대편에게 잡히거나 팀이 격퇴당해서 포위되면 경기는 바로 종료되었다. 경기는 늦어도 밤이면 끝났다. 며칠이 지나도록 승부가 나지 않는 일도 있었다. 저녁에는 기사들을 위해서 목욕물이 준비되었고, 목욕을 끝낸 기사들은 함께 둘러앉아 영웅담을 나누었다. 그다음, 승부를 공식적으로 판정하기 위해서 심판관이 구성되었다.[22]

본격적으로 경기장을 설치하고 경기 판정 제도를 도입하는 등 마상 시합에서도 문명화 경향이 나타나기 시작했다. 날카로운 무기에서 무딘 무기로 바뀌는 현상도 나타났다. 전쟁과 달리 마상 시합에서는 항상 무딘 무기를 사용했다는 가설도 있다. 이에 대해서 독일의 중세학자 요아힘 붐케는 처음에는 그러한 조짐이 전혀 나타나지 않았다고 주장한다. 마상 시합 사망자 수가 많은 것도 11-12세기에 여전히 전쟁 무기로 마상 시합을 했다는 증거라는 것이다. 영국의 역사가이자 수도사 마테우스 폰 파리스는 1252년 영국 원탁 회의의 마상 시합에서 한 기사가 창에 찔렸는데 "창끝은 뭉툭하지 않았다"[23]라고 기록했는데 이것도 13세기 중반에 이르러서이다. 이 시기에는 무디게 만든 무기를 사용하는 것이 일반적이었다. 1270년 독일에서도 창은 자상이 아니라 타박상을 낼 정도로만 무디게 제작되었다. 창의 끝에는 '작은 왕관' 같은 뚜껑이 덮여 있었다. 이와 동시에 시합 도중 출전자에게 어떤 큰 위험이 발생할지 예측할 수 없었기 때문에 대규모 마상 시합은 사라져갔다.[24] 소요 사태를 방불케 하는 단체 마상 시합이나 부허트 경기 대신, 중세 후기에는 일정한 규칙이 있는 개인 마상 창 시합이 등장했다. 기사들은 목숨을 걸지 않고 무딘 창으로 일정한 경기장 안에서 경기를 했다. 이는 이른바 작은 왕관 찌르기로서 사망의 위험이 없는 시범 경기였다. 중세 성기에는 대규모 마상 시합의 각종 후속 종목으로서 마상 창 시합이 등장했고, 이는 사람들의 관심을 받았다. 마상 시합과 마상 창 시합은 원래 별도로 개최되는 경기였다.

13세기에 아서 왕 숭배가 시작되면서 영국과 플랑드르 지역에는 원탁회의 마상 시합이 등장했다. 이때부터 단체 마상 시합 대신 개인 대 개인으로 대결하는 마상 창 시합이 열리기 시작했다. 이것이 바로 우리가 기사 영화에서 보던 경기이다. 이 경기는 고속도로의 방지벽처럼 튼튼한 차단벽을 갖춘 공식 마상 시합 경기장에서 열렸다. 대규모의 궁정 축제가 열릴 때, 기사들은 상대방 선수와 맞대결하기 위해서 왕과 기사의 여인들이 있는 관중석 및 심판석 아래에 있는 경기장의 중심부를 향해서 달렸다. 관중석 앞에는 화려한 방패가 꽂혀 있었는데, 이것을 건드리는 것은 기사를 도발하는 행위였다. 보헤미아의 국왕 얀 루쳄부르스키는 1319년 프라하에서 이러한 형식의 마상 시합을 개최했다. 기사들은 귀족 부인의 마음에 들기 위해서 애썼고, 춤과 노래가 포함된 축제는 저녁까지 계속되었다. 귀족 부인과 영애가 이 행사에 참석했다는 것은 마상 시합이 문명화되었다는 뜻으로 해석할 수 있다. 이 시합에서는 싸움터에서와는 또다른 자질, 즉 힘과 신체적인 건강함 외에도 기품 있는 태도와 좋은 목소리가 요구되었다.

예비군 훈련

궁술

군사 전투에 대비한 훈련으로서 마상 시합의 유용성에 관하여 의견이 분분했다면 무기 없이 하는 경기, 특히 구기 종목은 더욱 논란의 여지가 있었다. 중세 후기 영국에서는 축구 금지령을 내리려고 했지만, 궁술 훈련은 언제나 장려되었다. 특히 장궁(長弓)은 아이들의 놀이 수준이 아니라, 화약이 발명되기 전까지는 영국인들이 가장 두려워했던 전쟁 무기였다. 노르만 정복 이후 밀렵 방지를 위해서 1184년 국왕의 칙령으로 왕실 사냥터에서의 활쏘기를 금지했으나, 1252년의 『웨스트민스터 헌장(*Statute of Westminster*)』은 15-60세의 모든 남성이 정기적으로 궁술 훈련을 받아야 한다고 명시했다. 모든 남성은 자신의 신장과 같은 길이의 활을 가지고 있어야 했다. 이것이 바로 그 유명한 영국 장궁이다. 영국 장궁은 활은 스페인산 주목으로, 화살은 영국산 물푸레나무로, 활깃은 거위 깃털로 제작되었다. 훈련을 위한 궁술장이 수도인 런던 주변 곳곳에 설치되었다. 영국인에게 궁술이 어떤 의미인지는 영국의 전화번호부만 펼쳐 보아도 알 수 있다. 아처(Archer), 애로스미스(Arrowsmith), 보먼(Bowman), 보이어(Bowyer), 플레처(Fletcher) 등 궁술과 관련된 이름들이 많은 분량을 차지하고 있다.

특히, 프랑스와의 크레시 전투(1346), 푸아티에 전투(1356), 아쟁쿠르 전투(1415) 등 영국이 전쟁에서 결정적인 승리를 거듭할 수 있었던 이유는 전 국민이 장궁으로 무장한 덕분이었다. 의적 로빈 후드 이야기를 보면 당시 영국에서 궁술의 인기가 얼마나 대단했는지를 알 수 있다.[25] 전설에 따르면 그는 노팅엄 지방 행정관의 폭정으로부터 셔우드 숲의 백성들을 보호했다고 한다. 영국 장궁의 군사적인 중요성은 중세 후기까지 계속되었다. 재고 목록에 의하면 1523년 런던 타워에는 장궁 1만1,000개, 활대 6,000개, 활시위 8만6,400개, 화살 38만4,000개가 보관되어 있었다.[26]

그러나 화기 도입 이후 궁술은 순수 여가 활동으로 바뀌었다. 영국의 교육자 로저 애스컴은 1545년 자신의 대표작 『궁술론(*Toxophilus : The School of Shooting*)』에서 궁술과 같은 여가 활동은 신체를 훈련하는 데에 이상적인 운동이므로 모든 신사들에게 권장할 만하다고 했다.[27] 궁술광

장궁으로 고난을 당하는, 궁수들의 수호성인 성 세바스티아누스의 순교. 제단화, 1493년, 아우구스티누스 은둔자 수도원. 현재 독일 쾰른의 발라프-리하르츠 박물관 소장.

이었던 영국의 헨리 8세는 딸 엘리자베스의 소원대로 궁술에 남다른 애정을 가지고 있었던 애스컴을 딸의 궁술 선생에 임명했다. 16세기와 17세기 영국의 왕들은 전부 궁술광들이었다.[28] 독일의 하노버 왕조는 더 이상 궁술에 대한 애정을 보이지 않았지만 이 시대에도 궁술은 대중들로부터 꾸준한 인기를 얻었다. 애스컴의 책 제목과 관련이 있는 스포츠 클럽인 궁술 협회가 1781년에 설립되자, 구식 국민 스포츠였던 궁술은 신식 클럽 스포츠가 되었다. 1908년 런던 올림픽 당시 왕실 궁술 협회가 주관한 양궁 시합은 남성과 여성 경기 모두 영국인들이 장악했다. 올림픽 우승자는 아쟁쿠르 전투에서 궁술 사령관이었던 가문 출신의 윌리 도드였다.[29]

시민 축제 문화의 중심지인 사격 축제

독일어 단어 "궁수들(Schützen)"은 "쏘다(Schießen)"와는 관련이 없고, 원래는 "보호(Schutz)"에서 파생했다. 중세에 도시가 발달하기 이전 형태인 부르구스(burgus)에 사는 시민들을 "뷔르거(Bürger)"라고 불렀는데, 이들은 자신을 스스로 보호해야 했다. 924년 하인리히 1세는 시민군에게 특권을 부여했고, 이 특권으로 사격 클럽이 결성되었다. 사격 클럽은 유럽의 많은 도시들의 시민 축제에서 결정적인 역할을 했다. 현재까지도 명맥을 유지하고 있는 몇몇 클럽들은 중세 후기에 도시 방어 계획을 세웠을 뿐만 아니라, 행진, 시합, 음악과 춤이 어우러진 사격 축제를 조직했다.

사격 클럽은 도시 방어의 필요성과 맞물려서 발전했기 때문에 사격은 처음부터 군사 훈련으로서 중요한 의미가 있었다. 이러한 군사 훈련은 귀족들이 받던 훈련과는 성격이 완전히 달랐다. 시민군은 신체적으로 건강해야 했지만, 시민군의 훈련은 전쟁터에서의 공격이 아니라 도시 성벽의 지붕에서 적의 공격을 방어하는 데에 초점이 맞춰져 있었다. 그래서 생사를 건 두 사람 간의 결투가 아니라, 장거리 무기를 사용하는 전략이 우선시되었다. 장거리 무기로 처음에는 활, 나중에는 석궁이 사용되었고, 화약을 발명한 후에는 소총과 대포가 사용되었다. 중세 후기가 되자 "보호하다(Schützen)"와 "쏘다(Schießen)"는 동일한 의미로 사용되기 시작했다. 현대식 화기는 도시의 발명품이었고 도시의 수공업자들에 의해서 생산되었다. 현대식 화기는 기사들의 무기보다 성능이 우수했기 때문에 도시 문화가 기사도보다 우월하다는 것을 대변하기도 했다. 근대에 많은 도시들이 세력이 강한 지역에 영토를 빼앗겼는데, 도시의 사격 클럽이 특히 자유제국도시에 자치권이 주어진 15세기에 전성기를 누린 것은 우연이 아니다.

사격 축제의 군사적인 중요성이 상대적으로 약화된 이후에도 도시의 자유, 실력, 힘을 나타내는 사격 축제의 상징적인 의미는 남아 있었다. 사격 시합의 우승자는 금반지, 은 트로피, 금화 등 고가의 상품을 받았고 공고문을 통해서 그 가치를 인정받았다. 이는 사격 축제가 상징적인 의미를 얻는 데에 기여했다. 또한 비싼 총포를 사지 않아도 누구나 공개적으로 도전할 수 있는 시합 종목이 많아진 것도 큰 역할을 했다. 애초부터 대부분의 시민들에게 출전 기회가 배제되었던 귀족들의 마상 시합과 달리, 시민들의 시합에는 귀족 가문 증명서와 같은 진입 장벽이 없었다. 시민들의 시합에서는 일반적으로 실력만을 중시했다. 그래서 도시 시민이 아닌 다른 지역의 사람이나 시민보다 하위계층 혹은 지방 농부들도 종종 상금을 차지했다. 고대 올림피아 제전처럼, 사격 축제는 유럽의 도시국가들을 하나의 공통 문화로 모아주는 역할을 했다. 도시국가들은 귀족과 기사들의 결투 문화, 비용이 많이 들고 과도한 전쟁을 공동의 적으로 여겼다. 또한 대규모 스포츠 축제는 도시들 간의 관계를 유지하고 스포츠 시합을 통해서 도시들 간 긴장 상태를 완화하는 데에 기여했다. 스포츠 축제는 도시의 공동체 의식, 이른바 정체성을 형성하는 데에 중요한 역할을 했다.[30]

대규모 사격 축제는 누구나 자유롭게 출전할 수 있는 초지역적인 경기였다. 때로는 국제적인 규모로 열리기도 했다. 독일 남부의 자유제국도시에서 개최된 사격 축제에는 스위스, 프랑스, 프랑켄, 보헤미아, 슐레지엔, 오스트리아, 바이에른 등 다양한 지역에서 사람들이 출전했다. 심판은 일반적으로 지역의 사격 사범들이 맡았다. 그러나 국제 시합이라면 로마 공화국의 전통에 따라서 축제에 참여한 사절단 중에서 심판을 선정하여 심판단을 구성했다. 의전관은 사격 사범들의 업무를 보조했다. 의전관은 몽둥이를 들고 있었는데, 여기에는 신분과 지위를 막론하고 규정을 어기는 선수들을 처벌한다는 상징적인 의미가 담겨 있었다. 의전관은 광대 복장을 하고 광대 역할을 했다. 또한 노래와 시로 처벌을 선포하는 시인의 역할도 했다. 이러한 노래와 시는 축제 소식과 함께 구전으로 전승되었는데 활자 인쇄가 발명된 이후에는 종이에 인쇄되었다. 1447년 오순절 자유제국도시 메밍겐에서 열린 석궁 시합에 출전한 사람들 가운데 가장 먼 곳에서 온 사람들은 위히트란트의 프라이부르크(현재 스위스의 프리부르)에서 온 3명의 선수였다. 우승자는 로트바일 출신의 사수로, 귀족 품종의 말을 부상으로 받았다. 준우승은 자유제국도시 아우크스부르크 출신 선수가 차지했다. 가장 귀한 트로피는 키르히베르크의 농부가 차지했고, 나머지 3개의 트로피는 자유제국도시 이스니, 린다우, 켐프텐 거주자들이 받았다. 메밍겐의 사격 축제는 8일 동안 열렸다.[31]

사격 축제의 시작 전에 초대장이 먼저 발송되었다. 초대장에는 상금을 비롯하여 경기 규정과 출전 조건이 상세하게 설명되어 있었다. 초대장은 이웃 도시로 즉시 전달되었다. 많은 도시들에서 이러한 스포츠 축제에 공식 사절단을 파견했다. 1468년 세례 요한 축일에 시작된 사격 축제는 자유제국도시 울름에서 열렸다. 자유제국도시 메밍겐은 10명의 대표 선수들에게 "한 가지 색깔"로 통일한 의상을 입혀 사격 축제에 보냈다. 누구든 간에 같은 소속 팀임을 쉽게 알아볼 수 있도록 일종의 유니폼을 제작한 것이다. 메밍겐의 도시 연대기 기록자가 상세히 기록했듯이, 메밍겐 대표 선수들은 이 축제에서 각각 25굴덴과 14굴덴에 달하는 트로피 2개를 차지했다.[32] 고대 올림피아 제전과 마찬가지로 중세 후기 사격 클럽에서도 전문화 현상이 나타났다. 몇몇 선수들은 전문가가 되었다. 예컨대 메밍겐 시민인 토만 쉬츠는 1472년에 아우크스부르크 근처의 괴킹겐과 티롤의 주도(州都) 인스부르크의 소총 사격 시합에서 연이어 우승을 차지했다.[33]

스포츠화의 과정

사격 축제의 부속 행사였던 일반 스포츠 시합

일반 스포츠 시합은 사격 축제의 일부로서 열렸고, 종종 대중적인 유희를 담당하기도 했다. 예를 들면 도시의 창녀들은 남성들을 겨냥하여 얇은 옷만 걸치고 달리기 경주를 했고, 곡예사들은 줄이나 다른 도구를 이용하거나 이용하지 않으면서 독특한 기술을 선보였다. 미혼 여성들은 우승자에게 주어지는 포상 외에 특히 미혼 남성들의 주목을 받기 위해서 달리기 시합에 출전했다. 물론 남성들끼리 경쟁하는 시합도 있었다. 남성들은 무거운 역기를 들거나 20-50킬로그램에 달하는 무거운 돌을 던지면서 힘겨루기를 했다. 이러한 유형의 근력 스포츠 경기가 도시 하층민이나 시골 주민만을 위한 행사라고 생각할지 모르나, 실제로는 15세기에 명문 귀족 출신들도 이러한 시합에 참여했다. 바이에른 공국 통치자의 동생이었던 "강성한" 크리스토프 공작은 1480년대에 아우크스부르크의 돌 들어올리기에서 여러 차례 우승했다. 그는 1475년 란츠후트에서 열린 결혼식의 마상 시합에서 루블린의 총독을 안장에서 떨어뜨린 것으로도 유명하다. 그는 일종의 민족 영웅으로서 지금도 뮌헨의 지방 영웅 설화를 통해서 칭송받는다.[34] 사격 축제가 일반 스포츠 행사로 바뀐 전형적인 예로 아우크스부르크의 사격 축제가 있다. 이 지역의 수호성인인 성 울리히 축일부터 일주일 동안 열리는 아우크스부르크의 사격 축제는 1470년부터 시작되었다. 초대장의 두 페이지는 각지에서 참가자들을 끌어모으기 위한 부상(副賞) 목록으로 빼곡하게 채워져 있었다. 또한, 레겐스부르크의 연대기에 의하면 사격 시합 이외에도 경마, 350보 이상 달리기, 도움닫기를 포함한 멀리뛰기, 세단뛰기, 20킬로그램 중량의 돌 던지기, 이외에 육상 종목이 있었다.[35] 다른 자료에는 사격 축제에서 볼링과 마상 시합을 관람할 수 있었다고 기록되어 있다.[36]

사격 축제 공고문, 즉 초대장과 축제 소식에서 알 수 있듯이 15세기 대규모 사격 축제에서 육상 경기의 표준이 마련되었다. 1456년 슈트라스부르크의 사격 축제에서 돌 들어올리기, 도약, 달리기 시합이 개최되었고, 1472년 취리히에서는 도약 경기가 정지 상태에서 멀리뛰기, 도움닫기 구간이 있는 멀리뛰기, 세단뛰기로 세분화되었다. 그리고 달리기와 7킬로그램, 13킬로그램, 22킬로그램 중량의 돌 들어올리기 시합도 있었다.[37] 1507년 아우크스부르크 사격 축제 공고문을 살펴보면, 육상 경기가 더는 부수적인 행사가 아니라 대규모 스포츠 행사의 기본 행사가 되었음을 알 수 있다. 시의회는 350보 이상 달리기, 세단뛰기, 돌 들어올리기와 도움닫기 구간이 있는 멀리뛰기 우승자에게 상금으로 금화 4굴덴을 주었다. 돌 들어올리기에서 돌의 무게는 20킬로그램이었고 참가자에게는 세 번의 기회가 주어졌다.[38] 1509년 아우크스부르크 사격 축제에서는 보편적인 경기 이외에도 레슬링 시범 경기와 펜싱 교습이 있었다. 펜싱 교습에는 수업에 더해서 시범 경기와 펜싱 시합도 포함되어 있었다.[39]

한편, 도시인들이 귀족과 동등한 수준을 갖추고 있음을 보여야 하는 까다로운 종목도 있었다. 그중 대표적인 종목이 바로 승마였다. 승마를 하려면 노역마가 아닌 고급 품종의 힘이 좋은 수말을 소유하고 훈련시킬 수 있는 재력이 뒷받침되어야 했다. 가끔 사격 축제에서 볼 수 있는 말을 타고 창으로 고리 떼어오기 또는 날카로운 창을 이용한 마상 시합 "날카로운 창 찌르기"도 까다로운 종목에 속했다. 중세의 신분 질서를 거스르는 펜싱 교습도 있었다. 펜싱 교습은 종종 별도의 행사로 열렸지만 사격 축제에서도 열렸다. 펜싱 교습에서는 노련한 펜싱 사범이 베는 무기와 찌르는 무기로 수업을 진행했으며, 시범 경기와 펜싱 경기도 포함되었다. 17세기에 궁정검 같은 가벼운 검이 도입되기 전까지 독일에서는 대도(大刀)와 단도를 보편적으로 사용했다.

이외에도 칼 던지기처럼 민첩한 기술이 필요한 경기가 있었고, 현재 마을 축제에서도 볼 수 있는 볼링 시합 역시 일반적으로 여러 차례 열렸다. 한편, 사격 축제 공고문에 전혀 언급되지 않은 경기는 대중적인 오락의 수준을 넘어선 것들이었다. 이에 해당하는 종목으로는 오르기 시합이나 수탉 때리기 등이 있다. 오르기 시합에서는 기름칠한 나무의 꼭대기에 상금이 걸려 있었고, 수탉 때리기는 시합 참가자가 눈을 붕대로 가린 상태에서 살아 있는 닭을 막대기로 때리는 경기였다. 이때 수탉은 얇

젊은 바이스쿠니히가 검과 무기를 사용하는 펜싱을 배우고 있다. 황제 막시밀리안 1세의 자전적인 소설 『바이스쿠니히』에 삽입된 한스 부르크마이어의 목판화, 1512년경.

은 나무판으로 덮어놓은 구덩이 위에 있었다. 또한 "거위 싸움"과 같이, 말을 타고 창으로 고리 떼어오기를 변형한 경기인 "유혈 스포츠"도 있었다. 두 개의 기둥 사이에 고리 대신 살아 있는 거위의 다리를 매달았고 기수는 말을 타고 출발하면서 거위를 낚아채야 했다. 이때 기수는 등자도 없이 고삐만 잡고 달려야 했다. 기수의 실력이 서툴면 거위의 목을 잡자마자 놓쳐 허공에서 허우적대거나 말에서 떨어졌다. 이처럼 민첩성을 겨루는 시합 외에도 지방 협회에서 주최하는 공연도 있었다. 대표적인 예로 긴 막대기로 상대방이 탄 배를 찌르는 수상 경기인 물고기 찌르기를 비롯하여 가면춤이나 칼춤이 있었다.[40]

일반 사격 축제 외에도 특정 사회 집단을 겨냥한 시합들도 있었다. 귀족들의 마상 시합과 달리 시민들의 시합들은 특정 계급만을 위한 것이 아니었다. 이는 수공업 도제들처럼, 도시에서 최소한의 권한만 누리지만 폭동을 일으킬 잠재력이 있는 집단을 위한 시합들이었다. 고용주, 장인 계급과 달리 이들은 소유와 관련된 시민권을 전혀 누릴 수 없었으나 수공업은 이들의 노동력에 의존하고 있었다. 또한 도제들의 다수는 모든 소요 사태나 폭동의 최전선에 속했다. 이러한 집단과의 평화를 위해서 특별한 시합들이 열린 것이다. 기사들의 마상 시합을 모방한 "단체 창 찌르기 시합"이나 "단체 사격"과 같은 특별한 경기가 이에 해당했다. 이러한 경기에 참여한 집단들은 사회적인 명성을 얻고 많은 상금을 받을 수 있었다. 도시 의사 크리스토프 쇼러가 쓴 『메밍겐의 연대기(*Memminger Chronik*)』에 의하면, 1484년 대규모 소총 사격 대회 때는 시에서 축제 동안 상금을 제공하는 것 외에도 식사와 와인을 지원했다고 한다.[41]

마르쿠스 형제회와 페더페히터 펜싱 협회

마르쿠스 형제회는 15세기에 검술을 문명화하고 펜싱에 일정한 원칙을 적용하기 위해서 설립된 단체이다. 이 단체는 원래 성 마르코 형제회 소속이었기 때문에 협회의 명칭도 성 마르코의 이름을 따서 마르쿠스 형제회라고 지었다. 1459년부터 성 마르코의 사자 문장(紋章)을 방패에 새긴 펜싱 사범 한스 탈호퍼는 협회의 창립 멤버이자 최초의 펜싱 교본을 집필했던 6명의 저자 중의 한 사람이었다. 이 책은 나중에 많은 부분이 편집되었다.[42] 마르쿠스 형제회는 1474년 자유제국도시 프랑크푸르트암마인에서 열린 연례 모임에 관한 기록에서 처음으로 등장한다. 이 모임에서 마르쿠스 형제회는 대표를 선출했고 시범 경기와 펜싱 교육도 실시했다. 1487년 프리드리히 3세가 장검 장관(Meister vom langen Schwert)이라는 직위를 지휘할 수 있는 특권을 마르쿠스 형제회에게 주면서, 마르쿠스 형제회의 지위는 사실상 제국의 펜싱 협회로 승격되었다. 마르쿠스 형제회 회원들은 신성 로마 제국 전역에서 펜싱 교육을 진행할 수 있는 독점적인 지위를 얻었다.[43] 알브레히트 뒤러의 삽화를 보면 이들이 무겁거나 양손으로 쥐어야 하는 큰 검뿐만이 아니라, 2인 대결을 위한 다양한 종류의 무기를 다루는 훈련을 시켰다는 사실을 알 수 있다.

중세에 기사는 주로 전쟁과 마상 시합을 위한 공격 기술을 훈련했던 반면, 시민 계급의 펜싱 사범들은 자기방어 기술을 가르쳤다. 이러한 훈련 방식은 자유제국도시에서 크게 유명해졌다. 마르쿠스 형제회는 독일 펜싱 교육의 흐름과 밀접한 관련이 있다. 마르쿠스 형제회의 기술은 13-17세기에 번성했다가, 후에 현대의 펜싱 스포츠로 발전한 이탈리아 및 프랑스 방식으로 대체되었다. 스포츠의 역사에서는 사회적인 배경을 고려하지 않은 채 다양한 양식들을 비교하는 경우가 많다. 예컨대 로마식 펜싱 방식은 기사 계급이 몰락한 이후에 귀족 스포츠의 형식을 구체화했다. 교본에 의하면 귀족 스포츠는 화려하고 우아해야 했고, 바로크와 로코코 궁정 시대에는 이러한 펜싱 방식이 기사 아카데미와 대학교 학생들에게 모범으로 여겨졌다. 시민 계급의 거친 펜싱 기술은 아무런 역할을 하지 못했고 시대와 유행에 뒤떨어진 것으로 여겨졌다. 그러나 자치권을 얻기 위하여 도시들이 투쟁하던 시기에는 시민 계급의 펜싱 방식이 전위적인 기술이라고 여겨졌다.

독일의 초기 펜싱 교본은 13세기 말 독일의 수사가 라틴어로 쓴 것이었다.[44] 펜싱 교본은 14세기 말 이후로 많이 집필되었다. 프랑켄 중부 출신의 펜싱 사범 요한 리히테나워가 독일 펜싱 교육의 창시자로 여겨진다. 이후에 집필된 펜싱 교본들이 그의 방식을 바탕으로 하여 쓰였기 때문이다.[45] 펜싱 교본은 고유한 분야로 발전했고 활자 인쇄가 발명되기 전(일부는 그 이후까지)에는 필사본으로 편찬되었다. 이러한 펜싱 교본의 특징으로는 고급 삽화를 꼽을 수 있다. 삽화에는 다양한 신체 자세가 묘사되어 있다. 특히 근대 초기에는 알브레히트 뒤러와 루카스 크라나흐와 같은 유명한 예술가들이 펜싱과 레슬링 교본 삽화를 그렸다.[46] 로마식 펜싱 교육이 장악하면서 구식 독일식 펜싱 방식은 사라졌다.

피렌체 세례 요한 축제를 바꿔놓은 메디치 가문

우리는 향료 상인 루카 란두치의 일기를 통해서 메디치 가문이 피렌체 공화국의 실질적인 통치자로 등극하면서 주요 축제가 어떻게 변화했는 지를 유추할 수 있다. 그는 자신이 관찰한 것을 매일 기록하지는 않고 특별한 사건을 위주로 기록했다. 따라서 그는 일상적인 스포츠 행사에 관해서는 예외적인 사건에만 관심을 보였다. 예컨대 피렌체의 축구와 관 련해서는 아르노 강이 얼어붙어 "아이스 축구" 경기가 열렸다는 소식을 기록하는 식이었다. 피에스타 산 조반니, 즉 매년 6월 24일 성 세례 요 한을 기념하는 세례 요한 축제에 대해서도 마찬가지였다. 1478년 대은 행가 로렌초 데 메디치의 동생인 줄리아노 데 메디치가 음모로 살해당 했을 때에 세례 요한 축제의 일정이 연기되어 예외적으로 7월 5일에 열 렸는데, 이 축제는 시가 행렬과 곡예 공연, 저녁의 대규모 불꽃놀이 행 사, 하이라이트인 승마와 함께 특히 성대하게 치러졌다고 한다. 팔리오 (Palio)라고 불리는 승마 시합의 우승자는 약 500굴덴에 달하는 값비싼 금비단을 상으로 받았다.[47]

그로부터 3년 후, 루카 란두치는 승마에 열광했다. 그의 형제인 고스 탄코 란두치가 승마 시합에서 석권했기 때문이었다. 1481년 12월 26일 피렌체의 이웃 도시 프라토에서와 마찬가지로, 고스탄코는 1484년 10월 8일에 열렸던 산타 레파라타 팔리오 경기에 베르베르산 말인 드라게토 와 함께 출전하여 우승을 차지했다. 이후 몇 년간 그는 승마 경기에 연 달아 출전했다. 1485년 6월 25일까지 약 4년간 그는 20회 이상 우승을 차지했고, 그중 성 안나 축제와 성 비토리오 축제에서는 여러 차례 우승 했다. 그러나 루카 란두치가 기록했듯이, 놀라운 이 연승가도는 고스탄 코에게 행운을 가져다주지 않았다. 고스탄코는 1485년 9월 12일 세상을 떠났기 때문이다.[48]

1510년에는 팔리오 경기가 독감이 대유행했던 시기에 개최된 것으로도 모자라서 산 조반니 광장에서 축구 시합과 투우 경기까지 열려 화제가 되었다. 경기 관람석에는 "모든 피렌체 사람들과 많은 외국인들이 있었다." 1513년, 조반니 데 메디치 추기경이 교황(레오 10세)으로 선출되었고, 그의 조카 줄리오 데 메디치가 피렌체의 주교로 선출된 지 얼마 지나지 않아서 추기경에 올랐다. 이때부터 피에스타 산 조반니의 성격은 완전히 달라졌다. 세례 요한 축제는 피렌체 공화국의 명성을 알리기 위한 선전 목적의 대규모 행사로 바뀌었다. 6월 24일 시뇨리아 광장에서는 100명의 수비대가 300명의 공격대로부터 성을 지키는 대규모 격투 스포츠 시합이 개최되었다. 6월 26일 투우 경기에서는 황소 2마리가 경기장을 탈출하여 시내를 질주했다.

1514년의 세례 요한 축제는 훨씬 더 화려해졌다. 축제 며칠 전에 마상 시합 개최 소식이 발표되었고, 비단 상인, 금박 제조인, 무기 제작자들의 박람회와 행렬이 있었다. "그해 6월 24일에는 기존의 축제 행사와 팔리오 경기가 열렸고, 저녁에는 회전꽃불 행사가 있었다." 물론 축제는 여기에서 끝나지 않았다. 다음 날 시뇨리아 광장에서는 사자, 곰, 표범, 황소, 물소, 사슴, "그리고 각종 야생 동물들"의 베나티오네스가 열렸다. 고대 로마에서처럼 개들도 사자와 싸웠다. 마지막에는, 이동할 수 있는 기계("거북이", "호저")를 탄 사람들이 살아남은 야생 동물들을 창으로 공격했다. 관중을 위해서 나무로 된 대형 관람석이 설치되어 있었는데, "도시에서 이렇게 많은 양의 목재를 어떻게 조달할 수 있었는지 믿을 수가 없을 정도였다." 터무니없이 비싼 요금을 지불해야 관람석이나 창가 좌석에 앉을 수 있었고, "어디에서도 이렇게 많은 사람들을 본 적이 없을 정도로 관람석, 창가 좌석, 맨 위층 좌석이 모두 찼다. 경기 관람을 위해서 각국에서 많은 사람들이 몰려들었기 때문이다. 로마에서 비공식적으로 온 4명의 추기경들과 기병대 무리도 있었다." 이러한 베나티오네스는 60년 전부터 피렌체에 존재했다.[49] 6월 26일과 6월 27일에는 산타 크로체 광장에서 마상 창 시합과 다른 마상 시합 훈련이 있었고, 마지막에는 상이 수여되었다. 줄리아노와 로렌초 데 메디치 형제도 제후들과 함께 이 마상 시합에 출전했다. 란두치는 마상 시합이 "오락과 시간 때우기에 적합한 놀이"라는 사실을 인정하면서도 비판적인 입장을 취했다.[50] 피렌체와 축제가 국제적인 관심을 받는 데에 기여했던 레오 10세가 축제 기간에 사자를 등장시킨 속내가 따로 있다는 것이다. 레오 10세가 교황으로 선출되면서 메디치 가문의 명성은 절정에 달했다. 레오 10세는 검투 경기와 베나티오네스를 도입하면서, 자신의 고향인 공화국의 전통이 아니라 고대 로마 제국의 전통을 계승하려고 한다는 입장을 명확하게 드러냈다.

연시와 마을 축제의 스포츠 시합

마상 시합이 중세 귀족 사회의 중심이었고 사격 축제가 중세 후기 시민 문화의 핵심이었다면, 고대 그리스 시대에 "경기"로서 중시했던 단순한 신체 문화는 어떻게 나타났을까? 물론 달리기, 도약, 던지기는 기사 교육에서 중요했지만, 어린아이 때부터 할 수 있는 운동이었기 때문에 모든 계층에서 볼 수 있었던 기초 신체 운동이었다. 귀족 문화와 마찬가지로 도시의 시민 문화에서도 이러한 운동은 힘을 보여주기 위한 것이었다. 중세 후기에는 이미 어느 지역에서나 관심을 받는 스포츠 행사와 영웅들이 있었다. 16세기 중반 스위스의 추크 주 출신 용병 한스 게르하르트가 바로 그러한 인물이었다. 돌 들어올리기 대회에서 우승한 그는 스위스 연방에서 가장 힘센 사나이로 여겨졌다. 이러한 민족 영웅들은 대략 한 세대 간격으로 등장하면서 사람들에게 환상의 날개를 달아주었다.[51]

또한, 사격 대회를 제외한 스포츠는 일반적으로 성인 축일과 함께 기념하는 연시와 직접적인 관련이 있었다. 지금도 연시에서는 상업적인 거래를 위한 시장 외에도 젊은 남성들의 힘겨루기("한방 후려치기")와 곡예 공연 등의 각종 오락 행사가 열린다. 그러나 순수한 스포츠 행사가 발명된 이후로는 연시와 육상 스포츠 경기와의 연관성을 더는 찾을 수 없다. 모든 경기가 그렇듯이 시민과 농민계층의 경기에도 훈련이 필요하다. 농촌 지역에서의 훈련에 관해서는 알려진 바가 거의 없지만, 중세 후기 도시에서는 특정 장소나 초원에서 종종 훈련이 이루어졌다. 윌리엄 피츠스티븐의 런던 묘사를 보면 12세기 말 젊은 남성들이 도시 이외의 지역에서 여가 시간을 보냈다는 사실을 알 수 있다. "여름 축제 기간 내내 남자들은 육상 경기, 궁술, 레슬링, 포환 던지기, (끈을 이용하여) 표시선 위로 창 던지기, 손방패 대결 훈련을 했다." 구체적으로 언급하면 달리기, 도약, 궁술, 레슬링, 포환 던지기, 창 던지기, 칼을 사용했을 것이라 짐작되는 둥근 방패 대결 등을 한 셈이다.[52] 스위스 취리히의 리마트 강의 "보리수 아래"에서는 구기 종목 시합, 석궁 쏘기, 달리기, 던지기, 도약 훈련뿐만 아니라 보드 게임이나 체스도 할 수 있었다. 물론 이곳에서 스포츠 시합도 열렸다.[53]

한편, 마을 축제 그림을 통해서 16세기 초부터 승마와 달리기 시합이 정기적으로 열렸다는 사실을 알 수 있다. 특히 여성들의 달리기 시합은 예술가들에게 매력적인 작품 소재였다. 달리기와 승마 시합은 간혹 축제의 절정을 장식했다. 이외에도 일반적으로 새를 쏘는 장면이 그림에 등장했다. 물론 막대기를 따라서 움직이는, 나무로 만든 새인 경우가 많았다. 문자 그대로 "새를 쏘아 죽인" 사람이 승자였다. 마을 축제에서 빼놓을 수 없는 것은 볼링이었다. 볼링에는 다양한 종류의 경기가 있었다. 1520년 그림에는 9개의 볼링핀이 세워져 있고 가운데에는 "킹"이 있는데, 이는 지금도 가장 흔한 방식이다. 당시에는 3개의 볼링핀을 나란히 세워놓는 방식도 인기가 많았다. 예술가들은 칼 던지기처럼 민첩함을 겨루는 경기는 그림으로 남길 가치가 없다고 여겼던 반면, 칼춤 공연 장면은 빼놓지 않고 항상 묘사했다.

달리기 경주

에네아 실비오 피콜로미니(교황 비오 2세)는 자서전에서 "달리기 경주와 우승자 상금"을 다루는 데에 한 장(章) 전체를 할애했다. 여기에서 교황 비오 2세는 자신의 고향인 피엔차를 자세히 다루었다. 피엔차의 수호성 인은 마태오 사도였기 때문에, 매년 마태오 축일에 달리기 경주가 열렸 다. 교황이 참석한 1462년 9월 21일의 축제는 특히 성대하게 치러졌다. 비오 2세는 행사 기념으로 선거권이 있는 시민 전원에게 새 관복을 제공 하고 축제를 위한 재정을 지원했고, 우승자 포상금에 관한 공고는 시 행 정 당국에 위임했다. "승마 우승자는 8엘레 상당의 자색 염료를, 당나귀 경주 우승자는 4엘레 상당의 염료를, 성인 남성 달리기 경주 우승자는 소년 부문 우승자와 마찬가지로 거위 1마리를 부상으로 받았다." 이른 아침, 성당에서는 미사가 거행되었다. 그후 사람들은 교외의 초원에 모 였고, 초원의 축제 광장에는 천막이 설치되어 있었다. 식당 주인들은 천 막 안에서 관람객들을 위해서 큰 황소 30마리와 많은 작은 짐승들의 고 기를 굽고 있었다. 그뿐만 아니라 연시도 열렸다. 피엔차의 주요 볼거리 는 성인 남성과 소년들의 달리기 시합이었다. 이는 지방 소도시의 특성 이라고 볼 수 있다.

스타디온에서 자주 시합했던 힘세고 빠른 젊은이들이 달리기 경주에 참가했 다. 그날은 비가 아주 많이 내려서 경주로가 진흙투성이였다. 선수들은 알몸 으로 달렸다. 한 사람이 선두로 달리고 있다가, 다른 사람이 선두를 앞질렀고, 한 사람이 미끄러지면 다른 사람도 같이 미끄러졌다. 선수들이 이렇게 진흙탕 을 구르는 사이에 꼴찌였던 선수가 선두가 되었다. 선수들은 성문까지 4스타 디온(약 800미터)을 달렸다. 승자와 패자의 차이는 아주 근소했다. 선수들은 전부 진흙 범벅이 되어 누가 누구인지 알아볼 수 없었다.

놀랍게도, 승부 조작을 시도한 사람도 있었다. 교황의 요리사였던 트리파라는 사람이 갑자기 끼어들어 1등으로 결승선을 통과한 것이다.

그 사람 다음으로 결승선에 도착한 사람은 풀썩 주저앉았다. 승리를 거의 확신하던 차에 패배를 인정해야 했기 때문이었다. 그는 괴로워하며 승리를 빼앗겼다는 사실을 받아들였다. 그러나 그는 승부가 조작되었다는 것을 바로 알아챘다. 우승자는 다른 선수들에 비해서 너무 깨끗한 데다가 앞치마를 두르고 있었다. 앞치마를 두른 상태로는 그렇게 긴 거리를 달리기 어렵다. 심판은 크게 웃음을 터뜨리면서 요리사의 우승을 실격으로 처리했고, 원래 1등으로 결승선을 통과한 사르테아노 출신의 젊은 남성에게 상을 주었다.

달리기 경주의 하이라이트는 마지막 행사인 소년들의 시합이었다. "소년들의 달리기 경주는 최고의 시합이었다. 아직 성인이 되지 않은 소년들이 스타디온으로 몰려왔다. 소년들은 다른 선수들을 앞지르기 위해서 출발선에서 알몸으로 뛰어오르며 열정적으로 달렸다. 질퍽질퍽한 진흙에 발이 빠져 소년들은 발을 다시 들어올리기도 어려울 정도였다. 소년들은 탈진해서 쓰러지기 직전이었지만, 다시 숨을 고르고 힘겹게 일어났다. 부모님이 도와주기도 하고, 형제들이 도와주기도 했다. 소년들은 서로 위로의 말을 건네며 격려했다. 승자가 아직 정해지지 않았을 때에 어느 사람이 성문까지 약 1스타디온(약 200미터)을 달렸다." 또 한 번의 승부 조작 시도는 실패했고 승리는 피엔차 출신의 소년에게 돌아갔다. "소년은 상으로 살아 있는 거위를 받았고 아버지는 거위를 어깨에 자랑스럽게 걸치고 집으로 돌아갔다. 사람들의 무리가 그를 뒤따랐고, 이웃들은 그를 자랑스러워했다. 교황은 이 모든 광경을 추기경들과 함께 왕궁의 높은 창문으로 구경하며 매우 즐거워했다. 그러면서 동시에 이들은 중요한 정치적인 사안을 논의했다."[54]

도시의 성인 축일에 스포츠 행사를 개최한 교황의 이야기는 도시의 통치자로서 교황의 관용과 공정성을 보여주는 사례임을 알 수 있다. 또한 이 이야기를 통해서 신체를 이용한 경기에 대한 당시 사람들의 열광, 자기 실력에 대한 자신감, 전문가답게 경기를 즐기는 관찰자들의 태도를 엿볼 수 있다. 서술된 내용을 세부적으로 살펴보면 이탈리아 지역에서 달리기 시합이 성인 축제의 절정을 장식할 만큼 중요한 의미가 있는 스포츠였다고 해석할 수 있다. 또한 달리기 시합은 평범한 사람들이 대단한 사람들과 경쟁할 수 있었을 뿐만 아니라, 서로 체력이 비슷한 사람들끼리도 경쟁할 수 있었던 종목이기도 했다.

중세의 여성 스포츠

『니벨룽의 노래』는 여성 스포츠의 기준을 제시했다. 부르군트의 국왕 군터는 이젠란트의 여왕 브륀힐트와의 결혼을 원한다. 브륀힐트는 군터에게 세 가지 조건을 제시한다. 군터가 돌 들어올리기, 멀리뛰기, 창 던지기, 이 세 가지 시합에서 브륀힐트를 이겨야 한다고 말한다. 이 세 가지 경기는 중세 성기 마상 시합의 부수적인 행사였다. 이 세 가지 경기에서 이길 자신이 없던 군터는 자신의 여동생 크림힐트와 결혼하고 싶어하는 영웅 지그프리트에게 도움을 청한다. 지그프리트는 마법의 망토를 쓰고 군터를 대신하여 브륀힐트와 돌 들어올리기, 멀리뛰기, 창 던지기 대결을 하고 승리한다.[55] 이제 브륀힐트는 군터와 결혼해야 한다. 지그프리트는 다시 한번 마법의 망토를 쓰고 변신하여, 잠자리에서 브륀힐트를 정복한다. 여기에는 신화, 설화, 역사, 문학적인 요소가 완전히 뒤섞여 있다. 역사적으로 이 이야기는 5세기로 접어들 무렵 부르고뉴의 국왕 군데하리우스를 의미하는데, 보름스의 부르고뉴 왕국은 437년 훈족의 습격으로 몰락한다. 브륀힐트는 프랑크 왕국의 국왕인 렝스의 지기베르트 1세와 결혼했던 서고트족 공주 브루니힐트를 암시한다. 브루니힐트는 수아송의 프레데군데 여왕이 남편을 살해하자 여왕의 원수가 되어 치명적인 갈등에 휘말렸고, 오를레앙의 군트람 국왕과 동맹을 맺은 인물이다.[56] 『니벨룽의 노래』는 이들이 중세 초기의 인물임을 반복적으로 암시한다. 그러나 브륀힐트가 오딘의 수행원이자 죽음의 악마인 발퀴레로 등장하는 스칸디나비아판 설화와 마찬가지로, 『니벨룽의 노래』는 13세기 작품이다. 즉, 중세 마상 시합은 이미 꽃을 피운 후였다.[57]

실제로 중세에는 여성이 참여할 수 있는 스포츠가 많지 않았다. 마상 시합이나 투석전과 같은 거친 격투 스포츠는 여성에게 적합하지 않은 것으로 여겨졌다. 가사 분담에서 여성들에게는 일반적으로 집 안에서 하는 일이 할당되었으나, 고대와는 달리 여성이 스포츠 시합에서 완전히 배제되지는 않았다. 레가타나 구기 종목은 물론, 마상 시합 관객층에서도 귀족 여성이 일정한 비중을 차지했다. 13세기 『마네세 필사본』에는 스포츠 경기, 심지어 가장 잔인한 경기에도 여성 관객이 있었음을 상징하는 표현이 있다. 프랑스의 샤를 6세에게 전(全) 귀족을 대상으로 한 마상 시합의 정기적인 개최를 요구한 사람도 크리스티네 폰 피잔이라는 여성이었다.

마르고라는 여성이 헤네가우에서부터 파리로 와서 테니스 시합에 출전하여 모든 남자 선수들을 꺾고 우승한 일은 중세 후기 스포츠 역사에서 가장 놀라운 사건 중의 하나이다. 파리 과학 아카데미 백과사전에 테니스 공과 테니스 라켓의 생산에 관한 글을 쓴 프랑수아 알렉상드르 드 가르소는 1767년에 있었던 이 사건을 보고했다.[58] 다음은 그다음 해에 다니엘 고트프리트 슈레버가 허락을 받고 번역한 내용이다. "1427년 마르고라는 28세의 젊은 여성은 헤네가우에서 파리까지 왔다. 테니스에 탁월한 재주를 보였던 마르고는 실력이 좋은 남자 선수들을 전부 물리치고 우승을 차지했다. 그녀는 작은 신전이라고 불렸던 그르니에르 생 라자르의 작은 테니스 경기장을 자신의 활동 무대로 선택했다. 이곳에서 그녀는 당대 최고 실력의 테니스 선수들과 시합을 했다. 모든 사람들이 호기심 가득한 눈빛으로 그녀의 탁월한 테니스 실력을 구경했다. 당시에는 맨손으로 테니스 경기를 했다."[59] 이 구절의 내용은 이름 모를 파리 시민이 동시대에 남긴 연대기 기록과 거의 일치한다.[60] 따라서 이것은 그냥 지어낸 이야기는 아니라고 보아야 한다. 어쨌든 장소와 시간이 일치하고, 과거에 테니스 경기장은 신전에 있었다. 따라서 당시 미혼 여성이 아무런 문제없이 파리의 저명한 테니스 경기장에 출입할 수 있었다는 사실을 유추해볼 수 있다. 또한 여성이 스포츠 경기에서 남성을 결코 이길 수 없다고 여기는 사람이 없었다는 것도 확실하다. 따라서 외적인 특징(인종, 성별, 연령)과 상관없이 누구나 운동을 할 수 있었다는 것을 알 수 있다. 로렌이 아니라 헤네가우에서 테니스계의 잔 다르크가 탄생한 것이다. 그녀의 테니스 실력이 마법의 힘에서 비롯되지는 않았을 것이므로, 이는 그녀가 고향에서 테니스 훈련을 받을 수 있었다는 뜻이다. 당시 헤네가우 지역은 백작령으로, 바이에른-슈트라우빙-홀란트의 공녀 야코비가 통치하고 있었다. 그러나 그녀는 평생 아이도 없이 불행하게 살다가 1433년 자신의 땅을 부르고뉴의 필리프 공작에게 상속해야 했다. 이 시기의 네덜란드에서 테니스는 카에첸(Kaetsen) 혹은 카에츠슈필(Kaetsspiel)이라고 불렸다. 1338년 오우데나르데에서는 교회 마당에서 카에첸을 하는 것을 금지했다.[61] 중세 후기에 상류 귀족 여성들이 구기 스포츠나 이와 유사한 오락에 여러 차례 참여했다는 사실은 14세기 보첸의 룬켈슈타인 성에 있는 프레스코 벽화를 통해서도 알 수 있다. 이 벽화에는 티롤-괴르츠 백작의 딸인 마르가레테가 궁정 신하들과 구기 스포츠 경기를 하는 모습이 묘사되어 있다. 1388-1410년에 그려진 룬켈슈타인 성 프레스코 연작에는 기사들의 마상 시합 장면(부허트, 티오스트)이 여러 번 등장하고 사냥과 무용 장면도 있다.[62]

유럽에는 오랫동안 소녀나 여성이 스포츠 시합에 참여하는 전통이 있었다. 그러나 이는 단순하게 해석할 수 있는 문제가 아니다. 고대 로마에서 여성은 난쟁이와 시합을 하거나 상반신을 탈의한 상태로 경기에 출전했다. 이 사실에 비춰본다면 여성의 스포츠 참여에는 상반된 요소들이 공존했다는 특징이 있었음을 알 수 있다. 예컨대, 중세 때의 뮌헨은 "미인들"의 경주로 유명했고, 이 경주에는 창녀들이 출전했다. 여성들은 이 경주가 자신의 외모를 뽐낼 수 있는 자리라고 생각했고 야코비둘트 행사의 주최자들은 환호성을 보내는 청중들에게 여성들을 소개했다. 우승한 여성은 값비싼 직물을 부상으로 받았다는 점에서 이것은 분명 스포츠 시합이었지만 독특한 범주에 속한다고 할 수 있다. 중세 후기에 이탈리아의 도시들 사이에서 전쟁이 일어나면 방어 세력들을 조롱하고 이들의 정신을 흐트러뜨리기 위해서 가슴을 훤히 드러낸 여성들의 경주를 관례적으로 열었다. 물론 이것은 육상 스포츠 시합이었지만 운동 이외에 다른 기능을 한 것이다. 또한, 이 시기부터 운동의 특성을 강조한 여성들의 경주가 열렸다. 피렌체에서는 1325년 이후, 빈에서는 1382년 이후, 뇌르틀링겐에서는 1442년 이후, 브레시아에서는 1444년 이후, 바젤에서는 1472년 이후에 이러한 시합이 개최되었다.[63] 스위스에는 결혼하지 않은 소녀들의 달리기 경주가 널리 퍼져 있었다. 일반적으로 소년보다 소녀들의 경기 구간이 짧았다.[64] 몇몇 경주는 문헌상으로는 최초로 기록된 사례이지만 실제로 이 전통은 훨씬 오래되었을 것이다. 한편, 어떤 도시들은 이 전통을 새로이 도입한 것이 분명했다. 이웃 도시를 모방하기 위해서이거나 여성 인구의 참여 비중을 높이기 위해서였다. 혹은 단순히 지역 연시에 새로운 볼거리를 제공하기 위해서이기도 했다. 소녀들의 달리기 경주는 경쟁 관계에 있는 도시들 간의 시합이었기 때문이다.

단체 스포츠

투석전, 막대 싸움, 주먹 싸움

도시의 상류층은 귀족들의 마상 시합을 모방하려고 애썼던 반면, 도시의 하류층은 비용이 많이 들지 않고 덜 위험한 격투 스포츠 종목을 즐겼다. 대표적인 예로 이탈리아의 도시에서 즐겼던 투석전이 있다. 투석전은 양 팀으로 나누어 돌을 던지며 승부를 겨루는 경기이다. 13세기 이후의 기록에서 투석전에 관한 내용을 찾을 수 있지만, 농촌 지역에서는 더 오래 전부터 투석전을 해왔을 가능성이 있다. 이러한 호전적인 시합에는 최대 2,000명이 출전했다. 페루자에서는 투석전 협회가 설립되어 고지대 도시와 저지대 도시 사람들끼리 투석전을 벌였다. 전쟁과 마찬가지로 투석전에서는 도시의 여러 장소나 한 장소를 점령하고 차지하는 것이 목표였다. 전사들은 머리에 투구를 썼고, 몸과 사지를 돌덩이와 막대기로부터 가능한 한 보호하기 위해서 갑옷과 솜을 덧댄 옷을 착용했다. 이 시기의 실제 전투처럼, 이러한 시합은 아침의 정해진 시간에 시작하여 어두워질 때까지 계속되었다. 조명이 없었기 때문에 밤이 되면 전쟁이든 스포츠 시합이든 간에 모든 시합이 중단되었다. 신체 보호 장구를 착용했음에도 격투 스포츠는 매우 위험했기 때문에 1253년 시에나 시의회에서는 이러한 시합을 중단시켰다. 오르비에토 등 많은 도시들에서는 이러한 시합들이 만성절부터 사순절이 시작되는 기간까지인 겨울에 열렸다. 1372년 페루자에서는 교황의 보좌 신부가 인기가 많은 격투 스포츠를 통제하려고 노력했지만 실패했다. 페루자 시의회는 격투 스포츠를 지원했고, 성 에르콜라노의 날에는 격투 스포츠 경기가 항상 열렸다. 이탈리아에서는 격투 스포츠 시합을 통한, 교황파 구엘프와 황제파 기벨린의 정치 싸움이 흔했다. 또한, 도시들의 대립 관계가 반영되는 경우도 많았다.[65]

사제들은 이러한 스포츠 행사에 특히 분노하며 격렬하게 저항했다. 시

요제프 하인츠, "구에라 데이 푸니". 1625년경, 이탈리아 베네치아.

에나의 성 베르나르디노는 1425년 대중 설교에서 투석전을 반드시 금지할 것을 촉구했다. 성 베르나르디노에 이어 페루자 시의회에서도 투석전을 재차 금지했지만 별로 효과가 없었다.[66]

　이외에도 막대 싸움이나 주먹 싸움과 같은 격투 스포츠가 있었다. 이러한 종목들도 투석전보다 덜 위험하다고 보기는 어려웠다. 대규모 행사였던 이러한 스포츠도 투석전과 별반 차이가 없었다. 시에나에서 조키 델라 푸냐(giochi della pugna)라고 불렸던 주먹 싸움이 오르비에토, 페루자, 피렌체에서도 열렸다. 주먹 싸움은 적어도 이탈리아 중부 지역에는 널리 퍼져 있었던 것이다. 1168년에는 피사의 얼어붙은 아르노 강에서 이러한 격투 스포츠 시합이 열렸다. 1291년 시에나에서는 설전(雪戰)을 비롯하여 막대 싸움이나 주먹 싸움을 매우 위험한 경기라며 금지했다.

그러나 투석전에 내렸던 금지령과 마찬가지로 별 효과를 보지 못했다. 1324년 시에나의 주먹 싸움은 변질되어 도시는 내전 상태나 다름없었다. 결국 가톨릭 주교가 개입하여 시합을 중단시켰고 4명 이상의 사망자가 발생했다. 1425년 어느 총명한 인도주의자는 이러한 격투 스포츠에 대한 분노를 냉소적으로 표현했다. "자! 내일이면 당신은 내상을 당하는 것은 물론이고 점잖게 피가 흐르는 눈을, 창백한 얼굴을, 여기저기 붕대가 감긴 팔다리를, 곳곳이 빠져버린 치아를 보게 될 것이오. ……이러한 경기를 통해서 즐거움을 얻는 대상 가운데 3분의 2는 청중이고, 나머지가 경기 참가자일 것인데 덤으로 갈비뼈가 골절되고, 이마에는 상처가 나고, 사지는 탈구되고, 팔, 다리, 갈비뼈, 턱관절까지 부러져 있을 것이오."[67]

중세 말기에 이르자 이러한 격투 스포츠가 특정한 장소에서만 열리도록 장소가 제한되면서 문명화되기 시작했다. 예를 들면, 이탈리아에서는 주로 다리에서 모의전을 했다. 1292년 베네치아의 다리에서 두 도시 간에 모의전을 벌였다는 기록이 있다. 1330년의 파르마의 『도시 찬가(De Laudibus Paviae)』는 매년 1월 1일부터 사순절까지의 기간에 다리에서 열렸던 모의전을 자세히 묘사하고 있다. 15세기 이후 피사에서는 조코 델 폰테(gioco del ponte), 즉 다리의 경기가 열렸다. 양 팀은 아르노 강 위를 지나는, 난간이 없는 아치형 다리의 정점에서 만나서 수천 명의 관중 앞에서 긴 나무막대기로 상대 팀 선수를 타격했다. 한 선수가 물에 빠지면 다른 선수가 앞으로 나와 싸웠고, 한 사람만 남을 때까지 경기가 계속되었다. 중세에 피사에서 열린 경기 중에는 막대기(mazza)로 공격하고 방패(scudo)로 방어하는 마자스쿠도(mazzascudo)라는 경기도 있었다. 이 경기는 경기 방식이 유사하여 조코 델 폰테의 직접적인 혹은 간접적인 조상으로 여겨진다. 한편 구에라 데이 푸니(guerra dei pugni), 즉 다리의 주먹 싸움은 베네치아의 특별한 의식이 되었고, 1년에 한 번 베네치아의 수로교(水路橋)에서 도시들 간에 경기가 열렸는데 인기가 매우 많았다.[68] 폰

테 데이 푸니(ponte dei pugni), 즉 권투 시합이 있던 다리에는 시합을 개최한 두 도시의 대표들이 서 있어야 했던 곳을 발자국 모양으로 표시한 것이 지금도 남아 있다. 몇몇 유화 작품들에서 볼 수 있듯이 당시 관중들은 거리, 배, 주변의 다리, 창문, 발코니, 지붕에서 시합을 구경했다.[69] 이탈리아의 다른 도시에서도 다리에서의 모의전이 열렸음을 기록한 그림이 남아 있다. 베네치아의 다리에서 열리는 모의전은 특히 외국인들에게 인기가 많았고, 외국인들이 방문하면 기존의 순서와 상관없이 진행되기도 했다. 이렇게 전투적인 백성들이 있기에 베네치아 공화국이 정복당하지 않는다는 사실을 황제와 국왕들에게 보여주려고 했던 것이다.[70]

중세의 축구

중세의 축구는 투석전이나 주먹 싸움과 같은 계열의 스포츠로 분류될 정도로 거친 스포츠였다. 『브리튼인의 역사(*Historia Brittonum*)』와 같은 중세 초기의 연대기는 구기 스포츠를 상세하게 소개하지 않았다. 영국 역사에서 색슨인과 데인인의 시대에는 축구를 했다는 증거가 없기 때문에, 축구는 노르만 정복 이후에 영국에 도입되었을 가능성이 있다. 1137년 축구 경기를 하다가 공에 맞아서 죽은 한 소년을 다룬 기록이 축구와 관련된 가장 오래된 기록일 것으로 추정된다. 윌리엄 피츠스티븐은 1180년 런던에서 열린 초기의 "참회의 화요일 축구"를 다음과 같이 묘사했다.

도시의 모든 청년들은 점심 식사 후에 구기 시합을 하기 위해서 밖으로 나갔다. 각 학교의 학생들은 자기 공을 가지고 있었다. 각 도시의 노동자(훈련자)들 역시 공을 가지고 다녔다. 나이가 많은 시민들, 아버지들, 부유한 시민들이 말을 타고 와서 청년들의 경기를 관람하고 자신들의 젊음을 되살렸다. 이들은 경기를 관람하고 근심 걱정 없는 청년들의 재미에 사로잡혀 마음속에서 열정이 끓어올랐다.[71]

1200년에 쓰인 한 연대기는 농부들이 만나 술을 마시고 축구를 하던 11세기 초에, 광활하고 평평한 플랑드르의 초원에서 두 마을 간에 축구 시합이 있었다고 기록하고 있다. 중세의 축구는 투석전처럼 아침에 시작해서 해가 질 무렵 끝났다. 경기 참가자의 수나 사용할 수 있는 신체 부위에 제한이 없었고, 명확하게 경기장이라고 지정된 장소도 없었다. 다만 경기 중의 고의적인 살인 행위만이 금지되었다. 성문이 있다면 성문이 골대로 사용되었는데, 한 도시 내에서 열리는 경기인지, 두 지역 간 경기인지에 따라서 "경기장"이 달라졌다. 경기장은 수 킬로미터에 달할 수도 있었다. 공이 강물에 빠지지 않는 한, 경기는 중단되지 않았다. 노팅엄셔의 한 성직자는 다음과 같이 기록했다. "젊은이들이 큰 공으로 하는 경기인데 손으로 던지는 것이 아니라 발로 공을 찬다. 저속하고 무가치하다고 말할 수는 없지만 정말 끔찍한 경기이다. 다른 경기들보다도 쓸모가 없다. 게다가 이 경기는 사고 없이 끝나는 경우가 거의 없다."[72]

축구의 위험성 때문에 경기 금지령이 내려졌다. 에드워드 2세의 집권기였던 1315년, 런던의 시장경 니콜라스 드 파른돈이 처음으로 축구를 금지했다. "큰 공을 차는 소리 때문에 도시가 소음으로 가득하다. 이것은 악마를 불러올 수 있고, 하느님은 이를 금하신다. 우리는 왕을 대신하여, 앞으로 이 도시에서 이 경기의 금지를 명령하고 선포한다. 이를 어길 시에는 감옥형에 처한다."[73] 에드워드 2세의 후계자로 왕위에 오른 에드워드 3세는 1349년에 축구 금지령을 내렸고, 1363년에는 핸드볼, 하키, 투계 등 유익하지 않은 오락 활동 금지령과 함께 축구 금지령을 재차 발표했다.[74] 1424년 스코틀랜드 의회는 "축구 법"을 제정했고 이 법을 위반하는 모든 사람들에게 벌금형을 부과했다. 1314-1667년에는 왕과 지방 의회에 의해서 총 30차례의 축구 금지령이 내려졌다.

초기 기록에 의하면 축구 시합은 일반적으로 재의 수요일 전날인 참회의 화요일에 열렸다. 1387년 노르만의 연대기에는 "불게생 드 노르망

『다양한 나라의 의상(*Diversarum Nationum Habitus*)』에 삽입된 제노바 칼초의 모습. 피에트로 베르텔리, "이탈리아에서 칼초라고 부르는 경기". 동판화, 1594년, 이탈리아 파도바.

과 포레스트 드 리옹 마을 사람들은 매년 재의 수요일 전날인 참회의 화요일에 모르테베 노트르담 대성당 성문에서 축구 시합을 하기 위해서 모였다"라고 기록되어 있다.[75] 영국과 마찬가지로 이탈리아와 프랑스에서도 이날에 축구 시합이 열렸던 것이다. 그러나 중세 후기에 이르자, 축구는 다른 지역보다도 영국에서 더 중요한 위치를 차지한 것으로 보인다. 체스터에서는 그 유명한 "참회의 화요일 축구" 시합이 열렸을 뿐만 아니라 부활절, 성탄절, 도시의 수호성인 축일에도 경기가 열렸다.

영국과 마찬가지로 이탈리아에서도 축구의 역사는 오래되었다. 이탈리아에서 언제부터 축구를 시작했는지는 남아 있는 문헌 자료로 단지 추측할 수 있을 뿐이었다. 큰 공으로 하던 경기들이 어느 시점부터는 발을 이용하는 축구(칼초)와 손을 이용하는 배구(파우스트볼)로 세분되었다는 가설이 있다.[76] 이탈리아 역사 속 축구의 시작은 15세기까지 불분명했으나, 갑자기 (이탈리아답게) 한 성인이 등장하면서 명확해졌다. 피렌체의 성 안토니누스가 큰 공으로 경기를 하다가 팔이 부러졌다는 기록이 등장한 것이다. 이 경기는 아마 팔로네(pallone : 이탈리아어로 큰 공이라는 뜻으로, 팔에 보호대를 차고 공을 주고받는 경기로서 현대의 배구와 유사하다)였을 것이다.[77]

기타 구기 종목

학술 연구에서는 구기 스포츠의 역사가 매우 오래되었다는 점을 항상 강조한다. 1147년 프랑스 남부의 자료에 의하면 한 수도원이 술(soule : 노르망디 지방에서 시작된, 축구와 유사한 스포츠) 경기용으로 큰 공("막시모스 발로네스[maximos ballones]") 7개를 기부받았다고 기록되어 있다.[78] 이외에도 구기 스포츠의 사회적인 중요성을 명확하게 보여주는 지표가 있다. 13세기까지의 파리의 공 생산에 관한 규정이다. 1292년, 전문적으로 공을 제작하는 수공업 장인은 13명이 넘었다. 수공업 장인들이 엉터리 공 제작자들을 경계하고 프랑스 국왕에게 공 생산 규정을 제정해달라고 청원했던 것으로 보아, 이 분야의 경쟁이 심했던 것으로 추측된다. 그리하여 테니스 공을 채우는 물질로 톱밥, 이끼, 백악, 석회, 흙, 조약돌, 모래는 사용할 수 없고 천 조각들만 사용해야 한다는 규정이 1480년에 제정되었다. 공의 바깥쪽에는 먼저 아마포 안감을 두르고 고급 가죽으로 감쌌다. 1504년 보완된 규정에 의하면 공의 무게는 33그램을 넘어서는 안 되었다. 반면 축구나 파우스트볼(Faustball : 팔이나 주먹을 이용하여 공을 주고받는 경기로 현대의 배구와 유사하다)에 사용하는 공은 가죽으로만 감싸고 바람을 넣을 수 있도록 바람구멍을 만들었으며 무게가 300그램을 넘으면 안 되었다.[79]

중세 문헌에는 구기 스포츠 금지령이 내려졌다거나 시합 중의 사고가 있었다는 기록이 남아 있다. 이러한 문헌을 통해서 우리는 손바닥(라틴어로 팔마[palma])으로 작은 공을 치는 경기인 죄드폼(jeu de paume)과 같은 경기가 언제 궁정 스포츠로 채택되었는지를 알 수 있다. 죄드폼을 특히 좋아했던 프랑스의 루이 10세는 날씨가 좋지 않아 시합을 할 수 없자 화가 나서 13세기 말에 최초로 궁전 내부에 지붕이 있는 테니스 경기장을 지어버렸다. 그는 1316년 6월 뱅센에서 무리하게 경기를 치른 이후 차가운 와인을 너무 많이 마시고 탈이 나서 사망했다고 한다. 그가 즐겼던 죄드폼은 라켓을 사용하지 않는 옛날 방식의 테니스였지만, 프랑스의 루이 10세는 최초의 유명한 "테니스 선수"였다고 할 수 있다.[80]

레가타

레가타는 중세 후기와 근대에 가장 유명한 수상 스포츠 종목 중의 하나였다. 베네치아 방언인 레가타는 유럽의 주요 언어에서 보편적으로 (엔진을 사용하지 않는) 배를 타고 하는 경주를 의미하게 되었다. 레가타(Regatta)의 어원에 대해서는 의견이 분분하다. '대열(riga)'에서 유래했다는 설도 있고, '시합에 참여하다(aurigare)'에서 유래했다는 설도 있고, '노(ramigium)'에서 유래했다는 설도 있다. 해상 공화국인 베네치아 특유의 시합인 레가타는 그 지역 사람들만 아니라 관광객들에게도 오랫동안 사랑을 받아왔다.

레가타에 관한 기록은 13세기 말에 최초로 문헌에 등장했다. 그러나 실제로는 이보다 오래 전부터 레가타가 열렸을 것이라고 주장하는 사람들이 많다. 베네치아는 해상 도시였기 때문에 봉건 귀족들이 지배했던 본토의 간섭을 받지 않고 자유로운 도시국가를 형성할 수 있었다. 도시 자유의 수호를 최고 원칙으로 삼았던 베네치아에서는 곤돌라와 갤리 선수를 전문적으로 양성했고, 선수들을 일찍부터 시합에 출전시켰다. 레가타는 베네치아의 수호성인 산 마르코의 성물이 베네치아에 도착한 날짜인 1월 31일, 혹은 성모 마리아 축일인 2월 2일에 열렸다. 베네치아를 습격하여 젊은 처녀들을 겁탈했던 이스트라 해적들이 942년 이날에 정복당

여성들의 레가타. 자코모 프랑코, 『베네치아 남성과 여성의 의복(*Habiti d'Huomeni et Donne Venetiane*)』에 수록, 1610년, 이탈리아 베네치아.

산타 마리아 델라 살루테(성당)가 보이는 작은 광장 앞의 카날 그란데로 들어가는 여성 레가타의 모습. 조반니 안토니오 카날(카날레토), 1765년경.

했다. 신비주의적인 분위기가 섞여 있지만 이것이 레가타의 유래이다.

르네상스 시대에는 주로 젊은 도시 귀족들의 모임(compagnie della calza)에서 레가타를 조직했다. 16세기 말에는 베네치아의 귀족들이 행사를 주최했다. 당시 베네치아 귀족의 비중은 전체 시민 가운데 약 5퍼센트로 상대적으로 높은 편이었고, 정부는 귀족들에게 레가타 총책임자(direttori di regata) 역할을 위임했다. 레가타는 몇 개의 개별 시합들로 나뉘었고 각 시합에서는 정해진 종류의 보트를 타야 했다. 다양한 크기, 넓이, 무게의 곤돌라에는 일반적으로 최대 10명이 탈 수 있었고, 보트의 종류에 따라서 다양한 시합이 열렸다. 두칼레 궁전 앞과 카날 그란데는 각종 화려한 보트로 가득했고, 시민들은 시합을 구경하고 자신의 모습을 뽐냈다. 1700년의 연대기 기록에 의하면 카날 그란데를 통과하는 시합 기간에 궁전 정면에서 특별 연극 공연이 열렸고, 1만8,619명의 관중이 화려한 카펫으로 장식된 발코니에서 이 연극을 관람했다고 한다.

레가타에는 사적인 특성과 공적인 특성을 모두 가지고 있었다. 레가타는 스피데와 레가테 그랑디로 나뉘었다. 스피데는 보트나 곤돌라의 선장들 개인 간의 시합을 의미했고, 레가테 그랑디는 국가 의식, 종교 축제 혹은 국가적인 방문이 있을 때에 개최된 대규모 레가타를 의미했다. 수백 년간 두칼레 궁전에 산 마르코의 총독과 집정관이 입성하는 날이면 대규모 레가타가 열렸다. 그러나 가장 잘 기록된 레가타는 매년 혹은 일상적으로 열렸던 레가타가 아니라 연대기, 여행 소식, 혹은 근대의 신문보도에 등장하는, 국가 차원의 레가타였다. 1369년 만토바의 후작 니콜로 데스테의 방문 기념 레가타가 국가적인 규모로 열린 최초의 행사였다. 1574년에 폴란드의 국왕이자 프랑스의 국왕이 될 앙리 3세는 폴란드에서 도피하면서 작은 섬들로 이루어진 도시국가 베네치아를 거쳤는데, 그의 방문 기념으로 열렸던 레가타는 가장 화려했던 레가타로 손꼽힌다.

곤돌라 경주는 베네치아뿐만 아니라 다른 지역에서도 열렸다. 예를 들면, 매년 세례 요한 축제(6월 24일)에 볼세나 호수에서는 코르네토 지역 주교의 후원으로 레가타가 열렸는데,[81] 이는 교황 비오 2세가 전염병을 피해서 처소인 비테르보를 떠나 카포디몬테의 파르네세 궁전에 머물렀던 것과 관련한 기록에서 그 사실을 알 수 있다. 성주는 교황에게 경의를 표한다는 의미로 고가의 포상을 지원했다. "더욱 화려한 축제를 열고" 유능한 선수들도 끌어모았다. 1등에게 수여되는 포상은 8엘레 상당의 피렌체 최고급의 주홍빛 스카프였다. 볼세나, 클라렌토, 마르타, 산로렌초, 코르네토에서 온 잘 훈련받은 선수들과 보트들이 수많은 지원자들 가운데 선정되었다. 조타수가 있는 4인 곤돌라 경주의 구간은 카포디몬테에서부터 비센티나 섬까지 총 3.2킬로미터에 달했다. 시합에 관한 묘사가 워낙 상세하여 원문 그대로 소개한다. 이 구절만 보아도 피콜로미니가 스포츠 기자의 자질을 가지고 있었음을 충분히 알 수 있다.

흥분으로 심장이 두근거리고 야망이 이글거렸다. 트럼펫(출발 신호)이 울리자마자 모두가 차단막(출발 장치)에서 튀어나와 돌진했고, 거친 소음으로 인하여 공기가 진동했다. 물 위에 거품이 일었고 거센 물결이 팔을 때렸다. 배들 사이로 고랑이 패였고 노와 용골이 물을 깊게 갈랐다.

그 뒤를 따르는 곤돌라 함대 위에서 관객과 응원객들이 귀가 찢어질 듯이 크게 소리를 지르고 박수갈채를 보내 소음이 끊이지 않는다. 인근 숲에서는 메아리가 울려 퍼졌다. 물가를 따라서 소음이 집중적으로 퍼져 나오고, 언덕이 소음을 반사했다.

볼세나 대표 팀의 배가 소음과 군중 속에서 가장 먼저 빠져나오며 선두를 차지했다. 그다음에 코르네토 대표 팀의 배가 모습을 드러내고, 뒤를 이어 마르타 대표 팀의 배가 등장한다. ……마르타 대표 팀의 선장이 선수들에게 외쳤다. "제군들이여, 어떡해야 되겠는가? ……불패 신화를 기록했던 우리가 교황이 참석한 이 시합에서 패배를 당하는 치욕을 견딜 수 있겠는가? 그럴

바에는 차라리 죽는 것이 낫지 않은가! 친구들이여, 나가자! 힘을 모아 노를 저으며 우리의 도시에서 이러한 치욕을 몰아내자!"

이 소리를 듣자 용감한 청춘들이 이를 악물고 노를 저었다. 물결이 일렁거리며 곤돌라의 후미가 심하게 흔들렸다. 이 배는 클라렌토 대표 팀을 앞질러 볼세나 대표 팀의 뱃머리까지 따라잡았다. 드디어, 승리에 익숙했던 마르타 대표 팀 선수들이 선두에 섰다. 클라렌토 대표 팀, 심지어 코르네토 대표 팀마저 볼세나 대표 팀을 앞질렀다. ……마르타 대표 팀은 압도적인 차이로 항구에 도착했고 상금을 차지했다. 그다음 상은 클라렌토 대표 팀이 차지했다.[82]

겨울 스포츠

피츠스티븐의 런던 묘사는 우리에게 중세 성기의 겨울 스포츠를 상세히 전한다. 하필 그는 현대인들이 이해하기 힘든 동물 싸움을 겨울철 오락 활동으로 가장 먼저 소개하고 있다. 인기가 높았던 닭싸움 외에도 곰이나 멧돼지와 개와의 싸움이 있었다. 아마 당시 영국에서는 투견용 개를 따로 사육했던 듯하다. "겨울철 축제가 열리는 날에는 대부분 점심 식사를 하기 전, 입에 거품을 문 야생 수퇘지들과 엄니가 있는 식용 수퇘지들이 번개처럼 빠른 속도로 목숨을 걸고 싸웠다. 이들은 머지않아서 베이컨 신세가 될 것이다. 뿔이 달린 살찐 황소들이나 육중한 몸집의 곰들은 감금된 상태에서 사냥개와 싸울 준비가 되어 있었다." 중세에는 템스 강의 결빙이 드물게 일어났기 때문에, 런던 북부의 늪이 얼 때에만 아이스 스케이트와 같은 겨울 스포츠를 즐길 수 있었다. 지금도 모어필즈(Moorfields)나 모어게이트(Moorgate)와 같은 런던의 지명에 그 흔적이 남아 있다. 소빙하기에 접어들고 기온이 떨어지면 상황이 달라졌다.

도시의 북쪽 성벽을 따라서 위치한 늪이 얼어붙으면, 그곳으로 향하는 거대한 행렬이 이어졌고 얼음판 위에서 놀이를 즐기기 위해서 나온 젊은이들로

붐빈다. 어떤 이들은 속도를 올리다가 측면을 향한 뒤 두 발을 쫙 벌리고 긴 거리를 미끄러진다. 어떤 이들은 맷돌만 한 얼음 덩어리에 앉아서, 다른 사람이 손을 잡고 달리는 대로 끌려다닌다. 너무 빨리 움직이는 바람에 발이 미끄러져 떨어지면서 넘어지기도 한다. 어떤 이들은 얼음 위에서 훨씬 재미있게 즐기는 재주가 있다. 이들은 양쪽 신발 밑에 동물의 정강이뼈를 붙이고, 끝이 뾰족한 금속을 장착한 막대기를 손에 쥐고서 얼음을 규칙적으로 지친다. 이들은 하늘을 나는 새처럼, 또는 석궁에서 쏘아올린 화살처럼 얼음에서 내달린다. 때로는 멀리 떨어져 있던 두 사람이 막대기를 들고 서로에게 달려와 서로를 때리기도 한다. 한 사람 또는 두 사람 모두가 상처를 입고 넘어진다. 넘어진 반동으로 두 사람은 서로 멀리 떨어지고 얼음과 부딪힌 머리 부분은 심하게 긁혀 있다. 넘어지다가 팔이나 다리가 부러지는 사람들도 많다.[83]

한편으로 겨울은 날씨 때문에 농사를 지을 수 없었으므로 스포츠를 즐기기에 편한 계절이었지만, 다른 한편으로는 스포츠 행사를 개최하기에 불편한 계절이기도 했다. 게다가 북부 지방의 겨울은 낮이 너무 짧았다. 실내 스포츠를 즐기기에 적당한 장소도 없었다. 스포츠 활동을 하기에 가장 좋은 시기는 낮이 점점 길어지고 농사를 위한 노동력이 많이 필요하지 않은 때였다. 이 시기가 바로 교회력의 사육제 기간이었다. 따라서 영국의 참회의 화요일 축구 등 대규모 스포츠 행사가 사육제 기간에 열렸다. 냉한기가 지속되었던 소빙하기에 베네치아의 해안 호수가 얼자, 카날 그랑데에서의 마상 시합과 같은 독특한 스포츠 행사가 열렸다고 전해진다. 14세기 이후로는 겨울 스포츠 행사가 이전 어느 때보다도 더욱 자주 열렸다. 소빙하기에 접어들면서 해안 호수, 거대한 알프스 호수, 큰 강과 운하, 발트 해, 심지어 지중해의 일부까지 결빙되었기 때문이다.[84]

중세 연대기는 혹한기에는 얼음 위에서 스포츠 행사가 열렸다는 사실을 반복해서 언급한다. 피렌체의 연대기 저자 루카 란두치는 1491년 1월

극지방의 겨울 스포츠: 아이스 스케이트, 스키, 사냥. 올라우스 망누스, 『북방 민족의 역사』
의 삽화, 1555년, 이탈리아 로마.

10일 아르노 강이 꽁꽁 얼어붙어서 얼음 위에서 칼초(calcio : 이탈리아에
서 시작된, 축구와 유사한 스포츠)를 즐길 수 있었다고 기록하고 있다. 20
년 후인 1511년 겨울에도 칼초를 즐겼다는 기록이 있다.[85] 그러나 두 경
우 모두 원래 겨울 스포츠가 아니라 보편적으로 인기가 많은 스포츠인데,
이례적으로 겨울에 즐긴 것뿐이다. 이러한 사례는 훨씬 오래 전부터 사
람들이 즐겨왔을 것으로 짐작되는 설전, 아이스 스케이트, 썰매 등 겨울
과 직접적으로 관련이 있는 스포츠(예컨대 1397년 트렌토의 부오콘실리오
성탑 프레스코화 가운데 1월화에는 눈싸움 장면이 있다)와는 다르다.[86] 국
가에서는 대대적인 금지령을 내렸지만, 겨울 스포츠의 인기는 그대로였
다. 단단한 눈 덩어리는 돌만큼의 충격을 가할 수 있다는 이유로 1371년
페루자와 1378년 바젤에서는 설전이 금지되었다. 그보다 이미 몇 년 전
에 페루자에서는 투석전 금지령이 내려졌다.[87]

현대적인 의미의 겨울 스포츠를 생각한다면 유럽 북부 지역을 살펴보
아야 한다. 인구가 희박한 알프스 지역을 제외하면 '중세 온난기'에 유럽

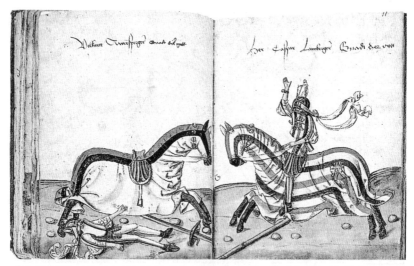

마상 시합에서 기사 카스파르 폰 람베르크가 폴카르트 폰 아우어슈페르크를 물리치고 있다.
카스파르 폰 람베르크의 마상 시합 책의 삽화, 빈 미술사 박물관, 오스트리아 빈.

남부는 매년 겨울 스포츠를 즐길 수 있는 기후가 아니었기 때문이다. 스키의 유래를 살펴보려면 노르웨이 남부의 텔레마르크 지역을 언어적으로 짚어보아야 한다. 텔레마르크 주의 주도 이름이 아무런 이유 없이 시엔(Skien)이라고 붙여진 것이 아니다. 이 도시는 1000년에 세워진 이후 수백 년간 노르웨이의 주요 목재 생산지로 발달했다. 스키를 탄다는 개념은 당대 최고의 스키 활강 선수이자 스키 점프 선수였던 손드레 노르헤임과 관련된다. 그는 스키 판과 스키 바인딩(스키 부츠와 스키 판을 연결하는 장치)을 개발했고, 텔레마르크 스키(산악 스키의 일종)의 기술을 발명했으며 슬라럼이라는 용어를 만들었다.[88] 스키와 스키 점프는 19세기 말 노르웨이에서 오스트리아, 스위스, 미국으로 전파되었다. 1950년대에 스키는 대중 스포츠가 되었다. 스키(고대 북유럽어의 스키드[skid])라는 단어는 스포츠 장비로 사용된 길고 얇은 판자를 의미한다. 이를 스포츠 장비로 사용하려면 끝부분을 구부리고 신발과 연결해야 한다. 이러한 기술적인 문제는 선사 시대에 이미 해결되었다. 노르웨이와 스웨덴에서 4,000년이 넘은 고고학 유물과 암각화(巖刻畫)가 발견된 것, 러시아 북서부 지방에서 이보다 두 배나 더 오래된 유물이 발견된 것을 그 증거로 볼 수 있다.

룬 문자가 새겨진 돌이나 북유럽 신화에서 울르나 스카디와 같은 북부 게르만의 신들은 스키를 타는 이미지로 형상화된다. 또한 스카디는 온두르구드(스키의 여신)라고도 불린다.[89] 덴마크의 바이킹 영웅 라그나르 로드브로크는 노르웨이 북부를 습격했을 때에 겨우 농부 몇 명에게 패배를 당했다. 스키를 탄 농부들이 중무장한 덴마크 병사들보다 민첩하게 행동했기 때문이었다. 노르웨이의 국왕 스베레 시구르손의 시대인 1200년경에는 스키를 탄 병사들에 대한 기록이 있다.[90] 스키는 중세에 널리 보급되었다. 제작 비용도 상대적으로 저렴한 데다가 직접 만들 수 있었기 때문이다. 인구가 적은 유럽 북부에서는 지역의 특색에 따라서 스키의 형태가 다양했다. 눈 위에서 스쿠터처럼 사용할 수 있는 3미터에 달하는 나무판도 있었고 소녀들이 선호했던 짧고 무거우면서 쉽게 탈 수 있는 스키도 있었다. 스웨덴의 가톨릭 역사가 올라우스 망누스 주교의 『북방 민족의 역사(Historia de Gentibus Septentrionalibus)』에 수록된 목판화에는 활과 화살로 새를 사냥하며 스키를 타고 다니는 모습이 묘사되어 있다.[91] 텔레마르크 지역에서 유희를 위해서 스키를 타기 시작한 것은 기록상으로는 18세기 이후부터라고 전해지지만, 실제 시기는 이보다 전일 것으로 짐작된다. 1932년 창설된 비르케베이네레네트(birkebeinerrennet)는 54킬로미터 거리를 달리는 일종의 스키 마라톤이다. 스키 마라톤은 1206년 내전 당시, 매서운 눈보라를 뚫고 스키로 활주하며 노르웨이의 왕위 계승자인 하콘 하콘손의 목숨을 구한 용감한 전사들을 떠오르게 한다.[92] 이와 유사하게, 스웨덴에서는 1922년부터 90킬로미터 경주인 바살로페트(Vasaloppet)가 개최되었다. 바살로페트는 1520년 자유의 투사이자 이후 스웨덴의 왕위에 오른 구스타브 에릭손 바사가 덴마크 박해자들로부터 탈출한 것을 기념하는 경기이다.[93]

올라우스 망누스의 저서를 통해서 알 수 있듯이, 유럽 북부뿐만 아니라 다른 유럽 지역에서도 체스와 도박에 더해서 표적 맞히기, 과녁 맞히기, 새 모양 표적 맞히기, 경마, 조정, 사냥, 낚시 등의 겨울철 놀이를 즐겼다. 또한 청소년을 단련시키기 위한 검무와 체조 훈련이 있었다. 이는 사육제 기간에 청중들이 모인 가운데 음악, 노래와 함께 최대 8일 동안 계속되었다. 올라우스 망누스의 목판화에는 얼음을 뛰어넘는 승마 경기 장면이 묘사되어 있다. 혹한기였던 이 시기에 청소년들은 눈으로 된 성을 정복하려는 설전을 했고, 큰 횃불 주위에서 춤을 추었다.[94]

중세의 가을

중세의 스포츠 시설과 운동장

언뜻 보면 중세의 유럽에는 고대 또는 비유럽권과 비교할 만한 스포츠 시설이 없었던 것처럼 보인다. 물론 우리가 그냥 지나치고 넘어갈 수 없는 몇 가지 시설들이 있다. 우선, 마상 시합을 개최하려면 장소가 필요했다. 중세 성기의 마인츠 제후 회의와 같은 대규모 행사는 참가자들이 너무 많아서 임시로 초원에 천막을 치고 행사를 열었다. 그러나 왕이나 제후의 주요 영지나 성에는 마상 시합을 개최할 수 있는 부지가 마련되어 있었기 때문에 별도의 시설을 증축하거나 농경지를 개간하여 경기장으로 만들 필요가 없었다. 티오스트뿐만 아니라 부허트 시합에도 장애물이 없는 확 트이고 평평한 부지가 필요했다. 그래서 이러한 부지는 벌목이 잘 되어 있어야 했고, 지반이 튼튼해야 했고, 너무 습하거나 모래가 많아도 안 되었고, 잡초도 잘 정리되어야 하는 등 유지 관리가 잘 되어 있어야 했으며, 마상 시합뿐만 아니라 기사들의 무예 훈련에도 사용되었다. 이 밖에도 성에는 대형 복합 시설이 설치되어 있었기 때문에 성벽 내의 안뜰이나 초원에서 마상 시합을 개최할 수 있었다. 중세 성기에 관한 문헌 기록은 많지 않고 설계도도 남아 있지 않다. 다만 마상 시합을 개최하기 위해서 대형 시설이 만들어졌을 것이라고 짐작할 뿐이다.

게다가 왕과 기사들은 12세기 이후로 새로 부상한 도시들의 대표적인 광장을 사용했다. 주변의 주택들은 축제를 위한 장소를 제공하면서 관객들을 위한 관람석 역할을 했다. 이러한 장소에는 경기장과 관람석을 분리하는 임시 구조물이 세워졌고, 심판석과 유명인사를 위한 칸막이 관람석이 설치되었다.

도시에서는 고유한 특성을 지닌 두 가지 유형의 스포츠 시설이 발달했다. 하나는 사격장이고, 다른 하나는 문자 그대로 "운동장"이었다. 사격장은 원래 다기능적인 시설이었다. 사격장은 도시의 외부, 주로 강가에 구역 제한이 없이 세워졌고, 스포츠 장비나 다른 물품을 보관하는 용도의 건축물이 함께 건설되었다. 마상 시합과 마찬가지로, 사격장에도 장애물이 없고 개간이 잘 되어 있는 평평한 부지가 필요했으므로 별도로 지어져야 했다. 특히 사격장은 도시의 정체성과 동일시되었는데, 사격은 기사 계급의 스포츠라기보다는 도시 문화가 우월함을 상징하는 군사적인 목적의 격투 스포츠였기 때문이다. 도시의 사격장에서는 일반적으로 활을 사용하지 않았고, 석궁이나 소총을 사용했다. 이 무기들은 어떤 기사라도 말에서 넘어뜨릴 수 있었다. 총독에 저항하는 빌헬름 텔의 전설은 역사적인 맥락에서 해석할 수 있다. 아들의 머리 위에 놓인 사과를 석궁으로 쏘았던 스위스 독립의 영웅 빌헬름 텔은 강압적인 봉건주의에 대한 자치도시의 저항이라는 맥락에 놓여 있다. 사격장은 축제 또는 다른 경기를 함께 개최할 수 있는 장소였을 뿐만 아니라 도시의 자유를 상징했다. 이는 중세 후기에 이미 이러한 스포츠 종목의 제도화가 최고 수준에 도달했다는 사실과도 깊이 연관된다. 중세 후기 유럽의 자주적인 모든 도시들은 공공 사격장을 갖추었다.

도시의 운동장

도시의 운동장은 다른 용도로 사용되었다. 운동장에는 두 가지 의미가 있었다. 첫째로, 운동장은 그 지역의 도시화 정도와 도시 규모를 나타내는 척도였다. 규모가 작은 농경 도시에서는 성벽 바깥까지만 가도 초지를 쉽게 찾을 수 있었기 때문이다. 인구 밀도가 높고 인구가 1만 명이 넘는 도시만이 운동장을 따로 설치할 필요성이 있었다. 여기에는 사회적이고 생태학적인 이유가 있었다. 이는 즉각적인 목적(도시, 산업, 농경 등)에 따라서 넓은 녹지를 만들어, 의도적인 계획에 따라서 활용하겠다는 뜻이기 때문이다. 중세에 사유재산이 형성되었음을 고려하면, 이는 자신의 사적인 부를 기부할 의지가 있는 관대한 후원자들이 있었음을 의미한다. 이들은 가족 소유의 토지를 내놓거나 적합한 대지를 매입함으로써 일반 대중을 위한 넓은 녹지를 만들었다. 시내 주변의 토지가 부족했고 공공토지는 다른 용도를 우선시했기 때문에, 자치도시는 이 역할을 맡기가 쉽지 않았다. 운동장용 토지를 기부한 사람들은 그 지역 역사에서 베푸는 삶을 사는 인물로 각인되고 기억되었다.

둘째로, 운동장의 설치는 놀이와 스포츠를 위한 공공장소가 폐쇄되었음을 의미했다. 즉, 이러한 제도화 이전에 공공장소의 폐쇄가 이루어졌으며, 운동장은 과거의 비공식적인 장소들을 대체했다는 것이다. 최근에 앙겔라 샤트너는 영국의 교구 위원 장부와 순회 재판 의전을 바탕으로 언제 어떤 경기가 열렸는지 상세히 입증했는데, 그에 따르면 가장 인기가 많았던 시합 장소는 교회의 마당이었다고 한다. 교회 근처의 잔디밭을 큰 울타리로 구분한 이 장소에서 구기 종목이나 던지기 시합을 하다가 유리창이 깨지는 경우도 많았다. 종교 개혁 이후 이러한 전통적인 경기장은 폐쇄되었다. 또다른 시합 장소는 마을 공동 목장 혹은 경계를 구분해놓은 구역이었다. 이 장소들은 공공재산 혹은 사유재산으로서 그 소유주들이 그해 농사를 마치고 스포츠용으로 사용하도록 내놓은 땅들이었다. 도로, 특히 교차로는 평평하다는 장점 때문에 일상 스포츠 장소로 인기가 많았다.[95] 그러나 이러한 도로들은 포장이 되어 있지 않아서 비가 오는 날에는 경기를 하기가 어려웠다. 교통량이 증가하자 스포츠를 즐기던 사람들은 당연히 도로에서 쫓겨났다. 얼음이 얼어 평평한 면이 생기면 강과 바다, 심지어 가끔은 해안 호수까지도 축구를 비롯한 다른 스포츠 시합을 위한 천연 경기장으로 사용되었던 이유이다.

우리는 윌리엄 피츠스티븐의 런던 묘사를 통해서 12세기 말 영국의 젊은 남성들이 도시를 벗어나 수백 년 이상 휴경지였던 모어필즈 습지에서 시간에 따라 전쟁 훈련, 구기 경기, 창 던지기, 육상 스포츠 시합을 했다는 사실을 확인할 수 있다.[96]

수많은 비공식적인 시합 장소들이 폐쇄되자 운동장을 따로 만들어야 했다. 이러한 운동장의 명칭은 주로 기부자의 이름을 따서 지어졌다. 뉘른베르크의 "할러비제(Hallerwiese)"는 구시가지의 서쪽에 위치한 세인트 요하니스 구역에 있는 1만7,000제곱미터 규모의 부지인데, 1434년 시의회가 "모든 시민들의 즐거움과 재미를 위해서" 이곳을 매입했다. 그럼에도 불구하고 매도자인 마르가레타 하이덴의 결혼 전 성인 할러(Haller)의 이름이 남아 있다. 아마 이는 인근에 있는 할러토어(성문)가 이미 할러라는 이름을 따서 지어졌기 때문인 듯하다. 뉘른베르크 지방 사람들에 따르면, 할러비제는 중세 독일의 대도시에서 가장 오래된 유희 공간이다. 할러비제에서 열렸던 가장 오래된 행사는 1439년의 석궁 대축제이다.[97] 이탈리아인 여행자 안토니오 데 베아티스는 1517년 5월 말 할러비제를 지상의 천국이나 다름없다고 기록하고 있다. "도시의 성문 밖으로 약 100걸음 이상 걸어가면 강이 흐르는 곳에 독일인들이 린덴(Linden)이라고 부르는 나무들(보리수)이 5열로 줄지어 서 있다. 그중 한 열은 하천 제방에 줄지어 있는데 물을 따라 나란히 있다. 이 나무들은 아주 크고, 나뭇잎은 오디 잎과 비슷하게 생겼다. 이 나무들은 기분 좋은 그늘을 드리우고, 하얀 꽃의 향기는 진동하지만 열매는 없다. 그 아래에 기분 좋은 녹색 잔디가 있다. ……이보다 더 사랑스럽고 유쾌한 장소는 없다고 해도 과언이 아니다."[98]

도시의 성벽 앞에 운동장을 설치하는 대신, 도시 중심지에 위락 시설을 설치하기도 했다. 스위스의 많은 도시들은 이 방법을 택했다. 중세가 끝날 무렵 계획에 따라서 "린덴 광장", 일종의 공공녹지가 설치되었다. 여름이면 린덴 광장의 보리수가 그늘을 제공했다. 바젤의 페터 광장은 1277년 성당 참사회원인 성 페터가 당시의 도시 장벽 앞에 설치한 것이다. 9년 후 페터 광장은 도시 구역의 일부로 편입되었고, 14세기에는 운동장의 역할을 했으며 석궁 사격장이 그곳에 설치되었다. 피렌체의 인문주의자 포조 브라촐리니는 이 운동장의 용도를 강조했다. "노인과 젊은이가 함께 경기와 춤을 즐기기 위해서 저녁에 모인다. 대부분의 사람들은 구기 시합을 한다."[99] 그는 이곳에서 고향에 있는 듯한 느낌을 받는다고 했다. 당시 피렌체 공화국에도 보르고 오니산티 대로와 도시의 장벽 바로 옆인 포르타 알 프라토 성문 사이에 거대한 녹지인 프라토가 있었다. 베네데토 데이의 연대기 기록에 의하면, 프라토에서 사람들이 축구(palla al pié)를 했다고 한다.[100]

1434년 바젤 공의회 소속이었으며, 후에 교황 비오 2세로 임명받는 에네아 실비오 피콜로미니는 여러 운동장을 좀더 상세히 설명하고 있다. "이곳에는 유흥을 즐기고, 춤을 추고, 스포츠 경기를 하려는 젊은이들이 몰려든다. 젊은이들은 달리기, 레슬링, 화살 던지기 등의 시합을 한다. 또한 이곳에서는 기수가 말을 조련하고, 속보로 말을 몰고, 말이 질주하게 하는 법도 가르친다. 힘겨루기를 하기 위해서 창을 던지는 사람들도 있고 돌을 들어올리는 사람들도 있다. 구기 스포츠를 즐기는 사람들도 많다. 그러나 이탈리아 경기 방식과는 다르다."[101]

사격 시합은 모든 계층에서 인기가 많았다. 한스 제발트 베함의 목판

마을 축제의 구기 시합, 볼링, 검무, 새 쏘기, 패싸움, 여성들의 시합. 한스 제발트 베함, 목판화, 1520년경.

화에서 볼 수 있듯이, 모든 민속 축제에서는 새의 상징을 발견할 수 있다. 춤과 볼링은 시민과 하위계층 사람들이 모두 좋아하는 스포츠였다. 그림의 배경에는 미혼 여성들이 달리기 경주를 하는 모습이 등장한다. 달리기 우승자는 대개 고가의 직물을 받았다. 이러한 이유로 뮌헨에서는 달리기를 주홍 스카프 경주라고 했다. 그림의 좌측에서는 검무 경연 장면을, 중앙에서는 농민 전쟁을 연상케 하는 열렬한 전투 장면을 볼 수 있는데, 볼링 클럽 회원들끼리만 싸우는 듯하다. 니콜라우스 멜데만의 목판화에서도 볼링 클럽 회원들끼리 서로 두들겨 패는 모습이 나오고, 새, 볼링, 춤, 축제, 싸움이라는 진부한 조합도 볼 수 있다. 뉘른베르크 출신의 아우구스트 글로켄돈의 작품에는 달리기와 경마 시합 장면이 동시에 등장한다. 스위스의 에들리바흐 연대기에 수록된 그림에서 볼 수 있듯이, 멀리뛰기, 포환 던지기, 레슬링 등 아주 넓은 범위의 신체 단련이 존재했다. 다시 말해서 현대 기준에서의 육상에 가까운 운동들이었다.

어떤 운동장은 축제의 장과 같은 의미로 사용되기도 했다. 대중 스포츠 종목이 일반적으로 축제 일정과 관련이 있었기 때문이다. 구기와 다른 스포츠 종목을 위해서 대도시, 특히 이탈리아의 베네치아[102]나 피렌체[103]에서는 기존의 광장을 이용했다. 몇몇 지역에서는 운동장의 명칭이 인기가 많았던 새 쏘기 시합 등 사격 축제의 주요 행사명을 따라서 지어졌다. 1465년 오순절 사격 대회 이후, 작센의 신시가지 드레스덴에 있는 성벽 외곽의 장소 명칭은 새의 녹지라고 이름이 붙었고, 이곳으로 가는 골목의 이름은 사격 골목이었다.[104] 나움부르크, 슈트랄준트, 뒤스부르크-묀델하임에 이러한 새의 녹지가 있다. 인기가 있었던 볼링 역시 아마 이곳에서 했을 것이다. 영국의 볼링 그린은 움푹 팬 긴 녹지로, 영국인들은 이곳에서 볼스 혹은 볼링 시합을 했다.[105] 이 두 단어는 프랑스 단어인 불(boule : 구[球])과 관련이 있다. 가장 오래된 볼링 그린은 1299년에 지어진 것으로, 지금도 사우샘프턴에 있다. 프랑스에서는 적어도 13세기에 볼링을 시작했고, 14세기와 15세기에는 몇 차례의 금지령이 내려졌다. 잔디깎이기계가 발명되기 전까지는 녹지에 양을 풀어 잔디를 관리했다. 프랑스에는 타피 베르와 불랭그랭이라는 곳이 있었다. 바로크 시대에는 정원 시설로 통합되었는데, 예컨대 베르사유 궁전에서는 넵튠 분수 아래쪽에 있었다. 또한 프랑스에서는 불로드롬이라는 곳에서의 경기가 인기가 많았다. 이 경기를 이탈리아에서는 보차, 크로아티아에서는 보칸예 혹은 발로테라고 했으며, 프로방스에서는 페탕크라고 했다.

"철인" 양성 교육과 마상 시합에서 목숨을 잃은 국왕

기사 문화는 중세에서 근대 초기로의 이행기에 과거에 대한 향수와 함께 마지막 전성기를 누렸다. 신성 로마 제국의 황제 막시밀리안 1세의 자전적인 문학 작품에는 군대식 기사 스포츠 교육에 관한 묘사가 있다. 젊은 바이스쿠니히는 노련한 교사로부터 가르침을 받는다. "그는 온갖

수많은 관중들 앞에서 열린 티오스트에서 치명상을 당한 프랑스의 앙리 2세. 1559년 6월 30일, 당시의 동판화.

무기로 찌르는 방법을 배운다. 대검, 봉, 단도와 장도를 다룬다. 용병의 창술과 상대를 구타하는 방법을 배우고, 도리깨, 메서, 틸리츠, 플로스로 공격하는 방법을 배운다. 선 자세로 보헤미아의 긴 방패를 다루거나, 말을 탄 채로 작은 타원형 방패를 다루며, 창과 검, 철퇴, 괭이로 공격한다." 장검과 단검, 곤봉, "창"을 들고 "뛰기와 찌르기" 등이 계속 이어진다.[106] 이러한 교육의 목적은 전쟁과 마상 시합을 준비하기 위한 것이다. 많은 마상 시합들에 여러 종목의 스포츠가 혼합되어 있었다. 이러한 마상 시합은 5종 경기나 10종 경기, 또는 이러한 맥락에 특히 잘 맞는 이름인 철인 경기와 비슷했다.[107]

기사들의 스포츠 시합은 귀족들이 남아도는 시간을 보내기에 적합했고, 16세기에 전성기를 맞이했다. 유럽의 패권을 차지하기 위해서 프랑스와 스페인이 전쟁을 벌인 지 몇십 년 만에 제2차 카토-캉브레지(현재 프랑스의 북부 지역) 평화 조약이 체결되자, 이를 거대한 규모로 기념해야 했다. 이것은 전쟁에 탕진한 국고를 감추기 위한 축제였다. 아버지와 달리 프랑스의 앙리 2세는 사령관으로서 더는 전쟁에 출전하지 않았지만, 신체 단련에는 매우 관심이 많았다. 마상 시합의 전성기에 40세였던 그는 직접 안장 위에 올라 여러 명을 물리쳤다. 마상 시합 3일째였던 1559년 6월 30일, 스코틀랜드의 젊은 귀족인 몽고메리의 백작 가브리엘 1세가 그에게 도전장을 던졌다. 수많은 관중들이 지켜보는 가운데 시합이 열렸고, 시합을 무승부로 끝낼 수 없었던 왕은 마지못해 다음 대결을 해야 했다. 두 사람은 두 번째로 말 위에 올랐지만 이번에도 엇갈렸다. 세 번째 대결에서 두 사람은 정면으로 부딪쳤다. 창이 꺾였고, 앙리 2세는 창에 찔렸으며 몸이 한쪽으로 기울면서 말에서 미끄러졌다. 철로 만든 갑옷을 입어 더욱 위험했던 것이다. 앙리 2세는 스스로 일어나려고 했지만 실패했다. 그는 경기장에서 실려 나갔다. 면갑에서 피가 뚝뚝 떨어졌다. 꺾인 창의 파편이 눈에서 머리와 뇌를 관통한 것이다. 2주일 후, 그는 세상을 떠났다.[108]

이것은 역사상 가장 후폭풍이 컸던 스포츠 사고일 것이다. 이 사건으로 프랑스 사회에 위기가 찾아왔다. 앙리 2세의 장남이자 왕위 계승자였던 프랑수아 2세는 겨우 15세였고 몸이 약했다. 그는 왕위를 계승한 지 몇 달 지나지 않은 1560년 12월에 세상을 떠났다. 그리고 미성년이었던 샤를 9세가 그의 뒤를 이어 왕위에 올랐다. 그가 집권하는 동안 귀족들 간의 대립이 심화되어 종교 차원의 갈등으로 번졌고, 내전이 이어지면서 긴장이 폭발했다.[109] 그가 요절하면서 카테리나 데 메디치의 또다른 아들인 앙리 3세가 왕위를 이어받았다. 그는 왕위에 오를 때에 이미 성년이었으나 어머니인 카테리나 데 메디치는 섭정을 계속했다.[110] 앙리 3세에게도 다른 형제들처럼 자식이 없었고, 다음으로 왕위에 오른 사람은 위그노의 지도자인 부르봉 왕가의 헨리케 폰 나바라(앙리 4세)였다. 발루아 왕가는 몰살당했고 종교 내전이라는 새 장이 열리기 직전이었다.[111] 프랑스의 앙리 2세가 마상 시합 도중 사망한 사건은 유럽의 왕가에 치명적인 영향을 끼쳤다. 이것은 마상 시합에 근본적인 변화를 가져온 신호탄이나 다름없었다. 헨리 피컴은 귀족의 교육에 관한 자신의 대표작에서 이렇게 썼다. "창을 꺾는 것은 고귀하고 전투적인 행위였지만, 대담하고 위험한 행위였다. (비록 이것이 경기일지라도) 많은 사람들이 목숨을 잃었기 때문이다. 그래서 나는 지나간 역사가 담긴 프랑스의 국왕 앙리를 비롯하여 많은 영주와 귀족들에 관한 이야기를 다루지 않을 수 없다."[112]

제3장

르네상스 시대의 스포츠

> 아침 일찍 일어나 자메이카 하우스로 소풍을 갔다.
> 아직 내가 가본 적이 없는 곳이었다.
> 소녀들은 볼링 시합용 녹지에서 게임을 했고,
> 우리 모두 즐거운 시간을 보냈다.
> ― 새뮤얼 피프스, 1667년 4월 일기

싸움에서 유희로

신체에 대한 가치관의 변화

근대는 스포츠의 역사에서 현대 스포츠의 형성기로 간주된다.[1] 제후의 저택에서의 폭력적인 힘겨루기는 기술과 우아함의 과시로 점점 바뀌었다. 이것은 신체 단련과 그 도구, 인간의 신체에 대한 가치관이 변화한 것과 관련이 있었다. 고대 그리스 로마 문화를 지향했던 인문주의자들 중에서 신체를 원죄와 공포를 담는 그릇으로 보았던 기독교적인 가치관을 지지하는 사람은 없었다. 잔노초 마네티는 "인간의 존엄성과 고귀함에 대하여"라는 글에서 인간의 모든 신체 부위를 각각 묘사하면서 그 기능과 완벽성을 찬양했다. "인간의 신체 구조는 말로 표현할 수 없을 정도로 경이롭다. 우리는 다양한 지체들로 이루어진 고귀한 신의 작품을 감탄하며 바라본다."[2] 중세 신학에서도 이미 인간은 하느님의 형상에 따라서 빚어졌다고 여겼지만 근대의 이 주장은 매우 육체 지향적인 입장에서 나왔으며 기존과는 완전히 다른 철학적인 결론으로 이어졌다.[3] 조반니 피코 델라 미란돌라는 "인간의 숭고함에 대하여(Oratio de homine dignitate)"라는 연설에서, 자유 의지는 창조물인 인간이 하느님의 성품 안에서 하느님의 법칙에 따라서 자유롭게 움직일 수 있도록 허용한다고 주장했다.[4]

스포츠에 대한 열광은 고대 그리스 로마식 교육이 부활하면서 시작되었다. 15세기 중반에는 스포츠 교육을 정규 과정으로 채택한 교육학자들에게 교육을 받은 군주 1세대가 정권을 잡았다. 예를 들면, 우르비노의 공작 페데리코 다 몬테펠트로는 친히 청소년기의 남자들에게 스포츠 활동을 장려했다. "그는 잔디가 정말 멋진 성 프란체스코 수도원에 갔다. 이곳에서 내려다보이는 전망은 훌륭했다. 이곳에 그는 앉았다. 30명 혹은 40명의 젊은이들이 재킷까지 벗어놓고 창 던지기, 테니스, 레슬링 시합을 하고 있었다. 정말 볼만한 경기였다. 젊은이들이 잘 뛰지 못하거나 잡기에 서툴면 공작이 이들을 꾸짖었다. 공작은 젊은이들이 여유를 부리지 않고 계속 훈련하도록 모든 것을 감독했다. 훈련을 받는 동안에는 누구나 공작과 편하게 대화할 수 있었다. 그는 다른 목적이 있어서 이곳에 온 것이 아니었다. 저녁 식사 시간이 되자 공작은 모두에게 다시 옷을 입으라 명했고, 모두가 동시에 옷을 챙겨 입었다."[5] 공작은 전시(戰時)가 아닐 때면 수석 사범 역할을 했다. 이것은 고대 그리스 로마의 위대한 문화를 재탄생시키기 위한 이데올로기의 일부였다. 19세기의 문화사가 야코프 부르크하르트와 쥘 미슐레는 당대의 개념인 "리나시타(Rinascita : 부흥)"에서 르네상스라는 시대 명칭을 발전시켰다.[6]

유희의 집

14세기 말 북부 이탈리아 궁정에서는 고대 그리스 로마에서 영감을 받은 인문주의 교육 과정이 정착되었다. 카포디스트리아(현재 슬로베니아)의 피에트로 파올로 베르게리오는 최초로 체계적인 신체 훈련이 포함된 교육 과정을 구상했다.[7] 베르게리오는 파도바에서 자유 교과를 공부했으며,

1387-1389년에는 피렌체 공화국에서, 1398-1390년에는 교황령인 볼로냐에서 교회법을 공부했다. 교육에 관한 논문을 집필하던 시기에 그는 파도바의 카라라 영주들을 가르치던 교사였다. 1405년 베네치아 공화국이 파도바를 정복하고, 영주인 프란체스코 노벨로 다 카라라와 그의 아들이자 베르게리오의 제자인 영주들이 살해당하면서 베르게리오는 하루아침에 실업자가 되었다.[8]

베르게리오의 유산은 두 명의 교육학자가 이어받았다. 이들은 르네상스 정신을 이상(理想)으로 삼는 학교에서 베르게리오의 유산을 인문주의 교육 과정으로 발전시키고 실천했다. 그 첫 번째 인물인 비토리노 람발도니 다 펠트레는 1425년 만토바에 최초의 인문주의 학교를 설립했다.[9] 유희의 집(casa giocosa)이라고 불렸던 이 학교에서는 지식 과목 외에도 승마, 펜싱, 수영, 궁술, 구기 등의 수업을 진행했다.[10] 피렌체의 연대기 저자 베스파시아노 다 비스티치는 비토리노가 "자신이 교육을 맡은 영주의 아들들이 날렵한 신체를 유지하도록 승마, 돌이나 막대기 던지기, 구기 시합 혹은 공차기 등을 가르쳤다"라고 언급했다.[11] 두 번째 인물은 15세기 초 비잔티움에서 5년간 그리스어를 공부한 과리노 다 베로나였다. 그는 1429년 니콜로 데스테 후작의 아들 레오넬로의 교사로 초빙되었다. 인문주의 이상을 실현하기 위해서 과리노는 대학 강의를 하는 것 이외에도 사립학교를 운영했다.[12]

곤차가의 후작 루이지 3세나 에르콜레 1세 데스테를 비롯하여 앞에서 언급했던 우르비노의 공작, 그리고 이들의 후손들은 모두 이 학교 출신이었다. 이 학교는 최초의 구기 경기장 건축 등 스포츠 혁신과도 관련이 있었는데, 이는 우연이 아니라 인문주의 교육 과정 덕분이었다. 르네상스 시대의 제후국과 이탈리아 도시국가에서 이러한 인문주의 교육이 유행했고, 이는 상인, 외교관, 예술가, 학자, 인쇄된 입문서 등을 통해서 전 유럽으로 퍼졌다.[13]

추기경을 위한 구기 시합

시에나의 성 베르나르디노와 같은 참회의 설교자는 이탈리아의 거리에서 지나치게 구기 시합을 많이 한다며 여전히 비판적인 입장을 취했다.[14] 반면, 피렌체의 레온 바티스타 알베르티와 같은 인문주의 학자들은 이러한 비군사적인 목적의 시합이 고대 그리스 로마에서 유래한 전통이라는 점을 들며 적극적으로 추천했다. "우리 나라 소년들은 오래된 놀이 도구인 공을 활용한다. 공은 귀족적인 태도에서 중요시하던 민첩성 훈련에 적합하다. 지위가 높은 제후들도 구기 스포츠를 즐겼고, 특히 율리우스 카이사르는 공놀이를 좋아했다."[15] 르네상스 시대를 대표하는 저자였던 그는 청소년을 위한 양질의 지식 교육을 우선시했다. 지식 교육을 받지 않는다면 귀족이라도 바보나 다름없다고 여겼기 때문이다. 그러나 그는 젊은 청년들에게 "끊임없이 책 속에 갇혀 살아야 한다"는 맹목적인 지식 교육을 지나치게 강요하지 말아야 하며 머리를 식히기 위한 오락도 필요하다고 했다. 이것이 영국에서 추구했던 "스포츠"라는 개념이다. 그는 "앉아서 하는 놀이"는 체스를 제외하면 남성에게 어울리지 않는다고 보았다. 대신 "궁술, 승마, 그리고 남자들에게 유용한 기타 취미 활동처럼 몸통과 사지를 움직일 수 있는 운동"을 선택해야 한다고 했다. 또한 그는 젊은 남성들은 "유사시에 적과 싸워 조국에 도움이 될 수 있도록" 수영, 펜싱을 비롯하여 마상 무예를 배워야 한다고 주장했다. 젊은 남자들은 자신의 목숨을 스스로 지켜야 하는데, 그 방법이 신체 단련과 정신 수련이라는 것이다.[16]

주교, 추기경, 교황은 이탈리아의 제후 가문에서 주로 배출되었다. 스포츠로 단련된 에스테 가문에서는 여러 차례 대주교가 나왔고, 루이지 데스테 추기경을 섬기던 사람들 중에는 최초로 구기 시합을 주제로 한 작품을 발표한 작가 안토니오 스카이노도 있었다.[17] 세속적이라는 이유로 마르틴 루터와 같은 개혁주의자들에게 반감을 샀던 주교들은 스포츠 역사의 관점에서는 유익한 인물들이었다. 이들은 예술의 후원자이자 대형 저택 건축의 의뢰인이었을 뿐만 아니라 매년 자신들의 저택에 구기 경기장을 건축했다. 교황의 비서이자 사서였으며 우르비노의 주교였던 파올로 코르테스가 쓴 추기경직에 관한 글을 통해서 그 이유를 알 수 있다. 1489년, 그는 학식 있는 남성에 관한 작품을 피렌체의 영주 로렌초 데 메디치에게 헌정하면서 인문주의자의 대열에 편입했다. 그가 집필한 기초 이론서 『추기경에 대하여(De Cardinalatu)』는 총 세 권으로 구성되어 있다. 1권 『윤리와 사색(Ethicus et contemplativus)』은 윤리, 철학, 과학, 수사학, 법을, 2권 『가정론(Oeconomicus)』은 가사, 가족, 우정을, 3권 『정치학(Politicus)』은 권력, 의식, 교황 선출, 추기경 회의를 주제로 다루고 있다. 스포츠에 관한 내용은 2권의 제6장 "건강 유지에 관하여"에서 다룬다. 이러한 주교의 저서는 이후의 행동 교서뿐만 아니라 초기 스포츠 의학의 방향을 결정했다. 르네상스의 교육학적인 관점에서 보면 신체 단련은 건강의 증진과 유지를 위한 필수적인 활동인 것이다. 구체적으로는 산책, 궁술, 특히 구기 시합 등의 다양한 훈련이 언급되었다.

코르테스는 "구기 스포츠에 관하여"라는 별도의 장을 할애하여 구기 스포츠를 자세히 설명한다.[18] 고대 그리스인 의사 갈레노스, 그리고 자신과 동시대인인 산지미냐노 출신의 로마인 의사 마르칸토니오 몬티자노의 입장을 따라서[19] 그는 레슬링, 달리기, 승마가 특정한 근육에만 부담을 주는 반면, 구기 스포츠는 "공을 주고받으면 사지를 일정하게 움직일 수 있기 때문에" 건강 증진 효과가 있음을 강조했다. 한편, 코르테스는 조부인 에르콜레 1세 데스테 시대에 도입된 팔로네, 즉 큰 공으로 하는 경기와 작은 공으로 하는 경기를 구분해야 한다고 말한다. "오늘날" 큰 공으로 하는 경기는 맨주먹(pugno)이나 팔찌(lamina pugilari) 혹은 삼각대로 치는 경기, 혹은 발(pedum ictu et repulsu)로 차는 경기가 되었다는 것

구기 시합을 다룬 최초의 책 표지. 안토니오 스카이노, 『구기 종목에 관한 논문』, 1555년, 이탈리아 베네치아.

이다. 공을 찰 때에는 귀족의 체면을 버려야 했고 부상의 위험도 있었으므로 이러한 경기들은 귀족에게 적합하지 않았다. 즉, 팔로네와 칼초는 서민의 격투 스포츠였다. 반면, "일반적으로 피렌체 스타일이라고 불리는", 양모 솜털을 채운 작은 공으로 하는 경기는 제후와 영주들에게 적합한 방식이었다.

작은 공으로 하는 경기에는 인큐소리움, 트리고니움, 파리에타리움, 푸나리움 등 네 가지 형식이 있었다. 인큐소리움(치는 구기)은 경기 중에 탈구가 될 수도 있었기 때문에 귀족에게 적합하지 않았다. 또한 트리고니움(삼각형 구기)은 경기장이 삼각형 모양인 데다가 좁아서 현기증에 시달리고 탈진하게 만들었다. 스쿼시와 비슷한 파리에타리움(벽 치기 구기)은 앞뒤로 빠르게 달려야 했는데, 격렬한 오락에 익숙한 농촌 지역 사람들에게 더욱 적합했다. "푸나리움(줄 구기, 이탈리아어로 팔라코르다[pallacorda]라고 하는 테니스 경기)"이 귀족에게 가장 적합했다. 이 경기는 팽팽하게 당긴 줄로 경기 공간을 나누어야 해서, 강당이나 넓은 식당에서 하기에 적합했다. 머리, 팔, 다리를 동시에 움직여야 했고, 경기 방식이 "신체 균형을 위해서 설계되었기 때문에 건강을 유지하는 데에 가장 적합했다." 교황 율리우스 2세도 작은 공으로 하는 테니스 경기는 정신을 자유롭게 하고 우아한 동작을 만든다며 그와 같은 의견을 취했다.[20]

신체 재구성

학사 규정 속 경기와 스포츠

인문주의자들의 고대 그리스 로마 문화에 대한 열광은 근대 초기의 교육 개혁으로 이어졌다. 당시에는 의무교육이라는 개념이 아직 등장하지 않았을 때였다. 물론 학제는 목사관 영역에서 이루어지는 초등학교와 대학교 진학 준비를 위한 고등학교의 두 체계로 구분되어 있었다. 대학교는 "라틴어권"인 유럽의 특색 있는 교육 기관이었다. 반면 "그리스어권"인 동부 지역, 즉 동방이나 유럽 이외의 지역에는 대학교가 없었다. 옥스퍼드, 프라하, 살라망카를 막론하고 모든 대학교에서는 서방 교회의 언어, 즉 라틴어를 사용했다. 따라서 대학교 진학을 준비하는 고등학교는 라틴어 학교라고도 불렸다. 물론 라틴어 학교에는 라틴어 이외에 다른 과목 수업도 있었다. 이러한 라틴어 학교는 초기에는 수도원과 연계되어 있었고, 이후 대도시 지역에는 독립적인 라틴어 학교가 설립되었다. 인문주의자들의 교육 개혁은 고등교육 영역에서부터 시작되었는데, 당시 고등학교의 수업은 일방적으로 지식 습득에 치우쳤고 신체 교육은 등한시하여 "건전한" 교육의 중요한 전제 조건이 무시되었기 때문이다.

인문주의자들은 고대 그리스에서 건전한 교육이 이루어졌다고 여겼으나 물론 이것은 생산적인 오해였다. 인문주의자들이 추구했던 학교의 형태를 몇몇의 유럽 언어로는 김나지움이라고 불렀고, 어떤 곳에서는 리제움이라고 불렀다. 리제움은 그리스어인 리케이온에서 유래했다. 리케이온은 아폴론을 위해서 바친 작은 숲이었다. 이 숲에 아테네 김나시온이 있었는데, 이곳에서 고대 그리스의 가장 유명한 철학자 아리스토텔레스가 수업을 했다. 그러나 새로운 형태의 김나지움은 그리스의 나체 개념이나 기독교 법에 따라서 사형에 처해지는 동성애 장려와는 관련이 없었다. 독일어권 국가에서 등장한 최초의 신식 고등학교는 뉘른베르크에 설립되었고, 개신교 유형의 학교는 마그데부르크와 슈트라스부르크에 설립되었다. 김나지움 졸업장은 독일, 오스트리아, 스칸디나비아, 발트해 연안국, 러시아에서 대학교 진학을 위한 필수 조건이 되었다. 반면, 폴란드와 그리스에서는 김나지움이라는 단어를 중등학교를 가리키는 데에 사용했다. 영국에서 "짐(Gym)"은 여전히 체육관을 의미한다.[21]

의무교육 도입과 고등학교 개선을 통한 학제 변화는 개혁을 통해서만 이루어질 수 있었으므로 인문주의자들의 사회적인 위치가 중요했다. 마르틴 루터나 울리히 츠빙글리와 같은 개신교 성직자들은 도시의 시민계층 출신이었고 궁정의 유희에 큰 의미를 두지 않았다. 두 사람 모두 르네상스 인문주의뿐만 아니라 당대의 서민 문화에서 막강하게 뿌리를 내리고 있었다. 그래서 일부 개신교 후계자들과는 달리 두 사람은 전통 방식의 신체 훈련에 전혀 반대하지 않았다. 예를 들면 루터의 『탁상 담화(*Tischreden*)』에는 이러한 구절이 있다. "이것(신체 훈련)은 신체를 단련하면서 정직하고 유익한 것을 추구함으로써 포식, 간음, 탐식, 음주, 유희에 빠지지 않도록 선조들이 면밀히 생각해내고 정리한 것이다. 그래서 음악 그리고 펜싱이나 레슬링 등 기사들의 경기, 이 두 가지의 오락이자 운동이 가장 마음에 든다. ……그중 전자(음악)는 마음속 근심과 우울한 생각을 떨쳐버리게 한다. 후자(기사들의 경기)는 신체의 사지를 미세하고 민첩하게 움직일 수 있게 하여 도약 등의 운동으로 건강을 유지하게 한다."[22] 츠빙글리는 운동에 관한 자신의 견해를 밝힐 때에 일반 스포츠 종목을 나열했는데, 취리히의 사격 클럽 회원을 위한 소식지를 염두에 둔 듯하다. "오락 활동이자 운동으로는 달리기, 도약, 돌 들어올리기, 펜싱, 레슬링 등이 있다. 이러한 것들은 모든 민족들이 일반적으로 행하는 운동 종목이었고, 예전 스위스인들에게도 잘하지는 못하지만 익숙한 종목들이었다. 이러한 경기들은 여러 가지 측면에서 유용했다. 레슬링을 하려면 살을 찌워야 했다. 레슬링에서는 몸이 비대한 것이 중요했기 때문이다."[23] 종교 개혁자인 루터와 츠빙글리는 중세 신학자들과 마찬가지로 허용되는 오락 활동과 허용되지 않는 오락 활동을 구분했다. 예를 들면 위험한 스포츠 종목과 내기는 허용되지 않는 오락 활동으로 간주했다.

우리는 이러한 관점이 학사 규정에 지속적인 영향을 끼쳤음을 알 수 있다. 뉘른베르크 김나지움의 교장이자 튀빙겐 대학교와 라이프치히 대학교를 개혁한 요아힘 카메라리우스는 "건강한 신체에 건강한 정신"이라는 문구를 내세우며 자신의 교육학 이론에서 스포츠의 필요성을 정당화했다.[24] 『김나지움에 관한 대화 문답(*Dialogus de Gymnasiis*)』에서 그는 그리스를 모범으로 한 스포츠의 운용을 다루고 있지만, 이것이 실제로 어느 정도 적용되었는지는 확실하지 않다.[25] 슈트라스부르크 김나지움을 개혁한 요하네스 슈투름은 한때 "일류 선수"를 고용했고, "매일 행하는 신체 단련"을 옹호했다. 스콜라 아르겐토라텐시스(슈트라스부르크의 학교)는 1538년 설립되어 1566년 막시밀리안 2세로부터 박사 학위 수여권을 받았고 1621년에는 페르디난트 2세가 공식적으로 대학교로 인정하면서 전 독일어권 김나지움 설립의 모범이 되었다. 1587년의 학사 규정은 다음과 같았다. "학생들은 점심 전에 2시간 내지 1시간 동안 신체 단련을 해야 한다. 신체 단련이란, 큰소리로 낭독하기, 노래하기, 산책하기, 승마, 보트 타기, 달리기, 도약, 포환 혹은 쇠막대 던지기, 특히 작은 공으로 하는 경기를 일컫는다."[26] 1533년 마그데부르크 학사 규정의 "경기에 관하여"라는 장에서는 스포츠의 특성, 시간, 훈련 장소, 실시 형태 및 스포츠에 참여하는 사람들의 유형(출신, 시기, 장소, 태도, 인격)에 따라서 스포츠 종목을 구분했다.

이러한 분류 기준은 허용되는 신체 단련과 금지되는 신체 단련을 구분하기 쉽게 만들었다. 16세기의 대부분 학사 규정들은 체계적이지는 않았지만 이와 유사했다.[27]

가톨릭 교육학자 지몬 베레포이스는 개신교의 규정과 동일한 기준을 적용하여 운동 경기를 구분했다. 또한 건강을 위협하는 신체 단련 행위뿐만 아니라 모든 유형의 내기(카드, 주사위 던지기, 보드 게임)[28]도 금지된 운동 경기로 간주했다. 펜싱, 바람총, 석궁, 소총 쏘기, 돌 던지기, 눈덩이 던지기, 썰매, 아이스 스케이트, 수영 등이 금지된 운동 경기에 속했다. 또한 아동에게는 사냥, 낚시, 새 잡기가 금지되었다.[29] 우리는 곳곳에서 인문주의 교육 개혁의 영향을 찾을 수 있다. 니더바이에른의 주도 란츠후트의 학사 규정은 1562년부터 신체 훈련을 신앙, 정신 수양, 훈육에 이어 청소년 교육의 네 번째 주요 목표로 간주했다. 오스트리아 린츠의 학사 규정(1577)에서는 "지속적이고 진지한 학업으로 지친 지적 능력을 치유하고 새로 얻을 수 있도록" 학생들과 교사들에게 회복 시간을 매일 보장했다. 뇌르틀링겐과 자르브뤼켄에서는 긴 쉬는 시간("원기 회복 시간")과 수업이 없는 날("주말 및 방학")에 교사들이 학생들의 구기 시합, 달리기, 던지기, 레슬링, 민첩성 겨루기, 산책, 하이킹, 수영 등을 감독했다.[30]

프라하 예수회 학교 출신인 히폴리투스 과리노니우스의 회복 시간(recreationes)에 관한 흥미로운 기록을 통해서 당시의 기분 전환 활동을 엿볼 수 있다. 종교적인 의사였던 그는 학창 시절 가장 좋았던 기억, 특히 운동에 관한 기억을 이렇게 쓰고 있다. "이렇게 훌륭하고 기분 전환에 도움이 되는 스포츠 경기를 함으로써 유용함을 갈레노스가 언급했던 것보다 더 많이 얻을 수 있다. 청소년 시절 개인적으로 나는 운동을 즐겼다. 거의 한 주도 빠짐이 없었다. 당시 우리는 프라하의 수도회에 봄, 여름, 가을 동안 일주일에 두 번이나 세 번 방문했다. 넓고 아름다운 뜰이나 광장에서 때로는 하루에 두 번씩 운동할 때도 있었다. 가장 실력이 뛰어나고 인기가 많은 친구들끼리는 절대 한 팀이 되지 않는 것이 관례였다. 한 사람이 어떤 팀에 있으면, 다른 사람은 그 팀에 있을 수 없었다."[31] 하루에 두 번 운동! 이것이 프라하의 예수회 학교에서 보편적이었다면, 당시 전 유럽의 예수회 학교도 마찬가지였을 것이다. 일반적으로 수도회의 규정은 모든 수도회에 공통적으로 적용되기 때문이다. 1598년 학사 규정에서는 구기 시합을 하지 말라고 규정했으나 금지하지는 않았다.

근대 초기의 학교에 어느 정도 수준의 운동장이나 실내 체육관 시설이 갖춰져 있었는지는 한 번도 연구된 적이 없다. 1440년에 설립되어 16세기에는 명문 학교로 부상한 영국의 이튼 칼리지는 17세기에 자체 스포츠 시설을 갖추고 있었던 것이 틀림없다. 1666년 2월 26일 새뮤얼 피프스가 학교 시설을 시찰했을 때에 "학생들이 운동장에서 시합하는 모습을 보았다"고 언급하기 때문이다.[32]

프로테스탄트들은 스포츠를 즐기는 것 외에 적어도 게으름을 피우지 않는 것이 중요하다고 여겼다. 그리고 놀랍게도, 16세기의 유명한 스포츠 교사 중의 한 사람이 교육자들의 논쟁에 큰 영향을 미쳤다. 펜싱과 승마 교사이자 작센 선제후국에서 정치적인 실세로 급부상한 인물이었던 게오르크 엥겔하르트 폰 뢰나이젠은 궁정 귀족들의 신체 단련을 위한 행동 교서까지 집필했다.[33] 그는 승마[34]와 통치술[35]에 관한 이론서도 집필했다. 굼펠츠하이머와 같은 교사들은 그의 주장에 동의하며 다음과 같이 인용했다. "젊은이들에게 학업과 다른 기술을 닦느라 지친 심신을 달래도록 회복 시간을 제공하면, 그들은 그 시간에 운동을 한다. 이는 혼자서 아무것도 하지 않거나 빈둥거리며 시간을 보내는 것보다 훨씬 유익하다. 쇠로 된 연장을 꾸준히 연마해야 빛이 나고 그렇지 않으면 녹슬고 모양이 뒤틀리듯이, 사람도 꾸준히 연습하지 않으면 게을러지고 나태해진다."[36]

행동 교서의 스포츠

르네상스의 행동 교서는 미래 세대를 위한 궁정 사회의 행동 양식을 마련했다. 노빌라라의 백작 발다사레 카스틸리오네의 『궁정론(*Libro del Cortegiano*)』(1528)은 이 분야에서 가장 중요한 작품이라는 평가를 받는데,[37] 이 작품에서 그는 몸의 자태와 사교계에서의 행동뿐만 아니라 "힘, 가벼운 몸짓, 민첩성"을 완성하기 위해서 운동이 필요하다고 했다. 이 소재는 학식이 높은 여성인 우르비노의 공작부인 엘리사베타 곤차가가 진행하는 궁정 대화의 형태로 다루어진다. 이상적인 궁정 귀족은 기품 (grazia), 균형(misura), 지성(ingenio), 예술(arte), 그리고 특히 어려운 일에도 평온을 유지하는 경지(sprezzatura)를 통해서 표현된다. 카스틸리오네는 루도비코 다 카노사 백작의 입을 통해서 궁정 귀족은 완벽한 기사이어야 하고 결투 신청을 받았을 때를 대비하여 모든 무술에 통달해야 한다고 말했다. 귀족에게 비겁함은 용납할 수 없는 일이므로 귀족은 무기 없이 하는 결투, 즉 레슬링 훈련을 해야 한다. 봉술, 투우, 창 던지기, 창으로 찌르기 등 모든 종류의 마상 시합으로도 훈련한다. 결투와 관련 없는 스포츠 훈련도 있었는데, 수영, 도약, 달리기, 돌 들어올리기는 일반 군중들에게 존경을 받을 수 있으므로 유용하다. "또한 궁정 귀족에게 가장 적합한 고도의 훈련은 구기 시합이다. 구기 시합은 신체적인 재능, 신속함, 사지의 능숙함을 보여줄 수 있는 스포츠이다." 반면, 궁정 귀족은 공중 도약, 줄타기처럼 우스꽝스러운 훈련은 삼가야 하며 웃음거리가 되지 않도록 해야 한다.[38]

이탈리아 북부의 밀라노, 만토바, 우르비노에 있는 르네상스 궁정에서 교육을 받고 한때 카를 5세의 궁정에서 생활했던 카스틸리오네는 교육과 제후 규범서의 표준을 마련했고, 이후 모든 작가들에게 영향을 미쳤다. 종파와 상관없이, 인문주의 교육을 받은 전 유럽의 계층은 스포츠의 가치를 수용했다. 스페인의 인문주의자 교육자이자 철학자인 후안 루이스 비베스는 파리에서 교육을 받았으며 영국의 국왕 헨리 8세의 궁정에서 몇 년간 교사 생활을 했는데, 그는 학습 능력을 높이기 위해서 달리기, 하이킹, 도약, 레슬링, 구기 시합과 같은 기분 전환 활동을 장려했다.[39] 몇 년 후에 스페인에서는 프란체스코 수사인 안토니오 데 게바라의 풍자시가 발표되었다. 유럽 여행을 하면서 카를 5세의 궁정 설교자로도 활동했던 그는 궁정 생활과 마을 생활에 관한 첫 작품을 발표했는데, 스포츠를 광범위하게 다루었다.[40] 영국에서는 토머스 엘리엇이 『위정자론(*Boke Named the Governour*)』을 통해서 스포츠 옹호론을 펼쳤다. 헨리 8세에게 헌정되고 16세기에 수차례 증쇄된 이 작품은 14세 이상 청소년들을 위한 야외 운동을 광범위하게 소개한다.[41]

프랑수아 라블레의 『가르강튀아와 팡타그뤼엘(*La vie de Gargantua et de Pantagruel*)』에서 가르강튀아의 시간표에는 지식, 언어, 음악 공부에 더해서 스포츠 훈련으로 가득 차 있다. 구체적으로는 승마, 펜싱, 마상 무술 시합, 말을 타거나 말을 타지 않고 땅에서 각종 무기로 하는 시합(전투 도끼, 랜스[lance : 중세 유럽의 기병이 애용했던 창의 일종/옮긴이], 도검, 사브르, 플뢰레, 궁정검, 단검, 방패, 원형 방패, 원판을 장착하거나 하지 않은 채로), 사냥(곰, 사슴, 다마사슴, 수퇘지, 토끼, 유럽자고새, 꿩, 느시), 손과 발을 사용하는 구기 시합, 레슬링, 달리기, 도약, 세단뛰기, 수영, 잠수, 다이빙(또는 다리에서 강으로의 도약), 기어오르기(나무, 집, 사다리, 봉, 줄), 등산, 던지기(창, 봉, 돌, 랜스, 멧돼지 사냥용 창, 핼버드[halberd : 중세 유럽에서 사용된 도끼창/옮긴이]), 쏘기(활, 소총, 석궁, 대포), 그리고 역기 들기 등이 있다.[42]

행동 교서와는 별개로, 스포츠의 목적을 개략적으로 언급한 기록물들도 있다. 헤센-카셀의 모리츠 방백(方伯)은 1605년 궁정 법규에서 다음과 같이 밝혔다. "이외에도, 우리 궁정의 기병, 특히 젊은 귀족 청년이 게으름을 피우거나 돈 내기를 하거나 음주를 하거나 무가치한 행동을 하지 않도록 해야 할 것이다. 불행히도 이에 빠지기는 매우 쉬우니, 우리 의전관은 이러한 행위를 예방하기 위해서 승마술, 펜싱, 무용, 사격, 발룬(팔로네), 공 치기(테니스) 등을 훈련시켜야 한다."[43] 칼뱅주의자였던 그는 죄악과 싸워 이기도록 모든 제후들의 저택에 구기 시합장을 설치하도록 했다. 그는 내기와 방탕한 행위의 위험에 비하면 스포츠의 장려가 덜 악하다고 여겼다.

마상 시합, 싸움에서 재연으로

기사들의 마상 시합이 전쟁에 대비하기 위한 훈련으로서 고안되었음을 고려하면, 훈련 중에 기사가 목숨을 잃는다면 마상 시합을 하는 의미가 없다. 그래서 마상 시합에 출전한 기사들의 목숨을 보호하기 위한 장치가 개발되었다. 마상 시합은 (최후 승부를 가르는) 호전적인 결투와 (유희 목적의) 평화적인 결투로 구분되었다. 평화적인 결투에서는 치명상을 막기 위해서 전쟁 무기를 사용하지 않았다. 대신 왕관처럼 생긴 일종의 덮개인 "작은 왕관"이 부착된 더 가벼운 재질의 랜스를 개발했다. 1420년경에는 마상 시합 경기장에 횡목(橫木)이 설치되었다. 이것은 랜스를 들고 돌진하는 기수들의 정면충돌을 막기 위해, 기수들을 물리적으로 분리하기 위한 일종의 가드레일이었다. 유희 목적의 결투에서는 랜스를 최대한 많이 부러뜨린 사람이 승자가 되었다. 기사들은 한 여인에게 헌정하는 경기에 출전하는 경우도 있었다. 여기에서 "누군가를 위해서 랜스를 부러뜨리다", 즉 '누군가를 위해서 전력투구하다'라는 관용어구가 유래했다. 마상 시합들은 아서 왕과 원탁의 기사 신화, 또는 용을 물리쳤다는 성 게오르기우스의 기독교적 전설을 표본으로 하여 구체화되었으나, 15세기 앙주와 부르고뉴의 호화로운 궁정에서 정점에 이르렀다. "부르고뉴 공국"은 용담공 샤를 1세의 통치 아래에 알프스부터 네덜란드까지 확장되었다. 가장 사치스러웠던 마상 시합의 입문서인 『몸의 개론과 마상 시합 이야기(Traité de

프랑크푸르트암마인의 마시장에서 열린 고리 떼어오기 시합. 동판화, 1658년.

la forme et devis d'un tournoi)』는 궁정 연예 시인이자 마상 시합 출전자이면서 학자였던 앙주의 르네 1세가 작성했다. 1448년에 40일 동안 열렸던 "기쁨의 방어성"과 같은 환상적인 마상 시합도 그가 기획한 것이다.[44]

한편 티오스트와 같은 위험한 격투 스포츠의 인기는 시들고, 말 위에 오르는 것 외에는 예전의 마상 시합과 공통점이 없는 시합이 인기를 얻기 시작했다. 기사 훈련에서는 야만적으로 힘만 쓰는 것보다는 기품이 있는 실력이 중요했다. 창으로 과녁 찌르기 시합에서 참가자들은 진짜 사람이 아니라, 그림 또는 일종의 지렛대 장치에 장착된 조각품을 찔렀다. 이 지렛대 장치는 기수들이 능숙하게 피하지 못하면 말에서 떨어지도록 제작되어 있었다. 말을 타고 달리면서 고리나 화환을 빼내는 고리 떼어오기 시합에서 기수는 창을 들고 갤럽(gallop : 말이 네 발을 모두 땅에서 떼고 뛰는 것/옮긴이)으로 질주하다가 작은 고리를 맞혀야 했다. 고리는 두 개의 기둥 사이를 연결한 줄에 달려 있었다. 고리를 찌를 때 창은 아래를 향해야 했기 때문에 이 시합에서는 힘도 중요했다. 그러나 역시 기품이 가장 중요했기 때문에 명중률 이외에 기품 있는 자세를 평가하는 상이 따로 있었다. 마상 시합 규정에 명시된 경기 원칙은 득점이 중요하다고 강조했다.[45] 뷔르템베르크의 공작 요한 프리드리히는 자신의 일기에 2년 동안 (1615-1617) 고리 떼어오기 시합에 39회, 다른 승마 시합에 6회 출전했고 사냥 클럽 모임에 165회 참석했다고 기록했다. 이러한 시합들은 주로 즐기기 위한 목적으로 열렸던 반면, 고리 떼어오기 시합은 승자를 가려내는 스포츠 시합이었다. 승자는 고가의 트로피와 "젊은 여성들의 축하"를 받으며 상금을 받았다. 지금도 이 장면은 사이클이나 자동차 경주 시상식에서 볼 수 있다. 승자는 환하게 웃으며 트로피를 하늘 높이 들고, 양쪽에서 2명의 아름다운 여성들로부터 키스를 받는다.[46]

스포츠 의학의 시작

건강한 신체에 건강한 정신이 깃든다(Mens sana in corpore sano). 이 금언은 고대 그리스 로마의 유산을 이어받은 것으로서 근대에 반복해서 인용되었는데, 이 금언의 권위 때문에 곳곳에서 남용되기도 했다. 예컨대 이 명제를 뒤집으면 병든 신체에는 건강한 정신이 깃들 수 없다는 결론이 도출되었고, 이러한 오해는 20세기의 우생학 논쟁에까지 영향을 미쳤다. 이는 이 문장을 처음으로 쓴 로마의 작가 유베날리스의 의도를 사람들이 잘못 이해한 데에서 비롯되었다. 그는 이 문장을 접속법으로 썼다. 유베날리스는 신에게 건강한 신체에 건강한 정신이 깃들게 해달라고 간구했다. 그러나 문장의 맥락을 살펴보면 스포츠뿐만 아니라 신을 기리는 숭배 의식까지를 날카롭게 풍자한 표현임을 알 수 있다. "사람들은 원하는 것을 얻기 위해서 짐승의 내장과 신성한 백색 고기를 성유물함 앞에 제물로 바치는도다. 건강한 신체에 건강한 정신이 깃들기를 바라노라(Orandum est, ut sit mens sana in corpore sano)." 고대 그리스 로마 고전 교육을 지지했던 이들조차도 인기 있는 이 금언이 종교적인 행위로서의 스포츠를 풍자한

줄타기 체조. 히에로니무스 메르쿠리알리스
의 『체육의 미학』에 삽입된 동판화, 1573년,
이탈리아 베네치아.

것이라는 사실을 거의 깨닫지 못했다. 유베날리스는 운동선수의 건강한
신체에 그만큼의 정신이 깃들지 못한 현실을 지적하려고 했던 것이다.[47]

페르가몬의 갈레노스는 고대 후기의 탁월한 의학자였고 그의 명성은
근대 초기부터 18세기까지 이어졌다.[48] 구기 스포츠가 건강에 유익하다
는 그의 사상은 스포츠 의학 발전에 특히 중대한 역할을 했다. 심지어 그
의 글은 1562년 밀라노에서 한 권의 책으로 출간되었다.[49] 르네상스 시대
의 가장 중요한 스포츠 의학자는 히에로니무스 메르쿠리알리스였다. 광
범위한 주제를 다룬 그의 연구서 『체육의 미학(De Arte Gymnastica)』의
1573년의 삽화본은 거듭해서 증쇄되었고, 이를 모방하거나 보완한 다른
작가들의 작품들이 발표되었다. 메르쿠리알리스는 올림피아 제전을 포함
하여 고대의 신체 단련을 광범위하게 다루었고, 몇몇 근대 스포츠를 좀
더 집중적으로 다루었다. 의사인 그는 체육을 세 가지 유형으로 분류했

다. 그가 가장 중요시했던 것은 김나스티카 메디카(Gymnastica medica), 즉 건강에 유익한 신체 단련이었다. 그다음은 전쟁에 필요한 모든 훈련을 아우르는 개념인 김나스티카 벨리카(Gymnastica bellica)였다. 마지막 세 번째는 놀이와 스포츠 시합에서 이기는 데에 도움이 되는 신체 단련 행위인 김나스티카 아틀레티카(Gymnastica athletica)였다. 놀랍게도 그는 김나스티카 아틀레티카가 악하고 처벌을 받아야 마땅한 행위이기 때문에 쓸모가 없으며 금지되어야 한다고 생각했다. 그럼에도 불구하고 메르쿠리알리스의『체육의 미학』은 근대에 스포츠에 열광하던 모든 이들에게 중요한 의미를 지녔다. 김나스티카 메디카가 일종의 관문과 같은 역할을 했기 때문이다. 그는 테니스, 심지어 곡예까지도 "건강을 증진하는" 스포츠로 분류했다. 예를 들면 그는 팔라코르다(테니스)가 동작에 우아함을 더하고 팔다리를 튼튼하게 한다고 했다. 그러나 이러한 관점은 거의 모든 종목의 스포츠에 적용될 수 있다.[50] 스포츠 의학 최초의 독립적인 이론서『체육의 미학』은 갈레노스 전문가인 비비안 너턴이 2008년에 원전 비평 연구판 영역본을 발표할 만큼 중요한 책이었다.[51]

메르쿠리알리스는 거의 모든 주제를 책으로 발표했기 때문에 당대에 가장 돈을 잘 버는 의학자였다. 그는 히포크라테스의 작품을 번역했고 피부 질환, 여성 질환, 아동 질환에 관한 선구적인 작품을 발표했다. 체육에 관한 저서 덕분에 그는 1569년 베네치아 공화국의 파도바 대학교에 의대 교수로 초빙되었고, 4년 후에는 막시밀리안 2세의 주치의로 임명받았으며, 귀족 신분으로 상승하여 "황제의 궁정백(宮庭伯)"이 되었다. 그는 로마, 파도바, 피사의 의대 교수직을 맡았으며, 1593년부터는 토스카나의 대공 페르디난도 1세의 주치의가 되었다.『체육의 미학』은 근대 최초로 긍정적인 관점에서 신체 단련을 다룬 책도 아니었고,[52] 갈레노스의 사상을 이미 알고 있는 이들에게는 그의 사상이 놀라운 것도 아니었다. 1555년 안토니오 스카이노는 구기 스포츠에 관한 논문에서 그와 비숫한 내용을 이미 다루었는데, 귀족들에게 거친 경기인 팔로네나 칼초 대신 팔라코르다를 권했다. 그러나 1584년에 이르자 안토니오는 야외에서 즐기는 모든 구기 스포츠가 귀족들에게 무리한 운동이므로 당구를 하는 것이 좋다고 했다. 1626년 빈첸초 주스티니아니는 손을 더럽히지 않고 천천히 움직이기만 하면 될 뿐만 아니라 사업에 관한 대화도 나눌 수 있다며 신분이 높은 사람들에게 팔라말리오(크로케와 유사한 스포츠)를 권했다.[53]

일반적으로 의학자들은 레슬링, 권투, 달리기와 같은 스포츠 종목이 호흡과 소화를 개선시키고 신체 단련에 도움이 된다고 생각했다. 운동을 하기에 가장 좋은 시간은 아침 식사 전, 점심 식사 후나 저녁 시간이었고, 거친 스포츠 종목은 고된 일을 하는 노동자에게만 적합했다. 그러나 달리기, 도약, 구기 스포츠와 같은 신체 단련 운동은 50세까지만 해야 했고, 50세 이상인 사람들에게는 산책만이 권고되었다. 교황의 시의(侍醫)인 페트로니오는 21세까지의 아동과 청소년은 충분히 움직이기 때문에 따로 신체 단련을 할 필요가 없다고 주장했다. 또한 그는 20-50세의 남성에게 승마, 펜싱, 무용, 작은 공으로 하는 구기 스포츠(팔로네나 칼초는 제외)를 권했다. 그리고 50세 이상의 남성은 충분히 숙련된 운동만을 해야 한다고 했다. 나이가 많고 뚱뚱한 남성(분명 교황을 염두에 두었을 것이다)에게는 등산을 권했다.[54] 한편, 피사 대학교의 포르투갈 출신 교수 로드리고 다 폰세카는 사회적인 신분, 생활방식, 개인적인 성향에 맞춘 신체 단련을 매일 해야 한다고 주장했다. 귀족들에게는 특히 궁술, 구기 스포츠, 산책이 적합하다고 했다. 이탈리아 귀족들은 1600년경에 이미 마부가 끄는 마차를 타고 다녔기 때문에 승마는 빠져 있었다.[55]

17세기 영국의 인문주의자 로버트 버턴은 스포츠가 신체에 끼치는 영향에 관심을 두며 독특한 역할을 했던 인물이다. 그는 『우울의 해부(The Anatomy of Melancholy)』에서 이렇게 쓰고 있다. "운동을 오용하는 것은 하등의 소용이 없다. 따라서 규칙적인 운동만큼 건강에 도움이 되는 것은 없으며, 지나친 운동이나 잘못된 시기의 운동만큼 해로운 것도 없다. 페르넬리우스가 해석한 갈레노스의 이론에 의하면, 과도한 운동과 탈진은 기력을 소모하게 하고 몸에서 열을 빼앗아간다. 즉, 유기체가 소비해야 했을 체액과 배출되어야 했을 노폐물이 열을 방출하면서 신체와 정신을 어지럽힌다. 적절하지 않은 시간이나 배부른 상태에서 운동하는 것도 몸에 해롭다. 그래서 푹시우스는 이러한 습관을 고치기 위해서 끊임없이 노력했다. 그는 독일의 젊은이들이 식사 직후에 운동을 하기 때문에 피부 질환을 자주 앓는다고 보았다. 바이예루스도 비슷한 관점을 가지고 있었다. 그는 식사 직후에 운동을 하면 움직임이 위장 속의 음식물을 부패시키고 아직 소화되지 않은 체액이 정맥으로 바로 이동하게 되는데, 렘니우스의 의견에 의하면, 소화되지 않은 체액은 부패하고 정신을 흐트러뜨린다고 했다. 크라토 역시 음식물 섭취 후의 격한 운동이 소화기 건강과 체액 균형의 가장 큰 적이라고 했다. 살루스티우스, 살비아누스, ……메르쿠리알리스, 아르쿨라누스 등 많은 학자들이 과격한 운동이 강한 우울증을 유발한다는 근거를 제시했다."[56]

여기에서는 18세기까지 유럽 의학의 바탕을 이루었던 사체액설(四體液說)의 구체적인 내용에 관심을 둘 필요가 없다. 네덜란드의 베살리우스의 제자였던 레비누스 렘니우스,[57] 프랑스의 궁정 의사 장-프랑수아 페르넬, 황실 주치의 요한 크라토 폰 크라프트하임 등 16세기의 선도적인 의학자들은 운동 그 자체를 연구 대상으로 삼지 않았으며, 지나친 운동을 할 경우에만 질병이 생긴다고 보았다. 버턴은 모든 사례에 대해서 자신의 주장에 대한 근거를 제시하기 위해서 고전 저자들의 글을 인용하는 인문주의 방식을 따랐다.[58] "플루타르코스는 나태함을 정신 질환의 유일한 원인이라고 여겼다. 호메로스는 아킬레우스가 전쟁에 나갈 수가 없어서 하는 일 없이 빈둥거릴 때에 근심으로 쇠약해졌다고 기록했다. 메르쿠리알리스는 젊은 환자에게 병의 원인으로 같은 원인을 꼽았다. ……여유 공간 없이 좁은 마구간에 갇혀 있는 말, 쥐들이 있는 철창 속에서 거의 날지 않는 새. 둘 모두 움직일 기회가 있다면 걸리지 않을 병에 걸리기에 십상이다. 할 일이 없는 개는 옴에 걸려 딱지가 생긴다. 게으름뱅이 인간이라고 다를 것이 있겠는가?"[59]

구기 스포츠를 긍정적으로 평가하기 시작한 것은 프라하 예수회 학교 출신이자 티롤의 의학자였던 히폴리투스 과리노니우스의 윤리적인 위생학, 즉 의료 윤리학과 관련이 있다.[60] 그는 1590년대 중반에 파도바 대학교에서 의학을 공부했고, 1601년에는 할인티롤의 시의가 되었으며, 할 여성 재단에서 여러 대공비들의 주치의가 되었다.[61] 그는 총 7권의 책 가운데 1권(제6권)이자 약 1,400쪽에 달하는 분량 전체를 스포츠에 할애했다. 이 책은 달리기, 도약, 던지기, 레슬링, 펜싱, 무용, 등산, 수영, 승마와 마상 시합, 그리고 구기 시합과 불(boules : 금속 공을 굴리는 경기) 등 일반 스포츠 종목을 다루고 있다. 6권의 15장에서 그는 일곱 가지 구기 스포츠를 묘사하며 종목별로 신체 상태에 끼치는 영향을 상세하게 분석하고 있다. 그는 자신의 개인적인 경험과 갈레노스와 메르쿠리알리스를 향한 존경을 반복해서 언급하면서, 구기 스포츠에 대해서 열린 태도를 보여준다. 그는 테니스가 "모든 시합에서 가장 중요"한데, 모든 도시와 모든 제후들의 저택에 테니스 경기장이 있고, 모든 귀족의 자제들이 테니스를 배우며, 모든 제후들이 테니스를 친다는 사실을 통해서 이를 확인할 수 있다고 했다. 그는 공이 어디로든 날아갈 수 있고 잽싸게 공을 받아쳐야 하기 때문에 테니스가 몸통, 목, 팔, 다리를 움직이는 전신 운동이라며 이 "작은 공과 라켓을 사용하는 스포츠"를 극찬했다. 또한 그는 14세부터 31세까지는 가장 혈기왕성한 시기이므로 이 연령대의 사람들이 테니스를 하기에 가장 적합하다고 했다. 한편 장갑을 낀 손으로 작은 공을 치는 핸드 테니스 경기가 이탈리아와 독일 전역에 퍼져 있었는데, 이 경기는 힘을 쓰는 수공업자들에게 더 적합하다고 했다.

스포츠에 대한 갈레노스의 긍정적인 관점에 자극받은 근대의 모든 의학자들은 스포츠 활동에 건강 증진 효과가 있다고 생각했다. 지금까지 우리가 보았듯이, 스포츠에 대한 의학자들의 이러한 관점은 종종 의학자들 본인의 개인적인 경험에까지 영향을 미쳤다. 그래서 사람들이 고대의 의학 이론을 서서히 기피하기 시작했을 때에도 그들은 자신들의 생각을 바꾸지 않았다. 대표적인 예로 "영국의 히포크라테스"라고 불렸던 토머스 시드넘을 들 수 있다. 그는 감염병에 관해서는 고전적인 관점을 고수했으나 건강 염려증을 비롯한 다른 질병의 치료 방법으로는 신선한 공기를 마시며 운동하는 치료 요법을 언급했고, 신체적으로 제한이 있는 사람들에게는 마사지와 같은 대안 치료를 권한 것으로 유명하다. 초기 계몽주의자인 독일 할레 출신의 의사 프리드리히 호프만은 스포츠 의학을 더 직접적으로 다루었다. 그는 박사 논문의 제목을 가장 좋은 약은 운동이라고 붙였다. 그는 먼저 이론적인 부분을 다룬 뒤, 테니스(필라에 파르바에 루수스), 원반 던지기, 마상 곡예, 권투, 승마, 당구 등 각종 스포츠 종목을 통해서 신체 단련의 유용성을 다루었다.[62] 호프만은 약 300명의 의학도에게 박사 학위를 수여했고, 그중 25명은 교수 혹은 황실의 시의가 되어 당대에 영향을 끼쳤다. 케임브리지 대학교의 프란시스 풀러는 『메디치나 김나스티카(Medicina Gymnastica)』에서 질병 치료를 위한 운동 치료법을 발전시키며 세계적으로 가장 영향력 있는 인물이 되었다. 그는 옛 의학자들의 권위 있는 이론 외에도 곡예사, 줄광대, 승마 기수 등 동시대 스포츠인들에 대한 관찰을 바탕으로 한 치료법을 제안했다.[63]

운동의 과학화

카스틸리오네 이후, 16세기 행동 교육 분야에서는 남사스러운 활동이 귀족들과 맞지 않는다고 여겼다. 거친 구기 시합은 귀족을 비롯한 모든 계층 사람들이 열광했지만 보기 흉한 활동이었고, 곡예도 마찬가지였다. 이러한 차별에 맞섰던 인물이 16세기 말 직업 곡예사로 활동했던 아르칸젤로 투카로였다. 그는 우수한 교육을 받았을 뿐만 아니라 빈의 궁정과 프랑스에서 다년간 활동했기 때문에 고위층 인사들과 교류가 많았다. 이탈리아 아브루초의 라퀼라 지역에서 출생한 그는 처음에는 막시밀리안 2세의 궁정 신하였다. 1570년 그는 막시밀리안 2세의 딸인 엘리자베트의 요청으로 그녀를 수행하기 위해서 프랑스의 국왕 샤를 9세의 궁정을 방문했다. 그곳에서 투카로는 젊은 왕의 사범이자 왕의 곡예사로 일했다. 1599년 그가 곡예술에 관한 기초 이론서『도약과 공중제비에 관한 세 가지 대화(Trois Dialogues de l'Exercise de Sauter et Voltiger en l'Air)』[64]를 발표했을 당시에 그는 프랑스의 국왕 앙리 4세의 신하였다. 1616년 이 책의 개정판이 발표되었을 당시에 투카로는 이미 이 세상 사람이 아니었다. 앙리 4세의 뒤를 이어 왕위에 오른 새로운 국왕 루이 13세에게 헌정된 개정판은 출판사에서 편집하여 발표한 것이었다.[65]

근대에 투카로는 "근대 마루운동의 창시자"로 칭송을 받았다.[66] "체조의 아버지" 프리드리히 루트비히 얀은 그를 체조의 선구자로서 발견하기도 했다.[67] 얀의 제자였던 한스-페르디난트 마스만은 투카로의 저서를 높이 평가하며 독일어로 번역했다. 그러나 현재 쾰른 스포츠 전문학교의 기록물 보관소에 소장된 이 원고는 출판된 적이 없다. 투카로의 세 가지 대화는 1570년 투렌의 드 라 퐁텐 영주의 성에서 있었던 결혼식 축제 기간에 공연되었다. 3명의 이탈리아 귀족이 곡예사와 토론을 하고, 그들 뒤에는 투카로와 그의 수제자인 피노가 숨어 있다. 첫 번째 대화에서는 고대의 체조와 투카로의 곡예술 사이의 관계를 밝힌다. 곡예술에 관한 정확한 정의에 도달하는 것을 목표로, 각 개념에 대한 논의가 이루어진다. 샤를 9세가 사냥에서 돌아오면서 이 대화는 끝난다. 두 번째 대화에서는 곡예술, 사전 연습, 훈련, 그리고 총 54가지의 각기 다른 동작이 요구되는 곡예술 자체에 관한 기본적인 고찰을 다룬다. 곡예술은 복잡성의 증가 체계, 뛰어내리는 방식, 사용되는 도구에 따라서 분류된다.

이러한 논의를 다루는 부분에는 88폭의 목판화가 삽입되어 있다. 이 목판화의 탁월성과 높은 수준의 아름다움 덕분에 이 책은 꾸준한 명성을 얻었다. 88폭의 목판화는 비약의 여러 단계에 있는 곡예사의 모습을 보여주고, 세부화를 통해서 동작의 진행 과정을 분석하며, 이것에 이어 신체 회전 동작의 특성을 묘사한다. 이러한 분석을 통해서 투카로는 곡예술을 과학화했고, 입체술(Kubistik)이라는 새로운 개념으로 귀족화하는 데에 근거를 마련했다.

세 번째 대화는 스타 곡예사 피노에 대한 찬사로 시작되며 곡예 기술에 속한 것들을 다룬다. 특히, 의학과 건강에 관한 질문을 다루는데, 히포크라테스와 갈레노스의 고대 의학에 기초하여 히에로니무스 메르쿠리알리스의 『체육의 미학』으로 끝을 맺는다. 그는 고대 의학을 재해석하여 곡예술로부터 긍정적인 이미지를 끌어낼 수 있었던, 근대의 아주 드문 저자였다. 대화는 피노가 잠이 들면서 끝난다.[68]

올림피아 제전의 재발견

르네상스 시대 이후 모든 인문주의자들은 고대 그리스 로마를 모범으로 삼았다.[69] 1430년 피렌체 근처의 한 별장에서는 이른바 페스트 확산 문제와 관련하여 '시민의 삶에 대하여'라는 토론이 진행되었는데, 피렌체의 정치가 마테오 팔미에리는 이 토론에서 승마, 펜싱, 등산, 그리고 올림피아 제전의 스포츠 경기를 상기시키며 "신체와 정신의 동등한 교육"을 주장했다.[70] 인문주의자 폴리도루스 비르길리우스는 발명가에 대한 표준 백과사전에서 올림피아 제전의 기원뿐만 아니라 이스트미아 제전, 네메아 제전, 피티아 제전의 의미를 밝히고, 고대와 근대의 문헌 출처를 상세히 논하며, 가장 중요한 스포츠 종목들을 다루고, 올림피아드를 기준으로 하는 시대 계산법을 언급했다.[71] 독일어 번역본(1537)의 13장에는 다음과 같이 쓰여 있다. "그리스인 최초로 올림피아 제전, 피티아 제전, 이스트미아 제전, 네메아 제전, 체육 제전과 사자를 기리기 위한 축제, 또한 달리기, 혹은 마상 시합, 펜싱 학교를 도입한 사람이 구기 시합, 보드 게임, 주사위 던지기를 발명했다고 한다."[72] 이 책의 라틴어판과 독일어판은 16-17세기 동안 자주 증쇄되었고, 그에 따라서 올림피아 제전의 존재와 유럽인에게 그리스가 차지하는 의미에 관한 지식이 널리 퍼졌다. 파우사니아스의 『그리스 이야기(*Beschreibung Griechenlands*)』[73]와 핀다로스의 『올림픽 송시집(*Olympische Oden*)』 역시 재편집되고 수차례 증쇄되었으며 다양한 나라의 언어로 번역되었다.[74] 고대의 운동 경기는 지속적으로 역사적인 논의의 대상이 되었으며 이와 관련된 출판물이 프랑스와 네덜란드 등지에서 발표되었다.[75]

에라스뮈스 로테르다무스는 올림피아 제전에서의 달리기 경주의 사례를 들며 약물(도핑)을 주제로 다루기도 했다. 이에 대해서 그는 금언집 『아포프테그마타(*Apophthegmata*)』(1532)에서 "공정함보다 속도에 훨씬 더 신경을 쓰는 선수들이 얼마나 많은지 모른다"[76]라는 냉소적인 표현을 했다. 독일의 시인 한스 작스는 펜싱 기술의 기원에 관한 글에서 폴리도루스와 헤로도토스에 이어서 올림피아 제전을 다루었다. "기사들의 무예 기술이 종종 등장했고 여기에서 펜싱 기술이 유래했다. 이것은 예수가 탄생하기 1,100년 전에 헤라클레스가 발명했다. 올림피아 제전, 아르카디아 지역, 올림포스의 높은 산지에서 시합이 열렸다. 이러한 기사들의 시합에서는 말을 탄 나신의 영웅들이 싸웠다. 헤로도토스는 기사들의 결투가 어땠는지 우리에게 설명한다. 어떤 이들은 검으로 싸움을 저지했다. 승자는 월계수 화관을 받았다."[77] 히에로니무스 메르쿠리알리스는 전 6권의 책 가운데 제2권 전체를 올림피아 제전을 다루는 데에 할애했는데, 이를 매우 세심하게 다룬 덕분에 이후 모든 저자들의 기본서가 되었다.[78] 메르쿠리알리스

미카엘 스베르츠, "레슬링 경기". 1649년, 이탈리아 로마. 카를스루에 주립 미술관 소장.

의 논문에 수록된 그림이나 미카엘 스베르츠가 바로크 시대의 로마 레슬링을 그린 회화에 등장하는 선수들은 나체로 묘사되어 있지만, 선수들이 실제로 옷을 입지 않고 경기를 했는지는 확실하지 않다. 근대 초기에 사람들은 성(性)에 관심이 없는 척 점잔을 뺐기 때문이었다. 따라서 고대의 올림피아 제전에서 선수들이 나체로 경기를 했다는 것은 특정한 의도가 담긴 해석일 것이다.

1555년, 베네치아의 통치 아래에 있던 도시국가 비첸차에는 가능한 모든 예술에 전념하고자 "올림픽 아카데미"가 설립되었다. 올림픽 아카데미는 헤라클레스를 도시의 수호성인으로 지정했고, 헤라클레스에 대한 존경심을 표현하기 위해서 1558년 5월에 올림피아 제전을 거행했다. 아카데미의 설립자는 비첸차의 귀족들이었고 학자와 예술가들도 입학이 허가되었다. 현재까지 남아 있는 테아트로 올림피코의 설계와 건축을 아카데미로부터 의뢰받은 안드레아 팔라디오도 그중 한 사람이었다. 인문주의 스타 건축가이자 건축 이론가였던 그는 당대의 비트루비우스로 여겨졌다. 실제로 팔라디오는 비트루비우스의 작품을 번역 출간하는 작업에 참여했고, 이를 위해서 베로나, 풀라, 님, 로마, (당시에 이미 상당히 붕괴된 상태였던) 비첸차의 대형 암피테아터의 규모를 직접 측정하고 이미지를 스케치했다. 자신의 저서 『건축 4서(*I Quattro Libri dell'Architettura*)』에서 그는 젊은 운동선수들을 위한 훈련 시설(팔라이스트라)과 같은 고대의 스포츠 건축물을 다루었고, 이러한 시설들의 기능도 상세히 설명했다.[79] 팔라디오는 고대 키르쿠스의 벽에 있는 전차 경주의 모습을 테아트로 올림피코의 상징 도안으로 선택했다. 그러나 이곳은 스포츠 경기용으로는 적합하지 않은 공연 전용 시설이었다. 또한 이곳은 고대 그리스 로마 시대 이후로 최초로 설립된 독립적인 극장 시설이었다.[80] 베스파시아노 곤차가 후작의 저택이 있는 이상적인 인문주의 도시, 롬바르디아의 사비오네타에도 동일한 양식의 테아트로 올림피코가 10년 이내에 설립된 것으로 보아, 이러한 아이디어와 명칭이 매력적으로 보였던 듯하다. 팔라디오가 세상을 떠난 이후 그의 제자였던 비첸차 출신의 젊은 건축 이론가 빈첸초 스카모치가 비첸차의 테아트로 올림피코를 완공했다.[81]

물론 올림피아는 고대 그리스의 지리학자인 스트라본과 클라우디오스 프톨레마이오스의 저서들의 개정판뿐만 아니라, 아브라함 오르텔리우스의 『세계의 무대(*Theatrum Orbis Terrarum*)』[82]와 같은 16세기의 지리책에도 등장했다. 올림피아 제전에 관한 고대의 기록은 인문주의자 빌헬름 질란더에 의해서 그리스어에서 라틴어로 번역되었고, 바젤, 슈트라스부르크, 레이턴의 인문주의 출판사에서 증쇄되었다.[83] 프랑스의 인문주의자이자 툴루즈 지방의회 의원 피에르 포르 드 생-조리는 고대의 운동과 경기에 관한 논문에서 올림피아드, 올림피아 제전, 올림픽 우승자 등의 단어를 반복적으로 언급한다.[84]

프랑스의 극작가 로베르 가르니에르는 비극 『코르넬리(*Cornelie*)』에서

죄 올림피앙(Jeux Olympiens : 올림피아 제전)을 언급했고, 영국의 극작가 토머스 키드가 영어로 번역한 판본에는 올림피아의 스포츠에 관련된 다음의 구절이 있다. "올림피아 경기에서 우승을 차지함으로써 명예를 얻고자 노력하는 이들처럼, 그들은 레슬링에 모든 정열을 쏟아붓고 연습에 돌입한다."[85] 피렌체의 인문주의자 알레산드로 아디마리는 고대와 근대의 문학예술 중에 어떤 것이 더욱 발전된 것인가를 둘러싼 "신구 문학 논쟁"의 흐름 속에서 핀다로스의 『올림픽 송시집』을 번역한 인물인데, 그는 거칠면서 점잖은 근대의 스포츠인 칼초 피오렌티노가 고대 그리스의 어느 운동 경기보다도 열등하지 않다고 결론을 내렸다.[86] 피사 대학교에서 학생들을 가르쳤던 그리스인 조르조 코레시오는 그보다 20년 전에 이미 피렌체의 축구가 고대의 모든 운동 경기보다 훨씬 우월하다며 직설적으로 표현했다.[87] 존 코튼, 존 윌리엄스, 토머스 딕슨이라는 3명의 기업인의 등장은 특히 흥미로운 사건이다. 이들은 1620년 초에 『체육 교서』의 저자인 영국의 국왕 제임스 1세에게 런던에 왕실 암피테아터를 설립하여 올림픽을 개최할 것을 제안했다. 연극과 무술 공연 외에도 오일 레슬링, 육상 스포츠, 도약, 마상 곡예, 곡예술, 줄타기, 모든 종류의 검투 경기 등 "모든 올림픽 종목의 스포츠 훈련"을 아레나에서 열어야 한다는 것이었다. 세 사람은 용맹함과 국력에서 영국만큼 올림픽을 개최하기에 적합한 나라는 없다고 주장했다. 제임스 1세는 최소 1만2,000명의 관중을 수용할 수 있는 "런던 암피테아터 건축 제안서"를 승인했고, 1620년 2월 10일에는 30년간 이 암피테아터에서 베나티오네스, 유혈 스포츠, 무술 훈련, 모든 무기를 이용한 경기, 모든 유형의 레슬링, 곡예, 줄타기, 모든 종류의 언어로 음악 및 연극 공연을 개최할 수 있는 특권을 보장했다. 그러나 프랜시스 베이컨이 대법관으로 재직하던 시기에는 이와 관련하여 국왕과 영국 정부에게 고민거리가 있었던 듯하다. 의회 또는 국가의 청교도적인 성향으로 반대가 있었던 탓인지 1620년 9월 18일에 이 특권이 폐지되었다.[88]

올림피아 제전에 관한 논문들은 고대의 미술과 문학과의 연관성 때문에 지속적인 논의 대상이 되었다. 이후로 살펴보겠지만, 고대 유적지가 재발견되고 발굴이 시작되면서 올림피아 제전에 관한 논의에 불이 붙었다. 고대 올림피아 제전을 부활시키려는 시도 또한 17세기부터 계속되었다.[89] 어쨌든 올림피아 제전의 문헌학적 재수용은 19세기 대중 스포츠 시대가 열리는 데에 직접적인 영향을 끼쳤다.[90]

스포츠 수업

귀족을 위한 스포츠 기관, 기사 아카데미

이름만 들었을 때는 그러한 느낌이 전혀 들지 않겠지만 기사 아카데미(Knight academy)는 순전히 근대의 발명품이다. 칼뱅주의자 군인 프랑수아 드 라 누는 「정치와 군사에 관한 논의(Discours politiques et militaires)」라는 논문에서 귀족을 위한 기사 아카데미의 필요성을 처음으로 주장했다. 이 논문은 1587년 바젤에서 출판되었고, 1592년 뷔르템베르크의 공작 프리드리히 1세의 의뢰로 서기관 야코프 라트게프가 번역한 것을 포함하여 유럽의 주요 언어로 번역되었다.[91] 이 논문은 아리스토텔레스의 입장을 따라서 정신과 신체의 교육을 지지했으며, 신체의 교육으로 이후의 기사 훈련에 포함된 승마, 고리 떼어오기 시합, 펜싱, 달리기, 도약, 레슬링, 수영, 즉 모든 종목의 육상 스포츠를 추천했다.[92] 귀족을 위한 교육 기관 설립 계획의 구체적인 특성은 젊은 귀족을 위한 훈련을 다룬 장에서 확인할 수 있다. 이러한 교육 기관의 필요성이 대두된 시대적인 배경은 다음과 같았다. 중세 후기 이후 대학교는 도시의 시민계층이 좋은 직업을 가지기 위한 발판이 되었다. 대학교 졸업 후에 이들은 교사, 법학자, 신학자, 의학자가 되었다. 반면, 귀족들은 타고난 신분 덕분에 각종 특권을 누리며 살았기 때문에 굳이 이러한 직업 교육을 받을 필요가 없었다. 예컨대 그들은 대학교에 가지 않아도 직업 군인이 될 수 있었다. 귀족들은 집에서 개인 교사들을 통해 훌륭한 교육을 받을 수 있었으므로 이들에게 대학교의 교육은 과도한 일이었다. 귀족들은 말 그대로 대학교를 "다니기만" 했을 뿐 졸업장을 받지 못하는 경우가 태반이었다. 그러나 16세기부터 공직 가운데 좋은 일자리는 점점 박사 학위 소지자들만이 맡기 시작했다. 신분이 높은 귀족들은 이러한 시대적인 변화에 거의 영향을 받지 않았다. 영주들은 대개 그랜드 투어(17세기 중반부터 19세기 초까지 유럽 상류층 자제들 사이에서 유행한 유럽 여행/옮긴이)를 시작하기 전에 각 지역의 대학교를 몇 학기 다니면서, 그 지역을 통치하고 있는 제후나 귀족 친구들을 사귀면서 이후 정치적인 관계를 위해서 인맥을 관리했다.

그랜드 투어에 드는 경비는 어마어마했다. 그래서 지방의 영주들은 과도한 지출을 막기 위해서 이탈리아 여행과 대학교 진학에 대한 대안으로서 기사 아카데미를 설립했던 것이다. 경제적으로 여유롭지 못한 귀족이라도 기사 아카데미에서는 양질의 교육을 받을 수 있었으며, 막대한 여행 경비를 지출하지 않으면서도 친구들을 사귈 수 있었다. 이러한 기사 아카데미는 1590년 스당을 시작으로, 1593년에는 소뮈르, 1594년에는 튀빙겐, 1596년에는 카셀, 1598년에는 파르마, 1611년에는 엑상프로방스, 1617년에는 지겐, 1623년에는 소뢰, 1630년에는 오랑주, 1636년에는 파리, 1653년에는 콜베르크, 1653년에는 브장송, 1656년에는 뤼네부르크, 1660년에는 앙제, 1671년에는 프랑크푸르트 안 데어 오데르, 1671년에는 브뤼셀, 1678년에는 투린, 1687년에는 볼펜뷔텔,[93] 1690년에는 코펜하겐, 1692년에는 빈[94]에 설립되었다. 이러한 기사 아카데미는 18세기 말까지 계속 설립되었다.

강의 과목은 귀족들의 요구에 맞췄다. 그리스어, 신학, 의학은 제외되었고, 법학도 약식으로만 가르쳤다. 이외에 역사와 새로운 언어(이탈리아어와 프랑스어)뿐만 아니라 군사학 및 요새 건축술에 관한 강의도 제공되었다. 대학 강의 과목에는 없었던 음악, 무용, 스포츠 과목이 일과의 대부분을 이루었다. 1596년 뷔르템베르크 지방 의회의 시민 국회의원들이 비판했듯이 스포츠 훈련이 기사 아카데미 수업의 대부분을 차지했다. 귀족들은 공부 대신에 구기 시합, 석궁 쏘기, 소총 쏘기, 승마, 팔로네, 펜싱, 기타 오락 활동을 하기 위해서 콜레기움 일루스트레(Collegium illustre)에 입학했다.[95] 이는 기사 아카데미의 건축 양식에도 직접적인 영향을 끼쳤다. 물론, 작은 도서관과 강당 외에 취침 공간과 식당도 있었으나 스포츠 시설에 비하면 대학교의 전통적인 시설이 차지하는 비중은 작았다. 기사 아카데미에는 구기 경기장, 펜싱 연습장, 무용 홀, 승마장과 마구간 이외에도 테니스 경기장, 팔라말리오 경기장, 레슬링 경기장 등이 필요했다.[96]

학부모와 학생들은 스포츠를 위해서 대학교를 선택하기도 했다. 그래서 기사 아카데미는 부유한 학생들을 유치하기 위해서 고가의 스포츠 시설을 조성했다. 그랜드 투어의 주요 경로에 위치하지 않은 학교가 특히 그러했다. 튀빙겐의 콜레기움 일루스트레의 총장은 부유한 학생들을 모집하기 위해서 구기 운동 경기장과 그외 시설들의 모습을 동판화로 제작하여 홍보 책자를 발행했다.[97] 1596년에 카셀에 설립된 콜레기움 모리티아눔(Collegium Mauritianum)에서는 승마, 장애물 경주, 무용, 펜싱, 구기 시합을 지도하는 5명의 체육 교사에게 4명의 교수와 4명의 어학 교사보다 더 많은 강의료를 지불했다.[98] 1623년 덴마크 소뢰에 설립된 기사 아카데미에는 말 조련사와 승마 교사, 펜싱 교사, 무용 교사, 체조 교사, 테니스와 팔로네 교사가 있었다.[99] 교사는 학부모에게 지출이 많은 이유를 입증하기 위해서 시간표를 작성해야 했다. 리히텐슈타인 왕가의 일기장에 쓰인 시간표를 통해서 기사 아카데미에서 학업보다 스포츠 훈련이 더 큰 비중을 차지했다는 사실을 확인할 수 있다. 1661년 파리의 기사 아카데미에는 매일 1시간씩 법학과 요새 건축 수업이 있었지만, 승마는 2시간, 고리 떼어오기 시합, 무용, 펜싱, 테니스, 류트(lute : 기타와 유사한 현악기) 연주는 각각 1시간씩 있었다. 1662년 로마의 기사 아카데미 수업 시간표도 이와 비슷했다. 13년 후에는 당구와 죄드폼까지 수업 과목으로 추가되었다.[100] 하노버 출신의 철학자이자 왕자의 가정교사였던 고트프리트 빌헬름 라이프니츠는 고대의 그리스 철학자들처럼 기사 아카데미에서 지식 교육보다 신체 교육이 훨씬 우선시된다고 비판했다.[101]

경기 규칙과 교재

근대화의 근본적인 과정 가운데 스포츠화가 중요한 이유는 다음과 같다. 16세기에 등장한 활판 인쇄술을 통해서 전 유럽에 경기의 규칙이 알려지게 되었다. 많은 종목들의 스포츠 교재가 최초로 발표되었고, 그중 일부는 다양한 언어로 번역되거나 혹은 지식인들의 공용어인 라틴어로 출판되었다. 그 결과, 새로운 스포츠 종목이 빠른 속도로 확산되었을 뿐만 아니라 경기 규칙이 표준화되었다. 이후 두 세기 동안 이러한 과정은 새로운 스포츠 교재와 종목의 발전을 가속시켰다. 15세기에는 이미 몇몇 스포츠 종목들에 대해서 문서화된 규정이 있었다. 활판 인쇄술을 통해서 유럽 전역으로 퍼지는 일은 근대의 전형적인 현상이다.[102] 특히, 16세기 이후 인쇄된 스포츠 안내서는 스포츠를 표준화시키고 유럽의 스포츠 문화를 발전시키는 데에 결정적으로 기여했다. 예를 들면, 테니스의 점수 집계 방식은 500년 전이나 지금이나 변함이 없다. 15점씩 득점하는 독특한 점수 집계 방식은 아마 중세 후기 프랑스 동전의 크기에서 유래한 것으로 보인다. 이 규칙은 테니스 라켓보다 더 오래 전에 발명되었을 것이다. 죄드폼이라는 이름을 통해서 알 수 있듯이 15세기 이전까지는 손바닥으로 공을 치는 방식의 게임을 즐겼기 때문이다.[103]

먼저 레슬링과 펜싱 등 격투 스포츠에 관한 안내서가 인쇄되었다. 무용과 마찬가지로 레슬링과 펜싱 교재는 중세 후기부터 작성되었다.[104]

펜싱 교재는 이후 수십 년간 베스트셀러였다. 펜싱 교재에는 스포츠 훈련, 기사도에 대한 환상, 군사 양성 교육에 관한 내용이 전부 포함되어 있었기 때문이었다.[105] 펜싱 교사 파비안 폰 아우어스발트의 『레슬링 기술(Ringerkunst)』에는 비텐베르크 궁정 화가인 루카스 크라나흐의 도식 작품이 수록되었다.[106] 물론 펜싱 사범 안토니오 만촐리노를 필두로 발표되기 시작한, 일반 무기 사용법에 관한 작품도 안내서와 같은 범주에 들어간다. 만촐리노가 교황 하드리아누스 6세의 제국 대사였던 루이 데 코르도바 공작에게 이 작품을 헌정했다는 것은 그가 그 궁정의 펜싱 사범이었다는 뜻으로 해석할 수 있다.[107]

얼마 후에 군사 전투와 전혀 관련이 없는 스포츠 종목에 관한 최초의 안내서가 발표되었다. 예컨대 잉골슈타트 대학교 교수인 니콜라우스 바인만의 『수영의 기술에 관한 대화(Dialog über die Kunst des Schwimmens)』는 체계적인 수영 훈련과 보조용품 사용을 통해서 익사를 예방하는 방법을 설명한다.[108] 16세기 중반에는 영국의 스포츠 안내서가 등장하기 시작했다. 에버라드 디그비의 『수영의 기술(Ars Natandi)』,[109] 로저 애스컴의 『궁술론』 등은 출간 즉시 여러 언어로 번역되었다.[110] 투우와 봉술에 관한 책은 스페인에서 발표되었다.[111]

말과 관련된 저서는 그전에도 많이 발표되었으나, 승마 교사인 페데리코 그리손의 저서가 마장 마술의 전통을 세운 최초의 책이었다. 그때까지 마장 마술은 전투와 무용의 중간쯤에 위치했으나, 그리손의 저서는 마장 마술을 따로 구분하여 스페인의 부왕령인 나폴레에 그 전통이 있다고 보았다. 그는 『마술의 법칙(Ordini di Cavalcare)』에서 말의 고삐를 바짝 매고 거칠게 조련할 것을 권했다.[112] 이 책은 재판이 계속 발행되며 영어, 스페인어, 독일어,[113] 프랑스어로 번역 출간되었고, 프랑스어판은 10쇄를 찍었다. 반면, 루이 13세의 승마 교사인 앙투안 드 플뤼비넬은 정반대의 방식을 도입했다. 그는 말을 부드럽게 다루며 어떤 종류의 폭

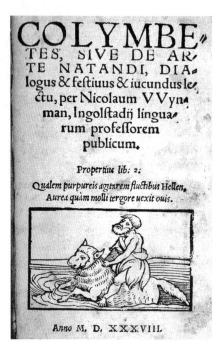

"수영법"을 다룬 최초의 논문(『수영의 기술』)의 표지. 잉골슈타트의 교수 니콜라우스 바인만 지음, 1538년.

력도 피할 것을 권했다. 플뤼비넬은 말 다루기, 조련, 보행법, 뛰어오르기를 가르쳤다. 이외에도 그는 고리 떼어오기 시합이나 과녁 찌르기 시합과 같은 경기법도 소개했다.[114]

안토니오 스카이노의 『구기 종목에 관한 논문(*Trattato del Giuoco della Palla*)』은 완전히 새로운 지평을 열었다. 이 책은 열정적인 구기 스포츠 선수, 알폰소 2세 데스테 공작에게 헌정되었다.[115] 스카이노는 이 책에서 칼초, 팔라코르다, 팔라말리오, 팔 보호대를 하고 단단하고 큰 공(팔로네)을 상대편 코트로 보내는 경기인 팔로네 등 모든 구기 스포츠의 장비와 경기장, 경기 규칙을 소개했다.[116] 프랑스에서는 1579년부터 죄드폼 규정집이 발간되었다. 16세기 초 그물을 엮어 만든 라켓이 발명되기 전까지 죄드폼은 손바닥으로 작은 공을 치는 경기였다. 밀라노, 프랑스, 부르고뉴령 네덜란드 중에 어디에서 먼저 죄드폼을 먼저 시작했는지 확실히 밝혀진 바는 없다. 다만 15세기 중반에 네덜란드와 라인란트에 이미 널리 퍼져 있던 것만큼은 확실하다.[117] 그러나 죄드폼은 프랑스 궁정에서 가장 많이 즐겼던 스포츠였고, 프랑스의 앙리 3세 통치기에 프랑스인들은 죄드폼을 프랑스 왕족의 놀이로 여겼다.[118] 16세기 말 테니스 챔피언이 테니스 경기에 관한 글을 최초로 썼으며, 앙리 4세에게 헌정될 테니스 경기 규칙집이 확정되었다.[119]

곡예 훈련에 관한 책은 르네상스의 행동 교서에는 수록이 거부되었지만 주목할 필요가 있다. 곡예술과 마루운동에 관한 투카로의 기초 이론서에서는 공중제비와 마상 곡예와 같은 기초 훈련뿐만 아니라 이를 실전에 적용하는 법을 소개했다는 점에서 특별한 의미가 있다.[120] 투카로와 조콘도 발루다와 같은 이탈리아 사람은 카스틸리오네의 『궁정론』을 바탕으로, 목마 위에서의 체조가 기품, 아름다움, 경쾌함, 안정성, 정확성, 완벽성과 같은 특징을 가지고 있다는 자신들의 관점을 정착시키기 위해서 노력했다.[121] 그러나 마상 곡예의 군사적 유용성을 강조하는 것이 사람들로부터 더 큰 신뢰를 얻을 수 있는 방법이었다.[122]

한편, 무용 스포츠에 관한 전문 문헌 역시 발표되기 시작했다. 15세기 이후 무용 스포츠는 구기 스포츠와 밀접한 관계에 있었는데, 옛 도시의 무용 홀에서 더는 큰 행사를 열 수 없고 연극 공연과 마찬가지로 규모가 더 큰 구기 경기장에서 개최되기 시작했기 때문이다.[123] 이탈리아에서는 무용 행사를 발로(ballo : '춤추다'라는 뜻의 발라레[ballare]에서 유래/옮긴이)라고 했으며 직업 무용가들의 기품 있는 공연은 발레토(balletto)라고 했다. 이러한 무용 예술은 16세기 이탈리아 궁정에서 탄생했으며, 이곳에서 리날도 코르소의 『발로에 관한 담론(*Dialogo del Ballo*)』을 시작으로 최초의 안내서가 발표되었다.[124] 이어 무용 챔피언 파브리티오 카로소의 『발라리노(*Ballarino*)』가 발표되었다. 이 책에서는 처음으로 안무가 도식으로 묘사되었다.[125] 이탈리아는 이후 수십 년간 무용의 발전에

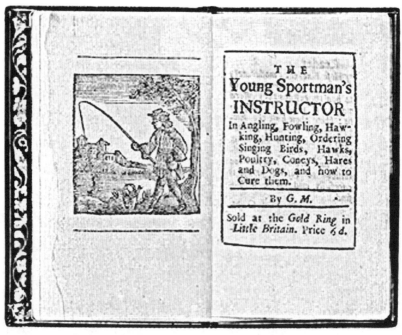

저베이스 마컴, 『젊은 스포츠인을 위한 가르침』, 1615년경, 영국 런던.

중요한 역할을 했다.[126] 카테리나 데 메디치를 통해서 무용 스포츠가 프랑스로 전파되었고, 1580년대에는 프랑스 궁정에서 최초의 발레 공연이 있었다.[127] 1580년대 말, 제앙 타부로는 토아노 아르보라는 예명으로 프랑스 최초의 무용 교재를 발표했다.[128]

스포츠에 대한 기술(記述)과 안내서는 근대 스포츠 발전의 밑거름이 되었다. 지역을 초월한 대학교와 기사 아카데미 입학, 그랜드 투어와 함께 시작된 관광(특히 근대 초기에는 이탈리아로의 관광, 이후에는 프랑스와 영국 등 스포츠 중심지로의 관광), 유럽 공통의 궁정 문화 등도 근대 스포츠의 탄생에 기여했다. 17세기와 18세기에는 스포츠 안내서의 출판량이 몇 배로 증가했다. 처음으로 농촌 지역의 스포츠가 광범위한 기술의 대상이 되기도 했다. 예컨대 스포츠 전문가인 저베이스 마컴은 승마술, 말 조련, 신사(모든 스포츠 종목에 통달할 수 있는 사람) 교육에 관한 글들을 집필했다. 그뿐만 아니라 『젊은 스포츠인을 위한 가르침(*Instruction for the Young Sportsman*)』과 궁술에 관한 저서도 발표했다.[129]

18세기 말에는 스케이팅과 같은 서민 스포츠를 단독으로 다룬 글도 발표되었다.[130] 아울러 귀족 스포츠에 관한 지식이 요약되어 있고, 특히 기사 아카데미 생도들을 대상으로 한 모음집[131]뿐만 아니라, 일반 대중을 위한 신체 활동의 문화와 역사에 관한 사전류의 책들도 발표되었다.[132] 또한 계몽주의 사상을 바탕으로 한 개혁주의 교육학에서는 체육을 학교 교육에 도입할 것을 요구했다.[133] 근대 초기가 끝나갈 무렵에는 순수하게 역사적인 관점에서 스포츠를 다룬 글들이 등장했다. 1792년에 발행된 「스포팅 매거진(*Sporting Magazine*)」과 더불어, 이러한 작품에는 향후 세대를 위해서 근대 초기 스포츠에 관한 각종 지식이 집대성되어 있었다. 이는 시대적인 변화가 일어나고 있다는 확실한 징후였다.[134]

근대 초기의 여성 스포츠

16세기 의사들은 스포츠가 여성에게 위험한지에 관한 질문을 다루기 시작했다. 메르쿠리알리스는 체액 균형을 맞추기 위해서 여성에게도 운동이 필요하다고 보았다. 당시 널리 알려져 있던 사체액설에서는 여성이 "습한 체질"이기 때문에 운동을 통해서 몸에 열을 발생시켜 몸의 습기를 제거해야 몸에 좋다고 했다. 그의 삽화본에는 피로 리고리오가 제작한 목판화 작품이 수록되어 있는데, 여성 세 명이 곡예 훈련을 하는 모습을 보여준다. 무용 예술에 관한 특별판 작품에서 파브리티오 카로소는 여성을 위한 특별 규정을 제안하기도 했다.[135] 그러나 대부분은 경고를 하는 내용이었다. 피사 대학교 교수였던 포르투갈 출신의 로드리고 다 폰세카는 승마가 여성에게 위험하다고 경고했는데, 당시 프랑스, 독일, 영국과 달리 이탈리아에서는 승마가 보편적이지도 않았다.[136] 의사들은 수녀를 포함하여 여성에게 산책이 적절한 운동이라는 주장에는 동의했다. 신분이 높은 여성들의 서신을 통해서 실제로 이들이 산책을 했다는 사실을 확인할 수 있다. 특히, 부유층 여성들은 자신의 대저택 정원에서 방해받지 않고 움직일 수 있었으므로 산책이 적합한 운동이었다. 산책 이외에 여성들이 집에서 할 수 있는 운동의 종류는 제한되어 있었다.[137]

그러나 의사들의 권유와는 반대로 조신하지 않게 행동하는 여성들이 있었다. 고대와 중세와 마찬가지로, 전통적인 성 역할에 반대하며 남성의 영역이었던 스포츠 활동을 즐기는 여성은 언제나 있었다. 잘 알려져 있듯이 네덜란드에는 오래 전부터 여성 테니스 선수들이 있었다. 영국의 여행 작가 로버트 달링턴은 블루아의 여성 테니스 선수들에 관해서 이야기했고,[138] 안토니오 스카이노는 우디네의 여성들이 일상적으로 구기 스포츠를 즐겼으며 페라라에 뛰어난 여성 테니스 선수가 과거에 있었다고 썼다.[139] 몇몇 스포츠 종목은 몸이 약하거나 나이가 많은 신사들에게 더 적합하다고 여겨졌다. 1610년 과리노니우스는 "많은 귀족 여성들이 함께 모여" 팔라말리오 경기를 했다고 기록했다. "배드민턴(페더볼)"은 여성들에게 특히 인기가 많았던 스포츠였다.[140]

베네치아 사람들의 의복에 관한 기본 이론서[141]의 저자 자코모 프랑코의 동판화에는 카날 그랑데에서 열렸던 대규모 레가타 중에 여성들만이 출전했던 시합의 장면이 묘사되어 있다. 여성들의 경기 구간은 남성들의 구간과 같았지만 거리는 짧았다. 1493년, 2명의 유명한 귀부인, 페라라의 공녀 엘레오노라 다라곤과 그녀의 딸이자 밀라노의 공작 루도비코 스포르차의 아내인 베아트리체 데스테가 방문한 기념으로 최초로 여성들의 레가타(Regata delle Donne)가 열렸다. 당시에는 무라노, 부라노, 말라모코 출신 여성 48명이 12척의 보트를 타고 시합을 했다. 몇 년 후에 보헤미아와 헝가리의 여왕 안 드 푸아가 베네치아를 방문한 기념으로 여성들의 힘을 보여주기 위해서 레가타가 다시 열렸다. 1529년 밀라노의 공작 프란체스코 2세 스포르차를 위해서 여성들의 레가타가 또다시 열린 것으로 보아, 여성들의 레가타가 인상적이었던 듯하다. 여성들의 레가타는 대규모 레가타의 부수 행사로서 점점 더 자주 열렸다. 1670년에는 최초로 우승자 목록에 여성이 포함되었다. 다양한 등급의 배(곤돌라, 피솔레라, 바텔라)를 타고 진행되는 1인, 2인, 4인 경기 외에 여성 경기가 개최되었다. 1위는 부라노 출신의 루치아 비달리, 2위는 카바제레 출신의 카티나 손치나, 3위는 메스트레 출신의 산타 바르카라가 차지했다. 여성의 보트 경주는 18세기 말까지 행사에 계속 포함되었고, 계몽주의 시대 말에 사라졌다. 역사적인 의미가 있는 레가타는 시대 변화를 초월하여 명맥이 유지되었던 반면, 여성들의 레가타는 1977년에야 레가타의 세부 종목으로서 부활했다. 근대 초기와 마찬가지로 여성들은 마스카레테 등급의 배를 타고 경기를 했다. 마스카레테는 쉽게 조작 가능한 고기잡이용 배로, 노의 수에 따라서 길이가 다양하며 해안을 이동하는 데에도 사용되었다. 마스카레테라는 명칭은 가면을 쓴 여성들이 탔다고 하여 붙여졌는데, 가면을 쓴 여성들은 대개 창녀였다.[142]

드디어 여성들이 정기적으로 참가하는 스포츠 분야가 마련되었다. 신분이 높은 귀족 여성은 승마와 사냥, 활쏘기, 총쏘기 등을 했다. 영국의 엘리자베스 1세는 열정적인 말 애호가인 데다가 말을 잘 탔고, 활쏘기와 사냥을 즐겼던 것으로 보아 그의 아버지와 어머니 앤 불린의 피를 물려받은 것이 확실했다. 아버지 헨리 8세처럼 엘리자베스 1세는 여름마다 왕족들의 휴양지 및 사냥 별장, 드넓은 사냥터가 있는 다양한 지방을 순회했다. 그녀는 마상 시합과 고리 떼어오기 시합도 즐겼으며, 오랜 기간 그녀의 여정에 동행했던 레스터의 백작 로버트 더들리는 그녀가 여왕으로 취임한 직후에 말의 장관(Master of the Horse)으로 임명되었다. 말의 장관은 궁정의 모든 축제와 스포츠 행사를 관장하는 직책이었다. 더들리 역시 뛰어난 실력을 갖춘 기수, 궁수, 마상 시합 선수, 테니스 선수, 사냥꾼, 낚시꾼이었다. 1585년 세력이 강해진 청교도들이 일요일에 스포츠 활동을 금지하려고 하자, 엘리자베스 1세가 이를 막으려고 했던 것도 당연한 일이다.[143] 청교도인들과 개신교파들이 다양한 종목의 스포츠 활동을 금지했던 코먼웰스 시대에도 뛰어난 운동 실력으로 찬사를 받았던 여성들이 있었다. 심지어 군인으로 복무하면서 남성들처럼 총을 쏘고, 북을 치고, 도약, 달리기, 레슬링, 심지어 권투, 축구까지 할 줄 알아서 동료 군사들 사이에서 실력자로 인정받았다는 여성도 있었다.[144]

적어도 몇몇 유럽 국가에서는 일상생활 영역에서 기혼 여성들이 남편과 함께 스포츠를 즐길 기회가 분명히 있었다. 새뮤얼 피프스는 1661년 5월 1일 일기에 이렇게 썼다. "아침 일찍 일어나 피터스필드에서 잠시 쉬었다. 왕이 영국에 도착했을 때에 기거했다는 방을 구경했다. 우리는 기분이 좋았고 아내들과 함께 볼링을 즐겼다."[145] 이러한 생활 습관은 시민계층은 물론이고 귀족계층 사이에도 널리 퍼졌다. 얼마 후에 화이트홀의 해군 비서관이 "볼링 시합용 녹지에서 남성과 여성이 자주 게임을 한다"고 보고했다.[146] 당시에는 볼링 시합용 녹지가 다양했는데 소풍 장소로 인기가 많았고, 이곳에서 사람들은 각종 스포츠를 즐겼다. 예를 들면 1667년 4월, 피프스는 아내, 여자 친구, 가정부 두 명과 함께 자메이카 하우스로 소풍을 갔다. "자메이카 하우스는 아직 내가 가본 적이 없는 곳이었다. 소녀들은 볼링 시합용 녹지에서 게임을 했고, 우리 모두 즐거운 시간을 보냈다."[147]

인기가 많은 스포츠 종목으로 달리기 경주가 있었다. 근대 초기에 여성들은 달리기 경주에서 중요한 역할을 했다. 이탈리아와 독일의 많은 도시들에서는 축제 기간에 달리기 경주를 열었고, 이러한 달리기 경주에서 미혼의 여성들은 자신의 힘과 끈기를 입증할 수 있었다. 달리기 경주는 상금이 걸린 행사였을 뿐만 아니라 결혼 시장으로서 좋은 짝을 만나는 기회를 제공하기도 했다. 어쨌든 스포츠 행사였던 것은 확실하다. 18세기에 여성의 달리기 시합에 기록에 대한 집착 현상이 나타난 것도 놀랄

Fille de petit bourgeois d'Amfiredâ, glifant
avec des patins
jong Amfterdamfche dochter op fchaatfen loopende
J.B.Picahs. fel. et excc

베르나르트 피카르트, "스케이트를 타는 젊은 네덜란드 여성". 1695-1730년경.

일은 아니다. 남자 선수들과 마찬가지로 여자 선수들의 경기 결과도 기록되었다. "1765년 7월 한 젊은 여성이 스코틀랜드의 블렌코고에서 뉴캐슬까지 하루에 3.2킬로미터씩을 걸어왔다. 이것은 총 115.8킬로미터에 해당하는 거리이다."[148] 계몽주의 시대에는 연시의 볼거리와 스포츠의 경계가 항상 뚜렷하게 구분되었던 것은 아니었으나, 여성들의 스포츠 참여 기회가 대체적으로 증가했다. 예를 들면 18세기 초 엘리자베스 스토크스는 권투로 런던의 시티 챔피언을 차지했다. 이후 몇 년간 런던에 여성 레슬링 선수와 권투 선수가 등장했다는 소식이 정기적으로 들려왔다. 1725년 11월 신문에는 "용감하고 맹렬한 여성 챔피언 스토크스 부인"과 "그녀를 단숨에 해치울 만큼 강인한 아일랜드의 여걸" 간의 펜싱 챔피언십에 관한 기사가 실렸다. 세자르 드 소쉬르나 아베 프레보 등 프랑스인 방문객들은 두 선수가 모든 수단과 방법을 동원하여 경쟁했으며 이 행사는 신문에 광고까지 났다고 기록했다. 프랑스의 한 런던 여행 가이드북은 1729년 "대담한 아마존 여전사들"의 시합을 명확히 강조했다.[149]

제4장

스포츠의 발명

신의 영역을 침범하는 것을 두려워하지 않는다면,
우리가 대중에게 제공할 기사에서 윤리적인 측면을
더욱 타당하게 다룰 수 있을 것이다.
우리는 윤리주의자가 아닌 스포츠인으로서
우리 분야의 경계를 벗어나지 않을 것이다.
—「스포팅 매거진」 후기, 1792년

명성의 대상으로서의 스포츠

제식의 의미가 사라진 스포츠

고대 후기의 교부 테르툴리아누스처럼 열성적인 기독교인들은 고대의
스포츠 제전이 이교도 신의 숭배와 밀접하게(혹은 겉으로만이라도) 관련
이 있다며 비판했다. 실제로 그리스의 스타디움과 로마의 암피테아터에
는 신상(神像)이 많았고, 대규모 스포츠 제전은 특정 신을 숭배하기 위한
축일에 열렸다. 앨런 거트만과 같은 사회학자들은 전근대 스포츠의 특징
으로 종교 의식과 계속해서 관련을 맺었다는 점을 든다. 이교도 신의 자
리를 기독교의 "우상들"(개신교도들은 성인이라고 불렀다)이 대체했다는
것이다. 스포츠 행사는 대개 성인의 축일, 종종 도시 수호성인의 날이나
교회력의 특정 축제 일정과 관련이 있었다. 예컨대 사육제는 종교 의식
이 변화한 행사였다.

그러나 기독교 의식과 상관없이 스포츠만을 목적으로 열리는 스포츠
행사가 점점 많아졌다. 이른바 야외 스포츠가 이러한 경우에 해당한다.

야외 스포츠 행사는 순수하게 재미를 추구했고, 경기 참가자와 관람객 수가 많았기 때문에 야외에서 열렸다. 1569년 북잉글랜드의 귀족들이 영국의 여왕 엘리자베스 1세에게 저항하는 폭동 음모를 꾸몄을 때, 그들은 이 계획을 스포츠 행사로 둔갑시켰다. 북잉글랜드의 귀족들은 지방 권력에 왕권이 개입하려는 것을 저지하려고 했으며, 이 지역에는 여전히 가톨릭 지지자들이 많았기 때문에 과거의 (가톨릭) 신앙을 복원하려고 했다. 모임의 정치적인 성격이 들통날 수도 있었기 때문에 이 계획을 성인의 축일과 연계하는 것은 비생산적인 일이었다. 이러한 대규모 집회는 지방의 젠트리(영국에서 자영농과 귀족 사이에 존재했던 중산 계급의 상층부/옮긴이)들에게 폭동에 대한 확신을 심어주었다. 폭동의 목표는 지방의 왕실 관리들을 암살하고, 가톨릭 신자인 스코틀랜드의 여왕 메리 스튜어트를 감금 상태에서 석방하여 영국의 여왕으로 추대하는 것이었다. 폭동에 필요한 자금은 피렌체의 은행가가 지원했고 프랑스의 국왕이 폭동을 정치적으로 지원했다. 이 시기에는 가톨릭 교회는 물론이고 개신교 교회에서도 스포츠 행사가 근본적으로 종교와 분리되었기 때문에, 종교 의식과 관련이 없는 대규모 스포츠 행사를 개최하겠다는 명분은 그럴듯해 보였다.[1]

여왕의 해군인 프랜시스 드레이크 경은 부사령관으로서 스포츠를 이용하여 1588년 스페인의 공격으로부터 영국을 방어하는 데에 도움을 주었다고 한다. 이는 당대 사람들이 믿은 전설이었지만, 어쨌든 스포츠 자체만으로도 훌륭한 행사가 될 수 있음을 보여주는 좋은 사례이다. 스페인의 무적함대는 당시 가장 크고 유명한 함대였다. 7월 19일 스페인의 전투함대가 영국의 해안에 나타났을 때, 드레이크는 역습을 개시하기 전에 먼저 플리머스 호에서 '불(boules)' 게임을 마무리할 것을 명령했다고 한다.[2]

이 증거는 다수의 일기에서 찾을 수 있다. 일기는 당시 매일 작성되었으며 후세에 미화되거나 삭제되지도 않았다. 예를 들면 1660년 8월 10

일 개신교도였던 새뮤얼 피프스의 일기에는 달리기 경주에 관한 내용이 있다. "무어 씨, 크리드 씨와 마차를 타고 달리기 경주가 열리는 하이드 파크에 갔다. 전에 클레이폴 경의 하인이었던 크로라는 아일랜드 남자는 세 바퀴를 뛰었다. 훌륭한 경기였다. ……크로는 다른 선수들보다 3.2킬로미터 이상 앞섰다."[3] 3년 후 런던에서 한 번 더 시합이 열렸다. "온 도시가 뱀스테드에서 열린 달리기 경주 이야기를 했다. 리치몬드 공작의 하인인 리와 달리기로 유명한 벽돌공 간의 대규모 달리기 시합이었다. 이 시합에서 리가 승리했는데, 왕과 요크의 공작, 대부분의 다른 사람들은 내기에서 3 대 1 혹은 4 대 1로 벽돌공에게 걸었다."[4] 여기에서 중요한 사실은 귀족 저택의 실내 구기 경기장, 아카데미, 도시 등에서 상시적으로 열리던 일상 스포츠가 이제 종교와는 전혀 관련이 없어졌다는 점이다. 런던의 테니스 경기에 관한 피프스의 일기를 보자. "궁전을 거닐고 있을 때에 국왕이 테니스를 치고 있다는 말을 들었다. 그래서 나는 새로 지은 테니스 코트로 갔다. 국왕과 아서 슬링스비 경 대 서퍽 경과 체스터필드 경이 테니스 시합을 하고 있었다. 왕은 3세트는 이기고, 2세트는 패했다. 그들 모두 실력이 좋았으며, 특히 왕의 테니스 실력은 매우 뛰어났다."[5]

새로운 스포츠로 부상한 테니스

구기 스포츠의 부상은 스포츠의 발달 정도를 판단하는 지표로서 볼 수 있다. 프랑스어의 죄드폼이라는 단어는 줄을 팽팽하게 매어놓은 경기 도구인 라켓을 사용하기 시작한 이후에도 사용되었다. 영국에서는 이 운동 경기를 무엇인가를 하라고 촉구하는 프랑스어 표현인 트네(tenez)에서 따와 테니스(tennis)라고 했다. 죄드폼 시합은 15세기에 이미 실내에서 열렸고, 당시에는 아직 네트가 없었다. 1450년 무렵부터는 브뤼허, 겐트 지역, 그리고 영주들의 저택에 야외 경기장이 설치되었다. 후에 신성 로마

테니스 라켓과 작은 테니스 공을 들고 있
는 어린 귀족. 크레모나 출신의 소포니스
바 앙귀솔라의 유화.

제국의 황제가 되는 막시밀리안 1세는 부르고뉴의 공작이던 1490년대에
테니스를 즐겼는데, 당시의 테니스 경기장은 (네트 대신) 줄로 나뉘어 있
었다. 스페인의 국왕 펠리페 1세는 1505년 도싯 후작과의 경기에서 테니
스 라켓의 초기 형태인 가격(加擊) 도구를 사용했고, 펠리페 1세의 통치
기에 헤이그에는 알프스 산맥의 북쪽으로 초기의 구기 경기장 가운데
하나가 설립되었다. 나중에 카를 5세 황제가 된 그의 아들 역시 젊은 시
절 열정적인 테니스 선수였다. 1530년 페데리코 2세 곤차가 후작이 만토
바의 공작으로 임명되었을 때에는 새로 건립된 건물 팔라초 델 테에서
테니스 시합이 열렸다.[6]

14세기에 이미 파리는 테니스의 수도였다. 현재 복원 가능한 테니스
코트의 대다수는 15세기와 16세기에 건축된 것이다. 기록 등으로 역사
를 증명할 수 있는 테니스 코트의 대부분은 개인이 자발적으로 건설한

것이다. 파리 면적의 대부분을 차지하는 센 강의 오른쪽에는 누구나 이용할 수 있는 테니스 코트가 약 70개에 달했다. 테니스 코트들은 두 왕가의 저택 주변과 수공업 구역인 레 알 주변, 그리고 성당 옆에 밀집되어 있었다. 마르고라는 젊은 여성은 파리에서 테니스를 가장 잘 쳤다고 한다. 센 강 왼쪽의 테니스 코트 50여 곳이 복원되었는데, 대부분(36곳)이 생제르맹 지구에 몰려 있다. 1553년에 제작된 파리 지도 "플랭 드 발(Plan de Bale)"을 보면, 르프레 드 클레르에 위치한 생제르맹 지구 부분에는 심지어 테니스 선수들의 이름이 적혀 있다. 파리의 테니스 코트는 중세 후기 이후로는 도시의 여가 문화에서 절대적인 요소였다. 독일의 도시들처럼 파리에서도 도시 사수들의 훈련 장소였던 사격장은 군사 방어 훈련을 위한 공적인 장소였다. 반면, 구기 경기장은 순전히 개인이 여가 시간을 즐기기 위한 장소였다.[7]

팔로네, 칼초, 팔라말리오의 경쟁

작은 공 외에도 큰 공으로 하는 구기 스포츠가 있었다. 팔로네는 16세기의 오랜 기간 동안 독일과 이탈리아의 일부 지역에서 가장 인기가 많았던 구기 스포츠였다. 스위스의 판화가 마테우스 메리안은 파리 체류 시절 공기 펌프로 공에 바람을 넣는 장면과 주먹 및 아래팔을 보호하기 위한 장치인 브라치알레를 착용하고 공을 치는 장면을 판화로 묘사했다. 고리 빼기 시합과 마찬가지로 팔로네 경기에서는 힘보다 민첩성이 더 중요했다. 팔로네라는 이름만 보아도 이 경기가 르네상스 시대 이탈리아에서 유래했다는 사실을 알 수 있다. 16세기 이후 전 유럽으로 전파된 팔로네는 300년 이상 동안 수없이 많은 그림과 글에 등장했다. 팔로네와 관련된 자료를 찾으려고만 하면 어디에서든 쉽게 발견할 수 있을 것이다. 예를 들면 요한 볼프강 폰 괴테의 『이탈리아 기행(Italienische Reise)』에는 그가 1786년 9월 16일 베로나에서 5,000명의 관중이 팔로네 경기

에 소리를 지르고 열광하는 모습을 보았다는 구절이 있다.[8]

안토니오 스카이노도 팔로네 경기장에서 열광의 도가니에 빠진 남녀 관중들의 무리를 묘사한 적이 있다.[9] 팔로네 경기에서 양 팀은 공이 경기장의 바닥에 닿지 못하도록 막아야 했다. 이탈리아의 이 경기는 현대의 배구와 흡사하다. 배구처럼 팔로네도 점수를 매겼다. 이 경기에서는 먼저 40점을 얻은 팀이 그 이후로 2점을 더 앞서면 이긴 것으로 간주했다.[10] 그러나 경기 규칙은 다양했다. 현대의 스쿼시처럼 벽에 공을 맞히고 되받아치는 경기도 있었다. 티롤의 궁정 의사 히폴리투스 과리노니우스가 일곱 가지 구기 종목을 설명한 것을 보면, 이탈리아와 달리 독일에서는 발도 사용했던 것으로 추측된다.[11] 이러한 이유로 독일에서는 다른 유형의 스포츠인 축구가 인기가 없었을 것이다. 반면, 다른 나라에는 팔로네에 더해서 축구 경기가 있었다. 예를 들면 이탈리아에는 **칼초**(calcio),[12] 프랑스에는 **술**(soule), 영국에는 **풋볼**(football)이 있었다. 노이부르크의 공작 볼프강 빌헬름은 초기의 축구 선수였지도 모른다. 아마 그는 독일 최초의 선수라고 할 수 있을 것이다. 가톨릭으로 개종한 노이부르크의 궁정백뿐만 아니라, 팔츠 선제후국 하이델베르크의 칼뱅파 사람들과 츠바이브뤼켄의 루터파 사람들까지 모두 열정적인 팔로네 선수들이었을지도 모른다. 팔츠 선제후국과 그 이웃 지방이 독일 축구의 발상지였을까?[13] 스웨덴의 국왕 구스타브 아돌프도 팔로네의 열렬한 팬이었다. 그에 대해서 독일의 개신교 지지자들은 이렇게 표현했다. "북쪽의 위대한 영웅, 스웨덴의 왕 구스타브 아돌프는 큰 공으로 하는 경기를 매우 즐겼고 경기장을 종횡무진하며 휩쓸고 다녔다."[14]

제노바 등 다른 이탈리아 도시와 마찬가지로, 15-16세기의 피렌체에서 칼초는 도시와 구역 전체가 겨루는 거친 경기였다. 이탈리아의 작가 트라야노 보칼리니는 1612년 자신의 저서 『파르나소스 소식지(*Ragguali di Parnasso*)』에서, 칼초의 난폭성을 보면 피렌체 축구가 로마 공화국 시대에 기원을 두고 있음을 알 수 있다고 썼다. 이 소식지에 등장하는 파르나소스 출신의 판관들은 칼초가 경기라기에는 지나치게 거칠고 싸움이라기에는 지나치게 흥미롭다고 여겼다. "그럼에도 거장들은 모두 칼초에 매력을 느꼈다. 이들은 달릴 때의 속도, 도약할 때의 민첩함, 피렌체 젊은이들의 힘을 찬양했다. 어떤 이들은 젊은이들의 달리기, 도약, 전투 능력을 훈련할 수 있으므로, 칼초를 뛰어난 발명품이라고 여겼다. 많은 사람들은 한때 최고의 명성을 누렸던 공화국이 어떤 다른 목적 없이 축구를 도입했다고 확신했다."[15]

영어의 풋볼에서 처음에는 작은 도시로 통하는 문이 골이었고, 이 문은 시합이 열리는 날에는 골문으로 사용되었다. 경기 시간이나 참가자 수에 대한 별도의 규정은 없었다. 날이 밝을 동안에는 경기가 계속 진행되었다. 경기가 두 도시 간의 싸움으로 번지고 사망 사건이 발생하는 경우도 적지 않았다.

테니스, 축구 외에 세 번째로 중요한 구기 스포츠는 팔라말리오였다. 팔라말리오는 망치(이탈리아어로 말리오[maglio])를 사용하는 타구 경기였다. 팔라말리오는 스페인의 부왕령 나폴리에서 개발된 경기로, 골프와 크로케의 초기 형태이다. 팔라말리오 시합에는 길고 평평한 직사각형 경기장이 필요했고, 경기장 끝에는 철로 된 작은 골대가 설치되어 있었다. 이 경기의 목표는 공을 최대한 적게 쳐서 골대에 공을 넣는 것이었다.[16]

메디치 가문의 상징, 축구

코시모 1세 데 메디치는 근대 초기의 통치자들 중에서 스포츠와 가장 깊은 관련을 맺은 인물일 것이다. 그가 집권했던 시기에 메디치 가문은 유럽의 명문가로 승승장구했다. 코시모 1세는 1539년 나폴리 부왕의 딸 엘레오노라 알바레스 데 톨레도와 결혼했고, 1569년 교황 비오 4세에 의해서 "토스카나 대공"으로 추대되었다. 당시 통치자는 후원을 통해서 자신의 권력을 입증해야 했다. 이와 관련하여 최근까지도 예술사가와 문학사가는 순수 예술과 문학만을, 건축사가는 도시 계획과 건축 정책만을 연구해왔다. 그러나 스포츠 정책을 중요시했던 왕가도 있었다. 대표적인 예가 메디치 가문, 특히 코시모 1세이다. 코시모 1세는 열정적인 구기 스포츠 선수였다. 1545년 로마의 사신 조반니 프란체스코 로티니에 따르면, 그는 매일 아침 일어나자마자 테니스를 쳤다고 한다. 그는 테니스 코트가 설치된 포조 아 카이아노의 별장에 머무를 때면 매일 저녁 테니스 코트에 한 번 더 들렀다고 한다.[17] 인문주의 교육을 받은 코시모 1세는 "빵과 키르쿠스"가 안정적인 통치에 중요하다는 것을 잘 알고 있었다. 그러나 과거 이탈리아의 영광을 기념하며 간혹 검투 경기, 전차 경주, 베나티오네스가 열리기는 했음에도, 이러한 경기들의 시대는 이미 지난 지 오래였다. 대신, 피렌체 사람들은 도시 골목에서의 시합, 칼초를 즐겼다. 코시모 1세는 칼초를 피렌체의 국민 스포츠로 승격시켜서 가문의 문장(紋章)인 "팔레"와 연계시켰다. 메디치 가문의 문장에는 메디치(Medici = 의사)라는 성(姓)을 암시하는 알약이 그려져 있었는데, 피렌체 사람들과 메디치 가문이 스포츠에 열광했기 때문에 알약이 공으로 재해석된 것이다. 시민 폭동이 터졌을 때에 메디치 가문 지지자들의 구호는 '팔레, 팔레'였다. 축구는 메디치 가문의 상징이 되었다.

코시모 1세의 전임자였던 알레산드로 데 메디치도 축구 선수로서 여러 차례 경기에 출전했다. 코시모 1세의 통치 아래 칼초가 인기 스포츠로 급부상하면서, 산타 크로체 광장이나 산타 마리아 교회 앞 광장에서 정기적으로 대규모 경기가 개최되었다. 1558년 7월 2일 대규모의 칼초 시합이 열렸고, 이 칼초 시합 장면은 코시모 1세의 의뢰로 네덜란드의 화가 얀 판 데어 스트라엣이 프레스코화로 제작하여 대공의 궁전(베키오 궁전)의 대형 홀에 영원히 남겨졌다. 국가 방문, 결혼식, 사육제, 산 조반

얀 판 데어 스트라엣(또는 조반니 스트라다노), 산타 마리아 노벨라 광장에서 열린 칼초, 베키오 궁전 구알드라다의 방에 있는 프레스코화, 1558년, 이탈리아 피렌체.

니 축일, 코시모 1세의 대공 승격일 등 특별한 행사가 있는 날이면 항상 대규모 칼초 시합이 열렸다. 1570년 2월 피렌체의 칼초는 심지어 로마의 디오클레티아누스 욕장에서 열렸다. 고대 로마의 황제들은 욕장에서 구기 시합을 즐겼기 때문에, 이 경기 개최에는 메디치 가문의 권력을 보여주려는 상징적인 의미도 있었다.

궁정 축제를 책임지던 조반니 데 바르디는 코시모의 아들 프란체스코 1세 데 메디치에게 피렌체의 칼초에 관한 글을 올렸다. 이 글에서 그는 대공의 역할을 칭송했다. "대공께서는 (예전에) 칼초에 대한 열정으로, 옷을 벗어던지고 경기장 한복판의 선수들 사이에서 경기를 하며 땀을 흘리고, 소리 지르고, 돌진하고, 승리를 거두셨습니다. 그래서 피렌체의 모든 젊은이들은, 대공께서 토스카나를 통치하느라 공사다망하여 두 번다시 이러한 경기가 열릴 수 없을 경우, 대공의 밝은 눈빛을 격무로부터 잠시나마 다른 것(즉, 칼초)으로 관심을 돌려주시기를 한목소리로 요구했습니다. 대공께서는 피렌체뿐만 아니라 당신의 발자취를 따르는 다른 도시들을 움직일 것이며, 이 경기를 신체와 정신에 유익하고 영광스럽게 만들고 불패 신화를 기록하며 피렌체가 세상에서 가장 화려한 도시라는 사실을 입증해주실 것입니다."[18]

코시모 1세의 모든 후계자들은 축구 선수로 직접 경기에 출전하거나 칼초에 대한 지원을 아끼지 않았다. 일찍 세상을 떠난 그의 아들 피에트로 데 메디치는 1576년 사육제 기간 가운데 참회 주일에 열린 경기에서 "백팀" 대표로 출전할 정도로 실력을 인정받았다. 페르디난도 1세의 아내 크리스티네 폰 로트링겐은 코시모 2세의 아내인 마리아 마그달레나 폰 합스부르크와 마찬가지로 칼초를 후원했다. 1608년 두 사람의 결혼 기념으로 열렸던 칼초 시합에는 신랑인 코시모 2세뿐만 아니라 그의 동생 프란체스코 데 메디치도 출전했다. 축구에 대한 열정이 대단했던 두 형제는 1613년 사육제 동안 매일 칼초 시합을 개최했고, 한 시인은 "연분홍팀"에 대한 찬시를 지었다. 칼초 찬시는 16세기 말과 17세기의 특징적인 장르가 되었다.

메디치 가문은 야만적인 축구 경기를 문명화했고 통치에 이용했다. 경기 출전자 수와 경기 시간이 제한되었고 구체적인 경기 규칙이 정해졌다. 그 결과, 거리의 축구 경기는 사라졌고 선수들은 귀족 출신으로 제한되었다. 그럼에도 불구하고 축구는 여전히 대중에게 인기가 많은 스포츠였다. 피렌체의 산타 마리아 노벨라 광장에서 대규모의 군중 앞에서 정기적으로 축구 시합이 개최되었다. 이러한 이유로 당시의 시합에 관한 많은 기록과 그림들이 현재까지 남아 있다.[19] 피사 대학교에서 갈릴레이의 동료였던 그리스 히오스 섬 출신의 조르조 코레시오와 같은 동시대의 해석자들은 공화국의 축구를 피렌체 대공의 축제 문화라며, 다음과 같이 요약했다. "첫 번째 대공인 알레산드로 데 메디치가 축구를 "받아들였다." 코시모 1세는 군인으로서 축구를 신체 단련에 좋은 스포츠라고 평가했다. 그의 후계자인 프란체스코 1세는 축구가 고대 그리스 로마를 상기시킨다며 학자로서 축구를 좋아했다. 그리고 페르디난도 1세는 이 두 가지 동인을 하나로 통일했다. 현재의 대공인 청년 코시모 2세 데 메디치는 진정한 칼초 애호가이며 그의 힘은 칼초에서 비롯된 것이다."[20]

한편, 폴란드 왕세자의 여행 동행자들은 1625년 2월 6일의 칼초 경기에 관한 두 가지 기록을 남겼다. 보헤미안 얀 하게나우는 다음과 같이 썼다. "피렌체의 젊은이들이 팀을 구분하기 위해서 서로 다른 색깔의 옷을 입고 경기에 출전했다. 한 팀은 빨강색, 다른 한 팀은 파랑색을 선호했다. 양 팀의 선수들은 짝을 맞춰 삼각형 깃발을 들고 경기장에 입장했고, 플루트 연주를 하고 북을 치면서 원을 그리며 경기장을 걸었다. 귀족들에게 인사를 했고, 심판에게 깃발을 건넨 뒤 경기를 준비했다. 주심이 선수들에게 공을 던지자, 선수들은 다른 팀으로부터 공을 빼앗고, 자신의 구역에서 멀리, 원의 바깥으로 공을 날려 보내기 위해서 주먹이나 발로 공을 쳤다. 공은 하얀색 깃털로 만들어져, 공기로 빵빵하게 채워져 있었다. 승리의 표시로 한 골당 네 번씩 대포를 쏘아 올렸다. ……이 경기의 기원, 방법, 규칙(이 경기는 대개 발로 공을 차며 '칼초'라고 불린다)은 왕세자의 통치권 획득 기념으로 발행되어 헌정되는 소책자를 통해서 알 수 있다."[21]

메디치 가문이 실권을 빼앗기고 합스부르크-로트링겐 왕가가 대공직을 장악한 후에도 공식 칼초 경기는 한동안 계속되었다. 로트링겐의 대공 프란츠 1세와 그의 아내인 오스트리아의 마리아 테레지아는 메디치 가문에 이어서 칼초의 후원자가 되었다. 그러나 그녀의 아들이자 나중에 황제가 된 레오폴트 2세는 토스카나의 유산으로 행해져 왔던 국가 축구의 전통을 리보르노에서 개최된 환영 경기를 마지막으로 중단시켰다.[22]

스포츠와 군주

스포츠에 열광한 군주들

스포츠에 열광한 군주들은 많았다. 프랑스의 샤를 8세는 이탈리아 원정에서 패배한 이후 몇 달 동안 마상 시합과 마상 창 시합을 하며 지냈다. 샤를 8세의 외교관이자 연대기 작가인 필리프 드 코민은 다음과 같이 기록했다. "1496년이 시작된 이후로 왕은 산의 이편에서 3-4개월째 시간을 보냈고, 이탈리아에서는 아무 일도 벌이지 않았다. 나는 이 시간 동안 줄곧 왕의 곁에 있었고 대부분의 활동에 참여했다. 왕은 리옹에서 물랭으로, 물랭에서 투르로 옮겨 다니며, 곳곳에서 마상 시합과 마상 창 시합을 열었다. 왕의 머릿속에는 오직 이 생각뿐이었다."[23] 스포츠 열광주의로 인해서 간접적으로 피해를 본 사람으로는 구기 시합을 심하게 하다가 열사병으로 사망했다는, 막시밀리안 1세의 아들 스페인의 펠리페 1세가 있다.[24] 그의 아들인 스페인의 카를로스 1세는 나중에 신성 로마 제국의 황제 카를 5세가 되었는데, 그 역시 젊은 시절 열정적인 테니스 선수였다. 그가 1522년 브라이드웰 성에서 영국의 헨리 8세와 한 팀이 되어, 오라녜나사우의 영주와 브란덴부르크의 변경백과 대결했던 복식 경기는 테니스 역사에서 운명적인 순간으로 평가된다.[25]

나태하다고 알려진 루돌프 2세 황제는 아버지인 막시밀리안 2세가 1568년 흐라드차니에 세운 프라하 구기 경기장(미코브나)에서 직접 시합을 했을 뿐만 아니라, 브라운슈바이크의 공작과 줄리오 체사레 곤차가 팀과 보헤미아의 최고 귀족인 요하네스 폰 페른슈타인과 안토니오 다르코 팀의 복식 경기를 보는 등 다른 선수들의 경기를 관람하는 것도 즐겼다.[26] 바이에른의 통치자였던 알브레히트 5세 공작은 란츠후트에 실내 구기장을 설치한 직후 왕위 계승 문제 때문에 심각한 고민에 빠졌다. 사람들은 그에게 "빌헬름은 시기에 맞지 않게 지나치다 싶을 정도로 매일 공을 치러 다닌다"고 보고했다고 한다. 1579년 알브레히트 5세가 바이에른의 공작 "경건왕" 빌헬름 5세에게 뮌헨에 대한 통치권을 물려줄 당시, 빌헬름 5세는 이미 실내 구기장 신축 계획이 있었다.[27]

1600년 비텔스바흐 왕가에서는 이탈리아의 팔로네 경기가 한창 인기를 얻었던 반면,[28] 바이에른의 다른 왕가들은 프랑스의 죄드폼(테니스)을 선호했다. 한편, 파우스트볼과 테니스를 즐겼던 뷔르템베르크의 공작 요한 프리드리히는 남동생들처럼[29] 열정적인 명사수였다. 그는 사격 시합의 상품인 트로피를 지원했고 석궁, 권총, 소총 경기에서 뛰어난 실력을 보여주었다. 슈투트가르트 왕가는 독일의 다른 지역에 비해서 유난히 고리 빼기 시합을 비롯한 기마 시합들을 즐겼다. 물론 활동적인 스포츠에 대한 열정은 연령별로 달랐다. 나이가 많은 영주들은 종교적인 성향이 더 강했고 대부분의 시간을 도서관에서 보내거나 예술품을 수집하는 데에 쓴 반면, 젊은 영주들은 사냥을 하거나 운동장에서 스포츠 활동을 하는 데에 많은 시간을 보냈다. 관람객들의 스포츠에 대한 열정도 대단했다. 뮌헨의 도시 묘사를 보면, 영주의 저택 남쪽에 있는 대형 마상 시합 경기장에 84개의 창이 나 있어서 "수천 명의 관람객들이 경기를 구경할 수 있었다"라고 쓰여 있다.[30]

스포츠의 왕, 영국의 헨리 8세

한스 홀바인이 그린 헨리 8세의 초상화는 말년의 그를 지나치게 뚱뚱하게 묘사하고 있기 때문에 그와 스포츠 간의 연관성을 떠올리기 힘들다. 그러나 헨리 8세는 수행단을 이끌고 다니며 여름 내내 스포츠를 즐긴 인물이었다.[31] 그는 약 180센티미터가 넘는 키에 떡 벌어진 어깨로 웅장한 풍채를 가진, 당대 최고의 운동 실력을 자랑하는 군주였다. 그는 자신의 힘과 기력을 의도적으로 과시했다. 그는 자신의 신체적인 우월성으로 같은 귀족계층 사람들로부터는 인정을, 전 국민에게는 존경을 받았다. 헨

한스 홀바인, "헨리 8세의 초상". 1537년경.

리 7세는 전제 군주라고 여겨졌지만, 젊은 국왕 헨리 8세는 학문의 황금기가 도래하리라는 인문주의자들의 희망을 불러일으켰을 뿐만 아니라 누구나 쉽게 이해할 수 있는 신체 단련 기술을 지속적으로 행함으로써 국민들에게 선망의 대상이 되었다. 젊은 국왕 헨리 8세는 궁정 신하들 가운데에서도 스포츠에 대한 열정을 함께 나눌 수 있는 젊은 귀족들을 선호했다.

귀족들은 궁술, 검투, 창 던지기, 레슬링, 승마, 마상 창 시합, 고리 떼어오기 시합, 창으로 과녁 찌르기, 기사들의 2인 결투 등 준군사적 훈련에 흥미가 있었다. 이러한 스포츠 종목에는 특수한 품종의 말이 적합했기 때문에 왕은 여러 품종의 말을 가지고 있었는데, 스페인이나 이탈리아 남부 지역에서 선별된 품종, 주로 아라비아 혈통의 말들이었다. 말 사육으로 유명한 만토바의 후작 잔프란체스코 2세 곤차가는 1514년 헨리 8세에게 수말 한 마리와 암말 세 마리, 그리고 이탈리아의 조련사와 승마 교사를 선물로 보냈다. 헨리 8세는 마상 시합에서 대중 앞에서 자신의 승마술을 선보이는 것을 좋아했다. 유럽으로 파송된 베네치아의 대사 등의 사신들을 통해서 헨리 8세가 말을 좋아한다는 소식이 알려지면서, 말은 국가 간의 교류에서 선호하는 선물이 되었다. 페라라의 공작 알폰소 1세 데스테 그리고 카를 5세 황제 역시 말이나 종마의 무리를 선물로 보냈다. 말의 사육과 관리를 관장하는 말의 장관이라는 궁정 관직이 생겼고, 이 관리는 언제든 국왕 옆에서 말을 탈 수 있었으며 국왕과 같은 식탁에서 식사할 수도 있었다. 헨리 8세의 왕비 캐서린도 말을 사랑했고 그녀의 궁정에도 말의 장관이 별도로 배치되었다. 말들은 사냥과 마상 시합은 물론, 경마 시합을 위해서 사육되었으며, 경마 전용 경주로가 설치되기도 했다. 국왕은 자신을 대신하여 시합에 출전할 기수를 고용했지만 1513년 프랑스에서처럼 직접 경마 시합에 참여할 때도 있었다.

사냥에 대한 열정이 지나친 나머지, 헨리 8세의 5-6월이나 9-10월의 궁정 여행 일정은 사냥으로 가득 차 있었다. 수도 인근에는 하이드 파크 등 국왕을 위한 야생 공원도 있었다. 그러나 1,000명이 넘는 궁정 신하들은 수도를 떠나 영국 전역을 순회하며 성 옆에 있는 사냥터를 이용했다. 국왕과 궁정 신하들이 수도를 떠나 머무르는 성과 별장에는 야생 공원, 몰이사냥을 위한 말과 사냥개의 사육장, 마상 시합 부지, 궁술장이 있었는데, 이러한 시설들은 여름에 몇 주일 혹은 며칠 동안 사용하기 위해서 1년 내내 관리되었다. 사냥개는 국왕을 위한 사냥개의 장관(Master of the Privy Hounds)이 관리했다. 몇몇 성에는 매사냥을 관리하는, 국왕을 위한 매의 장관(Master of the King's Hawks)이라는 관직이 세워졌다.

헨리 8세는 (공휴일 외에는) 하루 종일 사냥을 하는 적도 있었다. 그는 매일 새벽 4시부터 밤 10시까지 사냥을 했다. 왕비인 캐서린도 함께 사냥을 했다. 사냥 기간이 끝나면 국왕은 황실의 야생 공원을 재정비했다. 간혹 고급 사냥감이 포착될 때도 있었다. 궁정 신하들은 사냥감을 몰아가는 사냥개를 보며 재미를 느꼈다. 이 사냥은 악명 높은 "유혈 스포츠"로 이어진다. 소 몰이사냥, 곰 몰이사냥뿐만 아니라 투계도 유혈 스포츠에 속한다. 헨리 8세는 곰 몰이사냥 애호가였으며 자신만의 경기장을 가지고 있었다. 곰 몰이사냥 행사는 국왕을 위한 곰의 장관(Master of the King's Bears)이 관리했다. 참회의 화요일에 국왕은 궁정 신하들과 함께 투계를 관람했다. 1533년에 그리니치 성과 화이트홀 성에서 투계가 열렸고, 1534년에는 투계장이 새로 설치되었다.

그러나 헨리 8세가 호전적인 오락만 즐긴 것은 아니었다. 그는 볼링, 고리 던지기, 테니스에도 관심이 많았다. 이러한 경기들은 겨울철뿐만 아니라 다른 계절에도 전용 경기장이나 실내 경기장에서 이루어졌고, 그는 이를 위해서 영국 최초로 웨스트민스터, 화이트홀, 브라이드웰, 햄프턴 코트 등 구기 경기장을 세웠다.[32] 테니스 코트와 테니스 경기장의 유지, 테니스 라켓, 볼, 네트, 유니폼 등 장비의 관리, 경기장 관리인, 사범, 심판, 볼 보이 등의 감시 업무는 궁정의 테니스 경기 관리자가 담당했다. 국왕은 개인 테니스 사범을 고용했고, 순회 경기를 다니는 프로 선수들과 경기를 했다. 베네치아의 대사 세바스티안 주스티니안은 국왕의 테니스 실력에 열광적인 반응을 보이며 다음과 같이 기록했다. "그는 자신만의 테니스 유니폼을 가지고 있었다. 그는 피부가 비칠 듯 말 듯한 최고급 재질의 얇은 셔츠에 부드러운 신발을 착용했다. 국왕은 경기가 끝나면 감기에 걸리지 않도록 검정색이나 파란색 벨벳으로 만들어진 테니스 외투를 입었다. 당시 관객들은 국왕을 세계적인 실력을 가진 선수라고 여겼다. 국왕이 경기를 하지 않을 때는 귀족들이 테니스 코트를 대여할 수 있었다."[33]

역사적인 의미가 있는 두 차례의 군주 회동에서 테니스는 사냥과 기

장 클루에, "프랑수아 1세". 1527-1530
년, 프랑스 파리 루브르 박물관.

사 훈련과 더불어 중대한 역할을 했다. 하나는 1520년 초여름 프랑스 북
부 "금란(金襴)의 들판"에서 프랑스 국왕 프랑수아 1세와의 만남이었고,
다른 하나는 1522년 카를 5세의 영국 방문이었다. 세 군주들이 젊고 막
강했던 만큼 수행단의 규모도 대단했다. 프랑스의 왕 프랑수아 1세와의
정상 회담을 위해서 헨리 8세는 5,000명이 넘는 남자와 약 3,000마리의
말을 이끌고 도버 해협을 건넜다. 실무와 관련된 일정은 아주 짧았던 반
면, 축제 일정은 길었다. 물론 축제 일정에는 각종 스포츠 경기들이 포
함되어 있었다. 경기 규칙은 사전에 조율되었다. 규칙 준수 여부는 영국
과 프랑스 측에서 각각 동수의 인원으로 구성된 위원회가 감시했다. 6월
초 헨리 8세가 도착한 후에는 2주일 동안 양국 선수들이 하계 시합에 출
전하여 우위를 다투었다. 프랑수아 1세는 대규모 캠프장에 초대형 마상
시합 시설(약 300미터 × 100미터)을 설치하도록 했고, 6월 11일과 22일에
는 약 300명의 선수들이 마상 시합에 출전했다. 당시 29세, 25세였던 헨

리 8세와 프랑수아 1세는 외교관들의 만류에도 불구하고 여러 차례 말 위에 올라 직접 대결을 했다.[34] 그야말로 간접적인 경쟁이 벌어진 것이다. 대결할 때마다 장비에서 불꽃이 튀었다. 자문들은 두 사람의 건강을 심각하게 염려했다. 헨리 8세는 말 한 마리를 죽게 만들었고 손에 부상을 입었다. 프랑수아 1세의 한쪽 눈에는 멍이 들었다. 한 프랑스 기사는 자신의 형제를 칼로 찔러 죽였다.

6월 13일, 헨리 8세는 프랑수아 1세의 레슬링 시합을 관람한 이후 직접 결투를 신청했다. 양국의 외교관들은 이 대결을 말리려고 했다. 2미터가 넘는 거구에 쉽게 쓰러질 리 없는 프랑수아 1세는 헨리 8세의 기습 공격을 민첩하게 막아냈고, 그를 넘어뜨리고 바닥에 내동댕이쳤다. 헨리 8세는 얼굴이 벌게져 일어났고 궁술 시합으로 설욕전을 요청했다. 충성 맹세 의식으로, 패배에 대한 헨리 8세의 분이 풀리면서 외교적인 위기를 모면할 수 있었다. 악천후의 날씨에도 마상 시합을 구경하기 위해서 1만 명이 넘는 관중이 몰려드는 날도 있었다. 하계 시합은 6월 23일 토요일에 끝났다. 이날 마상 시합장에서는 장엄한 예배 의식과 함께 불꽃놀이, 야외 축제, 마무리 모의전이 열렸다. 캐서린은 마상 시합에서 재능을 발휘한 모든 이들에게 상을 내렸다.[35]

카를 5세 황제가 영국을 방문한 이유는 그의 이모인 캐서린의 딸, 즉 당시 6세에 불과했던 조카 메리 튜더와의 약혼 때문이었다. 1522년 5월, 대사들이 협상을 진행하는 동안 대규모 마상 시합이 개최되었고, 헨리 8세는 직접 말을 타고 장애물 넘기 시합에 출전했다. 5월 말, 카를 5세가 2,000명의 수행단과 1,000필의 말을 이끌고 영국을 방문하면서 축제는 절정에 달했다. 헨리 8세는 새 함대를 보여주기 위해서 국빈인 카를 5세와 함께 배를 타고 도버 항을 돌았다. 다음 몇 주일간은 연회와 춤, 화려한 행렬, 선물 교환, 사냥을 위한 각종 야생 공원 방문 등의 일정으로 가득 차 있었다. 1522년 6월 초 카를 5세가 런던에 도착한 이후 브라이드웰

후안 판토야 데 라 크루즈, "카를 5세". 1605
년경, 스페인 마드리드 프라도 미술관.

성에서 테니스 시합이 열렸다. 앞에서 이미 언급했던 역사적인 이 테니스
시합은 헨리 8세와 카를 5세가 한 팀이 되어 오라녜나사우의 영주와 브란
덴부르크 변경백 팀과 복식 경기를 한 시합이다. 11차례의 경기 후에도
승부가 나지 않았다. 6월 8일 대축제가 끝났다. 6월 10일 헨리 8세는 카
를 5세와 동맹을 맺고 프랑스와 조약을 체결했으며, 6월 19일에 카를 5세
와 메리 튜더의 공식적인 약혼식이 거행되었다. 7월 6일 카를 5세가 영국
함대의 동행하에 사우샘프턴에서 유럽 대륙으로 돌아올 때까지 국왕의
주요 거처에서 사냥 행사가 있었다.[36]

영국 의회에서는 마상 창 시합의 사고를 항상 우려했다. 헨리 8세의
마상 창 시합 사고로, 아직 역사가 길지 않았던 튜더 왕조가 존폐 위기
에 처했기 때문이었다. 캐서린은 여러 번 출산했지만 아들은 한 명도 살
아남지 못했다. 헨리 8세는 특별히 마상 시합 장비를 새로 주문했고, 이
새로운 장비의 성능을 시험하기 위해서 1524년 3월 그리니치에서 마상
시합을 열었다. 그런데 헨리 8세는 매제이자 서퍽의 공작 찰스 브랜든과

대결할 때에 면갑을 잠그는 것을 깜빡했다. 놀란 관중들은 소리를 지르며 두 사람의 시합을 중단시키려고 했지만, 서퍽 공작은 무거운 투구를 쓰고 있어서 아무 소리도 듣지 못했다. 헨리 8세와 서퍽 공작은 격렬한 시합을 벌였다. 그러다가 서퍽 공작이 헨리 8세의 오른쪽 눈썹과 투구의 머리 부분 사이의 두개골을 직격했다. 랜스는 부러졌고 헨리 8세의 면갑이 벗겨지면서 투구의 머리 부분이 완전히 부서졌다. 헨리 8세는 겉으로는 외상이 없는 듯했다. 서퍽 공작은 충격을 받았다. 헨리 8세는 사고의 책임이 자신에게 있다며 매제인 서퍽 공작을 안심시켰다. 헨리 8세는 자신이 아무렇지도 않다는 것을 보여주려고 말을 타고 여섯 번이나 장애물을 넘었다. 이 부위에는 약 3센티미터가량의 상처만 생겨도 생명이 위태로워진다. 헨리 8세는 평생 두통에 시달렸고, 많은 학자들은 당시 이마에 가해진 엄청난 타격 때문일 것으로 추측하고 있다.[37]

헨리 8세는 1524년 크리스마스 때에 33세의 나이로, 그리니치 마상 시합장에서 열린 대규모의 마상 시합에는 마지막으로 출전했다. 이후 몇 년간 그는 위험한 스포츠에 출전 제의를 받아도 거절했다. 헨리 8세가 캐서린과 이혼하여 왕궁을 개조해야 했을 때에도 그는 스포츠 시설의 확충을 중요시했는데, 헨리 8세는 여전히 훌륭한 기수이자 사냥꾼, 테니스 선수, 궁수인 데다가 볼링과 투계를 좋아했기 때문이었다. 대형 복합 스포츠 시설들은 주로 그리니치, 화이트홀, 햄프턴 코트에 설치되었다. 이후 화이트홀에는 5개의 테니스 코트, 2개의 볼링대, 1개의 대형 테니스 코트와 투계장이, 그리니치에는 1개의 투계장, 볼링대, 매 사냥터, 목 골 구조의 구기 경기장이 지어졌다. 1534년 햄프턴 코트에는 구기 경기장이 완공되었고 테니스 코트와 함께 지붕 덮인 관람석이 설치되었다. 헨리 8세의 구기 경기장은 영국식 성과 교회 건축 양식인, 첨두아치, 버 팀기둥, 성가퀴(성 위에 낮게 쌓은 담/옮긴이)가 있는 사치스러운 수직 양 식으로 지어졌다. 바닥은 타일로 장식되었고 2층으로 된 유리창들은 테니스 공으로부터 보호하기 위해서 철망이 처져 있었다. 큰 규모의 경기장은 약 가로 9미터, 세로 27미터에 달했다.[38]

1532년 10월 헨리 8세가 프랑스를 방문했을 때 두 군주, 프랑수아 1세와 헨리 8세는 이제는 노쇠하여 마상 시합에 출전하지 않았고, 프랑수아 1세의 아들이 출전한 테니스 경기를 관람했다. 두 사람은 승자를 두고 엄청난 판돈의 내기를 걸었고 투우와 곰 몰이사냥을 즐겼다.[39] 헨리 8세는 44세에 마상 시합 도중 마지막으로 심각한 부상을 입었다. 1536년 1월 24일 그는 완전히 무장하고 마상 시합에 출전했다. 상대편 선수는 말에 탄 헨리 8세와 그의 마상 시합 장비를 창으로 찔렀다. 헨리 8세는 중상을 입고 2시간 동안 의식을 잃었던 것이다. 신성 로마 제국 황제의 대사 유스타스 샤피는 그가 죽지 않은 것이 기적이라고 기록했다. 헨리 8세가 마상 시합에서 중상을 입었다는 소식을 듣고, 며칠 후에 왕비 앤 불린은 유산을 했다고 한다.[40]

팔츠의 스포츠 제후들

16세기 팔츠의 제후들은 자전적인 기록을 남기는 것을 좋아했다. 덕분에 이 시대에 관한 정보가 특히 많다. 나중에 선제후가 된, 프로테스탄트들의 영웅 팔츠의 선제후 오트하인리히는 자신의 일기에 1523년 10월 중순 브루흐잘에 있는 주교의 저택에서 4일간 열렸던 사격 대회를 기록했다. 종파를 초월한 이 행사에는 프라이징과 슈파이어의 주교들과 선제후 루트비히 5세, 루터파 수사이자 나중에 팔츠의 선제후 프리드리히 2세의 뒤를 이은 오트하인리히, 그리고 볼프강 공작뿐만 아니라 가톨릭교도인 필리프 궁정백과 게오르크 궁정백이 참석했다.[41] 처음에는 가문의 모임처럼 보였던 이 행사는 1524년 5월 30일부터 6월 5일까지 하이델베르크에서 사격 대회가 열리며 중요한 행사가 되었다. 이 대회에는 제후들의 형제들과 사촌들이 참석했는데, 그중에는 사수만 652명이었고 일주일 동안 90회의 식사 접대가 있었다. 경기 출전자들과 승자들은 모두 색인이 포함된 큰 책에 기록되었다. 그중에는 제후, 백작, 영주, 그리고 프라이징과 슈파이어, 트리어, 레겐스부르크, 뷔르츠부르크의 주교들도 있었다. 참석자 중에서 가장 유명한 인물은 헤센의 필리프 방백이었다. 시민계의 법관 카스파르 보그너는 모든 제후들을 제치고 1등을 차지했다.

영지에서 사격 대회가 끝난 직후, 궁정백들은 오스트리아 티롤의 대공 페르디난트 2세의 초청에 따라서 무용 공연을 즐기러 슈투트가르트로 갔다. 그리고 이들은 야코비둘트 행사의 주흥 스카프 경주와 경마 시합, 무용 공연, 사냥, 사격 대회에 참석하기 위해서 뮌헨으로 떠났다. 야코비둘트 행사의 포상은 바이에른의 공작 빌헬름 4세가 후원했다. 이어 궁정백들은 프라이징의 주교구에서 사냥을 하고 오버팔츠로 넘어갔다. 오버팔츠에는 새로 세워진 노이부르크 공국이 있었고, "젊은 팔츠"라고 불리는 이곳에서 사격 대회가 개최되었다. 도나우 강의 노이부르크에서 배를 타고 넘어가면 자유제국도시인 레겐스부르크에서 상금이 걸린 사격 시합이 열렸다. 궁정백들의 스포츠 휴가는 5월부터 12월 초, 즉 하이델베르크로 돌아올 때까지 이어졌다. 슈파이어, 아우크스부르크, 레겐스부르크의 제국의회에서 열린 정치 협상에 관한 기록은 상금이 걸린 사격 대회, 마상 시합, 사냥, 무용 공연에 관한 기록보다 적다.[42]

노이부르크의 공작 볼프강 빌헬름의 일기에는 스포츠에 대한 그의 열정이 드러나 있다. 그의 일기에는 한 달에도 여러 번 "오후에는 팔로네를 했다"라고 간단히 적혀 있다.[43] 가톨릭으로 개종한 노이부르크의 제후들뿐만 아니라 하이델베르크의 칼뱅파 사람들과 츠바이브뤼켄의 루터파 사람들 사이에서도 팔로네는 인기가 많았다.[44] 팔츠의 선제후 프리드리히 4세의 일기에는 여행이나 교회의 축일, 병상에 있을 때를 제외하면 거의 하루도 빠짐없이 구기 스포츠(팔로네), 고리 떼어오기, 사냥, 석궁, 소총, 대포 쏘기, 혹은 주사위나 카드 놀이를 즐겼다고 기록되어 있다.

아드리안 판 드 벤, "팔로네". 102점의 스케치가 수록된 『화집(*Album*)』.

그는 하이델베르크 외부 지역으로 여행할 때에도 틈만 나면 스포츠를 즐길 기회를 찾았다.

　그가 거주했던 하이델베르크에는 구기 경기장과 사격장이 갖춰져 있어서 그에게 스포츠를 즐길 수 있는 최고의 기회를 제공했다. 하이델베르크에서는 석궁과 소총 쏘기, 고리 떼어오기, 팔로네, 공놀이, 죄드폼, 지상 무술 시합, 썰매 타기, 곰 몰이사냥 등이 가능했다.[45] 1599년 6월부터 1600년 6월까지의 지출 장부를 보면 그가 내기로 잃은 돈이 얼마인지 알 수 있다. 그는 1599년 7월 13일 "실내 구기상에서 프랑스의 구기 선수에게" 18굴덴, 7월 29일과 30일에 이탈리아의 구기 선수에게 53굴덴, 8월 8일 살름-키르부르크의 라인백 요한 카시미르에게 26굴덴을 지불했다. 9월 5일 실내 구기장에서는 자신의 주방장인 프란츠 폰 하머슈타인과의 내기에서 26굴덴을 잃었다. 10월 23일 선제후는 "나이 많은 로만계 구기 선수로부터 라켓 몇 개"를 샀고, 10월 27일에는 이탈리아 출신의 테니스 명수에게 106굴덴을 잃었다. 11월 1일에는 카시미르 라인

백에게 101굴덴을, 필리프 라인백에게는 400굴덴을, 11월 2일에는 이탈리아 선수에게 180굴덴을 잃었다. 또한 그는 새 테니스 라켓 6개를 장만하는 데에 53굴덴을 지출했다. 이외에도 그는 원정 경기를 다니는 이탈리아 "구기 선수들", "젊은 이탈리아 구기 선수 1명", "참호에서 훈련을 받는 외국인 펜싱 선수 1명"을 후원했다. 그의 하인인 프리츠와 한스는 만하임까지 달리는 경주에 출전한 대가로 3굴덴을 받았다. 이것만으로도 그가 스포츠에 투자한 총지출이 2만 굴덴은 족히 넘었다는 사실을 알 수 있다. 직물, 벽지, 그림, 말, 장신구, 보석에 지출한 비용은 이보다 훨씬 많았다.[46]

건강의 상징인 스포츠 훈련

모든 제후들이 꾸준히 스포츠 단련을 한 동기는 무엇일까? 당연히 스포츠 자체에 대한 흥미도 있었겠지만, 이는 젊은이들이 자신의 힘을 마음껏 발휘함으로써 얻는 즐거움뿐만 아니라 경쟁이나 내기를 통해서 얻는 즐거움과도 관련이 있을 것이다. 물론 이 현상은 사회학자 노르베르트 엘리아스의 관점처럼 사회학이나 인류학 이론을 적용하여, 스포츠가 훈육의 역할을 맡은 것이라고 해석할 수도 있다. 즉, 궁정 신하와 신민을 지배하지만, 한 사회의 통치자로서 일거수일투족이 관찰의 대상이 되었으며 사회적인 모범이 되어야 했던, "자기 강제에 대한 사회적인 강제"로 이해할 수 있다. 젠더 이론의 관점에서 보면, 스포츠에서의 우월성이 성인 남성의 우월함을 상징했다고 해석할 수 있다.

스포츠 활동의 의미가 한 가지에만 국한되지 않으며 다양한 상징적인 의미를 지닐 수 있다는 사실은 여성 통치자들의 행동만 살펴보아도 확인할 수 있다. 스포츠에 열광했던 헨리 8세와 앤 불린 사이에서 태어난 영국의 여왕 엘리자베스 1세는 승마 실력이 뛰어나서 "여성 승마인(horse-woman)"이라는 표현이 딱 맞는 인물이었다. 그녀는 열정적인 사냥꾼인

로버트 더들리와 춤을 추고 있는 엘리자베스 여왕. 1580년경.

데다가 활쏘기와 석궁 실력도 탁월했으며, 즉위 후에는 훌륭한 무용수로
실력을 발휘하기도 했다. 그러나 어린 시절에는 그녀에게 이러한 오락
활동이 허용되지 않았기 때문에 그녀는 매일 긴 시간 산책을 하며 하루
를 시작했다.[47] 최초의 궁술론 교본을 집필한 로저 애스컴[48]이 그녀의 스
승이었기 때문에 그녀가 스포츠를 좋아했던 것은 놀랄 일이 아니다.[49]

엘리자베스 1세는 직접 스포츠 활동을 즐기는 것 외에도, 투우, 곰 몰
이사냥, 투계, 경마 시합, 곡예 공연 등 다양한 종목의 스포츠 팬으로서
경기를 관람했고 재정을 지원했다.[50] 새로 도입된 국왕 즉위일을 포함하
여 중요한 축일에는 마상 시합이 개최되었으며, 지상 검술 대결 외에도
마상 창 시합과 과녁 찌르기와 고리 떼어오기 시합이 펼쳐졌다. 물론 지
상과 해상 모의전도 개최되었다. 엘리자베스 1세는 노년이 되어서도 궁
정 신하들 앞에서 무용 솜씨를 선보였던 반면, 테니스 경기에는 출전하
지 않고 관람만 했다. 우리는 이것을 1565년 3월의 흥미로운 해프닝을

통해서 알 수 있다. 여왕이 테니스 경기장 자리에 앉아 있는데, 궁정의 두 파벌을 대표하는 레스터 백작 로버트 더들리와 노퍽 공작 토머스 하워드가 화이트홀 궁전의 실내 구기장에서 벌어진 시합 중에 싸움이 일어나자 서로를 테니스 라켓으로 때리려고 했던 것이다.[51] 이런 일이 일어나기도 했지만, 1585년에 엘리자베스 여왕은 일요일에 모든 "스포츠" 활동을 금지하는 법안 발의를 막았다. 그녀는 여가 시간을 보내는 방법은 개인이 스스로 결정할 문제라고 여겼기 때문이다.[52]

엘리자베스 여왕은 남성성을 입증하려고 했던 것일까? 그럴 의도는 거의 없었을 것이다. 스포츠에 대한 열정만으로도 엘리자베스 1세는 헨리 8세의 친딸이라는 사실이 입증된 셈이다. "처녀 여왕" 엘리자베스 1세가 보여주려고 했던 것은 남성성이 아니라 통치자가 되기에 적합한, 건강한 사람의 모습이었다. 그러나 그녀의 스포츠에 대한 지나친 열정은 아버지 헨리 8세처럼 나이가 들수록 문제를 일으켰다. 헨리 8세처럼 관절염과 과체중으로 고생하지는 않았지만, 그녀는 다리에 궤양이 계속 생겨 통증에 시달렸다. 엘리자베스 1세는 예순이 넘어서도 스포츠 활동을 계속하며 자신의 건재함을 입증하려고 했다. 이는 국내적으로도, 국외적으로도 그녀에게 필요한 일이었다. 1600년 초 스페인의 한 관리는 스페인의 국왕 펠리페 3세에게 엘리자베스 여왕이 성탄절에 "고령에도 갤리어드 춤을 서너 차례 추었다"고 보고했다. 그해 여름 엘리자베스 1세는 그리니치 공원에 자주 산책을 다녔고, 대중들 앞에서 자신의 애마를 타고 다녔으며 춤을 선보이기도 했다. "많은 사람들이 바라는 만큼은 아직 늙지 않았다"는 그녀의 말처럼 자신의 건재함을 증명하기 위해서였다.[53]

영국에서 스포츠는 국가 이념이었다. 남녀를 막론하고 스포츠에 능한 통치자만이 정권을 장악할 수 있었다. 군주들은 종교적인 열성과 특정 종목에 대한 편파적인 후원으로부터 스포츠를 보호함으로써 국민으로부터 존경받을 만한 인물임을 입증했고 대중적인 인기를 얻었다. 스튜어트

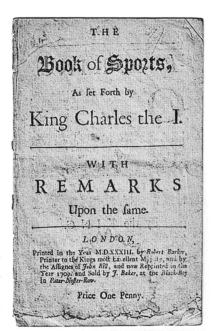

『체육 교서』, 찰스 1세의 각주가 포함된 4쇄본. 1633년, 영국 런던. 『체육 교서』는 1617년 제임스 1세가 초판을 발행한 이후로 꾸준히 증쇄되고 각주가 보완되었다. 후에 처형당한 찰스 1세(재위 1625-1649)는 가장 불운한 스포츠 옹호자였다.

왕조의 1대 국왕 제임스 1세와 스튜어트 왕조의 2대 국왕이자 단두대에서 생을 마감한 불운의 국왕인 찰스 1세는 『체육 교서』를 통해서 대중에게 인기가 많은 여가 활동을 국왕의 관리 아래에 두었다. 1660년 왕정복고가 일어나면서 망명지에서 성장하다가 돌아온 영국의 찰스 2세는 소문처럼 체력이 약하거나 신체가 기형이 아닌지 의심하는 사람들의 시선과 마주했다. 그래서 동시대의 소설가 새뮤얼 튜크는 망명지에서 돌아오기 전의 찰스 2세를 묘사할 때에 신체적인 장점을 특히 강조했다. "그의 동작은 매우 가볍고 우아해서, 그들은 그가 걷고 춤추고 팰맬(팔라말리오)이나 테니스 경기를 하거나 명마를 타는 등 일상적인 운동을 할 때의 모습을 본받을 것을 권했다."[54]

찰스 2세는 유럽 국가에서 특히 좋아하는 스포츠 종목, 이를테면 그가 오랜 망명 기간에 즐겼던 이탈리아의 팔라말리오와 프랑스의 테니스를 비롯하여, 영국인들이 특히 즐겼던 승마와 사냥을 두루 즐겼다. 왕위를 물려받은 이후에 그는 말을 타고 야외를 다니고, 템스 강에서 수영을 하고, 볼링을 하면서 스포츠에 대한 열정을 보여주었다. 그는 공화주의자들이 허물어뜨린 사냥 별장뿐만 아니라 내전으로 파괴된 실내 구기장과 테니스 경기장을 수리하게 한 뒤 그곳에서 열정적으로 스포츠를 즐겼다. 이탈리아의 여행자 로렌초 마갈로티는 찰스 2세가 일주일에 적어도 세 번 테니스 복식 경기를 했고, 모든 신사들이 관람객으로서 환영을 받았으며 호위병의 검문을 받고 입장했다고 기록하고 있다.[55] 그가 즐겼던 또 다른 스포츠는 네덜란드에서 배운 요트 경주였다. 1661년 10월 1일, 찰스 2세는 자신의 동생이자 나중에 왕위에 오른 요크의 공작 제임스 2세와 함께 그리니치에서 그레이브젠드까지 요트를 타고 돌아오는 내기 시합을 열었다. 당시 내기에 건 돈은 100파운드 스털링이었다.[56]

찰스 2세는 자신이 새롭게 부상하는 국가에 필요한 인물이라는 듯이, 신민들에게 원기 왕성하고 젊은 왕의 이미지를 보여주었다. 그는 원래 개와 산책을 하기 위해서 조성된 세인트 제임스 파크를 즉위 몇 달 만에 바로 대형 공원 시설로 개조했다. 세인트 제임스 파크에는 이국적인 동물(예컨대 모로코에서 온 타조 등)을 위한 동물원에 더해, 네덜란드의 도시 위트레흐트를 모범으로 하여 대형 팔라말리오 시설을 조성했다. 열정적인 소설가이자 영국의 하원 의원이었던 에드먼드 월러는 다음과 같은 시를 남겼다.

……누구와도 비교할 수 없는 우리 왕의 힘을 보기 위해,
잘 깎아 만든 나무망치는 우리에게 기쁨을 주네,
남자다운 자세와 기품 있는 표정,
모든 동작에서 드러나는 활력과 젊음,
그의 몸은 너무도 멋지고 그의 팔다리는 정말로 강하네.

우리는 오래도록 그에게 복종하리라 맹세하네.

날아오는 공에 그의 손이 닿는 순간,

그의 팔에서 마치 분노가 터져나오듯이,

컬버린 소총에서 연기가 피어오르듯이,

공은 이미 나무망치를 맞고 힘차게 날아갔네.[57]

1662년과 1663년 겨울은 유난히 추워 템스 강이 얼어붙었다. 찰스 2세는 세인트 제임스 파크에 새로 만든 운하에서 아이스 스케이트를 처음으로 소개했다. 아이스 스케이트는 그가 네덜란드 망명 시절에 접한 스포츠였다. 찰스 2세는 스포츠인으로서나 관중으로서나 속도전을 비롯한 거의 모든 스포츠를 즐겼다. 그는 궁정 축제가 열릴 때마다 의식 행위로서의 무용은 서둘러 마쳤고 생기 넘치는 영국의 컨트리 댄스를 하도록 했다. 그는 1년에 두 번 뉴마켓의 경마 시합장에 방문했다. 경마 시합을 위해서 그는 말 사육장을 열었고, 수십 명의 기수들을 고용했으며, 새로운 경마장을 세우고 상금과 트로피를 지원했다. 간혹 그는 경마 시합에 직접 출전하기도 했고 1671년에는 우승을 차지했다. 동판화 작가 프랜시스 발로는 1684년 윈저 성의 경마장 관람석에 있는 왕의 모습을 묘사했는데, 이는 경마 시합 장면을 묘사한 영국 최초의 작품이다.[58]

제도화

운동장 시설

과거에는 트래킹, 산책, 달리기를 비롯하여 수영, 등산, 암벽등반, 호수,[59] 강, 바다[60]에서 하는 조정과 요트 경기 등 별도의 시설이 필요 없는 스포츠 종목이 많았다. 우리가 스위스나 독일의 사격 축제를 통해서 살펴본 레슬링, 역도나 무거운 돌 던지기 등 인기 스포츠에는 전용 경기장이 필요 없었고, 따라서 문헌 자료에도 그 흔적이 거의 남아 있지 않다.[61] 지금은 레인(lane)이 없는 볼링 경기를 상상하기가 어렵지만 과거에는 볼링과 같은 스포츠도 그냥 거리에서 즐겼다.[62]

유럽 북부에서는 강, 수로, 호수가 얼어붙자마자 아이스 스케이트와 하키를 즐겼고, 눈이 녹지 않고 쌓이면 바로 썰매를 타기 시작했다. 마을이나 도시의 적절한 장소, 즉 북적이지 않는 거리 또는 교회 안뜰이나 마을의 녹지에서는 각종 시합이 열렸다. 베네치아의 칼초나 노르망디 지방의 술(soule) 시합에서는 왕궁의 성문이나 도시의 출입문이 골대로 사용되었다. 축구 골대는 이러한 관습에서 유래한다. 사람들은 베네치아식 단체 주먹 싸움인 구에라 데이 푸니[63]뿐만 아니라 막대 싸움에도 적합한 다리를 찾았다. 이러한 곳에서 시합을 벌여야 거리, 주택, 지붕, 수로, 다리, 보트 등에서 관중이 관람할 수 있었다.[64]

스포츠의 제도화는 전용 경기장 설립과 함께 시작되었다. 앞에서 언급했던 중세가 끝날 무렵의 운동장 외에도, 17세기에는 마리 드 메디시스의 의뢰로 파리의 뤽상부르 공원과 같은 유명 여가 시설이 새롭게 등장했다. 1644년 파리에 머물던 도시 귀족이자 외국인인 존 에벌린이 보고했듯이,[65] 이러한 시설은 산책, 달리기, 도약, 볼링, 구기 시합 등을 즐길 수 있도록 지어졌고, 도시의 사격 클럽을 위한 사격장이 도시의 출입문 앞에 많이 건축되었다. 후작들은 자기 소유의 오락 공원에 사격장을 설치했다. 그뿐만 아니라 수도의 왕궁 근처에는 테니스 코트가 있었다. 구기 시합장은 인쇄된 규정집의 규격에 따라서 건축되었다. 1555년 스카이노는 파리의 앙리 2세 테니스 경기장을 표준 규격으로 삼았고, 1580년 바르디는 피렌체 경기장을 축구 경기장의 표준으로 지정했다.[66] 경기장 건축은 제후, 도시, 형제회[67]나 개인이 의뢰했다. 작은 공으로 경기를 하는 죄드폼이나 네덜란드의 카에테슈필을 위한 경기장[68]과 바람을 넣은 큰 공 팔로네로 경기를 하는 파우스트볼을 위한 경기장[69]이 구분되었다.

아드리안 판 드 벤, "팔라말리오", 102점의 스케치가 수록된『화집』.

로버트 달링턴은 "전국 곳곳에 테니스 코트가 셀 수 없을 정도로 많아
서, 프랑스의 작은 마을 뷔르가드처럼 테니스 코트가 없는 곳은 찾기 힘
들다. 여러분도 알겠지만 오를레앙에는 테니스 코트가 60개나 있다. 나
는 파리에 테니스 코트가 몇백 개나 있는지 알 수도 없다"라고 했다.[70]

프랑스의 루이 14세가 조성한 파리 튀일리 정원의 팰맬 경기장처럼,
팔라말리오 경기장은 왕궁 정원의 일부였다. 이 시설은 또한 도시 외곽
의 가로수 길이나 기사 아카데미에도 설치되었다. 심지어 종교적으로 엄
격한 제네바에도 마치 리옹처럼, 1600년경에는 폴메리(palmary), 즉 팔라
말리오를 즐길 수 있는 대형 경기장이 건축되었다. 런던의 세인트 제임
스 파크에 신축된 대형 팔라말리오 시설은 새뮤얼 피프스와 같은 관중
들을 끌어들였다. 피프스는 새로운 것에 관심이 많아서, 심지어 경기장
관리자에게 팔라말리오 시설의 기계 설비에 관하여 질문할 정도였다.
"아침 일찍 일어나 도보로 세인트 제임스 파크에 갔다. 코벤트리 씨는
아직 잠을 자고 있었기 때문에 나는 혼자 산책을 나갔고, 경기장의 경주

로를 쓸고 있던 관리인과 대화를 나누었다. 그는 경기장 바닥이 어떻게 구성되어 있는지 설명해주었다. 흙 위에는 공이 잘 굴러가도록 조개껍질 가루가 흩뿌려져 있었다. 그러나 건조한 날에는 바닥에 먼지가 너무 많아서 공이 잘 굴러가지 않는다."[71]

18세기에는 이러한 가로수길의 일부가 산책로로 바뀌면서 호화 쇼핑가로 발전했다. 이러한 거리명은 스포츠와 관련이 있으며 지금까지도 사용된다. 1638년 샤우엔부르크의 백작 오토 5세가 건설했으며 약 650미터 길이에 400그루가량의 보리수가 심긴 함부르크의 팔마이유(palmaille),[72] 런던의 펠맬과 더 몰 등이 대표적인 예이다. 네덜란드의 수도 헤이그에 있는 550미터 길이에 달하는 말리펠트 공원은 1606년에 설치된 스포츠 시설을 연상케 한다. 파리, 라 로셸, 리옹, 앙제, 브뤼셀에는 맬 거리(Rue du Mail)가 있고, 모데나에는 팔라말리오 거리가 있다. 토리노에 있는 동명의 거리는 20세기에 명칭이 변경되었으나 나탈리아 긴츠부르그의 소설 속에는 살아 있다.[73]

실내 구기 경기장과 테니스 경기장

스포츠 제도화의 다음 단계에 나타난 특성은 스포츠 전용 건물이 지어졌다는 것이다. 물론 중세 후기의 산성과 왕궁 안에 지어놓은 마상 시합장과 같은 초기 형태의 시설이 있었지만, 체육관은 엄연히 근대의 발명품이었다. 중세의 마상 시합 훈련장은 스포츠 전용 시설이 아니라, 시설물을 치워놓아야 무기 훈련이나 지상 무예 훈련을 할 수 있었던 공간이었기 때문이다. 프라하나 브뤼셀의 마상 시합 훈련장은 우천 시에도 마상 시합을 개최할 수 있는 시설과 규모를 자랑했다.[74] 특히, 입구의 통로가 넓었고, 계단을 오를 수 없는 말을 위해서 경사로가 설치되어 있었다. 그러한 내부 계단을 통해서, 그 안에서 말과 함께하는 마상 시합이 열렸을 것임을 유추할 수 있다. 모리스카 무용이나 펜싱 연습 등 대표적인 행사와 곡예 공연을 위해서 15세기에 지어진 무용 홀도 이와 유사한 범

주의 시설이었다.[75]

구기 스포츠 전용 체육관이 지어졌다는 것 자체가 진정한 혁신이었다. 최초의 살레 델라 발라(sale della balla), 즉 구기 스포츠 전용 홀이 만토바의 곤차가 가문,[76] 페라라의 에스테 가문,[77] 피렌체의 메디치 가문, 우르비노의 페데리코 다 몬테펠트로 공작의 성 내부에 설치되었다. 15세기 말 이후에는 성을 건축할 때에 이미 설계 단계에서부터 스포츠 시설을 포함하는 것을 고려했다.[78]

성 내부의 시설에 불과했던 실내 구기 시합장은 1500년경에 독립적인 실내 구기장으로 분리되었다. 처음에는 성의 부지 내부에만 설치되었다가 이후에는 도시의 안쪽에도 건설되었다. 프랑스에서는 이탈리아 문화와 테니스 경기장 건축을 도입한 프랑수아 1세가 이에 앞장섰다. 테니스 경기장 건축은 비슷한 시기, 즉 영국의 헨리 8세 시대에 시작되었다. 헨리 8세는 자신과 경쟁 관계에 있는 프랑스의 프랑수아 1세처럼, 매년 말을 타고 모든 성을 돌며 테니스 경기장을 찾아다녔다. 영국의 기후 때문에 테니스 경기장은 실내 시설로만 건축되어야 했다. 독일의 국왕이자 나중에 신성 로마 제국의 황제가 된 페르디난트 1세는 1520년대 초, 빈의 호프부르크 왕궁의 미하엘 광장에 구기 경기장을 건축했고, 이후 궁정의 곳곳에 구기 경기장이 지어졌다.[79] 빈의 구기 경기장 건축은 이후 다른 지역의 체육관 건축에 중대한 영향을 끼쳤다고 여겨진다. 예컨대 아우크스부르크에서는 1548년 제국의회 당시 스페인의 부왕령인 나폴리의 알바 공작의 요청으로 실내 체육관이 설치되었다.[80] 1568년 바이에른의 공작 빌헬름 5세는 란츠후트 외곽 지역인 부르크호프의 버려진 양조장을 구기 경기장으로 개조했다.[81] 오스트리아 인스부르크의 암브라스 성 부지에 있는 구기 경기장은 1572년 오스트리아 티롤의 대공 페르디난트 2세가 아우크스부르크 출신의 미녀 왕비 필리피네 벨저를 위해서 지은 것이다. 명성에 대한 갈망, 스포츠에 대한 열정, 시대정신과 사랑의 수용 모두가 체육관 건축의 동기가 된 것이다.[82] 그런데 여기에 이어 상업적인 동기까지 추가되었다. 대학교 도시와 기사 아카데미에서 부유한 학생들을 유치하려면 실내 체육관이 필요했기 때문이다. 대도시에는 구기 경기장과 체육 수업으로 돈을 벌려는 개인 사업가들이 몰려들었다. 16세기의 마지막 25년간에는 아우크스부르크, 레겐스부르크, 뉘른베르크, 슈트라스부르크 등의 자유제국도시, 슈투트가르트, 뮌헨, 란츠후트, 하이델베르크, 츠바이브뤼켄, 자브뤼켄 등의 수도뿐만 아니라, 잉골슈타트, 하이델베르크, 튀빙겐 등의 대학교 도시를 중심으로 독일 남부 곳곳에 구기 경기장이 생겼다. 1600년 티롤의 주도와 인스부르크의 도시에는 이미 세 곳의 구기 경기장이 있었다.[83]

17세기의 첫 25년간 구기 경기장 건축은 독일의 중부 및 북부와 스칸디나비아 지역으로 확산되었다.[84] 30년 전쟁의 초기에 구기 경기장은 그 명성을 고려했을 때에 수도와 대학교 도시의 필수 사회기반시설이 되었다.[85] 18세기 중반에는 구기 경기장 건축이 건축 논문과 시민의 건축 예술 지침서에도 언급되었다.[86]

물론 독일의 구기 경기장 밀집도는 로망스어군 국가와 비교할 만한 수준에는 미치지 못했다. 베네치아에서 파송한 외교 사절 리포마노는 1600년경 파리에 1,800개의 구기 경기장이 있다고 추산했다. 50만 명이 넘는 인구에 수많은 귀족, 학생, 관광객들이 거주했던 도시에 이 정도의 규모는 현실적으로 불가능한 수치인 듯하다. 교황이 파송한 외교 사절단의 동행인은 1598년 파리에 "시설이 좋은" 구기 경기장이 250개가 있다고 했는데, 이 역시 유럽의 다른 국가들과 비교하면 훨씬 높은 수치이다. 구기 경기장은 교황이 거주하는 로마에는 18곳, 피렌체에는 12곳, 소도시 페라라에는 10곳,[87] 런던이나 안트베르펜과 같은 유럽 북부의 대도시에는 약 15곳이 있었다.[88] 영국의 여행 작가 로버트 달링턴은 프랑스에서는 여성과 아이들도 죄드폼을 즐기고 아이들이 손에 라켓을 쥔 채 태

자크-루이 다비드, "테니스 코트의 서약(1789년 6월 20일)". 카르나발레 박물관 소장. 프랑스 파리.

어나기 때문에 교회보다 구기 경기장이 더 많다며 풍자적이고 과장된 표현을 했다.[89]

그림을 통해서 볼 수 있듯이, 테니스 경기장에는 관람객들을 위한 작은 공간이 마련되어 있었는데, 상류층은 이곳을 자유롭게 출입할 수 있었다. 유명한 선수나 실력이 아주 뛰어난 선수들이 시합할 경우 각 경기는 일종의 행사가 될 수 있었다. 1667년 9월 2일 경기에 대해서 새뮤얼 피프스는 다음과 같이 묘사한다. "그리고 나는 테니스 코트로 갔다. 루퍼트 영주와 쿡 대위가 침례교도 메이와 나이가 많은 치즐리와 테니스 시합을 한다고 대대적인 공고가 붙었기 때문이다. 국왕을 비롯하여 궁정의 모든 신하들이 참석했다. 그들은 모두 나라에서 최고의 테니스 선수라고들 했다. 이때 내가 아침에 관찰했던 장면이 떠올랐다. 막 테니스 시합을 끝낸 국왕에게 사람들이 저울을 가져왔다. 시합이 끝나면 보통 국왕의 체중을 측정한다는 것이다. 점심에는 애시번햄 씨가 자신은 테니스 시합으로 체중이 얼마나 줄어드는지에 관심이 있기 때문에, 시합 전후로 체중을 측정한다고 했다. 오늘 시합 후에 그는 체중이 2킬로그램 정도 감소했다고 한다."[90]

역사상 가장 유명한 경기장은 베르사유에 있다. 베르사유 구기 경기장은 회합 장소로도 인기가 많았지만 귀족들이 테니스 경기를 예약한 경우에는 이용할 수 없었다. 결국 이후에 베르사유 테니스 경기장에서 엄청난 사건이 터지고 만다. 1789년 6월 20일 이곳에서 제3신분들이 군주의 국민의회 해산을 거부하기로 맹세한 "테니스 코트의 서약"이 선포되었다. 이 사건은 프랑스 혁명을 촉발하는 계기가 되었으나 오늘날에는 실내 체육관과 혁명의 연관성을 떠올리기는 쉽지 않다. 이러한 대형 실내 체육관은 18세기 중반 이후 극장이나 무도회장으로 개조되었기 때문이다. 이제 테니스 경기장은 파괴되고 없어졌지만 그 명성은 문화의 기억 속에 남아 있다. 많은 도시들에는 "구기 경기장 거리"가 명칭으로 남아 있다. 현재 오스트리아의 대통령 관저의 주소는 여전히 "발하우스 플라츠(구기 경기장 광장) 1번지"이다.

승마장

17세기에는 또다른 형태의 체육관, 승마장이 세워졌다. 이러한 혁신의 시초는 프랑스의 궁정 승마 교사 앙투안 드 플뤼비넬의 "승마 학교"로, 플뤼비넬이 조마술을 배웠던 나폴리에도 이와 유사한 시설이 있었다.[91] 나폴리는 근대 초기 유럽에서 가장 큰 도시이자 스페인이 통치했던 "양(兩) 시칠리아 왕국"의 수도였다. 나폴리는 이탈리아 여행자의 필수 방문지였고, 나폴리를 방문한 제후들은 나폴리 승마 학교를 구경하고 카로젤레(Carozele)라고 불리는 승마 발레 공연을 관람했다. 이를 위해서 궁정의 정사각형의 안뜰은 4면이 계단식 관람석으로 둘러싸인 대형 경기장으로 개조되었다.

승마장에서의 승마 시범. 앙투안 드 플뤼비넬의 저서 『군주를 위한 승마법 교본(*L'Instruction du Roy en l'Exercice de Monter à Cheval*)』에 수록된 크리스핀 드 파스의 동판화, 1627년, 프랑스 파리.

폴란드의 왕세자 브와디스와프 바사는 나폴리 왕궁의 창문을 통해서 방해받지 않은 채 페르난도 알바레스 데 톨레도 부왕, 통칭 알바 공작의 공연을 지켜볼 수 있었다. "북문에서 대기하고 있던 기수들은 왕세자가 도착했다는 신호를 받고 일어났다. 북, 피리, 다른 악기들의 연주 소리가 울리자 기수들은 2인 1조로 전진하고, 원으로 돌면서 말을 탔다. 말이나 사람이나 모두 눈이 돌아갈 만큼 호화찬란한 복장을 하고 있었다. ……그 자리에 참석한 모든 사람들이 화려한 행진에 감탄하며 마음을 빼앗긴 순간 갑자기 분위기가 전환되었다. 기수들은 전쟁터에서처럼 말을 타고 상대에게 창을 겨누고 몇 번이나 공격을 시도하다가 잠시 휴식을 취했다. 그리고 한쪽에서 두 사람이 앞으로 나오더니, 상대방 측의 두 사람에게 결투를 신청했다. 결투 신청을 받은 선수들은 상대에게 쇠공을 던졌고,

상대 선수들은 방패로 공을 막거나 민첩한 몸놀림으로 등이나 다른 신체 부위에 공이 닿지 않도록 피했다. 시합은 마지막 1명이 남을 때까지 다른 선수들에게 계속 결투를 신청하는 방식으로 진행되었다. 2명의 농부와 10명의 선수들이 방패와 무기로 계속 싸웠다. 날이 저물 무렵 시합은 호전적인 특성이 사라지고 차분한 분위기로 바뀌었다. 왕세자가 왕궁에서 부왕의 무리들과 교제하며 저녁 식사를 할 때에 오락이 시작되어 늦은 밤까지 계속되었다."[92]

한편, 피렌체의 대공의 궁정에서는 기교가 뛰어난 기수들의 시합이 열렸다. 리투아니아의 대공 알브레히트 스타니스와프 라지비우는 왕궁에서 열린 기마 시합에 대해서 "12명의 기수들이 말을 타고 음악에 맞춰 우아하게 춤을 춘다"라고 묘사했다. 같은 공간에 있었던 그의 비서는 희극에 기반을 둔, 발레가 포함된 공연에 대해서 좀더 상세히 묘사했다. "그다음에 관람객들은 극장에서 나와 옆에 위치한 아레나로 갔다. 24명의 기수들이 말을 타고 아레나에 입장했고, 음악의 박자에 맞춰 아주 민첩한 발걸음과 춤추는 듯한 동작으로 이쪽에서 저쪽으로 움직였다. 기수의 기억력과 탁월한 연기와 말의 민첩성 중에서 어느 것이 더 훌륭한지 가늠하기가 어려울 정도였다."[93]

파리의 루브르 바로 옆에는 마구간과 함께 승마장이 세워졌다. 스위스의 여행자 토마스 플래터 2세는 이를 다음과 같이 묘사했다. "바로 옆에는 넓은 장소가 있다. 이곳에서는 궁정 최고 조마사인 플뤼비넬이 말을 조련한다. 동시에 젊은 신사들과 귀족들에게 승마, 마상 시합, 고리 떼어오기 시합을 가르치기도 한다. 나는 사람들이 말을 타고 고리 떼어오기 시합을 하는 장면과 말을 어떻게 조련하는지 직접 보았다. 그리고 파리에서 가장 유명하다는 아카데미라는 곳에도 가보았다. 브루아주 소식지 407호에 적혀 있듯이 이곳에서 젊은 신사들과 귀족들은 승마, 마상 도약, 무용, 기사들의 무술 경기를 배운다. 앞에서 내가 설명했던 형식의 기사 아카데미가 도시의 다른 지역에도 있다. 이탈리아인과 프랑스인들은 말 사육을 많이 하기 때문이다. ……사람들은 날씨가 좋을 때는 푸르른 하늘 아래 넓은 광장에서 말을 타지만, 비가 올 때는 덮개가 있어 비를 피할 수 있는 뜰에서 말을 조련한다."[94]

17세기 볼펜뷔텔 아카데미에는 실내 승마장이 부설되어 있었다.[95] 18세기에 접어들면서 승마장은 마구간과 궁정 마구간 건물 외에 기사 아카데미의 표준 시설로 정착되었다.[96]

다목적 스포츠 시설

프랑스 왕령의 요새도시 브루아주[97]는 1555년, 대서양 연안에 있는 위그노의 요새도시 라로셸의 맞은편에 건설되었다. 부르아주 부근에는 아주 초창기에 귀족 자제들을 위한 아카데미 한 곳이 세워졌다. 토마스 플래터는 새로운 계획을 상세하게 기술했다. 그는 "아카데미 생도들"이 자신들은 귀족이지 성직자가 될 마음이 없다는 핑계를 대며 라틴어 공부를 게을리하고 그 대신 스포츠 훈련을 하는 것을 이상하게 여겼기 때문이다. "이 도시에도 특별한 아카데미가 있다. 이곳에서는 젊은 귀족들과 유복한 가정 출신의 남자들에게 승마, 마상 도약, 무용, 펜싱, 만돌린 연주 등 기사를 위한 각종 무술 시합과 유희를 가르친다. 그뿐만 아니라 이곳에는 정말 멋진 마구간이 있다. 그 안에서는 20필의 명마들이 사육되고 있다. 사람들은 날이 서늘한 아침저녁으로 도시의 특정한 공간에서 말을 조련하고, 동시에 생도들은 승마와 말을 타고 고리 떼어오기를 배우고 훈련한다. 그다음에 생도들은 펜싱 수업을 받기 위해서 이동하고, 나무로 된 말을 타고 원형으로 돌고, 춤을 춘다. ……젊은 생도들은 도시의 멋진 폴매리 경주로(팔라말리오 경주로)와 아름다운 실내 구기 시합장에서 경기하는 법을 배우고, 모든 비용을 사범에게 지불한다."[98]

건축가이자 볼펜뷔텔 기사 아카데미의 수학 교사인 레온하르트 크리스토프 슈투름이 그린 이상적인 설계도에서는 아카데미의 대형 기하학적 시설에 팔라말리오 경주로, "구기 시합 장소", 사격장, 야외 육상 경주로 등 다양한 야외 스포츠 시설을 선택하여 넣을 수 있도록 했다. 지붕으로 덮인 승마장, 무용 홀, 펜싱 경기장과 같은 건축물은 핵심 시설이었다.[99] 도서관, 진귀한 물건들을 보관하는 방 등이 차지하는 공간은 비교적 작은 편이었다.[100] 스포츠 시설들과 함께 승마장은 크게 발전했다. 오스트리아의 관료 프리드리히 빌헬름 하우그비츠는 승마 학교를 기사 아카데미에서 가장 중요한 시설이라고 생각했다.[101]

17세기에 구기 경기장은 복합 여가 시설이나 스포츠 시설의 일부였다. 이는 현대식 개념으로 다목적 스포츠 시설이라고 표현할 수 있을 것이다. 16세기의 왕궁에서 이러한 시설이 만들어지기 시작했다. 영국의 헨리 8세 시대부터 런던의 화이트홀 성 옆에는 대형 마상 시합장이 있었다. 산책하기에 좋게 지붕이 설치된 회랑을 통해서 중심 건물에서 마상 시합장으로 바로 갈 수 있었고 구기 경기장과 투계장으로도 연결되었다. 성의 실내 홀은 각종 행사에 사용되었고, 이탈리아 양식의 주랑이 있는 정원은 소규모 야외 오락 행사와 산책에 적합했다. 영국의 찰스 2세 시대에는 세인트 제임스 파크 옆에 이러한 시설이 추가되었다.[102]

물 위에서의 오락을 위해서 엘리자베스 1세 여왕의 침실에서 리버 게이트하우스로 바로 통하는 통로가 있었다. 템스 강의 리버 게이트하우스에는 여왕의 보트가 준비되어 있었다. 엘리자베스 1세는 이곳에서 자신이 소중하게 여겼던 윈저 성까지 갈 수 있었다. 윈저 성에는 대형 마구간과 사냥터가 있었고, 여기에서 그녀는 산책, 승마, 사냥, 석궁, 활쏘기 등 자신이 좋아하는 다섯 가지 스포츠를 즐길 수 있었다.[103] 토마스 플래터가 관찰했던 것처럼 사람들은 윈저 성에서 이러한 모습들을 구경할 수 있었다. "성의 정원에는……긴 산책로가 있고……그 너머로 울타리가 쳐진 국왕의 동물원이 보인다. 평지는 어떤 방해물도 없이 약 19킬로

마테우스 메리안, "제후의 슈투트가르트 유희 정원".

미터에 걸쳐 펼쳐져 있고 믿을 수 없을 만큼 재미있으며 사냥감도 많다. 사냥꾼들과 귀족들이 매와 함께 신나게 사냥을 한다. 윈저 성 주변에는 60여 개의 동물원이 있고, 각각 온통 다마사슴과 각종 야생 짐승들로 가득하다. 이 짐승들은 이곳에서 저곳으로 뛰어다닌다(모든 짐승들은 울타리 안에 갇혀 있다). 사람들은 단지 왕이 마음껏 즐기기를 원할 뿐이다." 물론 윈저 성에는 테니스 경기장도 있었다. "이 아름다운 경기장에서 사람들은 라켓으로 공을 치며 즐긴다."[104]

마테우스 메리안의 동판화 "제후의 슈투트가르트 유희 정원(Lustgarten)"을 보면 두 곳의 경마장이 중앙을 차지하고 있다. 하나는 16세기 중반에 건축된 것이고, 다른 하나는 1609년에 더 큰 규모로 신축된 시설이다. 더 오래된 경마장 옆에는 사격장이 있다. 그림에서는 보이지 않지만, 팔로네와 팔라말리오 경기장뿐만 아니라 구기 경기장도 있었다. 구기 경기장으로 사용되는 일이 점점 줄어들면서 유희 정원은 무용 공연, 발레, 연극,

곡예 공연 장소로 바뀌었다. 이곳은 기능적인 측면에서는 대형 스포츠 시설이었으며, 개방형 혹은 폐쇄형 산책 공원, 미로, 등자나무 집으로 보완되었다.[105] 스포츠 시설은 1600년경부터 복합 시설로 간주되거나 설계되었다. 30년 전쟁이 끝날 무렵 바이에른의 선제후 페르디난트 마리아는 슐라이스하임 궁전과 님펜부르크 궁전과 같은 여름 궁전에 경마 및 사격용 경주로 외에도 팔로네와 죄드폼을 위한 구기 경기장을 건설했는데, 이는 궁정에서 구기 스포츠 시합을 개최할 수 있는 공간이 사라졌기 때문이다.[106]

아레나

무용 행사장, 구기 경기장, 승마장, 펜싱장 외에 우리가 살펴볼 건축물이 하나 더 있다. 고대에 각종 스포츠 경기장으로 사용되었던 건축물, 아레나이다. 아레나는 지중해 지역이나 영국에서 고대 유산의 잔재로 남아 있었으나, 르네상스 이후에 그 지역에서 부활했다. 16세기에 안토니오 스카이노는 구기 스포츠에 관한 논문에서 파도바의 아레나를 축구를 하기에 가장 적합한 곳이라고 평가했다.[107] 토마스 플래터는 님에 있는 고대 로마시대의 아레나에 대해서, 원형경기장(암피테아터)을 뜻하는 독일어의 동의어로서 "무대(Schauplatz) 혹은 경기장(Spilhauß)"이라는 개념을 사용했다.[108] 영국의 여행자 토머스 코리엇은 베로나의 고대 아레나에 압도되어, 이 아레나의 건축 비용이 영국에서 가장 아름다운 성당의 무려 열 배일 것이라고 생각할 정도였다. 그는 베로나 시의회가 당시의 스포츠 행사, 즉 사육제에 투자하는 일을 극찬했다. 당시 베로나는 독립국가가 아니라 베네치아 공화국의 지배를 받고 있었다. "아레나는 보수 공사를 하고 있었다. 축제가 있는 날, 특히 사육제 때에 이곳에서는 마상 시합과 연극 공연과 같은 대규모 행사가 열리기 때문이다. 총 42층으로 된 관람석에는 2만3,000명의 관람객을 수용할 수 있었지만, 한 사람당 45센티미터 이상은 차지할 수 없을 정도로 좁았다."[109] 요제프 2세 황제는 1771년 이탈리아 여행 당시 아레나의 투우 경기를 관람하고 놀라움을 금치 못했다. 황제는 고위관리가 자신에게 고대의 암피테아터만 보여주려는 줄 알았다. 그런데 황제가 계단을 올라가 관람석에 도착하자, "그 좁은 구역에 이 도시와 이웃 지역 주민들이 전부 와 있는지, 암피테아터의 좌석은 맨 위층부터 맨 아래층까지 가득 차 있었다. 관람객들은 기립 박수를 치며 황제를 맞이했다. 이 광경에 황제는 정신을 차릴 수 없었다."[110]

이탈리아, 프랑스 남부, 스페인에는 투우뿐만 아니라 다른 스포츠 종목들도 퍼져 있었다. 마상 시합과 기마 시합은 나무로 된 관람석까지 갖춰진 임시 아레나에서 열렸는데, 시합이 끝나면 철거되었다. 16세기 스페인에서 마상 시합은 국민 스포츠가 되었다. 시합장은 대개 도시의 중앙 광장에 지어졌으며, 광장 주변의 주택은 깃발로 장식되었고 도시 왕궁의 발코니는 귀족들의 관람석 역할을 했다.[111] 스페인에 상설 투우 아레나가 설치된 것은 18세기 이후의 일이다.[112] 반면, 영국에서는 투우 경기를 위한 원형 경기장(bullring)의 전통이 전국에 퍼져 있었다. 런던이 큰 도시로 성장하면서 스포츠 아레나를 신축할 기회도 늘어났다. 늦어도 1530년대에는 도시의 맞은편 템스 강변에 있는 서더크에 상설 아레나가 건축되었다. 1540년대에는 이러한 건축물이 심지어 4개나 되었다. 1560년대 이후 도시 지도에는 두 개의 아레나가 나란히 묘사되었다. 하나는 투우 경기 전용 아레나이고, 다른 하나는 곰 몰이사냥 전용 아레나였다. 곰 몰이사냥은 엘리자베스 시대에 특히 인기가 많았다. 이 두 아레나는 도시 지도 판화집 『시비타테스 오르비스 테라룸(Civitates Orbis Terrarum)』에 수록된 프란스 호겐베르크의 런던 화집을 비롯하여, 영국으로 이주한 체코 출신 화가 벤젤 홀라의 판화 작품, 그리고 도시 풍경화들에 묘사되어 있다. 1583년 이 두 극장 중의 한 곳이 붕괴되는 사고가 있었지만, 하프 팀버(half timber) 양식으로 바로 재건되었다. 1600년에는 최대 1,000명의 관객을 수용할 수 있는 곰 몰이사냥 전용 아레나가 서더크에만 세

곳이 있었다. 곰 몰이사냥 전용 아레나는 희극 공연장으로도 사용되었고 호프 시어터(Hope Theater)라고 불렸다.[113] 토마스 플래터는 곰 몰이사냥과 투우 경기 아레나 외에도 런던 마시장에서 그렇게 멀지 않은 곳에 위치한 투계 전용 경기장에 대해서도 언급했다.[114] 아레나가 투우 시합장으로만 사용된 것은 아니었던 셈이다. 새뮤얼 피프스는 1664년 4월 25일 "클러컨웰 지역의 세인트 존 스트리트에 있는 레드불 아레나"에서 있었던, 상금을 건 경기에 대해서 기록했다. 클러컨웰은 지금은 런던의 중심부에 속하지만 당시에는 변두리였다. 피프스에게 이러한 상금을 건 경기는 흥미로운 구경거리였다.[115]

1667년 극장의 공연 분위기에 관한, "요즘 관객들은 점잖게 행동한다. 예전 관객들은 곰 몰이사냥 아레나에 있는 것처럼 행동했다"라는 묘사를 보면 과거에 아레나가 열광의 도가니였음을 알 수 있다.[116] 여기에서 점잖다는 표현은 짐승 몰이사냥보다는 관객의 태도를 의미한 것이다. 같은 해 5월, 피프스는 집에서 보트를 타고 "곰 몰이사냥 아레나에 가서 시합을 구경했다." 그는 이에 대해서 다음과 같이 묘사하고 있다. "경기장이 만석이어서 입장이 불가했다. 그래서 나는 맥줏집을 거쳐서 곰 몰이사냥을 할 때의 링에 들어가 의자 위에 올라가서 시합을 구경했다. 도살업자와 사공의 대결이었다. 둘 사이에 격전이 벌어졌다. 도살업자가 계속 우세했다. 그런데 사공의 손에서 칼이 미끄러졌다. 도살업자가 이것을 눈치챘는지는 잘 모르겠다. 어쨌든 도살업자는 무방비 상태였던 사공에게 일격을 가했고 사공은 손목에 심한 자상을 입었다. 사공은 더는 싸울 수 없는 상태가 되어버렸다. 사공들이 얼마나 분노했는지! 사공들은 바로 경기장으로 돌진하여 도살업자에게 불법 폭력에 대한 책임을 따져 물었다. 도살업자들도 자기 선수를 보호하기 위해서 나서면서도 그를 비난했다. 일대 난동이 벌어졌다. 양 팀의 남자들이 떼거리로 달려들어 전부 바닥에 내동댕이쳐지고 부상을 입었다. 재미난 구경거리였지만 나는 경기장에 있었기 때문에 괜한 싸움에 휘말려 맞을까 봐 겁이 났다."[117]

곳곳으로 여행을 다녔던 뷔르템베르크의 영주 루트비히 프리드리히는 1610년 런던의 서더크 지구의 곰 몰이사냥 아레나가 파리, 로마, 나폴리와 비교했을 때에 문화적으로 수준이 낮다고 여겼다. 이러한 시설들이 실제로 존재했는지 우리는 알 수 없으나 이것은 어느 정도 신빙성이 있는 판단인 듯하다.[118]

전문화

사범, 프로 선수, 심판

승마 교사, 무예 교사, 동물 관리사, 수의사는 귀족 교육을 위해서 필요한 인력이었다.[119] 물론 시민 계급의 운동에도 훈련과 지도가 필요했다. 15세기 말기에는 유럽 중부의 도시에 펜싱 사범이 등장했고, 누구나 돈을 지불하면 펜싱을 배울 수 있었다. 뉘른베르크나 프라이부르크, 브라이스가우에서는 펜싱 사범과 제자가 형제회를 결성했다.[120] 조직화되지 않은 경기에도 사범과 심판이 필요했다. 예를 들면, 런던의 한 학교 교장이었던 리처드 멀캐스터는 도처로 퍼진 거리 축구를 위해서 훈련 사범(Trayning maister)을 섭외했다.[121] 스카이노는 자신의 고용주인 페라라 공작을 상대로 심판을 봐야 했기 때문에, 테니스 심판으로서 구기 시합에 관한 책을 쓰기 시작했다. 자신의 주장의 정당성을 입증하던 중, 그는 구속력이 있는 경기 규칙이 없다는 사실을 알게 되었다.[122]

16세기에는 출장을 다니면서 사범이자 마상 시합 파트너로서 서비스를 제공하는 스포츠 사업가들이 나타났다. 사람들은 이들을 통해서 훈련 시간을 조율하거나 마상 시합을 열었다. 시의회나 귀족들은 이러한 서비스에 현금으로 가치를 매겼다.[123] 자신에게 익숙한 장소에서 서비스를 제공할 수 있는 숙련된 스포츠 교사를 찾는 경우도 있었다. 예컨대 바이에른의 공작 빌헬름 5세는 아내의 고향에서 사범을 초빙했다.[124] 1591년 뮌헨에서 모집 공고를 낸 팔론 마이스터, 다시 말해서 팔로네 시합을 위한 전문 사범은 이탈리아에서 초빙되었다. 1631년에 작센의 선제후 요한 게오르크 1세가 세 아들의 스포츠 교육을 위해서 연봉 200탈러에 모셔온, 폼페이오 몰리나리와 같은 구기 시합 사범들은 보통 이탈리아 출신이었다.[125]

기사 아카데미에서는 실력이 좋은 스포츠 교사를 갖추고, 학비를 지불할 수 있는 생도들을 모집했다. 튀빙겐의 콜레기움 일루스트레는 구기 경기장과 주변 스포츠 시설의 내부를 묘사한 그림뿐만 아니라, 기사들의 궁정 훈련 장면을 삽입한 홍보 책자를 발행했다. 이 학교에는 승마와 펜싱 수업을 위한 네 명의 교사들 외에도 구기 스포츠 교사와 무용 교사가 각각 한 명씩 채용되었다.[126] 토마스 플래터는 파리에는 경기장 관리인과 스포츠 교사를 포함하여 승마 학교와 펜싱 학교, 그리고 물론 귀족을 위한 별도의 시설을 갖춘 기사 아카데미 등 각종 스포츠 종목과 관련된 일자리가 있다는 사실을 알게 되었다.[127] 1598년 교황이 파견한 수행원의 보고에 의하면, 250개의 구기 경기장에서 약 7,000명에게 일자리를 제공하고 있었다.[128]

울름의 명문가 자제였던 사무엘 키헬은 런던에서부터 무용 및 펜싱 교사를 고용했다.[129] 크리스토프 바이겔은 『공익을 위한 주요 계층에 대한 안내서(Verzeichnis der Gemein-Nützlichen)』에서 무용 및 펜싱 교사, 그리고 구기 스포츠 교사를 목록화했다.[130] 17세기 말 독일에서 팔로네 시합은 평범한 사람들의 오락거리가 되었고, 팔로네 시합을 즐기려는 귀족들과 일반인들은 구기 시합 사범을 고용하여 1만 점 이상을 득점하는 법 등 높은 수준의 경기 실력을 배웠다. 바이겔 이전에는 뉘른베르크의 구기 스포츠 사범 요한 게오르크 벤더가 구기 시합에 관한 지침서를 발표한 적이 있었다.[131] 다른 스포츠 종목에서도 애호가가 아닌 전문가가

쓴 스포츠 안내서가 발표되기 시작했다.[132]

이는 스포츠의 전문화라고 간주할 수밖에 없다. 운동장과 체육관은 제후들의 궁정 관리자나 기사 아카데미의 펜싱, 무용, 구기 스포츠 교사, 도시의 사격 교사 또는 지도자이자 사범의 역할까지 맡았던 임차인이 전문적으로 관리했다. 이들은 경기장과 스포츠 시설의 유지 및 보수를 담당했고, 장비와 공, 때로는 스포츠 의상이나 간단한 간식 및 음료를 제공했을 뿐만 아니라 테니스 경기의 볼 보이 등와 같은 보조 인력도 공급했다. 마르부르크나 잘츠부르크의 구기 경기장의 사례를 통해서 입증되었듯이, 임차인들 사이에서는 대를 이어 실내 체육관을 운영하는 "가문"이 형성되었다.[133] 다른 스포츠 종목과 마찬가지로 유혈 스포츠에도 동물 관리인, 수의사, 사범, 도보 투우사, 기마 투우사뿐만 아니라 황소를 창으로 찔러서 공식적으로 경기를 마무리하는 창 투우사 등이 필요했다.[134] 영국에서는 이러한 경기가 국왕의 감독 체제 아래 운영되었다. 16-17세기에는 심지어 오락 장관(Master of the Games)이라는 궁정 관직을 설치하여 유희 시설 운영을 허가하고 동물 사육을 감독하게 했다. 1553년 에드워드 6세는 커스버트 본에게 "국왕의 게임, 오락, 스포츠, 모든 종류의 곰, 황소, 마스티프 개는 물론, 이러한 목적을 위해서 중요한 모든 것을 관리하는 수석 장관"이라는 직함을 주었다. 물론 메리 1세와 엘리자베스 1세 여왕도 그의 직위를 유지시켰다. 최후의 곰의 장관이 1680년 초에 사망하면서 이 관직은 사라졌다.[135]

경기와 마상 시합이 스포츠화되면서 시합에서 심판은 중요한 직책이 되었다. 참가자와 관중의 수가 많았던 시민 계급의 사격 축제에서 "의전관"은 행사의 원활한 진행을 위한 중요한 직책이었으며, 초대장에서부터 의전관의 이름이 언급되었다.[136] 스카이노는 구기 스포츠에 관한 묘사에서 심판을 언급했다. 물론 당시 대중 오락은 여전히 야만적이었고, 이러한 야만적인 행위는 운동선수들이 스스로 결정한 태도였다. 대중 오락은 폭동으로 이어지는 경우가 많았기 때문에 리처드 멀캐스터는 영국의 축구 경기에 심판을 투입해야 한다고 주장했다.[137] 제도화된 심판제는 건축 구조에도 반영되었다. 예컨대 근대 초기에 슈투트가르트 등의 경기장에는 경기장 높이에 심판석이 설치되어서 경기를 내려다볼 수 있었다.

근대 초기의 스포츠는 제후들의 궁정, 시의회, 아카데미, 대학교와 제도적으로 연결되어 있었다. 그뿐만 아니라 도시 수호를 위해서 국가에서 공식적으로 인정한 체계적인 조직, 즉 도시의 형제회, 펜싱 협회와 같은 동업 조합, 도시의 사격 클럽 혹은 제바스티안 형제회와 같은 지방 협회가 결성되기 시작했다. 이외에도 많은 개인 공급자, 즉 펜싱 학교, 구기 경기장이나 아레나 등을 임차해주는 사람들은 사적으로 관심을 표현하는 사람에게 공간을 대여하고 수업을 제공했으며 시합을 주관했다. 지금까지 이들의 활동은 체육관 연구와 관련 지을 때만 밝혀졌다.

경기, 상금, 보도

"결혼식이나 축제에서는 마상 시합이 빠지지 않았다."[138] 이때 "마상 시합"은 각종 스포츠 시합을 모두 의미하며, "축제(Fest)"는 넓은 의미로서 종교적인 축제(수호성인 축제, 교회 헌당 축제, 사육제, 부활절, 성탄절 등), 정치적인 축제(입성, 즉위식, 충성 맹세, 제후 회동, 제국의회, 서임식, 계약 체결, 평화 축하제 등), 또는 집권 제후나 뛰어난 위인들의 생애 주기에 일어나는 사건(출생, 결혼, 사망) 등을 의미한다.[139] 일정 없이 갑자기 시합이 열리는 경우는 드물었고, 정해진 일정에 맞추어 전국적으로 혹은 "국제적으로" 선수와 일반 관중이 초대되었다. 이러한 대규모 행사는 도시의 위상을 높이기 위해서 열렸으며 상업적인 목적으로 이용되기도 했다.[140] 15-18세기에 자유제국도시의 사격 대회에는 육상 종목 시합이 있었다. 대중적인 명성과 상금을 동시에 얻을 수 있는 이 시합에 종종 1,000명 이상의 선수들이 몰려들었다.[141]

심지어 어떤 상을 주는지에 따라서 시합의 명칭이 정해지기도 했다. 예를 들면 뮌헨의 주홍 스카프 시합은 우승자에게 주홍 스카프가 수여되었기 때문에 붙은 이름이다. 사람들 사이에서 유명한 시에나의 팔리오 경기에서는 우승자에게 외투(라틴어로 팔리움[pallium])를 상으로 주었다.[142] 테니스 시합처럼 개인이 주최하는 스포츠 시합은 주로 내기를 목적으로 열렸고, 공개적인 마상 시합은 상을 수여함으로써 참가자들의 마음을 끌어당겼다. 뷔르템베르크의 공작 요한 프리드리히나 그의 형제들, 때로는 신분이 높은 귀족이나 외부 손님들은 슈투트가르트 경기장에서 수차례 열리는 달리기와 승마 시합에 재정을 지원했다. 구기 경기장에서 열리는 테니스 시합이나 사격장에서 열리는 석궁 또는 소총 시합도 마찬가지였다. 금으로 된 트로피, 잔, 주전자, 주발, 장신구, 장식이 있는 무기, 상금을 지원하기도 했다. 이러한 상은 공개할 만한 가치가 있는 영구적인 기념품이었다.[143]

상금과 공시는 서로 의존적인 관계였다. 각 행사에 관해서 방대한 분량의 문서가 준비되었다. 대규모 시합이라면 초대장에 경기 규칙과 더불어 부상을 미리 명시하여 사람들의 기대를 높였다.[144] 15세기부터는 시민 계급의 시합에서 오랫동안 유지되던 현물 상품(양, 말 등)이 상금으로 대체되었다. 상금 규모는 불과 100년 만에 몇 배로 뛰었다. 1440년 아우크스부르크에서 40굴덴이었던 상금은 1470년에 101굴덴으로 올랐다. 1550년 라이프치히에서는 330굴덴의 상금이 주어졌다. 1503년 바젤에서 우승자에게는 300두카트 상당의 트로피가 수여되었다.[145] 사격 선수의 이름과 시합 결과는 인쇄물로 바로 발행되었다.[146] 1615년 다넨베르크 사격 협회가 개최한 사격 대회에서 브라운슈바이크-뤼네부르크의 공작 아우구스트 2세가 우승을 차지했다. 아우크스부르크의 미술품 거래상인 필리프 하인호퍼와 주고받은 그의 서신에는 그가 사격왕이 되어 승자의 목걸이를 걸었다는 소식에 제후가 매우 감격했다고 쓰여 있다. 그런데 그는 이 목걸

이가 마음에 들지 않아서 가문의 문장인 앵무새가 새겨진 금 목걸이를 새로 주문했다고 한다.[147]

대형 스포츠 행사와 인기 있는 선수들의 행적을 기록한 보고문은 현재까지 거의 연구되지 않았다. 소수의 사례로 마상 시합, 기마 시합, 상금이 걸린 사격 대회, 투우 등 시대에 따라서 사람들이 어떤 스포츠를 선호했는지 알 수 있을 뿐이다.[148] 출생, 세례, 참회절, 즉위식, 입성, 알현, 제후 회동, 제국의회, 평화 조약 체결, 사망 혹은 결혼 기념 대축제에 관한 인쇄물에는 스포츠에 관한 기록들이 많았다. 1568년 뮌헨의 제후 결혼식은 물론, 17세기 초 슈투트가르트의 궁정 축제 소식에서도 스포츠에 관한 기록을 볼 수 있다.[149] 1599년 프랑스의 앙리 2세가 겪은 비극적인 사고에 관한 기록은 당연히 많다.[150]

공식 기록과 1면짜리 목판 인쇄 전단지를 넘어, 대규모 스포츠 행사는 먼 지역에서도 관심의 대상이었다. 예를 들면 뷔르템베르크의 공작 요한 프리드리히는 통신원을 통해서 1611년 마티아스 황제 즉위식 기념으로 프라하에서 열린 기사 마상 무술 시합에 관한 소식을 전해 들었다.[151] 근대 초기 스포츠에 대해서 그동안 사람들은 선수들의 기량이 정확하게 기록되거나 측정되지 않았다는 편견을 가지고 있었다.[152] 그러나 보고문에는 누가, 어느 경기에서, 몇 점을 득점하고, 어떤 상을 받았는지 정확하게 기록되었다. 1604-1605년의 테니스 경기 성적을 꼼꼼히 기록한 아담 폰 발렌슈타인 주니어처럼 철저한 선수도 있다.[153]

일반인들의 스포츠를 향한 열광

우리는 전승을 통해서 제후들이 스포츠에 얼마나 열광했는지 잘 알 수 있다. 도시나 기사 아카데미와 마찬가지로 제후들의 구기 경기장에도 관람석이 설치되어 있었다. 제후들의 승마장과 승마 학교나 기사 아카데미의 펜싱 학교도 마찬가지였다. 물론 이러한 경우에는 공개 스포츠 행사보다 관중이 훨씬 적었다. 런던의 서더크에 위치한 두 개의 아레나에는 스포츠에 열광하는 수천 명의 관중이 일주일에 두 번씩 모였다.[154] 야외 행사에도 엄청난 인파가 몰려들었다. 예컨대, 1584년 피렌체의 칼초 경기는 4만 명의 관중을 기록했다.[155] 베네치아의 주먹 싸움과 경마도 관중이 많이 몰리는 스포츠였다. 예를 들어 시에나에서 팔리오 시합이 있으면 도시 중심가에 거리에서부터 화려하게 치장한 선수들이 북을 치고 깃발을 흔들며 입장했다.[156] 독일의 대도시 인구가 2만 명에서 4만 명이었던 이 당시에 수천 명의 손님을 대접하는 제국의회의 개최와 유사한 정도의 일 혹은 사업이었다.[157] 독일의 도시에서 가장 큰 행사는 사격 축제였다. 헤르만 폰 바이스베르크는 가족 연대기에서 1581년 8월 초에 자유제국도시 쾰른에서 열린 대규모 사격 대회에 관해서 기록했는데, 이 행사에는 수백 명의 사수와 수만 명의 관중이 참여했다고 한다.[158]

이미 영국에서는 18세기에 스포츠와 내기에 대한 열광이 대단했다. 여행자들은 보통 영국에 도착하자마자 스포츠 소식을 전했다. 루이제 폰 안할트-데사우 공작부인은 1775년 7월 21일 도버에서 캔터베리를 거쳐 시팅번까지의 첫 여행에 관한 인상을 다음과 같이 묘사했다. "우리가 첫 번째 목적지를 떠났을 때에 영국인들의 승마에 관한 열정을 곧바로 볼 수 있었다. 경마 시합 때문에 국도에 사람들이 가득했다. 우리는 반환점에 멈춰 서서 그들이 반원을 그리며 돌아가는 것을 보았다. 한쪽에서 들어와서는 다른 쪽으로 말을 타고 사라지는 모습을."[159]

근대 초기의 대중 스포츠

근대 초기에 이르자 스포츠는 귀족들만의 전유물이 아니었다. 당시에는 교회 마당, 광장, 마을과 도시의 거리에서 스포츠를 즐길 수 있었다. 그런데 이러한 공공장소에서의 스포츠 활동이 제한되면서 운동장과 스포츠를 위한 공간이 별도로 지정되었고, 그 외의 경우에는 도시의 성문 밖에 펼쳐진 야외에서 스포츠를 즐겼다. 특히 건물이 없는 강가나 얼음판 위에서는 언제나 스포츠를 즐길 수 있었다. 바젤 출신 인쇄업자의 아들인 펠릭스 플래터는 1550년대에 몽펠리에에서 의학을 공부하던 시절에 강과 바다에서 수영하고, 산책, 무용, 승마, 등산을 즐겼다. 그가 프랑스인들에게 가장 놀랐던 것은 얼어붙은 강에서 아이스 스케이트를 즐겼다는 사실이다.[160] 그의 남동생도 강에서 목욕과 수영을 했다. 그는 프랑스의 도시 오를레앙에 대해서 다음과 같이 묘사했다. "내가 다리를 건너 교외로 나갔을 때에 로아르 강에는 목욕을 하는 소년과 남자들이 정말 많았다. 몇몇 사람들은 다리에서 강물까지 높이가 상당한데도 물속으로 뛰어들었다. 많은 사람들과 여성들이 이들을 쳐다보고 있었다. 그러나 아무도 몸을 가릴 생각을 하지 않고 홀딱 벗고 있었다. 다리 한가운데 아래에 작은 섬이 있었고 멀지 않은 곳에 섬이 하나 더 있었다. 그래서 섬에서는 언덕에서와 마찬가지로 강으로 산책을 갈 수 있었다."[161]

미셸 드 몽테뉴는 『수상록(*Essais*)』에서 달리기, 무용, 죄드폼, 레슬링, 승마, 수영, 도약, 펜싱 등 다양한 스포츠 종목을 소개했다. 그는 달리기 이외의 모든 종목에 대해서는 자신의 실력이 보통임을 인정했다.[162] 탁월한 관찰자인 그가 1580-1581년 이탈리아 여행 중에 여러 스포츠 시설을 방문한 것은 결코 우연이 아니다. 베로나에서는 아레나를, 볼로냐에서는 베네치아 출신의 펜싱 사범의 펜싱 학교를 방문했는데, 그 사범의 제자가 몽테뉴의 고향인 보르도에서 비슷한 시설을 운영하고 있었다. 몽테뉴가 로마에 체류한 시기는 마침 사육제 기간이었다. 그는 아동, 유대인, 그리고 나체의 성년 남성들이 출전하는 달리기 경주와 당나귀, 물소의 경주, 그리고 경마 시합을 관람할 수 있는 표를 구매했다. 그러나 그는 이러한 경기들이 저녁에 임시 원형 경기장에서 열린 로마 귀족의 과녁 찌르기와 마상 시합의 다른 종목들보다는 지루하고 느꼈다.[163]

두 세대가 지난 후, 존 에벌린은 같은 사건을 다음과 같이 묘사했다.

"다음 날 아침 우리는 광란의 사육제를 구경했다. 세계 어느 곳에도 로마만큼 미쳐 날뛰는 곳은 없다. 바르바리 산 말들끼리 겨루는 세 번의 승마 경주가 가장 볼만했다. 스트라다 델 코르소에서 진행되는 이 경주에는 기수 없이, 말 등에서부터 옆으로 늘어진 박차만 있는 채로 말이 움직이도록 자극한다. 암말, 당나귀, 버팔로, 벌거벗은 남성, 노인과 젊은이, 소년이 경주에 등장하고 온갖 우스꽝스러운 오락이 펼쳐진다."[164] 공개 달리기 경주를 신랄하게 비판했던 칼뱅주의자 에벌린이 특별히 1645년 사육제 기간에 로마를 방문했고, 또한 베네치아의 계절 스포츠 행사를 비판했던 그가 다음 해를 베네치아에서 보냈다는 사실은 주목할 만하다.[165] 귀족이었던 그는 일반적인 대중 스포츠가 정신을 어지럽힌다고 생각했던 반면, 교양 있는 귀족 스포츠에 대해서는 경의를 표했다. 5월 초에 에벌린은 로마에 사는 도시 귀족으로부터 마상 시합에 초대를 받았다. 마상 시합에서는 모든 것이 질서 있게 진행되었다. 이것은 그가 즐길 수 있는 일종의 기사 스포츠였다. "아침에는 젊은 신사들이 예를 갖추고 대결하는 마상 무술 시합과 마상 시합이 있었다. 우리는 이 자리에 초대되었다. 시합 참가자들은 모험을 찾아다니는 기사들처럼 싸웠고, 우승자에게는 귀족 여성이 상을 수여했다. 창기병과 검술사들이 달리면서 장애물을 공격하여 와장창 깨지는 소리가 났지만 관람객들에게 다양한 즐길 거리를 제공하면서도 유혈 사태는 발생하지 않았다. 이것은 우리와 같은 여행객들에게는 새로운 볼거리였다."[166]

몽테뉴는 세례 요한 축일이 있는 주일에 피렌체를 한 번 더 방문했던 듯하다. 근대 초기에도 축제 주간에는 스포츠 행사가 많았다. 이 행사의 하이라이트는 코시모 1세가 매년 산타 마리아 노벨라 광장에서 거행했던 전차 경주였다. 스트로치 가문의 전차가 메디치 가문의 전차보다 약간 앞섰는데 몽테뉴는 이것을 불공정하다고 생각했다. 그럼에도 그는 전차 경주 관람을 이탈리아 여행 중의 최고로 꼽았다. 이는 그가 고대 그

사육제에 두칼레 궁전 앞 작은 광장에서 열린 투우 경기. 자코모 프랑코, 『베네치아 남성과 여성의 의복』에 수록된 삽화, 1610년, 이탈리아 베네치아.

리스 로마 문화를 선망했던 것과 관련이 있을 것이다. 반면, 그는 피렌체의 팔리오는 전혀 좋아하지 않았다. 좁은 거리에서 하는 시합이라서 볼 것이 많지 않았기 때문이다. 그는 루카에서 자주 볼 수 있었던 멋진 팔로네 경기에 대해서도 묘사했다. 1581년 10월 두 번째로 로마에 방문했을 때에 몽테뉴는 디오클레티아누스 욕장에서 열렸던 기수의 곡예 공연을 관람했다. 나이가 많은 이탈리아 남자 곡예사는 오스만 제국에서 오랫동안 노예 생활을 하면서 곡예 기술을 익혔다. 그러나 카스틸리오네가 『궁정론』에서 강조했듯이 곡예술은 귀족을 위한 운동은 아니었다. 그는 시에나의 귀족 실비오 피콜로미니의 성에서 저녁 식사를 하면서 대화를 나누었다. 그 대화에 따르면 귀족들이 좋아하는 스포츠는 펜싱이었다.[167]

변호사의 아들이자 학문으로 성공을 거둔 파비아 출신의 지롤라모 카르다노의 관점은 전혀 달랐다. 그는 회고록에서 한 장 전체를 스포츠에 할애했다. 이 글에는 대학 교수의 관점에서 본 스포츠에 대한 깊은 통찰이 담겨 있다. 여기에서는 어떤 종류의 스포츠를 다루었을까? "젊은 시절 나는 각종 검투사적인 훈련에 열정을 바쳤다. 이 야만적이고 오만한 계급의 사람들에게 존경을 받고 싶었기 때문이다. 나는 검으로 펜싱 훈련을 받았다. 검만 사용하기도 했고 방패를 함께 사용하기도 했다. 각이 진 방패, 큰 방패, 작은 원형 방패도 다루었다. 나는 궁정검과 도검 또는 긴 랜스와 투창 혹은 검과 무거운 칼집을 동시에 든 상태에서 목마에 오르는 법도 배웠고, 무장하지 않은 다른 사람의 단검을 빼앗는 법도 익혔다. 나는 달리기와 도약 연습을 하며 충분히 훈련을 받았다. 그러나 나는 팔 근육이 약했기 때문에 팔을 쓰는 훈련은 적게 했다. 승마, 수영, 총포 사격 훈련을 할 때는 마음이 편치 않았다. 신이 노하여 번개를 칠 때처럼 두려움이 엄습했기 때문이다. 천성적으로 나는 겁이 많다. 인위적인 훈련만이 나에게 용기를 주었기 때문에 나는 민병대에 자원입대했다. 밤에는 당국의 규정을 어기고 종종 무장을 하고 내가 살고 있던 도시의 거리를 샅샅이 정찰했다."[168]

귀족과 대학 교육을 받은 사람의 공통점은 단련을 위한 훈련과 스포츠 시합을 할 시간이 있었다는 것이다. 근대 초기에 일종의 유한 계급은 스포츠를 차별화 수단으로 삼았던 것일까? 특정한 스포츠 종목에 대해서라면 이는 사실이다. 심지어 마상 시합, 칼초, 고리 떼어오기 시합, 테니스 등의 규정집에서는 하위계층이 완전히 배제되어 있다. 그러나 이러한 관점만으로는 해석할 수는 없다. 네덜란드와 라인란트에는 15세기 말에 일종의 야외 테니스가 있었다. 이 스포츠는 "카에첸(Kaetschen)"이라고 불렸으며 일반인들에게 인기가 많았다. 1450년 쾰른의 한 수사는 저지독일어로 쓴 「카에첸의 의미에 관하여」라는 논문에서 이를 다루었다. 1562년 쾰른에는 카에첸 경기장인 "카츠반(Katzbahn)"이 남아 있었다.[169] 런던, 파리, 로마와 같은 유럽의 대도시에는 테니스 경기장과 구기 스포츠 경기장, 펜싱 학교, 승마 학교가 있었다. 장소 대여료를 감당할 수 있는 사람이나 사범 또는 스파링 파트너가 있는 사람이라면 누구나 이곳에서 시합을 할 수 있었다. 이러한 스포츠 서비스는 유럽 대도시의 매력을 더하는 입지적인 장점이 되었다.

겨울 스포츠

좁은 의미의 스포츠화는 근대의 시작과 함께 동계 스포츠 영역에서 확인할 수 있다. 1510년 스코틀랜드의 귀족들은 컬링 클럽을 창설하여 얼음판 위에서 납작한 돌로 하는 경기를 훈련했다. 16세기부터 프랑스 북부와 네덜란드에도 다양한 장비를 사용하는 컬링이 발달했는데, 이를 보면 이 스포츠가 스칸디나비아 반도 전역에 전파되었다고 추측할 수 있다. 프랑스에서는 휘어진 손잡이가 달린 납작한 돌판을 찻주전자라고 불렀다. 이 납작한 돌판은 잘 갈린 돌 외에도 금속 테가 둘린 경재(硬材)로도 제작되었고 무게는 약 15-20킬로그램이었다. 가장 오래된 컬링 스톤은 스코틀랜드에서 발견되었고 1551년에 제작된 것으로 알려져 있다. 컬링은 바이에른과 슈타이어마르크에서 발달했고, 다른 알프스 지역에서도 발달했을 것으로 추측된다. 이곳에서는 표적을 "하제를(Haserl)" 또는 "다우베(Daube)"라고 불렀다. 실내 게임인 셔플보드(Shuffleboard)는 이 겨울 스포츠에서 유래한 것으로 보인다. 셔플보드는 길이가 약 3-10미터인 대형 게임용 테이블에서 게임용 칩을 삽 모양 도구로 밀어내는 게임이다. 1532년 발표된 책에 국왕이 쇼빌보드에서 큰돈을 잃었다는 대목은 영국의 헨리 8세가 셔플보드를 즐겼다는 증거이다.[170]

에버하르트 베르너 하펠은 저서 『흥미로운 것들(Relationes Curiosae)』의 "겨울철에 즐기는 놀이"라는 장(章)에서 엘베 강, 비넨라스터 호수와 아우센라스터 호수가 얼었을 때의 함부르크 사람들을 묘사했다. 사람들은 말이 끄는 썰매를 타거나 스케이트 신발을 신고 놀이를 즐겼다. 이 신발의 구조도 상세하게 설명되어 있다. 네덜란드의 전문가들은 도약을 포함한 피겨 스케이팅을 선보였다. 1682년 네덜란드에서는 빙상 요트가 소개되었는데, 활주부(날) 덕분에 얼음 위를 "화살처럼 빠른 속도로" 달릴 수 있었다.[171] 그런데 왜 시합에 대한 기록은 없는지 궁금하다면, 이 사실을 떠올려보기를 바란다. 지금도 올림픽 종목에 피겨 스케이팅이 있지만 선수들의 실력을 평가하는 기준은 속도가 아니라 도약의 수준과 연기의 우아함이라는 것을 말이다. 네덜란드의 화가 피터르 브뤼헐 등의 겨울 그림을 통해서 유추할 수 있듯이, 스위스에서 스칸디나비아에 이르기까지 아이스 스케이트는 물론이고 아이스 하키와 컬링은 모든 사람들에게 사랑을 받았다.

소빙하기의 한기가 찾아오면서 유럽 중부로 겨울 스포츠 종목이 전파되었고 썰매장이 없는 궁정이 없을 정도였다. 화려한 썰매는 제후들의 궁정 마구간에 있는 마차처럼 관리되었다. 여름철의 마차처럼 썰매도 말이 끌고 다녔기 때문이다. 근대 초기에 탈 것의 전체 수가 증가하자 이를 안전하게 보관할 수 있는 큰 건물, 이른바 대형 차고가 필요해졌다. 이러한 썰매들은 대개 박물관 소장품으로 보존되고 있다. 예컨대 우어아흐의 뷔르템베르크 소장품, 인스부르크 페르디난데움 박물관의 티롤 소장품 혹은 님펜부르크 성의 궁정 마구간이었던 마차 박물관의 바이에른 소장품이 있다. 궁정 귀족들은 11월부터 3월까지의 긴 겨울 동안 전국 각지에서 썰매 타기 행사를 개최했다. 횃불을 밝히고 타는 야간 스케이팅은 특히 인기가 많았다. 따뜻한 지붕 아래서 가문들끼리 친해질 수 있었던 오락 활동 외에도 개나 말이 끌 수 있도록 튼튼하게 제작된 썰매로 하는 경주도 있었다. 심지어 종교적인 성향이 강했던 바이에른의 막시밀리안 선제후의 궁정에도 손잡이가 있는 검정색 경주용 썰매가 19대나 있었는데, 이 썰매들에는 운전자와 함께 동승객 1명이 더 탈 수 있었다.[172] 썰매는 사냥과 다른 궁정 스포츠 종목에 사용되었다. 예를 들면 드레스덴에서는 고리 떼어오기 시합이 개최되었는데, 기수들은 말이 아니라 썰매를 타고 목표를 향해서 달렸다. 1654년 이후의 여성들의 고리 떼어오기 시합에서는 남성이 썰매를 운전하고 여성은 창으로 목표물을 저격했다.[173]

당국에서는 겨울철 놀이를 제한하려고 했다. 자유제국도시 아우크스부르크에서는 1530년에 야간 운전 금지령을 내렸고, 1568년에는 썰매 가격 제한 조치를 발표했다. 물푸레나무로 만들어졌으며 쇠를 박은 활주부, 고정된 나무 구조물, 버팀쇠가 장착된 다보스 썰매는 1883년 다보스에서 썰매 시합이 개최된 이후 노르웨이식 경량 썰매로 발전했다. 봅슬레이용 썰매부터 스켈레톤용 썰매에 이르기까지 모든 유형의 썰매는 이 모델에서 발전한 것이다. 1850년경 제임스 로드 피어폰트가 작곡하고 말 한 마리가 끄는 마차 썰매(보스턴, 1857)라는 제목으로 발표되었던 크리스마스 캐롤 징글벨은 젊은이들이 마차 썰매를 타는 모습을 노래로 만든 것이다.[174]

궁정의 스포츠

궁정은 근대 초기의 스포츠 선호도 변화를 설명하기에 아주 좋은 사례이다. 막시밀리안 1세 황제의 자서전 『바이스쿠니히(*Weißkunig*)』와 『토이어당크(*Theuerdank*)』에 묘사되었듯이, 그는 전쟁 훈련과 기사 시합으로 형성된 중세의 스포츠 세계로부터 여전히 큰 영향을 받고 있었다. 이러한 작품들에 수록된 삽화를 보면, 아이들의 놀이 가운데 구기 시합이 가시 교육으로서 포함되었음을 알 수 있다. 모든 궁정에서 그랬듯이 황궁에서도 사냥은 여전히 특별한 역할을 했다. 막시밀리안 황제는 티롤 고산 지대에서 주로 영양 사냥을 했다. 부르고뉴식 교육을 받은 카를 5세 황제의 취향은 이와는 전혀 달랐다. 카를 5세에게는 기사 시합 외에도 어린 시절부터 네덜란드에서 배운 테니스가 중요한 스포츠였다. 카를 5세는 프랑스, 영국, 이탈리아에서도 테니스 시합을 했다. 좀더 상세히 살펴보면 스페인과 독일의 사례도 찾을 수 있다. 스페인에서 성장하여 나중에 페르디난트 1세 황제가 된 그의 남동생은 1521년부터 빈에 거주했고, 1520년대 초에 빈과 오스트리아의 도시에 최초의 구기 경기장을 설립했다. 페르디난트 1세의 아들인 막시밀리안 2세 황제는 프라하에 이 새로운 스포츠를 전파시켰고, 노이게보이데 성에 엄청난 규모의 테니스 경기장을 세웠다. 이곳에서는 아마 실내 팔로네 시합도 열렸던 것으로 추측된다. 보헤미아가 루돌프 2세 황제의 통치하에 권력의 중심지로 부상하고 프라하가 정치적인 복식 테니스의 중심지가 되자, 보헤미아 귀족들은 앞다투어 구기 경기장을 짓기 시작했다. 발렌슈타인 제후는 프라하 성에, 에겐베르크의 제후들은 크루마우(현재 체스키크룸로프)에 테니스 경기장을 설치했다. 심한 우울증이 반복적으로 발생하던 루돌프 2세는 스포츠 활동을 많이 했다.

마티아스 황제와 페르디난트 2세 황제 시대에 빈은 제국의 항구적인 수도가 되었고 이는 이 도시에 스포츠 시설을 확충하는 계기가 되었다. 후에 브와디스와프 4세가 되는 폴란드의 왕세자가 처음 빈을 방문했을 때에 장래의 황제 페르디난트 3세는 처음으로 그를 만나서 예술 소장품을 소개했고, 1624년 6월 25일과 6월 26일에는 손님들과 함께 사냥을 떠났다. 그다음에 발레와 함께 무용 공연이 있었고 다 같이 독일 춤을 추었다. 6월 27일에 열린 사격 시합에서는 왕세자가 상금을 차지했다. 다음 날 사람들은 피겨 댄스, 발레, 궁정의 "보편적인 춤"을 즐겼다.[175] 레오폴트 1세 황제가 통치하던 시절에는 그의 맞수인 프랑스의 루이 14세 시대처럼 옛 스포츠 종목 중에 일부는 없어지고 새로운 스포츠 종목이 등장했다. 궁정의 사람들은 구기 경기장과 승마장 등 스포츠 편의 시설을 잘 갖춘 빈의 호프부르크 궁전에서 겨울을 보냈다. 봄에는 마상 시합장이 있으며 산책하기에 좋은 빈 남부의 락센부르크 성에 머물렀다. 여름에는 파보리타 성에서 지냈는데, 이곳은 1746년에 스포츠 시설을 포함하여 기

1993년 화재 이후 원래 상태로 복구된 빈 노이게보이데 성의 대형 실내 구기 경기장. 스포츠에 열광했던 막시밀리안 2세 황제가 1569-1576년에 걸쳐 이 건물을 세웠다. 18세기에는 군사적인 목적으로 사용되었다.

사 아카데미로 용도가 변경되었다. 가을에는 현재는 쇠락한 노이게보이데 성 옆에 있는 카이저에버스도르프 성에서 지냈는데, 현재는 황제의 동물원만 남아 있다.

요제프 1세 황제는 아슬아슬한 곡예를 좋아하고 말을 직접 길들이는 탁월한 기수였다. 청년 시절에 모험을 즐겼던 그는 절친하게 지냈던 마티아스 람베르크와 함께 사냥을 다녔다. 그의 동생인 카를 6세는 동계 기사 아카데미를 설립했다. 또한 그의 딸인 마리아 테레지아는 흔히 "여제"로 불렸지만 절대 이 칭호를 사용하지 않았다. 오스트리아의 여대공이자 헝가리와 보헤미아의 여왕으로 선출된 그녀는 남편인 프란츠 1세 황제보다 자신이 훨씬 막강하다고 생각했다. 그녀는 빈의 호프부르크에 대규모 무용 공연을 위해서 대형 무도장을 짓게 했다.

유머 감각이 부족한, 마리아 테레지아의 아들이 왕위에 오르면서 오랜 제국과 오랜 유럽의 스포츠 전통도 끝났다. 요제프 2세 황제의 이상인

이성 중심 사회에서는 귀족이나 신하들의 오락 활동이 적합하지 않았다. 그는 종교적인 이유보다는 계몽주의 사상에 입각하여 국가이성의 유용성을 고려하는 것을 중시했기 때문에 모든 형태의 자원 낭비, 즉 모든 문화 활동에 반대했다. 계몽주의자들은 공장제 수공업, 교도소, 병원에는 관심을 두었지만, 테니스 경기장이나 승마 경기장에는 관심이 없었다. 그러나 그는 빈의 아우가르텐 정원과 프라터 유원지를 일반인에게 개방했고, 빈 시민들이 공공 여가 시설에 출입할 수 있도록 허용했다. 그의 동생인 레오폴트 2세 황제는 토스카나의 대공으로서 피렌체의 공식적인 전통인 칼초를 환영 시합 이후 폐지시켰다. 문화에 몰이해했던 그는 "야만적인 오락이라며" 오페라와 연극, 심지어 사냥까지 제한했다.[176] 1806년 프란츠 2세는 나폴레옹의 압박으로 신성 로마 제국의 마지막 황제 자리에서 물러나야 했지만, 1835년까지 도나우의 군주로서 오스트리아-헝가리 제국을 계속 통치했다. 그는 스포츠보다는 식물에 더 관심이 많았고 말린 꽃 수집품을 많이 남겼다.

상업화

크리켓

크리켓은 대부분의 유럽 대륙 사람들이 이해할 수 없을 만큼 무의미해 보이는 스포츠이다. 지역의 한 스포츠로 시작된 크리켓은 17세기부터 영국의 국민 스포츠로 급부상했다. 19세기에 대영제국 전역으로 전파된 이 스포츠는 현재 영국 연방에서 주로 즐긴다. 크리켓에서는 모든 대결이 볼러(bowler : 투수)와 배트맨(batsman : 타자)을 중심으로 이루어진다. 볼러와 배트맨은 긴 직사각형 경기장인 피치(pitch)에 약 20미터 거리를 두고 선다. 볼러는 배트맨 뒤에 있는 주문(柱門)인 위켓(Wicket)을 맞혀야한다. 위켓은 3개의 세로 막대로 되어 있고, 세로 막대는 가로 막대로

크리켓 경기의 모습.

연결되어 있는데, 공에 맞으면 넘어진다. 위켓의 키퍼는 배트맨 뒤에 서서 공이 위켓에 명중되지 못하도록 막는다. 반면, 배트맨은 공으로 위켓을 맞히려고 하고, 공을 맞히면 득점 기회가 주어진다. 단, 득점은 공을 맞힌 횟수가 아니라 런(run : 공을 맞힌 후 배트를 들고 피치의 반대편까지 뛰어가는 것)을 기준으로 한다. 볼러는 피치를 둘러싼 큰 타원형 잔디 경기장에서 필드 선수의 도움을 받는다. 필드 선수는 최대한 빨리 공을 볼러에게 돌려줘야 한다. 크리켓은 한 팀은 점수를 따려고 하는 반면, 다른 한 팀은 상대 팀이 점수를 따지 못하도록 막는 경기이다. 실책을 한 배트맨은 경기장에서 아웃이 되어 다른 선수로 교체된다. 모든 선수들이 아웃되면 1회가 끝나고 다음 회로 넘어간다. 그러면 수비를 맡았던 팀이 공격을 맡는다. 크리켓 경기는 한 팀당 1이닝 혹은 2이닝으로 이루어진다. 정해진 경기 시간은 없고 이론상으로는 하루 종일 경기를 할 수도 있다.

크리켓이라는 단어가 문서에 처음 언급된 것은 1598년 초로, 영국 남부 길드포트의 서리 백작령에 있는 로열 그래머 스쿨의 소유권을 둘러싼 재판 기록에 등장한다. 이 재판에서는 한 남자가 논란에 휩싸인 이 토지에서 50년 전부터 크레켓(krecket) 경기를 해왔다며 관습법상 자신의 권리를 주장했다. 그다음으로는 1611년 청교도들의 안식일 엄수주의와 관련하여 2명의 크리켓 선수들이 일요일 안식을 위반했다는 판결을 받은 사건에서 이 단어가 등장한다. 축구처럼, 크리켓은 공화국 시대에 청교도주의자들이 좋아하지 않았던 마을 간의 경기였다. 왕정복고 이후 크레켓(Creckett)은 영국 남동부 지역에서 계속 인기를 끌었다. 승리 혹은 패배에 내기를 걸 수 있었기 때문이었다. 언론 검열 시대 이후 1697년 서식스 지역에서 각각 11명으로 구성된 두 팀 간에 50기니를 건 대형 크리켓 경기가 열렸다는 보도가 있었다. 18세기 초에는 귀족과 부유한 상인들이 후원자로 나서서 크리켓 팀을 결성했고, 1707년 런던 핀스베리의 아틸러리 그라운드와 같은 대형 경기장을 제공했다. 1709년에는 백작령을 대표하는 최초의 팀이 등장했다. 1725년 이후 신분이 높은 귀족이 출전하면 언론에서는 크리켓 경기에 관한 보도를 더 자주 했다.[177]

국왕 조지 2세와 카롤리네 폰 브란덴부르크-안스바흐의 장남이자 영국의 왕위 계승자였던 프레더릭 루이스는 크리켓을 장려했다. 그의 아버지가 그를 영국에서 먼 곳으로 보냈기 때문에, 그는 할아버지인 조지 1세가 세상을 떠난 후인 1728년에 웨일스 공으로 임명받은 후에야 영국으로 다시 돌아올 수 있었다. 그는 왕세자 자리에 오르자마자 아버지인 조지 2세 국왕의 정적이 되었고 귀족원과 연합했다. 귀족원들의 회동 장소는 테니스 코트와 크리켓 경기장이 갖춰진 대형 여가 공간 링컨스 인 필즈(Lincoln's Inn Fields)였다. 지금도 링컨스 인 필즈는 런던에서 가장 큰 광장이다. 열정적인 스포츠인이었던 이 왕세자는 클리브덴 별장에서 낚시, 조정, 사격을 즐겼다. 그는 영국의 통합을 촉진하기 위해서 크리켓 팀을 결성했고 선수들의 경기 출전료와 상금에 더해서 우승자를 위해서 트로피를 지원하는 관습을 도입했다. 대니얼 디포가 창간한 「화이트홀 이브닝 포스트(*Whitehall Evening Post*)」 등의 신문에서는 그가 후원하고 최초로 정식 선수들이 출전한 크리켓 경기에 관한 소식을 보도했다. 불행히도 이 스포츠 왕세자는 크리켓 공에 맞아 치명상을 입었다. 사망의 정황은 모호한데, 그가 공을 맞은 자리에 농양이 생겨 사망했다는 설도 있다.[178]

최대 후원자였던 왕세자의 죽음은 최초의 크리켓 클럽이 창설된 것과 관련이 있을 것이다. 1787년 런던에 창설된 메릴본 크리켓 클럽(MCC)은 특히 중요한 역할을 했다. 이 클럽은 크리켓의 발전을 목표로 삼았고, 1년 후에는 크리켓법을 개정했으며, 영국과 웨일스, 이후로는 전 세계의 크리켓 스포츠를 체계화했다. 크리켓이 공식 종목으로 인정받았던 1900년 파리 올림픽에서 우승은 영국 팀이 차지했다. 약 200년이 지난 1993년에 MCC는 자신의 업무를 국제 크리켓 협회(ICC)와 국가 차원에 해당하는 영국의 지역 조직에 내주었다. 크리켓 월드컵은 1975년부터 4년 간격으로 개최되며, 최근의 크리켓 월드컵에는 14개국이 출전했다. 제1회 크리켓 월드컵 우승국은 오스트레일리아를 제치고 서인도(카리브 제도)가 차지했다. 크리켓의 종주국인 영국은 한 번도 우승컵을 차지하지 못했다. 오스트레일리아가 4회, 인도가 2회, 카리브 제도가 2회, 파키스탄과 스리랑카가 각각 1회 우승을 했다. 2005년 ICC 본부는 1996년부터 크리켓 월드컵에 출전하고 있는 아랍에미리트의 두바이로 이전했다. 아랍에미리트와 네덜란드는 크리켓 월드컵 참가국들 가운데 한번도 대영제국의 식민지였던 적이 없는 국가들이다.

영국 스포츠의 상업화

독일의 스포츠는 개인화되고 있었던 반면에, 이와는 정반대로 영국의 스포츠는 상업화되고 있었다. 이는 1695년 언론 검열 시대가 끝난 영국에서 꽃을 피운 신문 광고에서 명백히 확인할 수 있다. 「스포팅 매거진」에서 권투의 역사를 살펴보면, 명예혁명 시기인 1688년에 이미 런던에는 공개적으로 권투 경기를 개최하는 장소가 많았음을 확인할 수 있다.[179] 최초의 스포츠 광고는 1699년에 등장했다. 런던의 클러컨웰 지역의 호클리 인 더 홀에 새로 건축된 사설 유혈 스포츠 시합장인 베어가든(bear-garden)의 광고였다. 당시 런던은 57만5,000명의 인구가 거주하는 대도시였다. 런던 시민들은 삭막한 일상 속에서 기분 전환을 위해서 참신한 상업적 극장 공연과 행사를 찾았다. 클러컨웰은 유혈 스포츠뿐만 아니라 상업적인 프로 권투 경기가 열리는 장소였다. 1700년 일간지 「런던 포스트(London Post)」는 고먼이라는 사람과 챔피언 데이비스와의 권투 경기에 관한 기사를 보도했다. "윤리적인" 성향의 주간지 「스펙테이터(The Spectator)」와 같은 권위 있는 잡지에서도 스포츠 경기에 더 큰 관심을 두기 시작했다. 「스펙테이터」의 발행인인 리처드 스틸은 1712년 대중에게 꽤 알려진 권투 선수 제임스 밀러가 상대 선수인 벅 때문에 중상을 입고 패배한 소식을 기사화했다.

상업화는 격투 스포츠뿐만 아니라 다른 형태의 운동 시합에서도 나타났다. 18세기 초까지는 신분이 높은 귀족들이 준프로 선수들을 위해서 개최하는 전통적인 육상 경기가 있었다. 그중에서도 달리기 선수 레비 화이트헤드의 실력이 뛰어났다. "금세기 초에는 요크셔 브램험 출신인 레비 화이트헤드가 있었다. 그는 달리기를 잘하는 것으로 유명했다. 현 칼라일 백작의 할아버지에 이어, 그는 하워드 성에서 몇 년간 달리기 시합에서 1등을 놓치지 않았다. 또한 그는 그에게 도전한 어느 유명한 인도인과 9명의 다른 선수들을 물리치고, 리폰 인근에 있는 스터들디 지역의 귀족인 윌리엄 애슬리비로부터 앤 여왕의 기니 금화를 상금으로 받았다. 22세에 그는 4마일 거리의 브램험 모어를 19분에 완주하는 기록을 세웠다. ……그는 1787년 3월 14일 100세의 나이로 세상을 떠났다."[180] 그는 이후의 사람들에게 더 많이 혹은 더 오래 달리거나 더 빨리 달려야 하는 기준을 세웠다. 유명한 선수이자 오락 분야의 기업인인 제임스 스미스는 런던의 아틸러리 그라운드에서 열린 시합에 참여했다. 자칭 주자(走者) 잭슨이라는 한 선수는 클래펌 커먼에서의 시합에서 기술(아마도 달리기 기술이었을 것이다)을 선보였다. 1725년 플래저 가든 수영장에서는 수영 시합이 열렸다. 1730년에 제임스 애플비가 4마일을 18분 만에 완주하여 신기록을 세웠다. 이것은 화이트헤드보다 1분이나 더 단축된 기록이었다. 이후에도 영국에서는 도보주의(pedestrianism)라는 표현으로 압축될 수 있는 시합들이 계속 열리면서 매년 신기록이 탄생했다. 더욱 흥미롭게도, 1740년대 이후 런던에서는 정교한 스톱워치가 생산되기 시작했다. 이 스톱워치는 자연과학 분야에서뿐만 아니라 스포츠 분야에서도 사용되었다. 1770년 제임스 패럿은 1마일을 4분 만에 완주했다. 이 기록을 깨기 위해서 17년 후에 1,000기니의 상금을 건 시합이 열렸다. 데이비드 데이의 환산에 의하면 1,000기니는 현재 가치로 78만 파운드, 약 100만 유로에 가까운 돈이다! 1796년 10월 31일 웰러라는 선수가 같은 거리를 3분 58초에 완주했다.[181]

권투 선수 제임스 피그는 격투 스포츠 분야에서 진정한 스타가 배출되기 시작했음을 보여주는 사례이다. 피그는 1714년 챔피언 타이틀을 획득하면서 처음으로 신문 기사에 언급되었다. 그로부터 5년 후, 그는 스스로를 "영국 챔피언"이라고 칭했다. 권투의 역사에 관한 많은 자료들에서는 그를 최초의 헤비급 챔피언으로 간주했다. 그는 15세의 나이에 처음 챔피언 타이틀을 획득한 이후부터 사망하던 해까지 무패를 기록하며 비교적 오랜 기간 챔피언 자리를 지켰다. 그 이후 제임스 피그는 1930년에 세계 챔피언 타이틀을 획득한 독일의 막스 슈멜링과 함께 1992년에 "국제 권투 명예의 전당"에 올랐다.[182] 피터버러의 백작으로부터 후원을 받았던 제임스 피그는 1723년에 경기장을 열었다. 그곳에서 그는 권투를 가르치고 시합을 개최하며 자신의 사업 감각을 입증했다.

안드레아스 묄러, "권투 시합". 1737년, 영국 런던.

유혈 스포츠 시합은 더 이상 이러한 "암피테아터"에서 열리지 않았다. 피그는 사업에서도 크게 성공하여 윌리엄 호가스와 같은 예술가들에게 광고 포스터 제작을 의뢰할 수 있었다. 호가스는 많은 관중들 앞에서 곡예사와 악사가 초청 공연을 하는 대목 시장의 광경을 그리면서 피그를 모범적인 인물처럼 묘사했는데, 이는 권투 시합 주최자인 피그와 호가스가 사업 관계로 얽혀 있었기 때문이다. 이 작품은 피그가 사망하던 해에 완성되었는데, 최고의 스포츠 선수이자 기업가였던 그에게 경의를 표하기 위해서 그려진 작품인 듯하다. 1734년 이 권투 경기장은 그의 제자이자 새로운 챔피언인 조지 테일러에게 인수되었다.[183]

그러나 테일러에게는 불운이 따랐다. 조지 테일러의 오랜 경쟁자였던 잭 브로턴이 1738년 테일러를 제치고 새로운 챔피언이 된 이후 두 번째 권투 경기장을 바로 옆에 열었는데, 멋진 광고를 게시하고 최고의 권투 선수들을 섭외하면서 대중들이 몰려들기 시작했던 것이다. 화가 제임스 해밀턴 모티머는 브로턴과 조지 스티븐슨과의 1741년 시합을 유화 작품으로 남겼는데, 이 시합으로 스티븐슨은 목숨을 잃었다. 이외에도 전문 권투 선수인 조지 테일러와 잭 브로턴을 그린 작품도 있다.

이 사망 사건을 계기로 1743년 브로턴은 로블로(low blow : 권투에서 벨트 라인 아래 부분을 가격하는 것) 금지, 케이오(KO : 선수가 다운되어 경기를 다시 시작하지 못하는 상태) 시 경기 중단, 케이오 이후 경기 종료 등을 내용으로 하는 권투 규정을 마련했다. 이러한 브로턴 규칙은 권투의 문명화를 이끌었다. 그러나 1753년 상금을 건 권투 시합이 전면 금지되면서 권투는 몇 년간 침체기를 겪었다. 1789년 당대 최고의 권투 선수였던 대니얼 멘도사가 권투의 기술에 관한 논문을 발표했다. 그는 1788년에 리처드 험프리즈와의 시합에서 승리하여 챔피언 타이틀을 획득한 인물이기도 했다. 동시대인들에게도 상당히 자극적이라고 여겨졌던 이 시합 장면은 색판화로 제작되어 지금까지 전해지고 있다.[184]

민족학교로서의 권투

권투 기술에 관한 논문이 격투 스포츠 분야의 유일한 논문은 아니었다. 18세기 초에 레슬링에 관한 논문이 발표되었다.[185] 1720년대 이후부터는 권투 안내서가 발표되기 시작했다. 권투 안내서는 더는 권투 애호가들만을 위한 것이 아니었고, 상업 기반의 대중 스포츠를 위한 홍보 책자가 되었다. 이러한 권투 안내서의 저자는 보통 엔터테이너 혹은 상금을 건 권투 시합이나 레슬링 시합을 위한 훈련을 제공하는 격투기 체육관의 관장이었다. 이들은 격투기 경기장에 보낼 만한 재능 있는 선수를 발굴했다. 당시 상대적으로 격투기에 관심이 많은 계층은 신사들이었다. 한편으로 이들은 격투기를 진정한 남성의 스포츠로 생각했기 때문이고,

다른 한편으로 영국에서는 명예를 건 결투에서 치명적인 궁정검이나 권총 대결 대신 권투를 선호했기 때문이었다. 그래서 이들은 권투 수업을 받았다. 1740년 1월 25일자 런던의 「데일리 포스트(*Daily Post*)」와 「제너럴 애드버타이저(*General Advertiser*)」에 실린 토트넘 체육관 광고는 이를 잘 보여준다. 다음 화요일에 "남자다움 강습, 즉 체육 생리학. 권투 기술의 이론과 실전의 완벽한 해부, 다시 말해서 챔피니어니즘의 원리"라는 내용이었다. 유명한 체육 교사이자 "세인트 자일스의 교장"인 토머스 스몰우드와 서더크의 선수인 토머스 디목뿐만 아니라, 가장 유명한 권투 챔피언이었던 브로턴 교수 등이 강사로서 소개되었다. 몇몇 선수들은 브로턴처럼 탁월한 교육자이기도 했기 때문에 귀족 수강자들을 끌어모을 수 있었다. 그러나 일반적으로 수강자는 권투 시합에 출전하는 선수들이었다.[186]

동시대의 어느 시에서는 이러한 훈련장에서 무엇을 추구하는지 암시했다. "권총, 단도, 도검을 버려라. 이러한 치명적인 무기들은 치워버리자. 권투는 영국인의 자존심, 영국인들의 학교에서는 일종의 과학이다!"[187] 실력 있는 권투 선수의 배출을 목표로 했던 런던의 권투 학교들은 서로 경쟁하며 훈련을 새로운 방식의 과학으로 발전시켰다. 이러한 과학적인 훈련 방식은 다른 스포츠 종목으로도 확산되었다. 권투 학교에는 체력 훈련에 쓰이는 기구들이 있는 별도의 방이 있었다. 선수들은 부상을 피하기 위해서 권투 글러브를 착용했다. 당시의 글러브는 현재의 글러브와 매우 유사한 형태였다. 선수들은 당대 최고의 선수들로부터 지도를 받았고, 습득한 내용을 권투 챔피언이나 스파링 파트너와 대련하며 익혔다. 선수들은 체중 감소와 적절한 식이를 위해서 훈련 전후에 고가의 체중계로 체중을 측정했다. 이러한 체계적인 훈련 덕분에 선수들의 체력이 좋아지다 못해 너무 강해져서, 18세기 중반에는 글러브를 착용하지 않는 권투가 너무 위험해져서 중단되고 말았다. 권투뿐만 아니라 권투 선수들의 주가도 올랐다.

많은 댄디들이 보디가드로서 혹은 자신들의 위신을 지키기 위해서 돈을 주고 권투 선수를 고용했다.

"새롭고 정확한 권투의 역사"를 제목으로 한 「스포팅 매거진」 1호에서는 권투 기술의 발전을 찬양했다. "현재와 같은 계몽주의 시대에 권투의 역사가 없다면 과학도, 과학적인 남자의 신체도 존재하지 않는다. 지난 몇 년간 역사학자들은 전문적으로 권투의 기원과 발전, 완성도를 다루어 왔다."[188] 잡지들은 최신 권투 시합의 소식을 정기적으로 보도했으며, 이는 현대의 스포츠 기사를 연상케 한다. 「스포팅 매거진」 2호는 다음과 같은 내용을 기사로 다루었다. "스포츠 지능─ 권투: 지난 2주일 동안 아마추어들 사이에서 자주 회자된, 워드 대 버밍엄 출신의 스태너드의 시합이 27일 토요일 콜론브룩에서 100기니의 상금을 걸고 개최되었다. 행정 당국이 랭글리 브라운에서 시합을 허가하지 않았기 때문에 시합은 콜론브룩에서 열렸다. 2시 30분이 지나자 스태너드는 후원자인 존슨과 버처가 참석한 가운데 링에 올랐다. 몇 분 후에 워드도 왓슨과 조 워드가 참석한 가운데 등장했다. ……시합은 2시 46분에 시작되었다."

13라운드가 끝나고 스태너드가 기권하자 관중들은 깜짝 놀랐다. 당시 모든 권투 선수들은 자신의 전담 팀과 함께 경기장에 왔다. 그중 물병을 관리하는 사람의 역할이 가장 중요했다. 당시에도 지금처럼 휴식 시간에 링의 코너에 물이 준비되어 있었는데, 요즘과 달리 아직 도핑이 문제시되지 않던 시절이었고, 이 물에 상대 선수가 약을 탈 수 있다는 것이 더 큰 문제였기 때문이었다.[189]

「스포팅 매거진」 2호는 대니얼 멘도사라는 선수를 기사화했다. 그는 1787년 샘 "버처" 마틴을 누르고 헤비급 챔피언을 획득하면서 당대의 슈퍼스타가 되었다. 기사 내용은 다음과 같다. "유대인 멘도사는 과학 교사이자 권투 선수로 잘 알려져 있다. 그는 특히 권투 지도를 잘하기로 유명하다. 그는 어떤 교수들보다도 스파링 지도를 많이 한다. 현재 그에게 지도를 받고 싶어하는 학생들이 줄을 서 있다. ……그의 지도 목표는 빠른 공격과 얼굴을 똑바로 향하는 공격을 가르치는 것이다. 권투 선수로서 그의 명성도 뛰어나다. 그는 시합에 자주 출전하고 영국에서 녹아웃에 가장 능한 선수이다. 그의 약점을 꼽는다면 블로(blow)가 약하다는 것이다. 그래서 그의 플레이는 공격보다는 방어 위주이다."[190]

멘도사는 여러 측면에서 흥미로운 인물이다. 그는 유대인 청년들의 롤 모델이었고 권투의 지능화를 추구했기 때문이다. 그는 전통적인 도자기 명가 웨지우드에서 그의 초상화와 권투 장면을 삽입한 그릇을 제작할 정도로 권투의 대중화에 기여했다. 유대계 선수 중에 두 번째로 권투 챔피언이 된 인물은 "더치" 샘 일라이어스이다. 그는 1801년 37라운드에서 상대 선수인 칼렙 볼드윈을 케이오시켰다. "지독한 유대인"이라고 불렸던 일라이어스는 5년 후 57라운드까지 버틴 끝에 챔피언 타이틀을 지켰다. 당시에는 라운드 횟수에 제한이 없었기 때문에 상대 선수가 "완전히 박살나면" 시합이 끝나는 것이 원칙이었다.[191]

대중 엔터테인먼트로서의 펜싱

펜싱의 상업화 현상은 이탈리아인 도메니코 안젤로의 사례를 통해서 볼 수 있다. 그는 당시 파리에 살았던 많은 유럽인들처럼 유명한 스포츠 교사로부터 승마, 무용, 펜싱을 배웠다. 그는 펙 워핑턴이라는 아일랜드 출신 여배우의 유혹에 넘어가 런던으로 갔다. 운이 좋게도 런던에서 펨브로크의 백작이 그를 거마 관리인으로 임명했고, 1758년에는 후에 국왕 조지 3세가 되는 영국 왕세자의 승마와 펜싱 담당 교사가 되었다. 그러던 어느 날 그는 세인트 제임스 가의 대치트 하우스 타번스에서 아일랜드 출신 사범과 펜싱 대결을 했다. 이 대결에서 그는 상대의 모든 공격을 우아하게 방어하며 압승을 거두었다. 이 일은 그가 펜싱 교사를 그만두고 자기 사업을 시작해야겠다고 마음먹은 계기가 되었다. 1763년 그는 자신을 홍보하기 위해서 펜싱 삽화 교본을 발표했고, 이후 몇 년간 이 책의 수요가 매우 높아서 여러 차례 재판을 증쇄해야 했다.[192]

영국 왕실의 펜싱 교사, 지역 챔피언, 펜싱 교본 발행. 이는 최고의 조합이었다. 그의 펜싱 학교는 연 수익이 무려 4,000파운드에 달할 정도로 성공적이었다. 안젤로는 조지 왕조 시대에 런던의 유명한 예술가 그룹에 합류하며 전성기를 누렸다. 말년에는 이튼으로 돌아가 대학교에서 펜싱 수업을 하는 한편, 고단했던 런던의 사업은 아들인 헨리 찰스 윌리엄 안젤로에게 물려주었다. 헨리는 사업 초기에 아버지 안젤로의 사업장을 더욱 저명한 장소인 헤이마켓으로 이전했다가, 나중에는 권투 챔피언 존 잭슨과 함께 본드 가에 있는 건물로 들어갔다. 그는 아버지의 펜싱 교본 개정판을 발행했고, 섭정 왕자들과 조지 고든 바이런과 같은 영국 사교계의 거물들에게 펜싱 수업을 제공했다.[193] 1897년 안젤로의 펜싱 학교는 독일 이주민 출신의 근력 스포츠 선수인 유진 샌도가 런던에 세운 근력 단련장에 인수되었다. 유진 샌도는 1901년 런던에서 최초의 국제 근육 쇼를 개최했다. 사실 그는 아널드 슈워제네거보다 먼저 보디빌딩을 발명한 인물이다. "새로운 삼손" 등의 환상적인 별명으로 연시 무대에 오르던 이전의 근력 스포츠 선수들과 달리, 샌도는 펜싱의 안젤로처럼 근력 스포츠를 성공적인 사업 모델로 확장시켰다.[194]

「스포팅 매거진」 창간

1792년 10월 런던에서 최초의 스포츠 전문지가 창간되어 20세기까지 발행되었다. 이 월간지의 정확한 명칭은 「스포팅 매거진 : 재미, 사업, 활력에 관심이 있는 남성을 위한 승마, 사냥, 기분 전환의 활동을 기록한 월간 달력」이다. 잡지의 제목만 보아도 초기에 어떤 독자층을 대상으로 했는지 알 수 있다. 대상 독자층은 승마 스포츠, 더 정확하게 표현하자면 경마 시합과 사냥 시합, 그리고 말, 개, 엽조(獵鳥 : 국가가 사냥을 허락한 새) 사육과 이를 위해서 필요한 관리와 조련, 무기 개발 등의 보조 수단에 관심이 있는 사람들이었다. 또한 부제인 "재미, 사업, 활력에 관심이 있는 남성을 위한 승마, 사냥, 기분 전환의 활동"에서 알 수 있듯이 처음부터 모든 유형의 스포츠들을 염두에 두었다는 사실을 확인할 수 있다. 출판업자이자 발행인인 존 위블[195]이 쓴 것으로 보이는 서문에 의하면, 귀족 스포츠뿐만 아니라 "시골의 육상 스포츠"까지를 의미하고 있다. 「스포팅 매거진」의 기사에서는 모든 스포츠 종목들과 그 역사, 경기 규칙, 배당률, 저명한 스포츠 인사(유명한 선수)에 관한 정보를 얻을 수 있었다. 게다가 각 호에 스포츠 종목 혹은 말을 묘사한 동판화 작품이 수록되었는데, 그중에는 프랜시스 사토리우스와 같은 유명 예술가의 작품도 있었다. 기사를 작성했던 기자들 중에는 기자명으로는 누군지 알 수 없는 인물들도 있었다. 예를 들면 찰스 제임스 애펄리는 "님로드"라는 필명으로, 영국에서 인기가 많았던 여우 사냥에 관한 기사를 주로 썼고 1829-1830년에는 자신의 독일 여행기를 연재 기사로 다루었다.[196]

「스포팅 매거진」은 최신 사건들도 보도했다. "모든 경기, 행사, 내기에 관한 특수한 상황, 혹은 우리가 열거한 주제들에 관한 흥미로운 진행 상황은 때를 맞춰 우리의 보고(寶庫)에 소개될 것이다." 총 48페이지로 된 이 잡지의 창간호(1792년 10월)에서는 단신 기사와 최신 광고를 포함하여 승마 시합, 육상 시합, 권투 시합, 카드 게임, 사격 시합(부록으로 신작 오페라인 빌헬름 텔 소식까지), 투계를 장문의 기사로 다루었다. 2호(1792년 11월) 역시 수많은 단신과 함께 궁술, 크리켓, 투계, 레슬링 시합, 올림픽 종목들을 다루었고, 3호(1792년 12월)에서는 매사냥, 마드리드의 투우 경기, 마상 시합, 고리 떼어오기 시합, 그리고 엘리자베스 1세 여왕 시대의 "스포츠"를 다루었다.

추후에 방문 가능한 모든 스포츠 행사 일정을 정리한 월간 달력은 특히 중요한 의미가 있었다. "이는 우리의 기반을 말끔하게 정리하기 위해서 추가한 부분이다. 우리는 앞으로도 이 방식을 유지하고 정확한 보도로 계속 발전해나갈 것이다. 우리는 창간호에 이번 달의 시합 일정을 수록했다. 향후 일정이 정기적으로 제공될 것이다. 우리는 그랜드 크리켓 경기와 활쏘기 행사 등에 관심을 두고 있으며, 신뢰할 수 있는 일정이 입수되는 즉시 공개할 것이다. 「스포팅 매거진」의 독자는 모든 스포츠와 오락에 관한 완벽하고 정확한 소식을 제공받을 것이다. 「스포팅 매거진」 편집자들을 위해서 대중 여러분의 칭찬과 격려를 부탁드린다."

이러한 형식의 월간지는 참신했을 뿐만 아니라 매우 체계적이기도 했다. 편집자들은 창간호의 서문 독자에게 보내는 편지에서, 이러한 잡지는 한곳에 머무르면서 따분한 삶을 살아가는 사람들에게는 틀림없이 기분 전환의 계기가 될 것인데, 지금까지 아무도 이러한 잡지를 발행할 생각을 하지 못했다는 사실에 놀라울 따름이라고 표현했다. "수많은 잡지들 가운데 아무도 생각하지 못했던, 스포츠인을 대상으로 한 잡지를 발행했다는 사실에 놀랍고 흥분될 뿐이다."[197]

그러나 차분히 생각하면 「스포팅 매거진」의 창간 시점이 뜬금없는 것은 아니다. 18세기 말부터 이미 의학 등 전문 잡지가 창간되기 시작했기 때문이다. 게다가 이 시기에는 스포츠를 적대시했던 기독교적인 가치관이 약해지고 있었기 때문에 스포츠 사업에는 더 이상 걸림돌이 없었다. 동시대의 몇몇 사람들은 여전히 종교와 스포츠가 서로 상반된 관계에 있다고 생각했고 발행인들은 이러한 테르튈리아누스의 유산을 적극적으로 기사화했다. "신의 영역을 침범하는 것을 두려워하지 않는다면, 우리가 대중에게 제공할 기사에서 윤리적인 측면을 더욱 타당하게 다룰 수 있을 것이다. 우리는 윤리주의자가 아닌 스포츠인으로서 우리 분야의 경계를 벗어나지 않을 것이다. 우리는 진실하고, 알차고, 모든 상황에 대한 정보를 제공하며 우리의 계획을 확장해나갈 것이다."

스포츠 취향의 변화

"유혈 스포츠"의 종말

르네상스 이후 부활한 고대의 스포츠 행사로 베나티오네스가 있다. 이 시합은 대개 동물이 잔인하게 죽으면서 끝났기 때문에 영어로는 블러드 스포츠(blood sports)라고 했다. 사실 투우장의 나라는 스페인이 아닌 영국이었다. 영국의 소도시에는 황소 시합장이 많았다. 수도인 런던에는 대형 황소 몰이사냥 시합장이 있었고, 바로 그 옆에는 곰 몰이사냥 시합장과 소규모 투계장이 여러 곳 있었다. 유럽 남부와 달리, 영국 제도에서는 중세 성기 이후로 큰 동물들이 사라졌다. 균일화를 위해서 특수 투견종들이 교배되었고, 마스티프와 불도그는 황소 시합장에 투입하기 위해서 사육되었다(불도그의 불[bull]은 황소라는 뜻의 영어 단어에서 유래했다/옮긴이).[198] 클리퍼드 기어츠가 발리 섬의 투계를 해석한 시각과 마찬가지로, 유혈 스포츠는 단순한 구경거리가 아니었다. 구경꾼들은 높은 판돈을 걸고 동물과 자신을 동일시하며 이 연극에 동참했다. 유혈 스포츠는 일종의 심층 놀이였다. 1712년 스코틀랜드의 풍자 작가 존 아버스넛이 만든 존 불이라는 인물을 통해서도 볼 수 있듯이 이 심층 놀이는 대중에게 수용되고 발전되었다.[199] 존 불은 종종 강한 남자 또는 황소로 묘사되었으며, 정치적인 캐리커처에서는 불도그로도 묘사되었다.

　근대의 권력자들은 고대의 전통을 이어받아 사자처럼 이국적인 동물들과 개나 곰을 싸우게 했다. 대표적인 예로 메디치 가문 출신의 교황 레오 10세와 베네치아 공화국이 자주 언급된다. 16세기와 17세기에는 이탈리아의 모든 대도시들에서 투우 시합이 열렸다. 유혈 스포츠에서는 곰, 사자, 황소처럼 몸집이 큰 동물을 선호했고, 투견은 반드시 있어야 했다. 오소리, 멧돼지, 여우, 토끼, 말, 원숭이, 당나귀와 같은 각종 야생동물들도 시합에 투입되었다. 계몽주의 시대에 유혈 스포츠는 전 유럽에서 폭넓은 관객층을 형성했다. 지금도 빈의 방언으로 "이것은 몰이사냥이야" 라고 하면 아주 매혹적인 일이라는 뜻이다. 바로크 시대 이후 제국의 수도 빈에는 유혈 스포츠 전용 극장이 있었고, 1796년에는 『유혈 스포츠 애호가를 위한 안내서(Handbuch fur Hetzliebhaber)』라는 책이 발행되었다.[200] 레겐스부르크에서는 제국의회의 최고 위원인 투른과 탁시의 제후가 제국의회 파견 위원과 자유제국도시의 거주자 및 손님들을 위해서 유혈 스포츠 전용 극장을 직접 관리했다.[201]

이러한 유혈 스포츠가 고대 그리스 로마의 전통을 계승한 것이라고 할지라도 그것이 죽음에까지 이르는 동물학대의 충분한 이유가 될 수는 없었다. 교황 비오 5세는 1567년 「짐승의 건강」이라는 교황 칙서에서 투우사들의 영혼 구원을 해친다는 이유로 투우 경기를 금지했다. 그의 후계자인 교황 그레고리우스 13세는 스페인의 국왕 펠리페 2세의 요청으로 이 금지령을 8년 만에 다시 철회했다. 놀랍게도 우리는 동시대인들이 이 잔인한 오락으로 얻는 것이 없었다는 사실을 종종 접할 수 있다. 1583년 커다란 3층짜리 베어가든이 붕괴되어 8명의 관람객이 매몰되자, 청교도들은 하느님이 내린 벌이라고 했다. 극단적인 종교인들만 동물학대를 반대하는 것이 아니었다. 1670년 6월 16일 존 에벌린도 다음과 같은 글을 남겼다. "나는 몇몇 친구들과 함께 투계, 투견, 곰 몰이사냥, 황소 몰이사냥 경기가 있는 베어가든에 갔다. 그날은 잔인한 스포츠, 아니 야만적인 잔학 행위가 벌어지는 날이었다. 황소들이 앞서고 있었다. 그러다가 아이리시 울프하운드가 앞질렀다. 알고 보니 아이리시 울프하운드는 키가 큰 그레이하운드였는데, 잔인한 마스티프를 때려눕힐 만큼 위엄이 있었다. 상당한 높이에 있는 관람석에 앉아 있던 한 귀족 여인이 무릎에 있던 개 한 마리를 황소 떼에게 집어 던졌다. 불쌍한 두 마리의 개는 목숨을 잃었다. 말 등에 탄 원숭이 한 마리만 남고 경기는 끝났다. 나는 이러한 저속하고 더러운 오락에 정말 넌덜머리가 난다. 20년 전만 하더라도 이러한 잔인한 경기는 없었던 것 같다."[202]

　18세기 이후에는 유혈 스포츠에 반대하는 시위가 증가했다. 시위자의 일부는 개신교도들(대부분은 청교도와 침례교도 등)이었지만, 일부는 종교와 상관없는 동물보호주의자들이었다. 1824년 동물 애호가들은 아일랜드의 국회의원이자 휴머니티 딕(Humanity Dick)이라는 별명으로 불렸던 리처드 마틴의 주도하에 동물학대 방지 협회를 결성했다. 동물학대 방지 협회의 목표는 의회에서 동물보호법을 통과시키는 것이었다. 그리하여 최초의 동물보호법, 이른바 마틴 법이 1822년에 공포되었다. 동물보호 운동의 또다른 선구자는 정치인 윌리엄 윌버포스였다. 그는 노예제 폐지를 주장하여 유명해진 인물이었다. 빅토리아 여왕은 동물보호 협회를 왕실의 보호 아래 관리할 것을 최초로 허용했고, 그 이후 이 협회는 왕실 동물보호 협회(RSPCA)라는 이름으로 알려졌다. 1835년에 제정된 동물학대 방지법은 왕실 동물보호 협회의 큰 성과 가운데 하나로 손꼽힌다. 동물학대 방지법은 동물 몰이사냥, 황소 몰이, 투견을 금지하고 가축을 보호한다는 내용을 골자로 한다. 얼마 후에 다른 국가들에서도 영국을 모방하여 동물보호 입법화를 추진했다. 대표적인 예로 1850년 프랑스의 그라몽 법(Loi Grammont)을 들 수 있다.[203]

　영국에서는 유혈 스포츠의 대안으로 개와 쥐의 싸움이 인기를 끌었던 반면, 스코틀랜드에서는 1895년까지 투계가 합법적인 스포츠였다. 스코틀랜드에서 야생동물은 2002년에야 야생동물보호법에 의해서 보호 대상에 포함되었다. 그러나 영국 전역에서와 마찬가지로, 개 떼를 몰고 다니는 여우 사냥은 동물보호법에서 제외되었다. 재미있는 사실은 동물보호 입법화의 결과로 클레이 피전 사격(clay pigeon shooting)이 발명되었다는 것이다. 새장 속에 갇혀 있던 비둘기(피전)를 날려 보내면서 살아 있는 비둘기를 맞히는 경기가 있었는데 1921년 법으로 금지되었다. 1892년에는 죽은 새 사격 협회가 설립되었고, 다음 해 런던에서 최초의 사격 챔피언십이 개최되었다. 1900년 클레이 피전 사격은 올림픽 종목으로 채택되었다. 클레이 피전 사격 협회가 구성되고 동물보호 운동이 확산되면서 클레이 피전 사격의 인기는 상승했다. 기술적인 가능성의 증가로, 스키트 사격, 트랩 사격, 그리고 자체 규정과 기술을 이용하는 스포팅 사격과 같은 다양한 사격 대회가 발달하기 시작했다.[204]

과격파 동물보호 행동주의자들은 모든 형태의 사냥을 유혈 스포츠로 분류하려고 시도한다. 궁극적으로 보면, 황소 몰이는 동물학대이고 경마나 개 경주는 스포츠라는 주장도 앞뒤가 맞지 않는다. 또한, 유혈 스포츠는 불법적으로 계속 행해지고 있다. 많은 신생 민족국가들이 이러한 흐름을 거스르기는 했지만, 스페인과 과거 스페인의 식민지였던 국가에서는 19세기 이후로 투우 경기의 전성기를 맞이했다. 아르헨티나에서는 1899년에, 쿠바에서는 1901년에, 우루과이에서는 1912년에 투우를 금지했다. 2011년 5월 에콰도르에서 국민투표를 실시한 결과, 황소를 잔인하게 죽이는 투우 시합 금지에 다수가 찬성했다. 스페인에서도 지방 자치제도가 도입된 이후로 투우 폐지 현상이 나타났다. 1991년에는 카나리아 제도에서, 2012년에는 카탈루냐에서 투우를 전면 금지했다.

외국인의 관점에서 본 영국의 스포츠 열광 현상

프로이센 공사관의 참사관인 야코프 필리프 빌펠트는 1741년 영국의 외교 공관에 관한 글을 썼다. "영국은 고대 로마와 유사한 점이 많은 나라이다. 이들은 빵과 연극을 원할 뿐이었다. 내가 보기에 영국인들은 그것들만을 원하는 것 같다."[205] 심지어 교육을 받은 영국인들 중에도 이 비유를 좋아하는 이들이 많았다. 이들은 18세기에도 고대 그리스 로마 문화를 지향했기 때문이다. 그러나 이는 긍정적인 의미의 평가가 전혀 아니었다. 빌펠트는 경마 시합을 좋아했지만 말의 속도와 뉴마켓 및 요크의 경마장에 몰려든 엄청난 관중을 보고 깜짝 놀랐다. 그러나 그는 검술 시합의 내기에서처럼 서로를 피투성이로 만드는 "이곳의 맹수, 황소, 개, 각종 동물들의 싸움"에서 좋은 점을 전혀 발견할 수가 없었다. 이보다 훨씬 위험하지 않은 봉술 시합에서도 막대기 끝에는 금속이 박혀 있었다. 관객들이 돈을 지불하고 시합을 보러 오게 만들기 위해서였다. 외국인의 관점에서 보면 권투와 레슬링 역시 무자비했다. "나는 여러분에게 이러한 시합에 대해서 의견을 몇 마디 하지 않고는 넘어갈 수 없다. 이곳 사람들은 스스로 인간의 치욕스러움에 자신을 내맡긴다. 이러한 시합에서 선수들은 상반신을 탈의한 채 싸우며, 주먹으로 서로를 공격하고, 잔인하게 상대를 때리고, 얼굴이고 몸이고 주먹을 마구 날리며 바닥으로 내동댕이치기 때문에, 세컨드가 선수를 부축하여 일으키고, 피를 닦아주고, 정신을 차리게 하여 개처럼 다시 시합에 내보낸다. 선수들끼리는 서로 목을 조르거나 죽인다. ……내가 가장 치욕스럽다고 여겼던 것은 이렇게 서로 치고받고 싸우는 시합에 정부가 관여하고 경찰이 감독하며 심지어 공공 경기장에서 이러한 시합이 열린다는 사실이다. 게다가 입구에서 입장료를 지불해야 출입할 수 있다. 칸막이 관람석은 오페라 극장처럼 귀족들로 꽉 차 있다."[206]

유럽 대륙의 사람들은 영국에서 인기가 많았던 격투 스포츠에 별로 관심이 없었다. 그래서 프랑크푸르트의 명문가 자제였던 차하리아스 콘라트 폰 우펜바흐는 1710년 영국 여행을 다녀온 이후 다음과 같이 기록했다. "투계는 영국인들의 독특한 취미이다. 외국인들에게는 아주 천박해 보이지만 이 나라 사람들에게는 큰 즐거움을 준다." 그는 베어 아레나의 투우와 펜싱 시합뿐만 아니라, 심지어 경마에 대해서도 이와 유사하게 평가했다.[207] 나사우-바일부르크 백작의 최고 마구간 감독이었다가 바덴 변경백의 시종장이 된 프리드리히 유스티니안 폰 귄더로데는 시합에 대한 영국인들의 내기 중독 현상을 우려한다는 취지의 글을 썼다. "뉴마켓이라는 도시에는 경마 시합 중에 내기를 잘못하여 큰돈을 잃는 사람들이 많다. 부자들 중에도 내기를 잘못하여 돈은 날리는 것은 물론이고 행운까지 모조리 날려버린 사람들이 많다. 경마 내기 외에도, 이러한 모임에서는 큰돈을 걸고 도박을 한다. 8일간의 모임에 자신의 남은 인생을 전부 걸었다가 후회하는 사람들도 많다."[208]

18세기에 가장 성공한 독일 소설가로 손꼽히는 단치히 출신의 요한 빌헬름 폰 아르헨홀츠는 6년 동안 영국에서 살았는데, 그는 뉴마켓의 경마 시합 주간을 건조하게 평가했다. "영국의 경마 시합은 외국인에게는 그다지 매력적이지 않다. 외국인이라면 영국의 국민 스포츠인 경마를 한 번 보는 것으로도 족할 것이다."[209]

스포츠 경기장에서 극장 무대로

스포츠 경기장에서 극장 무대로의 발전은 근대 초기의 근본적인 변화 중의 하나이다. 실내 행사장은 거의 스포츠 시합용으로 지어졌고, 다른 문화 행사 장소로는 부수적으로 이용되었다. 용도가 완전히 변경되기 전까지는 스포츠 시합과 문화 행사가 실내 행사장에서 동시에 열렸다. 초창기의 용도 변경 사례로는 영국의 콕피트 인 코트, 즉 왕립 투계장을 들 수 있다. 이 왕립 투계장은 1529년 헨리 8세가 화이트홀 성 안에 지은 것이다. 콕피트(cockpit)는 16세기에 투계장이라는 뜻이었다. 콕피트라는 단어는 이후에 비행기 조종석을 뜻하게 되었는데, 투계장에서처럼 비행기 조종석도 매우 치열한 분위기이기 때문인 듯하다. 제임스 1세 시대에 영국인의 취향이 변하기 시작했다. 소형 경기장(아레나)은 왕가의 개인 극장으로 용도가 변경되었다. 이 건물은 1629년 스타 건축가인 이니고 존스가 찰스 1세를 위해서 개축한 것이었다. 이에 앞서 존스는 이와 비슷한 역사가 있는 드루리 레인 콕피트 극장을 이미 개축했는데, 이는 왕가의 취향이 시민의 취향을 따라가게끔 변경된 사례였다. 이 극장은 개축 후에 더 피닉스라고 불렸다.[210] 청교도 혁명 당시 스포츠 및 공연 금지령이 내려진 이후 두 경기장은 1660년대에 재건되었다. 다만 더는 유혈 스포츠 경기장이 아니라 공연용 극장 용도로만 사용되었다.[211]

엘리자베스 여왕 시대의 대표적인 건축물은 대형 연극 극장이다. 이 시기에 서더크에는 더 시어터(1576), 커튼(1577), 더 로즈(1587), 더 스완(1595), 더 글로브(1598), 마지막으로 더 호프(1613) 등 대형 연극 극장이 잇달아 건축되었다. 윌리엄 셰익스피어 연극의 특징을 연구한 글들은 많이 발표되었는데, 특히 무대를 세 방향에서 관람할 수 있었다는 사실이 자주 언급된다.[212] 그 이유는 간단하다. 이러한 연극 무대의 기준이 황소 몰이 시합장, 즉 영국의 투우 아레나였기 때문이다. 다시 말해서 한 세대 이전에 황소 사냥 아레나와 곰 몰이사냥 아레나, 즉 베어가든이 있었던 자리에 원형극장이 건설된 것이다. 더 정확하게 말하자면, 새 극장은 과거 유혈 스포츠 경기장이었다.

이는 기업인 필립 헨슬로를 통해서도 알 수 있다. 1587년 그는 서더크의 유곽 지대를 매입했고, 그 옆에 더 로즈라는 극장을 지었다. 그의 딸은 크리스토퍼 말로의 「파우스투스 박사」 연극에 참여했던 런던의 유명 배우 에드워드 앨린과 1592년 결혼했다. 헨슬로와 앨린은 곰 몰이사냥 아레나인 베어가든을 운영했고, 곰의 장관 직책을 맡았다. 1613년 헨슬로는 무너지기 직전의 베어가든을 철거하고 그 자리에 호프 시어터를 지었다. 이때부터 시어터(theater)는 연극이 공연되는 장소라는 뜻으로 사용되었다. 극장은 아레나의 형태를 유지했고, 유혈 스포츠 시합을 위한 용도로도 사용되었다. 사람들은 이 극장을 계속 베어가든이라고 불렀다. 새뮤얼 피프스는 이로부터 50년 후에도 이곳에서 유혈 스포츠 경기를 관람했다.

유럽의 극장 평면도를 보면 극장의 형태가 원형 혹은 타원형이 아닌, 긴 직사각형 형태로 되어 있다. 그 이유는 극장이 스포츠 경기장으로도 사용되었기 때문이다. 경기장 건축은 유럽 역사상 스포츠 제도화의 중요한 단계를 나타내는 지표이다. 동시대인들은 기둥이 없는 실내 건축물인

주요 구기 경기장의 새로운 용도[213]

도시	설립 연도	용도 변경/철거 연도	새로운 용도/철거 이유
빈	1521	1525	화재
할레/잘레	1528	1738	철거
츠바이브뤼켄	1530	1760	극장
빈	1540	1748	빈 국립 극장
프라하	1568	1723	마굿간
인스부르크/암브라스	1572	1880	철거
뮌헨	1579	1820	철거
인스부르크	1582	1631	극장
하이델베르크	1592	1764	화재
튀빙겐	1593	1790	가톨릭 성당
카셀	1594	1730	극장
잉골슈타트	1594	1783	백화점
카살레 몬페라토	1597	1740 ca.	유대교 회당
올덴부르크	1605	1759	화폐 주조소
마르부르크	1606	1757	군 병원, 해부실
뷔케부르크	1610	1750	승마 학교
린츠	1615	1751	극장
클라겐푸르트	1620	1738	극장
예버	1620	1850	철거
로슈톡	1623	1785	극장
잘츠부르크	1625	1775	극장
코부르크	1628	1750	극장
파사우	1645	1771	오페라 극장
하노버	1649	1672	극장
고타	1650	1681	극장
레겐스부르크	1652	1912	철거
예나	1671	1796	극장
브레슬라우	1677	1722	오페라 극장
브레멘	1685	1688	병원
베르사유	1686	1792	무도회장

주요 구기 경기장의 새로운 용도(계속)

도시	설립 연도	용도 변경/철거 연도	새로운 용도/철거 이유
슈베린	1698	1788	극장
에어푸르트	1716	1750	극장
힐데부르크하우젠	1721	1755	극장

구기 경기장을 그 규모 때문에 교회와 자주 비교했다. 16세기 초 이후 테니스 경기장 건축은 눈에 띄게 많이 이루어졌다. 한 세대 혹은 두 세대 동안 유럽 중부와 서부 전역은 실내 테니스 경기장으로 뒤덮였다. 그러나 이후로는 테니스의 위상이 흔들리면서 테니스 경기장은 점차 다른 용도(주로 극장)로 사용되다가, 본래의 용도를 완전히 상실하고 말았다. 19-20세기에는 시합이 끊임없이 열렸던 구기 경기장들이 있었고, 구기 경기장은 계속 신축되었다. 그러나 30년 전쟁 이후로는 많은 테니스 경기장들이 그 용도가 변경되거나 아예 철거되었다.

테니스는 물론이고 팔로네, 축구(칼초, 술[soule], 풋볼) 그리고 심지어 팔라말리오 시합에 대한 관심도 동시에 줄어들었다. 팔라말리오, 즉 팰맬에 대한 관심은 급격히 줄어들어, 한때 팰맬이라는 지명을 가진 곳은 팰맬 경기장이 있었던 곳이었다는 사실조차 잊힐 정도였다. 구기 스포츠를 대신한 것은 무엇이었을까? 성의 부대시설에서 당구 시설이 점점 많이 발견되었던 것으로 보아 아마 당구였을 것이다. 베르사유 성에는 지금도 루이 14세가 사용했던 당구대가 있다. 부유층의 저택, 심지어 도시의 카페에도 당구대가 설치되어 있었다. 당구 살롱에서는 복장을 더럽히거나 땀을 많이 흘리지 않고 평정심을 지킬 수 있는 이 시민 스포츠를 즐길 수 있었다. 당구는 초기에는 사회적으로 배타적인 종목, 즉 특정 사람들만 즐기던 종목이었고 점차 확산되면서 경제적으로 부담 없이 즐길 수 있는 스포츠라는 사실이 입증되었다.

실내 체육관(왕실 승마 학교)에서 열린 루이 16세의 재판. 1792년 12월.

근대 이전까지 오랜 세월 동안, 교회를 제외하면 많은 사람들이 모이기에 적합한 홀, 즉 실내 공간이 없었다. 이러한 목적으로 체육관의 용도가 변경되었을 수도 있다. 앞에서 우리는 베르사유의 왕실 구기 경기장이 프랑스 혁명 당시 제3신분의 회합 장소로 사용되었고, 바로 이곳에서 테니스 코트의 서약이 선포되었다는 사실을 살펴보았다. 프랑스어인 르 세르망 드 죄드폼(Le Serment de Jeu de Paume)을 통해서 알 수 있듯이 이 회합 장소는 테니스 시합이 열리던 곳이었음이 분명하다. 다른 구기 경기장과 달리, 베르사유 왕실 구기 경기장은 행사 일정이 가득 잡혀 있었다. 1789년 6월 20일에 우연히 이 구기 경기장이 비어 있었던 것은 제3신분 대표들에게 행운이었다. 여느 때와 같았더라면 이미 신분이 높은 귀족들의 스포츠 시합이 예약되어 있어서 제3신분 대표들은 굳게 닫힌 문 앞에 서 있어야 했을 것이다. 혁명주의자들은 루이 16세의 재판을 위한 대형 회합 장소가 필요할 때도 실내 체육관을 택했다. 이번에는 구 왕궁인 루브르 옆에 있는 왕실 승마 학교였다. 플뤼비넬의 실내 승마장은 국민의회의 회의장이 되었다.

근대 초기의 올림픽 경기 종목

청교도의 스포츠 금지령이 적용되는 지역은 점점 늘어났다. 그러자 가톨릭 신자인 영국 신사 로버트 도버는 청교도 세력에 직접적으로 대립하는 대신, 옛 영국의 민속 스포츠를 의도적으로 부활시키려고 했다. 그는 지방 젠트리(Gentry)의 지원을 받았고, 지역 의원들의 중재로 제임스 1세의 비호까지 받게 되었다. 제임스 1세는 영국 전역으로 퍼졌던 청교도의 종교적인 열정에 『체육 교서』를 통해서 찬물을 끼얹은 인물이었다.[214] 이 책에 의하면 예배를 드리는 시간에는 스포츠 행사를 개최할 수 없었으나 예배가 끝난 후에는 가능했다. 도버는 신중하게 접근했다. 그는 올림픽 게임(Olympick Games)이라고 불리는 스포츠 행사를 매년 오순절 이전 목요일과 금요일에 개최하기로 하고, 일요일에는 행사 일정을 잡지 않았다. 행사는 글로스터셔의 코츠월즈에 있는 대형 녹지에서 열렸다. 영국 내전의 시기와 청교도와 독립파가 정권을 잡았던 코먼웰스 시대에 잠시 경기가 열리지 않았던 것을 제외하면 1612-1852년간 이곳에서 경기가 개최되었다.[215]

이러한 도버의 모험에 지지자가 얼마나 많았는지는 1636년 동시대에 발표된 글들을 통해서 알 수 있다. 벤 존슨과 같은 유명 인사들은 문학적인 표현으로 이 행사를 축하했다. 이러한 입장 표명은 찰스 1세의 『체육 교서』의 개정판 발행을 둘러싼 논란에서 영국 지식인들의 성명서나 다름없었다. 영국의 작가 마이클 드레이턴은 고대 올림픽을 떠올리며 새로운 올림픽 게임의 개최자인 도버에게 헌시를 썼다.

올림피아 산에서 그들의 헤라클레스를 위해
행복한 나날을 보내는 용감한 그리스인들처럼
시합을 열기로 하고 올림픽이라고 이름 붙였네.
신들의 시합으로 유명한 그 위대한 산에서

뛰어난 젊은이들이 도약, 레슬링, 달리기 시합을 하고,

무장한 채 화살을 던지네. 모든 영광은 그의 것.

저기에 승자가 있네. 저기 원 안에.

날렵한 기수, 노련한 전차 기사

그 고귀한 시대에 갈란드 가문을 위해서 싸우네.

시인들은 하프를 켜고 운율에 맞춰 노래하네.

즐거운 그리스는 번창하고,

모든 예술, 모든 위인이 그곳에서 탄생하네.

그 시간들을 헤아려보니 그들이 만든 역사가 여전히 남아 있네.

이 올림픽이든 저 올림픽이든.

도버가 다시 올림픽을 시작하네.

시간이 흘러감에 따라서 우리 것을 찾아가네.[216]

    이 스포츠 행사의 주요 종목을 묘사한 목판화 작품이 이 글을 수록한 출판물의 표지를 장식했다. 이 작품을 보면 돌 던지기, 봉술, 해머 및 창 던지기, 도약, 달리기, 레슬링, 권투와 같은 대중적인 스포츠 종목뿐만이 아니라, 경마나 다양한 형식의 사냥 등 귀족을 위한 사치스러운 스포츠 종목도 포함되어 있었다. 게다가 팔로네, 볼링, 체스, 정강이 걷어차기도 있었다. 이러한 종목들은 언뜻 보면 독특하게 느껴질 수 있지만, 19세기 말에 유행했던 맨주먹 권투보다는 훨씬 덜 폭력적이었다.[217]

    영국에는 17세기에도 이와 유사한 스포츠 축제들이 있었고 많은 사람들이 그러한 축제들과 올림피아 제전과의 연관성을 언급했지만, 이 코츠월드 게임만큼 오래 지속된 스포츠 축제는 없었다. 코츠월드 게임은 고대 올림피아 제전을 계승한 행사라고 볼 만한데, 당시의 인문주의자들이 코츠월드 게임과 고대 올림피아와의 학문적인 연관성에 관심을 두었기 때문이다. 코츠월드 게임은 실제 행사에도 고대 올림피아 제전과의 연결

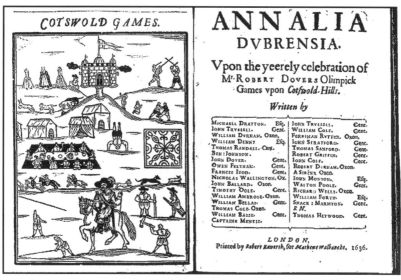

로버트 도버가 국왕의 허가 아래 1612년부터 매년 개최한 코츠월드 게임에 관한 출판물의 표지. 코츠월드 게임은 1852년까지 열렸다.

고리를 만들었는데, 몇몇 종목은 오래된 스포츠에 기초를 두었고 몇몇 종목에는 근대의 신체 훈련이 포함되어 있었다. 코츠월드 올림픽 게임은 17세기 말의 햄프턴 코트 올림픽 게임과 같은 유사한 스포츠 행사에 영향을 끼친 것으로 보인다. 햄프턴 코트 올림픽 게임은 1679년 찰스 2세가 개최한 행사로, 수천 명의 관중이 모였다. 그러나 이는 일회성 행사이었던 듯하다.[218]

18세기에도 여러 곳에서 올림픽 경기가 개최되었다. 대표적인 예로 1774년부터 1793년까지 있었던 뵈를리츠(안할트-데사우 후작령)의 데사우 범애학교를 꼽을 수 있다. 안할트-데사우의 후작 레오폴트 3세 프리드리히 프란츠는 신성 로마 제국이 멸망하기 직전까지도 교육 분야를 포함한 많은 영역들에서 근본적인 개혁을 시도했던 계몽주의의 통치자 집단에 속해 있었다.[219] 1771년 그는 10년 넘게 덴마크 소뢰의 귀족 자제를 위한 아카데미(아카데미아 소라나)에서 교수로 있었던 개혁 교육학자 요한 베른하르트 바제도를 초빙했다. 데사우는 스포츠에 관심 있는 교육학자들의 집결지가 되었다. 시몽과 투아라는 이름의 프랑스인 스포츠 교사 2명은 구닥다리처럼 느껴지는 기사 훈련인 펜싱과 승마를 균형 잡기와 "지탱하기"와 같은 비교적 새로운 종목으로 대체했다. 크리스티안 고트힐프 잘츠만은 이를 달리기, 도약, 던지기, 균형 잡기, 지탱하기로 구성된 5종 경기로 발전시켰다. 이 "데사우 5종 경기"에는 박애학교 학생들 이외에도 주변 지역의 남녀 젊은이들이 참여했다. 이 스포츠 시합은 1776-1799년 동안 매년 브란덴부르크-슈베트의 루이제 후작부인의 생일에, 올림포스 산이 아니라 작고 메마른 구릉 지형인 드레베르크(드레[dree] = 건조한)라는 곳에서 열렸다. 지도 교사였던 요한 크리스토프 프리드리히 구츠무츠는 이 지역 축제를 다음과 같이 묘사했다. "9월 24일이면 올림픽 경기의 부활을 보려는 듯이 이곳으로 이 지역의 아이들이 몰려든다. 더할 나위 없이 훌륭한 광경이다."[220] 꾸준한 훈련 시간을 요하는 이러한 개혁을 개혁주의 교육학자들이 시작했는지 혹은 제후들이 시작했는지는 확실히 알 수 없다. 어쩌면 이는 1년 전 영국을 여행했던 루이제 후작부인의 아이디어였을지도 모른다.[221] 몇몇 저자들은 18세기 개혁주의 교육학자들을 "학교 체육의 아버지"일뿐만 아니라 "올림픽 교육"의 시초로 평가하는데, 이들이 그리스의 경쟁주의를 도입했다고 보기 때문이다.[222]

한편, 미국의 독립 혁명기에는 올림픽 경기에 대한 흥미로운 논의가 있었다. 독립을 선언한 직후이자 미국의 헌법이 제정되기 전, 북아메리카의 13개 식민지에 대한 대륙회의의 회원이었던 윌리엄 헨리 드레이턴은 돌연사하기 직전에 신체 단련이 남성들을 건장하고 힘세게 해준다며 올림픽 경기 개최를 제안했다. 그는 올림픽 경기가 영국으로부터의 독립 전쟁에 유용할 것이라고 주장했다. 고대 그리스인들의 운동 경기를 통해서 국가가 탄생했다는 것이다. 반면, 사우스캐롤라이나 출신의 의원이자 상인인 헨리 로런스는 이 "재미있는 주장"에 반대 의견을 제시했다. 그는 "올림픽 경기와 우스꽝스러운 짓이 그리스인들을 비참한 상황으로 몰아갔다"고 말했다.[223] 혁명기의 프랑스에서는 1790년 콩도르세의 후작 마리 장 앙투안 니콜라 카리타와 같은 공화주의 교육학자가 군사 훈련과 스포츠 경기를 조합하여 올림픽 경기를 부활시키자고 주장했다. 콩도르세 후작은 1794년 자코뱅 당의 테러에 희생당하고 말았다.[224] 그러나 자코뱅 당 공포 정치의 테러가 종식되고 혁명의 긍정적인 성과가 인정되었던 총재정부 시기에는 파리의 마르스 광장에서 달리기 시합을 비롯한 육상 경기, 심지어 전차 경주까지 열렸다.[225]

새로운 형태를 찾아서

개혁주의 교육학

르네상스 시대 이후로 신체 훈련의 장려는 언제나 개혁주의 교육 운동과 연관되었다. 그중 가장 눈에 띄는 현상으로, 중세 후기의 라틴어 학교가 새로 설립된 "김나지움"이나 "리제움"으로 대체되었다는 사실을 꼽을 수 있다. 그러나 많은 지역들에서는 말로 하는 수업이 신체와 관련된 교육학에 비해서 여전히 우위를 차지하고 있었다. 학교 체육의 다음 단계는 17세기의 예수교 김나지움과 개신교 자유 교회와 연관된다. 이러한 운동을 일으킨 대표 주자로는 체코인이자 보헤미아 형제단 주교였던 요한 아모스 코멘스키를 꼽을 수 있다. 그는 코메니우스라는 라틴어 이름으로 활동하며, 트란실바니아에서 영국에 이르기까지 교육 체계에 영향을 끼쳤다. 그의 낙관주의적인 인류학에 의하면, 어린아이들에게는 배움을 강요하는 대신 편안한 환경과 친절한 행동을 통해서 배움을 장려해야 한다. 그는 나이에 맞는 교육을 강조하면서 소년 소녀들이 이미지와 묘사를 관찰하며 세상을 배울 수 있도록 그림 교재 『세계 도해(*Orbis Sensualium*

Pictus)』를 집필했다. 여기에는 다양한 스포츠 종목에 대한 그림도 있었다.[226] 코메니우스는 1635년에 집필한 『대교 수학(*Didactica Magna*)』에서 용도별 학교 시설을 다루었는데, 현시대의 학교 설계자라면 누구나 수용할 견해였다. 이러한 시범학교에는 산책하고 함께 놀이를 할 수 있도록 확 트인 넓은 공간, 즉 많은 사람들에게 이미 잘 알려진 놀이 공간과 운동 동간이 혼합된 형태의 운동장이 있었다.[227]

근본적으로 새로운 방식의 철학적인 접근은 존 로크의 경험주의에 기반을 둔다. 로크는 이미 책 『인간지성론(*Essay Concerning Human Understanding*)』에서 신생아는 마치 백지와 같아서 모든 새로운 감각을 수용할 수 있다는 획기적인 사상을 주장했다.[228] 사실 이러한 견해는 아리스토텔레스에게서 유래한 것이다. 그러나 로크는 이 인간관을 교육의 중요성을 강조하는 데에 활용한 최초의 인물이었다. 교육에 관한 그의 저서 『교육에 관한 성찰(*Some Thoughts Concerning Education*)』은 제1장 "건강한 신체에 건강한 정신"으로 시작한다. 로크는 고대 유베날리스의 문장을 인용하며 교육을 위한 금언으로서 강조했다.[229] 로크는 의사로서 정신을 담는 "그릇"인 신체에 먼저 관심을 두었고, 신체의 건강을 정신 발달의 전제조건으로 삼았다. 로크는 이러한 관점을 통해서 영양 섭취와 수면을 넘어 신체 교육, 결국 스포츠를 화제로 삼았다. 로크는 영국의 명예혁명과 의회 통치, 즉 휘그 당[230]의 사상적인 기초를 마련하며 당대의 가장 영향력 있는 인물로 떠올랐다. 『교육에 관한 성찰』은 이후 100년 동안 53쇄가 출판되면서 유럽과 미국의 계몽주의 교육학의 토대가 되었다.[231]

앞에서 언급한 요한 베른하르트 바제도는 박애주의 운동의 선구자로, 최초로 신체 교육 사상을 실행에 옮긴 인물이다.[232] 그는 귀족의 체육 교육을 시민학교에 적용했다. 그의 기본 사상은 배움이 아이들에게 즐거움을 주어야 하고, 정신과 신체 단련이 조화를 이루도록 학교에서 관리해야 한다는 것이었다. 사실 르네상스 시대 교육학자들도 이러한 사상을 품고 있었다.[233] 바제도는『입문서(*Elementarwerk*)』에서 많은 놀이와 스포츠 훈련들을 선전했다. 폴란드의 유명한 동판화가 다니엘 호도비에키의 삽화는 지금도 스포츠 역사에 관한 작품의 삽화로 자주 사용된다.[234] 바제도의 데사우 박애학교는 원래 교사 양성을 위해서 설계되었다. 학교에는 교사 양성 세미나가 없었으나, 데사우의 교사들은 자신의 학교를 설립했기 때문에 독일의 다른 지역에서 이와 유사한 학교를 설립하는 데에 모범 사례와 같은 역할을 했다.[235] 데사우 박애학교 교사 출신인 잘츠만이 1784년 슈네펜탈에 설립한 교육 기관은 앞에서 언급한 근대 체육의 선구자 구츠무츠의 영향을 받았다. 그는 자신의 저서인 체육 교재『청소년을 위한 체육(*Gymnastik für die Jugend*)』에서 체계적인 체육 수업뿐만 아니라 학생들을 훈련하는 방법에 관한 실질적인 조언을 했고, 올림픽 경기 부활에 관해서는 한 장을 할애했다.[236] 코메니우스나 바제도와 마찬가지로 구츠무츠는 아이들은 재미있게 배워야 하고 아동과 청소년의 건강을 위해서 규칙적인 신체 훈련이 반드시 필요하다고 확신했다. 이 체육 교재를 통해서 그는 "파이브즈(fives)", 야구, 크리켓 등 영국의 세 가지 구기 스포츠를 독일에 소개했다.[237] 모든 계몽주의자들처럼 구츠무츠 역시 세계시민이었으나, 나폴레옹 점령기의 영향 아래 민족주의적인 어조가 은연중에 흘러나왔다. 또한 해방 전쟁 이후 그는 국가 수호를 위한 청년 양성을 위해서 스포츠를 모든 학교의 의무 과목으로 채택하고자 했다. 이렇게 하여 구츠무츠는 부분적으로 독일 체조 운동에 영향을 미쳤다.[238]

박애주의는 국제적인 파급 효과를 일으켰다. 요한 하인리히 페스탈로치는 코메니우스, 로크, 바제도에게 영향을 받았다.[239] 영국의 선구적인 교육 개혁가 토머스 아널드는 1828-1842년간 럭비 학교 교장을 지내며 역사, 수학, 새로운 언어를 필수 과목으로 도입했고 피에르 드 쿠베르탱이 주장했던 신체 교육을 강조했는데[240] 그도 독일의 박애주의 개혁학교에서 자극을 받았다.[241] 체조를 독일 스포츠라고 선전했던 젊은 청년 프리드리히 루트비히 얀은 1807년 슈네펜탈에 방문하여 구츠무츠를 만났고 큰 자극을 받았다. 얀이 최초로 세운 체조 훈련장 베를리너 하젠하이데에는 구츠무츠의 조언에 따라서 1811년 체조 기구가 설치되었다.[242]

체조 운동

체조의 아버지라고 불리는 프리드리히 루트비히 얀은 19세기 초에 체육을 정치적인 민족주의 운동의 일부로 새롭게 인식했다. 독일어 단어로 "체조하다"라는 뜻인 투르넨(Turnen)은, 독일어가 아닌 단어 김나스틱(Gymnastik)을 대체하기 위해서 "스포츠 시합"이라는 뜻의 투르니에르(Turnier)라는 단어를 변형하여 만든 신조어였다.[243] 독일 청년들의 군사적인 저항력을 키우기 위한 신체 단련 수단으로서 일어난 이 체조 운동(movement)에는 시대적인 배경이 자리했다. 당시 독일은 제1집정관이자 독재자이고 나중에는 황제가 되는 나폴레옹 보나파르트가 이끄는 프랑스 군대에 점령당한 상태였다. 대부분의 독일인들은 나폴레옹과 타협할 마음이 없었다. 1813-1815년의 해방 전쟁에서의 승리도 체조의 인기를 높였으나 그후 민주주의 사상과 체조가 관련이 있음이 밝혀졌다. 빈 회의 이후 자유주의 시기에는 독일의 몇몇 영토가 자유주의 헌법의 지배를 받았으나, 그 시기가 끝나자 관료주의 국가의 정치적인 반동이 시작되었다. 급진적인 체조인 카를 루트비히 잔트가 반동주의 정치인을 살해한 이후로[244] 정치 선동가에 대한 탄압이 시작되면서 대부분의 독일 지역에서 체조 운동이 금지되었다. 1820-1842년간 이른바 "체조 금지령"이 내려지면서 모든 체조 모임이 금지되었다.[245]

얀은 브란덴부르크-프로이센에서 개신교 목사의 아들로 태어나 성장했다. 1791년부터 그는 알트마르크에 있는 잘츠베델 김나지움을 다니다가, 베를린의 그라우엔 클로스터 김나지움으로 옮겼다. 그는 김나지움 졸업장도 없이 할레 대학교와 그라이프스발트 대학교에 다녔지만 학업을 끝내지

아우구스트 노이만이 그린 프리드리히 루트
비히 얀의 초상화.

못하고 그만두었다. 얀은 여러 곳에 가정교사로 취직했지만 주인과의 갈
등으로 일을 그만두었다. 1802년 그라이프스발트에서 그는 에른스트 모
리츠 아른트와 통일된 독일이라는 민족주의 사상을 접했고, 1807년에는
구츠무츠를 만났으며 슈네펜탈 개혁학교를 방문했다. 다니는 학교마다 중
퇴했던 그는 독일이 통일되기 전부터도 독일이 강대국이라는 환상에 빠졌
다. 그의 체조를 이용한 선전 활동 역시 민족국가를 건설하는 데에 도움이
되기 위한 것이었다. 1810년 그는 베를린 근처의 하젠하이데에 최초의 체
조 훈련장을 만들었다. 비밀 단체인 **독일 연방**(Deutsche Bund)은 이곳에
모여 해방 전쟁에 대비하기 위해서 정기적인 체조 훈련을 했다. 이후 몇
달 동안 프로이센에서만 수백 개의 체조 훈련장이 설치되었다. 이 체조
훈련장들은 독일어권 국가에서 대중 스포츠의 가장 중요한 뿌리가 된다.
독일이 프랑스 점령으로부터 해방된 이후, 얀은 독일 제후들로부터의 해
방을 촉구하는 강연을 다녔다. 초기 체조 운동은 1817년 바르트부르크 축
제에서 절정을 맞았다. 반동주의 사상이 담긴 서적들과 프랑스 서적들이
불태워졌고, 당국에 대한 불신이 격렬하게 일어났다.[246] 1820년 프로이센

의 국왕 프리드리히 빌헬름 3세가 체조 운동 금지령을 내렸고, 얀과 체조 운동 가담자들은 체포되었다.

프랑스 혁명과 이것이 독일에 끼친 직접적인 영향을 몸소 체험한 정치적 세대들에게 체조 운동가들은 위험한 폭도들이었다. 세대 교체가 이루어진 이후에야 체조 운동에 대한 탄압도 완화되었다. 얀은 1825년에 석방되었지만 죽을 때까지 경찰의 감시를 받으며 살았다. 루트비히 1세가 바이에른 왕국의 국왕으로 즉위한 이후, 체조 운동의 또다른 핵심 회원인 한스-페르디난트 마스만이 바이에른 군대의 장교를 배출하는 사관학교의 최초의 체조 교사로 일했다. 1835년 박사 학위 취득 후에는 독일 대학교 최초의 독문학 교수 중의 한 사람이 되었다. 마스만은 도시의 변두리 지역에 있는 확 트인 훈련장에서의 체조 운동을 다시 도입했고, 1972년 뮌헨 올림픽까지 이 "마스만베르글"이라는 체조 훈련장에는 그의 동상이 세워져 있었다. 교육학자들의 권유에 따라서 1830년대 중반 이후로는 학교에서의 신체 훈련이 다시 허용되었다. 프리드리히 빌헬름 4세가 프로이센의 국왕으로 즉위하면서 얀과 마스만은 프로이센에서 명예를 회복했다. 1842년에는 체조 금지령이 공식 철회되었고, 체조는 남자 아동들의 정규 과목이 되었다. 얀은 해방 전쟁 때의 공로를 인정받아 표창을 받았고, 1848년 프랑크푸르트 독일 국민의회에서는 민족주의의 상징적인 인물로 선정되었다.[247] 마스만은 체조 수업의 체계화를 위임받았다.[248]

"체조 금지령" 철회 이후 체조 운동은 지하에서 수면 위로 모습을 드러냈고, 각종 협회가 조직되기 시작했다. 1848년 하나우에서 개최된 제1회 독일 체조인 회의에서 "독일 체조인 연맹"이 창설되었다. 이 연맹은 몇 차례 명칭이 변경되고, 특히 사회주의 노동자 체조 운동가들이 1893년 노동자-체조인 연맹을 설립하는 등 분열되었다가, 1950년 이후 원래의 명칭을 되찾았고 현재는 독일의 모든 체조 협회의 상부 조직 역할을 하고 있다.[249]

체조 운동은 독일어권 전역을 장악하며 다양한 양상으로 발전했다. 프로이센에서는 관료주의 국가의 군사 훈련을 목적으로 체조를 채택했고 위로부터의 개혁을 통해서 학교에도 도입되었다. 반면, 공화국인 스위스에서는 체조가 스위스 연방의 자유 수호라는 맥락 아래 위치했으며, 학교에서의 체조 도입은 체조 협회에 의해서 장려되고 조직되었다. 스위스의 각 연방주(쿠어, 루체른, 졸로투른, 장크트 갈렌, 제네바 등)에는 "체조 금지령" 때문에 독일 연방 지역에서 스위스로 이주한 체조 운동가들이 직접 체조를 도입하는 경우도 많았다. 대표적인 인물로 헤센 출신의 아돌프 슈피스가 있다.[250] 스위스에서는 1832년 스위스 연방 체조 협회가 결성된 기념으로 제1회 스위스 연방 체조 축제가 열리기도 했다. 스위스 체조의 아버지 요한 니겔러는 로비를 통해서 스위스 연방의회 자문으로 진출했다.[251] 자유주의 운동이 좌절된 이후 해외로 이주한 독일의 혁명주의자들을 통해서 미국에도 체조 운동이 보급되었다.[252] 카를 슈르츠처럼 정치적인 영향력이 있는 이민자들은 체조 운동가들이 1860년 대통령 선거에서 에이브러햄 링컨을 지지할 것을 약속했고, 링컨이 대통령 선서를 할 때에 그를 위해서 경호를 제공했다.[253] 특히, 19세기에 체조 협회는 독일계 이민자들의 주요 집결지가 되면서 미국 대중 스포츠의 뿌리 중의 하나가 되었다.[254]

마루운동과 기계체조(안마, 링, 평균대, 평행봉, 철봉)가 정착되면서 독일어권 국가는 19세기 유럽에서 특별한 위치를 차지했다. 그러나 체조가 일반 체육과 육상을 포함하며 점차 확대되면서, 국제적으로 종목들이 통합되었다. 영어로는 체조를 단순히 짐나스틱스(gymnastics)라고 한다. 그리고 독일 체조인(투르너[Turner]) 연맹은 오래 전부터 "국제 체조 연맹(투른페르반트[Turnverband])"의 회원이었다. 그러나 국제 체조 연맹이라는 단체명은 국제적으로는 "짐나스티크(Gymnastique)"라는 단어를 사용한다. 반면, 체조라는 뜻의 독일어 투르넨(Turnen)은 국제적으로는 기계

체조라는 의미로 통용된다. 심지어 독일인의 정체성을 강조했던 얀마저 국제 체조 연맹에서는 짐나스틱스(체조)의 아버지라고 불렸다. 따라서 얀은 "새롭고, 경건하고, 즐겁고, 자유롭게"라는 모토뿐만 아니라, 그가 구츠무츠로부터 수용하여 현재 전 세계로 보급된 평균대, 철봉, 평행봉 등의 기계체조 장비와도 관련을 맺게 되었다. 독일계 미국인 체조 연맹 회원은 지금도 체조인이라는 뜻의 독일어 투르너라고 불린다.[255]

스웨덴의 체조 운동은 처음에는 독일과 유사한 양상을 보였다가 완전히 다른 방향으로 발전했다. "스웨덴의 얀"이라고 불리는 교육학자 페르 헨리크 링은 룬드 대학교와 웁살라 대학교에서 공부했고, 1797년 신학으로 학위를 받았다. 이후 그는 7년 동안 덴마크, 독일, 프랑스, 영국 등지를 여행했다. 그는 근대 언어 교사로 일하며 생계를 유지했다. 병에 걸려 스웨덴으로 돌아온 링은 룬드 대학교에 펜싱 교사로 취직했다. 그는 매일의 운동으로 신체 건강을 회복했음을 발견하고 자신의 경험을 다른 사람들에게 전문적으로 전달하고자 의대에 진학했다. 이를 바탕으로 그는 교육학, 의학, 군사학, 미학의 네 기둥으로 구성되는 체조의 체계를 세웠다. 그는 스웨덴 정부가 자신의 사상에 관심을 두고 있다는 사실을 알고 있었다. 그리하여 그는 1813년 스톡홀름에 체조 교사 양성을 위한 왕립 체조 연구소를 열 수 있었다. 이 왕립 체조 연구소의 교장은 링이 맡았다. 그는 의학자들과 몇 차례 논쟁이 있었음에도 결국 인정을 받았고, 스웨덴 왕립 과학 아카데미의 명예 교수로 임명받았다. 1861년이 되어서야 이 연구소는 여성을 위한 체조를 연구하기 시작했다. 이 연구소에서는 여성도 교육을 받을 수 있었기 때문에 스웨덴의 체조 운동은 여성 스포츠의 발전, 특히 영국에 장기적인 영향을 끼쳤다.[256]

하일랜드 게임
국제 스포츠 대회로 성공한 스포츠 시합들이 거의 모두 유럽에서 시작되었지만, 모든 나라들에는 각자 고유한 전통 스포츠가 있으며 일부는 지금까지도 남아 있다. 유럽에서는 세계 스포츠와 지역 스포츠가 팽팽한 긴장 관계 속에서 평행선을 그리며 발전했다. 귀족의 기사 문화는 도시의 운동 시합과 신체 훈련에 거의 남지 않았는데, 이는 기사 문화가 농민이나 목동의 문화와는 관련이 없었기 때문이었다. 그러나 지역과 신분으로 분리된 문화의 경계를 초월하는 현상은 반복해서 나타났다. 스위스의 민속놀이가 좋은 사례이다. 반면, 영국의 정강이 차기, 바이에른의 손가락 씨름, 스코틀랜드의 나무줄기 던지기, 스위스의 그네 타기와 같이 대중적으로 인기가 많았던 오락 활동은 국제 경기로는 발전하지 못했다.

스코틀랜드의 하일랜드 게임(Highland Games)의 사례를 통해서 지역 스포츠 축제의 위상 변화를 이해할 수 있다. 스코틀랜드의 하일랜드는 전통적으로 유서 깊은 귀족 가문이 지배했고 영국의 행정 체계에서 동떨어져 있었기 때문에, 스코틀랜드 전통주의의 보루이자 외부 영향에 대한 저항지였다. 1745년, 이곳에서는 스튜어트 왕가의 후손을 다시 왕위에 올리려는 민족주의 봉기가 일어났다. 문헌 자료를 보면, 마지막 자코바이트(Jacobite)의 반란이 실패한 이후에 하일랜드 게임이 열렸음을 알 수 있다. 18세기 말 스코틀랜드인들은 백파이프 경연과 스코틀랜드 전통 춤을 통해서 독특하면서도 근본적으로는 평화로운 국가상을 만들고자 했다. 이 지역 스포츠의 전통은 11세기로 거슬러 올라가며 그전에는 결혼식, 장례식, 연시와 관련이 있었으나, 지역의 스포츠 행사로 통합되었다. 이를 통해서 하일랜드 사람들은 자신의 신체 능력, 힘, 속도를 증명했다. 물론 영국인들에게 나무줄기 던지기, 해머 던지기, 돌 던지기, 강바닥의 큰 돌 들어올리기, 다른 형식의 역기 들기 등의 스포츠는 매우 생소한 종목들이었다. 여기에 사용되는 스포츠 장비들은 모두 (지금도) 표준화되어 있지 않았다. 돌 던지기나 해머 던지기의 방법은 인버네스, 러스, 애보인 등 지역에 따라서 완전히 달랐고, 서로 다른 무게를 사용했다. 육체적으로 힘든 경기 외에도 단거리 경주, 장거리 경주, 멀리뛰기, 장대높이뛰기처럼 가볍게 즐길 수 있는 경기도 있었다. 간혹 펜싱, 소총 쏘기, 싱글 스틱 경기도 열렸다. 우승자와 준우승자에게는 상금이 수여되었다.

근대적인 형태의 하일랜드 게임은 일종의 "만들어진 전통"이었다. 근대 하일랜드 게임은 1819년 퍼트셔의 세인트 필란스에서 피터 버렐(기디어 경)이 시작했다. 그는 웨일스 귀족 작위가 있는 영국인이었고 그의 아내는 스코틀랜드의 전통 있는 명문가 출신 여성이었다. 이 새로운 형식의 문화 행사와 하일랜드의 문화를 열렬히 지지했던 인물이 있었다. 그는 『아이반호(*Ivanhoe*)』와 『웨이벌리(*Waverley*)』로 유명하고 동시대에 가장 영향력 있는 작가였던 월터 스콧이었다. 스콧은 스포츠 대회 창설에 역으로 영향을 끼치기도 했고, 1826년 시인인 제임스 호그는 이 행사를 스콧의 소설 제목을 모방하여 세인트 로나 게임이라고 불렀다. 1820년대 이후로는 하일랜드 게임의 경기 수가 급증했다. 특히, 글렌피넌에서는 자코바이트의 반란 100주년 기념으로 스포츠 시합이 열렸다. 이러한 스포츠 시합은 개인이 후원하기도 했고 가문이나 지역 사회에서 후원하기도 했다. 예를 들면 1825년에는 민속문화 보존 협회와 언어학회가 연합된 로나크 소사이어티에서는 스코틀랜드 문화유산의 평화로운 보존과 장려에 관한 규정을 제정했다. 1820년대 초 하일랜드 게임은 로우랜드로 확산되었다. 1822년에는 국왕 조지 4세가 배넉번에서 열린 스포츠 축제에 방문했다. 1848년 중세에 심취한 낭만주의 정신 속에서 새로운 움직임이 널리 확산되었다. 빅토리아 여왕이 브래마 게더링에 방문했고 하일랜드 게임을 재정적으로 지원했다. 오랜 전통을 암시하기 위해서 중세의 수도원이나 성이 행사의 무대로 사용되었다.[257]

1840년대 이후 철도망이 확충되면서 선수들은 각종 경기에 출전하여 상금으로 생계를 유지할 수 있었다. 1년에 열리는 시합만 24개 정도였기 때문에 충분히 가능한 일이었다. 1849년 앨리스터 맥하디가 최초의 스코틀랜드 국가 챔피언을 차지했다. 이를 통해서 전통 경기의 스포츠화는 스포츠 장비의 표준화 없이도 가능하다는 사실을 알 수 있다. 도널드 디니는 새로 창설된 칼레도니언 클럽에 초대를 받아 북아메리카에 있었던 1년을 제외하고 1856-1876년 동안 매년 국가 챔피언을 차지했다. 미국과 캐나다에서도 스코틀랜드계 이민자들이 자신들의 모국에서와 마찬가지로 전통 시합인 칼레도니언 게임을 개최하고자 칼레도니언 클럽으로 몰려들었다. 똑같은 시합을 개최하는 스코틀랜드의 칼레도니언 협회는 이후에 오스트레일리아, 뉴질랜드 등 다른 국가에도 창설되었다. 탁월한 근력 스포츠인이었던 디니는 레슬링, 높이뛰기, 무용에서도 우승했다. 19세기 말 스코틀랜드에는 이와 유사한 스포츠 시합이 100여 개가 넘었다. 대규모 행사에는 5만 명의 관중이 몰려들었다. 축구나 하키의 일종인 신티 시합이 열릴 때에는 철도를 더 많이 운행했다. 스코틀랜드 국가 챔피언을 여덟 번이나 차지한 빌 앤더슨은 1958년 브리티시 엠파이어 게임의 포환 던지기에서도 우승을 차지했다. 전문적인 훈련을 받은 선수들이 20세기에도 계속된 하일랜드 게임에 참가했다는 것을 이 사실로부터 알 수 있다. 하일랜드 게임은 최근 수십 년간 스코틀랜드 경기 협회의 협력 아래 관광 명소로도 발전했다.[258]

새로운 올림피아로 가는 길

올림피아 유적 발굴과 그리스의 독립

올림픽에 대한 열광으로부터 실제로 존재했던 고대 올림피아 제전과 유적에 관한 관심이 촉발되었다. 1723년 프랑스의 여행자 베르나르 드 몽포콩이 올림피아 유적지의 위치를 알아냈고 코르푸의 대주교이자 로마의 추기경인 안젤로 마리아 퀴리니에게 이 소식이 전해졌으며[259] 영국의 고고학자 리처드 챈들러가 유적지를 발견했다.[260] 유럽에 그리스 열풍을 일으킨 인물은 독일의 고고학자 요한 요아힘 빙켈만이었다. 빙켈만은 자신의 대표작『고대 미술의 역사(Geschichte der Kunst des Altertums)』에서 고대 그리스 문화의 단순미와 고귀함을 강조하면서 고고학 연구에 관한 관심을 불러일으켰다.[261] 오스만 제국은 자국의 고대 유물에 관한 유럽 연구자들의 관심을 호의로 받아들였고, 서구 세력들과 좋은 외교 관계를 유지하기 위해서 노력했다. 무슬림 통치자들은 이슬람교가 도입된 622년부터 세계 역사가 시작된다고 믿었기 때문에, 박물관장들이나 수집가들이 이집트, 수메르, 심지어는 그리스의 유물을 발굴하고 유럽으로 이송하는 것에 별다른 반감을 느끼지 않았다. 각종 스포츠 장면이 묘사된 그리스 화병을 포함하여 오스만 제국이 유럽 대륙에 준 선물들은 현재 런던, 파리, 뮌헨의 고대 유물 전시관에서 볼 수 있다.

유럽의 범(汎)헬레니즘, 즉 그리스 문화에 대한 열광은 한편으로는 르네상스 시대 이후로 등장한, 그리스 문화에 대한 인문주의적인 동경으로, 다른 한편으로는 1453년 콘스탄티노플이 함락된 이후에 그리스를 지배해왔던 오스만 제국으로부터 독립하려는 그리스의 투쟁을 지지하기 위한 운동으로 이해할 수 있다. 그리스의 아나톨리아 문화권은 19세기까지 계속 터키의 영향력이 지배적이었으나 유럽 문화권과 대부분의 섬에는 종교적으로나 언어적으로나 그리스의 전통이 남아 있었다. 1821년 그리스의 전통이 유지된 지역들에서 오스만 제국의 탄압에 대한 저항이 일어났고, 전 유럽, 심지어 북아메리카에서도 지원 단체가 결성되어 그리스의 독립에 필요한 자금과 지원 수단을 마련했으며 투사를 파견하기도 했다. 이러한 운동의 본거지는 제네바였고, 1821년 공식 **범헬레니즘 단체**가 베른, 뮌헨, 슈투트가르트에서 창설되었다. 뮌헨의 범헬레니즘 단체는 왕가의 지원을 받았다. 주요 회원은 광산 엔지니어였던 프란츠 크사버 폰 바더와 고문헌학자이자 영주의 가정교사이자 교육 정책가였던 프리드리히 빌헬름 폰 티에리시였다. 티에리시는 1825년부터 고등교육 분야, 특히 김나지움과 대학교의 개혁과 오톤 1세의 교육을 책임지고 있었다. 그는 현대 그리스 문화에 고대 그리스 문화가 살아 숨 쉬고 있다고 주장했다. 그는 자신의 주장을 입증하기 위해서 1831년에 그리스로 떠났고 그곳에서 그리스의 해방을 지원하다가, 뮌헨으로 돌아와서 대학교 총장직을 맡았다.[262]

그리스의 독립 이후 고대 유적지 발굴 작업의 의미는 완전히 달라졌다. 고대 유적지는 새로운 그리스 민족과 국가 정체성을 발전시켰는데, 이는 국가 간 이해관계로 번졌다. 1829년 프랑스의 모레아 탐사대가 올림피아에서 제우스 신전을 발굴했다. 그러나 본격적인 작업은 올림피아의 체계적인 발굴을 준비해온 독일의 고고학자 에른스트 쿠르티우스에 의해서 이루어졌다.[263] 1875-1876년부터 시작된 발굴 작업은 성공적이었다. 쿠르티우스는 몇 년에 걸쳐서 전체 유적지를 조사했고, 프락시텔레스의 헤르메스나 파이오니오스의 승리의 여신 니케와 같은 고대 예술품들을 발굴했다.[264] 1890년대까지 발굴 결과들이 발표되면서, 올림피아를 향한 관심은 활기를 띠었다. 이러한 분위기에서 피에르 드 쿠베르탱은 올림피아 경기를 부활시키겠다는 영감을 받았다. 그는 이렇게 썼다. "독일은 고대 올림피아의 폐허 속에서 발굴 작업을 하고 있다. 그렇다면 프랑스가 과거의 찬란한 문화를 부활시키지 않을 이유가 무엇인가? 국제 스포츠가 세계에서 새로운 역할을 하려는 특히 이 시점에, 올림픽의 부활은 고대의 찬란함을 누리지는 못할지라도 충분히 유익한 아이디어이리라."[265]

뮌헨의 옥토버페스트에서 범헬레니즘 올림픽에 이르기까지

그리스가 해방되면서 유럽 곳곳, 심지어 아메리카에서도 올림픽 경기를 부활시키자는 아이디어가 터져 나오기 시작했다. 스웨덴에서는 슈베린의 보기슬라프 백작이 스웨덴과 노르웨이에서 올림픽 경기에 관한 관심을 일깨우기 위한 목적으로 "올림픽 협회"를 설립했다. 1834년에는 요한 샤르타우가 체조, 달리기, 레슬링, 클라이밍으로 구성된 "올림픽 경기"를 람뢰사에서 개최했다. 이 행사에 엄청나게 많은 관중들이 몰려들어서 1836년에 다시 한번 개최되었다. 카플뢰프닝스가탄, 펙트메스타르가탄, 레나르바난 등 당시 올림픽 경기가 열렸던 지역의 이름에 그 흔적이 남아 있다. 1890년대에 도시의 중심 바깥으로 올림피아 도로를 따라서 형성된 "올림피아" 구역 역시, "헬싱보리 올림픽"으로부터 지어진 이름이다. 1898년 이 구역에는 올림피아 경기장이 지어졌고, 얼마 후에 축구 클럽인 헬싱보리 IF의 홈 구장이 되었다. 헬싱보리 IF는 지금까지 스웨덴에서 일곱 번이나 우승을 차지했고, 2011년에는 스웨덴 챔피언십과 스웨덴 슈퍼우승컵에서 우승 타이틀을 동시에 차지했다.[266]

　빈 회의 이후로 프로이센 왕국에 속했고 독일의 관점에서 보면 "포즈난 지방"이었던 포즈난 대공국(현재는 폴란드 지역)에서도 1830년대에 "그리스풍 스포츠 대회"가 개최되었다. 이 대회의 흔적은 지역의 전통으로 남았다. 축구 클럽 TS 올림피아 포제난이나 경기장 스타디온 올림픽 포즈난 등의 이름이 이 대회에서 유래한 것이다. 스코틀랜드 이민자들은 하일랜드 게임을 변형한 수많은 스포츠 대회를 캐나다와 미국뿐만 아니라[267] 남아프리카, 오스트레일리아, 뉴질랜드로 전파했고, 동시대인들은 이러한 스포츠 대회들을 올림픽 경기와 반복해서 비교했다. 몬트리올이 "브리티시 노스 아메리카(현재 캐나다)"에 포함된 기념으로 도시에서는 1844년 8월에 이틀간 "몬트리올 올림픽"이 개최되었다. 이 대회에서는 29가지 종목의 스포츠 시합이 열렸다. 그보다 2년 전에 창설된 몬트리올 올림픽 클럽이 이 시합을 조직했다. 이 대회에서는 특별히 아메리카 원주민의 스포츠인 라크로스 시합이 인디언들과 유럽 이주민들 사이에서 열렸다.[268]

　그런데 근대 올림픽을 그리스에서 개최하자는 아이디어는 뜻밖의 행사에서 등장했다. 지금까지 영어권 지역에 묻혔던 그 행사는 바로 뮌헨의 축제 옥토버페스트이다. 이 아이디어는 오스만 제국에 저항하는 독립 투쟁 과정에서 교육학자 리가스 페레오스의 영향을 받아 부활했으며, 바이에른 출신이었던 그리스 국왕 오톤 1세 때에 정치인 에방겔리스 자파스의 제안으로 추진되었다. 바이에른의 국왕 막시밀리안 1세 요제프가 집권하던 당시에 열렸던 뮌헨의 옥토버페스트가 그 모범이 되었다. 첫 옥토버페스트는 1810년 바이에른의 왕세자 루트비히 1세와 작센-힐데부르크하우젠의 테레제 공주와의 결혼식에서 개최되었다. 이 결혼식을 축하하기 위해서 대규모 경마 시합이 뮌헨 외곽에 있는 녹지에서 열렸다.[269] 민속 축제와 혼합된 이 스포츠 행사는 반응이 매우 좋았고, 후에 테레지엔비제라고 불린 이 녹지에서 이후 수십 년간 축제가 계속 열렸다. 결혼식 축제가 연례행사로 발전한 것이다. 축제 시기는 일정했으나 그 외에 다른 점들은 많이 바뀌었다. 루트비히 1세와 뮌헨 축제 위원회는 축제의 매력을 더하기 위해서 볼링 레인, 기어오를 수 있는 나무, 그네, 회전목마를 설치했을 뿐만 아니라 스위스의 민속놀이와 유사한 스포츠 시합을 다양하게 곁들였다.

1832년 런던 회의에서 이루어진 영국과 프랑스, 러시아의 합의를 통해, 루트비히 1세의 어린 아들 오톤이 그리스의 국왕으로 추대되었다. 바이에른의 수많은 행정관들이 그리스로 파견되었고, 곳곳에서 범헬레니즘이 꽃을 피웠다. 바이에른의 맥주 순수령, 바이에른 와인 제조업자("아카이아") 클라우스의 와인 생산법, 그리고 흰색과 파란색의 국기가 그리스에 도입되었다. 수도는 아테네로 이전되었다. 대학교가 설립되어 독일의 고대 그리스 문화 전문가들이 초빙되었다. 이러한 상황에서 한 젊은 학자가 그리스로 떠났다. 1838년에 처음 올림피아를 본 그는 나중에 올림피아 유적지 발굴자가 된다. 그는 바로 독일의 체조 운동에도 참여했던 에른스트 쿠르티우스로, 자신의 일기에 그리스의 첫인상을 상세히 기록했다.[270]

그리스의 국왕 즉위는 뮌헨에도 영향을 끼쳤다. 옥토버페스트에서는 "스위스 경기"라는 명칭이 올림픽 경기로 변경되었다. 범헬레니즘을 중시했던 루트비히 국왕은 고대의 올림피아 제전 양식으로 축제를 개최하겠다고 직접 제안했다. 이에 대해서 그리스가 다시 반응을 보였다. 1832년 그리스 사절단이 오톤 국왕 즉위식과 뮌헨의 경기를 위해서 뮌헨을 방문했고, 옥토버페스트의 경기 개막일은 이에 맞추어 특별히 연기되었다. 사절단은 다음과 같이 기록했다. "오후에 우리는 특별한 축제로의 초대에 응했다. 이 축제는 매년 이달의 8일에 열리며 '옥토버페스트'라고 불린다. 옥토버페스트는 도시 외곽 지역의 넓은 평지에서 열린다. 이 축제는 올림피아 제전을 모방했으며 행사는 고대 그리스에서 유래한다고 한다." 뮌헨에서 "올림픽 경기"라는 이름으로 "스위스식의 민속놀이"(경마, 달리기, 축제 사격, 클라이밍, 자루 달리기 경주, 손수레 경주, 자전거 경주, 레슬링, 창 던지기, 새총 쏘기, 모의 마상 시합, 볼링 등)가 열렸던 것은 1850년이 마지막이었다. "바바리아" 여신상을 설치하고 그리스 문화 애호가들의 흉상이 전시된 명예의 전당을 건축함으로써 옥토버페스트가 제도화되었던 시기와 비슷했다.[271]

그리스의 출판인 파나기오티스 수초스는 뮌헨의 올림픽 경기에 영감을 받아, 1833년에 그리스에 새로 수립된 바이에른 정권에 대한 시와 비망록을 작성했다. 처음에는 아무런 성과가 없었다. 그러는 사이에 올림피아의 스포츠 제전에 관한 연구가 진척되었다. 작센 출신으로 바이마르 김나지움에서 수학한 이후 예나와 할레에서 공부한 고문헌학자 요한 하인리히 크라우제는 그리스 체육과 투쟁성에 관한 논문으로 박사 학위를 받았다. 그는 1830년대와 1840년대에 이에 관한 자료와 사실을 발표하여 대중의 관심을 불러일으켰다. 처음에는 책으로 냈으나, 그러는 동안에 그는 개인 강사이자 할레 대학교 교수가 되었다.[272] 1852년 1월 10일, 베를린 대학교 교수로 임명된 에른스트 쿠르티우스는 올림피아를 다룬

획기적인 강연을 했고, 결국 이를 계기로 체계적인 발굴이 시작되었다.[273] 뮌헨의 동양학자 야코프 필리프 팔메라이어는 이에 매우 호의적인 반응을 보이며 올림피아를 폐허가 아닌 교육의 이상으로 삼아야 한다고 주장했다.

"고대 그리스인들은 인간의 신체 구조와 장기에 관한 고등 지식을 통해서 신체와 정신 두 가지가 동등하게 중요하다는 것을 알고 있었으며, 신(神)의 피할 수 없는 명령으로서 이 두 가지가 서로 조화를 이루어야 한다고 보았다. ……신체와 정신의 균형 그리고 모든 본능적인 힘과 욕구의 조화는 그리스 교육의 과제였다. 그래서 청소년들의 육체와 정신을 건강하게 성장시킬 수 있도록 음악 외에 체육이 필요했다. 이러한 이중 교육은 공적인 영역에서 가장 중요하게 관리되었으며, 이를 기반으로 하여 국가가 번창했다. 햇빛이 잘 드는 대형 훈련을 갖추었으며 실내 회당이 있거나 나무로 둘러싸인 공공 교육 시설은 대개 시골 주변의 성문 앞에 있었는데 그리스 공동체에는 필수 시설이었다. ……고대 그리스에서 체육은 신에게 제사를 올리는 행위이기도 했다."[274]

독일의 올림피아 열풍을 계기로 그리스의 상인 에방겔리스 자파스가 그리스에서 올림픽 경기를 재개하자는 아이디어에 본격적으로 관심을 두기 시작했다. 1856년 그는 그리스에서 올림픽 경기를 다시 개최할 것을 제안하는 문서를 국왕에게 제출했다. 실제로 그리스의 오톤 국왕은 1858년 9월 "올림픽 경기장"의 건축을 명령했다. 1859년부터 아테네의 전용 경기장에서 4년에 한 번, 뮌헨처럼 농업 품평회와 함께 올림픽 경기가 열렸다.

그리스 최초의 근대 올림픽

제1회 올림픽은 뮌헨을 모방하여 농업 및 산업 전시회와 스포츠 시합으로 구성되었다. 우승자에게는 상금뿐만 아니라 금, 은, 동메달이 수여되었다. 올림픽은 4년에 한 번씩, 10월에 네 번 있는 일요일마다 아테네에서 열렸다. 개막식 행사에는 기독교 예배가 있었고, 새로 설립된 아테네 과학 아카데미에서는 지난 올림픽 이후, 즉 4년 동안 발견된 최신 지식을 소개했다. 두 번째 일요일에는 가축 사육 및 경마 부문 시상식이 있었다. 그리고 세 번째 일요일에는 농경 대회와 스포츠 시합이 열렸다. 마지막으로 네 번째 일요일에는 산업과 예술을 위한 행사가 개최되었고, 연극 공연으로 마무리되었다. 연극과 작곡 부문에 대한 상도 수여되었다. 「독일 체조 신문(*Deutschen Turn-Zeitung*)」이 예고 기사에서 보도했듯이 올림픽은 국왕의 후원 아래 자파스가 모든 재정을 지원했다.[275] 이 신문은 스포츠 시합이 열리는 날에 대해서 상세하게 보도하고 있다.

"지난해 5호에서 언급했듯이 올해에 올림피아 제전 형식의 스포츠 행사가 도입되어, (1859년) 11월 27일 아테네에서 개최되었다. 한 바퀴 달리기, 두 바퀴 달리기, 일곱 바퀴 달리기, 수평 방향과 수직 방향으로 원반 던지기, 도약, 도랑 뛰어넘기, 유연하게 높이뛰기, 균형 잡기, 과녁 맞히기, 나무 오르기 등 각종 경기가 피레아스 대로 인근의 루트비히 광장에서 열렸고, 관람을 위해서 2만 명이 넘는 사람들이 모였다. 신체 운동의 승자는 올리브 나뭇가지로 된 화관을 받았고 목표의 난도에 따라서 각각 50드라크마에서 100드라크마, 280드라크마의 상금을 받았다. 심판이 판정을 내린 이후 국왕(오톤 1세)이 화관과 상금을 직접 하사했다. 최고 상금은 매번 일곱 바퀴 달리기에서 1등을 차지한 사람에게 돌아갔다. 우승자의 이름과 출생지가 큰 소리로 호명되어 수많은 군중들에게 공개되었다.

시합 참가자들은 전국 각지의 학생, 군인, 선원 중에서 선발되었다. 이러한 경기는 낮 1시부터 오후 4시까지 열렸다. 시합이 끝나면 보도원이 상투적인 그리스어 표현인 '민중이여, 고향으로 돌아갑시다!'라고 크게 외쳤다. 모든 시합 참가자들은 색깔이 있는 블라우스를 입고, 얼굴을 드러내고, 머리카락을 헤어밴드로 묶어서 쉽게 구별되도록 했다. 관중은 시합에서 가장 활력 넘치는 요소였다. 승리를 앞둔 선수에게 큰 소리로 환호하고 박수를 치며 끝까지 견디고 힘을 더 내라고 격려했다. 국왕과 여왕은 시합이 끝날 때까지 자리를 지켰으며 즐거움과 승자에 대한 관심을 표현했다."[276]

그리스인들만이 출전했으나 그리스 지역뿐만이 아니라 오스만 제국의 그리스 지역에서 온 사람들도 있었다. 달리기, 도약, 창 던지기, 그리고 상당히 독창적인 종목이었던 원반 던지기 시합은 실패에 가까웠다. 날씨가 너무 추워서 시합을 열기에 적합하지 않았기 때문이다. 출전자들 중에 제대로 훈련을 받은 선수는 없었다. 무엇보다 질서 유지의 책임을 진 경찰관이 출전하기도 했으니 말이다. 그러나 이렇게 시작되었다. 다음 올림픽은 쿠데타로 그리스 초대 국왕 오톤이 추방되면서 연기되어, 원래 계획대로인 1863년에 열리지 못했다. 올림픽 전용 경기장을 건설한다는 조건으로 자파스가 상당히 많은 재산을 올림픽 위원회에 기증하면서, 제2회 올림픽 개최가 보장될 수 있었다.

19세기의 기타 올림픽 경기

19세기 말에는 다른 유럽 지역에서도 올림픽과 유사한 행사가 개최되었다. 그사이 코츠월드 올림픽 게임은 지방 연시 행사로 축소되었다. 1850년에는 의사인 윌리엄 페니 브룩스가 농업 독서 학회에서 웬록 올림피아 교실을 열었다. 그는 이 수업과 함께, 웨일즈 국경 지대에 있는 자신의 고향인 머치 웬록에서 이른바 웬록 올림픽을 개최했다. 웬록 올림픽에서는 달리기, 도약(수평 도약과 수직 도약), 던지기(해머 던지기) 등 전통적인 올림픽 스포츠 종목 외에 크리켓, 고리 떼기 시합, 축구 시합이 벌어졌다. 이외에도 고리 던지기, 자루 달리기 경주, 손수레 끌기 시합도 있었다. 그뿐만 아니라 나이 든 여성들의 달리기 시합도 있었다. 웬록 올림픽은 제1차 세계대전이 터지기 전까지는 매년 개최되었고, 전쟁 중에는 간헐적으로 개최되었다가 1950년에 재개되어 2009년에는 123회를 맞이했다. 브룩스는 영국의 수업 과정에 체육이 도입되는 데에 기여했고, 1859년 제1회 아테네 올림픽 장거리 경주 우승자를 위한 상금을 기부했으며, 1860년에는 학회의 명칭을 웬록 올림픽 학회로 변경했다. 오톤 국왕이 머치 웬록 펜태슬런 승자에게 은 트로피를 지원했다는 사실을 보면, 그가 올림픽 경기를 위한 인맥 구축에도 노력했음을 알 수 있다.[277]

브룩스의 조언에 힘입어 1861년부터 슈롭셔에서도 슈롭셔 올림픽이 개최되었고, 다른 지역에서도 이러한 행사에 관심을 보였다. 1865년 런던에 국립 올림픽 협회(NOA)가 창설되었다. 그리고 1년 후 런던의 수정궁에서 국립 올림픽 게임이 개최되었다. 이 행사에는 200명의 선수들이 출전했고 관중은 1만 명에 달했다. 경기 주최자는 앞에서 이미 언급했던 브룩스, 1861년부터 리버풀 올림픽을 조직한 존 헐리, 런던의 독일 체조 연맹 회장이자 독일계 영국인 지리학자인 에른스트 게오르크 라벤슈타인이었다.[278] 여기에서 1위, 2위, 3위를 차지한 선수에게 각각 금메달, 은메달, 동메달을 주자는 발상이 탄생했다. 출전 자격을 "아마추어와 신사"로 제한하기 위해서 급하게 창설된 아마추어 체육 협회(AAA)와는 달리, 국립 올림픽 협회는 모든 계층에게 출전을 허용했다. 다른 나라들과 마찬가지로, 영국에서도 스포츠의 민주화 사상과 과거의 계급 및 신분 사회와 연관된 사상, 즉 스포츠는 부유한 자들의 전유물이라는 사상 간의 논쟁이 벌어지고 있었다. 1883년까지 영국에서 총 7회의 국립 올림픽 게임이 개최되는 동안, 웬록 올림픽과 같은 지역 대회는 매년 개최되었다.[279]

1881년 브룩스는 아테네에서 "국제 올림픽 축제"를 개최하고자 했다. 그리스 올림픽과 달리 전 세계 선수들이 참여하는 행사를 기획한 것이다. 그의 계획은 그리스 언론으로부터 호평을 받았지만, 그리스 정부의 지지를 얻지는 못했다. 1889년 그는 스포츠 교육을 위한 국제 회의를 계획 중이었던 쿠베르탱에게 연락을 취해서 수십 년간 이어진 자신의 노력을 공유했다. 다음 해 쿠베르탱은 웬록 올림픽을 방문했고 매우 깊은 인상을 받았다. 당시 29세였던 그는 「스포츠 잡지(*La Revue Athlétique*)」에 이러한 기사를 썼다. "근대 그리스에서 아직 부활하지 못한 올림픽 경기가 재탄생한다면, 이는 그리스가 아닌 브룩스 박사 덕분이다."[280] 그 사이 85세가 된 브룩스는 노환으로 파리의 IOC 창립 기념 회의에 참석할 수 없었다. IOC 위원장이었던 후안 안토니오 사마란치는 브룩스를 "근대 올림픽의 진정한 창시자"라고 칭했다.[281]

제2회 그리스 올림픽은 슐레스비-홀스텐-쉰더보르-글뤽스보르 왕가 출신의 왕자였던 요르요스 1세가 의회에 의해서 새로운 국왕으로 선출되고 1870년이 되어서야 열렸다. 독일계 그리스인 건축가 에른스트 질러는 1864년부터 국왕의 의뢰를 받아, 기원전 330년에 건축되어 기원후 144년까지 증축과 개축을 거친, 파나텐 제전이 열리던 고대 그리스 스타디온의 위치를 연구했다. 이 유적지는 1869년 아크로폴리스 동쪽 부근에서 실제로 발굴되었고, 막대한 비용을 투입하여 복원되었다. 이 파나티나이코 경기장에서 1870년 제2회 올림픽이 개최되었다.[282] 이번에는 모든 준비가 훨씬 잘 되어 있었다. 고대 그리스처럼 개막 행사가 열렸고, 선수의 선서와 승자들을 위한 축하 행사도 있었다. 당시 아테네는 아직 교통 체계가 잘 갖춰져 있지 않은 작은 도시였으나 이 대회는 2만5,000명의 관중들이 몰려들면서 성공리에 끝났다. 언론은 제2회 올림픽을 호평했다.

이후 올림픽은 4년 주기로 개최되지 못했다. 차기 올림픽(3회와 4회) 역시 1875년과 1889년에 아테네의 파나티나이코 경기장에서 개최되었다. 그러나 1875년 제3회 올림픽에는 학생들만 출전이 허용되었다. 제3회 올림픽을 조직한 아테네 김나지움의 교장이 교육을 받은 선수들만이 경기에서 좋은 결과를 얻을 수 있다고 주장했기 때문이다. 실제로 선수들은 모든 준비가 잘 되어 있었다. 그러나 관중석이 부족했고 노동자 계층이 배제되었다. 이에 주최 측을 향한 정당한 분노와 비판이 일었다.[283] 제4회 올림픽에는 질러의 스타디온과 더불어 1888년에 완공된 다목적 시설 자페이온이 주요 실내 체육관으로 사용되었다. 에방겔리스 자파스의 지원으로 건축된 이 건물은 1896년 올림픽 경기와 1906년 중간 올림픽뿐만 아니라, 그리스의 유럽 복귀 무대로도 활용되었다. 1979년 그리스는 이곳에서 유럽 경제 공동체 가입 조약에 서명했다.[284]

1892년에 예정되었던 제5회 올림픽은 재정 문제로 개최될 수 없었다. 1894년 파리에서 제1차 국제 올림픽 위원회(IOC) 회의가 개최되었고, 아테네를 제1회 근대 올림픽 개최지로 정하자는 사업가 디미트리오스 비켈라스의 의견이 통과되었다. 그리스 정부의 위기 이후 1896년에는 원래 예정되었던 제6회 올림픽 대신, 제1회 근대 올림픽이 개최되었다.[285]

제5장

우리 시대의 스포츠

> 스포츠는 신흥 종교로 자리매김했다.
> —「로토 벨로」, 1900년 11월 27일

근대의 스포츠 강국, 영국

19세기 말부터 스포츠는 급속도로 성장했다. 대부분의 국가에서 스포츠를 필수 과목으로 도입했다. 예를 들면 프로이센은 1842년에는 남학교에서, 1894년에는 여학교에서 스포츠를 필수 과목으로 지정했다. 도시화가 진척되면서 스포츠 클럽은 도시의 노동자 거주 지역에서 통합 기능을 하는 중요한 기관이 되었다. 스포츠 클럽은 원래 영국 신사들의 자치 조직이었지만, 유럽과 북아메리카에서는 모든 계층을 대상으로 하는 단체로 범위가 확대되었다. 이제는 전 세계 어디에서나 스포츠 클럽을 볼 수 있다. 규모가 큰 클럽에서는 일반적으로 여성을 비롯하여 아동 및 청소년, 장년층 전용 시설에 더해서 장애인 전용 시설을 운영하는 클럽도 많다. 대개는 각 부문을 별도의 분리된 클럽으로 운영한다. 스포츠 클럽들은 성적을 홍보에 주로 활용한다. 최고의 선수가 가장 훌륭한 홍보 수단이기 때문이다. 각종 스포츠 경기 장면은 미디어까지 장악하고 있다. 그러나 시합의 수가 증가했음에도 스포츠를 기록을 추구하는 행위로 규

301

정하는 사회학자들은 소수에 불과하다. 20세기에는 숱하게 많은 국제 시합들이 열렸고 기록이 놀랍게 향상되었으며 기술 혁신과 정교한 훈련 방식 덕분에 기록을 추구하는 스포츠는 이미 그 한계에 도달했다. 따라서 이제 신기록 그 자체보다는 도핑을 더 많이 연상시키는 단어가 되었다.[1] 이렇게 주객이 전도된 상황임에도 스포츠를 통해서 얻는 즐거움과 스포츠 경기에 대한 열정은 달라지지 않았다. 오히려 이로 인해서 우리 시대의 스포츠와 지난 수백 년간의 스포츠 사이에는 생각보다 공통점이 훨씬 더 많다는 사실을 쉽게 받아들일 수 있게 되었다.

최근의 가장 놀라운 변화는 지금도 새로운 스포츠 종목이 계속 생기고 있다는 사실이다. 그 덕분에 오늘날에는 그 어느 때보다도 다양한 스포츠 종목이 존재한다. 어디에서 그 원인을 찾을 수 있을까? 과거 유럽 사회의 관점에서 보면 세속화가 원인이다. 여가 활동에 대한 종교의 모든 제한이 풀렸고, 이제는 여가 활동의 정당성을 주장하는 데에 종교도, 지역이나 국가의 전통도 필요 없는 시대가 되었다. 이는 개인의 자유를 누릴 권리를 보장하는 법치주의 원리와도 관련이 있다. 게다가 산업화 과정에서 등장한 노동 조직은 노동 시간과 여가 시간을 철저하게 분리하는 데에 큰 영향을 미쳤다.[2] 스포츠를 "산업적인 행동 형태"라고 부르는 것은 확실히 지나친 표현이지만 말이다.[3] 도시화도 익명성이 지배하는 대도시의 환경에서 개인이 자신만의 여가 활동을 계획하는 데에 한몫한다. 이외의 환경적인 변화로는 세계화 현상을 꼽을 수 있다. 이른바 지역 스포츠가 전통적인 환경에서 분리되어 다른 지역 스포츠 또는 세계 스포츠로 수용된 것이다.

스포츠 종목의 증가는 경기 규정을 문서화하고 규정에 대한 구속력을 요구하는, 스포츠 경기의 형식주의화로 인해서 나타난 현상이기도 하다. 이는 축구와 럭비의 발전 과정에서 잘 드러난다. 현재 우리의 지식으로 판단하면 축구와 럭비는 아무 관련이 없다. 원래 축구와 럭비는 1863년까지 둘 다 풋볼(football)이라고 불렸다. 현재와 같은 형태의 축구는 풋볼 협회에서 거친 파울과 핸들링 등과 관련하여 구속력 있는 규정이 마련된 후에야 탄생했다. 물론 규정은 계속 바뀌므로 "최종" 형태는 절대로 존재할 수 없다.[4] 그런데 이러한 개혁에 반대했던 이들은 풋볼 협회에서 결정한 대안을 비난했다. 규정 개혁에 반대한 이들은 거친 파울과 핸들링이 금지된 풋볼을 협회 풋볼(Association Football)이라고 비난했다. 그래서 지금도 미국에서는 축구를 협회 풋볼, 줄여서 **사커**(soccer)라고 부른다. 이 전통주의자들은 럭비 유니언이라는 단체를 결성하여 따로 모였고, 경쟁 지향적인 전통 풋볼을 **럭비**라고 불렀다. 그리하여 풋볼은 원래 한 종목이었지만 두 종목으로 분리되었다.[5] 19세기 이후 새로운 스포츠 종목 개발 및 스포츠 홍보 영역에서는 상업적인 동기가 중요했다. 20세기에 스포츠 클럽이 점점 증가하면서 차별화가 요구되기 시작했다. 체험을 중시하는 후기 산업 사회에서 개인은 자신에게 적합한 여가 활동을 찾으며 자아실현을 추구해왔다. 이러한 욕구는 지금껏 우리가 알지 못했던 새로운 가능성을 열어주었다.[6]

식민주의와 세계 스포츠

근대 초기와 19세기는 유럽의 식민주의 시대였다. 발견의 시대였던 르네상스 이후, 유럽 각국은 전 세계에 무역 거점과 식민지를 건설하면서 이슬람권, 인도, 중국 등 경쟁 관계에 있던 문화를 장악할 수 있었다. 오스트레일리아와 아메리카 대륙은 인구가 적은 만큼 지역 문명화에 대한 저항이 약해서 유럽의 영향에 쉽게 굴복했다. 강대국들의 식민 통치 아래에서 스포츠의 역사는 스페인과 영국의 패권 싸움으로 이해할 수 있다. 이들은 정치 제도뿐만 아니라 자신들의 고유한 스포츠 문화까지 전 세계로 전파시켰다. 이는 전혀 다른 결과를 초래했다.[7]

스페인은 1520년 멕시코의 아즈텍 제국을 정복했고 몇 년 후에는 페루의 잉카 제국을 정복하면서 식민화 정책을 시작했다. 스페인은 구아메리카 식민지들의 최고 통치자 자리에 각각 스페인의 부왕을 세웠다. 스페인의 중앙 집권 체제와 종교 재판 외에도, 스페인의 국민 스포츠인 투우와 봉술이 수출 품목이었다. 페루 부왕령의 수도 리마에는 1766년에 최초로 최대 규모의 상설 투우장 중의 하나인 플라자 데 토로스 데 아초가 건설되었다. 이것은 마드리드 투우장보다 겨우 5년 늦게 지어진 것이다. 최대 1만7,000명의 관중을 수용할 수 있는 리마 투우장은 현재까지도 세계 최대 규모의 경기장으로 꼽힌다.[8] 19세기 초 스페인 제국이 무너지고 라틴 아메리카 국가들이 독립을 선포했지만 스페인의 근대 스포츠는 당시 식민지 지역에 잔존했다. 세계 최대 규모의 투우장은 스페인뿐만 아니라 멕시코시티에도 남아 있다. 1946년에 설립된 플라자 멕시코는 4만8,000명의 관중을 수용할 수 있다. 플라자 멕시코는 올림픽 스타디움과 아스테카 스타디움이 건설될 때까지 이 지역 최대 규모의 경기장이었고 지금도 5위 규모이다. 세계에서 두 번째로 큰 투우장은 1968년 베네수엘라에 건설된 플라자 데 토로스 모뉴멘탈 데 발렌시아, 즉 발렌시아 투우장이다(관중 수용 능력 2만5,000명).

반면, 영국의 식민주의는 더 서서히 지속적으로 형성되었다. 영국은 17세기 중반 이후부터 식민지를 건설하기 시작했다. 1688년 이후 초기 산업화와 의회 정치를 기반으로 둔 영국 사회는 더 역동적으로 발전했다. 영국 정권의 자유주의적인 성향으로 인해서 스포츠는 상대적으로 자유롭게 발전하는 양상을 보였다. 대영제국은 지배 집단이 꾸준히 교체되면서 성장했고, 이는 영국의 스포츠 종목이 전 세계로 보급되는 데에 기여했다. 20세기 중반까지 아일랜드, 지브롤터, 몰타, 키프로스 섬은 대영제국에 속했다. 아메리카 대륙에서는 캐나다, 영국령 기아나, 영국령 온두라스, (카리브 해의) 서인도제도가, 오세아니아 대륙에서는 오스트레일리아와 뉴질랜드, 뉴기니가, 아시아 대륙에서는 현재의 말레이시아, 홍콩, 싱가포르, 미얀마가, 인도 대륙에서는 파키스탄과 방글라데시(구 인도 부왕령)가, 아라비아에서는 이라크와 아라비아 반도(사우디아라비아 제외)가, 아프리카 대륙에서는 북아프리카에서 남아프리카에 이르는 통로가, 이외에도 나이지리아, 황금해안, 시에라리온, 잠비아 등이 대영제국에 속해 있었다. 각 대양의 섬들도 대영제국의 식민지였다. 식민지 장교, 교사, 학교를 통해서 영국의 스포츠는 세계 스포츠로 부상했다. 앞에서 언급한 국가들 중에 몇몇은 코먼웰스 시대의 탈식민화 정책 이후에도 영국의 식민지로 남았고, 영국과 공통된 스포츠 전통을 이어가며 중요한 연결 고리를 형성했다.[9]

크로케와 빅토리아 시대의 스포츠 혁신

이보다 먼저, 상업적인 이해관계에서 발명된 스포츠 종목이 전 세계로 보급된 방법을 살펴볼 수 있는 예가 바로 크로케이다. 사실 크로케는 완전히 새로운 스포츠 종목은 아니다. 크로케는 당구처럼 축소 버전의 팔라말리오, 즉 나무망치로 나무공을 쳐서 골대에 넣는 시합이다. 1830년대에 아일랜드에는 크루키라는 경기가 있었다. 크루키는 잔디 깎는 기계(1830년에 특허 등록)가 발명되고,[10] 약 20년이 지난 시기부터 영국에서 대중화되기 시작했다. 이 경기는 원래 스포츠 용품 제조업자이자 자크 앤 선즈의 후계자인 존 자크가 발명했다. 이 회사는 주로 볼링 핀, 장기 말, 의치처럼 나무나 상아로 된 제품을 생산했다. 자크는 티들리 윙크스, 루도, 스네이크스, 해피 패밀리스 등 재치 넘치는 이름을 붙이며 신제품 개발을 시도했다. 1851년 하이드 파크의 수정궁에서 개최된 런던 세계박람회[11]를 기념하며, 그는 최초의 크로케 세트를 선보였다. 이 크로케 세트는 나무망치, 나무공, 그리고 누구나 잔디밭에 설치할 수 있는 철제 미니 골대로 구성되었다.

이 제품은 이례적인 성공을 거두었다. 크로케는 도움을 받지 않아도

크로케 경기를 하는 모습.

어디에서나 쉽게 할 수 있는 경기였기 때문이다. (신체 접촉이 필요하지 않았기 때문에) 크로케는 여성뿐만 아니라 남성과 여성이 함께 즐길 수 있었고, 가족 오락 및 연인들의 스포츠로 발전할 수 있었다. 또한 크로케는 휴식과 기분 전환을 위해서 언제든지 즐길 수 있었고 골프와 마찬가지로 오락과 비즈니스의 기회를 열어주기도 했다. 그뿐만 아니라 원하는 곳에 골대를 설치할 수 있어서 창의력을 발휘할 수도 있었다. 얼마 지나지 않아 크로케는 옥스퍼드 대학교와 케임브리지 대학교의 인기 스포츠 종목이 되었다. 루이스 캐럴과 같은 위대한 지성들도 크로케에 푹 빠졌다. 크로케의 인기가 날로 치솟자, 1864년 자크는 『크로케, 게임 규칙과 규정(*Croquet, the Laws and Regulations of the Game*)』이라는 제목의 경기 규정집을 추가했다. 이것은 개인이 만든 규정이었지만 매우 오랫동안 지속되었고 국제적인 효력을 가졌다. 더위가 심하거나 습도가 높은 지역에서는 활동량이 많은 스포츠가 종종 고역이었다. 그래서 크로케는 인도와 오스트레일리아에서 특히 인기가 많았다. 전 영국 크로케 클럽이 1868년에 창설되었고 그로부터 2년 후에는 전국 선수권 대회가 개최되었다. 크로케는 잔디에서 즐기는 새로운 경기인 **론**(lawn) 테니스가 발명되면서 밀려났다. 론 테니스는 과거의 죄드폼이나 리얼(real) 테니스도 대체했다. 그럼에도 20세기까지는 크로케 팬들이 있었다. 대표적인 인물로 애거사 크리스티나 그레타 가르보를 들 수 있다.[12]

크로케는 하노버 왕가 출신의 빅토리아 여왕이 집권했을 당시에 나타났던, 스포츠 분야에서의 큰 변화 가운데 일례일 뿐이다. 1856년에는 템스 강에서 옥스퍼드와 케임브리지 간의 첫 조정 경주가 열렸고, 1857년에는 알프스 등반을 위한 알프스 클럽이 창설되었으며, 1858년에는 각종 훈련 장비를 갖춘 최초의 훈련 및 피트니스 센터인 옥스퍼드 체육관이 개관했다.[13] 1864년에는 조정 경주의 예를 따라서 옥스퍼드와 케임브리지 사이에 최초의 육상 선수권 대회가 개최되었다. 몇몇 스포츠의 변화들은 서서히 진행되었다. 예컨대 크리켓은 영국의 대표 스포츠로 부상하는 데에 한 세대 정도가 걸렸다. 축구와 럭비는 점차 대학교에서 선호하는 스포츠 종목으로 발전했다. 한편, 1863년부터 시작된 롤러 스케이팅이나 아이스 스케이트, 1870년대의 골프, 이후의 하키와 폴로처럼 유행이 빠르게 확산된 스포츠도 있었다. 1873년 월터 윙필드는 론 테니스 규정을 고안했다. 그는 기존의 테니스와의 차별화를 위해서 스페어스티케(Sphaeristike)라는 이름을 붙이려고 했다. 이를 토대로, 1877년 최초의 테니스 선수권 대회가 윔블던에서 개최되었다. 그때까지 크로케 연습장이었던 윔블던은 이제 테니스 선수권 대회의 대표적인 상징이 되었다.[14]

이러한 새로운 종목들은 당연히 사업을 위한 아이디어였다. 윙필드는 테니스 시합용 특수 장비를 전문적으로 생산했고, 얼마 지나지 않아 영국의 왕족뿐만 아니라 프로이센의 왕세자비와 같은 해외 유명 인사들도 그의 고객이 되었다.[15]

유행은 대중매체뿐만 아니라 대규모 전시회를 통해서 시작되기도 했다. 철도 교통이 발달했으며, 중요한 행사가 열릴 때에는 특별 열차편이 제공되면서 대형 스포츠 행사가 성공적으로 개최될 수 있었다. 1880년대에는 서유럽과 미국에 아이스 스케이트 열풍이 불었고, 파리와 런던에는 남녀가 함께 이용할 수 있는 아이스 스케이트 장이 개장했다.[16]

19세기의 여성 스포츠와 여성 해방운동

19세기에도 스포츠는 여전히 남성의 영역에 속했다. 여성은 서커스에서 곡예사로 공연할 수 있었다. 유복한 가정 출신의 여성들은 가족이나 배우자의 반대가 없다면 대개 스포츠 활동을 즐겼다. 이전에도 여성의 스포츠 활동을 지지했던 사람들이 있었다. 예를 들면 도널드 워커와 같은 의사는 여성은 허약하다는 모든 사상에 과감하게 맞섰고 건강과 아름다움을 지키기 위해서 반드시 스포츠를 해야 한다고 권장했다. 그러나 모든 종목이 여성의 섬세한 본성에 적합한 것은 아니라면서 몇몇 종목들은 제한하기도 했다. 특히 승마가 여성의 하체를 변형시킨다고 생각했다.[17] 여권 운동 초창기의 여성 작가들이 처음으로 이러한 기이한 생각에 저항했다. 예를 들면 베시 레이너 파크스와 같은 페미니스트는 1854년에 다음과 같이 자신의 의견을 밝혔다. "특정 스포츠 시합과 신체 운동만이 여성에게 적합하다는 보수적이고 자의적인 합의는 개인의 권리를 제한하는 비열한 행위이다."[18] 여성이 신체적으로 열등하다는 편견을 반박하는 데에 중요한 역할을 한 인물로는 스웨덴의 마르티나 베리만-외스테르베리가 있다. 그녀는 런던에 여성 체육 교사 양성을 위한 학교를 설립하고 직접 운영했다. 베리만은 1879-1881년에 스톡홀름 왕립 체육 연구소에서 공부한 후, 런던으로 이주했다. 같은 해 그녀는 런던 교육청으로부터 여학교와 유치원의 체육 교육 책임자로 임명되었다. 학교에서의 체력 단련 교육은 11년 전부터 계획되었으나 관련 지식이 부족하여 수업이 제대로 이루어지지 못하는 상태였다. 1876년에 체육이 초등학교 여학생의 필수 과목으로 도입되었으나 체육 수업을 진행할 수 있는 교사가 없었다. 그래서 왕립 체육학교 졸업생인 콘코르디아 뢰빅이 교사로 채용되었다. 그녀는 영국 최초의 여성 체육 교사였다.[19]

그녀의 후임으로 스포츠 교사 양성을 맡은 사람이 베리만이었다. 베리만은 스웨덴 체육 교사, 해부학 교사, 생리학 교사만 1,300명 이상을 양성했고, 300곳의 학교에 학교 체육을 도입했다. 이외에도 그녀는 제자들과 함께 스웨덴 체육을 대중에게 소개했는데, 1883년 영국 왕세자가 이 소개 행사에 참석하자 대중으로부터 큰 호응을 얻었다. 학교 당국에 불만이 있었던 그녀는 1885년 햄스테드 체육 대학교 및 여성 체육학교를 설립했다. 이 학교는 이러한 양식의 여성 전문 기관으로는 영국 최초였다. 장래의 체육 교사를 양성하는 이 학교에는 경제적인 여건이 좋고, 머리가 평균 이상으로 뛰어나고, 신체가 건강하고, 외모도 훌륭하고, 자연과학에 관심이 있는 여학생들만 입학이 허용되었다. 이러한 조건들은 여성 스포츠가 인정을 받고 여성 스포츠에 대한 편견을 깨는 데에 도움이 되었다. "나는 우리 학교 출신 학생들이 여성의 위상을 높이고 이 과정을 가속할 수 있도록 훈련시키는 데에 애쓸 것이다. 여성이 강하고, 건강하고, 순수하고, 진실하지 않다면 어떻게 이 과정을 밀고 나갈 수 있겠는가?"[20] 이 학교는 스웨덴 왕립학교를 모범으로 하여 총 2년 과정에 물리학, 화학뿐만 아니라 영국 단체 스포츠 종목을 추가했다. 이 학교는 냉수욕 실시, 외출 금지, 편지 검열 등 수용소나 다름없을 정도로 규율이 엄격했지만, 이 학교 출신의 한 세대 전체가 체육 교사가 되었다.

당시에는 여교사가 부족했기 때문에 졸업생들은 좋은 수입의 일자리를 보장받을 수 있었다. 이들은 런던뿐만 아니라 전 세계의 영어권 국가, 심지어 일본에서도 일했다. 베리만의 한 제자는 1897년에 체육복을 발명했다. 이 체육복은 즉시 학교에 도입되었고 1920년대에는 영국 교복 가운데 하나로 채택되었다.

19세기 여성들은 스포츠에서 우리의 생각보다 훨씬 더 큰 활약을 했다. 특히 미국에서는 자신의 능력을 펼칠 기회가 많았다. 1867년에는 필라델피아 출신의 흑인 여자 선수들로 구성된 프로 야구 팀 돌리 바든스(Dolly Vardens)가 등장했다. 1873년에는 뉴욕에서 수영 대회가 열렸고, 1876년에는 메리 마셜이 도보주의자들(Pedestrianists)이라는 걷기 대회에서 모든 남성들을 제치고 우승을 차지했다. 1874년, 메리 유잉 아우터브리지가 론 테니스를 미국에 도입했고, 그녀는 스태튼 섬의 크리켓 부지에 최초의 테니스 코트를 설계했다. 미국에서 테니스를 즐기는 여성의 비중은 초창기부터 높은 편이었다. 아우터브리지는 미국 테니스의 어머니로 인정받아 국제 테니스 명예의 전당에 올랐다.[21] 1876년 애팔래치아 산악 클럽 회원 중에 10퍼센트가 여성이었다. 1882년에는 보스턴에서 최초로 여성을 위한 운동 시합이 개최되었고, 1883년부터는 매년 양궁 대회가 열렸다. 1885년부터 「버팔로 빌의 대서부 쇼」의 스타는 세계적으로 유명한 여성 승마 곡예사이자 저격수였던 피비 앤 모지였다. 애니 오클리라는 예명으로 활동했던 그녀는 남자가 입에 물고 있는 담배를 총으로 쏘아 맞히는 것으로 유명했다. 빅토리아 여왕은 러시아의 차르, 독일의 빌헬름 2세 황제, 인디언 추장인 앉아 있는 황소(Sitting Bull)와 마찬가지로 애니 오클리의 팬이었다. 애니 오클리는 최초의 여성 슈퍼스타이자 모든 미국 소녀들의 모델이었다. 뮤지컬 「애니여, 총을 잡아라」는 애니 오클리의 인생 이야기를 바탕으로 한 작품이다. 심지어 플레이모빌 장난감에도 애니 오클리를 모델로 한 피규어가 있다.[22]

1888년 시카고 여성 자전거 클럽이 창설되었고, 같은 해 뉴욕의 매디슨 스퀘어 가든에서 6일간의 레이싱이 개최되었다. 빈 출신의 한 교수가 새로 창설된 아마추어 애슬래틱 유니언(AAU)에서 여성 펜싱 선수의 실제 시합을 행했고, 여성 펜싱 클럽이 생기게 되었다. 1980년대에 이미 미국에는 수백 개의 여성 야구 팀이 있었고, 100만 명 이상의 여성이 자전거를 가지고 있었으며, 골프와 테니스 선수권 대회도 개최되었다. 그뿐만 아니라 여성들은 아이스 하키나 라크로스와 같은 단체 스포츠도 즐겼다.[23] 미국의 여성 스포츠는 유럽보다 훨씬 앞서 있었다. 19세기 말에는 레이디 바이올렛 그레빌이 과거 자신이 좋은 결과를 냈던 경기들을 회고하며 여러 권의 책을 발표했다. 그중에는 그녀가 직접 발행한 요약 교본 『젠틀우먼의 체육 교서(The Gentlewoman's Book of Sports)』도 있었다.[24] 스포츠에 대한 열정으로 잘 훈련된 여성들이 없었더라면, 1900년 제2회 파리 올림픽에서 각종 여자부 시합이 차질 없이 진행될 수 없었을 것이다.

물론 영국도 여성 스포츠가 꽃피울 수 있는 자양분을 제공했다. 왕립 궁술 협회는 처음부터 여성들에게도 궁술 수업을 제공했다. 이러한 수요를 바탕으로 여성의 날이 만들어졌다. 크로케, 론 테니스, 롤러 스케이트, 아이스 스케이트, 골프 등의 새로운 스포츠 종목들은 처음에는 상층 계급의 여성들이 즐겼다.[25] 그러나 빅토리아 시대의 빳빳하게 풀을 먹인 의상은 스포츠 활동을 즐기는 데에 방해가 되었다. 영국 스포츠 클럽의 여성들은 긴 치마를 입고 테니스를 쳤기 때문에 물리적으로 한계가 있었다. 그래서 여성용 스포츠 의상이 먼저 개발되어야 했다.[26] 1887년 최초로 미국 여성 테니스 단식 챔피언십이 열리자, 같은 해에 영국 윔블던에서도 여성 테니스 챔피언십을 개최하기 시작했다. 미국 최초의 여성 테니스 챔피언은 엘렌 핸셀이 차지했다. 윔블던 대회에서는 샬럿 "로티" 도드가 7년 동안 다섯 번이나 챔피언을 차지했다. 로티는 챔피언 자리를 빼앗긴 해에 장거리 보트 여행길에 올랐다. 그녀는 테니스 이외에 다른 종목의 스포츠 실력도 열심히 갈고닦아 영국 여성 아마추어 골프 챔피언십에서 우승했고, 1908년 런던 올림픽의 양궁에서 은메달을 획득했다 (그녀의 오빠 윌리 도드는 남자부에서 금메달을 땄다). 로티는 여성 골프 클럽을 창설했고 1899년부터 체셔 카운티 하키 팀의 주장을 맡았다. 그녀는 모든 시대를 통틀어 만능 스포츠 우먼으로 기네스북에 올랐다. 그녀의 언니인 애니도 뛰어난 테니스, 골프, 아이스 스케이트, 당구 선수였다. 부유한 면직물 상인의 자녀인 이들은 운동으로 먹고살 필요가 없는 아마추어 선수였지만, 올림픽 창시자가 추구했던 이상적인 스포츠인이었다.[27]

르네상스 시대의 이탈리아나 엘리자베스 여왕 시대의 영국에서처럼, 예전부터 귀족 여성들에게는 스포츠를 즐길 권리가 있었다. 19세기부터는 스포츠와 여권 운동이 중첩되는 현상이 나타났다. 스포츠 클럽 창설에는 여권 운동의 시위적인 성격이 반영되었다. 최초의 여자 축구 협회 설립자는 네티 하니볼이라는 이름의 여권 운동가였다. 1894년 그녀는 런던에서 영국 여자 축구 클럽을 창설했고, 플로렌스 캐롤라인 더글러스(딕시 남작부인)가 회장으로 선출되었다. 스코틀랜드의 귀족이자 독특한 페미니스트인 딕시 남작부인은 남편과 파타고니아를 여행하던 중에 가축으로 기르기 위해서 재규어를 들여왔다. 딕시 남작부인은 법과 결혼에서의 평등을 주장했으며 동물권에도 목소리를 높였다. 그녀가 최초의 여자 축구 클럽 회장으로 선출된 후, 1895년 3월 영국 남부 대 영국 북부 간의 축구 시합이 있었다. 이 시합에는 1만 명의 관중이 몰려들었고 경기는 7 대 1로 끝났다. 언론은 여자 축구 선수들이 머리에 모자를 쓰고 치마에 니커보커스(knickerbockers : 무릎 근처에서 졸라맬 수 있는 헐렁한 반바지/옮긴이)를 착용한 모습이 재미있다며 기사화했다. 물론 이 복장은 빅토리아 시대의 유행과 절충한 것이다.[28]

근대 올림픽

더 빠르게, 더 높게, 더 힘차게 : "제1회 근대 올림픽"

올림픽의 부활을 지지한 사람들은 르네상스 이후로 증가했고 19세기에
도 점점 늘어났다. 그러나 피에르 드 프레디 쿠베르탱 남작이 근대 올
림픽 부활을 추진하며 중대한 공헌을 했다는 사실을 부인할 사람은 없
을 것이다. 쿠베르탱은 이탈리아 르네상스 운동에 뿌리를 둔 귀족 가문
출신이었다. 그는 소르본 대학교에서 공부(예술, 인문학, 법학)하고 미국,
캐나다, 영국 여행을 다녀온 후, 대부분의 르네상스 학자와 범애주의 학
자들과 마찬가지로 정신 교육뿐만 아니라 신체 교육도 필요하다고 확신
했다. 과거 프리드리히 얀의 경우처럼 민족주의적인 동기도 중요한 역
할을 했다. 쿠베르탱은 1870-1871년 독일과의 전쟁에서 프랑스 군대가
패배하자 충격을 받고, 체육 수업을 도입하여 프랑스 신병들의 상태가
개선되기를 기대했다. 1880년에 재개된 올림피아 유적지 발굴 작업을
계기로, 그는 올림피아 제전 부활을 본격적으로 추진했다. 그는 올림픽
의 평화 사상을 부활시킴으로써 국가 이기주의를 극복하고자 했다. 이
른바 "더 빠르게, 더 높게, 더 힘차게"라는 슬로건에 따라서 스포츠 신
기록을 달성함으로써 사회 발전을 촉진할 수 있다는 것이었다.[29] 1888
년 25세의 청년 쿠베르탱은 영국의 학교 교육에 관한 글을 발표했다.
이 글에서 그는 대영제국이 세계적인 대국이 될 수 있었던 이유가 보편
화된 학교 체육 교육과 밀접한 관련이 있다고 했다. 또한 그는 학교 체
육이 신체와 정신의 균형을 잡아주고 쓸데없는 시간 낭비를 막아준다고
주장했다.[30]

    표면적으로 쿠베르탱은 민족주의적인 동기를 극복한 것처럼 보였지
만, 실제로는 올림픽 개최지를 파리로 정하자고 주장했다. 1894년 6월
그는 프랑스 스포츠 경기 협회 사무관으로서 소르본 대학교에서 올림픽

피에르 드 쿠베르탱.

재건을 위한 파리 국제 회의를 소집했다. 쿠베르탱은 이 회의에서 근대 올림픽 부활을 건의했고, 이 때문에 나중에 이 회의는 국제 올림픽 위원회(IOC) 창립 회의로 불리게 되었다. 소르본 대학교 회의 외에도 문화 및 요리와 관련된 제반 프로그램이 개최되었으며, 스포츠 행사로서 사이클 경주와 룩셈부르크 공원 테니스 챔피언십인 롱그 폼 선수권 대회가 열렸다. 이 회의의 참가자들은 쿠베르탱의 초대자 명단을 바탕으로 하여 편파적으로 결정되었다. 78명의 파견 대표들 가운데 프랑스인이 58명, 영국인이 8명, 벨기에인이 4명이었으며, 스웨덴과 스페인인이 각각 2명, 미국, 이탈리아, 러시아, 그리스인이 각각 1명씩이었다. 이 회의에서는 몇 가지 원칙이 결정되었다. 첫째, 올림픽은 국제 행사로 도입되어야 한다. 둘째, 올림픽에는 남자만 출전할 수 있다. 셋째, 프로 선수가 아닌 아마추어 선수만 경기에 출전할 수 있다. 쿠베르탱은 프랑스에 대한 편파적인 태도를 보였지만, 그리스에서 올림픽을 재개하는 것은 고대 스포츠의 전통을 계승한다는 상징적인 의미를 가질 것이라고 확신했다. 19세기에 그리스에서 이미 올림픽이 개최되었다는 점과는 상관없이, 이 행사의 명칭은 근대 제1회 올림픽으로 결정되었고, 최초의 근대 올림픽은 결국 아테네에서 개최되었다. 개최국에서 위원장직을 수행한다는 정관 조항 때문에 초대 위원장은 쿠베르탱이 아닌 그리스 출신의 상인 디미트리오스 비켈라스가 맡았다. 비켈라스는 런던에서 교육을 받고 셰익스피어 희곡 전편을 그리스어로 번역한 인물이었다. 아테네에서 올림픽을 개최한다는 비켈라스의 계획은 그리스의 국왕 요르요스 1세의 지지를 받았다. 요르요스 1세는 앞서 그리스가 독자적으로 개최했던 세 번의 올림픽을 후원하기도 했다.[31]

쿠베르탱은 겉으로는 평등이라는 보편적인 사상을 추구하는 것처럼 보였지만, 실제로 회의에 초대를 받은 위원들과 1894년에 임명된 IOC 위원 15명의 국가별 구성비는 이 사상에 어긋났다. 프랑스, 영국, 이탈리아 출신이 2명씩, 다른 유럽 국가 출신이 6명, 뉴질랜드 출신이 1명, 아메리카 대륙(미국과 아르헨티나) 출신이 각각 1명이었다. 이들 대부분이 쿠베르탱과 친분이 있는 사람들이었다. 아시아, 아프리카, 오스트레일리아 출신 위원은 한 명도 없었다. 제1차 IOC 총회에 참석한 위원 중에서 3분의 1은 유럽의 귀족이었다. 나머지 3분의 2는 장군, 학술 협회 회원, 행정관 출신이었다. IOC 위원은 일반 선출직이 아니고, 아무도 업무에 대한 책임을 지지 않는다. 지금까지 결원은 새로운 위원을 선거로 보충해왔다. 1915년에 선출된 70명의 IOC 위원 가운데 34명 이상이 유럽 명문가 귀족 출신이었다. 게다가 평화주의자들 가운데 군인의 비중이 매우 높았다. 1920년대 이후 IOC는 샤이크, 칸, 라자, 술탄, 제후 등 각 문화권 대표들이 모이는 장소로 확장되었다. 사회학적인 분류에서 IOC는 "영원한 과두제"라고 표현되었다.[32]

근대 올림픽 개최가 결정되자 독일은 이에 반대하는 입장을 보였다. 쿠베르탱이 파리 총회에 의도적으로 독일 대표를 초대하지 않자 독일은 기만을 당했다고 생각했다. 그래서 독일의 체조 연맹은 올림픽 개최를 "숙적"의 비열한 계획이라고 간주했다. 실제로 쿠베르탱은 파리 총회 후의 인터뷰에서 독일에 대한 비외교적인 발언을 했다.

쿠베르탱의 민족주의는 독일뿐만 아니라 그리스와 영국의 분노를 일으켰다. 올림픽 개최를 앞두고 그리스의 국가 올림픽 위원회(NOK)는 대회 조직에 더 큰 책임을 지려고 했다. 그리스의 왕세자 콘스탄티노스가 조직 위원장으로 임명되면서, 쿠베르탱이 절대 원하지 않았던 독일 사절단의 파견이 수월해졌다. 근대 올림픽을 발명한 쿠베르탱은 1896년 3월 아테네에 기자 신분으로 나타났다.[33] 1896년 4월 6일부터 4월 15일까지 개최되었던 이 대회에 13개국의 남자 운동선수 265명이 참가했다. 총 9개 부문에서 43개 종목의 시합이 실시되었다. 그중에는 육상, 수영, 역도, 테니스가 포함되어 있었다. 당시 미국이 그리스, 독일, 프랑스, 영국을 제치고 금메달을 거의 다 휩쓸었다. 그러나 가장 많은 메달을 차지한 국가는 그리스였다. 그리스는 186명의 선수들이 출전하며 가장 큰 선수단을 구성했다.[34] 이외에 오스트레일리아, 불가리아, 덴마크, 이탈리아, 오스트리아, 헝가리, 스웨덴, 스위스가 올림픽에 출전했고, 나머지 국가들은 연합 팀을 구성했다. 터키나 이집트에서 온 일부 그리스인들은 국법상 오스만 제국의 국민이었지만, 이들은 범헬레니즘 정신을 발휘하며 그리스인으로서 경기에 출전했다. 국가대표 팀의 개념은 아직 등장하지 않았다. 모든 선수들은 당시 아테네에 있었기 때문에 개인 또는 팀으로 출전했다. 예컨대 영국은 대사관 직원 2명이 출전했다. 본에서 대학교를 다닌 아일랜드인 존 피우스 볼랜드는 테니스 단식에서 우승했다. 가톨릭 학생 연합 단체, 바바리아의 회원인 그는 우연히 아테네에 머무르고 있었다. 예상 외로 테니스 단식에서 우승을 차지한 그는 탁월한 800미터 달리기 선수인 프리츠 트라운을 설득하여 복식 경기에도 출전했는데, 갑작스레 결성된 이 팀이 뜻밖의 승리를 거두었다.

근대 올림픽 첫 예선전 승자는 미국의 프랜시스 레인으로, 100미터 달리기 1차 예선 경기에서 12.2초로 1위를 기록했다. 그러나 올림픽 최종 우승자는 같은 지역 출신이자 12.0초를 기록한 토머스 버크가 차지했다. 뿐만 아니라 토머스 버크는 400미터 달리기에서도 1위를 차지했다. 근대 올림픽의 첫 승자는 제임스 코널리였다. 버크와 마찬가지로 보스턴 출신이던 코널리는 하버드 대학교에서 아테네 올림픽 출전을 금지하자 올림픽에 출전하기 위해서 자퇴를 했다. 그는 세단뛰기에서 우승했고, 높이뛰기에서는 2위를, 멀리뛰기에서는 3위를 차지했다. 코널리가 83세가 되던 해에 하버드 대학교는 그의 업적에 대한 보답으로 그에게 명예박사 학위를 수여했다. 아테네 올림픽에서 가장 우수한 성적을 거둔 선수는 독일의 카를 슈만이었다. (163센티미터의) 최단신 참가자였던 그는 철봉, 평행봉, 안마, 링 등 기계체조에서 4개의 금메달을, 역도에서 1개의 동메달을 획득했다. 오늘날의 기준으로 보면, 독일 프랑크푸르트 안 데어 오더 출신의 헤르만 바인게르트너가 가장 많은 메달을 딴 선수였다. 그는 체조에서 금메달 3개, 은메달 2개, 동메달 1개를 획득했다. 1896년에는 1위를 차지한 선수에게 은메달과 월계관을, 2위를 한 선수에게 동메달과 월계관을 수여했다. 3위를 차지한 선수는 경비를 절약해야 한다는 이유로 아무것도 받지 못했다. 금메달 수여와 3위까지 상을 주는 체제는 1904년 세인트루이스 올림픽 때부터 도입되었다. 체조와 수영 교사이자 수영장 운영자의 아들인 바인게르트너는 프랑크푸르트 체조 연맹에서 체조를 했고 브레슬라우와 로마 국제 체조 대회에서 우승한 경력이 있었다. 이렇게 화려한 경력에도 불구하고 그는 독일에서 출전 금지 처분을 받았다. 독일 체조 연맹에서 공식적으로 출전을 거부했기 때문이다. 1919년 바인게르트너는 수영장 방문객을 구하려다가 익사했다. 아테네 올림픽은 악천후 외에도 출전 선수의 부족으로 어려움을 겪었다. 12시간 자전거 경기에서는 2명만이 결승점에 도착했고, 우승은 오스트리아 출신의 아돌프 슈말이 차지했다.[35]

1900년 파리 올림픽

제2회 근대 올림픽은 아테네에서 개최된 초대 올림픽과는 전혀 달랐다. 파리의 교통 체계나 스포츠 시설은 훨씬 편리했으며, 파리 올림픽은 파리 세계 박람회와 연계되어 있었다.[36] 이런 이유로 전체 행사 기간이 무려 162일(5월 20일-10월 28일)이었다. 이 대회에는 25개국에서 1,637명의 선수들이 출전했다. 여성 스포츠를 극구 반대했던 쿠베르탱의 확고한 입장과는 달리, 20명의 여자 선수들이 올림픽에 출전했다(이는 쿠베르탱이 협회에 관여하지 않았기 때문에 가능한 일이었다). 제1차 세계대전까지 근대 올림픽은 IOC가 아닌 지역 주최자를 통해서 조직되었다. 파리 올림픽에서는 1889년부터 1900년까지 파리 세계 박람회의 총책임자였던 스트라스부르 출신의 알프레드 피카르가 조직을 지휘했다. 당시 피카르는 유능한 스포츠 관리자들을 모아서 위원회를 구성했으며, 이 위원회의 지원을 받았다. 파리 올림픽은 총 28개 부문에서 87개 종목의 경기가 열렸고, 20만 명의 관중이 모였다. 그러나 대중에게는 파리 올림픽이 파리 세계 박람회의 부속 행사처럼 보였다. 이에 대해서 쿠베르탱은 매우 언짢아했다. 이 일로 근대 올림픽이라는 훌륭한 이념이 완전히 묻힐 뻔했다.[37]

자신이 올림픽에 출전했다는 사실조차 몰랐던 선수들도 많았다. 좋은 성적을 낸 스위스의 사격 선수들은 몇 년이 지나서야 자신들이 올림픽에서 우승을 차지했다는 사실을 알았을 정도이다. 어머니와 함께 세계 박람회를 방문하고 미술을 공부하러 파리에 왔던 미국의 골프 선수 마거릿 아이브스 애벗도 죽기 전까지 자신이 올림픽 우승자라는 사실을 몰랐다. 당시에는 공식적인 등록 체계, 국가대표 팀, 올림픽 우승자 증서와 메달을 건네는 시상식 행사가 없었기 때문이다. 마거릿과 그녀의 어머니는 에드가 드가와 오귀스트 로댕에게 미술을 배우면서 각종 골프 토너먼트에 참가했고, 테니스 프랑스 오픈에도 출전했다. 프랑스 여성들

1900년 파리 올림픽은 몇 달에 걸쳐 개최되었다. 많은 운동선수들이 자신이 세계 박람회가 아닌 올림픽에 출전했다는 사실을 모르고 있었다. 그러나 물론 올림픽이었다.

은 전부 하이힐을 신는 등 패션 감각이 뛰어났지만 이런 복장은 운동을 하기에는 적절하지 않았기 때문에 미국 여성들이 상위권을 석권할 수밖에 없었다. 프랑스 언론에서도 개인전이 열릴 때에는 주로 "세계 선수권 대회"라는 사실만 자주 언급했다. 지금까지도 모터 스포츠(자동차와 모터보트), 기구 비행, 행글라이딩, 불, 펠로타(Pelota : 공으로 벽을 치는 바스크 지방의 경기) 시합이 파리 올림픽 종목에 포함되어 있었는지 확실하지가 않다. IOC의 추후 공식 자료에는 이 종목들이 포함되어 있지 않다. 그럼에도 몇몇 역사학자들은 이 종목들이 포함되었을 가능성이 있다는 근거를 제시한다. 어느 열정적인 기자는 올림픽이 끝난 후에 잡지 「로토벨로(L'Auto-Vélo)」에 다음과 같은 글을 기고했다. "4년마다 그리스에서 올림픽이 열리면서 고대의 모든 문화권 국가들은 축제 분위기로 후끈 달아올랐다. 그러나 올해만큼 스포츠가 사랑받은 적도, 관중들이 경기장으로 몰려든 적도 없었다. ……스포츠는 신흥 종교로 자리매김했다."[38]

파리 올림픽에는 양궁, 크리켓, 크로케, 골프, 폴로, 승마, 럭비, 수구뿐만 아니라, 4년 전에는 포함되지 않았던 축구, 요트, 조정이 새로운 종목으로 등장했다. 장애물 수영, 워터 폴로, 잠영과 같은 흥미로운 종목은 파리 올림픽에서만 진행되었다. 인명 구조 수영이나 화재 진압처럼 유용한 시범 종목에는 심지어 전문가들도 출전할 수 있었다. 이 종목에서는 캔자스시티 소방서가 우승을 차지한 반면, 아마추어 팀에서는 (포르투갈의) 포르투 시가 우승을 차지했다.

총 1,186명의 선수들 가운데 715명이 출전한 프랑스가 예상대로 종합 우승을 차지했다. 물론 프랑스는 홈 경기라는 이점도 누렸다(금 26, 은 41, 동 34 : 총 101). 2위는 겨우 75명의 선수가 출전한 미국이 차지했고(금 19, 은 14, 동 14 : 총 47), 뒤를 이어 3위는 95명의 남녀 선수가 출전한 영국이 차지했다(금 15, 은 6, 동 9 : 총 30). 독일은 세 번째로 큰 규모인 76명의 선수단을 파견했지만, 스위스(출전 선수 18명, 금 6, 은 2, 동 1 : 총 9), 벨기에(출전 선수 57명), 연합 국적의 몇몇 팀보다 저조한 성적을 보이며 겨우 7위에 머물렀다(금 4, 은 2, 동 2 : 총 8). 민망스럽게도 그리스는 단 한 종목에서도 상위권을 차지하지 못했다. 영국은 축구, 크리켓, 폴로, 수구, 테니스 네 종목(여성 단식과 혼합 복식)에서 우승을 차지한 반면, 럭비는 예상을 뛰어넘고 프랑스가 우승을 차지했다. 위스콘신 주 밀워키 출신의 치의학 박사 앨빈 크렌즐린은 60미터 달리기, 110미터 달리기, 200미터 허들 경주, 높이뛰기 등 개인 종목에서 무려 4개의 금메달을 획득했다.[39] 크렌즐린은 목말뼈를 쭉 뻗고 허들을 넘는 방식을 발명했는데 이 방식은 지금까지도 사용된다. 그는 1910년 치과 개업을 포기하고 미시건 대학교의 체육 강사직을 수락했다. 1913년에 카를 딤은 1916년 베를린 올림픽에 출전할 독일 육상 팀 코치로 그와 5년 계약을 맺었다. 제1차 세계대전이 일어나면서 베를린 올림픽 개최가 취소되었고 크렌즐린은 미국으로 돌아갔다. 그는 51세의 젊은 나이에 심근경색으로 사망했다.[40]

근대 하계 올림픽 통계[41]

회차	연도	개최지	스포츠 부문	경기 종목	참가국	참가자
1	1896	아테네	9	43	14	245
2	1900	파리	17	86	19	1,078
3	1904	세인트루이스	13	96	13	689
4	1908	런던	21	107	22	2,035
5	1912	스톡홀름	13	102	28	2,437
6	1916	베를린	(제1차 세계대전으로 취소)			
7	1920	안트베르펜	21	152	29	2,607
8	1924	파리	17	126	44	2,972
9	1928	암스테르담	14	109	46	2,884
10	1932	로스앤젤레스	14	117	37	1,333
11	1936	베를린	19	129	49	3,936
12	1940	도쿄	(제2차 세계대전으로 취소)			
13	1944	런던	(제2차 세계대전으로 취소)			
14	1948	런던	17	136	59	4,092
15	1952	헬싱키	17	149	69	5,429
16	1956	멜버른	17	151	67	3,347
17	1960	로마	17	150	83	5,313
18	1964	도쿄	19	163	93	5,133
19	1968	멕시코시티	18	172	112	5,498
20	1972	뮌헨	21	172	121	7,121
21	1976	몬트리올	21	198	92	6,043
22	1980	모스크바	21	203	80	5,283
23	1984	로스앤젤레스	21	221	140	6,082
24	1988	서울	23	237	159	8,473
25	1992	바르셀로나	25	257	169	9,368
26	1996	애틀랜타	26	271	197	10,332
27	2000	시드니	28	300	199	10,651
28	2004	아테네	28	301	202	11,099
29	2008	베이징	28	302	204	11,100
30	2012	런던	26	302	204	10,768

올림픽 상징의 변천 과정

많은 학자들이 근대 올림픽을 "지상 최대의 쇼"라고 표현한다.[42] 이런 사실이 유쾌하지만은 않은 사람들이 있을지는 모르겠으나, 이제 올림픽은 요즘 사람들이 말하는 "메가 이벤트"가 되었다.[43] 올림픽이 이렇게 큰 행사가 되리라고는 아무도 예측하지 못했다. 1896년 제1회 근대 올림픽이 개최되었을 때만 하더라도 비행기도, 라디오도, 텔레비전도 없었다. 아테네와 유럽 국가 간에 전화선도 연결되어 있지 않았다. 유럽 대륙과의 연락 방법은 해저 케이블을 통한 무선 전신뿐이었다. 대부분의 그리스 국민들은 아테네 올림픽이 열린다는 사실을 전혀 모르고 있었다. 시합 결과는 며칠 후에 신문 기사를 통해서 알 수 있었다. 오스트레일리아, 중국, 라틴 아메리카에서는 아테네 올림픽에 큰 관심을 보이지 않았던 듯하다. 심지어 선수들이 출전한 나라에서도 이렇다 할 관심을 두지 않았다.

파리 올림픽이 혼란 가운데 개최된 이후, 1904년 세인트루이스 올림픽에서는 격식을 갖춘 시상식 제도를 도입했다. 1위부터 3위까지 성적순으로 금메달, 은메달, 동메달을 수여하는 이 올림픽 메달 체계는 지금까지 적용되고 있다. 쿠베르탱은 이 부분까지는 미처 생각하지 못했다. 그의 아이디어에는 고대 올림픽의 축제적인 성격이 빠져 있었다. 참가자들은 개막식이 진행되는 가운데 스타디움에 입장하고, 국기를 보며 선서를 한다. 이것은 근대 올림픽의 종교적인 측면을 구체화한 것이다. 깃발을 보며 선서하는 것은 고대 그리스의 올림피아 제전에서 신을 숭배하던 행위를 대신한 것이다.[44] 그러나 제1차 세계대전이 발발하기 직전에 민족국가들 간의 정치적인 긴장 관계가 점점 팽팽해지면서 올림픽에 고유한 상징을 도입할 필요성이 생겼다. 이러한 목적으로 1913년 쿠베르탱은 올림픽의 상징인 오륜(五輪)을 고안했다. 5개의 원을 다섯 가지 색으로 겹쳐 그린 오륜에는 5개의 대륙이 올림픽 이념으로 하나가 되기를 기원한다는 의미가 담겨 있다. 그러나 오륜의 도입은 제1차 세계대전으로 인해서 올림픽이 취소되면서 연기되었다.

현재 올림픽에서 시행되는 의식들이 모두 도입되는 데에는 어느 정도의 시간이 걸렸다. 1920년 안트베르펜 올림픽에 처음으로 오륜기와 국기를 동시에 들고 입장하는 체계가 도입되었다. 이 아이디어는 같은 해에 창설된 "국제연맹"에서 영감을 얻은 듯하다. 국제연합(UN)의 전신인 국제연맹은 IOC와 함께 제네바에 본부를 두었다. 안트베르펜 올림픽의 개막식에서는 선수 대표가 모든 규정을 준수하겠다는 선서를 했다. 차기 개최국에 오륜기를 건네는 의식은 1924년 파리 올림픽에서 처음 시행되었고, 그후로 의식의 한 순서로 남았다. 이어 지금과 마찬가지로 오륜기가 현 개최국 및 차기 개최국의 국기와 함께 게양되었다. 1928년 암스테르담 올림픽에서는 올림픽 성화가 점화되었다. 1932년 로스앤젤레스 올림픽에서는 행사의 통일성을 위해서 올림픽 기간이 제한되었고, 올림픽 선수촌이 마련되었다. 이외에도 시합이 끝난 후에 바로 시상식이 열렸다. 같은 해에 열린 레이크플래시드 동계 올림픽에서는 삼단 시상대가 고안되었다.

그리스 올림피아에서 출발하는 성화 봉송은 1936년 베를린 올림픽에서 처음으로 도입되었는데, 독일의 스포츠 정치학자 카를 딤이 성화 봉송을 제안했다. 올림픽 찬가는 제1회 근대 올림픽을 위해서 이미 쓰였고 (작곡은 그리스의 작곡가 스피로스 사마라스가, 작사는 그리스의 작가 코스티스 팔라마스가 맡았다), 그리스에서 열린 올림픽에서도 연주되었지만 IOC에서 공식 찬가로 선포한 것은 1958년이었다. 1964년 도쿄 올림픽 이후 모든 경기에서 올림픽 찬가가 울려퍼졌다. 1968년 그르노블(동계 올림픽)에서는 경기 홍보를 위해서 올림픽 마스코트가 동원되었고, 1972년 뮌헨 올림픽에서는 잊을 수 없는 올림픽 공식 마스코트 왈디가 등장했다. 올림픽 개막식 행사에서 평화의 비둘기를 날려보내는 행사는 1920년에 도입된 관례였으나, 1988년 서울 올림픽 당시 성화대에서 비둘기가 타죽은 사건 이후로 폐지되었다.

제1차 세계대전 이전에 근대 올림픽은 점점 의식화되었고 경기와 승리의 격식적인 측면이 강조되었다. 올림픽은 20세기의 전쟁을 촉발한 민족주의 이데올로기를 펼치기에 이상적인 무대가 되었다. 각 나라들은 "상상의 공동체"로서 올림픽에서 자신들의 힘이 어느 정도인지 평가할 수 있었다.[45] 미국은 처음부터 올림픽에서 우수한 성적을 거두며 "하느님의 나라"라는 우월성을 과시했다. 유럽의 전체주의적 독재와의 대립 속에서, 미국의 이 종교적, 민족주의적 우월 사상은 이데올로기적으로 확장되었다. 즉, 미국의 승리는 신분제에 대한 "자유의 땅"의 승리로, 또는 나치의 인종주의에 대한 승리로, 그리고 냉전 기간에는 공산주의에 대한 자본주의의 승리로 그 의미가 확장되었다.[46]

반대로 추축국 대표들은 1936년 베를린 올림픽에서 승리를 자축했다. 나치의 하켄크로이츠 기를 달고 올림픽에 출전한 독일(금 33, 은 26, 동 39 : 총 98)은 미국(금 24, 은 20, 동 12 : 총 56)과 이탈리아(금 8, 은 9, 동 5 : 총 22)보다 더 많은 메달을 획득했고, 일본(금 6, 은 4, 동 8 : 총 18) 역시 영국(금 4, 은 7, 동 3 : 총 14)보다 훨씬 더 많은 메달을 획득했다.[47] 제2차 세계대전 이전까지 소련은 '자본주의'의 대회인 올림픽에 출전을 거부해왔으나, 이오시프 스탈린이 집권하면서 올림픽을 선전 선동에 유용한 수단으로 보기 시작했다. 1952년 올림픽에 처음 출전한 소련은 메달 집계 순위로 2위(금 22, 은 30, 동 19 : 총 71)를 차지했다. 우승은 미국(금 40, 은 19, 동 17 : 총 76)이 차지했다. 1956년 멜버른 올림픽에서는 소련 (금 37, 은 29, 동 32 : 총 98)은 미국(금 32, 은 25, 동 17 : 총 74)을 누르고 1위에 올랐다. 그 1년 전에 소련은 스푸트니크를 발사하면서 우주 여행 시대를 열었다. 니키타 흐루쇼프는 UN 연설에서 선포했듯이, 올림픽을 통한 체제 경쟁의 이런 성공들을 경제 영역으로도 확장하고자 했으나 이는 그렇게 간단하지 않았다. 군사 영역과 마찬가지로, 스포츠 영역에서도 두 강대국 사이의 대립이 시작되었다. 냉전 시대에 체제 경쟁의 결과는 다음과 같다.

미국이 우승한 해 : 1952, 1964, 1968, 1984
소련이 우승한 해 : 1956, 1960, 1972, 1980, 1988

소련이 붕괴되면서 소련 체제에서 전문적으로 양성된 선수들이 1992년 바르셀로나 올림픽에 독립국가 연합으로 출전하여 또다시 1위를 차지했다. 후속국가인 러시아의 스포츠 성적은 점점 하락세를 보였다. 1996년 애틀랜타 올림픽과 2000년 시드니 올림픽에서는 미국 다음인 2위를, 2004년 아테네 올림픽과 2008년 베이징 올림픽에서는 미국과 중국 다음인 3위를 차지했다. 동계 올림픽 성적은 이보다 훨씬 더 저조했다. 과거 소련은 1956년 코르티나담페초 동계 올림픽에 처음으로 출전한 이후로, 노르웨이나 동독에게 간발의 차이로 1위 자리를 내어준 경우를 제외하고는 1위 자리를 거의 놓치지 않았다. 1994년 릴레함메르 올림픽에서 러시아는 개최국인 노르웨이를 제치고 1위를 차지했다. 그러나 1998년 나가노 올림픽에서 러시아는 독일과 노르웨이에 밀려 3위를 차지했다. 2002년 솔트레이크시티 올림픽에서는 독일, 노르웨이, 미국, 캐나다에 밀려 금메달 5개를 획득하며 5위에 머물렀다. 2010년 밴쿠버 동계 올림픽에서는 이보다도 훨씬 저조한 성적을 거두며 금메달 3개로 11위를 차지했다.[48] 국가 순위의 관점에서 보면 2014년 소치 동계 올림픽은 이전보다 훨씬 많은 경기들이 치러졌다는 점에서 매우 흥미진진하다. 7개 부문(스키, 바이애슬론, 아이스 스케이트, 스켈레톤, 봅슬레이, 컬링, 아이스 하키)에서 98개 경기가 치러졌다(그중 49개는 스키 경기였다).

올림픽의 확장

1912년 이후부터 종목을 포함하여 올림픽 자체가 확장되는 현상이 나타났다. 1912년부터 1948년까지 올림픽 스포츠 축제 외에도 예술 경연이 열렸고, 1924년, 1932년, 1936년에는 등산 실력을 겨루는 올림픽 등산상이 수여되었다. 동계 올림픽은 공식적으로는 1928년이 첫 대회였다. 스위스의 장크트 모리츠에서 열린 동계 올림픽에는 25개국의 464명의 선수가 출전했다. 1924년 프랑스의 샤모니에서 열린 동계 스포츠 주간이 최초의 동계 올림픽으로서 인정받은 것은 이후의 일이다. 실제로 1908년 런던 하계 올림픽과 1920년 안트베르펜 하계 올림픽 때에는 동계 스포츠 시합이 열렸다. 동계 스포츠 주간이 성공리에 개최되면서 동계 올림픽이 도입되었다. 처음에 동계 올림픽은 하계 올림픽과 같은 해에 개최되었는데, 1986년 IOC에서 동계 올림픽은 하계 올림픽보다 2년 늦게 개최하기로 결의했다.

1960년에는 신체 장애인을 위한 패럴림픽이 처음 개최되었고, 1976년부터는 동계 패럴림픽도 열리기 시작했다. 1988년부터 패럴림픽은 올림픽과 같은 해에 같은 장소에서 열렸다. 1968년에는 지적 장애인을 위한 올림픽(스페셜 올림픽)과 청각 장애인을 위한 올림픽(데플림픽)도 IOC의 승인을 받아 개최되었다. 1998년에는 한 가지 올림픽이 추가되어, 2010년 싱가포르에서 청소년 올림픽이 처음으로 개최되었다. 청소년 올림픽은 오스트리아 출신의 기업인 요한 로젠조프가 제안했고, 2007년 과테말라시티에서의 IOC 총회에서 개최가 확정되었다. 제2회 청소년 올림픽은 2014년 난징에서 개최되었다. 청소년 올림픽도 하계 올림픽에 이어 동계 올림픽이 추가되었다. 2012년 인스브루크에서 동계 청소년 올림픽이 처음으로 개최되었다.

이것이 끝이 아니다. 1981년부터 개최되고 있는 비올림픽 종목 경기 대회인 월드 게임은 IOC의 공식 승인을 받은 대회이다. 이 대회에서는

1924년 제1회 샤모니 동계 올림픽 포스터.

사람들이 올림픽 공식 종목으로 채택되기를 원하지 않는 종목들과 공식 종목 채택에 "실패한" 종목들, 그리고 마니아층이 있는 시범 종목의 경기가 열린다. 2009년 월드 게임 종목에는 당구, 보디빌딩, 불, 스카이다이빙, (과거의 팔로네와 유사한) 파우스트볼, 필드 아처리(자연 속에서의 사냥 형식을 활용한 양궁), 핀 수영(오리발, 물안경, 호흡관을 착용하고 하는 수영), 플라잉 디스크(원반 형태의 기구를 던지고 받는 경기), 유술(柔術), 카누 폴로, 공수도, 파워리프팅, 오리엔티어링(지도와 나침반을 들고 정해진 시간 안에 산속의 최종 목적지에 도달하는 경기), 라켓볼, 인명 구조 수영, 체조, 롤러 스포츠, 7인제 럭비, 스피드 스케이팅, 스포츠 클라이밍, 스쿼시, 스모, 댄스 스포츠, 줄다리기, 수상 스키 등이 있었다. 월드 게임은 월드 게임 협의회에서 주관해왔으나, 1996년 국제 월드 게임 협회(IWGA)로 기관명이 변경되었다. 2000년부터 월드 게임은 IOC의 후원 아래에 개최되고 있다. 2001년 아키타 월드 게임부터는 모든 시합 결과가 철저히 문서화되었으나, 1989년 카를스루에 월드 게임을 포함한

근대 동계 올림픽 통계

회차	연도	개최지	스포츠 부문	경기 종목	참가국	참가자
1	1924	샤모니 몽블랑	6	16	16	258
2	1928	장크트 모리츠	4	14	25	464
3	1932	레이크플래시드	4	14	17	252
4	1936	가르미슈파르텐키르헨	4	17	28	646
5	1940	삿포로	(제2차 세계대전으로 취소)			
6	1944	코르티나담페초	(제2차 세계대전으로 취소)			
7	1948	장크트 모리츠	4	22	28	669
8	1952	오슬로	4	22	30	694
9	1956	코르티나담페초	4	24	32	821
10	1960	스쿼밸리	4	27	30	665
11	1964	인스브루크	6	34	36	1,091
12	1968	그르노블	6	35	37	1,158
13	1972	삿포로	6	35	35	1,006
14	1976	인스브루크	6	37	37	1,123
15	1980	레이크플래시드	6	38	37	1,072
16	1984	사라예보	6	39	49	1,272
17	1988	캘거리	6	46	57	1,423
18	1992	알베르빌	6	57	64	1,801
19	1994	릴레함메르	6	61	67	1,739
20	1998	나가노	7	68	72	2,302
21	2002	솔트레이크시티	7	78	77	2,399
22	2006	토리노	7	84	80	2,508
23	2010	밴쿠버	7	86	82	2,536
24	2014	소치	7	98	88	2,873
25	2018	평창	7	102	92	2,920

이전 시합들은 비공개로 개최되었다. 2009년 타이완에서 개최된 제8회 가오슝 월드 게임에는 100개국 이상의 4,500명의 선수가 참여했다. 이 대회에서 1위는 러시아(금 18, 은 14, 동 15 : 총 47), 2위는 이탈리아(금

16, 은 12, 동 13 : 총 41), 3위는 중국(금 14, 은 10, 동 5 : 총 29)이 차지했다. 제9회 월드 게임은 2013년 콜롬비아의 칼리에서, 제10회 월드 게임은 2017년 폴란드의 브로츠와프에서 개최되었다.[49]

발전이 초래한 문제들

영국의 스포츠

대영제국의 경제력, 지구 저 끝까지 진출한 영국의 상인, 외교관, 학자들, 그리고 영국 스포츠의 매력이 어우러져 영국의 스포츠는 대영제국의 국경을 넘어 전 세계로 확산되었다. 크리스티아네 아이젠베르크는 대학교 교수 자격 취득 논문에서 독일의 예를 통해서 이 현상을 인상 깊게 설명했다.[50] 그런데 대영제국의 전성기였던 20세기 초에 영국은 자국의 스포츠를 어떻게 인식하고 있었을까? 먼저, 대외적으로는 우월감이 지배하고 있었다. 영국인들은 세계 스포츠를 근본적으로 영국적인 것, 가장 영국적인 것이라고 여겼다. 전 세계의 스포츠 규정 대부분은 영국에서 정했다. 주요 스포츠 종목과 관련된 기관들도 영국에 있었다.

물론 몇 가지 예외가 있었다. 하나는 프랑스 출신인 쿠베르탱의 발의로 개최된 올림픽이었고, 또다른 하나는 하필 축구였다. 국제 축구 연맹(FIFA)이 축구의 종주국이라고 여겨지는 영국이 아닌 파리에서 설립된 이유는 네덜란드의 은행가 카를 안톤 빌렘 히르시만과 프랑스 스포츠 경기 협회의 축구부 총무이자 나중에 FIFA 초대 회장에 오른 로베르 게랭이 FIFA의 창시자였기 때문이다. 게다가 영국인들은 FIFA 본부가 스위스에 있다는 사실을 달가워하지 않았기 때문에 FIFA에 가입하지 않았다. 이러한 관계는 영국 축구 협회의 간부인 대니얼 벌리 울폴이 2대 FIFA의 회장으로 선출되면서 개선되었다. 그가 1908년 런던 올림픽 조직위원회에서 활동하면서 최초로 국가대표 축구 팀들 간의 공식 경기가 열렸다. 예상대로 우승은 영국이 차지했다. 영국 국가대표 팀은 감독도 없었는데 스웨덴과의 대결에서 12 대 1로 압승을 거두었다. 준결승전에서 덴마크의 득점왕 소푸스 닐손이 혼자 10골을 넣으며 덴마크는 프랑스를 17 대 1로 물리쳤고, 이는 역사의 기록으로 남았다. 아직도 이 기록은 깨지지 않았다. 1912년 스톡홀름 올림픽에서 영국은 독일 출신 선수인 고트프리트 푹스를 영입하여 다시 한번 금메달을 차지했다. 16 대 0으로 러시아를 물리친 이 경기에서 푹스도 10골을 넣었다.[51]

어쨌든 영국 축구는 올림픽에서 2회 연속 우승을 하며 기대를 충족했다. 제1차 세계대전까지 영국은 자존심을 지켰다. 프랑스인 쥘 리메가 FIFA의 회장이 되자 영국은 FIFA에서 탈퇴했고, 1930년 우루과이에서 열린 제1회 축구 월드컵에도 출전하지 않았다. 이렇듯 영국은 오프사이드 위치에 있었기 때문에 사람들은 영국의 축구 실력이 실제로 어느 정도인지 정확하게 알 수가 없었다. 게다가 영국 축구 협회가 넷(영국, 스코틀랜드, 웨일스, 북아일랜드)으로 갈리고 각각 FIFA에 가입하면서, 제2회 월드컵에서 영국의 축구 성적은 급격히 떨어졌다. 1950년 영국은 미국과의 조별 리그에서 탈락했다. 4년 후에는 우루과이와의 준준결승전에서 4 대 2로 패배하고 영국으로 돌아왔다. 그사이 영국의 아서 드루리가 FIFA의 회장이 되었고, 1958년 스웨덴 월드컵에서는 영국도, 스코틀랜드도, 웨일스도 단 한 경기조차 승리하지 못했다. 1953년 웸블리 스타디움에서 영국은 헝가리에 3 대 6으로 패배했고 부다페스트 설욕전에서도 1 대 7로 완패하면서 영국 축구는 자존심에 심각한 상처를 입었다. 이것은 영국 역사상 최대의 참패였다. 영국은 1962년 월드컵에서 헝가리에 또다시 패배했지만, 한 경기에서 승리했고 준준결승에서 탈락했다. 축구는 영국의 스포츠 기반이 탄탄하지 않다는 일례일 뿐이었다.

영국 스포츠의 실제 위치는 어느 정도였을까? 1920년 안트베르펜 올림픽에서 영국은 15개의 금메달을 획득하며(금 15, 은 15, 동 13 : 총 43) 3위를 차지했지만, 노르웨이와의 16강전에서 탈락했고 벨기에가 우승국이 되었다. 벨기에는 양궁에서도 우승을 석권했다. 미국은 육상, 수영과 마찬가지로 럭비에서도 우세했다. 가장 우수한 성적을 낸 운동선수는 5개의 금메달을 획득한 미국의 사격 선수 윌리스 A. 리와 이탈리아의 펜싱 선수 네도 나디였다. 가장 좋은 성적을 기록한 여자 선수는 미국의 수영 선수 에셀다 블라이브트리였다. 그녀는 여자 수영 종목들 가운데 세 종목에서 전부 세계 신기록을 세웠다. 영국은 권투, 요트, 폴로, 육상 개인전과 탠덤 2인승 자전거 경기 및 줄다리기에만 출전했지만, 어떤 종목에서도 두각을 나타내지 못했다. 육상 선수 앨버트 힐이 2개의 금메달을 획득했을 뿐이다. 모든 국가들 중에 선두는 단연 미국(금 41, 은 27, 동 27 : 총 95)이었고, 그다음은 스웨덴이었다. 영국은 핀란드, 벨기에, 노르웨이, 이탈리아와 같은 수준이었다. 독일, 오스트리아, 헝가리, 터키는 이 대회에서 배제되었고, 소련은 참가를 거부했다. 1928년 암스테르담 올림픽에서 제1차 세계대전 패전국의 출전이 허용되면서 영국은 바로 11위로 밀렸다.

1948년 런던 올림픽에서 영국은 겨우 3개의 금메달을 획득하며 치욕스러운 12위에 머물렀다. 반면, 조정에서는 더블 스컬(2명의 노잡이가 각각 2개의 노를 잡고 겨루는 경기)과 무타 페어(키잡이 없이 2명이 노잡이가 각각 1개의 노를 잡고 겨루는 경기) 종목에서, 요트에서는 킬 보트(배 밑바닥 중앙에 두꺼운 철판을 붙여 무게중심을 낮춘 배/옮긴이) 종목에서 여전히 좋은 성적을 거두었다. 영국의 스포츠가 몰락한 원인은 제2차 세계대전으로 국가가 탈진한 상태였기 때문이다. 그러나 상황은 호전되지 않았다. 1952년 헬싱키 올림픽에서도 영국은 겨우 금메달 1개를 획득했다. 영국(금 1, 은 2, 동 8 : 총 11)은 18위에 머무르며 완전한 침체기에 빠진 반면, 과거 영국의 식민지였던 미국(금 40, 은 19, 동 17 : 총 76)은 다시 한번 1위를 차지하며 실력을 입증했다. "20세기 초에 많은 국가들이 세계에서 자신의 입지를 알리기 위해서 올림픽을 이용했다"는 시각에서 보자면,[52] 영국은 이와는 정반대의 상황이었다고 평가할 수 있다. 대영제국이 몰락하기 전, 스포츠에서 몰락 현상이 나타나면서 영국은 내리막길을 걷기 시작했다.

영국은 모든 스포츠 종목에서 이미 쇠퇴 현상이 나타나고 있었다. 윔블던 테니스 대회를 보면, 1877-1906년에는 영국인들만 결승전에 출전했다. 지금까지도 유명 패션 브랜드로 손꼽히는 이름이기도 한 프레드 페리는 전영 테니스 오픈(윔블던 선수권)에서 1934-1936년간 3년 연속으로 우승을 차지했다. 영국 테니스 팀은 1933-1936년간 매년 미국의 데이비스 컵에서 우승을 차지했으나, 그후로는 한 번도 우승하지 못했다. 국기(國技) 종목을 살펴보면 한 가지 전형적인 현상이 나타난다. 다시 일어날 수 있다는 희망이 영국 팀에게 아예 없는 것은 아니었지만 이미 자존심에 타격을 입은 상태였다. 크리켓은 오스트레일리아가, 럭비는 남아프리카와 뉴질랜드가, 골프는 미국이 이미 영국을 앞서고 있었기 때문이다. 순수주의자들은 스포츠는 경기일 뿐 승부가 중요하지 않다고 주장했지만, 당시 영국에는 이러한 가치관이 확산되어 있지 않았다. 승리에만 익숙했던 영국은 패배를 국가적인 망신이라고 생각했고 모든 영역에서 패배에 대한 불안감이 일어났다.[53]

이러한 몰락 현상을 어떻게 설명할 수 있을까? 무엇보다도, 영국은 여전히 계급 사회였다. 신사들은 노동으로 먹고살지 않았고, 사회의 다른 계층들과 완전히 분리되어 살아야 한다고 생각했다. 이는 운동선수들의 아마추어 신분을 둘러싼 끈질긴 투쟁과 관련된다. 영국에서는 1930년대에 이미 스포츠의 전문화 경향이 나타나기 시작했지만, 이른바 최고 임금제가 반영된 아마추어리즘 이데올로기는 1960년대까지 유지되었다. 프로 선수들은 소득이 많지 않았기 때문에 미래가 불투명했다. 1940년 축구 선수의 최고 임금은 1주일당 약 1파운드였다. 스탠리 매슈스와 같은 최고 선수도 1951년에는 1주일당 20파운드밖에 받지 못했다. 1950년대 중반 영국에서 기능공의 평균 연봉은 622파운드였고, 1부 리그 소속

프로 축구 선수의 평균 연봉은 772파운드였다. 1부 리그의 1위 팀 선수의 연봉은 832파운드였다. 대중 엔터테이너라는 중요한 역할에 비해서는 너무 적은 소득이었다. 1923년 웸블리 컵 결승전에는 약 25만 명의 관중이 몰렸다(원래 이 경기장의 수용 인원은 그 절반이었다). 최고 임금제를 철폐하고 계약의 자유를 보장받기 위해서 선수 노조가 결성된 것은 1960년대 초의 일이었다.[54]

영국 스포츠는 이러한 오랜 전통으로 인해서 매우 보수적이었다. 그러나 운동 성적에는 이 시스템이 문자 그대로 독약이었다. 독일이나 이탈리아, 이후 탄생한 소련이나 동구권 사회주의 국가 등 독재 정권과 달리, 영국은 단 한 번도 스포츠 장려 정책을 추진한 적이 없었다. 심지어 1948년 런던 올림픽 준비 과정에서도 말이다. 게다가 영국의 스포츠 협회 조직은 비민주적이었다. 대부분의 협회 지도부는 회원들의 표결을 통해서 선출되거나 해임되지 않았고, 협회 정관을 통해서 자체적으로 확충되었음을 알 수 있다. 협회 지도부는 비민주적인 구조를 기반으로 신사 계급에서 선수를 모집했기 때문에, 선수들은 아마추어 신분에 머무를 수밖에 없었다. 신사들은 시간을 자유롭게 사용할 수 있었고, 이들에게 스포츠는 돈벌이와 아무 관련이 없었다. 대부분 스포츠 종목의 시합 일정은 노동일을 고려하지 않고 정해졌는데, 이런 상황에서 어떤 노동자나 영세 사업가가 며칠씩 걸리는 골프, 크리켓, 테니스 시합이나 애스콧 경마 주간에 참여할 수 있었겠는가? 이러한 아마추어리즘 이데올로기로 인해서 대부분의 스포츠 시합은 폭넓은 층의 대중이 배제된 채 열리거나, 경마처럼 내기가 있을 때에만 인기를 얻었다.[55]

아마추어리즘 이데올로기

올림픽에 아마추어리즘 이데올로기가 도입된 것은 근대 올림픽 창시자인 쿠베르탱이 귀족 출신이라는 것과 관련이 있다. 그는 영국의 신사 계급 선수들처럼, 스포츠 경기에 프로 선수들이 참여하는 것을 상상하지 못했다. 그에게 스포츠는 소득과 관련된 이해관계나 돈으로 더러워질 수 없는 순수의 결정체였다. 20세기 전반(前半)에 걸쳐 이러한 아마추어리즘은 많은 문제들을 촉발했으며 실제로는 운동 선수들이 부유한 후원자나 기업, 혹은 국가로부터 재정적인 지원이나 후원을 받을 수밖에 없었음에도 불구하고 이 이데올로기는 1970년대까지 지속되었다. 이는 특히 IOC 위원장을 장기 역임한 에이버리 브런디지가 쿠베르탱을 주춧돌에 세워진 은자처럼 추대하고 이 문제를 언급하기를 원하지 않았던 것과 관련이 있다. 1936년 IOC 위원이 된 미국 출신의 브런디지는 나치 독일의 유대인 선수 차별이나 아파르트헤이트가 지배적이었던 남아프리카의 흑인 선수 차별과 관련된 행위에 아무런 제재 조치도 가하지 않았다. 그는 1972년 뮌헨 올림픽 당시 이스라엘 선수단에 대한 테러 사건 이후 마지막 직무를 수행할 때에도 "그럼에도 올림픽은 계속되어야 한다"라고 선언했다. 그가 아마추어리즘을 고집하면서, 문제를 은폐하고 부정하는 체제가 양산되었다. 실제로 대다수의 스포츠 선수들은 생계 유지를 위해서 돈을 벌어야 했기 때문에 하루에 4시간도 제대로 훈련을 받을 수 없는 실정이었다. 브런디지는 회람과 통제 조치를 통해서 자신의 임기 동안 아마추어리즘을 고수하기 위해서 안간힘을 썼다. 심지어 그는 프로 선수들을 "조련되는 원숭이"라고 폄훼하는 데에도 주저하지 않았다.[56]

1957년 브런디지는 내부 회람에서 경기 출전을 금지하는 기준을 정했다. 한 경기당 40달러 이상의 경기 출전비를 받는 경우, 감독 신분으로서 사례비를 받는 경우, 경기 성적과 관련해서 경제적인 이득을 취하는 경우, 여행 경비 이외에 선물 혹은 배상을 받는 경우, 스포츠를 사업화하거나 국가, 기업, 개인으로부터 재정적인 지원을 받는 경우 등이었다. IOC 위원장 후보들은 자신들이 지닌 이념의 신뢰성에 따라서 선출되었다. 그의 후임으로서 IOC 위원장으로 취임한 아일랜드 출신의 "킬라닌

남작" 마이클 모리스는 이러한 기준에 깜짝 놀랐고, 브런디지를 문자 그대로 "파시스트"라고 비난했다.[57] 그러나 킬라닌에게는 이 구조를 바꿀 힘이 없었다. 킬라닌이 IOC 위원장을 역임하는 동안 1976년 몬트리올 올림픽(아파르트헤이트로 인한 아프리카 국가들의 보이콧), 1980년 모스크바 올림픽(아프가니스탄 사태로 인한 서방 국가들의 보이콧), 1984년 로스앤젤레스 올림픽(동구권 국가들의 보이콧)에 출전 거부 사태가 일어났을 뿐만 아니라 비용 증가로 인해서 IOC는 심각한 위기에 빠졌다.[58]

후안 안토니오 사마란치가 IOC 위원장에 오른 후에야 올림픽은 철저한 개혁에 성공했다. 독재자인 프란치스코 프랑코 정권에서 체육 장관을 역임한 사마란치는 고국 스페인의 정치 개혁 이후 그 정치적인 연루로 인해서 거센 비판을 받았고, 이러한 이유로 처음에 사람들은 그의 개혁을 믿지 못했다. 그러나 사마란치는 개혁을 강하게 밀어붙였다. 그는 여성 스포츠를 발전시켰고, 새로운 스포츠 종목 시합을 개최했고, 장애인을 위한 패럴림픽을 도입했고, 아마추어리즘 규정을 폐지했으며, 반(反)도핑기구를 설치했다. 또한 후원 계약을 체결했고, 최고 금액을 부르는 방송사에 텔레비전 중계권을 판매함으로써 올림픽과 IOC의 재정 기반을 다졌다. 사마란치는 전임자들과 달리, 자신에 업무에 대한 대가로 매년 약 100만 마르크를 받았다. 그의 과감한 개혁으로 적이 생겼으며 이는 심각한 위기를 일으키기도 했다. 사마란치의 비판자들은 그의 끊임없는 프랑코 정권 지지 행위, IOC에 만연한 부정부패, 권위주의적인 리더십 등을 격렬하게 공격했다. 사마란치의 후임자인 자크 로게는 이러한 개혁의 결실을 거두었으며 올림픽 거대주의와 같은 폐해를 신중하게 제한해나갔다. 벨기에 출신인 로게는 올림픽 참가자 수를 1만 명으로 제한하고자 했으나 별다른 성과를 얻지는 못했다. 현재의 관점에서 보면 아마추어리즘의 폐지가 불가피했다고 여겨지지만, 당시에는 무엇보다도 최고의 실력을 갖춘 선수가 메달을 위해서 싸울 수 있는 여건이 갖춰져야 했다.[59]

세계화

마라톤 경주

제1회 근대 올림픽에서 그리스인 스피리돈 루이스는 약 40킬로미터의 구간을 달리는 마라톤 경주에서 우승하며 특별한 위치에 올랐다. 마라톤은 볼거리가 가장 많은 새로운 경주였다. 마라톤은 처음부터 그리스 민족의 경기로 여겨졌다. 13명의 그리스인을 포함하여 총 17명의 선수들이 출전했으며, 1896년 4월 1일의 추운 날씨로 10명의 선수들만이 결승점에 골인했다. 농부의 아들이자 물을 나르던 인부인 루이스는 신인 선수였는데, 약 3시간 만에 마라톤 구간을 완주하며 그리스에 승리를 안겼다. 마지막 구간에서는 그리스의 왕자 요르요스와 콘스탄티노스가 루이스와 함께 뛰었고, 10만 명의 관중들은 스타디움에 입장하는 루이스에게 환호를 보냈고 결승점에 도달하자 손수건을 마구 흔들었다. 이후 루이스는 마라톤에 출전하지 않고 고향 마을인 마루시로 돌아갔다. 런던의 그리스 공동체에서는 그에게 감사의 표시로 마루시에 경작지를 마련해주었다.[60]

유난히 긴 구간을 달리는 마라톤 경주는 고대의 한 주자(지어낸 이야기라고 한다)를 기리기 위한 경기이다. 기원전 490년 9월 12일, 한 주자가 마라톤에서 아테네까지 달려 마라톤 전투에서 아테네가 승리했다는 소식을 알린 이후 아레오파고스에서 쓰러져 죽었다는 이야기 말이다. 이 이야기는 1890년 마라톤 유적지 발굴을 통해서 탄생했다. 당시 바이에른에 속해 있던, 란다우 인 데어 팔츠 출신인 프랑스의 고문헌학자 미셸 브레알은 1894년 올림픽 회의에서 올림픽 종목에 마라톤을 포함하자고 제안했다.[61] 현재의 마라톤 구간은 1908년 런던 올림픽 때에 정해진 것으로, 총 42.195킬로미터의 구불구불한 경주 구간은 영국의 국왕 에드워드 7세의 저택인 윈저 성에서 시작하여 새로 지어진 런던 올림픽 스타디움까지

이어졌다. 1921년 국제 육상 경기 연맹에서 마라톤 구간을 42.195킬로미터로 최종 결정했다. 전례가 없는 경기였음에도 마라톤은 올림픽 종목으로 채택되었을 뿐만 아니라 올림픽 바깥에서도 큰 인기를 얻었다. 마라톤은 각국 선수들이 참여하는 도시의 스포츠로 재탄생했다. 원래 마라톤은 남자 선수들만 출전이 가능했으나, 1984년 이후로는 올림픽에서 여자 종목으로도 채택되었다.

마라톤은 유럽 이외 지역의 선수들이 다른 종목에 비해서 더 일찍 좋은 성적을 거두기 시작한 종목이기도 했다. 마라톤 우승자 목록에서는 이민, 식민주의, 탄압과 관련된 요소들도 발견할 수 있다. 1920년 안트베르펜 올림픽에서 핀란드의 육상 선수 한네스 콜레흐마이넨이 금메달을 획득했다. 그는 이전 올림픽에서도 금메달을 땄지만, 핀란드는 1918년까지 러시아의 식민지였기 때문에 그가 딴 금메달들은 러시아 제국에로 돌아갔다. 한네스 콜레흐마이넨은 1912년 스톡홀름 올림픽에서만 3개의 금메달(5,000미터, 1만 미터, 12킬로미터 달리는 크로스컨트리 달리기)을 땄다. 그는 안트베르펜 올림픽에서 드디어 조국인 핀란드를 위해서 금메달을 획득했다. 1952년 헬싱키 올림픽에서 콜레흐마이넨은 1920-1928년간 핀란드에 무려 9개의 금메달을 가져다준 파보 누르미와 함께 올림픽 성화를 점화했다. 1928년 암스테르담 올림픽에서는 알제리 출신의 부게라 엘-와피가 금메달을 획득했다. 그러나 당시 알제리는 프랑스의 식민지였기 때문에 금메달은 공식적으로 프랑스의 것으로 인정되었다. 아랍 최초의 올림픽 금메달리스트는 프랑스 반란에 참여하지 않았다는 이유로 1959년 알제리 국민해방전선(FLN) 단원에 의해서 암살당했다. 1932년 로스앤젤레스 올림픽에서는 아르헨티나 출신의 후안 카를로스 사발라가 금메달을 차지했다. 한편, 1936년 베를린 올림픽에서는 아시아인 최초로 한국의 육상 선수 손기정이 모든 경쟁자들을 제치고 금메달을 획득했다. 게다가 그는 2시간 29분 19초로 세계 신기록을 달성했다. 당시 한국은 일본의 식민지였기 때문에 손기정은 가슴에 일장기를 달고 출전해야 했고, 올림픽 연보에도 손 키테이라는 이름으로 기록되어 있다. 그러나 실제 시합에서 그는 한국 이름으로 서명을 했고, 일본에 항거한다는 의미로 그 옆에 한반도를 그렸다. 한국이 일본으로부터 해방된 이후 손기정은 대한체육회 부회장이 되었고, 1988년 서울 올림픽 개막식에서 올림픽 스타디움까지 성화를 들고 뛰었다.

체코의 육상 선수 에밀 자토페크는 체코가 독일에 점령당하기 전에 이미 체코에서 최고의 선수로 인정받으며 육상의 귀재라는 평가를 받았다. 그러나 2회나 올림픽이 취소되면서 그는 1948년 런던 올림픽 때에야 처음으로 금메달(1만 미터)을 획득했다. 그는 1952년 헬싱키 올림픽에서 30세의 나이로 무려 3종목(5,000미터, 1만 미터, 마라톤)에서 금메달을 차지했다. 원래 그는 마라톤 선수가 아니었지만 올림픽을 앞두고 마라톤에 출전하기로 결정했다. 이 경기에서 그는 2시간 23분 3초로 결승점에 골인하며 올림픽 최고 신기록을 세웠다. 혀를 쭉 빼고 결승점에 골인하는 장면은 그의 상징이 되었다. 자토페크는 뛰어난 올림픽 성적을 발판으로 군대와 체코슬로바키아 공산당에서 입신출세했다. 그러나 1968년 그는 프라하의 봄을 지지하고 소련군의 군사 개입에 저항하다가 공직에서 쫓겨나 우라늄 광산에서 노역을 해야 하는 신세로 전락했다. 동구권 공산 국가와 체코슬로바키아가 무너진 이후인 1997년, 자토페크는 체코에서 "세기의 선수"로 선정되었다. 그는 "물고기는 헤엄치고, 새는 날고, 인간은 달린다"라는 명언을 남겼다. 아프리카 흑인 최초의 금메달리스트인 아베베 비킬라는 1960년 로마 올림픽에서 맨발로 뛰면서도 경쟁자들을 너끈히 물리치고 2시간 15분 16초의 세계 기록을 달성하며 전 세계의 이목을 집중시켰다. 당시 시청자들은 맨발로 뛰는 장면을 보면서 그가 아프리카 밀림에서 막 뛰어온 듯하다는 인상을 받았지만, 사실 그는 군인 가문의 자제인 데다가 이미 여러 차례 달리기 신기록을 달성한 선수였다. 아마도 그는 로마 어딘가에서 마라톤 운동화를 잃어버렸는데 새 신발을 신고 경기에 출전할 위험을 감수하고 싶지 않았던 듯하다. 그는 다음 올림픽인 1964년 도쿄 올림픽에서도 금메달을 차지했다. 그때는 신발을 신고 달렸는데 2시간 12분 11초로 다시 한번 세계 신기록을 갱신했다. 그것도 맹장 수술을 받은 지 불과 몇 주일 만의 일이었다. 그러나 1968년 멕시코시티 올림픽에서는 15킬로미터를 달린 이후 탈진하는 바람에 올림픽 3연패가 좌절되었다. 대신 에티오피아 출신의 마모 월데가 금메달을 차지했다. 그럼에도 아베베 비킬라는 계속 대중의 주목을 받았다. 1969년 자동차 사고를 당한 이후 그는 하반신이 마비되었지만, 1970년 눈썰매 경주에서 2개의 금메달을 획득했고, 장애인 올림픽의 양궁 시합에도 출전했다. 그는 자동차 사고 후유증으로 세상을 떠났다. 에티오피아 황제 하일레 셀라시에는 하루 동안 국장을 치르라고 명했으며 6만 5,000명의 국민이 마라톤 영웅의 마지막 길에 동행했다.

한편, 발데마르 치르핀스키는 1976년 몬트리올 올림픽과 1980년 모스크바 올림픽 마라톤에서 2연패를 차지했다. 그러나 서방 국가에서 모스크바 올림픽 출전을 거부했기 때문에 동독 출신인 치르핀스키의 금메달은 크게 주목받지 못했다. 이탈리아에서도 젤린도 보르딘과 스테파노 발디니가 1988년 서울 올림픽과 2004년 아테네 올림픽에서 각각 금메달을 차지했다. 가장 눈에 띄는 변화는 아프리카 출신 마라톤 선수들의 급부상이다. 1960년 이후 총 13개의 금메달 중에 6개는 아프리카에서 차지했고, 나머지 4개는 유럽, 2개는 아메리카, 1개는 아시아에서 차지했다. 2000년 시드니 올림픽에서는 에티오피아의 게자네 아베라가 금메달을 획득했고, 조시아 투과네는 남아프리카공화국 최초의 흑인 금메달리스트가 되었다. 한편 2008년 베이징 올림픽에서는 케냐의 새뮤얼 카마우 완지루가 금메달을 획득했다. 세계 신기록 보유자는 2011년 베를린 마라톤에서 2시간 3분 38초로 우승한 케냐의 패트릭 마카우 무시오키이다.

동아프리카 출신 장거리 육상 선수들의 급부상은 다른 장거리 종목에서 확인할 수 있다. 1만 미터 경주에서는 에티오피아 출신들이 다시 상위권을 장악하는 추세이다. 1996년부터 2000년까지 많은 사람들에게 사랑을 받았던 장거리 선수 하일레 게브르셀라시에는 세계 육상 선수권 대회, 세계 실내 육상 선수권 대회, 베를린 마라톤에서 각각 4회 우승을 차지했다. 세계 육상 선수권 대회 1만 미터 종목에서 네 번이나 우승을 차지한 케네니사 베켈레는 2004년 아테네 올림픽과 2008년 베이징 올림픽에서도 금메달을 땄고, 2008년 베이징 올림픽의 5,000미터 종목에서도 금메달을 획득했다. 그의 뒤를 다른 에티오피아와 케냐 출신의 선수들이 바짝 뒤쫓고 있다. 현재 세계 기록은 베켈레가 2005년 브뤼셀에서 기록한 26분 17초 54이며, 게브르셀라시에의 1998년 기록이 2위이다. 여자 종목에서도 몇 년 전부터 동아프리카 출신 육상 선수들이 거의 모든 장거리 경주에서 상위권을 장악하고 있다. 2008년 베이징 올림픽의 1만 미터와 5,000미터에서는 신장이 166센티미터인 에티오피아 출신의 육상 선수 티루네시 디바바가 우승을 차지했고, 특히 5,000미터 경주에서는 세계 신기록을 달성했다. 그러나 아프리카 출신 여성이 마라톤에서 우승한 것은 1996년 애틀랜타 올림픽 금메달리스트인 파투마 로바가 지금까지 유일하다. 케냐 출신의 단신 육상 선수 캐서린 은데레바는 도시 마라톤 대회와 2003년 세계 육상 선수권 대회에서 여러 차례 우승을 차지했으나, 2004년 아테네 올림픽과 2008년 베이징 올림픽에서는 은메달을 땄다. 2012년 런던 올림픽에서는 아프리카 출신 여자 선수들의 우승이 예정되어 있는 듯했다. 2011년 한국에서 개최된 세계 육상 선수권 대회에서 케냐 출신 여자 선수들이 3관왕을 차지했고, 케냐의 에드나 키플라가트는 1위에 올랐다.

다수의 마라톤 우승자들이 국민적 영웅이 되었다. 이 현상은 마라톤의 대중화에 기여했고 마라톤은 20세기 말에 대중 스포츠로 발전할 수 있었다. 레저 스포츠인이 점점 증가하면서 마라톤의 발전을 촉진했다. 1960년대 이후로는 슈바르츠발트 마라톤이나 보덴제 마라톤 등 일반인이 참가하는 마라톤 대회가 열리고 있다. 독일이나 오스트리아의 주요 연방주에서만 이런 행사가 수십 회 열리고, 전 세계로 보면 수백여 개의 마라톤 대회가 열리고 있다. 몇몇 대도시에서 개최되는 도시 마라톤은 마라톤이 인기를 얻는 데에 기여했다. 도시 마라톤의 역사는 1970년 뉴욕 마라톤으로 거슬러 올라간다. 당시 뉴욕 마라톤에는 127명의 선수가 출전하여 그중 55명이 완주했다. 3년 후 뉴욕 마라톤 출전자 수는 1만4,000명으로 훌쩍 늘어났고, 1994년에는 3만 명을 넘어섰다. 독일의 전 외무부 장관 요슈카 피셔 등 유명 인사들은 달리기를 자아 찾기의 도구로 미화했으며,[62] 이러한 대중 스포츠를 정계 진출에 이용했다. 2011년 뉴욕 마라톤 완주자 수는 4만6,795명이었고, 그중 1만6,928명은 여성이었다.

암스테르담, 베를린, 보스턴, 브뤼셀, 시카고, 후쿠오카, 런던, 뉴욕, 오사카, 파리, 베이징, 도쿄 등의 도시가 세계 도시 마라톤을 선두했으며, 2006년에는 월드 마라톤 메이저스로 합병되었다. 각 도시 마라톤의 기록을 하나의 표로 합산하여 실력을 겨루는 일종의 육상 랭킹 제도가 도입된 것이다. 그러나 이에 대한 다른 대회 주최자들의 반발도 만만하지 않다. 이들은 나이로비, 홍콩, 뭄바이, 싱가포르 대회의 기록을 포함하지 않는 이유를 이해할 수 없다는 입장이다. 월드 마라톤 메이저스의 우승자에게는 50만 달러의 상금이 수여되는데, 이 역시 선수들을 유인하는 요소이다. 올림픽 우승자들은 도시 마라톤 우승을 통해서 광고 계약을 체결하고 국제 육상 팀에서 경기 출전료를 받아 큰돈을 벌 수 있다. 케냐의 새뮤얼 카마우 완지루는 2008년 베이징 올림픽 금메달리스트가 되면서 일본 도요타 육상 팀 소속이 되었고, 2008/2009년 월드 마라톤 메이저스에서 승리했다. 이 업계에서 마라톤은 큰 사업이 되었기 때문에, 이제는 올림픽보다 도시 마라톤이 훨씬 더 중요한 행사가 되었다.

한편, 스파르타트론은 헤로도토스의 『역사(*Historiai*)』에서 유래한, 아테네에서 스파르타까지 달리는 경주이다. 스파르타트론은 246킬로미터의 구간을 달려야 하는 일종의 울트라 마라톤으로, 영국 공군 사령관인 존 포든이 역사 속의 달리기 구간을 재구성한 것이다. 1983년부터 그리스에서 개최되고 있다. 그는 두 친구와 함께 1982년 10월에 이 구간을 달렸는데, 34시간 30분을 기록한 존 스콜틴이 가장 빨랐다. 현재 세계 최고 기록 보유자는 1984년에 20시간 25분을 기록한 그리스의 야니스 쿠로스이다. 여자 울트라 마라톤도 같은 해에 시작되었다. 독일의 헬가 바크하우스는 울트라 마라톤에서 네 번이나 우승을 차지했다(최고 기록은 29시간 33분이다). 여성 울트라 마라톤의 세계 기록 보유자는 2009년에 27시간 40분을 달성한 일본의 이나가키 스미에이다. 울트라 마라톤은 경기 구간이 42.195킬로미터 이상인 모든 마라톤을 일컬으며, 거리주(일정한 거리를 달리는 것), 시간주(일정한 시간 동안 달리는 것), 지속주(시간과 거리를 정해두고 일정한 페이스로 달리는 것)로 구분된다. 지금까지 가장 긴 시간주는 72시간 경기로, 독일의 바네-아이켈 경기와 캐나다의 유콘 아틱 울트라가 있다.

20세기의 여성 스포츠

페미니스트 스포츠 역사학자들은 여성들이 더 이상 바지 정장을 입고 변장하거나 불쾌한 이론 논쟁으로 자신을 드러내지 않고, 기존 남성들의 영역에서 강인함과 우월함을 드러내는 것을 "제3물결 페미니즘" 또는 "마법의 망토 페미니즘"이라고 부른다.[63] 레슬리 헤이우드와 샤리 L. 드워킨은 『이기기 위해서 태어나다 : 문화 아이콘으로서의 여자 선수(*Built to Win : The Female Athlete as Cultural Icon*)』의 서문에서 한때 아도르노가 맹렬히 비판했던 문화 산업을 다루었다.[64] 1995년 「아웃사이드(*Outside*)」 10월호의 기획 기사는 "위버걸(Übergirl) 코메스"였는데, 성공한 작가 카렌 카르보는 이 기사에서 여성적인 것에 대한 새로운 전형을 선전하고 있다.

> 가브리엘 리스의 시대가 왔다. 그녀는 크고 강하다. 바깥세상에는 그녀와 같
> 은 여자들이 수천 명이나 있고 그 수도 빠른 속도로 늘어나고 있다. ……리
> 스는 여자 운동선수에 대한 이미지를 새롭게 정의하고, 자신의 신체를 지배
> 하고 자신의 강인함을 자랑스러워하도록 젊은 소녀들에게 영감을 주는 수많
> 은 여성들을 이끌고 있다. ……이 흐름을 피할 수 있겠는가?[65]

1896년 아테네에서 개최된 최초의 근대 올림픽에서 여자 선수의 출전
은 허용되지 않았다. IOC 위원인 15명의 남성과 245명의 남자 선수가 전
부였다. 다만, 마라톤 경주의 여자 선수 출전 금지에 대한 시위가 있었다.
스타마타 레비티는 출전 금지 조항에 굴복하지 않고, 남성 마라톤 경주가
열린 다음 날인 1896년 4월 11일에 같은 구간을 5시간 30분 동안 달렸으
며 증인들을 통해서 자신의 완주를 문서로 입증받았다. 그녀는 파나티나
이코 스타디움으로의 입장을 거부당했지만, 그녀의 행동은 대중적으로
파급 효과를 일으켰고 많은 기자들의 주목을 받으며 여러 국가들에서 기
사화되었다.[66] 1900년 파리 올림픽에서는 몇 가지 종목에서 여자 선수들
의 출전이 허용되었다. 이는 제1차 세계대전 이전까지 IOC가 아닌 해당
지역의 주최자가 올림픽 조직을 담당했기 때문에 가능한 일이었다. 여성
최초의 올림픽 금메달리스트는 영국의 샬럿 레이너글 쿠퍼였다. 그녀는
1895년 이래로 윔블던 테니스 대회의 여성 단식 종목에서 세 번이나 우승
을 차지했고(이후에도 두 번 더 우승했다), 결승전에서 여섯 번 패배한 경
력이 있었다. 1900년 파리 올림픽에서 그녀는 혼합 복식으로 다시 한번
우승을 차지했다. 이후 여성 스포츠 종목과 참가자 수는 꾸준히 증가했
다. 2004년 아테나 올림픽에는 상당히 큰 변화가 있었다. 최초의 근대 올
림픽이 개최된 지 108년 만에 남자 선수는 6,452명, 여자 선수는 4,412명

이 되었다. IOC 위원 112명 중에 여성 위원은 12명으로 늘어났다. 2004년 이후 IOC는 올림픽을 공식적으로 해방 운동의 수단으로 간주한다. 이런 의미에서 IOC는 불합리하고 기묘한 표현으로 "신체 건강과 정신 건강 증진에의 기여하는 것"을 올림픽의 목표라고 선언한다. "여성과 어린 소녀들은 스포츠를 통해서 사회에서 자신의 역할을 인식할 수 있다."[67]

1920년대에 대중 앞에서 공개적으로 개최되는 여성 시합은 일종의 기괴한 쇼로 받아들여질 위험성이 있었고,[68] 이러한 전통은 고대 로마의 아레나로 거슬러 올라간다. 제1차 세계대전 이후, 1918년 독일에서 여성의 참정권이 도입되는 등 여권의 신장과 더불어 스포츠 분야에도 더 많은 여성의 참여가 요구되었다. 1921년 3월 모나코에서는 최초로 여성 올림픽이 개최되었다. 그러나 대형 단체의 입장에서 보면, 독립적인 여성 스포츠를 조직하는 데에는 위험이 따랐다. 이외에도 여성이 참여할 수 있는 올림픽 종목 수가 적은 것에 항의하는 시위가 있었고, 1922년부터 국제 여성 스포츠 연합(FSFI)에서는 월드 우먼 게임을 조직했다. 같은 해 미국의 시빌 보어는 여성 최초로 남성의 기록을 깼고, 1924년 파리 올림픽에서도 100미터 배영 종목에서 1분 23초 2를 기록하며 금메달을 획득했다. 1924년 이후 몇 년간 그녀는 잡지 「스포츠우먼(The Sportswoman)」에 등장했다. 그다음에 개최된 월드 우먼 게임에서는 일본의 히토미 기누에가 1926년과 1930년 모두 금메달을 차지했는데 그녀는 얼마 지나지 않아 결핵으로 세상을 떠났다. 1932년 로스앤젤레스 올림픽이 열리기 전, 자의식이 강한 한 여성이 레이크플래시드 동계 올림픽 봅슬레이 경기에 출전했는데, 그 주인공은 나중에 대통령 영부인이 된 엘리너 루스벨트였다.

제1차 세계대전 동안 전통적인 성 역할이 붕괴되면서, 여자 축구는 영국에서 성장세를 보였다. 1920년대에 여자 축구는 대중적인 인기를 끌었다. 당시 최고의 팀이었던 군수 공장 딕 커 앤 컴퍼니의 직장 축구 팀

딕 커스 레이디스(Dick, Kerr's Ladies)의 경기는 입장료 수입이 1만 파운드에 달했다. 1920년 리버풀 경기에는 5만 명 이상의 관중이 몰려들었다. 1921년 12월 당시 자체 연맹을 조직한 영국의 여자 축구 클럽이 약 150개에 달하자, 영국 축구 협회는 여성의 건강을 해친다는 이유로 여자 축구 경기를 금지했다. 딕 커스 레이디스는 미국으로 떠났다. 이들은 1922년 말 미국과 캐나다로 원정 경기를 다니려고 했으나 놀랍게도 이 지역들에는 아직 여자 축구 클럽이 없었다. 딕 커스 레이디스는 그 대안으로 남자 축구 클럽과 9차례의 경기를 치렀는데, 세 번은 승리하고 세 번은 패했다. 이후 딕 커스 레이디스는 팀 이름을 프레스톤 레이디스 FC로 바꾸었고, 1961년까지 총 828회의 경기를 치렀다. 영국 축구 협회에서 내린 여자 축구 금지령은 1970년이 되어서야 폐지되었다.[69] 프랑스에도 제1차 세계대전 동안 여자 축구 클럽이 결성되었다. 프랑스의 여자 축구 클럽은 남자 축구 클럽의 반발 때문에 자체적으로 연맹을 조직해야 했으며 1932년까지 우승컵 경기를 개최했다. 1921년에는 최초의 국제 여자 축구 경기가 있었다. 프랑스 파리의 축구 클럽인 페미나 스포츠는 영국의 딕 커스 레이디스와의 경기에서 1 대 2로 패했다. 1925년 독일 신문에서는 영국이 4 대 2로 승리했다며 영국과 파리의 여자 축구 경기 결과를 보도했다.[70] 1930년대 모든 유럽 국가들이 여자 축구에 대해서 강하게 반발하여 프랑스의 여자 축구 붐은 수그러들었다.

제1차 세계대전 이후에는 오스트리아, 유고슬라비아, 폴란드 등 다른 국가에도 여자 축구가 도입되었다. 독일의 여자 축구는 1922년 독일 대학생 챔피언십이 공개적으로 개최되면서 여대생들에 의해서 도입되었다. 문서 기록으로 남은 첫 경기 결과는 1927년 뮌헨이 베를린 선발 팀과의 경기에서 2 대 1로 승리한 것이다. 초창기 독일의 여자 축구 조직은 영국보다 덜 귀족적이었다. 예컨대 1932년 독일 최초의 여자 축구 클럽은 프랑크푸르트 출신 정육업자의 딸인 로테 슈페히트가 창설했다. 당시 그

녀는 자신과 뜻을 같이할 클럽 회원을 모집하는 신문 광고를 냈다. 그녀
가 축구 클럽을 창설한 동기에는 축구에 대한 열정도 있었지만, 여성과
남성이 동등하다는 것을 보여주려는 의도도 있었다. 다른 여자 축구 클
럽이 없었기 때문에 클럽 회원들끼리 혹은 남자들과 경기를 해야 했다.[71]
여자 축구 클럽은 언론에서 여성 참정권 운동가들이라는 조롱을 당하며
독일 축구 연맹(DFB)에서 제명되었고, 1년 만에 해체되었다. 1936년 독
일 축구 연맹은 축구와 여성이라는 존재가 양립할 수 없다고 공식적으
로 선언했다. 1957년 22개의 서독 여자 축구 클럽이 합병하려고 하자,
독일 축구 연맹은 이를 맹렬하게 비난했다. 영국과 마찬가지로 독일 축
구 연맹은 1970년이 되어서야 분별력이 없던 태도를 버리고 여자 축구
를 인정했다. 이는 음료 회사 마티니 앤 로시의 후원으로 이탈리아에서
여자 축구 월드컵이 개최되자, 남성들이 이러한 여성 운동을 통제하지
못할까 봐 두려워하기 시작했기 때문이었다. 역설적이게도, 1971년 11월
유럽 축구 연맹(UEFA)은 같은 이유로 회원국에 여자 축구를 도입할 것
을 권유했다.[72]

이후 여자 축구는 급속도로 발전했다. 1974년 최초의 여자 축구 챔피
언십이 개최되었다. 3년 후 독일의 여자 축구 선수인 하넬로레 라체부르
크는 독일 축구 연맹 최초의 여자 축구 책임자로 임명받으며 경기 조직
및 개최 업무에 투입되었다.[73] 당시 기록을 보유한 챔피언 팀이었던 SSG
09 베르기시 글라트바흐가 1981년 타이완에서 열린 여자 세계 선수권에
서 초대 우승을 차지했고, 1982년에는 독일 최초의 여자 축구 국가대표
팀이 결성되었다. 1989년 이후 이 팀은 여러 차례 유럽 챔피언 자리에
오르며, 여자 축구가 공개적으로 인정받는 데에 기여했다. 1990년 이후
14개의 지역 리그가 생겼으며, 1997년부터는 공식 여자 축구 리그가 결
성되었다. 여자 축구에 프리미어 리그가 생긴 것은 전 세계 여자 축구
역사에 한 획을 긋는 사건이었다.[74] 1996년 애틀랜타 올림픽 이후로 여

자 축구는 올림픽 공식 종목으로 채택되었다. 독일 축구 연맹은 티나 토이네-마이어를 여성 최초 국가대표 코치로 임명했으며, 후임자인 질비아 나이트가 그녀를 보조했다. 이 시기에 독일 축구 연맹의 여성 회원 수는 이미 70만 명을 넘어섰고, 85개국의 여자 축구 클럽이 FIFA의 여자 축구 조직에 소속되어 있었다.[75] 여자 축구 팀은 1990년대 이후 독일 축구 연맹의 우수 팀이 되었다. 독일 여자 축구 팀은 두 감독의 지도를 받으며 유럽 축구 선수권 대회에서 연승 행렬(1989, 1991, 1995, 1997, 2001, 2005, 2009)을 기록했을 뿐만 아니라, 2003년과 2007년에는 월드컵에서 우승을 차지했다. 독일 여자 축구 팀은 골키퍼 나딘 앙거러가 상대편에 한 골도 내주지 않고, 비르기트 프린츠와 시몬 라우데어가 한 골씩 넣으며 브라질을 2 대 0으로 꺾었다. 독일은 개막전에서도 아르헨티나를 11 대 0으로 꺾으며 압도적인 승리를 거두었다. 비르기트 프린츠는 득점왕에 올랐고 이 대회의 최고 선수로 뽑혔다.[76] 2011년 독일 여자 월드컵 준준결승전에서 독일은 일본에 패배했고, 그해 우승은 일본이 차지했다. 독일의 결승 진출은 좌절되었지만 1,530만 명(시장점유율 47퍼센트)이 일본과 미국의 결승전을 시청했다.[77] 1989년 이후 유럽 대륙에서 계속 이어졌던 독일의 연승 행렬은 이탈리아에서 개최된 1993년 유럽 여자 축구 선수권 대회에서 중단되었다. 독일이 준결승전 승부차기에서 주최국인 이탈리아에 패배했기 때문이다. 이 대회의 우승은 노르웨이가 차지했다. 2009년 유럽 여자 축구 선수권 대회에서 독일은 결승전에서 잉글랜드와 싸워서 6 대 2로 승리했다. 잉글랜드와 독일의 결승전은 텔레비전으로 생중계되었고 독일 공영 방송 ARD의 시청자 수는 무려 750만 명이었으며 시청률은 37퍼센트를 돌파했다. 득점왕은 독일의 FCR 2001 뒤스부르크의 잉카 그링스가 차지했다.

스포츠 종목이 증가했고 여자 선수들의 활동이 활발했음에도 1970년대까지 여자 선수들은 언론의 주목을 받지 못했다. 남자 스포츠 스타들의 여자친구나 아내는 여자 선수들보다 상대적으로 많은 주목을 받았던 반면, 여자 선수들은 스타 대접을 받지 못했다. 여자 선수들의 성공은 인정받고 부각되었지만, 남자 선수들과는 달리 집과 가정, 유행, 외모 등 여성적인 주제와 연관되어 언론에 보도되었다. 예를 들면 울리케 마이파르트는 1972년 뮌헨 올림픽과 1984년 로스앤젤레스 올림픽 높이뛰기에서 두 번이나 금메달을 차지했지만 다음과 같이 기사화되었다. "울리케 마이파르트, 높이뛰기 매트리스에서 무릎을 꿇고 기뻐하다. 가로대는 눕혀져 있다. 흰색 유니폼 사이로 아름다운 갈색 피부가 도드라져 보인다."[78] 사람들의 관심을 끌기 위한 기사의 제목들도 어처구니없고 우스꽝스럽기 짝이 없었다. 예컨대 독일의 일간지 「빌트(Bild)」는 다음과 같이 썼다. "더 이상 출렁거리지 않는다. 더 이상 처지지 않는다. 오직 공기와만 접촉한다. 새로운 스타일의 스포츠 브라 : 더 이상 가슴이 출렁거리지 않아요."[79] 사회학자 게르트루트 피스터와 마리-루이제 클라인은 여자 선수들의 성공에 관한 보도는 "스포츠 비중은 줄이고" 사진까지 곁들이면서 남성 독자들을 위한 오락거리로 전락했다며 환멸스럽다는 결론을 내렸다.[80]

그러나 여성 스포츠의 발달 과정을 살펴보는 데에는 참조한 자료의 관점과 주제가 중요할 것이다. 신뢰할 만한 신문의 스포츠 면에서는 여성 스포츠가 전혀 다른 이미지로 묘사되었다. 스위스 출신의 페미니스트 스포츠 과학자 에바 헤르초크는 자신의 연구 논문 제목을 체조의 아버지 얀의 모토 "새롭고, 경건하고, 즐겁고, 자유롭게(frisch, fromm, fröhlich, frei)"를 패러디하여 "새롭고, 솔직하고, 즐거운, 여성(frich, frank, fröhlich, frau)"이라고 붙였다. 그녀가 이러한 제목을 붙인 것은 여성 스포츠의 발달을 긍정적으로 평가하려는 의도였다. 1966년까지 스위스 여성 체조에는 공식 순위를 기록하는 경기가 없었다. 여성 체조 연맹은 1925년부터 체조 연맹의 하위 조직으로 존재해왔지만, 체조 연맹의 주도권은 오랫동

스포츠는 여성을 고귀하게 만든다.
헤르베르트 막센, "세계 챔피언", 캐
리커처, 1931년.

안 남성들이 장악하고 있었다. 여성 체조 연맹은 직장이 있는 젊은 여성
들이 설립했다. 그러나 경기 결과는 공식적으로 발표되지 않았다. 스위
스 여성들은 이러한 분위기를 좀더 일찍 바꿀 기회가 있었겠지만, 스위
스는 연방제의 작은 주들로 이루어져 있어서 오히려 묻힌 채 살아가는
편을 택했을 것이다. 이들은 자신들의 존재가 외부에 공개되는 것보다는
사회적으로 인정받고 강요받지 않는 범위 내에서 이성과 함께 스포츠를
즐기기를 바랐다.[81]

스포츠를 즐기는 여성의 몸이 기형적으로 바뀔 것이라는 1930년대 초
캐리커처 화가들의 환상(위의 그림 참조)[82]이나 호르몬 투여를 받은 냉전
시기 소련의 "남자-여성"에 대한 논쟁 등은 스포츠 사회학에서도 종종
다루는 요소이다. 심지어 1990년에 알프레드 리하르츠는 여성이 체조와
스포츠를 하는 것은 여성성을 포기하고 "남성도 여성도 아닌, 성의 구별
이 없는 존재"로 발전하는 것이라고 했다.[83] 이러한 사상 구조는 바이마
르 공화국 시대와 1930년대, 그리고 1936년 베를린 올림픽에서 적극적
인 여성 스포츠 선수를 "신여성"의 모범으로 삼았다는 주장과 상반된

다.[84] 지금도 여성 스포츠 선수의 "남성성"과 성적 지향의 문제에 관해서 무의식적인 담론이 확실하게 존재한다.[85]

그러나 장기적으로 보면 이러한 논쟁은 아무런 영향을 끼치지 못했다. 여성들은 자신들만의 스포츠 클럽을 창설했고 이에 대규모 인원이 가입했다. 독일의 경우 모든 스포츠 클럽에서 여성 회원의 비중은 40퍼센트를 약간 넘는다. 스포츠 클럽에서 자원봉사를 하는 여성의 비중도 이와 유사하고, 관리자나 행정 분야에서의 여성 비중은 31퍼센트 수준이다.[86] 동계 올림픽의 경우 여성의 비중이 눈에 띄게 높아지고 있음을 확인할 수 있다. 1924년 제1회 샤모니 동계 올림픽에서 여성 대비 전체 참가 선수의 비율은 13 대 245(5퍼센트)였으나, 1956년 코르티나담페초 동계 올림픽에서는 132 대 689(16.1퍼센트)였고, 한 세대가 지난 후인 1984년 사라예보 동계 올림픽에서는 274 대 998(21.5퍼센트)이었으며, 2010년 밴쿠버 동계 올림픽에서는 1,033 대 1,503(40.7퍼센트)이었다. 여성 스포츠는 가시적인 성공을 보이며 대중들의 호응을 얻기 시작했다. 1999년 여자 월드컵에서 미국이 승리하며 예상하지 못했던 많은 관중들이 경기장으로 몰려들었고 텔레비전 중계 방송을 시청했다. 이것은 많은 미국인들에게 축구도 여성들의 스포츠라는 깊은 인상을 남겼다.[87]

스포츠와 관련한 최고 기관들은 여전히 노신사들이 중심이다. 106명의 IOC 공식 위원 중에 여성 위원은 극소수였다. 최초의 여성 IOC 위원은 리히텐슈타인의 노라 공주와 영국의 앤 공주였다. 베네수엘라의 플로르 이사바 폰세카(1981)를 시작으로, 1980년대부터 유럽 귀족 출신이 아닌 여성 IOC 위원들이 등장하기 시작했다. 폰세카는 1990년에 여성 최초로 IOC 집행위원회 위원으로 선출되기도 했다. 최근에는 인도네시아의 리타 수보우(2007), 부룬디의 리디아 은세케라(2009), 쇼트트랙 금메달리스트인 중국의 양양(2010) 등 아시아와 아프리카의 운동선수 출신 여성 IOC 위원들도 탄생했다. 이후 여성 위원의 비중은 점진적으로 증가했다.

독일의 경우 독일 올림픽 체육 연맹의 전(前) 회장이자 현 IOC 위원장인 토마스 바흐와 함께, 펜싱 선수였으며 IOC 선수 위원회 위원인 클라우디아 보켈이 독일 스포츠를 대표하는 인물이다. 스포츠 기관들의 여성 비중이 공식적으로 발표된 적은 없지만, 10-15퍼센트 정도 될 것으로 예상된다.[88] 스포츠 기관들이 여성 비중을 발표하기를 꺼리는 이유는 FIFA 집행위원회를 보면 알 수 있다. FIFA 집행위원회에는 여성 임원의 비중이 0퍼센트로, 24개국 대표 중에 여성 위원은 단 한 명도 없다.

축구에서 세계 축구로 거듭나다

축구 월드컵은 1930년부터 개최되었다. 물론 초기에는 이동 문제 때문에 참여가 제한적이었다. FIFA는 첫 월드컵 개최국을 우루과이로 선정했는데, 라플라타 강이 흐르는 이 작은 나라에는 세계적인 수준의 축구팀이 있었다. 우루과이는 1924년 파리 올림픽과 1928년 암스테르담 올림픽에서 우승한 전적이 있었다. 그러나 세계 대공황으로 인해서 유럽의 많은 축구 클럽들이 우루과이로 원정 경기를 갈 상황이 아니었고, 선수들은 힘들게 3주일씩이나 배를 타고 가서 경기할 마음이 없었다. 제1회 월드컵에는 참여국 수가 많지 않았기 때문에 예선전도 치르지 않았다. 총 13개국이 출전했는데, 유럽 4개국(벨기에, 프랑스, 유고슬라비아, 루마니아), 남아메리카 7개국, 그리고 멕시코와 미국이 있었다. 제1회 월드컵 우승은 개최국인 우루과이가 차지했다. 1934년 이탈리아에서 개최된 제2회 월드컵, 1938년 프랑스에서 열린 제3회 월드컵에 라틴아메리카 국가는 겨우 2개국이 출전했다. 원래 1942년과 1946년에 개최되었어야 할 제4회와 제5회 월드컵은 제2차 세계대전으로 취소되었고, 제4회 월드컵은 1950년 브라질에서 개최되었는데, 이 월드컵에서도 우루과이가 우승했다. 이번에도 역시 유럽 팀은 장거리 여행에 대한 부담으로 많이 참여하지 않았다. 항공 교통이 활발해지면서 관광이 대중화되고 항공료가 저렴해지자, 진정한 의미의 월드컵이 가능해졌다.

아프리카, 아시아, 오세아니아 팀의 참가는 "월드컵"이 실제로 큰 규모로 열리기 시작했다는 지표로 볼 수 있다. 1934년에는 이집트, 1938년에는 네덜란드령 동인도(현 인도네시아의 전신), 1954년에는 터키가 처음으로 월드컵에 출전했다. 이들은 전부 지리적으로나 정서적으로나 유럽과 유사한 국가들이었다. 결정적인 문제는 가난이었다. 1950년 인도는 선수들이 맨발로 뛸 수는 없다며 브라질 월드컵 출전을 포기했다. 1954년 한국은 유럽의 식민지였던 적이 없는 비유럽 국가로는 최초로 월드컵에 출전했다. 그러나 한국은 헝가리와의 경기에서 0 대 9로 참패하며 월드컵 역사상 최악의 기록을 세웠다. 1958년 스웨덴 월드컵과 1962년 칠레 월드컵에도 유럽과 아메리카 이외 지역의 국가는 출전하지 않았다. 1966년 잉글랜드 월드컵에 제3세계 국가로는 유일하게 북한이 출전했는데, 북한은 심지어 이탈리아를 제치고 결선에 진출했다. 1970년 멕시코 월드컵에는 모로코와 이스라엘이 참가했다. 모로코와 이스라엘은 한 경기도 승리하지 못했고 예선전에서 조 꼴찌로 탈락했다. 1974년 독일 월드컵에서는 자이르(현재의 콩고 민주공화국)와 오스트레일리아가 출전했고, 두 팀 모두 한 골도 넣지 못하고 고국으로 돌아갔다. 자이르는 유고슬라비아와의 경기에서 0 대 9로 참패를 기록했다. 1978년 아르헨티나 월드컵에서 튀니지는 멕시코를 3 대 0으로 꺾으면서 이례적인 승리를 거두었다. 그러나 이란과 마찬가지로 조별 예선전에서 탈락했다.

1982년 이후 유럽과 라틴아메리카 이외 지역의 국가들에서도 축구에 관심을 보이기 시작했다. 총 참가국은 16개국에서 24개국으로 늘어났다. 1982년 스페인 월드컵에서 최초로 (24개 출전국 중) 유럽 혹은 아메리카 출신이 아닌 국가가 4개국에 달했다. 카메룬, 쿠웨이트, 뉴질랜드는 1승도 거두지 못한 반면, 알제리는 독일을 2 대 1로 꺾으며 예상하지 못했던 승리를 거두었고, 칠레까지 3 대 2로 눌렀다. 마지막에 알제리는 독일, 오스트리아와 동점을 기록했지만 승점 부족으로 탈락했다. 1986년 멕시코 월드컵에서는 (24개 출전국 중) 4팀이 비유럽 국가였는데, 이라크, 알제리, 한국은 예상대로 조 꼴찌를 차지했다. 반면, 모로코는 돌풍을 일으켰다. 잉글랜드, 폴란드, 포르투갈과 같은 조였던 모로코는 포르투갈을 3 대 1로 꺾으며 조 1위에 올랐다. 그러나 모로코는 16강전에서 독일에 패배했다. 독일은 이 대회에서 준우승을 차지했다. 1990년 이탈리아 월드컵에서 아랍에미리트, 이집트, 북한은 1승도 거두지 못하고 탈락한 반면, 카메룬은 아프리카 국가 최초로 조 1위에 오르며 월드컵 우승국이었던 아르헨티나, 루마니아와 붙어 승리했다. 한편, 소련과의 경기에서는 0 대 4로 참패하며 문제점을 드러냈다. 카메룬은 16강에 진출했지만, 8강에서 잉글랜드에 패배했다. 1994년 미국 월드컵에는 카메룬 외에 아프리카 2개국과 아시아 2개국이 출전했다. 이번에 카메룬은 조 꼴찌를 차지하며 한국, 모로코와 마찬가지로 1승도 거두지 못한 채 탈락했다. 그러나 사우디아라비아와 나이지리아 두 팀이 16강에 진출했다. 1998년 프랑스 월드컵에는 참가국 수가 32개국으로 늘어났는데, 특히 아프리카 축구가 강세를 보였다. 이 대회에는 아프리카 5개국과 아시아 4개국이 출전했다. 나이지리아는 스페인과 불가리아를 제치고 조 1위에 올랐지만, 8강에 진출한 것은 또다시 유럽과 (라틴)아메리카 국가들이었다.

2002년 월드컵은 처음으로 아시아에서 개최되었다. 한국과 일본이 공동 개최에 성공했고, 경기는 20곳에서 나뉘어 진행되었다. 198개국이 본선 32개국에 들기 위해서 경쟁을 벌였다. 그중 아프리카 국가는 5개국, 아시아 국가는 4개국이었고, 터키는 1954년 이후 처음으로 월드컵에 출전했는데 터키의 경기 성적은 유럽 통계에 포함되었다. 본선 진출전에서는 오세아니아 대륙에서 기록적인 성적이 나왔다. 오스트레일리아가 아메리칸사모아를 무려 31 대 0으로 이긴 것이다. 터키와 세네갈은 16강에 진출한 반면, 프랑스는 탈락했다. 심지어 한국이 폴란드와 포르투갈을 제치고 조 1위에 올랐고, 일본도 러시아를 꺾으며 전무후무한 기록을 세웠다. 터키와 한국은 4강까지 올랐지만, 각각 0 대 1로 터키는 브라질에, 한국은 독일에 패했다. 3-4위전에서 터키는 스타 스트라이커인 하칸 쉬퀴르가 월드컵 역사상 가장 빠른 기록인 경기 시작 11초 만에 골을 넣으면서, 월드컵 개최국인 한국을 3 대 2로 꺾었다. 2006년 독일 월드컵에서는 (32개 출전국 중) 10개 팀이 아프리카, 아시아, 오세아니아 국가였다. 본선 진출전에서 가장 활약한 선수는 이란의 알리 다에이였다. 그는 고국 이란을 위해서 총 51경기에 출전하여 35골을 넣었다. 다에이는 독일의 축구 클럽 FC 바이에른 뮌헨을 독일 챔피언십과 DFB-우승컵의 우승팀으로 이끈 주역이기도 했다. 가나와 오스트레일리아는 16강에 진출했지만 곧 탈락했다. 2010년에는 부유한 선진국들이 정확한 근거 없이 각종 안전 문제를 제기했음에도 불구하고, 사상 최초로 아프리카에서 월드컵이 개최되었다. 2010년 남아프리카공화국 월드컵에는 유럽 13개국, 남아메리카 5개국, 북아메리카와 중앙아메리카 3개국, 아프리카 6개국(개최국인 남아프리카공화국 포함), 아시아 4개국(오스트레일리아 포함), 오세아니아 1개국(뉴질랜드)이 참가했다. 한국과 일본은 16강에서 탈락했고, 가나는 8강에서 탈락했다. 차기 월드컵은 2022년 아시아 카타르에서 개최될 예정이다.[89]

전통 스포츠

현재까지 살아남은 전통 스포츠

1904년 제3회 세인트루이스 올림픽에서 처음으로 '인류학의 날' 행사가 개최되었다. 이 행사에는 이른바 "원시 민족들"이 초대되어 자신들의 스포츠를 선보였다. 이 아이디어의 주창자는 인류학과 학장이었던 윌리엄 J. 맥기였다. 이는 스포츠가 유럽의 전유물이 아니라는 점을 유럽보다는

"야만인"의 활쏘기. 1904년 세인트루이스 올림픽의 인류학의 날 행사 사진.

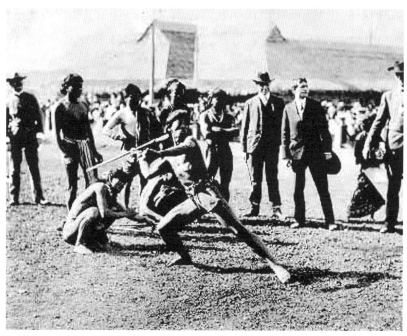

포함과 배제. "문명화된" 미국인들 앞에서 창 던지기를 하는 "야만인"의 모습. 1904년 세인트루이스 올림픽의 인류학의 날 행사 사진.

미국에서 더욱 쉽게 받아들이리라고 예상하여 열린 행사였다. 그러나 이 행사의 총감독이었던 그는 이 "야만인들"이 선진국의 대표들과 경쟁할 수는 없다고 생각했다. 이들의 고유한 특성을 보호하기 위해서 미국의 수족, 체로키족, 치페와족, 코코파족, 크로족, 포니족, 중앙 아프리카의 피그미족, 일본의 아이누족, 필리핀의 모로스족, 아르헨티나의 파타고니아족의 대표단은 각종 육상 종목 및 활쏘기 시합에서 그들끼리만 경쟁해야 했다.

이렇게 되자 인류학의 날은 당시 유럽의 서커스 공연에서 선보이던 이른바 쇼와 위험할 정도로 유사한 행사로 전락했다. 진흙 싸움과 기름 장대 오르기와 같은 종목은 관람객의 재미를 위해서 의도된 쇼인 것이 아니냐는 말이 나올 정도였다. 쿠베르탱은 터키인을 문명화된 민족으로 간주하고 "정규" 시합에 출전시켜야 한다며 이들을 원시 민족으로 분류하는 것에 이의를 제기했다. 또한 그는 "흑인, 홍인, 황인이 달리기, 뛰기, 던지기를 배우고 백인을 앞지른다면 인류학의 날 행사는 매력을 잃게 될 것"이라고 주장했다.[90]

올림픽이나 다른 국제 경기에서 아프리카 선수, 특히 에티오피아와 케냐 등 동아프리카 출신 선수들이 장거리 달리기에서 두각을 나타낼 수 있었던 것은 그 지역에 토착 전통 스포츠가 있었기 때문이다. 예를 들면 케냐의 마사이족에게 장거리 달리기는 전통 문화 유산이다. 아프리카의 전통 봉술은 고대 이집트나 근대 이전 유럽의 격투 스포츠와 비슷하다. 물론 부분적으로는 다른 규칙이 적용된다. 케냐의 캄바족은 공중에서 날아가고 있는 돌을 다른 돌을 던져서 맞힘으로써 신속성과 정확성을 확인했다. 르완다의 키가 큰 투치족은 성년식 행사에 높이뛰기 시합도 포함했다. 아프리카에서 가장 널리 퍼진 스포츠는 레슬링이었다. 레슬링은 고대 이집트의 고분 벽화에도 묘사되어 있고 지금도 수단의 마을에서는 유사한 형식의 시합이 열린다. 누바족은 11월과 3월 사이에 열리는 추수

감사축제 때에 이웃 마을 사람들을 초대하여 마을의 중앙 광장에서 레슬링 시합을 한다.

나이지리아 남부의 이보족은 겨울에 매주 이런 시합들을 했다. 1914년 이보족 족장은 영국의 인류학자에게 시합들이 풍성한 수확에 기여한다고 설명해주었다. 한편, 말리의 밤바라족 등 여러 문화권에서는 날카로운 면도날이 달린 팔찌를 끼고 위험천만한 레슬링 시합을 했다. 일반적으로 레슬링은 젊은 남자들끼리 하는 시합이었지만, 누바족과 이보족은 1년에 한 번 가을 추수기가 끝나면 여자들도 레슬링 시합을 했다. 이를 통해서 여성들은 젊은 남성들로부터 존경과 주목을 받았다.

20세기에 이르자 아프리카의 전통 스포츠는 상반된 두 경향으로 나뉘었다. 한편으로는 아프리카 북부와 동부로 들어온 이슬람 세력들이 항상 축제, 술, 춤이 뒤따랐던 아프리카의 스포츠 행사들을 억압했다. 이에 따라서 북부 및 동부 아프리카 지역에 널리 퍼져 있던 전통 레슬링 축제와 다른 오락 스포츠가 사라지고 말았다. 개신교들의 선교지에도 비슷한 현상이 나타났다. 아프리카에서 전통적으로 즐겨왔던 신체적인 유희는 점점 사라졌고, 축구나 크리켓과 같은 절제된 영국 스포츠가 그 자리를 대신했다. 다른 한편으로는 아프리카 국가들이 유럽으로부터 독립한 이후 산업화, 도시화, 대량 소비가 시작되면서 전통 스포츠가 훼손되었다. 특히, 성공한 아프리카인들은 성공과 관련된 모든 요인이 유럽이나 미국의 스포츠와 연관이 있다고 여겼기 때문에, 이들에게는 아프리카의 전통 스포츠가 세련되지 않은 것처럼 보였다.[91]

페르시아, 인도, 중국, 일본 등 고문화(高文化)의 중심지인 아시아에서는 민속 문화에 영향을 미쳐왔던 매우 강력한 지역 스포츠를 만날 수 있다. 몽골에서는 칭기즈 칸 시대 이후로 레슬링(보흐[Bökh]라는 이름의 몽골 전통 씨름), 말타기, 활쏘기가 "남자들의 3가지 경기"로 정착되었는데, 이는 중국과 일본에도 영향을 끼친 듯하다. 세부적으로는 일본의 스모와 몽골 및 투르크족의 공개 레슬링 시합에 차이가 있지만 말이다. 지금도 몽골에서는 여름이면 대규모 민속 축제인 나담(Naadam) 축제가 열려 수많은 관중들 앞에서 레슬링, 말타기, 활쏘기 시합이 열린다. 태국에는 국제적으로 인정받는 무에타이 외에도 검, 창, 도끼를 사용할 수 있는 복합 격투기, 크라비 크라봉이 있다. 이 격투기는 그 위험성 때문에 극도로 의식화되어 있어서 다른 문화권 사람들은 매력을 별로 느끼지 못한다. 한편, 수백 년 전부터 중국을 포함한 동남 아시아 전역에서는 보트 경주가 열려왔다. 아시아의 전통 스포츠 중에는 하늘을 가르며 즐기는 놀이도 있었다. 예를 들면 한국에서는 단옷날에 여자들이 선 자세로 그네를 타고 얼마나 높이 뛸 수 있는지 대결했다. 인도에도 그네타기가 잔인하게 변형된 시합이 있었다. 이 시합에서 남자들은 어깨와 등 근육에 쇠로 된 갈고리를 꿰어서 매달린다. 또한 태국과 중국에서 인기가 많았던 연날리기도 있다. 아시아 곳곳에서는 말, 낙타, 물소, 야크, 개 경주가 열렸고, 스텝 지대 전사들의 문화인 승용 동물을 타고 참여하는 소총이나 활쏘기 시합도 인기가 높았다. 폴로 경기는 전통적으로 페르시아, 인도, 아프가니스탄, 북파키스탄에서 즐겨왔던 스포츠이다. 이는 아시아의 스포츠가 유럽과 아메리카에 수용되어 발전할 수 있었음을 보여주는 대표적인 예이다.

유혈 스포츠는 유럽과 아프리카 일부 지역과 마찬가지로 아시아 전역에서 인기를 끌었다. 대부분의 국가에서 동물에 대한 잔인한 행위와 도박의 위험 때문에 유혈 스포츠를 금지했지만, 투우처럼 동물과 사람이 대결하는 스포츠나 발리 섬을 유명하게 만든 투계처럼 동물들끼리 대결하는 스포츠도 아시아에 널리 퍼져 있었다. 태국은 유혈 스포츠로 유명하다. 황소와 닭은 물론이고, 심지어 딱정벌레와 물고기에게도 싸움을 붙인다. 특히 눈에 띄는 수컷들이라면, 유리로 만든 원형 경기장에 가두고서는 서로 추격하면서 탈진하거나 죽을 때까지 물어뜯도록 한다. 이 잔인한 싸움에서 살아남은 동물은 정성스럽게 보살핌을 받으며 다음 싸움을 준비한다. 독특한 유혈 스포츠로는 비둘기 싸움이 있다. 비둘기 싸움은 동남 아시아뿐만 아니라 인도에도 널리 퍼져 있는데, 그 역사는 최소한 무굴 제국 시대로 거슬러 올라간다.[92]

아메리카 원주민의 스포츠 종목

유럽, 아프리카, 아시아의 전통 스포츠에는 서로 공통점이 많이 나타날 수밖에 없었다. 유럽, 아프리카, 아시아는 수만 년 전부터 관계를 맺어 무역을 해왔고 문화 교류가 계속 이어졌기 때문이다. 그러나 아메리카 대륙의 상황은 달랐다. 500년 전 유럽 강대국들의 식민지가 되기 전까지 아메리카 대륙은 약 1만5,000년 동안 문화적으로 고립되어 자신들만의 독특한 전통을 발전시켜왔다. 민족지학자들은 체력을 강조하는 스포츠, 고도의 기술을 강조하는 스포츠, 유혈 스포츠, 그리고 특별한 범주로서 구기 스포츠 등 네 가지의 유형으로 스포츠를 분류했다. 첫 번째 유형인 체력을 강조하는 스포츠로는 달리기, 수영, 레슬링, 권투, 당기기, 던지기가 있다. (콜럼버스의 발견 이전의) 아메리카의 모든 문화권에 널리 퍼져 있던 달리기 경주는 (장거리 경주라는 점에서) 속도보다는 끈기를 높이 평가했다. 멕시코 북부의 타라후마라 인디언은 240킬로미터가 넘는 구간을 쉼 없이 달리는 것으로 알려져 있다. 이때 선수들은 120킬로미터 이상의 거리를 나무줄기를 들거나 축구공을 차면서 달린다.[93] 미국의 남서부 지역에 사는 푸에블로 인디언들도 장거리 달리기와 공을 차며 달리기를 했고, 대초원에 사는 프레리 인디언들도 마찬가지였다. 한편, 남아메리카 민족들은 길이가 1미터에 무게는 90킬로미터나 되는 나무를 들고 일종의 계주를 했고, 간혹 다양한 부족들 간에 시합이 열리기도 했다. 레슬링은 북아메리카보다는 남아메리카에 더 널리 퍼져 있었고, 권투는 보편적인 스포츠는 아니었지만 북부뿐만 아니라 남부에서도 즐겼다. 체력을 강조하는 스포츠로는 줄다리기(개인전, 단체전, 마을 간 대항전)와 역도도 있었다. 들어올리는 힘과 기술이 동시에 필요한 복합 스포츠도 이 유형의 스포츠에 포함되는데, 예컨대 남아메리카의 코자리니족은 무거운 각목을 두 개의 수직 기둥 사이로 통과시키는 스포츠를 했다. 마지막으로, 모의전(단체전 혹은 부족 간 대항전)도 있었다. 이 스포츠에서는 돌이나 곤봉, 횃불을 던졌고, 참가자들이 심각한 부상을 입거나 죽는 일이 반복되었다.

고도의 기술을 겨루는 스포츠로는 활쏘기, 창 던지기, 고리 던지기 등이 있었으며, 개인전뿐만 아니라 단체전도 열렸다. 유럽인들이 도착하기 이전부터 활과 화살은 아메리카 대륙 전역에서 고효율 무기로 발달해 있었기 때문에 과녁 맞히기, 움직이는 표적 맞히기 혹은 빨리 쏘기 등 다양한 스포츠에 사용되었다. 조지 캐틀린은 유럽인 최초로 미시시피 강상류에 있는 북아메리카의 인디언 부족 마을에 들어가 이들의 생활을 연구한 인물이었는데, 그는 한 번에 최대한 많은 화살을 쏘아야 하는 맨던족의 활쏘기 시합에 관하여 기록을 남겼다. 남아메리카의 고아히로족은 공중으로 던져진 사과나 깃털공을 맞히는 시합을 했다. 캐나다 인디언들은 "눈뱀"이라는 스포츠를 즐겼다. 여기에서 뱀은 길이가 2미터인 막대기를 말하는데, 선수들은 막대기를 얼음 위로 가로지르게 주욱 밀어야 한다. 막대기가 가장 멀리 간 사람이 이기는 것이다. 여자들도 이 스포츠를 즐겼는데, 더 짧은 막대기를 사용했다. 남아메리카의 차코 인디언들도 이와 비슷한 멀리 던지기 시합을 했다.

프레리 인디언들이 말을 다루는 재주가 뛰어나다는 것은 문헌을 통해서 잘 알려져 있다. 남아메리카의 일부 부족들에게도 이 기술이 있었다. 캐나다의 개썰매 경주는 오랜 전통을 가진 스포츠이다. 인디언들뿐만 아니라 에스키모들도 대규모 연례행사는 물론, 각종 지역 시합에서 개썰매 경주를 했다. 야생 개를 훈련시키기 위한 투견 시합도 열렸다. 남아메리카의 카시나와족에는 남성들과 여성들이 겨루는 시합이 있다. 여성 팀은 묶여 있는 땅거북의 다리를 풀어주려고 하고, 남성 팀은 다리를 풀어주지 못하도록 막는다.[94]

한편, 남북 아메리카의 넓은 지역에서 즐겼던 구기 스포츠는 하나의 독립된 유형으로 분류된다. 구기 스포츠는 아메리카 신화에서 중요한 역할을 했고, 유럽의 식민지가 되기 이전까지의 역사를 통해서 고고학적으로도 구기 스포츠의 역사가 입증되었기 때문이다. 독일의 화가 크리스토프 바이디츠는 멕시코 정복(1519-1521) 이후 마야의 구기 스포츠 선수들이 1528년 카를 5세의 궁전 앞에서 큰 고무공으로 시범 경기를 펼치는 모습을 그림으로 남겼다.[95] 근대 초기에 기독교 선교사들은 고대 그리스 로마 시대의 교부 테르툴리아누스처럼 토착민들의 구기 시합을 악마적이라고 생각했기 때문에 금지하려고 애썼으나 소용은 없었다. 플로리다에서 즐기던 구기 스포츠는 펠로타였다. 17세기에는 티무쿠아족의 두 마을 간에 펠로타 시합과 함께 주술 의식이 거행되었다. 스페인의 총독이 인디언들에게 전통 춤을 보존하고 스포츠 시합을 즐길 수 있도록 허락했으나, 가브리엘 디아즈 바라 칼데론 주교는 "야만적이고 잔인한 경기이며, 이 불쌍한 피조물들의 인간적인 본성에 무익하고 해가 된다"며 펠로타를 유난히 탄압했다. 프란체스코 수도회 선교사들은 여성 팀이 펠로타를 하는 모습을 보고 충격을 받았다. 펠로타를 즐기는 문화는 선교사들이 원주민들을 기독교로 개종시키려는 데에 심각한 걸림돌이었다.[96]

새로운 구기 스포츠가 고대의 구기 스포츠와 연관이 있다는 것은 객관적인 사실이다(제1장의 내용 참조). 구기 스포츠는 같은 수의 선수로 구성된 두 팀이 공을 이리저리 이동시키면서 상대편 구역의 목표물을 맞히거나 골을 넣으면 득점한 것으로 간주하는 경기이다. 서로 합의한 점수를 먼저 달성하는 팀이 이긴다. 인류학자들은 여러 마을, 부족, 민족 간의 긴장 상태를 고려했을 때에 라크로스와 같은 구기 시합이 단순한 스포츠 행사가 아니라 "전쟁의 축소판"이었다고 주장한다.[97] 그러나 이러한 관점에 크게 놀랄 것은 없다. 올림픽이나 축구도 이와 유사한 관점으로 접근되었기 때문이다. 구기 스포츠에서는 공을 다루는 방식이 매우 다양하다. 많은 지역들에서는 다리로 공을 찬다. 심지어 아라오나족은 배를 이용하여 공을 찬다. 물론 선수들은 배를 보호하기 위해서 자작나무 복대를 한다. 브라질 원시림뿐만 아니라 볼리비아의 고원 지대에서도 이와 유사한 시합을 즐겼던 흔적이 남아 있다.

필드하키의 일종인 샤이니(Shinny)는 북아메리카에 널리 퍼져 있던 시합이다. 샤이니는 여성들도 자주 즐겼다. 브라질의 차코 인디언들은 나무뿌리나 줄을 매듭지어 만든 공으로 일종의 하키 시합을 했는데, 이 시합은 심지어 전쟁 대신 열리기도 했다. 한편, 이로쿼이족은 불타오르는 공을 상대편 구역으로 넘기는 불공 시합을 즐겼다. 안데스 산맥 지역에서는 작은 공이나 둥그란 물체를 기둥에 걸려 있는 바구니에 넣어야 하는 일종의 농구 시합이 있었다. 아마존 저지대의 몇몇 인디언 부족들은 공에 옥수수의 겉껍질이 달린 일종의 셔틀콕을 손바닥을 이용하여 가지고 놀았다. 남아메리카 남단에 있는 티에라델푸에고 제도의 야마나족은 바다표범의 내장을 깃털이나 풀로 채워 공으로 사용했다. 조지 캐틀린이 묘사했듯이[98] 북아메리카의 촉토족은 톨리(작은 전쟁)라고 하는 일종의 테니스를 즐겼다. 톨리는 아직까지도 많은 지역들에서 즐기고 있는 라크로스의 기원으로 여겨진다. 톨리는 라켓을 이용하여 상대편 구역에 있는 골대에 작은 공을 넣는 시합이다. 이 시합에서는 서로 합의한 점수를 먼저 얻는 팀이 승자이다. 판돈이 크고 인기가 많았던 시합에는 최소한의 규칙만 있었기 때문에 그만큼 선수들의 플레이도 거칠었다. 전통 라켓 시합은 축제 및 춤과도 연관이 있는 주요 사교 행사였다. 주술사와 의술사는 선수들에게 흑주술과 백주술은 물론, 최고의 의술을 행함으로써 경기에 영향을 끼치려고 했다. 마지막에는 막강한 주술의 힘이 시합 결과를 결정했고, 누가 승자인지는 그다지 중요하지 않았다. 경쟁에 대한 이러한 태도는 아메리카 원주민의 다른 스포츠 시합에서도 찾아볼 수 있었으므로, 캔달 블랜차드는 이를 인디언의 "스포츠 시합에 관한 세계관"이라고 불렀다. 백인 아메리카인들은 아메리카 원주민이 스포츠에 무관심하다고 종종 오해하지만, 스포츠는 그들의 토착 문화에서 중요한 생존 메커니즘이었다.[99] 어쨌든 아메리카 원주민이 구기 스포츠와 밀접한 관련을 맺어온 덕분에, 그들은 야구와 같은 미국 사회의 구기 스포츠에 쉽게 참여할 수 있었다.[100]

오스트레일리아와 오세아니아의 전통 스포츠

지금으로부터 4만 년에서 3만5,000년 전 오스트레일리아에는 인도네시아에서 이주한 원주민들이 살고 있었다. 이 원주민들은 네덜란드인들이 이주하여 그곳을 뉴홀랜드라고 부르기 전까지 자신들의 고유한 문화를 발전시켜왔다. 오스트레일리아의 환경은 인간이 살기에 좋은 조건은 아니었기 때문에 인구가 매우 적었다. 당시 이 지역의 인구는 30만 명 정도였을 것으로 추산된다. 대략 500개에서 900개 사이의 부족들은 20명에서 25명 사이의 작은 가족 집단으로 나뉘어 수렵과 채집 생활을 하며 살았던 것으로 보인다. 19세기 말 퀸즐랜드 주의 애버리지니(오스트레일리아의 원주민) 보호주의자가 이들의 관습과 놀이 94가지를 문서화했는데, 그중 11가지가 스포츠였다. 소녀들도 참여할 수 있었던 나무 오르기 시합, 움직이는 목표물을 맞히는 창 던지기, 멀리 던지기와 (돌, 막대기, 창, 부메랑 등으로) 목표물 맞히기, "캥거루쥐"(일종의 멀리 던지기로, 뛰뛰기하는 횟수를 센다), "뭉간-뭉간" 등이 있었다. "뭉간-뭉간"은 남자들끼리 하는 단체 놀이로, 소년들이 "소녀"라고 불리는 막대기로 나이 든 남자들의 공격으로부터 자신을 방어하는데, 한 팀이 탈진해서 모두 쓰러지면 끝났다.

멜라네시아와 뉴기니 등의 섬에서는 수상 스포츠가 있었는데, 예컨대 카누나 서핑 보드를 이용하는 파도타기 시합을 남녀노소 모두가 즐겼다. 그러나 섬마다 인기 있는 스포츠는 매우 달랐다. 멜라네시아에서는 창 던지기와 화살 던지기를, 뉴헤브리디스 제도에서는 근대 이전 형식의 번지점프를 즐겼다. 젊은 남자들은 나무로 도약대를 만들고 복사뼈 주변을 덩굴 식물로 감은 뒤, 자신들의 담력을 시험하기 위해서 25미터 이상의 높이에서 뛰어내렸다. 파푸아뉴기니의 중앙 주에서는 남자들끼리만 달리기 경주를 했다. 정강이 걷어차기 시합을 했다는 기록도 있는데, 영국의 신-키킹(shin-kicking)과 유사하다. 애드미럴티 제도에서는 레슬링이 인기가 많았다. 통가에서는 서서 하는 줄다리기를 즐겼던 반면, 뉴헤브리디스 제도에서는 앉아서 하는 줄다리기를 즐겼다. 파푸아뉴기니 중앙 주에서는 과일로 슐라크발을 했고, 이 지역의 많은 섬들에서 과일이나 코코넛으로 축구를 했다. 한편, 토러스 제도에서는 돼지 방광으로 만든 공으로 핸드볼을 했다. 경기는 상대편에게 공을 빼앗기지 않도록 공을 최대한 빨리 주고받는 방식으로 진행되었다. 이외에 하키와 유사한 시합도 있었다. 1943년 미크로네시아에서 미국 국립 박물관의 한 학예관이 권투, 레슬링, 구기 스포츠, 수영, 줄다리기 등의 운동 연습을 했다는 사실을 발견했다. 폴리네시아, 특히 하와이에서는 모든 스포츠가 매우 경쟁적이었고 내기와 관련이 있었다. 심지어 상금으로만 먹고사는 프로 달리기 선수도 있었다. 사모아, 하와이에서는 달리기 시합을 했고, 마오리족은 보트 경주와 수영 이외에 레슬링, 권투, 봉술, 줄다리기, 화살 및 창 던지기, 원뿔형 원반 던지기, 나무 오르기, 언덕에서 썰매 타기, 서핑, 각종 구기 시합들을 즐겼다. 하와이에서는 매년 겨울 복합 스포츠 축제인 마카히키가 개최되었다. 축제 동안만큼은 사람들이 모든 일과 적대 관계에서 벗어나 축제를 즐기고 내기를 하고 술을 마시고 춤을 추었다. 1830년 이후 하와이 제도에서 전통 축제가 서서히 사라지다가, 1977년에 마카히키가 부활했다.[101]

근대 올림픽의 전통 스포츠 종목

근대 올림픽은 고대 그리스의 올림피아 제전을 계승하겠다는 취지로 개최되었다. 이는 승마보다는 육상 종목과 더 깊은 관련이 있었다. 그래서 고대의 전차 경주는 부활하지 않았다. 근대 올림픽의 대표 종목은 많은 나라들에서 인기가 많고 대중적인 육상으로, 100미터 달리기에서부터 새로 도입된 마라톤 경주(약 42킬로미터)에 이르기까지 다양했다. 그러나 일부 단거리와 장거리 경주(예를 들면 60미터 혹은 8킬로미터), 장애물 경주 단체전, 곡선 구간을 달리는 계주(예를 들면 2,590미터, 6.4킬로미터 등), 그리고 크로스컨트리 달리기(1912-1924년에는 경기가 열렸다)는 올림픽 종목에서 다시 제외되었다. 유럽의 민속 스포츠 중에서는 도움닫기를 하지 않는 제자리멀리뛰기가 1900년 올림픽부터 정식 종목으로 채택되었다. 미국의 레이 유리는 제자리뛰기의 세 종목(제자리높이뛰기, 제자리멀리뛰기, 제자리3단뛰기/옮긴이)에서 진정한 챔피언이었다. 그는 제자리높이뛰기로 올림픽 4연패에 무려 1.675미터의 기록을 세웠으며, 총 10개의 금메달을 획득하며 동시대 최고의 선수가 되었다. 1898년 이후 그는 참가한 모든 종목에서 우승을 차지했다. 뿐만 아니라 그는 제자리멀리뛰기에서도 3.476미터로 세계 신기록을 기록했다. 그는 어린 시절에 소아마비를 앓았음에도 놀라운 성적을 기록했다고 하여 "인간 개구리"라는 별명까지 얻었다.[102]

한편, 고대 스포츠와 민속 스포츠를 혼합한 종복도 있었다. 1,500년간 거의 접할 수 없었던 원반 던지기와 같은 고대 스포츠는 1896년 아테네 올림픽 이후로 다양한 종목의 경기로 부활했다. 그중에는 이른바 "고대 형식"(1906, 1908)과 양손 던지기(1912년에만 경기가 열림) 등이 있었다. 유럽의 민속 스포츠 중에서는 줄다리기가 1900년 파리 올림픽 때에 처음으로 종목으로 채택되었다. 그러나 1920년 이후로는 올림픽 출전자 수를 축소해야 한다는 뻔한 거짓말을 구실로 줄다리기가 공식 종목에서

1904년 세인트루이스 올림픽의 줄다리기 경기.

제외되었다. 실제로는 새로운 스포츠 종목들이 채택되고 참가자 수도 꾸준히 증가했다.

　구기 종목이 올림픽 공식 종목으로 채택되기까지는 시간이 걸렸다. 라크로스는 1904년 세인트루이스 올림픽과 1908년 런던 올림픽 때에만 공식 종목이었는데, IOC는 라크로스 우승자들이 다소 이국적이라고 여겼던 듯하다. 1904년 세인트루이스 올림픽에서는 최고의 선수들로 구성된 캐나다의 모호크 인디언 팀이 메달을 땄다. 선수들의 이름은 검은 매, 검은 독수리, 전지전능한 목소리, 평평한 강철, 점무늬 꼬리, 반달, 날쌘 발, 뱀 먹는 자, 붉은 재킷, 밤의 매, 비누를 두려워하는 자, 얼굴의 비였다. 미국 남부 지역의 아파치족은 잔인한 제로니모 추장의 지휘 아래 미군에 대항하여 게릴라전을 펼치고 있었던 반면, 캐나다 인디언들은 올림픽에 출전하여 메달을 획득한 것이다. 야구는 1904년 세인트루이스 올림픽에서 시범 종목으로 채택되었고, 1936년 베를린 올림픽부터 꾸준히 올림픽 공식 종목 자리를 유지했다. 축구는 제3회 올림픽까지는 시범 종목이었다가 1908년 런던 올림픽에서 드디어 각국 대표 팀이 출전하며 공식 종목으로 채택되었다(1932년은 제외). 특히, 축구는 아마추어 선수라는 올림픽 출전 자격 제한으로 인해서 오랫동안 문제를 겪었다. 1920년대 이후 서구권의 최고 선수들은 프로 선수들이었던 반면, 1948년 런던 올림픽 이후로 참여한 공산주의의 동구권 선수들은 나라에서 돈을 받고 운동을 하는 "국가적인 아마추어들"이었다. 동구권 선수들은 경찰이나 군대에 소속되어 제한받지 않고 훈련을 받을 수 있었다. 이 규정 때문에 1952년 헬싱키 올림픽부터 1980년 모스크바 올림픽까지는 월드컵에서 우승하지 못했던 동구권 팀들만이 우승했다. 헝가리는 축구로 세 번(1952, 1964, 1968)이나 금메달을 획득하면서 그때까지 올림픽에서는 최고의 강팀이었다. 1984년 로스앤젤레스 올림픽 이후로 프로 선수 출전 금지 규정은 완화되었지만, 연령 제한과 같은 비합리적인 규정이 생겼다. 1992년 바르셀로나 올림픽 이후로는 23세 미만인 선수만이 출전할 수 있었다. 그러나 1996년 애틀랜타 올림픽부터 24세 이상인 선수를 3명까지 출전시킬 수 있는 이른바 와일드카드 제도가 도입되면서, 2008년 베이징 올림픽에 리오넬 메시가 아르헨티나 국가대표로 출전할 수 있었고 아르헨티나는 금메달을 획득했다.

올림픽 핸드볼의 역사도 축구만큼이나 들쑥날쑥하다. 아돌프 히틀러는 핸드볼을 1936년 베를린 올림픽 공식 종목으로 채택하도록 종용했다. 당시 독일의 핸드볼이 세계적인 수준이었기 때문이다. 결승전 당시 베를린 올림픽 스타디움에는 10만 명이 넘는 관중이 몰려들었다. 이것은 지금까지도 최고 관중 기록이다. 이 경기에서 독일은 오스트리아를 누르고 우승했다. 국제 핸드볼 연맹은 1946년에 설립되었다. 이후 1952년 헬싱키 올림픽에서 핸드볼은 다시 시범 종목이 되었다가, 1972년 뮌헨 올림픽 이후로는 공식 종목 자리를 유지했다.[103] 배드민턴도 상당히 늦은 시기인 1992년 바르셀로나 올림픽부터 올림픽 종목으로 채택되었다.[104] 1988년 서울 올림픽 이후 공식 종목으로 채택된 탁구는 한국과 중국에서 금메달

1936년 베를린 올림픽 포스터.

을 싹쓸이하다시피 했다.[105] 배구는 1964년 도쿄 올림픽에서 처음으로 채택되었다. 그리고 20세기 초에 하와이에서 발명되었다는 매력적인 야외 스포츠 종목인 비치발리볼은 1992년 바르셀로나 올림픽에서 처음 시범 종목으로 채택되었고, 1996년 애틀랜타 올림픽에서 공식 종목이 되었다.

새로운 스포츠

새로 채택된 올림픽 종목

고대 올림픽에서도 새로운 종목이 꾸준히 채택되었다. 그러나 이러한 혁신은 아주 오랜 기간에 걸쳐 일어났다. 근대 올림픽은 원래 고대 그리스의 유산을 계승한다는 취지에서 개최되었지만, 기술 발달과 그 결과로 새롭게 등장한 스포츠 종목에 대해서는 개방적이었다. 이러한 혁신은 사회의 발전 속도에 맞추어 짧은 간격으로 일어났다. 대표적인 예로 사이클 스포츠를 들 수 있다. 자전거는 1896년 아테네 올림픽이 개최되기 불과 몇 년 전에 발명되었지만, 아테네 올림픽에는 경주로 사이클뿐만 아니라 도로 사이클 경기도 계획되어 있었다. 1900년 파리 올림픽, 1904년 세인트루이스 올림픽, 1908년 런던 올림픽의 도로 사이클 경기를 비롯하여 1912년 스톡홀름 올림픽의 경주로 사이클 경기 등 몇 회의 올림픽을 제외하고, 사이클 시합의 세부 종목은 꾸준히 등장했다. 1996년 애틀랜타 올림픽에는 산악 사이클이, 2008년 베이징 올림픽에는 BMX 사이클이 올림픽 종목으로 채택되었다. 두 종목 모두 불과 몇 년 전만 하더라도 대중에게 알려지지 않았던 스포츠인데도 말이다.

사격이 1896년 제1회 근대 올림픽부터 올림픽 종목으로 지정된 것은 피에르 드 쿠베르탱 남작이 권총 사격 애호가였던 것과 관련이 있다. 물론 여기에는 전쟁에 대비하려는 유럽 국가들의 계산도 포함되어 있었을 것이며, 사격 시합에 주로 군사 무기가 사용되었던 것도 우연은 아닐 것이다. 1904년 세인트루이스 올림픽과 1928년 암스테르담 올림픽을 제외하면 사격은 꾸준히 올림픽 공식 종목 자리를 지켜왔으며 새로운 종목도 개발되었다. 근대에 접어들면서, 활쏘기뿐만 아니라 라이플과 피스톨, 원반 사격(트랩 사격과 스키드 사격) 등의 목적이 군사 훈련에서 스포츠로 바뀌어갔다.

1900년 파리 올림픽과 1904년 세인트루이스 올림픽의 공식 종목이었던 골프는 경기 조직의 사치스러운 측면 때문에 이후 올림픽 종목에서 제외되었다. 골프에 대한 인식이 바뀌면서 100년이 더 지난 후인 2016년 리우데자네이루 올림픽에서 골프는 다시 공식 종목으로 채택되었다. 축구와 형제 관계인 럭비도 변동 사항이 많았는데, 2016년 리우데자네이루 올림픽 때에 다시 채택된 종목 가운데 하나가 되었다. 격투기 종목에서는 그레코로만형 레슬링이 1900년 파리 올림픽을 제외하고 1896년

매력적인 새로운 스포츠 종목, 비치발리볼.

아테네 올림픽 이후로 꾸준히 올림픽 공식 종목이었고, 1904년 세인트
루이스 올림픽에서는 자유형이 추가되었다. 격투기는 유럽 스포츠 종목
인 레슬링에서 극동 지방의 스포츠 종목으로까지 확대되었다. 1964년
도쿄 올림픽에서 처음 올림픽 종목으로 채택된 유도는 1968년 멕시코시
티 올림픽을 제외하고 1972년 뮌헨 올림픽 이후로는 꾸준히 올림픽 공
식 종목 자리를 지켜왔다. 1988년 서울 올림픽과 패럴림픽에서 여자 유
도와 태권도가 종목으로 채택되었다. 태권도는 1910년 일제 강점기가
시작된 이후로 본격적으로 발전한 격투기이다.[106] 태권도는 발차기[태]와
주먹[권]을 이용하는 무예[도]이다. 권투와 마찬가지로 체급별로 경기가
진행되며, 현재 남자와 여자 각각 네 종류의 체급이 있다. 어쨌든 태권
도가 올림픽 종목으로 채택된 이후 한국과 중국이 금메달을 거의 싹쓸
이해가는 것은 놀랄 일이 아니다.

극동 아시아 지역에서 처음으로 개최된 올림픽. 1940년에 취소되었던 도쿄 올림픽은 1964년에 개최되었다.

놀랍게도, 모터 스포츠의 올림픽 종목 채택은 매우 더디게 진행되었다. 그래도 몇 번의 시도는 있었다. 예컨대 1900년 파리 올림픽에서 자동차 경주는 속도전과 내구성 종목으로 나뉘어 열렸고, 하위 종목으로 택시와 밴 경주도 있었다. 모터 사이클 경주도 있었으나 프랑스인만이 참가했다. 모터 보트 경주는 1900년 파리 올림픽뿐만 아니라 1908년 런던 올림픽에서도 열렸는데, 속도전과 장거리 구간 종목으로 나뉘어 개최되었다. 게다가 1908년 런던 올림픽에는 원래 비행선 경주가 계획되어 있었으나 결국 취소되었다. 아마 체펠린 비행선의 등장에 겁을 먹었던 듯하다. 1928년 장크트 모리츠 동계 올림픽에는 스키저어링이 포함되어 있었다. 스키저어링에서 스키어는 수상 스키처럼 모터 보트(모터 사이클, 경주용 자동차, 스노 모빌)나 개 또는 말이 끄는 썰매에 끌려 움직인다. 한편, 1936년 베를린 올림픽에서는 글라이딩이 시범 종목으로 채택되었다. 그러나 글라이더를 위로 끌어 올려주는 엔진 비행기 없이 글라이딩을 할 수는 없었다. 중일전쟁으로 1940년 도쿄 올림픽이 취소되지 않았더라면 글라이딩은 정식으로 올림픽 종목이 되었을 것이다. 1972년 뮌헨 올림픽에서는 수상 스키가 시범 종목으로 도입되었다.

일관성이 없는 올림픽 종목 채택 기준

올림픽에서 볼 수 있듯이, 스포츠라고 일컫는 것을 분류하는 방식은 상당히 유동적이다. 많은 사람들이 근대 초기의 민속 스포츠나 19세기의 지역 스포츠 축제를 낯설어하면서도 재미있게 관람했다. 영국에는 자유형 수레 끌기라는 곡예가 스포츠 종목에 포함되어 있었고, 웬록 올림픽에서도 수레 끌기 시합이 열렸다. 근대 올림픽에서 이러한 시합이 열린다는 것은 상상조차 할 수 없는 일이다. 그렇지 않은가? 그런데 1904년 세인트루이스 올림픽에서는 자루 달리기 경주[107]와 같은 대중 스포츠 시합이 많이 열렸다. 미국에서 처음 개최된 세인트루이스 올림픽에서는 팔라말리오와 유사한 로크나 줄다리기와 같은 시합이 열렸다. 유감스럽게도, 클리블랜드 체조 협회의 에드워드 헤닝이 철봉과 더불어 금메달을 안겨준 곤봉 체조는 잊힌 종목이 되었다. 헤닝은 인디언 곤봉 체조로 13차례나 미국 챔피언을 차지했고, 1950년 마지막으로 챔피언이 되었을 때에 그의 나이는 71세였다. 그는 역대 최장수 올림픽 챔피언일 것이다.[108]

"더 빠르게, 더 높게, 더 힘차게"라는 올림픽 슬로건은 스포츠를 속도, 거리, 강도로 표현한다. 이 슬로건에 따라서 스포츠는 측정 가능한 것이라는 이론을 수용한다면, 줄다리기와 같은 전통 스포츠가 올림픽 종목에서 제외된 이유를 알 수 있을 것이다. 그러나 현재 모든 격투기 종목에서 이 올림픽 슬로건은 큰 의미가 없다. 라운드의 시간이나 타격이나 내던지기 횟수가 승부를 결정적으로 판가름하는 요인은 아니기 때문이다. 이길 가능성이 없던 선수가 마지막 순간에 **러키 펀치** 한 방을 날려 승자가 될 수도 있다. 축구도 마찬가지이다. 누가 공과 가장 많이 접촉했는지 혹은 누가 자신의 구역에서 가장 오랫동안 공을 가지고 있었는지가 아니라, 누가 가장 많은 골을 넣었는지에 따라서 승부가 결정되는 것이 관례이다. 구기 종목에서는 결국 득점이 가장 중요하다. 일부 수상 스포츠 종목은 속도를 재거나 골을 넣은 횟수로 승부를 결정한다. 그렇다면 스프링보드 다이빙이나 플랫폼 다이빙은 승부를 어떻게 결정할까? 남자 다이빙은 1904년 세인트루이스 올림픽부터, 여자 다이빙은 1912년 스톡홀름 올림픽부터 올림픽 종목에 포함되었다. 처음에는 다이빙해서 입수한 후에 최대한 오래 물속에 있어야 하는 다이빙 멀리뛰기(1904년에만 채택) 종목만 있었다. 10미터 플랫폼 다이빙은 1988년 서울 올림픽까지는 미국이 우세하다가 이후로는 중국이 평정했는데, 이 종목에서는 거리나 속도가 중요하지 않다. 스프링보드 다이빙과 싱크로나이즈드 다이빙(2000년 시드니 올림픽 이후 신설)에는 표준화된 다이빙 자세들(이를테면 역방향으로 돌기, 몸 비틀어 돌기 등)이 있지만, 다이빙 종목에서는 실질적으로 객관화가 불가능한 미적인 기준이 가장 중요하다. 이와 같은 스포츠로 1984년 로스앤젤레스 올림픽에 도입된 수중 발레를 꼽을 수 있다. 독일어로 김나스틱(Gymnastik)이라고 하는 체조도 이와 유사한 평가 기준이 적용된다.

몇몇 동계 스포츠 종목도 미적인 기준으로 실력을 평가한다. 피겨 스케이팅은 필수 요소와 자유 요소 구분되지만 남자, 여자, 혼성 페어 종목을 막론하고 미적인 기준만으로 승부를 결정한다. 피겨 스케이팅에도 고난이도의 기술을 요하는 점프가 있는데, 스웨덴 출신 올림픽 우승자 울리크 살쇼브의 이름을 따서 살코 점프라고 한다. 울리크 살쇼브는 1897-1913년간 거의 모든 유럽과 세계 피겨 선수권 대회에서 우승을 차지했고, 제1차 세계대전 이후 국제 스케이팅 연맹의 회장으로 취임하여 오랜 기간 회장직을 수행했다.[109] 제2차 세계대전 이후 도입된 혼성 페어

모든 시대를 통틀어 최고의 선수로 손꼽히는 기계체조 선수, 나디아 코마네치(1961년생). 1976년 몬트리올 올림픽과 1980년 모스크바 올림픽에서 5개의 금메달을 획득했다. 여자 체조 선수 최초로 평행봉에서 최고점인 10점 만점을 받았다. 이 일로 전자 전광판이 고장 났다.

종목은 1976년 신설된 아이스 댄싱과 마찬가지로 러시아가 우세했다. 루드밀라 벨로소바와 올레크 프로토포포프, 이리나 로드니나와 알렉세이 울라노프 혹은 알렉산드르 자이체프 혼성 팀은 20년 동안이나 다른 국가들을 제치고 최정상의 자리를 지켰다. 전 피겨 스케이팅 선수이자 이들의 감독이었던 스타니슬라프 주크는 무려 67명의 금메달리스트, 34명의 은메달리스트, 35개의 동메달리스트를 배출했다.

한때 채택되었다가 취소된 하계 스포츠 종목으로는 줄다리기 외에도 줄타기(1896, 1904, 1924, 1932년에 채택), 영국의 구기 종목인 크리켓과 크로케(두 종목 모두 1900년에만 채택), 죄드폼(1904년에만 채택, 1924, 1928년에는 시범 종목으로 채택),[110] 승마 곡예(1920년에만 채택), 인디언 스포츠에서 유래한 캐나다의 국민 스포츠 라크로스(1904, 1908년에만 채택, 1928, 1932, 1948년에는 시범 종목으로 채택), 펠로타(1900년에만 채택,

1924, 1968, 1992년에는 시범 종목으로 채택)가 있다. 폴로는 1904년 세인트루이스 올림픽부터 1936년 베를린 올림픽까지는 올림픽 종목이었지만 이후에는 채택되지 않았다. "라켓"은 한 번만 올림픽 종목으로 채택되었다(1908). 모터 보트 경주(마찬가지로 1908년에만 채택)는 모터 스포츠가 기준에 미달한다는 문제가 반복적으로 제기되면서 올림픽 종목에서 완전히 사라졌다. 올림픽에서 다시 제외된 종목으로는 야구(1984-2008년에 채택)와 소프트볼(1996-2008년에 채택)이 있다. 이외에도 롤러 하키(1992), 수상 스키(1972), 글라이딩(1936) 등도 있다. 동계 올림픽 종목으로 채택되었다가 제외된 종목으로는 북유럽형 아이스 하키인 밴디(1952),[111] 지금도 은퇴자들에게 인기가 많은 컬링(1936, 1964), 주로 북극 지방에서 즐기는 놀이인 개썰매 경주(1932), 스키저어링(1928), 스피드 스키(1992), 설원에서 펼쳐지는 동계 5종(크로스컨트리 스키, 피스톨 사격, 활강, 펜싱, 크로스컨트리 승마) 경기(1948)가 있다. 이 종목은 경기 발명자의 취지와는 달리 스웨덴이 압도적으로 우세했다. 게다가 서로 상이한 종목들을 조합하여 스포츠 강자들의 정신까지 피폐하게 만들었을 것이다. 1992년 알베르빌 올림픽에서 처음 채택되었던 스피드 스키는 스위스의 스키 선수 니콜라스 보차타이가 사고로 사망하는 사건이 발생하면서 바로 폐지되었다. 게다가 이 불의의 사고는 경기 중이 아니라, 아침에 시합을 준비하기 위해서 워밍업을 하다가 스노 모빌과 충돌하며 발생했다. 이 선수의 사망 원인은 "과속"으로 밝혀졌다.

동계 스포츠 종목인 바이애슬론을 잠시 살펴보고 넘어가자. 바이애슬론은 선수들이 먼저 스키로 장거리를 달리고, 라이플로 목표물을 맞히는 경기이다. 원래 바이애슬론은 1915년 노르웨이에서 겨울 전쟁에 대비하기 위해서 도입되었다. 이 스포츠에 참여하는 군사 정찰대는 장교, 하급 장교, 2명의 일반 군인들로 구성되었다. 이 행사의 개최자는 군대였고, 참가자도 군인이었다. 1924년 동계 스포츠 주간에 군사 정찰대의 시합이 하나의 종목으로 채택되었다. 그리고 1928년 장크트 모리츠 동계 올림픽, 1936년 가르미슈파르텐키르헨 동계 올림픽, 그리고 제2차 세계대전을 치른 이후인 1948년 장크트 모리츠 동계 올림픽에 계속 포함되었다. 전쟁이 끝나자 "민간인" 선수들을 위한 경기가 개최되었다. 이 군인 시합 외에 시범 종목으로 동계 펜태슬런(승마, 펜싱, 사격, 크로스컨트리 스키, 활강)이 추가로 채택되었다. 1952년 오슬로 동계 올림픽과 1956년 코르티나담페초 올림픽에서는 겨울 전쟁을 연상시킨다는 이유로 이 경기가 열리지 않았다. 스웨덴의 장군 스벤 토펠트의 제안으로 이 군인 시합은 바이애슬론으로 명칭이 변경되었고, 1954년 IOC의 인정을 받았다. 비록 단거리이기는 했지만, 1992년 알베르빌 동계 올림픽부터는 여성도 바이애슬론에 출전할 수 있었다. 독일 출신의 가장 실력이 우수한 바이애슬론 선수는 상사(上士)인 리코 그로스로, 1992-2006년간 4개의 금메달과 3개의 은메달을 획득했다. 반면, 바이애슬론 우승자 자리를 놓치지 않았던 여성 바이애슬론 선수 마그달레나 노이너는 2010년 밴쿠버 올림픽에서 1개의 금메달과 1개의 은메달을 획득하는 데에 그쳤고 조기 은퇴했다.

근력 스포츠 그리고 장애

캐시어스 클레이에서 무하마드 알리로

20세기에는 걸출한 스포츠 스타들이 배출되었다. 이들은 운동만 잘하는 스타들이 아니었다. 대표적인 인물로 1960년 로마 올림픽의 라이트헤비급 권투 선수인 금메달리스트 캐시어스 클레이를 꼽을 수 있다. 그는 켄터키 주 루이스빌에서 태어났다. 그의 부모는 미국의 유명한 노예 폐지 운동가 캐시어스 마셀러스 클레이의 이름을 따서 아들의 이름을 캐시어스 클레이라고 지었다. 캐시어스 마셀러스 클레이는 켄터키 주의 장수 국회의원으로, 공화당 공동 설립자, 주러시아 미국 대사이자 러시아로부터 알래스카를 매입한 인물이었다. 또한 그는 머뭇거리고 있던 에이브러햄 링컨 대통령을 종용하여 노예 해방 선언을 하게 만든 인물이었다.[112]

캐시어스는 자전거를 도둑맞고 자신을 지킬 능력을 키우기 위해서 12세에 권투 클럽에 들어갔다. 그로부터 4년 후에 그는 학교를 그만두고 권투 훈련에 집중했다. 그리고 2년 후에는 올림픽에 출전하여 권투 라이트헤비급 금메달을 획득했다. 이후 그는 아마추어 타이틀을 버리고 프로 권투 선수의 길을 걸었다. 아직 스포츠 뉴스에서 큰 관심을 받지 못했던 그는 멋진 조지라는 이름으로 활동하는 허풍쟁이 레슬링 선수의 스타일을 모방하기 시작했다. 이때부터 그는 공개적인 비방을 일삼고 자신의 승리를 예고하며 상대 선수를 괴롭히기 시작했다(예컨대 "아르키 무어는 4라운드에서 쓰러질 것이다"). 이러한 그의 거친 입담과 권투 스타일은 그의 오락적인 가치를 높여주었다.

캐시어스의 이러한 경기 스타일은 소니 리스턴과의 세계 챔피언 타이틀 경기를 통해서 전 세계에 알려졌다. 1962년 그는 장수 챔피언이자 1952년 헬싱키 올림픽 미들급 금메달리스트인 플로이드 패터슨을 1라운드만에 누르고 세계 챔피언이 되었다. 이것은 세계 챔피언 타이틀 경기 역사상 가장 빠른 승리였다. 클레이가 리스턴과 싸워서 이길 확률은 1 대 7로 굉장히 희박했다. 「뉴욕 타임스(New York Times)」는 클레이의 말발이 권투 실력보다 훨씬 뛰어나다고 썼다. 물론 클레이는 리스턴을 완벽하게 눌렀다. 그는 링 위에서 그때까지 볼 수 없었던 방식으로 춤을 추듯이 가볍게 몸을 움직였다. 그에게는 방어도 필요 없는 듯했다. 그는 번개처럼 빠른 속도로 상대를 무너뜨렸다. 폭동처럼 격렬한 싸움이 끝나자 클레이는 "내가 최고다!"라는 말 한마디를 남겼다. 1960년 케네디와 닉슨의 대통령 후보 토론이 정치계의 이슈였다면, 1964년의 이 시합은 스포츠계의 이슈였다. 수백만 명의 시청자들이 권투 생중계를 보기 위해서

1971년 무하마드 알리의 모습.

텔레비전을 켰다. 미디어와 권투에 새로운 시대가 열린 것이다. 리스턴
은 설욕전에 도전했지만, 새로운 챔피언은 링에 오른 지 105초 만에 경
기를 끝냈다. 팬텀 펀치(phantom punch)가 너무 빨라서 관중들은 아무것
도 알 수 없었다. 상대편 선수가 넘어질 때에 이미 의식을 잃은 상태였
다는 사실만을 슬로모션으로 확인할 수 있었다. 이제 클레이가 세계 챔
피언이 되었다. 그러나 그는 이미 권투 세계 챔피언 그 이상의 인물이
되어 있었다.[113]

새로 탄생한 이 세계 챔피언은 설욕전 직전에 또다른 이슈로 세상을
떠들썩하게 했다. 그는 이슬람 국가 운동에 가입하고 "노예의 이름"을
버린 뒤에 무하마드 알리로 개명했다. 이는 처음에는 광고 목적의 행위
로 보였지만 그의 진심에서 우러난 행동이었다. 얼마 후에 그는 흑인 인
권 운동가 맬컴 엑스의 가르침을 받으며 정치적인 이슬람이 되었다. 맬
컴 엑스는 1952년 한국전쟁 참전을 거부하며 미국 정치 체계의 정당성
에 문제를 제기했던 인물이었다.[114] 당시 알리는 헤비급 챔피언으로 연
승 행진을 하며 권투 선수로서 최고의 전성기를 누렸고, 엘비스 프레슬

리나 비틀스와 같은 슈퍼스타의 반열에 오르며 그들과 개인적으로도 잘 알고 지냈다. 그러나 정치적이고 종교적인 새로운 친구들과 사귀면서, 미국의 정치 체계에 대한 그의 반감이 점점 커져갔다. 알리는 베트남 전쟁을 비판했고 1967년에는 이렇게 주장하며 참전을 거부했다. "못 갑니다. 저는 1만6,000킬로미터나 멀리 떨어진 곳까지 가서, 흑인 노예를 부리던 백인 우월주의자들이 전 세계 사람들 앞에서 보란 듯이 그 불쌍한 사람들을 죽이고 가난한 나라를 잿더미로 만드는 짓에 동조할 수 없습니다." 1967년 4월 알리는 세계 챔피언 타이틀을 박탈당했다. 어떤 법적인 근거를 토대로 이러한 일이 벌어졌는지는 아직도 확실히 밝혀지지 않았다. 게다가 그는 징역 5년형을 선고받고 여권과 권투 선수 자격증도 빼앗겼지만 보석으로 풀려났다. 이 선고는 나중에야 번복되었다. 알리는 언론에서 사회 정책 문제에 관한 자신의 생각을 자주 밝히기 시작했다. 그러나 맬컴 엑스가 내부자의 소행으로 암살되었다는 사실이 밝혀지면서, 이슬람 국가 운동에 대한 그의 신뢰는 무너지고 말았다.[115]

권투 선수 자격 박탈취소 소송은 3년이나 걸렸다. 1970년에야 무하마드 알리는 선수 자격을 되찾았지만 몸은 이미 굳어버려서 그의 실력은 예전만 못했다. 두 차례의 예비 시합 후, 알리는 1968년부터 세계 챔피언이었던 "스모킹" 조 프레이저와 대결할 기회를 얻었다. 조 프레이저는 1964년 올림픽 헤비급 권투 금메달리스트로, 권투 인생에서 한 번도 패배한 적이 없는 데다가 대부분의 경기에서 케이오 승을 거둔 인물이었다. 백전백승의 세계 챔피언 프레이저와 알리의 마지막 결전은 역사에서 한 번 볼까 말까 한 경기였다. 당시 한 선수당 출전료는 250만 달러로 엄청난 금액이었다. 주최 측은 뉴욕 메디슨 스퀘어 가든 실내 종합 경기장에서 개최된 이 경기를 "세기의 대결"이라고 홍보했다. 물론 세기의 대결이라는 타이틀이 무색하지 않은 경기였다. 1971년 무하마드 알리는 자신의 권투 인생 사상 처음으로 궁지에 몰렸다. 11라운드에서 알리는 케이오를 당하기 직전이었다. 결국 그는 마지막 라운드에서 레프트훅을 맞고 쓰러졌다. 조 프레이저는 15라운드까지 간 끝에 세계 타이틀을 지킬 수 있었다. 2년 후 조 프레이저는 1968년 올림픽 금메달리스트인 조지 포먼에게 패배하며 타이틀을 잃었다. 1973년은 무하마드 알리에게도 불운의 해였다. 그는 켄 노턴에게 패배하며 생애 두 번째 패배를 경험했고 턱이 골절되었다.

서른을 훌쩍 넘긴 나이였지만 같은 해에 알리는 다시 한번 모든 것을 만회할 기회를 얻었다. 그는 우선 켄 노턴과의 설욕전에서 승리했고, 몇 달 후에는 조 프레이저를 때려눕히며 승리를 거머쥐었다. 두 경기에서 모두 알리는 마지막 라운드까지 갔다. 주최자 측에서는 "나비처럼 날아서 벌처럼 쏘아라"라는 슬로건으로 알리의 건재함을 강조했지만, 알리는 더 이상 춤추듯 가벼운 스텝으로 경기에 임할 수는 없었다. 두 시합에서 승리한 알리는 세계 챔피언 타이틀 경기에 도전했다. 이번에 알리가 붙을 상대는 무패 기록에다가 최단 시간에 상대를 케이오시키는 것으로 유명한 선수였다. 스포츠 기자들은 알리가 조지 포먼을 꺾는 것은 불가능하다고 생각했다. "정글의 혈투"로 알려진 이 경기는 서양식 복장의 착용을 금지한 독재자 모부투 세세 세코의 후원 아래 1974년 가을 킨샤사(당시 자이르의 수도)에 있는 국립 경기장에서 열렸다. 알리는 자신이 우세하다고 느꼈고 청년 시절처럼 춤추듯 가볍게 움직였다. 그러나 그의 "쏘기" 전략이 전혀 먹히지 않았고, 관중들은 알리의 눈빛에서 두려움을 본 것만 같았다. 그 순간 알리는 자신의 흐름을 유지할 수 없다는 것을 깨닫고는 수동적인 방어로 전략을 수정했다. 그러고는 상대를 말로 끊임없이 도발했다. 알리의 이 전략은 먹혔고, 포먼은 쉴 새 없이 알리의 몸을 공격하면서 점점 지쳐갔다. 8라운드의 끝에 알리가 포먼의 머리를 몇 차례 공격했고, 포먼은 제풀에 꺾여 빙그르르 돌다가 쓰러졌다.

무하마드 알리는 포먼을 케이오로 꺾으며 다시 세계 권투 챔피언이

무하마드 알리와 조 프레이저, "마닐라의 스릴라" 전을 펼치고 있는 세계 챔피언들.

되었다. 이후 몇 달 동안 그는 실력이 고만고만한 선수들과 세계 타이틀 방어전을 몇 차례 치렀다. 그리고 1975년 10월 1일 조 프레이저와의 두 번째 "세기의 대결"이 열렸다. 이 시합은 "마닐라의 스릴라"라고 불리며 홍보되었다. 알리가 가장 불쾌한 인종차별적인 표현으로 상대를 조롱하면서 이러한 표현을 썼기 때문이다. "내가 마닐라에서 고릴라를 잡으면, 스릴라(스릴러), 칠라(칠러[chiller]), 그리고 킬라(킬러)가 되는 것이다." 시합은 긴장감이 넘쳤다. 알리는 자신이 우세하다고 생각하며 경기를 시작했지만, 프레이저가 6라운드에서 강타를 날린 이후 경기는 프레이저에게 유리한 방향으로 흘러갔다. 그러다가 마지막 라운드에서 알리가 다시 주도권을 얻었다. 이 시합은 미국의 황금 시청 시간대에 편성되어야 했기 때문에 기온이 40도까지 오르고 습도가 가장 높은 시간인 정오에, 에어컨도 없는 실내 체육관에서 열렸다. 그야말로 살인적인 더위였다. 서로에게 강편치를 날리는 횟수가 비정상적이다 싶을 정도로 많았다. 프레이저의 얼굴이 심하게 부어올라 앞이 보이지 않을 정도가 되자, 프레이저의 감독은 14라운드에 기권을 선언했다. 2만5,000명의 관중 앞에서 열리고 전 세계로 생중계된 이 시합은 막상막하의 승부로 역사에 길이 남았다.[116]

알리와 프레이저는 이 지독한 시합을 치른 후에 정상적인 건강 상태로 회복하지 못했다. 많은 사람들이 알리가 이후에 파킨슨 병을 앓게 된 것은 이 시합에서 받은 타격이 심했기 때문이라고 주장한다. 2011년 알리는 무거운 마음으로 프레이저의 장례식에 찾아가 그에 대한 존경을 표했다. 알리는 1963년에 처음 "올해의 권투 선수"로 선정된 이후, 1972, 1974, 1975년에 다시 "올해의 권투 선수"로 선정되었다. 그는 큰 의미가 없는 세 번의 경기를 치른 후, 1976년 켄 노턴과 다시 한번 세계 챔피언 타이틀 방어전을 치렀다. 알리는 타이틀을 지켰으나 그의 승리에는 논란의 여지가 있었다. 이것이 알리의 마지막이었다. 1978년 2월 그는 "약체"인 리언 스핑크스에게 패배했다. 16년 전 알리처럼 그도 올림픽 라이트헤비급 금메달리스트였다. 7개월 후 알리는 스핑크스와 두 번째 대결을 하여 승리했으나 이후 은퇴를 선언했다. 그의 몸이 병들어가고 있다는 첫 번째 징후가 나타났기 때문이다. 1980년 알리는 래리 홈즈와의 대결에서 패했다. 유효타를 얻을 수 없었던 알리는 케이오 패를 당하기 직전이었다.

무하마드 알리는 공인으로 남았다. 초년에는 날렵한 스타일의 권투로 세상 사람들의 주목을 받았고 말년에는 힘겨운 승부에 도전했을 뿐만 아니라, 불완전한 삶 가운데 끊임없이 내적인 투쟁을 하고 언론에 저항하며 정면 돌파하는 용기를 보였으며, 세상에서 억압당하는 자들을 대변했다. 비록 그의 몸은 병들었으나 정신은 또렷했다. 그는 미국, 아프리카, 아시아 등 중요한 경기를 치렀던 곳들에서 세상을 향해서 목소리를 냈다. 1999년에 알리는 IOC에서 "세기의 스포츠인"으로 선정되었고, 2005년에는 조지 W. 부시 대통령으로부터 미국 대통령 자유 훈장을 받았다. 2년 후 그는 자신의 고향 도시에 무하마드 알리 센터와 박물관을 세웠다.[117]

장애인 스포츠

장애인 스포츠는 관점에 따라서 전혀 다른 역사를 구성할 수 있다. 킬 출신의 부기계원이었던 조지 아이저는 다리가 절단된 장애인이었지만, 1904년 세인트루이스 올림픽에서 하루에 무려 6개의 메달을 땄다. 그중 도마, 평행봉, 7.6미터 줄타기는 금메달이었다. 1885년 그의 가족은 미국으로 이민을 가서 독일계 이민자들이 많이 살고 있던 세인트루이스에 정착했다. 미시시피 강과 미주리 강이 흐르는 올림픽의 도시, 세인트루이스는 당시 서부로 가는 통로로 여겨졌다. 아이저는 기차 사고로 한쪽 다리를 잃고 나무로 된 의족을 착용한 장애인이었지만, "세인트루이스 콘코르디아 체조 협회"의 회원이었다. 헝가리 출신의 카롤리 타카스는 군사 훈련 도중에 수류탄을 맞아 오른쪽 팔을 잃었다. 그러나 그는 왼손만 가지고도 1948년 런던 하계 올림픽의 25미터 피스톨 사격에서 우승했고, 1952년 헬싱키 올림픽에서 다시 한번 금메달을 획득했다. 그는 선수 생활에서 은퇴한 후에는 사격 코치가 되었다.

1924년부터 3년 또는 4년 간격으로 개최되는 청각 장애인 세계 선수권 대회는 대중 스포츠의 방향으로 변해갔다. 처음에는 '청각 장애인을 위한 고요한 월드 게임'이라는 멋진 이름으로 대회가 열리다가, 올림픽 개최 주기에 맞추면서 데플림픽(Deaflympics)이라는 무미건조한 명칭으로 바뀌었다. 선수 파견은 각국의 청각 장애인 연맹에서 담당한다. 첫 데플림픽이었던 1924년 파리 데플림픽에는 겨우 9개국에서 145명의 선수가 출전했으나, 2009년 제21회 타이베이 데플림픽에는 무려 83개국에서 2,900명의 선수가 출전하며 출전자 수로는 역대 최고를 기록했다. 1949년부터는 데플림픽뿐만 아니라 동계 데플림픽도 열리기 시작하여, 2019년에는 제19회 손드리오도 동계 데플림픽이 열렸다. 데플림픽에서 가장 유명한 선수는 테렌스 파킨이다. 그는 2001년 데플림픽에서 우승을 하기 1년 전, 시드니 하계 올림픽에서도 200미터 평영에서 메달을 획

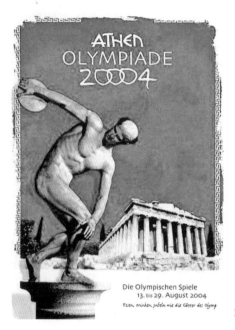

Die Olympischen Spiele
13. bis 29. August 2004
Essen, trinken, jubeln wie die Götter des Olymp

2004년 아테네 올림픽 포스터.

득했다. 동계 데플림픽 종목에는 알파인, 노르딕, 컬링, 아이스 하키, 스노 보드도 포함된다. 2011년 2월 슬로바키아의 비소케타트리에서 개최될 예정이었던 동계 데플림픽은 국제 청각 장애인 스포츠 위원회의 공식 발표를 통해서 취소되었으나 개최 불가 사유는 밝혀지지 않았다.[118]

장애인 스포츠의 제도화에는 슐레지엔의 토스트(현재 폴란드의 토세크)에서 출생하여 프라이부르크에서 박사 학위를 받은 신경외과 의사 루트비히 구트만이 결정적인 역할을 했다. 나치 독재 시절에 그는 브레슬라우의 유대인 병원에서 병원장으로 일하다가 1939년 가족과 함께 옥스퍼드로 이민을 갔다. 영국 정부의 의뢰로 그는 1944년 버킹엄셔의 스토크 맨데빌 병원에서 척추 손상 센터의 대표를 맡았다. 그는 운동이 환자에게 좋은 치료법이라고 확신했고, 1948년에는 전쟁에서 부상을 당해서 신체가 마비된 퇴역 군인들을 위한 월드 게임을 개최했다. 이 행사에는 남자 선수 14명과 여자 선수 2명만이 참가했다. 처음에 이 행사는 환자들의 재활을 목적으로 개최되었다. 4년 후에 그는 신체 장애인을 위해서 제1회 국제 스토크 맨데빌 경기를 개최했다. 전 세계에서 온 130명의 선수들이 참여한 이 행사는 장애인 올림픽의 전신이나 마찬가지였다. 4년 후에 그는 올림픽을 넘어 장애인 올림픽에 기여한 공로로 상을 수상했다. 1960년에는 로마 하계 올림픽 이외에도 제9회 스토크 맨데빌 경기가 개최되었고, 이 행사에는 23개국의 선수 400명이 참여했다. 그러나 휠체어를 타는 사람에게만 참여가 허용되었다. 이때부터 장애인 대회는 하계 올림픽과 같은 해에 열렸다. 그리하여 1960년의 이 대회는 24년 후에 최초의 패럴림픽으로 인정받게 되었다.[119]

1961년, 구트만은 영국 장애인 스포츠 협회를 설립했다. 1969년에는 최초의 장애인 전용 스타디움인 스토크 맨데빌 스타디움이 병원 인근에 건립되었다. 스토크 맨데빌 스타디움은 1980년 설립자가 세상을 떠난 이후 루트비히 구트만 장애인 스포츠 센터로 명칭이 변경되었다. 1984년 이 스타디움에서 제7회 하계 패럴림픽이 개최되었다.[120] 패럴림픽의 시작은 미약했지만 점차 대규모 행사로 발전했다. 1976년에 패럴림픽 참가 기준이 각종 장애로 확대 적용되면서 참가자 수가 40개국의 1,600명으로 급증했다. 이외에도 제1회 동계 패럴림픽이 언론의 주목을 받지 못한 채 스웨덴 외른셀스비크에서 개최되었다. 1988년의 서울 하계 패럴림픽을 계기로 새로운 표준이 마련되었다. 장애인 올림픽을 하계 올림픽이 끝난 후에 하계 올림픽 개최지에서 거행하기로 한 것이다. 이후 하계 올림픽과 하계 패럴림픽은 같은 장소에서 같은 해에 개최된다는 원칙이 유지되고 있다. 1992년 이후 동계 패럴림픽도 하계 패럴림픽의 선례를 따라서 동계 올림픽이 끝난 후에 동계 올림픽 개최지에서 열리고 있다. 그러나 2001년이 되어서야 이 조합의 개최 원칙에 대해서 국제 패럴림픽 위원회와 IOC의 협약이 체결되었다.

스페셜 올림픽은 장애인 올림픽보다 훨씬 늦게 조직되었다. 스페셜 올림픽은 1968년 사회학자이자 존 F. 케네디 대통령의 여동생인 유니스 케네디 슈라이버에 의해서 창설되었다. 케네디 대통령의 또다른 여동생 로즈 마리 케네디는 스포츠 행사에 참석하는 것을 즐겼는데, 지적 장애로 평생 언론에 신분을 노출하지 못한 채 살았다. 한편, 오스트리아 출신의 이민자 아널드 슈워제네거는 미국에서 부동산 사업으로 수백만 달러의 자산을 벌어들인 후, 1979년 스페셜 올림픽에 참여하는 선수들을 위해서 역도 코치로 일했다.

미스터 올림피아 : 아널드 슈워제네거

아널드 슈워제네거는 다섯 가지 분야에서 세계적인 명성을 쌓은 인물이다. 그는 첫 번째로는 스포츠인(역도, 헤비급 권투, 보디빌딩)으로, 두 번째로는 사업가(부동산 사업과 테마 레스토랑인 플래닛 할리우드의 공동 설립자)로, 세 번째로는 영화 사업가(영화 배우이자 제작자)로 이름을 날렸다. 네 번째로는 잘 알려지지 않은 사실이지만 스포츠 서적의 저자로, 마지막 다섯 번째로는 정치인으로 명성을 얻었다. 그는 일찍이 스포츠로 두각을 나타내면서 화려한 이력을 쌓았다. 아널드는 오스트리아 그라츠의 탈이라는 구역의 지방 경찰관의 아들이었다. 아널드의 아버지는 컬링 챔피언이었고, 아널드는 15세 때부터 다리 근육을 키우기 위해서 축구 감독의 근력 트레이닝을 받았다. 슈워제네거는 올림픽 역도 부문에 출전하기 위해서 훈련을 받았고, 1965년에는 오스트리아 주니어 헤비급 챔피언을 차지했다. 같은 해에 그는 보디빌딩으로 경력을 쌓기 시작했다. 1967년 미스터 유니버스로 선발되면서 그에게 미국으로 진출할 수 있는 길이 열렸다. 1969년 그는 세계 챔피언 타이틀을 땄고, 1970년에는 처음으로 미스터 올림피아 타이틀을 차지했다. 시기적으로 적절하게, 그는 같은 해에 첫 영화이자 오랜 기간 영화 역사상 "100대 최악의 영화" 목록에 올랐던 「뉴욕의 헤라클레스」에 출연했다. 여전히 오스트리아인이었던 그는 은퇴할 때까지 1970-1975년간 모든 보디빌딩 대회에서 우승했다. 그는 무려 다섯 번이나 미스터 유니버스를 차지했고, 일곱 번이나 미스터 올림피아로 선정되었다. 그리고 1980년에 잠시 보디빌더로 다시 활동했다.

슈워제네거는 스포츠로 쌓은 명성과 외모 덕분에 영화 산업에 진출했고 미국에서 가정을 이루었다. 1977년 그는 다큐멘터리 영화 「스테이 헝그리」에서 보디빌더 역할을 하며 골든 글러브 상을 수상했고, 케네디 가문에서 개최한 테니스 시합에서 대통령의 조카인 마리아 슈라이버를 만났다. 1986년 아널드는 마리아와 결혼하여 슬하에 네 명의 자녀를 두었다. 1980년대와 1990년대에 슈워제네거는 「코난-바바리안」(1982), 「터미네이터」 시리즈(1984, 1991, 2003)로 영화 인생의 전성기를 맞이했다. 「터미네이터 3 : 라이즈 더 오브 머신」의 상영 수익은 미국에서만 1,500만 달러를 기록했다. 액션 영화 외에도 그는 보디빌딩에 관한 다큐멘터리 영화도 제작했다. 뿐만 아니라 그가 출간한 스포츠 책은 수백만 부의 판매고를 올렸다.[121] 정치인으로서 슈워제네거의 인생은 스포츠인이자 영화 배우로서의 인기뿐만 아니라, 성공한 사업가이자 **아메리칸 드림**의 표상이라는 것과 관련이 있다. 조지 H. W. 부시 대통령은 자신의 임기 동안 그를 대통령 신체 건강 및 스포츠 자문위원회의 위원장으로 임명했다. 그후 슈워제네거는 1999년까지 캘리포니아 주에서 공직 생활을 했다. 2003년 10월 그는 민주당을 지지하는 케네디 가문의 일원임에도 불구하고, 보수적인 공화당 소속으로 출마하여 48.6퍼센트의 지지율로 캘리포니아의 주지사로 선출되었다. 2007년에는 55.9퍼센트의 지지율을 얻으며 주지사 재임에 성공했다. 심지어 미국에서는 이민 제1세대가 대통령 선거에 출마할 수 없음에도, 그를 대통령감으로 지지하는 사람들이 있을 정도였다. 「심슨즈」와 같은 풍자적인 만화에서는 당연히 대통령 후보 자격에 이러한 제한이 없기 때문에, 슈워제네거는 「심슨즈」와 「더 심슨즈 무비」

(2007)에서 대통령으로 나올 수 있었다.

지금도 유럽 언론에서는 아널드 슈워제네거가 과거에 보디빌더였다는 사실을 비웃는 경향이 있다. 이러한 태도는 건강한 신체에는 약한 정신이 깃들어 있을 수밖에 없다며 운동선수를 비난하던 고대 그리스 로마의 문화를 답습한 것이다. 슈워제네거는 이 같은 비난에도 주눅 들지 않고 대학교에 들어가 서툴렀던 영어 실력을 보완했고, 위스콘신 대학교에서 경영학과 국제 경제학으로 학사 학위를 받았다. 게다가 1996년에는 위스콘신 대학교에서 명예박사 학위까지 받았다. 1991년과 1997년에 그는 홀로코스트 연구를 지원한 공로를 인정받아, 빈의 지몬 비젠탈 재단으로부터 국가 리더십 상을 받았다.[122]

축구

어둠을 뚫고 빛을 본 독일 축구

역사학자의 관점에서 보면 독일 축구의 역사는 매우 짧다. 이탈리아에는 칼초, 노르망디 지방에는 술, 영국에는 풋볼이 있었다. 그러나 독일에 축구와 유사한 스포츠가 있었다는 기록은 어떤 문헌에서도 찾아볼 수 없다. TSV 1860 뮌헨의 축구부도 1890년대에 창설되었다. 대부분의 축구 클럽이 창설된 시기는 1896년(축구 클럽 하노버 [18]96)에서 1904년(축구 클럽 FC 샬케 [19]04) 사이였는데, 이는 영국과 직접적인 관련이 있다.[123] 독일 최초의 축구 클럽이 과거 하노버 왕국의 땅에 창설된 것도 우연이 아니다. 하노버 왕조는 빅토리아 여왕과 함께 영국을 통치했고, 영국과 긴밀한 관계를 유지했다. 축구 클럽 창설을 제안한 사람은 개혁주의 교육학자 콘라트 코흐 박사였다. 그는 1872년 브라운슈바이크의 카타리넨 김나지움에서 체조 수업을 보완하기 위해서 학교 체육 대회를 열었고, 2년 후에는 영국에서 원조 축구공을 공수해서 축구 대회를 열기 시작했다.

1875년 코흐는 최초의 독일 축구 규정을 발표했는데, 이 규정은 사커와 럭비의 규정이 조금씩 섞여 있었다.[124] 같은 해에 그는 중학생을 위한 최초의 축구 클럽을 창설했다. 경기 장소는 군사 지대의 "소(小)연병장"이었다. 코흐와 동료들은 청소년을 위해서 체조 수업 외에 흥미로운 운동 시합을 보완할 필요가 있다고 믿었다. 축구 도입 이후 1875년에는 야구, 1876년에는 크리켓, 1891년에는 핸드볼, 그리고 1896년에는 농구가 도입되었다.[125]

그러나 앙글로마니, 즉 영국 문화에 대한 열광이 독일 제국 전역에 퍼져 있던 것은 아니었다. 유감스럽게도 독일 민족주의자인 슈투트가르트 출신의 체조 교사 카를 플랑크는 축구를 "발로 하는 조잡한 짓"이라며 비방했고, 1898년에도 여전히 축구를 "영국병"이라고 표현하며 명성을 얻었다.[126] 축구의 매력 때문에 불과 몇십 년 만에 독일 제국 전역, 오스트리아, 전 유럽에 축구 클럽이 창설되기 시작했다. 스위스의 사립학교에는 영국인들이 많았기 때문에 다른 나라보다 평균 10년 정도 빠르게 축구 클럽이 생겼다. 스위스의 로잔 축구 및 크리켓 클럽은 세계에서 가장 오래된 축구 클럽으로 여겨지는 셰필드 FC가 창설되고 고작 3년 뒤에 창설되었다. 현존하는 가장 오래된 스위스 클럽은 1879년 영국 학생들이 설립한 FC 장크트 갈렌이다. 1880년대 FC 장크트 갈렌은 매일 점심부터 어두워질 때까지 축구 시합을 열었다. FC 장크트 갈렌은 1886년에 설립된 그라스호퍼 취리히와의 첫 시합에서는 패배했지만, 1902년 첫 "국제" 시합인 알레마니아 카를스루에와의 경기에서는 26 대 0으로 압도적인 승리를 거두었다.[127] 국제적인 규모의 시합 역시 스위스에서 열리기 시작했다. 예컨대, 취리히의 축구 선수이자 사업가인 한스 감페르는 1899년 FC 바르셀로나를 창설했다. 그는 팀의 첫 주장을 맡은 이래로 1903년까지 총 51골을 넣었다. 그는 세 번의 경기에서 9골씩 넣으며 FC 바르셀로나에서 골 신기록을 세웠다. 이것은 리오넬 메시도 내기 힘든 기록이다.[128] 1895년에 스위스 축구협회가 설립되었고, 1897/1898년의 최초의 챔피언십에서는 그라스호퍼가 우승을 차지했다. 독일에서는 1900년에 독일 축구 연맹이 설립되었다. 1903년 챔피언십 첫 결승전에서 VfB 라이프치히는, 독일 민족주의자이자 프라하 출신의 유대인이 창설한 도이체 FC 프라하와 맞붙어서 7 대 2로 승리했다. 프라하는 원래 합스부르크 왕가가 지배하는 오스트리아-헝가리 제국의 보헤미아 지역 수도였다. 당연히 도이체 FC 프라하는 독일 축구 연맹의 창립 멤버였고 독일 최초로 준우승을 차지한 것이다! 오스트리아에는 1894년 최초의 축구 클럽인 피르스트 비에나 FC가 창설되었다. 피르스트 비에나 FC가 발전하여 1904년에는 오스트리아 축구 연맹(ÖFB)이 설립되었고, 몇 달 후에 오스트리아 축구 연맹은 FIFA에 가입했다.

1904년 창설 당시 FIFA의 회원국은 스위스, 덴마크, 프랑스, 벨기에, 스웨덴, 네덜란드였다. 독일 축구 연맹은 창립일 날 전보로 가입 의사를 전했다. 이후 FIFA는 축구 규정의 통일, 국가 간 경기 조직, 유럽 이외 지역의 협회 통합 등을 관리하고 있다.[129] 1930년 제1회 월드컵이 우루과이에서 개최되었지만, 유럽에서는 4개국만 출전했고 독일은 불참했다. 4년 후 파시즘이 실권을 장악하던 이탈리아에서 독일 팀은 1. FC 자르브뤼켄의 공격수 에드문트 코넨의 해트 트릭(한 선수가 한 경기에서 3득점을 하는 것)을 포함하여 벨기에를 5 대 2로 물리치고 16강에 올랐지만, 체코슬로바키아와의 준결승전에서는 패배했다. 1938년 프랑스 월드컵에서 나치 독일은 4년 전과 달리 하켄크로이츠 깃발을 달고 출전했고, 스위스와의 16강전에서 2 대 4로 패했다. 당시 독일의 코치는 제프 헤르베르거였다. 1942년과 1946년에는 제2차 세계대전으로 월드컵이 개최되지 않았고, 1950년 브라질 월드컵에는 독일이 전범이자 패전국이라는 이유로 출전할 수 없었다.

1954년 스위스 월드컵부터 독일 국가대표 팀의 출전이 다시 허용되었다. "베른의 기적"은 여기에서 언급하기에는 이미 너무 많이 거론된 이 야기일 것이다. 프라이부르크의 역사학자 프란츠 요제프 브뤼게마이어 가 자신의 저서에서 월드컵 우승이 독일에 어떤 의미였는지를 상징적인 차원에서 탁월하게 조명했으니 이를 참고하면 될 것이다. 한마디로 독일 은 이중으로 약한 팀이었다. 단 한 명의 코치와 헤르베르거, 카이저슬라 우테른 출신의 프리츠 발터처럼 나치 독일 시대의 노장 선수들로 구성 된 독일 팀은 한편으로는 전 세계의 경멸을 받았다. 또다른 한편으로 일 부 선수들은 전쟁 포로로 잡혀 있는 동안 쇠약해진 상태였고, 고국에서 의 생활이나 훈련 여건도 좋지 못했다. 조별 예선에서 독일은 헝가리에 3 대 8로 패하면서 절망적인 상황이었다. 토니 투렉이 골키퍼로 투입된 독일은 결승에서 다시 헝가리와 붙었다. 헝가리는 4년 넘게 패배한 적이 없는 우승 후보였고, 경기가 시작된 지 단 8분 만에 2 대 0이 되면서 독 일 팀의 운명은 이미 정해져 있는 듯했다. 그런데 독일은 동점을 만들어 냈을 뿐만 아니라 경기가 종료되기 불과 몇 분 전에 DFB-우승컵 우승 팀인 로트바이스 에센에 소속된 헬무트 란이 결승골을 넣으면서 3 대 2 로 극적인 역전승을 거두었다. 전 FIFA 회장이었던 쥘 리메는 독일 팀 주장인 프리츠 발터에게 우승컵을 수여했다. 이어 독일 국가가 연주되었 고 흥분한 독일 팬들은 금지된 가사 "독일, 독일, 전 세계의 그 어느 나 라보다 뛰어난 독일"을 외쳤다. 금의환향을 한 독일 국가대표 팀은 모든 기차역을 돌며 승리의 행진을 했다. 모든 선수들에게 1,000마르크의 포 상금이 지급되었고, 딩골핑이라는 소도시에 있는 글라스라는 회사는 고 고모빌 스쿠터를 현물로 기증했으며, 독일의 식료품 회사 마기에서는 선 수들에게 자사 제품으로 된 선물 바구니를 증정했다.[130]

독일은 이 월드컵에서 우승하며 명예를 회복했고, 축구는 독일의 국민 정서에 특별한 의미를 부여하는 스포츠가 되었다. 독일의 어떤 스포츠도 축구만큼 작가들에게 집필 동기를 부여한 주제는 없었다. 그러나 독일 축구의 역사를 축구와 정치가 빠르게 패스를 주고받으며 나아가는 것처럼 묘사하려는 시도는 타당성을 얻을 수 없으리라.

FC 바이에른 뮌헨과 "큰돈"

FC 바이에른 뮌헨을 이해하려면, 지역 라이벌이자 오랜 기간 뮌헨을 대표해온 축구 클럽 TSV 1860 뮌헨을 살펴볼 필요가 있다. TSV 1860 뮌헨은 1848년 혁명의 해에 "바이에른 사자들의 버틀러 양조장" 강당에서 창설되었고 "공화국의 책동(策動)"으로 활동이 금지되었다가 1860년에 "체조 및 스포츠 클럽(Turn-und Sportverein, TSV)"으로 재창설되었다. 원래 TSV 1860 뮌헨을 상징하는 색깔은 녹색과 금색이었는데, 1899년에 클럽에 축구부가 설립되면서 바이에른의 상징색인 흰색과 파란색이 채택되었다. 1926년 이 클럽은 그륀발더 거리에 전용 구장인 제히츠거 슈타디온을 지었다가 파산 직전에 이르렀다. 1931년 클럽의 상징을 따서 이 클럽은 "사자들"이라고 불리게 되었고, 사자들은 독일의 2인자, 1942년 DFB-우승컵 우승 팀, 1963년 독일 분데스리가의 공동 설립자가 되었다. 이후 클럽의 전성시대가 열렸다. TSV 1860 뮌헨은 세르비아 출신의 골키퍼 페타르 라덴코비치를 영입했는데 그는 청소년들의 마음을 사로잡은 선수였다. 그는 경기장 구석에 있는 골문에 서서, 필드에서 뛰고 있는 선수들을 위해서 농담을 던지며 자신에게는 시합이 전혀 중요하지 않은 듯이 행동하다가도 경기장으로 직접 나서서 맹렬히 공격하고는 했다. 심지어 한 번은 페널티킥까지 넣었다. 그의 앞에 나타난 한 공격수에게 그가 직접 공을 넘겨준 장면은 특히 유명하다. 라디라고 불렸던 페타르 라덴코비치는 상대편 선수에게 두 번째 기회를 주기 위해서 그의 다리 앞에 다시 한번 공을 던져주었고, 그 공격수는 너무 당황한 나머지 라디에게 다시 공을 넘겨주었다. 그의 이러한 일탈 행동으로 감독인 막스 메르켈은 절망스러웠겠으나 덕분에 이 축구 클럽에 열광하는 팬들이 생겼다.

1964년 제히츠거는 독일 DFB-우승컵에서 우승을 차지했고, 1년 후에는 웸블리에서 열린 유러피언컵 결승전에서 웨스트 햄 유나이티드와 맞붙었다가 패배했다. 센터포워드였던 루디 브루넨마이어는 분데스리가의 득점왕(24골)이 되었다. 1966년 제히츠거는 독일 분데스리가의 챔피언이 되었고 다음 해에는 준우승을 차지했다. 골키퍼의 노래 "나는 라디, 나는 왕"은 인기 곡 순위에서 1위를 차지했다.[131]

이러한 상황에서 FC 바이에른 뮌헨이 등장했다. 1900년에 창설된 FC 바이에른 뮌헨은 전용 구장도 없었고 1962/1963년 분데스리가 진출 자격도 놓친 팀이었다. 1965년 새로운 클럽 회장이 취임하고 축구 클럽 구단주가 바뀌고, 유고슬라비아 출신의 감독 즐라트코 "치크" 차이코브스키, 그리고 3명의 차세대 선수가 영입되면서 FC 바이에른 뮌헨은 부흥하기 시작했다. 니더바이에른 출신의 제프 마이어, 일명 '안칭의 고양이'[132]가 골문을, 신도시 기징 출신의 프란츠 베켄바워는 미드필드를, 슈바벤 출신의 게르트 뮐러, 일명 봄버 뮐러가 공격을 맡았다. FC 바이에른 뮌헨은 1965년 남부 지역 리그에서 146점 득점에 32점 실점이라는 놀라운 성적을 기록했다. 마치 다른 별에서 나타난 팀 같았다. 분데스리가에 진출한 FC 바이에른 뮌헨은 테니스 보루시아 베를린과 붙어서 8 대 0으로 승리했다. 분데스리가에 진출한 첫해인 1965년에 FC 바이에른 뮌헨은 3위를 기록했다. 그해의 우승은 TSV 1860 뮌헨이었다. 그러나 그해 DFB-우승컵의 우승 팀은 FC 바이에른 뮌헨이었다. DFB-우승컵 우승은 유러피언컵에서 우승을 차지하여 지역의 권력 구도를 완전히 바꿔놓을 시작점이었다. 1964/1965년 유러피언컵 결승에 진출했으나 패배한 TSV 1860 뮌헨과는 달리, 1966/1967년의 FC 바이에른 뮌헨은 결승전에서 연장전까지 간 끝에 '황소' 로트가 골을 넣으며 1 대 0으로 글래스고 레인저스를 꺾었다. 그다음 해에 FC 바이에른 뮌헨은 DFB-우승컵의 우승을 유지했고, 분데스리가에서 유례없는 연승 행렬을 기록했다. 드림팀 FC 바이에른 뮌헨은 1968/1969년 독일 챔피언십에서 우승했고, 이후 두 번 2위를 차지했으며, 감독 우도 라테크가 새로 팀을 이끌며 1971/1972년(101점 득점에 38점 실점, 승점 55점), 1972/1973년, 1973/1974년 세 시즌 연속으로 우승을 차지했다.

FC 바이에른 뮌헨에 대해서 독일 일부 지역에서는 깊은 반감이 있었다. 브라질의 스타 선수들과는 달리, FC 바이에른 뮌헨의 노련한 선수들은 자기 공도 없이 길거리에서 축구를 시작한, 별다른 배경이 없는 선수들이었는데도, 클럽이 큰돈의 냄새를 풍긴다는 소문이 돌았다. 위르겐 부셰나 노르베르트 자이츠와 같은 노련한 작가들과 기자들조차 클럽에 관한 이 잘못된 고정관념을 바로잡는 데에 도움이 되지 않았다.[133] 한마디로, FC 바이에른 뮌헨이 더는 새롭거나 독창적이지 않고, 오히려 1920년대로 퇴보하고 있다는 것이었다. 당시 FC 바이에른 뮌헨의 회장은 뮌헨 출신의 유대인 상인의 아들인 쿠르트 란다우어였다. 그는 1901년부터 FC 바이에른 뮌헨에서 선수로 뛰었고 1913년에 회장으로 선출되었다. 그리고 제1차 세계대전 때에 독일의 최전선에서 싸우느라 잠시 활동을 중단했던 것을 제외하고는 1933년까지 회장직을 지켰다. 이 시기에 FC 바이에른 뮌헨은 남부 지역 리그에서 두 번(1926, 1928)이나 우승했고, 1932년에는 독일 챔피언십에서 우승을 차지했다. 당시 팀의 감독은 리틀 돔비라고 불렸던 리하르트 콘으로, 오스트리아 국가대표 선수였으며 유대인이었다.[134] 재정난을 무난히 극복한 FC 바이에른 뮌헨은 축구 경기에만 집중할 수 있었다. 반면, TSV 1860 뮌헨은 구장 건축으로 빚더미에 오르면서 파산했고 필사적으로 도움의 손길을 찾고 있었다. 이때 유대인 축구 클럽인 FC 바이에른 뮌헨이 큰돈으로 영향력을 행사한다면서, 반유대주의 운동이 일어나기 시작한 것이다.[135]

1933년 나치가 정권을 장악하면서 란다우어는 「뮌헤너 노이에스텐 나흐리히텐(*Munchner Neuesten Nachrichten*)」(「쥐트도이체 차이퉁[*Süddeutschen*

Zeitung]」의 전신) 광고 책임자 자리에서 쫓겨났고, 축구 클럽 회장직도 내려놓아야 했다. 1938년에는 몇 주일 동안 다하우 유대인 강제 수용소에 감금되었다. 1년 후 그는 코치인 콘과 함께 스위스로 이민을 떠났다. 독일에 남았던 4명의 형제들은 사망했다. FC 바이에른 뮌헨은 정치적으로 나치가 필요하다고 여겼다. 1943년 결국 나치 간부가 회장 자리에 올랐지만, 란다우어와의 관계는 유지되었다. 1940년 제네바에서 FC 세르베트와의 원정 경기가 끝난 이후, FC 바이에른 뮌헨 선수들은 관중석으로 뛰어올라가서 자신들의 전 회장에게 인사를 건넸다. 이 일로 게슈타포는 유대인 축구 클럽을 위협했다. 1947년 란다우어는 뮌헨으로 돌아왔고 다시 회장으로 선출되었다. 그는 FC 바이에른 뮌헨을 다시 1부 리그로 올려놓았다.[136] FC 바이에른 뮌헨의 팬클럽 쉬케리아 뮌헨은 몇 년 전부터 "반인종주의 시합"인 쿠르트 란다우어 컵을 개최하고 있다. 2009년 축구 클럽 마카비 뮌헨은 다하우 유대인 강제 수용소 추모지에서 란다우어의 125번째 생일 축하 행사를 열었고, 이사회 회장인 카를-하인츠 루메니게가 FC 바이에른 뮌헨의 대표를 맡았다. 바이에른의 전 총리이자 FC 바이에른 뮌헨의 행정 자문위원회 회장인 에드문트 슈토이버는 이렇게 말했다. "FC 바이에른 뮌헨은 쿠르트 란다우어를 자랑스럽게 생각하며 진심으로 감사를 느낀다."[137]

1960년대에 모든 학교 운동장에서는 FC 바이에른 뮌헨과 TSV 1860 뮌헨의 젊은 팬들 사이에 갈등이 벌어지고는 했다. 당시 TSV 1860 뮌헨의 팬들은 그러한 갈등의 역사적인 의미를 제대로 알지 못했다. 1933년에 이미 "사자들"은 나치를 위한 클럽이 된 반면, 유대인 선수들은 해외로 도피해야만 했다.[138] TSV 1860 뮌헨은 나치 간부가 이끌면서, 반유대주의의 전형적인 방식인 "큰돈"과의 싸움에 돌입했다. 1923년 히틀러 폭동에 가담한 프리츠 에벤뵈크 회장은 1934년 나치 상급지도자 선거에서 선출되어, 1936-1945년간 의사이자 나치 돌격대 상급집단 지도자를 역임했던 에밀 케터러의 자리를 이어받은 인물이었다. 그의 딸 발트루데는 1939년 나치 친위대 하급돌격 지도자인 한스 마르틴 슐라이어와 결혼했다. 고용주 협회의 회장이기도 했던 한스 마르틴 슐라이어는 좌파 테러리스트에게 암살당했다. 슈투트가르트에는 그의 이름을 딴 다목적 경기장 한스 마틴 슐라이어 할레가 있다.[139] 재정이 탄탄했던 FC 바이에른 뮌헨과는 달리, TSV 1860 뮌헨은 당시에 나치의 도움으로 겨우 파산을 면할 수 있었다. TSV 1860 뮌헨은 베르더 브레멘, VfB 슈투트가르트, 그리고 1930년대에 독일 챔피언십에서 연속으로 우승한 FC 샬케 04와 함께 "나치의 4대 우수 클럽"에 소속되어 있었다.[140] TSV 1860 뮌헨은 오랫동안 자신들의 암울한 역사를 언급하기를 회피해오다가, 클럽의 부회장이자 전 사회민주당의 바이에른 의장이 뒤늦게 자신들의 과오를 인정했다.[141] 한편, "부자 클럽" FC 바이에른 뮌헨에 대해서도 다룰 내용이 많다.

드림팀

FC 바이에른 뮌헨은 지역 라이벌 클럽인 TSV 1860 뮌헨의 눈앞에서 실력 있는 선수들을 먼저 빠르게 낚아챘다. 원래 프란츠 베켄바워는 자신의 연고지인 바이에른의 다른 축구 클럽, TSV 1860 뮌헨에 입단하려고 했다. 그러나 그는 TSV 1860 뮌헨의 한 젊은 선수에게 부당한 대우를 받는다고 느꼈고 충동적으로 FC 바이에른 뮌헨행을 택했다.[142] 게르트 뮐러는 그에게 선발 팀의 선수 자리를 약속하겠다는 FC 바이에른 뮌헨의 좋은 제안을 받았던 것이다. 챔피언 팀인 TSV 1860 뮌헨이 그에게 이러한 제안을 했다면 자신을 기만하는 것이라고 생각했을 것이다. 베켄바워와 뮐러는 그들이 출전한 첫 경기에서 한 골씩 넣었다. 차이코브스키 감독에게 "작고 뚱뚱한 뮐러"라고 불렸던 그는 다득점 선수로 성장했고, 베켄바워는 감독 자리까지 올랐다. 첫 시즌의 4일째 경기에서 FC 바이에른 뮌헨은 처음으로 분데스리가 1위를 차지했다. 그러나 그해에 우승은 TSV 1860 뮌헨이 차지했다. 연고지 클럽과의 1차 더비 전에서 FC 바이에른 뮌헨은 0 대 1로 패했지만, 2차 더비 전에서는 3 대 0으로 이겼다.

1968/1969년 시즌에 FC 바이에른 뮌헨은 1932년 이후 처음으로 독일 챔피언이 되었다. 제프 마이어는 준우승한 클럽의 골키퍼보다 20골이나 더 적게 실점했다. 당시 승점은 46점이었는데, 현재 기준으로 환산하면 64점이다. 예전에는 승점을 2점으로 계산했다. 현재는 3점으로 계산한다. 게르트 뮐러는 30골을 넣어 득점왕이 되면서, 당시까지 최고 기록이었던 1964년 우베 젤러의 기록을 따라잡았다. 포크송 가수 프레들 페즐의 다음 가사는 이 시기에 쓰인 것이다.

뮐러가 골대 앞으로 쏜살같이 나타나네.
관중들은 '우베'라고 소리치네.
뮐러의 공격이 나의 눈에 보이네.
그의 의도가 아니라는 뜻이겠지.

그후 몇 년간 뮐러는 38골(1969/1970년)과 40골(1971/1972년)을 기록했다. 이 두 해에 뮐러는 "유럽 최고의 득점왕"으로 선정되면서 부상으로 황금 신발을 받았다. 이후 분데스리가의 어떤 공격수도 이 성적을 달성한 적이 없었다. 세 번 더 득점왕이 되었던 뮐러도 이 성적은 다시 내지 못했다. 1977/1978년의 기록도 24골로 끝났다. 이것이 얼마나 대단한 성적인지는 다음의 성적들을 보며 비교해보기를 바란다. 나중에 국가대표팀 감독이 된 루디 푈러와 위르겐 클린스만은 각각 23골과 19골로 득점왕이 되었다. 게르트 뮐러는 분데스리가의 최연소 득점왕(1966/1967년)이자 최고령 득점왕이었다. 또한 그는 가장 많이 득점왕이 된 선수였다(총 7번, 1967, 1969, 1970, 1973, 1974, 1978). 이 역시 FC 바이에른 뮌헨의 공격수인 카를-하인츠 루메니게보다 앞선 기록이다. 루메니게의 기록은 울프 키르스텐이 따라잡았다. 게르트 뮐러는 1965-1979년간 분데스리가에서 FC 바이에른 뮌헨을 위해서 (427번의 경기에서) 총 356골을 넣으며 독일 최고 기록을 세웠다. 그는 독일 국가대표 팀에서 뛸 때에도 62경기에서 총 68골을 기록하며, 독일 국가대표 팀 최고의 득점왕이 되었다. 2006년 크리스티아누 호날두가 등장하기 전까지, 뮐러는 월드컵 득점왕 목록에서 32년 동안이나 1위를 차지했다. 게르트 뮐러는 총 1,204회의 리그전 경기와 친선 경기에서 1,455골(한 경기당 1.21골)을 넣었다.[143]

1970년대 초 FC 바이에른 뮌헨은 관중을 사로잡는 플레이를 펼쳤다. 1971/1972년 시즌에 FC 바이에른 뮌헨은 101골 득점에 승점 55점을 달성했다. 24승 3패를 현재 기준으로 환산하면 승점 79이다. FC 샬케 04도 아주 좋은 성적을 거둔 해였다. FC 샬케 04는 FC 바이에른 뮌헨처럼 24승을 거두었으며, 마지막 경기 전날에는 FC 바이에른 뮌헨보다 승점이 겨우 1점 뒤지고 있었다. 1승만 하면 FC 샬케 04는 챔피언이 될 수 있었다. 그런데 새로 지은 뮌헨 올림픽 스타디움의 "결승전" 경기가 극적이었다. FC 바이에른 뮌헨은 겔젠키르헨을 연고지로 한 FC 샬케 04를 5 대 1로 이기며 완전히 밀어냈다. 프란츠 베켄바워는 이 시즌에 마지막(이자 101번째) 골을 넣으며 몇몇 상대 팀들을 압승해온 연승 행렬에 마침표를 찍었다. FC 바이에른 뮌헨은 홈 경기에서 단 한 번도 패배한 적이 없었다. FC 바이에른 뮌헨은 홈 경기에서 보루시아 도르트문트를 11 대 1, 로트-바이스 오버하우젠을 7 대 0, 베르더 브레멘을 6 대 2, 아인트라흐트 프랑크푸르트를 6 대 3, MSV 뒤스부르크와 VfL 보훔을 5 대 1, 뮌헨글라트바흐를 2 대 0으로 이겼다. 원정 경기에서는 1. FC 쾰른을 4 대 1로 이긴 것을 포함하여 함부르크 SV와 VfB 슈투트가르트를 물리쳤다. 게르트 뮐러도 최고 기록을 세운 이 시즌에, FC 바이에른 뮌헨에 마이어, 베켄바워, 뮐러라는 거성 3인과 함께 거의 매일 경기에 출전하는 두 선수가 있었다. 바로 울리 회네스와 파울 브라이트너였다.

이 두 명은 챔피언 1세대인 맨발의 선수들과 더불어 경기장에 등장한 새로운 유형, 즉 사업가형 선수와 지식인형 선수였다. 슈바벤 출신의 울리 회네스는 대학교를 다니고 있었지만 가족이 경영하는 회사에서 일하기 위해서 학업을 중단했다. 그는 동생이자 나중에 헤르타 BSC 베를린 클럽의 경영자가 된 디터 회네스와 함께 연고지인 울름 클럽에서 선수 생활을 시작했다. 그는 15세에 독일 축구 연맹의 학생 선발 팀 주장이 되면서 오버바이에른 출신의 파울 브라이트너와 친분을 맺었다. 1970년 회네스와 브라이트너는 우도 라테크 감독에게 발탁되어 FC 바이에른 뮌헨에 입단했다. 브라이트너 역시 축구 선수로 경력을 쌓기 위해서 대학교 공부를 중단했지만, 회네스와 달리 지식인처럼 행동했다. 그는 자신이 "좌파"임을 대중에게 공개했고, 빌리 브란트의 선거 유세 광고를 제작했으며, 일간지 「빌트」의 칼럼니스트로도 활동했다. 이외에도 그는 독일 축구 연맹 비평가로 인정받았고, 텔레비전 방송을 위한 스포츠 잡지를 제작했고, 책을 집필하는 저자로 활동하며 저서 『헤딩(Kopf-Ball)』을 썼고,[144] 아동 스포츠 재단 창립 멤버로도 활동했다. 반면, 회네스는 바이에른 기독교사회연합당(CSU)과 이 정당의 영웅 프란츠 요제프 슈트라우스를 지지했고 자신이 시대정신에 반대하는 보수주의적인 성향임을 숨기지 않았다. 현역 축구 선수에서 은퇴한 이후, 그는 FC 바이에른 뮌헨의 경영자로 큰 성공을 거두었다.[145] 경영자로서 그는 날카로운 스포츠 정치와 곤경에 빠진 동료들에 대한 후원을 통해서 공인의 이미지를 다졌다.[146] 마이어, 뮐러, 베켄바워와 마찬가지로 회네스는 FC 바이에른 뮌헨에서 선수로서, 그리고 경영진으로서 평생을 바쳤다. 회네스는 FC 바이에른 뮌헨을 열아홉 번이나 독일 챔피언으로 만들었고(그중 세 번은 선수 신분), 열 번이나 DFB-우승컵의 우승 팀으로 만들었다(그중 한 번은 선수 신분).

1974년 서독 월드컵에서 우승한 독일 국가대표 팀의 모습.

　독일은 1972년 벨기에 유럽 축구 선수권 대회에서 우승을 차지했고, 1974년 서독 월드컵의 우승국이 되었다. 이것은 당시 분데스리가를 평정했던 FC 바이에른 뮌헨의 승리라고 해도 과언이 아닐 것이다. 선발 명단에는 제프 마이어, 프란츠 베켄바워, 게르트 뮐러, 게오르크 슈바르첸베크, 파울 브라이트너, 울리 회네스가 올랐다. 1972년 벨기에 브뤼셀에서 개최된 유럽 축구 선수권 대회 결승전에는 이 6인방에 베르티 포크츠(결승전에는 투입되지 않았다), 호르스트-디터 회트게스, 귄터 네처, 헤르베르트 비머, 유프 하인케, 에르빈 크레머스 등 보루시아 뮌헨글라트바흐 선수들까지 투입되었다. 이 팀은 독일의 역대 최강 팀으로 여겨진다. 1972년 독일 대표 팀은 벨기에와의 준결승전에서 2 대 1(게르트 뮐러 2골)로 이겼고, 결승전에서는 소련을 3 대 0으로 꺾었다(게르트 뮐러 2골, 비머 1골). 뮐러는 득점왕이 되었고, 귄터 네처는 독일에서 올해의 축구 선수로, 베켄바워는 유럽에서 올해의 축구 선수로 선정되었다. 1974년 월드컵 선발 선수 명단에는 다시 제프 마이어, 프란츠 베켄바워, 게르트 뮐러, 그리고 게오르크 슈바르첸베크, 파울 브라이트너, 울리 회네스가 올랐다. 네덜란드와의 결승전에는 베르티 포크츠, 라이너 본호프, 볼프강 오베라트, 위르겐 그라보프스키, 베른트 휠첸바인이 추가로 투입되었다. 세 차례의 예선전 경기와 3-4위전과 마찬가지로 결승전은 뮌헨 올림픽 스타디움(당시에는 FC 바이에른 뮌헨 스타디움)에서 열렸다. 결승전에서 네덜란드는 천재적인 플레이로 경기를 시작했다. 울리 회네스가 막아내지 못했더라면 네덜란드의 요한 크라위프가 2분 만에 골인에 성공할 뻔했다. 변경된 페널티킥 규정 때문에 독일은 경기 초반에 밀리는 형세였다. 7만5,000명의 관중 앞에서 열린 네덜란드와 독일의 결승전 전반전은 2 대 1로 끝났다. 파울 브라이트너가 (페널티킥으로) 1골을, 게르트 뮐러가 언제 공이 골대에 들어갔는지 상대편 선수는 알아차리지도 못하는 전형적인 뮐러 골을 1골 기록했다. 축구의 황제 프란츠 베켄바워는 탁월한 지도력을 발휘했다. 후반전에는 네덜란드가 경기를 주도했지만, 골키퍼 제프 마이어의 벽에 부딪혔다. 뮐러가 찬 독일의 세 번째 골은 오프사이드 판정을 받아 무효 처리되었다. 주장인 프란츠 베켄바워는 올해의 축구 선수로 선정되었다. 그로부터 16년 후에 이 천재 선수 베켄바워는 월드컵 국가대표 팀 감독으로 발탁되어 독일을 또다시 승리로 이끌었다.

1975년 5월에 FC 바이에른 뮌헨은 유러피언컵(잉글랜드의 리즈 유나이티드 FC에 2 대 0으로 승리)과 다음 해 인터콘티넨털컵(벨루오리존치를 연고지로 둔 크루제이루 EC에 2 대 0으로 승리)에서 우승을 차지했다. 그러나 1975년부터 주요 선수들이 떠나면서 상위권에서 밀렸고 독일 국가대표 팀도 무너지기 시작했다. 그러나 1980년대에 FC 바이에른 뮌헨은 과거의 명성을 되찾았을 뿐만 아니라 훨씬 더 막강한 팀으로 거듭났다. 카를-하인츠 루메니게가 새롭게 이끈 FC 바이에른 뮌헨은 10년 동안 무려 여섯 번의 시즌에서 독일 챔피언을 차지했다. 1984년 FC 바이에른 뮌헨은 프랑켄 출신의 로타어 마테우스가 들어오면서 더욱 막강해졌다. 연승 행렬이 이어졌다. FC 바이에른 뮌헨은 포르투나 뒤셀도르프(1979/1980년 시즌과 1984/1985년 시즌), 아인트라흐트 브라운슈바이크와 발트호프 만

하임(두 팀 모두 1983/1984년 시즌), 뮌헨글라트바흐와 하노버 96(두 팀 모두 1985/1986년 시즌), 함부르크 SV와 FC 홈부르크(1987/1988년 시즌)를 6 대 0으로 이기고, 포르투나 뒤셀도르프(1981/1982년 시즌)와 베르더 브레멘(1979/1980년 시즌)을 7 대 0으로 물리쳤으며, FC 샬케 04(1987/1988년 시즌)를 8 대 1로, 키커스 오펜바흐(1983/1984년 시즌)를 9 대 0으로 꺾었다. 1990년대에 FC 바이에른 뮌헨의 하늘에 올리버 칸, 메멧 숄, 위르겐 클린스만 등 3명의 스타가 떠오르면서, FC 바이에른 뮌헨은 10년 동안 다섯 번 챔피언을 차지했다. 경쟁자들의 눈에는 FC 바이에른 뮌헨의 헤게모니가 광팬을 양산하는 것처럼 비춰졌다.[147] 다시 말해서, FC 바이에른의 팬들은 종종 취향을 무시하는 언행으로 상대 팀을 도발했다.[148]

2010년까지 FC 바이에른 뮌헨은 10년간 여섯 번 챔피언을 차지했다. FC 바이에른 뮌헨은 하노버에 7 대 0으로 승리(2009/2010년 시즌)한 것을 제외하면 1970년대와 1980년대처럼 화려한 압승을 거두지는 못했다. 브라질, 페루, 파라과이, 이탈리아, 크로아티아, 네덜란드 출신의 실력 좋은 선수들이 있었음에도 FC 바이에른 뮌헨은 과거의 화려한 왕좌를 이어가지 못했다. 타이탄 올리버 칸은 은퇴를 하던 2007/2008년 시즌에 기록적으로 21점만을 실점했지만, 그의 뒤를 이은 골키퍼는 운이 나빴다. 2008/2009년 시즌에 칸의 교체 후에도 똑같이 유지된 수비수들과 경기를 했음에도 그는 많은 골을 허용하고 말았고, 결국 총 42골을 실점했다. 분데스리가의 모든 골키퍼들 가운데 칸과 비슷한 기록을 세운 선수는 FC 바이에른 뮌헨의 라이몬트 아우만으로, 1988/1989년 시즌에 26점의 실점을 기록했다. 독일 챔피언십 성적은 FC 바이에른 뮌헨(22회), 1. FC 뉘른베르크(9회, 가장 최근 기록은 1968년), 보루시아 도르트문트와 FC 샬케 04(각각 7회), 함부르크 SV(6회, 가장 최근 기록은 1983년), 슈투트가르트와 뮌헨글라트바흐(각각 5회), 브레멘과 카이저스라우테른(각각 4회), 쾰른, 그로이터 퓌르트, VfB 라이프치히(각각 3회), 하노버, 드레스덴, 헤르타

BSC 베를린(각각 2회) 순이다. 나머지는 딱 한 번 우승한 이후 한 번도 우승한 적이 없는 "하루살이들"이다.

독일 챔피언십 최초의 우승 팀은 1902/1903년 시즌에 VfB 라이프치히가 차지했지만, 1913년에 연승 행렬이 중단되었다. FC 바이에른 뮌헨처럼 막강한 실력을 발휘했던 팀은 1933-1942년에 우수한 성적을 거둔 FC 샬케 04였다. 이 시기에 FC 샬케 04는 여섯 번, 즉 나치 독재 시절 11년 동안 여섯 번이나 챔피언을 차지했다. 전쟁이 벌어진 두 해(1943, 1944)에는 드레스덴 SC가 우승했다. 드레스덴 SC는 이후에 독일 국가대표 팀 감독으로서 1974년 월드컵 팀을 승리로 이끈 헬무트 쇤이 선수 생활을 했던 팀이다. 히틀러의 고향인 오스트리아가 "대독일 제국"에 합병되면서, FC 샬케 04는 SK 라피트 빈에게 챔피언 자리를 내주어야 했다. FC 샬케 04의 간판선수인 프리츠 슈체판과 그의 매형이기도 한 에른스트 쿠조라는 1937년 국가사회주의 독일 노동자당(NSDAP)에 가입했고, 1938년 "아리안화"하여 유대인 상인들로부터 몰수한 재산으로 부를 축적했다.[149] 놀랍게도 두 선수는 1945년 이후에도 축구 클럽에서 계속 활동했다. 슈체판은 선수로 뛰다가 나중에는 감독이 되었고, 유대인 신탁 조합에 배상금을 지급한 이후 1963-1967년 동안 클럽 회장자리까지 올랐다. 슈체판이 사망한 이후에야 그의 나치 협력에 관한 논의가 시작되었고, 겔젠키르헨 시에서는 그의 이름을 딴 거리명을 사용하지 못하도록 금지했다.[150]

FC 바이에른 뮌헨은 독일 축구의 패권을 장악하면서 독일 전역과 전 세계에 팬클럽을 보유한 클럽으로 발전했다. 클럽 회원 수는 2000-2010년간 두 배로 증가하여 17만 명이 되었고 현재 3,000개의 팬클럽에는 20만 명이 넘는 회원이 있다. FC 바이에른 뮌헨의 새 경기장인 알리안츠 아레나의 관중석은 총 6만9,000석인데, 전 좌석은 항상 경기 전에 매진된다. 축구 클럽의 성공 행렬에도 큰 차이가 있다. 원래 전쟁 이후 관중은 평균 2만5,000명 수준이었다. 1970년대 FC 바이에른 뮌헨의 전성기에도 관중은 3만5,000명 수준이었다. 텔레비전 중계권 수입이 발생하면서 축구 클럽의 재정은 완전히 달라졌다. CNN이나 BBC 월드와 같은 방송사는 FC 바이에른 뮌헨이 독일 축구의 전부라고 생각할 정도였다. FC 바이에른 뮌헨이 항상 국제 시합 명단에 포함되어 있었기 때문이다. FC 바이에른 뮌헨은 이 재정을 기반으로 세계적인 슈퍼스타를 영입하기 시작했다. 예를 들면 FC 바이에른 뮌헨은 프랑스의 프랑크 리베리와 네덜란드의 아르연 로번과 같은 선수에게 당시 역대 최고의 이적료를 지불했다(각각 3,800만 유로, 3,500만 유로). 더 놀라운 사실은 FC 바이에른 뮌헨 청소년 클럽에서 키운 선수들이 최근 국가대표 선수 명단에 포함되었다는 것이다. 대표적인 예로 바스티안 슈바인슈타이거와 토마스 뮐러와 같은 최고의 선수를 꼽을 수 있다.

다른 최고 클럽에서 선수들에게 지불하는 이적료를 보면, FC 바이에른 뮌헨은 아직 경제적으로 선수 영입을 하는 편이다. 2009년 레알 마드리드는 맨체스터 유나이티드에 9,300만 유로를 지불하고 크리스티아누 호날두를 영입했다. 2011/2012년 시즌 FC 바이에른 뮌헨의 이적료 지출은 약 4,000만 유로에 달했는데(FC 샬케 04로부터 마누엘 노이어를 영입하는 데에 2,200만 유로), 이는 분데스리가 내에서 보면 평균 이상이지만 영국, 이탈리아, 스페인, 프랑스의 1부 리그와 비교해보면 적은 편이다. 2010년 독일의 이적료 지출은 총 1억6,700만 유로였지만 영국은 5억5,900만 유로, 이탈리아는 5억3,300만 유로, 프랑스는 1억9,600만 유로를 기록했다. 맨체스터 시티와 같은 클럽에서는 9,300만 유로(그중 아르헨티나의 세르히오 "쿤" 아궤로에게만 4,500만 유로)를, 파리 생제르맹, 유벤투스 FC, 첼시 FC에서는 각각 약 8,600만 유로를 이적료로 지출했다. 2012년 기준으로 가장 몸값이 비싼 선수는 24세의 아르헨티나 출신의 축구 선수 리오넬 메시로, 그의 시장 가치는 1억 유로에 달했다.[151] FC 바이에른 뮌헨을 제외하면 독일의 어떤 클럽도 그를 "살 수 있는" 능력이 되지 않았다. 물론 이러한 식으로 선수를 사고파는 행위는 충분한 여유 자금으로 클럽을 운영해야 한다는 클럽의 철학과는 맞지 않는다. 스페인과 이탈리아의 축구 클럽은 빚더미에 올라 있다. 세계적인 축구 클럽들이 재정난을 극복할 것인지, 혹은 러시아의 올리가르히가 소유주인 첼시 FC처럼 석유 재벌이 이들을 구제해줄 것인지는 지켜보아야 할 일이다.

치열한 스포츠의 세계

100미터 달리기

장거리 달리기는 경기 장면이 한눈에 들어오지 않는다는 점 때문에, 다양한 위치에서 카메라로 장면을 포착할 수 있는 텔레비전 중계 방송이 도입된 이후로는 폭넓은 층의 관중이 생겼다. 반면, 단거리 달리기는 처음부터 관심의 대상이었다. 100미터 달리기 선수는 세계에서 가장 빠른 사람으로 간주되고, 100미터 달리기는 육상의 꽃이 되었다. 100미터 달리기 우승자는 마라톤 우승자보다 훨씬 유명하다. 반면, 그 중간의 거리를 달리는 선수들은 관심을 거의 받지 못한다. 아테네에서 제1회 근대 올림픽이 개최된 이후로 100미터 달리기는 미국 선수들이 휩쓸었다. 100미터 달리기 최초의 금메달리스트는 12.0초를 기록한 미국 보스턴 출신의 토머스 버크였다. 그는 원래는 줄타기 전문가인 독일의 체조 선수 프리츠 호프만에게 간발의 차이로 우승을 차지했다.[152] "밀워키의 유성"이라고 불리던 아치 한은 1904년과 1908년에 금메달을 획득하며, 올림픽 최초로 2회 연속 금메달을 차지했다. 제시 오언스는 1935년 오하이오 주립대학교 스포츠 센터에서 45분 만에 5개의 세계 신기록을 세우면서 유명해졌다. 그는 1936년 베를린 올림픽에서 100미터 달리기, 200미터 달리기, 400미터 계주, 멀리뛰기로 금메달을 획득하며 가장 성공한 선수가 되었다. 이후 미국의 프랭클린 D. 루스벨트 대통령은 올림픽 우승자인 오언스에게 환영 인사를 하는 것을 거부했다. 백악관에서 흑인과 함께 있는 장면이 노출되면 대통령 재선에서 미국 남부 유권자들의 표를 잃을지도 모른다며 우려했기 때문이다. 오언스는 자서전에서 자신을 매정하게 대한 사람은 히틀러가 아닌 루스벨트였다며 당시의 씁쓸한 심정을 토로했다.[153]

1960년 로마 올림픽에서 독일 자를란트 출신의 육상 선수 아르민 하리는 100미터를 10초 만에 들어온 최초의 선수가 되었다. 그는 100미터 달리기에서 금메달을 획득한 마지막 유럽인이기도 하다.[154] 1968년 짐 하인스는 올림픽 100미터 달리기 사상 최초로 10초 장벽을 깨며 9.95초를 기록했고, 그 이후로는 미식축구 선수로 전향했다. 다음으로, 천재 육상 선수 칼 루이스는 몇 회의 올림픽에서 연속으로 금메달을 차지했다. 칼 루이스는 1936년 베를린 올림픽의 제시 오언스와 마찬가지로 1984년 로스앤젤레스 올림픽에서 100미터 달리기, 400미터 계주, 200미터 달리기, 멀리뛰기로 금메달을 차지했다. 여기에 더해서 1988년 서울 올림픽에서 100미터 달리기, 멀리뛰기로 금메달을 획득했고, 1992년 바르셀로나 올림픽에서는 400미터 계주와 멀리뛰기에서 금메달을 차지했으며, 1996년 애틀랜타 올림픽에서는 멀리뛰기에서 다시 한번 금메달을 거머쥐었다. 1984년부터 1996년까지 총 4회의 올림픽에서 그는 무려 9개의 금메달과 1개의 은메달을 차지한 것이다. 1980년 (서방 국가의) 모스크바 올림픽 불참 선언으로 칼 루이스는 출전할 수 없었고, 바르셀로나 올림픽에서는 병이 나는 바람에 최고의 기량을 펼칠 수 없었다. 그럼에도 그는 1991년 도쿄 세계 육상 선수권 대회에서 9.86초의 세계 신기록을 세웠다. 현재 100미터 달리기 세계 신기록 보유자는 자메이카 출신의 천재 육상 선수 우사인 볼트이다. 그는 2008년 베이징 올림픽에서 100미터를 9.69초에 들어오며 압도적인 차이로 금메달을 획득했다. 같은 대회에서

2017년 세계 육상 선수권 대회에 출전한 우사인 볼트.

그는 200미터 달리기, 400미터 계주 종목에서도 금메달을 획득했다. 볼트는 이미 15세에 자메이카 킹스턴에서 개최된 세계 주니어 육상 선수권 대회 200미터 경주에서 우승했고, 1년 후인 2003년 세계 청소년 육상 선수권 대회에서 우승을 차지했다. 2004년 아테네 올림픽에서 부상을 당했지만 이후 모든 대회에서 챔피언 타이틀을 싹쓸이했다. 그는 2009년 8월 16일 베를린 세계 육상 선수권 대회, 100미터 달리기에서 전설적인 9.58초를 기록하며 세계 신기록을 세웠다. 그리고 4일 후 200미터 종목에서 200미터를 19.19초에 들어오며 또다시 세계 신기록을 세웠다. 약물을 복용하지 않고 이 기록들을 깨는 것은 상상하기가 어려운 일이다. 아사파 파월은 비운의 선수였다. 그는 다른 육상 선수들보다 기록이 좋았지만(최고 기록 9.74초) 볼트의 후광에 가려져 빛을 보지 못했다.

여성 최초의 100미터 달리기 우승자는 1928년 암스테르담 올림픽에서 금메달을 획득한 미국의 베티 로빈슨이었다. 1931년 비행기 추락 사고로 그녀의 선수 생활은 끝난 듯했으나 그녀는 1936년 베를린 올림픽 계주 종목에서 다시 한번 금메달을 차지했다. 로빈슨은 무릎을 제대로 구부릴 수 없었기 때문에 100미터 달리기에는 출전이 불가능했고, 금메달은 그녀의 동료인 미주리 출신의 헬렌 스티븐스에게 돌아갔다. 최초로 스타의 반열에 오른 여자 육상 선수는 테네시 출신의 윌마 루돌프로, 1960년 로마 올림픽에서 금메달 3관왕을 차지했다. 그녀는 어린 시절 소아마비를 앓았지만, 탁월한 달리기 실력과 우아함으로 "검은 가젤"이라는 별명이 붙었다. 한편, 올림픽 2연패를 차지한 여자 육상 선수 두 명은 모두 미국 출신이었다. 와이오미아 타이어스는 1964년과 1968년 올림픽에서 2연패를 했고, 1968년 멕시코시티 올림픽에서는 11.0초라는 신기록을 세웠다. 매니큐어를 칠한 긴 손톱으로 강한 인상을 남긴 게일 디버스는 1992년과 1996년 올림픽에서 2연패를 차지했다. 독일 선수들 중에 올림픽 2연패를 기록한 금메달리스트로는 (구동독의) 레나테 슈테허가 있다. 그녀는 1972년 뮌헨 올림픽에서 100미터를 11.07초로 들어오며 세계 신기록을 세웠고, 200미터에서도 금메달을 차지했다. 그녀는 1970-1976년 동안 무려 17개의 세계 신기록을 세웠다. 그뿐만 아니라 그녀는 여성 최초로 100미터 달리기에서 11초 장벽을 깬 선수이다(1973년 오스트라바에서 10.9초). 그러나 1976년 몬트리올 올림픽에서 그녀는 서독의 경쟁자 안네그레트 리히터에게 패배를 인정해야 했다. 리히터는 1972년 400미터 계주에서 금메달을 획득했고, 1976년에는 은메달 두 개를 획득했다.

2008년 베이징 올림픽 육상에서는 남자 종목과 마찬가지로 여자 종목도 자메이카가 장악했다. 자메이카 국가대표 여자 육상 팀은 셜리-앤 프레이저의 주도 아래 금메달 1개(10.78초), 은메달 2개를 차지했다. 자메이카 여자 육상은 1980년대 멀린 오티가 두각을 나타내며 급부상했다. 오티는 올림픽에서 금메달은 한 번도 획득하지 못했지만, 1980, 1984, 1992년 올림픽에서 동메달을, 1996년(100미터 달리기 기록 10.94초)과 2000년에 은메달을 차지하며 20년 동안 꾸준히 실력을 입증했다. 오티는 올림픽 육상 종목에 가장 오래 출전한 선수였다. 그녀는 1991년 도쿄 세계 육상 선수권 대회(400미터 계주), 1993년 슈투트가르트(200미터 달리기), 1995년 예테보리(200미터 달리기)에서 우승을 차지했을 뿐만 아니라, 1989년 부다페스트 실내 육상 선수권 대회(200미터 달리기), 1991년 세비야(200미터 달리기), 1995년 바르셀로나(60미터 달리기)에서도 우승을 거머쥐었다. 그녀의 100미터 달리기 최고 기록은 10.74였다. 1996년의 이 기록은 2009년에야 프레이저가 10.73초로 단축시켰다. 한편, 세계 기록은 미국의 매력적인 여자 육상 선수 플로렌스 그리피스-조이너가 여전히 보유하고 있다. 그녀는 1988년 인디애나폴리스 대회에서 100미터를 전설의 기록인 10.49초에 들어오면서 우승을 차지했다. 그녀는 세단뛰기 올림픽 금메달리스트인 앨 조이너와 결혼했다. 그녀의 여동생인 재키 조이너-커시도 7종 경기와 멀리뛰기 금메달리스트이며, 플로렌스 그리피스-조이너처럼 자신의 남편인 밥 커시에게 훈련을 받았다. 1988년 서울 올림픽에서 플로렌스 그리피스-조이너는 100미터 달리기, 200미터 달리기, 400미터 계주에서 금메달을 획득했고, 1,600미터 계주에서 은메달을 차지했다. 그녀는 실력이 빠르게 성장한 만큼 선수 인생도 빨리 끝났다. 그녀가 젊은 나이에 뇌졸중으로 사망한 이후에도, 그리고 검사에서 꾸준히 음성 반응이 나왔음에도, 약물 복용에 관한 루머는 끊이지 않았다. 커시는 발레리 브리스코-훅스, 셰리 하워드, 저넷 볼든, 게일 디버스, 돈 하퍼, 앤드리아 앤더슨, 조애나 헤이스, 앨리슨 펠릭스 등의 여자 육상 금메달리스트들은 물론이고 앙드레 필립스와 숀 크로퍼드와 같은 남자 육상 금메달리스트들을 배출한 트레이너이다.

정신력으로 육체를 이기다 : 클리치코 형제

클리치코 형제는 세미팔라틴스크(소련, 현재 카자흐스탄의 세메이)에서 소련 장교인 아버지와 대학교 교육을 받은 교육학자 어머니 사이에서 태어나 소련 동부의 군사 지역에서 성장했다. 두 사람은 스포츠 클럽, 군대, 대학교를 다니며 소련에서 출세하기를 바랐던 듯하다. 형인 비탈리 클리치코는 13세에 체코슬로바키아 사회주의 공화국 군사 기지에서 킥복싱을 처음 시작했고, 키예프로 이주한 뒤 지역 챔피언십, 공화국 챔피언십, 스파르타키아트(올림픽에 대항한 소련의 국제 스포츠 행사)에서 챔피언을 차지했다. 그리하여 그는 청소년 국가대표 팀에 선발되었다. 그의 아버지는 우크라이나의 체르노빌 원자력 발전소 사고를 수습하다가 암에 걸리고 말았다. 그러다가 그는 플로리다의 웨스트팜비치에서 개최된 미국 청소년 국가대표 팀과의 시합에 초청되었고, 소련이 붕괴되기 전인 1989년에 해외여행을 허가받을 수 있었다. 이때 비탈리는 처음으로 미국인들이 가난하고 비참하게 살고 있다는 소련 공산당의 선전은 거짓이었으며, 소련과 달리 미국에서는 운동선수로 성공하면 명예와 부가 주어진다는 사실을 깨달았다. 클리치코 형제는 아버지에게 실상을 전하려고 했지만 쉽지 않은 일이었다. 아버지는 이러한 현실을 믿으려고 하지 않았기 때문이다. 1991년 소련이 붕괴되었다. 군대식 생활은 소련과 함께 사라졌다. 동생 블라디미르 클리치코가 1993년 테살로니키 청소년 유럽 축구 선수권 대회 헤비급 챔피언이 되었을 때, 이미 역사가 시작되었다.[155]

비탈리와 블라디미르 클리치코는 그때까지 볼 수 없었던 헤비급 권투 선수였다. 학구적인 가문에서 태어난 두 형제는 대학교에서 스포츠 과학을 전공했을 뿐만 아니라 권투 선수로 활동하면서 박사 학위를 받았다. 비탈리와 블라디미르는 해야만 하기 때문이 아니라 하고 싶어서 권투를 한 사람들이었다. 두 사람은 캐시어스 클레이의 초기 권투 스타일을 이어받은 듯한 권투 스타일을 발전시켰다. 이들은 야만적인 난타전을 절대 벌이지 않았고, 체스를 할 때처럼 기회를 계산했고, 상대방을 관찰했고, 장거리 펀치를 사용했다. 심각한 유효타를 막고, 많은 헤비급 선수들이

후유증으로 고생하는 뇌 손상을 피하기 위함이었다. 그러면서도 상대 선수를 지능적으로 녹초로 만들었다. 약 2미터의 거구에 행동반경이 넓은 것도 경기를 하는 데에 유리했다. 두 형제의 경기 장면을 지켜보면 정신력으로 육체의 한계를 뛰어넘는다는 인상을 자주 받는다. 블라디미르 클리치코는 1996년 애틀랜타 올림픽에서 백인 최초로 권투 슈퍼헤비급 금메달을 획득했고, 대부분의 올림픽 우승자들처럼 프로 권투에 진출했다. 블라디미르는 몇 번의 고배를 마신 이후 1999년 악셀 슐츠와의 유럽 권투 챔피언십에서 타이틀을 획득했고, 2000년에는 세계 권투 기구(WBO)의 세계 챔피언이 되었다. 여러 차례의 타이틀 방어전에서 그는 자신이 박사 학위 소지자라는 것을 내비치며 닥터 스틸해머라는 이름으로 경기에 출전했다. 이러한 이유로 그는 레녹스 루이스의 후예로 간주되었다. 그러나 놀랍게도 블라디미르는 남아프리카의 코리 샌더스와의 시합에서 패배했고, 여러 차례의 판정패와 티케이오(TKO : 심판이 선수의 상태를 판단하여 경기를 강제로 종료하는 것) 패를 당하며 위기에 빠졌다.

그 대신 비탈리 클리치코가 루이스와 대결했다. 2003년 6월 시합에서 비탈리의 심각한 열상으로 경기 중단이 선언되면서, 당시 세계 챔피언이었던 루이스는 놀랍게도 티케이오 승을 거두며 타이틀을 방어했다. 두 번째로 붙는다면 루이스가 패배할 것이 확실했기 때문에 루이스는 2004년 초에 은퇴를 선언했다. 1998년 비탈리는 헤비급 유럽 챔피언을 차지했고 1999년 허비 하이드와의 시합에서 세계 챔피언 타이틀(WBO)을 획득했다. 그러나 그다음 해에는 크리스 버드와의 대결에서 부상으로 인해서 타이틀을 빼앗겼다. 심판의 판정에 의하면 그가 훨씬 앞섰는데도 말이다. 이것은 그의 28년 권투 인생 최초의 패배였다. 몇 년 후에 그는 세계 권투 평의회(WBC)의 세계 챔피언 타이틀전 출전 자격을 얻었지만, 2003년 레녹스 루이스와의 시합에서 피가 철철 흐르는 심각한 열상으로 티케이오 패를 당했다. 2004년에는 동생의 패배를 만회하기 위해서 코리 샌더스와 시합을 했다. 로스앤젤레스에서 열린 이 시합에서 그는 8라운드에서 티케이오 승을 하며 두 번째 세계 타이틀(WBC)을 획득했다. 비탈리 클리치코는 자신의 능력을 발휘할 수 있는 최상의 상태였고 묵직한 권투 스타일로 당대 최고의 헤비급 선수라는 평가를 받았다. 그는 심각한 건강 문제로 2005년 경기를 치르지 않은 채 세계 챔피언 타이틀을 내려놓고 선수 생활을 정리할 수밖에 없었다. 그는 완치 이후에 다시 세계 타이틀 전에 도전할 수 있도록 세계 권투 평의회로부터 세계 명예 챔피언의 지위를 인정받았다.

다시 동생 블라디미르를 살펴보자. 블라디미르 클리치코는 역대 전적 무패였던 나이지리아 선수 새뮤얼 피터와의 대결에서, 피터가 금지된 타격을 사용한 탓에 판정승을 거두었고, 2006년 만하임에서 열린 크리스 버드와의 시합에서는 티케이오 승을 하며 두 개의 세계 타이틀을 획득했다(국제 권투 연맹[IBF], 국제 권투 기구[IBO]). 2008년 2월 그는 뉴욕 매디슨 스퀘어 가든에서 러시아 출신의 WBO 세계 챔피언 술탄 이브라히모프와 대결하여 완벽하게 판정승을 거두었다. 이로써 블라디미르는 3개의 세계 챔피언 타이틀을 획득했다. 그는 미국인 권투 선수 4명을 비롯하여 새뮤얼 피터, 역대 전적이 무패인 우즈베키스탄 출신의 WBA 세계 챔피언 루슬란 차가예프와의 시합을 치르며 이 타이틀을 방어했다. 총 6회의 방어전은 모두 독일에서 열렸다. 차가예프는 9라운드에서 기권을 선언했다.

비탈리는 2년간의 강제 휴식기를 가진 이후 2007년에 복귀에 도전했지만, 척추 디스크 사고로 응급 수술을 받느라 좌절되었다. 2008년 그는 다시 한번 복귀를 시도하여 성공했다. 당시 세계 챔피언이었던 새뮤얼 피터는 8라운드가 지나자 녹초가 되어서 기권을 선언했다. 비탈리 클리치코는 무하마드 알리, 이밴더 홀리필드, 레녹스 루이스처럼 세 번째 세계 타이틀을 획득했을 뿐만 아니라 스포츠에 새로운 역사를 썼다. 두 형제가 동시에 3개의 세계 타이틀을 획득한 것은 세계 최초였다. 비탈리가

타이틀 방어에 성공한 후, 협회에서는 37세의 중견 권투 선수인 그를 당대 최고의 케이오 승자로 선언했다. 비탈리는 37회의 경기 중에 36회를 케이오 승으로 이끌었기 때문이다. 가벼운 타이틀 방어전을 몇 차례 거친 이후에 2010년 비탈리는 미국 권투 선수 섀넌 브리그스와 최후의 결전을 치렀다. 섀넌 브리그스는 대부분의 시합을 1라운드에서 케이오 승으로 이끈 선수였다. 2010년 10월 16일 함부르크에서 상상을 초월하는 과격한 시합이 벌어졌고, 이 경기에서 비탈리 클리치코는 자신의 우월한 기술을 마음껏 발휘하며 브리그스에게 강편치를 날렸다. 경기가 진행되는 동안 코치와 심판은 경기를 일찍 중단시키지 않는다며 비판을 받았지만, 브리그스가 경기 중단을 철저히 거부했다. 경기가 종료된 후에 브리그스는 함부르크-에펜도르프 대학교 병원 중환자실로 이송되었다. 의사는 중증 뇌진탕, 두 곳의 안면 골절, 고막 파열, 이두박근 근육 파열이라는 진단을 내렸다. 심판들은 12라운드 모두 비탈리 클리치코가 우세했다고 만장일치로 결정을 내렸다. 프로 권투 선수로서 비탈리 클리치코의 경기 전적은 45전 43승이었다.

2012년 초 클리치코 형제는 권투 세계 챔피언이 되었다. 무하마드 알리와 마찬가지로 두 사람은 권투를 위해서만 살지 않았다. 두 사람은 교육과 스포츠의 조화를 추구했다. 이들은 약삭빠른 권투 시합 주최 측의 편에 서 있는 싸우는 기계가 아니라 자의식이 강한 기업인이었다. 두 사람은 클리치코 매니지먼트 그룹을 세워 자신들의 이름을 상품화했다. 이를 통해서 자신들이 상업적으로 이용되는 것에 제한을 두었다. 두 사람은 어머니의 뜻을 따라서 서로 대결하는 것은 결코 허용하지 않았다. 다른 스포츠 선수들과 마찬가지로 클리치코 형제 역시 광고에 출연했지만, 광고 장면이 재미있고 자신들의 이미지를 손상시키지 않는 제품만을 골랐다. 두 사람은 아프리카, 아시아, 남아프리카 지역의 도움이 필요한 아이들을 위한 구제 활동에도 참여했다. 이 활동으로 두 사람은 유네스코에서 공로상을 받았다. 두 사람은 우크라이나의 정치적인 독립 운동에도 참여했다. 클리치코 형제는 2004년 대통령 선거 당시 민주화 운동, 이른바 오렌지 혁명을 위해서 투쟁했다. 2년 후에 비탈리는 키예프 시장에 출마하여 29퍼센트의 득표율로 2위를 기록했다. 2010년 4월 그는 신생당인 개혁을 위한 우크라이나 민주주의 동맹의 당 대표로 선출되었다.

스포츠 메타포

스포츠는 "복잡한 정치 현상을 묘사하는 이미지를 제공하며" 핵심적인 커뮤니케이션 수단으로 부상했다. 이러한 언어를 사용하는 목적은 실제 상황을 단순화하려는 데에 있으며, 특히 정치인은 스포츠와의 유사성을 암시하면서 국민과의 유대감을 표현하고자 한다. 이러한 현상은 '속도를 높이다', '링 위에 오르다', '싸우다', '공격하다', '방어하다', '점수를 따다' 혹은 '명중하다'와 같은 단순한 동사에서부터 볼 수 있다. 언론과 여론 조사 전문가들 역시 영국에서 경마 저널리즘이라고 일컫는 문체로 선거의 '종착점'을 묘사할 때에 이러한 스포츠 용어를 사용한다. 2002년 독일의 신문 「쥐트도이체 차이퉁」과 「빌트」의 257개 기사를 조사한 결과, 독일 정치인들이 사용한 스포츠 메타포는 최소 770개였다. 스포츠 메타포 중에 41퍼센트는 축구와 관련이 있었다.[156] 수사학 교사들은 대학교 교수(트레이너)와 대학생(선수)들에게도 스포츠 메타포를 사용할 것을 적극적으로 추천한다. 이는 놀랄 일이 아니다. 공동 회의는 훈련장이고, 선수들은 득점하기(목표를 달성하기) 위해서 한 팀을 구성한다. 학급별로 유니폼을 착용하고 공통 마스코트를 선택한다.[157]

이러한 메타포는 다양한 스포츠 종목에서 유래한다. 예컨대 '출발선에 서다'(모든 스포츠) 혹은 '신호탄을 쏘다'(레이싱) 혹은 '출전하다'는 어떤 사건이 시작되었음을 알리는 표현이다.[158] 이외에 배턴을 잘 넘기고(계주), 보조를 맞추고(조정), 상대를 따돌리고(육상, 조정, 자동차 경주 등), 실수 없이 반환점을 돌고(승마), 장애물을 넘으면(허들 경주), 어떤 일이 순조롭게 진행된 것이다. 또한 '잘 돌아가다'(장거리 경주), '코스를 유지하다'(수영, 단거리 경주), '작전 타임을 하다'(아이스 하키), '공을 점유하다'(축구), '공을 떨어뜨리지 않다'(야구), '명중시키다'(구기 종목 혹은 사격), '전반전이 끝나다'(구기 종목), '선두로 달리다' 또는 '선두를 지키다'(경주 혹은 점수 집계 시), '핀을 "전부" 쓰러뜨리다'(볼링의 스트라이크), '페이스를 유지하다'(경주), '잠수하다'(수영), '훌륭한 기록을 세우다'(레이싱), '필수 혹은 선택 종목에서 좋은 성적을 내다'(피겨 스케이팅), '화살보다 빠르다'(양궁, 석궁), '반환점을 돌다'(모터 스포츠, 수상 스키), '홈런을 치다'(야구), '온몸으로 부딪치다'(아이스 하키), '골인하다'(축구, 핸드볼), '대어를 낚다'(낚시), '순풍이 불다'(요트), '균형을 유지하다'(체조, 곡예), '무게중심을 잃다' 또는 '상대를 때려눕히다'(레슬링), '공을 구멍에 넣다'(당구, 골프), '손을 떨지 않다'(사격, 다트), '들어올리다'(역도), '정상에 오르다'(등산), '체크메이트(checkmate)를 부르다'(체스) 등의 표현이 있다. 일이 잘 되어간다는 의미로는 '완주하다'(수영, 크로스컨트리 스키), '궤도에 오르다'(자동차 경주)라는 표현이 있다.

운전하거나 항해할 때에 드래프트를 활용하거나(자동차 경주, 레가타, 요트), 뒷바람을 맞거나(경주), 서비를 잘 넣으면(테니스, 배구) 공정하게 유리해진다. 반면, 다른 사람의 진로를 방해하거나(자동차 경주), 파울을 하면(축구) 편법으로 유리해질 수 있다.

한편, 아직 달리고 있거나(자동차 경주, 달리기 등), 재도전하거나(육상), 선수를 교체하거나(단체 경기), 같은 줄을 당기거나(줄다리기), 낭떠러지에서 배를 돌리거나(래프팅), 장대를 구부린다면(높이뛰기) 아직 기회가 있다는 뜻이다. 깃발이 흔들리거나 혹은 내려가거나(자동차 경주), 또는 수건을 던지거나(권투), 시간이 다 되거나(단체 경기), 부정 출발을 하면(달리기) 이미 끝났다는 뜻이다. 명중시키거나(양궁, 석궁, 라이플, 다트), 결승선을 넘거나(달리기, 승마), 상대를 때려눕히거나(레슬링), 케이오시키거나(권투), 검은 띠를 따거나(유도), 월계관을 받거나(고대 올림픽의 우승), 금메달을 따거나(근대 올림픽의 우승), 우승컵을 받거나 또는 물려받으면(여러 스포츠 종목) 성공했다는 뜻이다.

스포츠 종목 자체가 관용어구처럼 사용되는 경우도 있고(예를 들면 달리기, 경주, 장애물 경주, 마라톤 등), 특정 선수를 부르는 방식(우승 후보, 아웃사이더, 선두 주자)이나 전문 용어들이 스포츠 해설에서 독립하여 메타포로 사용되는 경우도 있다(예를 들면 오프사이드, 시간 초과, 개싸움, 도핑, 자책 골, 페어 플레이, 부정 출발, 사진 판정, 홈 경기, 녹아웃, 근소한 차이, 피트 스톱[급유, 타이어 교체 등을 위한 정차], 선발 주자, 심판, 헤비급, 경기 계획, 전력 질주, 터치다운, 무승부 등). 영어의 경우 1,700개의 스포츠 메타포를 상세히 설명해놓은 백과사전이 있다.[159] 올림픽에서 유래한 메타포도 있고, 전통 스포츠에서 유래한 메타포도 있다. 예를 들면 '테이블에 앉다'라는 표현은 손가락 씨름에서 유래했다.

스포츠 메타포를 사용할 때에는 폭넓은 계층이 연상할 수 있는 최근의 주요 이슈가 사용되는 경향이 있다. 나라별 기호도 큰 영향을 미친다. 독일을 비롯한 유럽 국가와 라틴아메리카에서는 축구, 미국에서는 야구, 캐나다에서는 아이스 하키와 관련된 메타포가 많다. 예를 들면 독일에서는 '옐로카드를 받다', '경고로 퇴장당하다', '파울을 하다', '오프사이드 작전을 쓰다'와 같은 표현이 있다. 언론 보도에도 국가별 특색이 반영될 수 있다.[160] 스포츠 메타포는 청소년의 언어에도 널리 퍼져 있어서 번역하기가 어렵다. 외국인 교환 학생이라면 스포츠 용어에 보통 두 가지 의미가 있다는 사실을 알아야 하는데, 대개 공식적인 경기 규칙과는 관련이 적은 것들이다.[161]

최고의 선수

치솟는 몸값

텔레비전의 도입으로 특정 스포츠가 인기를 얻었을 뿐만 아니라, 최고 선수들이 새로운 국민 영웅이자 청소년들의 우상으로 부상하기도 했다. 이는 선수들의 연봉은 물론이고, 상금이나 광고 계약을 통한 추가 수입에도 영향을 준다. 민영 방송이 도입되면서 선수들의 몸값은 껑충 뛰었다. 이제 수십 개의 텔레비전 채널이 방송권과 슈퍼스타의 광고 출연을 두고 쟁탈전을 벌이고 있기 때문이다. 권투의 경기 출전료에는 이러한 관계가 오래 전부터 반영되어 있었다. 1997년, 20세기의 가장 비싼 시합이 열렸다. 전성기에 WBA, WBC, IBF 타이틀을 동시에 획득했던 헤비급 세계 챔피언 마이크 타이슨과 이밴더 홀리필드와의 격투였다. 이 전설의 시합에서 타이슨은 자신의 분을 이기지 못해 상대 선수인 에반더 홀리필드의 귀를 물어뜯었다. 타이슨과 홀리필드는 당시 각각 3,500만 달러의 출전료를 받았는데, 여기에는 성형외과 수술비도 포함되어 있었다. 원래 슈퍼웰터급 시합에는 사람들이 별로 관심을 보이지 않지만, 2007년에 열린 슈퍼웰터급 권투 경기는 지금까지와는 전혀 차원이 다른 시합이었다. 플로이드 메이웨더가 WBC 세계 챔피언 오스카 델라 호야에게 도전장을 내던졌다. 플로이드 메이웨더는 역대 전적이 무패였지만 미국 이외의 지역에는 거의 알려지지 않은 선수였다. 홍보 기업 골든 보이 프로모션스에서 기획한 이 경기는 라스베이거스 카지노의 약 1만6,000명에 달하는 관중 앞에서 열렸고, 유료 텔레비전 채널의 방송 주문 횟수는 200만 회를 넘었다. 경기 수익은 1억2,000만 달러에 달했다. 세계 챔피언 오스카 델라 호야는 이 경기에서 패배했지만 4,500만 달러를 벌었고, 판정승으로 새로운 세계 챔피언이 된 메이웨더는 2,000만 달러를 벌었다. 38전 38승이라는 엄청난 경기 성적을 기록한 메이웨더는 자녀들과 더 많은 시간을 보내고 싶다

며 30세의 젊은 나이로 은퇴를 선언했다.[162]

축구 이적료에서도 이와 비슷한 현상이 나타난다. 2008년 FIFA 올해의 선수로 선정되었으며 맨체스터 유나이티드를 3회 연속 챔피언으로 만든 일등 공신, 포르투갈의 세계적인 축구 선수 크리스티아누 호날두가 2009년에 레알 마드리드로 이적할 때의 이적료는 무려 9,300만 유로로 당시 최고 금액이었다.[163] 레알 마드리드에서 향후 호날두의 이적료는 2억 유로가 될 것이라고 발표하면서, 이적료 금액을 두고 논쟁이 벌어졌다. FIFA 회장 제프 블라터는 호날두가 "축구계의 피카소"라는 멋진 비유로 높은 이적료를 변론했다. 2001년 알제리계 프랑스인 축구 슈퍼스타 지네딘 지단이 (유벤투스 FC에서) 레알 마드리드로 이적할 당시의 이적료는 7,350만 유로로 당시 최고를 기록했다. 그는 1998년, 2000년, 2003년 FIFA 올해의 선수로 선정되었고, 1998년 프랑스 월드컵, 2000년 유럽 축구 선수권 대회에서 활약했으며 레알 마드리드에서 뛰면서 2002의 챔피언스 리그, UEFA 슈퍼컵, 인터콘티넨털컵뿐만 아니라 2003년의 스페인 챔피언십과 스페인 슈퍼컵에서 팀을 우승으로 이끌었고,[164] 2011년부터 레알 마드리드의 감독으로 활동하고 있다. 1962년 독일 최고의 축구 선수 카를-하인츠 슈넬링거가 1. FC 쾰른에서 AS 로마로 이적할 때의 이적료는 50만 마르크였다. 1980년대에 아르헨티나 출신의 공격수 디에고 마라도나가 SSC 나폴리에서 FC 바르셀로나로 이적할 때의 이적료가 2,400만 마르크(약 1,200만 유로)였음을 생각해보면 이적료가 그동안 기록적으로 변화했음을 알 수 있을 것이다.

축구 선수들의 연봉도 천문학적인 규모이다. 독일의 스포츠 전문 잡지 「슈포르트빌트(Sportbild)」는 2010년 3월, 최고 연봉 선수 상위 20인 명단을 발표했다. 레알 마드리드의 크리스티아누 호날두가 연봉 1,300만 유로를 기록하며 1위를 차지했다. 2위는 연봉 1,200만 유로인 FC 바르셀로나의 즐라탄 이브라히모비치였다. 3위는 즐라탄의 팀 동료인 리오넬 메시, 4위는 연봉 1,050만 유로를 기록한 인터 밀란 소속의 카메룬 출신 사뮈엘 에토, 5위는 연봉 1,000만 유로를 기록한 레알 마드리드 소속의 브라질 출신 히카르두 카카가 차지했다. 8위는 독일 축구 선수로는 최고 연봉을 기록한 필리프 람과 아르헨티나의 카를로스 테베스(맨체스터 시티, 각각 800만 유로)가 차지했다. 9위는 연봉 750만 유로인 프랑스의 프랑크 리베리(FC 바이에른 뮌헨)였다. 그 뒤로 FC 첼시 런던의 프랭크 램퍼드, FC 바르셀로나의 티에리 앙리, AC 밀란의 브라질 출신 호나우지뉴가 있다. 17위(700만 유로)를 차지한 VfB 슈투트가르트의 알렉산드르 흘렙은 독일 선수 중에서는 두 번째로 연봉이 높았는데, FC 바이에른 뮌헨 소속인 네덜란드의 아르연 로번과 같은 수준이었다.[165]

최고 선수들의 경우 정기적으로 받는 연봉은 수입의 일부에 불과하다. 2009년 3월 독일 「슈피겔(*Der Spiegel*)」은 프랑스의 축구 전문지인 「프랑스 풋볼(*France Football*)」에서 조사한 2008년 데이비드 베컴의 수입을 공개했다. 베컴이 AC 밀란에서 받는 연봉은 640만 유로이지만, 여기에 광고 수입을 합산하면 총수입이 3,200만 유로에 달한다. 그다음은 리오넬 메시 2,860만 유로, 호나우지뉴 1,960만 유로, 티에리 앙리 1,700만 유로, 카카 1,510만 유로 순이다.[166] 1960년대 초 프란츠 베켄바워는 "힘은 접시 안에, 크노르는 테이블 위에"라는 카피로 유명한 미트볼 수프 광고를 처음으로 찍었고, 당시 그의 광고료는 120마르크(약 60유로)였다. 이를 보면 선수들의 수입원에 얼마나 많은 변화가 있었는지를 알 수 있을 것이다.[167]

지난 수십 년간 테니스에서도 이와 비슷한 변화가 나타났다. 현대 교통수단의 발전과 매스미디어의 영향으로, 지역 행사였던 윔블던 테니스 대회는 국제 대회로 성장했고, 오스트레일리아 오픈, 아메리칸 오픈 등 다양한 국제 대회가 개최되기 시작했다. 이제는 텔레비전이나 인터넷으로 거의 매주 대규모 테니스 대회를 시청할 수 있다. 그랜드 슬램은 물론이고 큰 대회 한 곳에서만 우승해도 선수에게는 우승 상금, 광고 및 후원 수입이 저절로 따라온다. 2005년 프랑스 오픈은 스페인의 테니스 선수 라파엘 나달의 인생에서 돌파구가 된 한 해였다. 2011년 9월에 작성된 한 인터넷 블로그의 글에 의하면 그가 벌어들인 우승 상금과 광고 수입은 2,200만 유로였고, 나달보다 더 많은 수입을 올린 선수는 3,300만 유로를 벌어들인 스위스의 로저 페데러밖에 없었다고 한다. 이에 대해서 다른 블로거는 이 수치에 출처가 없으므로 믿을 수 없으며 너무 높게 추정되었다면서, 페데러가 우승 상금 5,000만 유로"만을" 벌어들였을 뿐이라고 한다.[168] 전문적으로 작성된 오스트리아의 한 홈페이지는 연 수입을 나누어 하루 수입으로 계산했다. 이 홈페이지의 자료에 의하면 페데러는 하루에 13만7,226유로를 벌었고, 나달은 9만511유로를 벌었다.[169] 이 홈페이지의 자료 출처는 「포브스(Forbes)」라고 쓰여 있다. 「포브스」는 고소득자의 개인 신상과 소득 자료를 공개하고 순위를 매긴다. 25세의 테니스 선수 나달은 「포브스」100대 고소득자 명단 중의 유명인사 부문에서 58위를 차지했다.[170]

이 순위는 연 수입을 기준으로 매겨진 것으로, 아프리카계 미국인이자 토크쇼 진행자인 오프라 윈프리(1954년생)의 연 수입은 2억9,000만 달러였다. 유럽에도 잘 알려진 유명인사 중에는 영화 제작자인 스티븐 스필버그(6위 : 1억700만 달러)와 팝의 여왕 레이디 가가(8위 : 9,000만 달러)가 있었다. 가장 성공한 운동선수는 골프 선수 타이거 우즈(7,500만 달러)로 리어나도 디캐프리오와 함께 14위를 차지했다. 그리고 미국의 농구 선수 코비 브라이언트(24위 : 5,300만 달러)와 제임스 르브론(29위 : 4,800만 달러)이 그 뒤를 따랐으며, 골프 선수 필 미컬슨과 테니스 스타 로저 페데러는 30위(4,700만 달러)를 차지했다. 다른 목록에서 페데러의 연봉은 훨씬 높았다. 이 목록의 한참 뒤에 축구 선수 데이비드 베컴과 텔레비전 스타 찰리 신이 같은 순위(39위 : 4,000만 달러)에 올랐다. 그다음으로 크리스티아누 호날두(44위 : 3,800만 달러), 야구 스타 알렉스 로드리게스(47위 : 3,500만 달러), 리오넬 메시(56위 : 3,200만 달러), 라파엘 나달(58위 : 3,100만 달러)이 있었고, 미국의 축구 스타 톰 브래디와 농구 스타 드와이트 하워드(2,800만 달러)가 같은 순위를 차지했다. 두 사람의 소득은 영화 스타 안젤리나 졸리(3,000만 달러)와 비슷한 수준이었다. 소득이 가장 높은 여자 운동선수는 러시아의 테니스 선수 마리야 샤라포바(72위 : 2,400만 달러)로, 팝스타 제니퍼 로페즈(2,500만 달러)와 비슷한 수준이었다. 그다음으로는 자매인 비너스 윌리엄스(90위 : 1,300만 달러)와 세레나 윌리엄스(94위 : 1,200만 달러)가 있었으며, 같은 순위에 여성 카레이서 대니카 패트릭이 있었다. 대니카 패트릭은 모델 수입이 인디카 경주의 수입보다 많을 것으로 보인다.[171]

이 목록이 얼마나 신빙성이 있는지는 확실하지 않다. 여기에 언급된 수치가 다른 출처들의 수치와 항상 일치하지는 않기 때문이다. 가장 먼저 눈에 띄는 것은 제바스티안 페텔과 같은 포뮬러 1 세계 챔피언이 이 목록에 없다는 사실이다. 물론 우리가 생각하는 것만큼 페텔이 많이 버는 것이 아닐 수도 있다. 미하엘 슈마허의 연 소득은 약 2,500만 유로로, 젠슨 버튼(1,300만 유로)에 이어 가장 수입이 많은 카레이서였다. 각 스포츠 종목에서 1위를 차지한 선수로는 미국의 사이클 선수 랜스 암스트롱(1,500만 유로), 인도의 크리켓 선수 사친 텐둘카르(600만 유로), 수영 황제 마이클 펠프스(440만 유로), 그리고 놀랍게도 권투 선수 무하마드 알리(3,500만 유로)가 있다![172] 수입이 많은 선수가 반드시 현역 선수여야 할 필요는 없는 것이다. 진짜 부자는 규모 자체가 다르다. 마이크로소프트의 창업자 빌 게이츠와 비슷한 억대 자산가들의 (자산이 아니라) 연 소득은 8억 달러이다. 인도의 철강업자 락슈미 미탈의 연 소득은 무려 24억 달러이다.[173]

메가 이벤트로서의 스포츠

올림픽 참가자들 가운데 아마추어리즘을 광적으로 지지하는 사람들은 운동선수가 엔터테인먼트 산업의 유명인사 항목으로 분류된다는 사실을 달갑게 여기지 않을 것이다. 그러나 이것이 바로 현대 사회에서의 스포츠의 위상이다. 스포츠는 군사 교육에서 IOC의 사이비 아마추어리즘을 거쳐 다시 고대 그리스 로마 시대의 의미로 돌아왔다. 즉, 쇼 비즈니스이다. 이제 대형 스포츠 행사는 잔디에서 즐기던 스포츠의 차원을 훌쩍 넘어섰다. 메가 이벤트에는 수백만 달러의 돈이 연관되고, 심지어 수십억 달러가 연관될 때도 있다. 개최지와 활용권을 둘러싼 경쟁도 치열하다. 이러한 논의에서 각 도시, 심지어 국가도 스포츠 협회의 권한에 반기를 들기는 어려운 듯하다. 이제 IOC나 FIFA는 경기장에 입장하는 관중에게 제공하는 음료 및 음식물 섭취에 관한 규정까지 정한다. 최종 소비자인 우리는 투덜대면서도 이를 받아들인다. 순진하게도, 아직까지 우리는 단순히 경기 관람만을 중시하기 때문이다. 이러한 메가 이벤트에는 어떤 기능이 있는가? 고대 로마의 키르쿠스에서 열렸던 경기에 관한 모든 고찰을 우리가 사는 현대에 적용한다고 해도 잘못된 방향은 아니리라. 메가 이벤트에 관한 연구에서 어떤 것들을 발견할 수 있을지 좀더 자세히 살펴보자.[174]

메가 이벤트는 얼마나 많은 관중들이 몰리고 막대한 자금이 흘러들어 오는지에 따라서 정의된다. 예를 들면 2004년 아테네 올림픽의 경우, 텔레비전 방송 총 3만5,000시간에 누적 시청자 수는 400억 명을 기록했다. 이것은 2000년 시드니 올림픽보다 27퍼센트 증가한 수치이다. 이 기간에 개최되었던 FIFA 월드컵은 213개국에 4만1,000시간 동안 방송을 내보냈고 누적 시청자 수는 290억 명을 기록했다. 이러한 수치는 불과 20년 전만 하더라도 상상조차 할 수 없었다. 이러한 극적인 변화가 일어난 요인으로는 기술적인 가능성, 특히 위성 텔레비전을 꼽을 수 있다. 1960년 로마 올림픽 이후로 전 세계 위성 중계 시대가 열렸다. 당시 위성 중계료는 겨우 40만 달러였다. 이후 경기 주최자의 수입은 텔레비전 중계권 판매로 인해서 점점 증가했다. 1968년 멕시코시티 올림픽 당시 미국의 ABC 방송은 미국 전역에 대한 중계권 수수료만 450만 달러를 지불했다. 1988년 서울 올림픽 당시 미국에 대한 중계권은 3억3,000만 달러가 되었으며, 유럽은 3,000만 달러, 캐나다는 400만 달러였다. 2008년 베이징 올림픽에서는 중계권 수입 혹은 비용이 수십 배로 증가했다. 미국은 8억9,400만 달러, 유럽은 4억4,300만 달러, 캐나다는 4,500만 달러를 지불했다. 2012년 런던 올림픽의 미국 중계권으로 NBC 방송은 12억 달러를 지불했다. IOC 전 위원장 자크 로게는 텔레비전 중계권 총수입이 35억 달러에 달할 것이라고 추산한다. 올림픽 총수입의 구조는 다음과 같다. 최근 올림픽에서 텔레비전 중계권은 53퍼센트, 후원사(코카콜라, 코닥, 비자, 파나소닉 등) 수입은 34퍼센트, 티켓 판매 수익 11퍼센트, 상품 판매 수익 2퍼센트였다(IOC 공식 홈페이지에 의하면 각각 47퍼센트, 45퍼센트, 5퍼센트, 3퍼센트로 약간 차이가 있다). 스포츠 행사가 메가 이벤트로 급성장한 두 번째 요인으로는 최근 프로 스포츠에 혁명을 일으킨 스포츠, 미디어, 비즈니스의 연합 홍보를 꼽을 수 있다. 마지막 세 번째 요인은 개최지에 대한 관심이다.[175]

스포츠 사회학자 킴벌리 S. 쉼멜은 메가 스포츠 이벤트를 개최하기 위해서 도시들 간 경쟁이 벌어지는 이유가 스포츠 자체가 아니라 미래의 기회 때문이라는 명제를 정립했다. 솔트레이크시티와 같은 도시는 2002년 동계 올림픽 개최지로 선정되기 전에는 지도에 표시도 되어 있지 않았다. 그러나 올림픽 개최에 성공한 솔트레이크시티는 이제 다른 도시들과 대규모 행사 후보지를 두고 경쟁을 벌이고 있다. 쉼멜은 클리퍼드 기어츠의 **심층 놀이**를 바탕으로, 경제적으로 위태로운 도시가 적자를 보면서도 국제 행사 유치에 도전하는 비이성적인 행동을 하는 이유가 다른 곳에서 적자가 메워지리라는 기대감을 품고 있기 때문이라고 설명했다.

투자된 자본은 먼저 상징 자본으로 바뀐다. 행사 유치에 성공하면 공공 사회기반시설(이를테면 지하철 건설), 도시 계획 프로젝트(새로운 도시 구역 개발)와 대형 스포츠 시설 건축 자금을 조달할 수 있다. 이상적인 경우, 이 투자가 다른 메가 이벤트 유치를 끌어내는 효과를 얻으면서 도시 발전에 기여한다. 스포츠는 도시의 발전, 즉 국가 혹은 세계적인 도시들 간 서열에서의 매력 상승, 투자자들의 결정에 미치는 긍정적인 영향, 입지 조건 개선, 산업의 정착, 숙박 시설의 수용 인원 증가, 문화 홍보 등을 의미한다. 가장 이상적인 경우, 몇 년간 건축 소음, 물가 상승, 도시 치안 강화 조치, 익숙했던 이웃들과의 이별, 부동산 시장의 붕괴 등의 불편함을 겪은 도시 거주자들이 결국 그 혜택을 누리게 된다. 역으로, 스타디움이 대도시의 생활권으로 편입되면서 메가 이벤트를 유치하는 도시 주민들은 입장료를 살 수 없고 도시 개발을 위해서 더 많은 세금을 내면서도 아무런 혜택을 누리지 못할 위험도 있다.[176]

이러한 메가 이벤트를 유치하는 이유로, 인정받고 싶은 욕구를 간과해서는 안 될 것이다. 2008년 베이징 올림픽을 통해서 중국은 국제적으로 인정받았음을 보인 셈이다. 중국의 경제력 상승과 국제 사회에서의 정치적인 영향력을 인정받았다는 뜻이다. IOC는 2001년 중국을 2008년 올림픽 개최지로 선정했을 당시 이러한 신호를 보내고자 했던 것이다. 그사이 중국 지도부는 물론, 중국의 국민들은 중국의 자신감이 상승했다고 느꼈다.[177] 뿐만 아니라 일반적으로 국제 행사 유치에 성공하면 스포츠 분야도 함께 발전한다. 1996년 애틀랜타 올림픽에서 중국은 메달 집계 순위에서 이미 4위를 차지했지만, 미국의 성적에는 크게 뒤져 있었다. 중국은 2000년 시드니 올림픽에서 3위, 2004년 아테네 올림픽에서 2위를 기록했고, 마침내 2008년 베이징 올림픽에서는 미국(금 36, 은 38, 동 36)을 밀어내고 1위를 차지했다. 올림픽 개최국이었던 중국이 우승(금 51, 은 21, 동 28)을 차지한 것이다. 이러한 경쟁 구도가 앞으로 어떻게 발전할지 흥미롭다. 도핑 스캔들로 인해서 자격을 정지당한 중국의 국가 대표 수영 팀 코치 저우 밍은 1997년에 이미 다음과 같이 진단했다. "중국 여자 대표 팀 선수들처럼 남자 선수들도 4년, 5년, 6년 후에는 메달을 휩쓸 것이다. 세계 경제 역시 우리가 지배하게 될 것이다."[178]

각국이 어떤 동기와 배경으로 올림픽을 유치하려고 했는지는 1896년 아테네 올림픽을 개최한 그리스를 통해서도 알 수 있다. 그전까지 그리스는 유럽의 변두리에 있는 개발도상국에 불과했다. 미국이 세계 무대에 막강한 권력자로 등장한 것은 제1차 세계대전에 참전하기 이전, 1904년 세인트루이스 올림픽과 세계 박람회를 개최하면서부터였다. 1964년 일본이 아시아 최초로 올림픽을 유치한 동기는 두 가지로 분석할 수 있다. 하나는 극동 아시아의 산업 강국으로 인정받고 싶은 욕구였다. 도쿄 올림픽은 1940년에 개최될 예정이었으나 제2차 세계대전, 특히 일본이 중국을 침략하여 발생한 중일전쟁(1937-1945)으로 취소된 역사가 있었다. 따라서 일본은 두 번째 동기로서, 1964년 도쿄 올림픽으로 패전 20년 만에 정치적인 명예를 회복하려고 했다. 이탈리아(1960년 로마 올림픽)와 독일(1972년 뮌헨 올림픽) 역시 올림픽 개최를 통해서 파시즘을 표방했던 추축국이라는 오명을 벗어던지고 정치적으로 거듭날 수 있었다. 2016년 리우데자네이루 하계 올림픽에서도 개최국의 인정 욕구를 읽을 수 있다. 중국처럼 영원한 "신흥공업국"이었던 브라질은 이러한 욕구가 충족되기까지 오래 기다려야만 했고, 리우데자네이루 올림픽은 라틴아메리카 지역에서 최초로 개최된 올림픽이었다. 이 논리대로라면 다음 차례는 인도이다. 베팅은 이미 시작되었다.

초대형 스타디움 건축

통계 조사의 시대에 전 세계의 경기장 수를 집계하는 것은 어렵지 않다. 다음의 표는 통계 자료를 바탕으로 한 21세기 초 세계 스포츠의 현황이다.

스포츠 스타디움의 지리적인 분포

대륙		스타디움 수
아프리카		706
아메리카	북아메리카[179]	2,860
	중앙아메리카	285
	남아메리카	1,214
	총합	4,359
아시아		1,484[180]
오스트레일리아/오세아니아		284
유럽		4,457[181]
총합		11,290

유럽은 스타디움 건축에서 작은 거인임이 입증되었다. 경기장 수만 보아도 독일(521), 스페인(432), 영국(367), 프랑스(332), 이탈리아(278), 심지어 폴란드(193)와 핀란드(186)까지도 러시아(169)보다 많았다. 물론 수십 년 후면 일본(167), 중국(149), 인도(81) 등 유럽 이외 지역의 선진국 및 신흥공업국의 경기장 수가 증가할 것으로 예상되지만 말이다. 인구를 기준으로 하면, 아시아에서 유일하게 한국(249)만이 스포츠 경기장 밀도가 유럽과 비교할 만한 수준이다. 브라질(671)과 미국은 경기장 수로 평가하면 유럽 국가들을 능가하는 세계적인 수준이지만, 경기장 밀도는 그렇지 않다.

세계 10대 스포츠 시설을 보면 몇 가지 놀라운 사실들을 확인할 수 있다. 첫째, 인기가 많은 구기 종목이나 근대 올림픽 종목과 관련된 시설은 없고, 경마 또는 현대의 경마에 해당하는 자동차 경주 시설만 있다. 고대 그리스 또는 고문명 스포츠의 시대로 다시 돌아온 것이다. 경마와 전차 경주는 고대 그리스와 로마에서 가장 인기가 많은 스포츠였다. 관중 수용 능력이 20만 명에 달하는 로마의 **키르쿠스 막시무스**는 현재 세계 3대 스포츠 시설과 같은 규모이다. 경마와 전차 경주는 고대 이집트,

세계 10대 스포츠 시설[182]

연도	국가	스타디움	용도	수용 인원
1909	미국	인디애나폴리스 모터 스피드웨이	자동차 경주	250,000
1933	일본	도쿄 경마장	경마	223,000
2004	중국	상하이 국제 서킷	자동차 경주	200,000
1959	미국	데이토나 인터내셔널 스피드웨이	자동차 경주	168,000
1959	미국	샬로테 모터 스피드웨이	자동차 경주	167,000
1990	일본	나카야마 경기장	경마	166,000
1961	미국	브리스톨 모터 스피드웨이	자동차 경주	160,000
1962	일본	스즈카 서킷	자동차 경주	155,000
2005	터키	이스탄불 파크 서킷	자동차 경주	155,000
1997	미국	텍사스 모터 스피드웨이	자동차 경주	155,000

페르시아, 인도, 중국 등 고대의 모든 고문명에서도 가장 인기가 많았다. 둘째, 세계 10대 스포츠 시설들 대부분은 최근이 아니라 1960년 전후에 지어졌다. 특히, 세계 최대 규모의 스타디움은 20세기 말이 아니라 20세기 초에 지어졌다. 셋째, 유럽이나 영국은 이 목록에서 더 이상 중요한 위치를 차지하지 않는다. 이 통계 결과를 두고 다음과 같은 의문을 제기할 수 있다. 마라톤 경주 구간이 100미터 달리기 구간보다 긴 것과 같은 이유로, 자동차 경주로나 경마 경주로는 축구 경기장보다 당연히 크다는 지적이다. 당연히 더 긴 구간을 따라서 더 많은 사람들이 구경할 수 있다. 그러나 이러한 스포츠 단지 대부분에서는 관중들이 대개 지정석에서 경기를 관람한다는 점을 간과해서는 안 될 것이다. 현대에 지어진 이스탄불 파크 서킷은 몇몇의 경주로가 그림 같은 곳에 설치되어 있을 뿐이다. 이스탄불의 아시아 지역인 툴자에 있는 경주로는 비잔티움 시대의 히포드롬을 암시하며 이스탄불 오토드롬 서킷이라고 불리다가, 최근 더 현대적인 명칭으로 바뀌었다. 인디애나폴리스 모터 스피드웨이는 실제로 고대 히포드롬의 형태를 취하고 있는데, 인디애나폴리스 서킷이 고대

미국의 10대 미식축구 경기장[183]

연도	국가	도시	경기장	수용 인원
1927	미국	앤아버	미시간 스타디움	110,000
1960	미국	유니버시티 파크[184]	비버 스타디움	107,000
1921	미국	녹스빌/테네시 주	네일랜드 스타디움	102,000
1922	미국	콜럼버스/오하이오 주	오하이오 스타디움	102,000
1929	미국	터스컬루사/앨라배마 주	브라이언트-데니 스타디움	102,000
1924	미국	오스틴	텍사스 메모리얼 스타디움	100,000
1923	미국	로스앤젤레스	메모리얼 콜로세움	94,000
1929	미국	애선스/조지아 주	샌포드 스타디움	93,000
1924	미국	배턴루지/루이지애나 주	타이거 스타디움	92,000
1932	미국	댈러스/텍사스 주	코튼 볼 스타디움	92,000

히포드롬보다 크고 경주로 안쪽에 관람석이 있다는 점만 다르다. 현재 사용되고 있는 19개의 포뮬러1 서킷 가운데 7곳, 즉 상하이, 이스탄불, 세팡(말레이시아), 바레인, 이몰라, 아부다비, 한국의 서킷에 더해서, 제바스티안 페텔의 우승 기념으로 2011년에 개장한 뉴델리(인도)의 부드 인터내셔널 서킷은 독일의 건축 엔지니어이자 전직 카레이서였던 헤르만 틸케가 설계하고 지은 것이다. 이외에도 미국에 두 곳(텍사스와 뉴저지)의 대형 서킷과 동계 올림픽 개최지였던 소치에 한 개의 서킷이 건축 혹은 설계 단계에 있다.

그렇다면 다용도 국립 경기장과 올림픽 경기장은 어떨까? 세계 최대의 국립 경기장은 전체 순위에서는 11위를 차지했으며 북한에 있다(1989년 건축된 평양의 능라도 오월일일 경기장). 능라도 오월일일 경기장은 관중 수용 능력이 15만 명이며 정치 체제와 관련하여 특별한 의미를 차지한다. 이 경기장은 "위대한 지도자" 김일성의 지시로 군사 행렬과 축제뿐만 아니라 매스게임(아리랑 축제)과 예술 전시를 위한 곳으로 지어졌다. 아리랑 축제는 2007년 10만 명이 넘는 참가 인원을 기록하며 기네스

북에 올랐다. 그다음으로 큰 국립 경기장은 말레이시아의 쿠알라룸프르 (관중 수용 능력 10만 명)에 있으며, 주로 축구 경기장으로 사용된다. 오스트레일리아 국립 경기장은 멜버른 크리켓 그라운드라고 불리는데(관중 수용 능력 10만 명), 이는 크리켓이 오세아니아 대륙에서 가장 중요한 스포츠임을 암시한다. 2008년 올림픽 개최를 위해서 건축된 중국의 베이징 국립 경기장은 관중 수용 능력이 겨우 9만1,000명밖에 되지 않는다. 그다음으로는 모스크바(8만5,000명), 로마(8만3,000명), (아직 올림픽이 개최되지 않은) 이스탄불(8만2,000명), 중국 광둥 성(8만 명), 베를린(7만4,000명), 아테네(7만1,000명), 키예프(7만 명), 서울(7만 명), 뮌헨(6만9,000명) 순이다.

세계 최대 축구 경기장은 전체 순위에서 23위를 차지한 콜카타 경기장이다. 관중 수용 능력이 12만 명인 이 경기장은 세계 최대 규모의 구기 종목 경기장이다. 관중 수용 능력이 10만-11만 명 수준인 경기장 가운데 축구 전용 구장은 2곳뿐이지만, 미국에는 이 규모의 야구 경기장이 6곳 있고 국립 경기장으로는 3곳이 있다(쿠알라룸프르, 자카르타, 멜버른). 10만 명 또는 그 이상의 관중을 수용할 수 있는 경기장은 약 50여 개에 달한다. 다른 종목들은 어떨까? 미식축구 경기장에 관한 정보들을 살펴보자. 미식축구 경기장의 규모는 자동차 및 경마 경기장과 국립 및 축구 경기장의 중간 정도이다.

이스탄불을 제외한 유럽 최대의 스포츠 단지는 관중 수용 능력이 15만 명으로 전체 순위에서는 12위를 차지한 뉘르부르크링(1927년 건축)이다. 그다음은 관중 수용 능력이 14만 명이고 전체 순위에서 14위를 차지한 스페인의 카탈루냐 서킷이다. 두 곳 모두 자동차 경기장이다. 축구 경기장의 순위에도 많은 정보들이 담겨 있다. FC 바이에른 뮌헨의 알리안츠 아레나는 항상 전석 매진을 기록하지만, 관중 수용 능력은 약 6만9,000명으로 처음부터 예상 관중 수에 비해서 작게 지어진 것이 분명하다. 그다음으

세계 25대 축구 경기장(2012년 완공 기준)[185]

연도	국가	도시	경기장	수용 인원
1984	인도	콜카타	솔트레이크 스타디움	120,000
1966	멕시코	멕시코시티	에스타디오 아스테카	105,000
1998	말레이시아	쿠알라룸푸르	부킷잘릴 국립경기장	100,000
1957	스페인	바르셀로나	에스타디(캄노우)	99,000
2012	브라질	리우데자네이루	이스타지우 두 마라카낭	96,000
1989	남아프리카	요하네스버그	FNB 경기장	95,000
2009	남아프리카	요하네스버그	사커시티 스타디움	91,000
1971	이란	테헤란	아자디 스타디움	90,000
2007	영국	런던	웸블리 스타디움	90,000
1962	인도네시아	자카르타	겔로나 붕 카르노 스타디움	88,000
2006	이집트	알렉산드리아	보르그엘아랍 경기장	86,000
1956	소련/러시아	모스크바	루즈니키 스타디움	85,000
1974	독일	도르트문트	지그날 이두나 파크	81,000
1927	이탈리아	밀라노	스타디오 주세페 메아차	80,000
1947	스페인	마드리드	에스타디오 산티아고 베르나베우	80,000
1976	미국	뉴욕	자이언츠 스타디움	80,000
1959	이탈리아	나폴리	스타디오 산 파올로	78,000
1910	영국	맨체스터	올드 트래퍼드	76,000
2012	브라질	브라질리아	이스타디우 나시오날	76,000
1916	아르헨티나	부에노스아이레스	에스타디오 가소메트로	75,000
2011	스페인	발렌시아	노우 메스타야	75,000
1960	이집트	카이로	카이로 국제 스타디움	74,000
1936	독일	베를린	올림피아 스타디움	73,000
1953	이탈리아	로마	스타디오 올림피코	73,000
1950	소련/러시아	상트페테르부르크	키로프 스타디움	72,000

로는 아테네, 토리노, 요코하마, 타브리즈, 키예프, 반둥, 더반 순이다. 월드컵 개최지로 선정되었던 브라질은 2013-2015년 동안 상파울루와 벨로 호리존테에 관중 수용 능력이 7만 명 정도인 경기장을 추가로 완공했다.

보편적인 이미지와 차이가 있는 것도 흥미로운 일이다. 모든 나라에서 자동차 경주 및 경마, 미식축구, 축구를 중요한 종목이라고 생각하는 것은 아니기 때문이다. 콜카타의 크리켓 스타디움의 관중석은 9만3,000석으로, 세계 최대 규모 수준이다. 오스트레일리아에서는 크리켓 외에도 오스트레일리아식 축구(ANZ 스타디움, 시드니, 8만4,000명)가 중요한 스포츠 종목이다. 런던의 트위크넘 스타디움은 관중 수용 능력이 8만2,000명인 럭비 전용 구장으로, 웸블리 경기장보다는 작지만 2012년 런던 올림픽 스타디움보다는 크다. 리우데자네이루의 삼보드로모, 즉 삼바스쿨의 행진을 위한 거리는 7만5,000명의 관중을 수용할 수 있다. 한편 노르웨이의 홀멘콜렌 스키 점프 경기장의 관중 수용 능력은 5만5,000명으로, 이것은 노르웨이 최대 규모 축구 경기장의 두 배에 달하는 수치이다. 릴레함메르와 트론헤임 스키 점프 경기장은 이보다 앞선다. 마찬가지로 핀란드의 살파우셀캐 스키 점프 경기장(관중 수용 능력 6만 명)도 핀란드 최대 규모의 축구 경기장보다 세 배나 크다. 이 두 나라에는 자동차 경주 및 경마 경기장이 없다. 라트비아에서 최대 규모 경기장인 아레나 리가(1만3,000명)는 아이스 하키 전용 구장이다. 루마니아와 마찬가지로, 작은 나라 몰도바에는 축구 경기장만 있다. 한편, 아일랜드의 3대 경기장 중에 더블린의 크로크 파크(8만2,000명)에서는 헐링, 럭비, 게일식 축구 시합이 열린다. 스코틀랜드의 최대 경기장(머레이필드, 에딘버러)은 럭비 전용 구장이고, 다른 경기장들은 모두 축구 경기장으로 사용된다.[186]

대중 스포츠

스포츠가 일상 문화에 들어온 지는 얼마 되지 않았다. 19세기 말 학교 스포츠를 통해서 유럽의 거의 모든 아이들이 스포츠 활동을 접하기 시작했다. 직장 스포츠 활동을 통해서는 예전에는 특정 계층만 즐기던 스포츠를 다른 계층들도 즐길 수 있게 되었다. 20세기 초 클럽 스포츠는 급속히 발전했고, 특히 국민 스포츠 종목은 폭넓은 대중에게 수용되었다. 통계를 보면 알 수 있듯이 축구는 원래는 특정 계층의 전유물이었다. 이러한 측면에서 모든 축구 클럽의 상위 단체인 독일 축구 연맹의 발전은 중요하다. 1900년에 창설된 독일 축구 연맹의 회원으로 가입한 클럽의 수는 1990년까지 꾸준히 증가하여 2만5,000개에 이르렀고 이후로는 이 수준이 유지되고 있다. 1925년에 약 100만 명이었던 클럽 회원 수는 두 번의 세계대전에도 감소하지 않고 꾸준히 증가하여 1960년에는 200만 명에 이르렀다. 1970년에는 회원 수가 300만 명, 1990년에는 500만 명으로 늘어났다. 2011년 1월 현재 독일 축구 연맹에 소속된 팀은 17만 7,000개에 회원 수는 700만 명이다. 쉽게 말해서 독일인 10명 중의 1명은 축구 클럽 회원이라는 뜻이다.[187] 게다가 독일 축구 연맹 회원 수는 다른 스포츠 종목의 회원 수를 전부 합친 것보다 많다.

1900년에는 많은 체조 및 스포츠 클럽(TSV)들에 축구부를 창설했지만, 100년 후인 지금은 정반대의 상황이 되었다. 현재 전 세계에서 회원 수가 가장 많은 스포츠 클럽은 벤피카 리스본(회원 수 약 21만8,000명)으로, FC 바르셀로나(약 17만3,000명), FC 바이에른 뮌헨(17만1,000명), 맨체스터 유나이티드(약 15만1,000명)보다 회원 수가 많다. 1868년에 창설된 대형 국제 클럽인 뉴욕 육상 클럽은 230명이 넘는 올림픽 메달리스트를 배출했고 다양한 종목의 여가 스포츠를 제공하지만, 회원 수는 8,600명에 불과하다.[188]

19세기 말부터 클럽 스포츠와 더불어 비(非)클럽 스포츠라는 개념이 등장했다. 비클럽 스포츠는 야외에서 혹은 최소한 창문을 열어두고 운동할 것을 권하는 일종의 생활 개혁 운동으로, 규칙적인 운동을 아름다움과 건강을 위한 필수 조건으로 여긴다. 19세기 중반부터 스포츠 클럽은 사회에 폭넓게 정착되었다. 물론 스포츠 클럽에는 파벌주의적인 성향이 있었다. 극성스러운 클럽 활동은 스포츠 영역에서는 옛스러운 것으로 여겨지고,

트레이닝복에서 등산복에 이르기까지 스포츠 의상은 유행에 뒤쳐진 것으로 여겨진다. 프랑크푸르트 학파의 사상을 따르는 학생 운동에서는 이러한 스포츠 운동 캠페인을 후기 자본주의의 교묘한 억압 도구라고 간주한다. 1980년대에 접어들어서야 "스포티함"이 점점 매력을 얻기 시작했고, "우리의 일상 문화 전반을 지배하는 새롭고 포괄적인 기준"이 되었다.[189]

그때부터 대중 스포츠는 캠페인이나 유행을 통해서 물결처럼 사회로 밀려드는 특성을 보였다. 이러한 흐름은 1972년 뮌헨 올림픽을 앞두고 독일 스포츠 협회(DSB)를 통해서 계획적으로 일어났다. 독일 스포츠 협회는 독일 경제계와 공동으로, 과체중과 심혈관 질환을 극복하기 위한 스포츠를 통한 신체 단련 캠페인을 벌였다. 이 캠페인의 일환으로 독일에서는 트림 디히 파덴, 스위스에서는 비타 파쿠르라는 신체 단련용 길들을 조성하여 기분 전환 운동을 할 수 있도록 했다. 1972년에는 독일 국민의 94퍼센트가 이 캠페인을 알고 있을 정도였다. 얼마 후에는 조깅 캠페인이 대서양을 건너 퍼지기 시작했다. 조깅 캠페인은 1960년대 초 뉴질랜드 코치 아서 라이디어드가 주창하여, 미국의 육상 코치 빌 바워먼을 통해서 미국으로 전파되었다. 고대 그리스 신화의 승리의 여신 니케를 브랜드 이름으로 한 스포츠 용품 대기업 나이키의 공동 창업주인 바워맨은 조깅용 운동화를 즉시 개발하기도 했다. 한편, 독일에서는 달리기 박사 에른스트 판 아켄에 의해서 달리기가 유행했다. 얄궂게도 그는 달리기 훈련 중에 자동차 사고를 당해서 양쪽 다리를 절단해야 했다.[190]

1980년대에 에어로빅은 체조와 무용으로 구성된 역동적인 운동이라는 환상을 집중적으로 공략했다. 에어로빅은 여성만을 대상으로 삼지 않고 현대적인 복장을 강조하며 전 계층을 대상으로 홍보되었다. 에어로빅이라는 표현은 오클라호마시티 출신의 스포츠 의학자이자 1970년에 축구 감독으로서 브라질을 월드컵 우승국으로 이끈 케니스 H. 쿠퍼가 고안한 것이다. 호흡 기관 강화를 위한 동작 훈련(에어로빅)을 다룬 그의 저서는 독일에서 『동작 훈련(Bewegungstraining)』이라는 재미없는 제목으로 출간되었음에도 수십만 부가 판매되었다.[191] 특히, 매력 넘치는 여배우 제인 폰다가 1982년부터 에어로빅을 자신의 체조 원칙으로 삼으며 세계적인 피트니스 여왕으로 부상한 이후로는 더욱더 많이 판매되었다. 그녀의 에어로빅 비디오와 에어로빅 전도사들은 전 세계 많은 도시들에서 젊은 여성들의 마음을 사로잡았다.[192] 거의 동시에 보디빌딩 열풍이 일어났다. 비슷한 시기에 보디빌딩도 아널드 슈워제네거라는 영화 배우를 통해서 보급되었다. 신체미를 추구하는 것이 유행하면서 시작된 피트니스 열풍은 피트니스 클럽 창업 열풍으로 번졌다. 자신의 신체에 대한 관심, 신체 비율의 최적화, 직관적인 의미가 있는 것처럼 보이는 BMI(Body Mass Index : 신체 질량 지수) 지수와 같이 비밀스러운 개념에 따른 개인 건강 트레이닝 등 신체미를 추구하는 것에 확장된 의미를 부여하면서 피트니스는 종교나 다름없어졌다. 2009년 독일에서는 피트니스 열풍이 약 7,000개의 피트니스 클럽과 함께 전 국민에게로 퍼졌다. 약 630만 명의 회원이 있는 '피트니스교'의 신도 수는 회원이 약 670만 명인 독일 축구 연맹을 바짝 뒤쫓고 있다.[193] 매달 드는 피트니스 클럽의 회비가 축구 클럽의 회비보다 비싸다는 점을 생각하면, 다른 관점에서 이 관계를 볼 수 있을 것이다.

올림픽의 전망

역대 우승자

올림픽은 스포츠 행사의 일면만을 보여주지만, 다른 스포츠 행사와 비교해보면 가장 광범위하다. 캐시어스 클레이(무하마드 알리)만 보아도 알 수 있듯이 많은 올림픽 금메달리스트들은 대개 이후에 자신의 종목에서 최고의 선수가 되었다. 근대 올림픽에서는 가장 뛰어난 선수가 누구였는지 묻는 것 자체가 반칙이다. 예를 들면 수영과 같은 종목은 여러 세부 종목들에도 출전할 수 있지만, 이런 기회가 주어지지 않는 종목도 있기 때문이다. 또한 최고의 선수들이 자신의 최고 기량을 단 2주일 만에 보여줄 수 있는 것도 아니다. 이러한 점들을 제쳐둔다고 하더라도, 4년간 2회의 올림픽에 걸쳐 여러 개의 메달을 딴 선수가 뛰어난 선수라는 데에는 모두 동의할 것이다. 그렇다면 누가 올림픽 최고의 영웅일까? 그렇게 보자면 2012년 기준으로, 미국의 천재 수영 선수 마이클 펠프스를 가장 먼저 언급해야 한다. 그는 2회의 올림픽(2004, 2008)에서 총 14개의 금메달과 2개의 동메달을 획득했다. 그가 혼자서 딴 메달의 수는 총 47회의 하계 및 동계 올림픽 국가 순위와 비교해보더라도 아르헨티나 바로 다음인 37위에 위치하고, 2008년 베이징 올림픽 국가 순위와 비교해도 오스트레일리아 다음인 8위를 차지하는 기록이다. 그다음은 현재 일본에 사는 우크라이나의 체조 선수 라리사 라티니나이다. 그녀는 소련 국가대표로 올림픽에 3회(1956-1964) 출전하여 마루운동, 도마, 이단평행봉, 평균대, 개인전, 단체전, 기계단체전 등의 종목에서 16개의 메달을 땄고, 그중 9개는 금메달이었다. 한 여자 선수가 펠프스 등장 이전까지는 개인 통산 다관왕이었던 것이다. 핀란드의 천재 육상 선수 파보 누르미, 미국의 수영 선수 마크 스피츠, 다재다능한 미국의 육상 선수 칼 루이스는 9개의 금메달을 획득했다. 칼 루이스는 다양한 육상 종목 외에도 올림픽에서 멀리뛰기 4연패를 했고, 8.87미터를 기록하며 밥 비먼의 세계 신기록에 근접했다. 이는 향후 모든 경기에서 우승하고도 남을 실력이었다. 비먼은 여전히 올림픽 최고 신기록 보유자이지만, 세계 신기록은 1991년 마이크 파월이 경신했다. 파월은 당시 올림픽 연승 중이던 칼 루이스를 꺾었다.

6위는 노르웨이의 동계 스포츠 선수인 비에른 델리가 차지했다. 그는 올림픽에 3회(1992-1998) 출전하여 크로스컨트리 스키로 8개의 금메달(추격, 10킬로미터 스키, 50킬로미터 스키, 계주)과 4개의 은메달을 획득했다. 그러나 네 번째 올림픽 출전을 준비하던 중에 롤러 스키 사고를 당해서

하계 올림픽 역대 메달 집계 순위(2010년 기준)

순위	국가	금메달	은메달	동메달	합계
1	미국	932	730	640	2,302
2	소련/러시아	549	458	439	1,446
3	독일	400	413	448	1,261
4	영국	207	255	252	714
5	프랑스	191	212	234	637
6	이탈리아	190	156	174	520
7	중국	163	117	105	385
8	헝가리	159	141	159	459
9	스웨덴	142	159	174	475
10	오스트레일리아	134	141	169	444

선수 생활을 정리해야 했다. 독일 최고의 카누 선수 비르기트 피셔는 비에른 델리에 버금가는 올림픽 영웅이다. 원래 동독 출신인 그녀는 독일 통일 후에도 총 6회의 올림픽에 출전하여 매회 적어도 1개의 금메달을 획득했다(1980-2004, 금 8, 은 4, 동 0 : 총 12). 동독이 로스앤젤레스 올림픽에 불참하는 사건만 없었더라도 그녀의 올림픽 성적은 훨씬 더 화려했을 것이다. 이외에 8개의 금메달을 획득한 선수로는 일본의 체조 선수 가토 사와오(1968-1976, 금 8, 은 3, 동 1 : 총 12), 개인전에서는 금메달을 획득하지 못한 미국의 수영 선수 제니 톰프슨(1992-2004, 금 8, 은 3, 동 1 : 총 12), 미국의 수영 선수 맷 비온디(1984-1992, 금 8, 은 2, 동 1 : 총 11)가 있다.

올림픽이 끝난 후의 국가 순위는 항상 중요하다. 특히, 큰 나라일수록 그렇다. 최근 몇 년간 자유주의 성향 신문에서는 난처해하며 그 의미를 숨겨왔고 좌파 성향 신문은 국가 순위를 심지어 보도하지도 않았으나, 사람들이 관심을 두는 한 국가 순위의 의미는 사라지지 않을 것이다. 왜 사라져야 하겠는가? 국가가 형성된 이래로 국가는 정체성을 나타내는 지표였고, 사람들은 국가를 중심으로 삼으며 자신의 위치를 파악하고자 했다. 누군가는 국가 순위가 역겹거나 불필요하다고 여길 수도 있지만 어쨌든 국가 순위는 의미가 있는 듯하다. 과연 무엇 때문일까?

(하계 올림픽) 11위는 일본(금 123, 은 112, 동 125 : 총 360)이 차지했고, 14위는 네덜란드(금 71, 은 79, 동 96 : 총 246)가 차지했다. 독일어권 국가 중에 스위스(금 45, 은 71, 동 65 : 총 181)는 22위를, 오스트리아(금 18, 은 33, 동 35 : 총 86)는 34위를 차지했다. 한편, 26위는 레슬링의 나라 터키(금 37, 은 23, 동 22 : 총 82)였고, 29위는 그리스(금 30, 은 42, 동 36 : 총 108), 31위는 육상의 나라 케냐(금 22, 은 29, 동 24 : 총 75), 그리고 76위는 작은 나라 룩셈부르크(금 1, 은 3, 동 0 : 총 4)가 차지했다. 육상 선수 요지 바르텔이 1952년 헬싱키 올림픽의 1500미터 달리기에서 획득한 것이 룩셈부르크의 유일한 금메달이다. 룩셈부르크의 미셸 테아토가 1900년 파리 올림픽에서 딴 금메달이 프랑스의 성적으로 집계되지 않았더라면 룩셈부르크의 순위는 69위로 껑충 올랐을 것이다. 1개의 금메달을 획득한 국가로는 88위를 차지한 아랍에미리트(금 1, 은 0, 동 0 : 총 1)가 있다. 아랍에미리트의 사격 선수 샤이히 아흐마드 빈 하샤 알 막툼은 두바이 왕족 출신으로, 개인 소유의 사격 훈련 시설에서 홀로 훈련을 받고 2004년 아테네 올림픽 더블 트랩 종목에서 금메달을 획득했다. 메달 순위 목록은 115위로 끝난다. 총 12국가가 동메달 한 개만 획득하며 115위를 기록했다. 아프가니스탄, 버뮤다, 지부티, 에리트레아, 이라크, 쿠웨이트, 모리셔스, 니제르, 토고 등이 있다. 1896년부터 2008년까지 총 1만6,324개의 메달이 수여되었다.[194]

동계 올림픽

제1회 동계 올림픽은 1924년 샤모니에서 개최되었지만, 1900년 파리 올림픽에서는 이미 동계 스포츠 종목 시합이 열렸다. 동계 올림픽이 도입된 이후 일반 종목 시합은 하계 올림픽에서 개최되었다. 그러나 하계 종목과 동계 종목을 구분하는 것은 쉬운 일이 아니다. 체조나 스케이팅과 같은 실내 스포츠 종목은 여름이든 겨울이든 간에 상관없기 때문이다. 동계 스포츠 종목의 경우 소련, 미국, 독일처럼 스포츠 장려 정책으로 우수한 성적을 내는 국가도 있지만, 전통적으로 강국들이 있다. 오랜 스키 전통을 자랑하는 노르웨이는 현대적인 스키 바인딩과 텔레마크 스키를 발명한 나라이다. 지금까지 동계 올림픽에서 가장 우수한 성적을 거둔 선수는 노르웨이의 비에른 델리로, 크로스컨트리 스키 종목에서 8개의 금메달을 획득했다(1992-1998, 금 8, 은 4, 동 0 : 총 12). 바이애슬론도 노르웨이에서 발명된 스포츠 종목으로, 노르웨이 출신인 올레 에이나르 비에른달렌은 1998년 나가노, 2002년 솔트레이크시티, 2010년 밴쿠버 동계 올림픽 바이애슬론 종목에서 무려 11개의 메달을 획득했고, 그중 6개는 금메달이다(금 6, 은 4, 동 1 : 총 11). 뿐만 아니라 그는 동계 스포츠 세계 선수권 대회에서 무려 16개의 금메달을 차지했다. 3위와 4위는 러시아의 크로스컨트리 스키 선수인 류보프 예고로바와 스피드 스케이팅 선수인 리디야 스코블리코바가 각각 차지했다. 도핑 규정 위반으로 국제 대회 출전 금지 처분을 받아 올림픽 출전이 무산되기 전까지는 독일의 클라우디아 페히슈타인이 스피드스케이팅에서 가장 뛰어난 선수로 여겨졌다.

스키 점프 종목은 1924-1952년에는 노르웨이 선수들이, 1980-1992년에는 핀란드 선수들이 메달을 전부 쓸어갔다. 당대 최고의 "알파인" 스키 선수는 노르웨이의 셰틸 안드레 오모트로, 그는 1992년 알베르빌 동계 올림픽부터 2006년 토리노 동계 올림픽까지, 4개의 금메달과 2개의 은메달 그리고 2개의 동메달을 획득했다. 스칸디나비아 반도의 국가들과 네덜란드에는 오랜 아이스 스케이트 전통이 있고, 캐나다는 아이스하키 등 전통적인 동계 스포츠 종목 강국이었다. 소련이 등장하기 이전인 1920-1952년에는 이 국가들이 동계 스포츠 분야를 꽉 잡고 있었다. 소련이 붕괴된 직후인 1992년에는 임시로 구성된 독립국가 연합 팀이 우승을 차지했고, 그 이후로는 해체되었다. 이탈리아의 경우, 톰바 라 봄바, 즉 폭탄 톰바라고 불렸던 볼로냐 출신의 체격이 좋은 스키 선수 알베르토 톰바를 제외하면, 실력 있는 선수들은 모두 알프스 지역 출신이었다. 메달 집계 순위에서 상위권 10위까지는 알프`스 혹은 북극권 인근 국가들이 장악하고 있다. 그러나 흥미롭게도 금메달 4개(2002년 솔트레이크시티, 2006년 토리노 동계 올림픽)로 1위를 차지한 스키 선수 야니차 코스텔리치는 크로아티아 선수이다. 그녀는 동계 스포츠 종목에서 크로아티아 최초로 메달을 딴 선수이기도 하다. 동계 스포츠 종목에서 새로운 강자로 떠오른 아시아 국가들은 이미 앞에서 언급한 기준에 부합하지 않는 모든 유럽 국가들을 앞질렀다(네덜란드 제외). 동계 올림픽은 훈련 기회와 전통의 차이 때문에 하계 올림픽에 비해서 참가국 수가 훨씬 적다. 앞으로도 에티오피아나 케냐가 동계 스포츠 부문에서 주도적인 역할을 하지 못하리라는 것은 자명한 사실이다.

스포츠 뉴스를 시청하다 보면 스키 대회에서 오스트리아 선수들만 우승하는 것 같은 느낌이 든다. 몇 년간 스포츠 뉴스에서는 오스트리아 케른텐 출신의 프란츠 클라머 또는 잘츠부르크 출신의 안네마리 모저-프뢸에 관한 소식만 들을 수 있었다. 스위스, 노르웨이, 소비에트 러시아 출신 선수들의 소식도 간혹 들리기는 했지만 말이다. "스키 왕국" 오스트리아는 수십 년간 실력 있는 스키 선수와 스키 점프 선수를 컨베이어벨트에서 찍어내듯이 대거 배출해왔다. 독일의 스포츠 뉴스 프로그램 「슈포르트샤우(Sportschau)」는 포 힐즈 토너먼트 경기에서 오스트리아 선수(최근에는 그레고르 슐리렌차워)가 3-5명의 오스트리아 선수와 1명의 일본 선수를 제치고 엄청나게 긴 도약을 하여 선두를 차지했으며, 독일은 "매우 좋은" 성적을 거두어 15위에 머물렀다는 소식을 전하고는 한다. 그러나 이는 스키 점프 월드컵에 관한 것이고, 올림픽 성적은 조금 다르다. 클라머는 (스키 점프 월드컵의) 활강 종목에서 25회나 우승을 차지했지·

동계 올림픽 역대 메달 집계 순위(2010년 기준)

순위	국가	금메달	은메달	동메달	합계
1	독일	128	129	101	358
2	러시아	123	92	93	308
3	노르웨이	107	106	90	303
4	미국	87	95	71	253
5	오스트리아	55	70	76	201
6	캐나다	52	45	48	145
7	스웨덴	48	33	48	129
8	스위스	44	37	46	127
9	핀란드	41	59	56	156
10	이탈리아	37	32	37	106
11	네덜란드	29	31	26	86
12	프랑스	27	27	40	94
13	대한민국	23	14	8	45
14	중국	9	18	17	44
15	일본	9	13	15	37

만, 유감스럽게도 올림픽에서는 아마추어 규정의 희생양이 되어 한 번밖에 금메달을 따지 못했다. 오스트리아 출신으로 올림픽에서 가장 좋은 성적을 낸 선수는 펠릭스 고트발트이다. 그는 노르딕 복합 종목으로 올림픽에 세 번 출전하여 7개(금 3, 은 1, 동 3)의 메달을 차지했다. 활강 선수 토니 자일러는 1956년 올림픽에서 3개의 금메달을 획득했고, 마찬가지로 스키 점프 선수 토마스 모르겐슈테른도 3개의 금메달을 획득했다. 스위스 출신으로 가장 우수한 성적을 거둔 선수는 스키 점프 종목의 시몬 암만이다(금 4, 은 0, 동 0). 그러나 그는 "하계 올림픽" 체조 선수인 조르주 미즈의 명성에 가려졌다(금 4, 은 3, 동 1). 한편, 스위스에서 가장 좋은 성적을 기록한 여자 선수는 스키 선수인 프레니 슈나이더이다.

동계 올림픽 누적 메달 순위는 위의 표와 같다. 여기에서 놀라운 것은 오스트리아와 독일의 순위이다. 소련은 1956년 코르티나담페초 동계 올림픽까지는 출전하지 않았고, 독일은 두 번의 동계 올림픽(1924년 샤모니, 1948년 장크트 모리츠)에서 제외되었음을 기억해야 한다. 그럼에도 놀랍게도 독일이 1위를 차지할 수 있었던 것은 봅슬레이와 루지 등의 종목에서 베르히테스가덴 출신의 게오르크 하클과 같은 선수들이 탄탄한 실력으로 금메달을 따왔기 때문이다. 특히, 여기에는 여자 선수들의 공이 컸다. 골드-로지 미터마이어, 올림픽 3연패를 한 알고이 출신 의 카탸 자이칭거, 최근의 가르미슈 출신의 마리아 리슈 등을 꼽을 수 있다. 마리아 리슈는 최근 기자의 질문에 신선한 대답을 하기도 했다. "탁월한 플레이를 펼치며 우승한 비결이 있습니까?" "저는 그저 스키를 타고 앞만 보고 달렸을 뿐입니다." 그 힘든 경기를 하고 어떻게 그렇게 답할 수 있을까?

2014년 소치 동계 올림픽은 한동안 정치적으로 논란이 많았다. 1980년 모스크바 올림픽에 대한 전 세계적인 참가 거부와 2002년 동계 올림픽 개최지 탈락 이후 마침내 러시아에게 기회를 준 IOC의 결정은 납득할 만했다. 그러나 아열대 기후의 흑해 연안의 항구 도시 소치는 동계 올림픽 개최지로 적합하지 않은 듯했다. 뒤로는 인상적인 풍경의 캅카스 산맥이 자리한 이 지역은 소련 붕괴 이후 러시아, 조지아, 아제르바이잔, 아르메니아 사이에서 패권 전쟁이 반복적으로 발생한 곳이다. 조지아로부터 독립한 압하지야를 러시아가 지원하면서, 압하지야를 둘러싼 전쟁이 소치 코앞에서 벌어졌다. 역사적으로 흑해 연안 지역은 1,000년간 조지아의 영토였다. 15세기에는 오스만 왕조에게 정복당했다가, 1829년 아드리아노플 평화 조약으로 러시아에 할양되었다. 1838년 이곳에 러시아의 요새가 건설되었고, 이곳에 생긴 정착촌의 이름을 1896년에 소치로 변경했다. 볼셰비키 혁명 동안 조지아는 휴양지인 소치를 점령했다. 붉은 군대에게 재점령당한 이후 조지아의 국민들은 소치에서 쫓겨났고, 소치는 스탈린의 휴양지가 되었으며 이후에는 러시아인들을 위한 휴양 도시로 발전했다. 지금도 소치는 여름 스포츠 도시로 유명하다. 소치의 테니스 학교에서는 세계적인 테니스 스타 마리야 샤라포바를 배출하기도 했다. 휴양 도시인 소치는 동계 올림픽 이후 다른 메가 이벤트의 개최지로 개발되었다. 소치에서는 2014년 동계 패럴림픽이 열렸고, 2015년부터는 매년 러시아 포뮬러 1 그랑프리가 개최되었다. 그다음에 열린 큰 행사는 2018년 러시아 월드컵이었다. 소치를 이벤트 도시로 개발하려는 데에는 크라스노다르 지역 전체를 탈바꿈하고 재탄생시키려는 목적이 있다.

2010년 밴쿠버 동계 올림픽에서는 86개였던 경기 종목 수가 소치 동계 올림픽에서 92개까지 늘어났다. 루지와 피겨 스케이팅 종목에 단체전이 추가되었고, 프리 스키와 스노 보드 장애물 구간이 혼합된 형태인 슬로프 스타일과 평행회전 스노 보드가 추가되었으며, 그 외에도 바이애슬론 혼성 계주, 여자 스키 점프, 남자 및 여자 스키 하프파이프가 신규 종목으로 채택되었다. 소치 올림픽 금메달 후보였던 사라 버크는 사고를 극복하지 못했다. 캐나다 출신인 버크는 호감이 가는 선수이자 프리 스키 개척자로서, 윈터 X 게임에서 금메달 6연패를 기록하기도 했다. 프리 스키 세부 종목인 하프파이프와 슬로프 스타일이 소치 올림픽에서 공식 종목으로 채택된 것은 그녀가 적극적인 로비를 펼친 덕분이었다. 그러나 그녀는 2012년 1월 중순 파크 시티 하프파이프에서 "위험하지 않은" 540도 점프 훈련을 하다가 목숨을 잃었다. 2009년 슬로프 스타일 시합에서 갈비뼈가 골절되는 사고를 당했을 때, 그녀는 "누구나 한 번쯤 당하는 사고입니다" 라고 말했다. 그러나 이번 사고에서 그녀는 얼음에 머리를 심하게 부딪쳤고 혼수상태에서 깨어나지 못했다. 그리고 9일 후에 솔트레이크시티에서 산소와 혈액 부족으로 치명적인 뇌손상이 발생하여 결국 심정지로 사망했다. 이것은 단지 불운이었을까? 그보다 2년 전에 같은 장소에서 미국의 스노 보드 선수이자 올림픽 우승 후보였던 케빈 피어스도 치명적인 추락 사고를 당했다.[195] 스피드 레이싱은 사고 위험 때문에 공식 종목에서 취소되었지만, 프리 스키 시합은 아직도 완전히 폐지되지 않았다. 누구나 이러한 위험을 감수하고 스포츠를 즐길 자유는 있다. 다만 이러한 위험까지도 스포츠 장려의 대상이 되어야 할지, 사고 위험이 높은데도 이를 일반 건강 보험에서 보장 대상으로 삼아야 할지는 의문이다. 베네딕트회 수사 베르톨트는 『츠비팔텐의 연대기』에서 합스부르크의 하인리히가 마상 시합 중에 사망한 사건에 대해서 이렇게 기록했다. "불행을 초래할 수 있는 위험한 스포츠 시합에 자주 빠져들면 결국 자신이 불운의 대상이 되어 목숨을 잃게 된다."[196] 이와 같이 매체는 이 시대의 익스트림 스포츠를 진지하게 다룰 필요가 있다.

2012년 제30회 런던 하계 올림픽

런던은 세계에서 유일하게 올림픽을 세 번 개최한 도시이다. 2012년 전 세계인이 런던에서 모일 수 있었던 것은 20세기 말 영국이 배출한 몇 명의 올림픽 스타들 덕분이다. 런던에서 태어난 서배스천 코는 중거리 달리기에서 8개의 세계 신기록을 세우고 올림픽에서 4개의 메달을 획득한 선수이다. 그는 제30회 하계 올림픽 유치위원회 회장으로서 런던 올림픽 유치에 성공했고, 조직위원회 위원장으로서 올림픽 집행을 담당했다.

1908년 당시 영국은 세계 스포츠를 주도하고 있었기 때문에 런던이 올림픽 개최지로 선정된 것은 필연에 가까웠다. 원래 로마가 올림픽 개최지로 선정되었지만 로마 올림픽 조직위원회는 사실상 아무것도 추진하지 않고 있다가 결국 해산되었다. 게다가 베수비오 산에서 화산이 폭발했고, 이탈리아의 다른 우선순위들도 있었다. 그리하여 올림픽을 개최할 수 있는 기회가 런던에 주어진 것이다. IOC는 올림픽이 개최되기 불과 2년 전에 런던을 개최지로 선정했다. 그러나 당시 유럽에서 가장 큰 도시였던 런던은 노련하게 올림픽 개최 준비를 했다. 대부분의 행사는 런던 시내와 시외의 고급 스포츠 클럽의 스포츠 단지에서 개최될 수 있었다. 게다가 9개월 만에 6만6,000석의 관중석을 갖춘 화이트 시티 스타디움이 완공되었다. 올림픽이 끝난 이후 이 스타디움에서는 그레이하운드 경주, 나중에는 스피드웨이 경주가 열렸다.

런던의 첫 번째 올림픽은 4월 27일부터 10월 31일까지 개최되었고, 날씨가 추워지는 시기인 10월 말에는 최초의 피겨 스케이팅 시합이 열렸다. 해외 선수들이 참가했지만 영국이 많은 종목에서 우승을 차지했다. 경기 규정이 영국에서 유래했고 선수의 대부분이 영국 출신이었기 때문이다. 제4회 런던 올림픽에는 23개국에서 2,041명의 선수(남자 1,998명, 여자 43명)가 참여했고 110개의 경기가 열렸다. 런던 올림픽 메달 집계 순위에서 1위는 압도적인 차이로 영국이 차지했다(금 54, 은 51, 동 38 : 총 145). 그다음은 미국(금 23, 은 12, 동 12), 스웨덴(금 8, 은 6, 동 11), 프랑스(금 5, 은 5, 동 9), 독일 제국(금 3, 은 5, 동 6) 순이었다. 공식 폐막 행사는 3주일간의 "스타디움 주간"이 끝난 후인 7월 25일에 열렸다. 그리고 두 번째 폐막 행사로 10월 31일에 간단한 인사말과 함께 고별 만찬이 있었다. 영국의 헨리 테일러는 수영에서 3개의 금메달(400미터, 1500미터, 800미터 계영)을 획득하며 최고의 선수로 선정되었다.[197]

1948년 런던은 볼티모어, 로잔, 로스앤젤레스, 미니애폴리스, 필라델피아를 제치고 두 번째로 올림픽을 개최했다. 1948년 런던 올림픽은 제2차 세계대전 이후 처음으로 개최되는 올림픽이었다. 독일과 일본에게는 올림픽 출전이 허용되지 않았고, 소련은 올림픽 출전을 거부했다. 그럼에도 이전보다 더 많은 국가들의 더 많은 선수들이 올림픽에 참여했다. 59개국에서 총 4,104명의 선수(남자 3,714명, 여자 390명)가 참가하여, 17개 종목의 136경기에서 메달 경쟁을 벌였다. 런던과 올림픽 유치 경쟁을 벌인 도시들 가운데 미국의 도시들이 많다는 점에서 알 수 있듯이, 세계 스포츠의 주도권은 미국이 잡고 있었다. 신흥 스포츠 강국인 미국은 금메달 38개,

은메달 27개, 동메달 19개(총 84개)를 차지하며 다른 국가들을 압도했다. 메달 집계 순위 2위는 스웨덴이 차지했고(금 16, 은 11, 동 17), 그다음은 프랑스(금 10, 은 6, 동 13), 헝가리(금 10, 은 5, 동 12), 이탈리아(금 8, 은 11, 동 8), 핀란드(금 8, 은 7, 동 5), 터키(금 6, 은 4, 동 2) 순이었다. 새롭게 등장한 터키는 자신들의 전통 스포츠인 레슬링에서만 6개의 금메달을 싹쓸이했다. 영국은 12위에 머무르면서 많은 영국인들에게 큰 충격을 안겨 주었다(금 3, 은 14, 동 6). 3개의 금메달 중에 2개는 조정, 1개는 요트에서 딴 것이었다. 이것은 한때 영국 해군이 해상을 장악했던 역사와 관련이 있는 듯하다.

이 대회에서 가장 우수한 성적을 기록한 선수는 네덜란드의 파니 블랑커스-쿤이었다. 그녀는 달리기(100미터 달리기, 200미터 달리기, 80미터 허들, 400미터 계주)에 출전하여 영국의 총 금메달 개수보다 많은 4개의 금메달을 획득했다. 게다가 영국은 5,000명의 관중이 지켜보는 가운데 덴마크와 축구 경기를 치렀으나 3 대 5로 패배하여 3위에 머물렀다! 스웨덴과 유고슬라비아의 경기는 6만 명의 관중이 보는 가운데 웸블리 스타디움에서 치러졌고, 유고슬라비아를 3 대 1로 꺾은 스웨덴이 금메달을 차지했다. 가장 유명한 선수는 유고슬라비아 팀의 주장인 즐라트코 "치크" 차이코브스키로, 그는 나중에 FC 바이에른 뮌헨의 수석 코치가 되었다. 예술 경연은 1948년 런던 올림픽을 끝으로 사라졌는데, 영국은 이 예술 경연에서만 좋은 성적을 거두었다. 도시 건축과 서정시 부문은 핀란드, 건축 설계 부문은 오스트리아, 오케스트라 음악 부문은 폴란드, 동판화와 부식 동판화 부문은 프랑스, 환조 부문은 스웨덴이 우승을 차지했다. 영국의 화가 알프레드 톰슨은 상상력 넘치는 유화 "런던의 아마추어 챔피언십"으로 금메달을, 영국의 조각가 로저먼드 플레처는 "은신처의 마지막"이라는 부조 작품으로 동메달을 차지했다. 금메달과 은메달을 따지 못한 것이 좋은 일이었을까? 이것은 영국을 위한 위로상이었다.

런던에서 세 번째로 개최된 2012년 올림픽을 위해서 204개국의 선수들이 올림픽 출전 자격 시합을 치렀고, 그중 144개국 선수들만 출전 자격을 얻었다. 2012년 런던 올림픽에서는 26개 종목에서 302경기가 열렸고, 그중 162경기는 남자부, 132경기 여자부 경기, 8경기는 혼성 시합이었다. 테니스 혼성 복식 경기는 88년 만에 다시 올림픽 종목으로 채택되었다. 한편, 여자 권투 경기에 3개의 세부 종목(플라이급, 라이트웰터급, 라이트헤비급)이 추가되었고 남자 권투에서는 1개의 세부 종목(페더급)이 삭제되었다. 주요 행사장은 스트랫퍼드에 신축된 관중석 8만 석 규모의 올림픽 스타디움이다. 그레이터 런던, 하이드파크 등의 명소, 윔블던의 올 잉글랜드 클럽, 웸블리 스타디움, 웸블리 아레나, 로즈 크리켓 그라운드 등에서 경기가 열렸다. 2012년 런던 올림픽은 1908년과 1948년 런던 올림픽의 전통, "문화 올림픽(예술 경연)"을 이어가려고 했다. 아름다운 예술에 반대할 이유는 없다. 다만 과거 문화 올림픽에서 단 한 명의 예술가도 영예를 얻지는 못했다는 사실은 알아두어야 한다.

정상에서 느끼는 행복

스포츠와 성

익스트림 스포츠의 발전 과정을 보면 알 수 있듯이, 많은 사람들이 위험하고 아슬아슬한 행위에서 성적 매력을 느낀다. 그러나 스포츠와 성의 관계는 극한의 성과와 감각이라는 전혀 다른 차원의 문제이다. 훈련으로 갈고닦아 기량이 최고인 운동선수들은 정말 정력이 셀까? 아니면 훈련과 도핑이 쾌감을 떨어뜨릴까? 이렇듯 스포츠와 성의 문제적 관계는 고대 그리스의 김나시온 시대부터 존재해왔다. 당시 젊은이들은 늙은 남자들 앞에서 자신의 나체를 보여주었다. 우리가 이미 알고 있듯이 그리스의 소아성애나 동성애에 대한 공포 때문에 로마인들은 나체로 하는 스포츠를 금지했다. 이후 중세의 기독교와 이슬람 문화에서는 말할 필요도 없다.

지금은 모든 사람들의 생각이 깨어 있는 시대이지만, 소아성애 혹은 동성애 콤플렉스는 여전히 위험한 것으로 여겨진다. 뉴질랜드의 연구 결과에 의하면 실력이 뛰어난 여자 축구 선수들은 남성적인지 혹은 레즈비언인지 질문을 자주 받는다고 한다. 페미니스트들은 많은 사람들이 여자 축구 선수들을 남성의 영역에 침입하여 성의 한계를 극복하고 "사이비 남성"이 된 사람으로 본다고 주장한다. 이러한 사고는 언론에서 부추기는 여성 혐오주의적 호모포비아와 연관되어 있을 가능성이 있다.[198] 그러나 동성애에 관한 문제는 남자 선수들에게도 적용되는 훨씬 보편적인 문제이기도 하다. 그리고 이는 여전히 사회적인 금기로 남아 있다. 최근 독일에서는 축구 감독이 동성애와 관련된 스캔들에 휘말린 적도 있다.

이 문제는 스포츠에서 육체성을 강조하면 안 되는지에 관한 질문으로 이어질 수도 있다. 트레이너와 젊은 선수를 떠올려본다면 이성 관계에서도 육체성이 문제가 될 수 있음을 알 수 있다. 특히, 이 경우에는 의존적인 관계가 악용될 가능성이 있다. 경기가 끝나고 샤워를 할 때에 육체성과 나체가 스포츠와 밀접한 관계에 있다는 사실이 연상될 수 있다. 이것은 성적 욕구와도 연결된다. 성과 스포츠가 함께 연상될 수밖에 없는 이유는 언론에서 언어와 이미지를 통해서 성과 스포츠의 관계를 강조하고 스캔들화하기 때문이다. 그래서 전 세계 스포츠 단체는 운동선수들에게 성적 특징을 드러내지 못하게 한다. 그러나 이러한 제한은 현재 활동 중인 선수, 특히 여자 선수에게 강요된다. 이것은 단순히 운동선수와 관중의 관계가 아니라, 선수들 간의 문제이기도 하다. 사람들이 여자 선수들이 탈의실에서 스포티한 옷을 입지 않고 여성스러운 연보라색 속옷을 입을 때에 보이는 반응을 보면 어떤 상황인지 쉽게 이해할 수 있을 것이다. 여성스러운 복장은 단순한 개인의 문제가 아니라 성적으로 도발하려

는 목적이 있는 것으로 여겨지며, 다른 팀 구성원에게도 영향을 끼친다고 간주된다.[199]

　최근 캐스터 세메냐라는 남아프리카의 육상 선수가 등장하면서 스포츠와 성이라는 주제가 새롭게 주목을 받았다. 세메냐는 2009년 베를린 세계 육상 선수권 대회의 800미터 종목에서 1분 55초 45를 기록하며 경쟁자들보다 무려 2초나 빨리 결승점에 골인했다. 그녀의 실력은 1년 만에 급격히 성장했다. 그 결과 도핑 의혹이 불거졌는데, 의혹은 여기에서 끝나지 않았다. 1991년 피터스부르크(현재의 폴로콰네)에서 태어난 세메냐는 원래 남자인데 처음부터 잘못된 성별로 분류되었다는 비난으로 이어진 것이다. 국제 육상 경기 연맹(IAAF)은 주저하다가 결국 성별 검사를 의뢰했고, 인권 단체와 남아프리카에서는 이 조치에 반발했다. 이 문제는 선수를 "남자" 또는 "여자"라는 단 두 가지 범주로만 구분하는 스포츠 규정의 논리 때문에 발생한 것이었다.[200] 검사 결과가 발표된 후에 2010년 세메냐에게 여성 종목 출전이 허가되었다. 그러나 국제 육상 경기 연맹 회장 피에르 바이스는 "세메냐가 여자인 것은 확실하다. 100퍼센트는 아니지만 말이다"라는 발언으로 논란을 일으켰다.[201] 세메냐의 경기 성적은 남성적인 외모만큼 센세이션을 일으키지는 못했다. 800미터 여자 세계 신기록 보유자는 체코의 육상 선수 야르밀라 크라토츠빌로바로, 1983년 이후 지금까지 1분 53초 28의 기록이 깨지지 않고 있다. 800미터 남자 세계 신기록 보유자는 덴마크에서 선수 생활을 시작한 케냐의 윌슨 킵케테르로, 그는 1997년 쾰른에서 1분 41초 11의 신기록을 세웠다. 2011년 9월 대구 세계 육상 선수권 대회에서 세메냐가 러시아의 육상 선수 마리야 사비노바에게 패배하면서 세메냐의 육상 실력에 관한 논란은 잠잠해졌으나, 세메냐가 선수로 활동하는 한 이 문제는 계속 그녀를 따라다닐 것이다. 스포츠 분야에서의 성별 구분에 대한 모호함은 근대 초기의 사회적인 논란과 유사하기 때문이다.[202] 몇몇 학자들은 이것이

현시대의 중심적인 신화라고 말한다. 간성(間性)은 자연 질서의 안정감을 의심하게 만들기 때문이다.[203] 캐스터 세메냐는 자신의 특별한 생물학적인 상태를 받아들인 듯하다. 2009년 그녀는 남아프리카의 한 신문에서 신은 자신을 있는 그대로의 모습으로 창조했다고 입장을 밝혔다.[204]

마지막 : 등정

독일의 영화감독 페페 단쿠아르트의 2007년 다큐멘터리 영화「투 더 리미트」는 최근 발달하기 시작한 산악 스포츠, 스피드 클라이밍을 하는 장면을 생생하게 담아냈다. 2년 전에는 비슷한 영화인「한계에 도전하는 등산 : 후버 형제」가 오스트리아 그라츠에서 열린 국제 클라이밍 및 어드벤처 페스티벌에서 금메달을 수상했다. 두 영화 모두 세계에서 가장 험하다는 암벽에서 등반 기구도 없이 최고 속도로 프리 클라이밍을 하는 토마스 후버와 알렉산더 후버 형제의 행적을 그리고 있다. 스피드 클라이밍이란 예를 들면 미국 요세미티 국립공원에 있는 높이 1,000미터에 달하는 하나의 수직 암벽인 엘 캐피탄을 단 2시간 만에 정복하는 것을 말한다. 평범한 암벽 등반대라면 정복에 3일 내지 5일이 걸리는 곳을 말이다. 티롤 남부 출신의 유명 산악인 라인홀트 메스너는 후버 형제가 이 신종 스포츠를 홍보하는 데에 도움을 주었다.[205] 메스너는 산소공급기도 없이 8,000미터급 14좌를 완등했고, 자신의 스포츠 능력을 상품화하여 생계를 유지했을 뿐만 아니라 산악 박물관을 개관했다. 이 메스너 산악 박물관은 5개의 지점이 있다.[206] 메스너는 익스트림 스포츠를 한계에 도전하는 체험을 통한 개인의 자아실현 도구로서 재해석하여 더욱 폭넓은 층의 대중들이 이를 매력적으로 받아들이도록 했다.[207]

등정(登頂)은 일종의 "정점의 스포츠"이다. 후버 형제처럼 베이스점프 (basejump : 높은 곳에서 낙하산으로 강하하는 스포츠)를 하거나 날아가야만 산 정상에서 앞으로 나아갈 수 있다. 대체 등정은 무엇일까? 등정도 스포츠일까? 등정이 스포츠라면, 언제부터 스포츠가 된 것일까? 어떤 것들이 등정 스포츠에 속할까? 암벽 등반, 빙벽 등반, 폭포 등반, 맨손 등반, 볼더링? 단순히 높은 산에 오르거나 산을 걷는 것도 등정일까? 등정을 절대적인 기록 추구 스포츠라고 할 수는 없다. 첫 등정은 누구에게나 한 번뿐이기 때문이다. 해발 4,810미터로 알프스 산맥에서 가장 높은 봉우리인 몽블랑의 1786년 첫 등정을 보통 등정(알파니즘[alpinism])의 시초로 간주한다.[208] 그러나 그렇다면 스위스의 박물학자 콘라트 게스너의 등반 기록은 어떤 의미가 있는가?[209] 1358년 보니파치오 로타리오 다스티가 당시 알프스에서 가장 높은 봉우리로 여겨졌던 로샤멜롱(3,558미터)을 등반한 것은 어떠한가? 1336년 4월 26일 이탈리아의 인문주의자 프란체스코 페트라르카는 라틴어로 된 장문의 편지에서 프로방스의 방투 산 등반(1,912미터)을 묘사했는데, 이는 어떠한가? 다만 동시대인들은 페트라르카의 경험을 일종의 개종 체험으로 이해하기는 했다.[210] 이미 눈치를 챘겠지만 많은 등산 역사학자들은 세계에서 가장 높은 곳에 올라간 "첫 등정"을 등정 스포츠의 시초로 보려고 한다.

1270년경 아라곤의 국왕, 페드로 3세의 카니구 산 등반은 어떻고, 프란치스코 수도회 수사인 살림베네 다 파르마의 기록은 어떠한가? 엄밀히 따지면 이것은 "등정"이 아니다. 당시 사람들은 주변에 있는 모든 산맥에서 카니구 산이 가장 높다고 생각하기는 했지만, 실제로 정상은 피레네 산맥에 있기 때문이다. 산 정상은 자신이 통치할 왕국의 소유였기 때문에, 미래의 아라곤의 국왕이 될 페드로 3세는 단지 호기심과 야망으로 산에 올랐다. 그의 연대기 기록자들은 그를 보며 알렉산드로스 대왕의 업적을 떠올렸다. 베네딕트회 노발레사 수도원의 연대기에 의하면, 앞에서 언급한 로샤멜롱은 이보다 빠른 975년, 토리노의 후작인 용맹공 아르두이노 3세가 정복했다. 게르만족의 대이동 시기에 랑고바르드족은 이탈리아를 정복했으나, 그것은 산을 오르면서 시작되었다고 이야기된다. 파울루스 디아코누스의 『랑고바르드족의 역사(*Langobardengeschichte*)』에 의하면 랑고바르드족은 판노니아 평원에서 출발하여 568년 4월 2일 이탈리아의 국경에 도달했다고 한다. 랑고바르드족의 왕 알보인은 이곳에서 멈췄고 "이 지역에서 높은 산에 올라가서 이탈리아 땅을 최대한 멀리까지 살펴보았다. 이후 이 산은 '왕의 산'이라고 불렸다." 왕의 산은 치비달레 델 프리울리에 있는 높이 1,615미터의 마조레 산이다. 이 자료를 수집한 아르노 보르스트에 의하면 랑고바르드족 출신의 베네딕트회 수사 파울루스는 이곳에서 이스라엘 민족의 지도자 모세를 떠올렸다고 한다. 광야 생활이 끝날 무렵 하느님은 모세를 느보 산에 세워놓고 약속의 땅을 보여준다. 그러나 기독교도가 아니었던 알보인 왕은 그 자리에 서서 군사 전략을 떠올렸을 것이다. 페트라르카는 티투스 리비우스의 작품을 읽고 등산 여행길에 올랐다. 리비우스는 마케도니아의 국왕 필리포스 5세의 실험에 관해서 기록했는데, 필리포스 5세는 기원전 181년 발칸 반도의 산 정상에 올라 아드리아 해와 흑해를 동시에 바라볼 수 있다고 말했다고 한다.[211] 이때 그가 산에 오른 동기는 호기심이었다. 그러나 누군가가 그에게 이러한 이야기를 해주었으므로, 필리포스 5세보다 먼저 산에 오른 사람이 있었을 것이다.

보르스트가 기록했듯이, 등정은 산을 평지의 관점에서 바라보는 것이다. 산악 지대에 사는 사람들에게 산은 새로운 것이 아니다. 이들은 청동기 시대부터 산지농업을 해왔다. 지밀라운 산의 정상(3,606미터) 근처인 약 3,200미터 높이에서 빙하 미라인 외치가 발견된 덕분에 이 사실을 알 수 있다. 알프스 지역 사람들은 카르타고의 한니발 장군이 알프스를 넘을 수 있도록 돕거나 그를 막기 위해서 싸웠다. 이들은 형제회의 지원을 받아 11세기에 2,472미터 높이에 있는 산베르나르 산길 등 알프스 산길에 숙박 시설을 설치하기도 했다. 고산 지대에서 농사를 짓거나 알프스 산양 사냥을 했던 사람들은 자신들이 한 일을 문자로 기록하지 않았을 뿐이다. 어쨌든 그들은 도시에서 온 스포츠인들을 대수롭지 않게 생각했다. 1953년 5월 29일 뉴질랜드의 에드먼드 힐러리가 최초로 에베레스트 산을 정복하는 데에 주로 도움을 준 인물이 그의 셰르파였던 남걀 왕디였다는 사실이 밝혀지기까지는 수십 년이 걸렸다. 히말라야 인근 지대에 사는 수많은 산악 지대 사람들은 수백 년간 여행객들에게 길을 안내하고 짐꾼 노릇을 하며 산을 넘을 수 있도록 도와주었다. 라마교로 개종한 후에 텐징 노르가이("행복한 신도")로 개명한 왕디는 이미 거의 20년 동안 산을 타고 길을 안내해온 전문 산악인이었다. 에베레스트 등정 성공 이후 인도의 총리 자와할랄 네루는 그에게 히말라야 등정 학교를 설립하여 프로 산악인을 양성하라는 임무를 맡겼다. 네팔인들은 셰르파였던 왕디가 가장 먼저 에베레스트 산에 올랐다고 주장했다. 그러나 왕디는 이에 팀으로서의 단결을 강조하며 자신은 에드먼드 힐러리와 함께 에베레스트 정상에 도착했다고 말했다.[212]

아마추어리즘의 관점에서, 왕디는 스포츠인이 아니라 프로 산악인이었으므로 그를 등정 기록에 포함시키면 안 된다고 이의를 제기하는 사람이 있을지도 모른다. 그러나 이 논리를 따른다면 등정을 통해서 얻는 정신적인 기쁨 그 이상을 성취한 수많은 사람들의 기록 역시 삭제되어야 할 것이다. 탁월한 선수였던 라인홀트 메스너와 후버 형제도 마찬가지이다. 이들도 왕디처럼 국가 자격증을 보유한 프로 산악인이자 산 안내인이었고, 마침내 익스트림 등산인으로 명성을 얻었다. 아마추어리즘과 기록에 대한 광적인 집착은 21세기가 시작된 현재 스포츠의 정의에 더는 부합하지 않는다. 메스너는 상업적인 동기를 뛰어넘어 진정한 동기를 추구했다. 다시 말해서, "절대적인" 기록을 남기는 것이 아니라 자신의 한계를 탐험하고 그 한계를 넘어보려는 자기 인식이 그의 동기가 되었다.[213] 사람이 젊었을 때와 나이가 들었을 때에 느끼는 한계는 다르다. 이는 훈련 이외에 건강, 신체 구조, 성별에 따라서 다르고, 개인차도 매우 크다. 노르베르트 엘리아스부터 앨런 거트만에 이르는 스포츠 사회학자들이 주장했듯이, 스포츠의 기준을 기록 추구로만 본다면 현재 스포츠 활동을 하는 거의 모든 사람들이 스포츠 활동을 하는 것이 아니게 될 것이다. 물론 익스트림 스포츠인과 프로 산악인이 필요하기도 하다. 이들은 대중의 관심을 자극한다. 그러나 기록 추구는 스포츠의 고유한 특성이 아니었으며 앞으로도 결코 그렇게 되지 않을 것이다.[214]

제6장

에필로그 : 스포츠란 무엇인가

신은 둥글다.
― 디르크 쉬머, 1998년

서문에서 던졌던 질문으로 다시 돌아가자. 스포츠란 무엇인가? 성 아우구스티누스의 성찰에서 이 질문의 답을 찾을 수 있을 것이다. "시간이란 무엇인가? 아무도 나에게 이 질문을 하지 않는다면 나는 답을 알고, 누군가가 내게 이 질문을 던져 답을 주어야 한다면 나는 그 답을 모른다."[1] IOC에서 총회를 열 때마다 탈락하는 종목이 생기고, 새로운 종목이 채택된다. 우리는 올림픽 종목으로 단기간 채택되었다가 제외된 종목들을 상세히 살펴보았다. 줄다리기는 1900-1920년간 6회, 줄타기는 3회, 크리켓과 크로케, 승마 곡예와 펠로타와 마찬가지로 스키 저어링(1928년 장크트모리츠 동계 올림픽)과 개썰매 경주(1932년 레이크플래시드 동계 올림픽)는 단 1회만 올림픽 종목으로 채택되었다. 낚시, 열기구, 무도와 글리마(아이슬란드 레슬링), 사바트와 칸(프랑스 격투기), 대포 포격, 행글라이딩, 인명 구조, (살아 있는) 비둘기 사격(모두 1900년 파리 올림픽), 자전거 폴로(1908년 런던 올림픽), 글라이딩(1936년 베를린 올림픽), 컬링(1964년 인스브루크 동계 올림픽), 수상 스키(1972년 뮌헨 올림픽), 롤러 하키(1992년 바르셀로나 올림픽)는 기억할 만하다. 여전히 IOC는 카드 게임인 브리지와 보드 게임인 체스뿐만 아니라 밴디(러시아 하키), 당구, 불, 볼링을 원칙적으로는 올림픽 경기에 적합한 스포츠 종목으로 인정한다.[2] 스포츠 종목의 도입이나 배제는 기자 또는 출판업자들에 의해서도 결정되며, 이들은 스포츠 소식을 보도하기도 하고 보도하지 않기도 한다. 체스는 오랫동안 신문의 스포츠 소식에 포함되었다가, 어느 순간 사라졌다.

스포츠의 빠른 변화 속도는 1990년대부터 그 변화의 정도를 가늠하기 위해서 익스트림 스포츠, 오락 스포츠, 트렌드 스포츠 등 새로운 상위 개념이 생겼다는 사실을 통해서 알 수 있다. 1997-1998년에 언론에서 조사한 50여 종의 트렌드 스포츠 종목 중에는 전통 스포츠 종목이 전혀 포함되어 있지 않다. 전통 스포츠 종목이 트렌드 스포츠의 기준에 미치지 못하기 때문이다. 트렌드 스포츠의 특징으로는 양식화, 속도, 완벽성, 새로운 극한과 위험의 추구, 샘플링을 꼽을 수 있다. 샘플링의 결과, 새로운 트라이애슬론 이외에도 합기도, 태극권, 요가, 재즈댄스, 에어로빅 등의 요소들을 조합한 NIA(Neuromuscular Integrative Action)가 등장했다.[3] 새로운 스포츠 종목은 끊임없이 발명된다. 일부 트렌드 스포츠 종목은 특수 장비와 액세서리가 필요한 경우가 많기 때문에 상업적인 목적으로 발명된다. 일부는 단순히 모험과 위험을 즐기려는 목적으로 발명되기도 한다.[4] 스포츠 클럽에서는 청소년들을 대규모 행사로 끌어모으기 위해서 이를 이용한다. 새로 발명된 종목이 유서 깊은 올림픽 종목으로 얼마나 빠르게 채택되는지 놀라울 따름이다. 올림픽 종목 중에 조타수가 없는 에이트나 400미터 장애물 경주에는 관심이 없는 사람들이라도 하프파이프 또는 스키 장애물 경주인 슬로프 스타일(두 종목 모두 2014년부터 채택)과 같은 오락 스포츠 종목은 즐길 수 있을 것이다. 물론 연령대가 높은 스포츠 팬들은 어깨를 으쓱하며 동의할 수 없다는 반응을 보일 테지만 말이다. 이제 카이트서핑이나 스노 보드와 같은 단어는 독일인들에게 자연스럽게 사용되고, 스케이트보드와 같은 단어는 심지어 단기간

에 도시에 변화를 일으켰다.[5]

스포츠의 특성에 관한 질문은 주로 역사적인 관점에서 던져진다. 그래서 그다음 질문으로는 과거의 신체 능력 겨루기가 스포츠인지 혹은 아닌지를 던질 수 있을 것이다. 올림픽에서 신규 종목으로 채택하는 기준이 얼마나 유동적이었는지 안다면, 스포츠에 대한 극단적인 표현을 자제할 수 있을 것이다. 스키 발레가 스포츠라면 말[馬] 발레가 스포츠가 되지 못할 이유는 무엇인가? 오늘날 오후에 친구들을 만나서 공을 차는 행위가 스포츠라고 생각한다면, 200년 혹은 2,000년 전의 같은 행위가 스포츠가 아니라고 말할 수는 없지 않을까? 오늘날 아주 먼 거리를 두고 겨루는 경주가 스포츠로 여겨진다면, 3,000년 혹은 3만 년 전의 같은 행위를 스포츠로 간주하지 않을 이유는 무엇인가? 대중 스포츠에 피트니스 트레이닝이나 취미 수영과 같은 행위 혹은 단체 경쟁 스포츠가 포함된다면, 선사 시대 혹은 다른 문화에서의 비슷한 활동을 스포츠가 아니라고 배제하기는 어려울 것이다. 같은 기준을 테니스에 적용한다면 테니스의 역사는 500년이 넘을 것이다.[6]

야코프 부르크하르트는 고대 그리스의 작가 호메로스의 『일리아스』에 나오는 구절, "항상 1등이 되고 주목받으려는 것"을 고대 그리스 문화와 스포츠의 특성이라고 보았는데, 이는 심한 과장이다.[7] 친구들과 스포츠를 즐기는 목동이나 어부가 항상 이러한 경쟁에 사로잡혀서 마치 올림픽에 출전한 양 자신의 이름을 남기고 싶어했다고 보기는 어렵다. "성적"이라는 우상이 한동안 스포츠 과학을 지배하여, 이를 빌미로 최고 기록을 낼 선수의 양성을 합리화했던 것은 사실이다. 그러나 이것만으로 우리 사회가 만들어졌다는 결론을 내릴 사람은 아무도 없을 것이다. "더 빨리, 더 높이, 더 힘차게"라는 슬로건을 내세우며 기록을 추구하는 분야도 있고, 이러한 기록 추구는 스포츠 역사의 중요한 측면이기도 하다. 그러나 기록 추구의 경쟁 스포츠가 스포츠의 전부는 아니다. 대중 스포츠, 청소년 스포츠, 노인 스포츠, 체조, 조깅과 같은 이른바 일상 스포츠는 스포츠 뉴스를 도배하는 기록 추구 스포츠보다 양적인 측면에서 훨씬 중요하다. 개인 스포츠는 말할 것도 없고, 대규모로 조직화된 대부분의 스포츠 역시 충격적인 사고가 발생했을 경우에만 언론에서 소식을 전한다. 이것은 고대, 중세, 근대에도 마찬가지였다. 아무것도 모르는 아마추어가 샌들을 신고 암벽으로 된 산등성이에 올라가다가 추락했다는 소식은 뉴스가 되지만, 1만 명이 산에서 하이킹을 하거나 등산을 했다는 소식은 뉴스가 되지 않는다.

스포츠 외에 다른 측면에서 특별한 의미가 없다면, 특출하지 않은 경기 성적을 다룬 기사를 읽으려는 사람은 없다. 2011년 가을 파우자 싱이라는 인도 출신의 100세 노인(1911년 4월 1일 출생한 것으로 알려졌다)이 8시간 반 만에 런던 마라톤 완주에 성공했다. 이러한 뉴스는 2명의 동아프리카인 선수들이 마라톤 구간을 2시간 만에 완주하여 또다시 우승했다는 소식보다 우리에게 더 큰 감동을 준다. 또한 우리는 인터넷에서, 휠체어를 탄 남녀 선수들이 남자 및 여자 육상 우승자 옆에 있는 모습을 찾아볼 수 있다. 이 시합은 1983년부터 개최되었는데, 1987년부터는 휠체어를 탄 선수들이 비장애인 선수들의 속도를 앞지르기 시작했다. 2011년 휠체어 우승자인 어맨다 맥그로리는 1시간 46분 30초를 기록했는데, 이는 같은 구간을 달린 비장애인 남자 육상 선수보다 더 빠른 기록이었다. 물론, 공식 우승자 명단에 파우자 싱의 이름은 없다. 그에게는 하나의 공식적인 기록이 있을 뿐이다. 그는 2003년 토론토 워터프론트 마라톤에서 5시간 40분 4초 만에 완주하여 90대 선수들 중에서 최고 기록을 달성했다. 100세인 그는 모든 육상 종목에서 동일 연령대 선수 중에 최고 기록을 보유하고 있다. 앞에서 언급한 2011년 토론토 대회의 기록(8시간 25분 16초)은 100세 이상 선수들 중에 최고 기록이다. 그러나 이 기록은 출생연도를 입증할 수 있는 자료가 부족하여 기네스북에 등재되지는 못했다.[8]

만들어진 전통

영국의 역사학자 에릭 J. 홉스봄과 남아프리카 민족학자 테렌스 레인저가 연구한 "만들어진 전통(invention of tradition)" 현상은 스포츠 역사를 이해하는 데에 도움이 된다. 민속학자들은 오래되었다고 알려진 많은 전통들이 실제로는 최근에 만들어졌다는 사실을 이미 오래 전부터 알고 있었는데, 홉스봄과 레인저는 이를 개념의 차원에서 접근했다.[9] 만들어진 전통은 특히 독일의 스포츠 연구에서 흔히 찾아볼 수 있는데, 지금까지도 모든 스포츠들이 게르만족으로부터 유래했다고 주장하기 때문이다. 중세 초기의 민족 집단 형성, 중세의 문화 및 사회사에 관한 최근의 모든 연구가 무시되고 있다는 사실을 제외하면, 이러한 주장을 뒷받침하는 역사학적 혹은 고고학적 증거는 부족하다. 그 이유는 간단하다. 그러한 증거 따위가 존재하지 않기 때문이다.

다른 국가의 스포츠 역사에서도 비슷한 속설이 있다. 매년 신년 전야에 영국 노섬벌랜드의 앨런데일에서 행해지는 불 의식은 바이킹에서, 일부는 앵글로색슨 혹은 페니키아에서 유래했다고 전해진다. 실제로는 1883년에 이에 관한 최초의 기록이 있으며, 이 의식에서 핵심적인 요소는 1940년대에 추가된 것이다.[10] 물론, 만들어진 전통 현상이 유럽에서만 나타나는 것은 아니다. 일본의 "고대 무술들"은 실제로는 그 역사가 매우 짧다.[11] 토니 콜린스는 만들어진 전통이 두 가지 방향으로 나타날 수 있다고 지적했다. 하나는 특정 스포츠가 더 쉽게 정착하도록 오랜 전통을 가진 것처럼 꾸며서 역사적인 정당성을 얻는 것이다. 하키를 새로운 국가 스포츠로 정착시키기 위해서 옹호자들은 모든 유형의 슐라크발이 하키의 초기 형태였다고 주장하면서 하키의 역사적인 품위를 높이려고 했다. 실제로 하키라는 단어는 1785년에 처음 확인되었다. 이와는 정반대로, 스포츠에 완전히 새로운 이미지를 부여하기 위해서 전통을 부인하는 경우도 있다. 대표적인 예로 럭비를 꼽을 수 있다. 윌리엄 웹 엘리스는 럭비가 노동자의 스포츠인 길거리 축구에서 유래했다는 사실을 숨기기 위해서 전혀 다른 스포츠인 것처럼 포장하려고 했다. 현대 축구(사커)가 1863년에 탄생했다는 주장도 이와 비슷한 이유로 나온 것이다. 선량한 통치자의 후원이나 승전 기념으로 치러지는 경기 등 대부분의 탄생 신화들도 만들어진 전통이다. 전통은 그 지역의 매력을 높이려는 정치인들이나 새로운 수입원을 개척하려는 기업이 발명하기도 한다. 극단적인 예로, 영국이 고대 로마와의 전쟁에서 승리한 계기로 도입되었다는 더비 전을 들 수 있다.[12] 어쨌든 이 홍보는 대성공하여 더비는 아주 중요한 축구 경기라는 개념으로 정착되었고, 바로 이러한 매력 때문에 신문, 신발, 자전거, 자동차에서도 더비라는 이름이 사용되고 있다.[13]

몇몇 대규모 스포츠 행사는 만들어진 전통을 통해서 이익을 보기도 한다. 대표적인 예로, 스코틀랜드의 하일랜드 게임이나 그리스 독립 전쟁 이후 새로 탄생한 국가의 표상으로 개최된 19세기의 올림픽을 꼽을 수 있다.[14] 물론, 이는 근대 올림픽만 보아도 알 수 있다. 사실 근대 올림픽은 고대 올림픽과 아무런 관련이 없고, 르네상스 이후에 쓰인 고대 올림픽에 관한 신화를 바탕으로 할 뿐이다. 고대 그리스 문화를 존중하는 문화로부터 혜택을 입은 것은 유럽의 학제였다. 유럽에는 고대 그리스의 스포츠 훈련장인 김나시온이라는 이름으로 새로운 형태의 혁신적인 학교가 생겼다. 그러나 이러한 16세기의 개혁학교에서는 실제로 스포츠 활동을 많이 하지 않았고, 더군다나 나체(김노스)의 스포츠를 즐기는 일은 없었다. 다만 인문주의 학교가 새로 발명되었을 뿐이다.

패러다임이 된 스포츠화

유럽에서 다른 시대보다 근대 초기에 스포츠를 더 많이 즐긴 것은 사실이다. 그러나 우리는 이러한 사실 외에 그 과정에서 나타난 근본적인 특성도 알아야 한다. 대중 스포츠처럼 군사 훈련의 **스포츠화** 역시 근대의 과정으로 보아야 할 것인지 정확하게 짚고 넘어갈 필요가 있다. 근대 초기 유럽이 그리스 문학을 수용하면서 신체에 대한 가치관에 근본적인 변화가 나타났고, 스포츠 활동은 모든 사회계층의 관심사가 되었다. 물론 이는 사회사적인 요인과도 관련이 있다. 사실 이러한 과정은 도시국가였던 피렌체나 베네치아 공국처럼, 고대의 사상을 수용하여 상대적으로 자유로운 도시국가의 자치 체제가 새로운 사회 구조로서 탄생하면서 나타났기 때문이다. 신체 훈련(엑세르시티아 코르포리스)은 16세기부터 학칙과 행동 교서에서 빠지지 않았고 의학 문헌에서도 우호적으로 다루어졌으며 종교적인 공격으로부터 변호를 받았다.

현재와 같은 형태의 세계 스포츠를 이해하기 위해서 각 스포츠 종목을 일일이 살펴볼 수도 있고, 과거와 현재의 스포츠를 통합적인 관점에서 비교해볼 수도 있을 것이다. 근대 초기의 놀이와 시합들은 "스포츠"라고 말할 수 있을 만한 행사로 변화했다.[15] 인쇄술의 발달로 스포츠 규정집이 제작되었고, 스포츠 경기장과 실내 체육관이 표준화되었으며, 전문화와 상업화 현상이 나타났다. 앙리 2세가 마상 시합 중에 사망하는 사건이 발생하면서 폭력적인 기사 시합은 기피되었다. 폭력적인 종목은 기술과 우아함을 보여줄 수 있는 종목으로 대체되었다. 16세기 중반 이후부터는 고리 떼어오기 시합과 같은 종목들이 늘어났다. 1600년경 이러한 종목들은 사고가 자주 발생했던 마상 시합을 계속 밀어냈다.[16] 구기 종목에서도 이와 유사한 정교화 현상을 관찰할 수 있다. 구기 종목은 사냥과 기사 시합 이후로 귀족들이 즐기는 종목이 되었다. 상류층이 상설 운동장을 설치하자, 일반 시민들이 즐기던 대중적인 놀이에도 정교화 및 표준화 현상이 일어났다. 한편, 모든 계층에서 즐긴 레슬링, 펜싱, 사격 등 위험하지 않은 종목도 있었다. 이를테면 고급 기술이 요구되지 않는 달리기,[17] 도약, 레슬링, 수영, 던지기, 역도, 조정, 보트 시합과 같은 단체 경기[18]를 비롯하여 아이스 스케이트, 스키와 같은 대중 스포츠에서는 낮은 수준의 제도화가 나타났다. 영국에서 일어난 스포츠의 민주화가 18세기 유럽의 모든 지역에서 나타나지는 않았으나,[19] 유럽 서부와 중부의 많은 지역들에서는 스포츠의 민주화가 이루어지고 있었다.

근대 초기에는 스포츠의 제도화 현상이 고도로 발전하여 스포츠 수업, 스포츠 장비, 스포츠 장비 생산 회사, 국제적인 스포츠 장비 거래 등이 등장했다. 스포츠 교사, 경기장, 체육관, 스포츠 축제 등도 발달했다. 물론 스포츠 규정이나 스포츠 보도도 시작되었다. 당시의 대중매체는 전단지, 목판화, 동판화, 그림, 연대기 수준이었다. 스포츠 소식은 17세기부터는 신문에, 18세기부터는 잡지와 정기간행물에 실리기 시작했다.[20] 스포츠 보도 문화의 발전은 1792년 스포츠 전문지 「스포팅 매거진」 창간으로 이어졌다. 최초의 의학 전문지가 이보다 불과 몇 년 전에 창간되었음을 감안한다면, 스포츠 보도가 문화 발전의 최전선에 있었다는 사실을 알 수 있을 것이다. 17세기에 스포츠 시설은 산업 입지 조건이 되었으며 관광여행 책자에는 반드시 소개되었다. 구체적인 예로 운동장인 런던의 복스홀 가든스나 파리의 뤽상부르 공원, 죄드폼 등이 여행 책자에 실렸다.

근대 초기의 스포츠에 대한 열광으로 운동선수의 개념이 등장했음을 드러내는 사례도 많다. 젊은 제후들의 모임은 몇 주일 동안 열리는 스포츠 행사나 마찬가지였다. 16세기부터 유럽의 대표적인 성에는 스포츠 시설이 설치되었고, 훌륭한 스포츠 시설이 갖춰진 곳이 모임 장소로 주로 선택되었다. 스포츠는 신분의 한계를 넘어 소통하는 기회를 제공했다. 제후들은 순회 시합을 다니는 프로 운동선수들을 초대하여 조언을 듣고 수업을 받으며 그 대가로 선물을 제공했다. 제후들은 공직자, 시 행정 당국 직원, 그리고 원칙적으로는 스포츠 활동을 제공할 수 있는 사람이라면 누구든지 함께 경기를 즐겼다. 스포츠에 관심이 있는 제후들은 평민이라도 함께 시합해도 괜찮다고 여겼다. 사격 축제 때에는 제후에게 일부러 져주는 사람들도 있었지만, 평민, 도시 시민계층, 변두리 지역의 농부들이 상금을 차지하는 경우도 많았다. 스포츠에는 정해진 원칙이 있었고, 이는 모두에게 동일하게 적용되었다. 스포츠 시합은 지금까지 연구 대상으로서 주목받지 못했지만, 근대 이전부터 사회 단결의 수단이라는 중요한 상징적 의미를 지니고 있었다.

지금까지 우리는 현대 사회에서 스포츠가 어떤 역할을 하는지 살펴보았다. 현역 선수와 스포츠 종목, 스포츠 클럽 및 단체, 스포츠 행사의 증가, 경기장 신축뿐만 아니라, 정치인들이 추진하는 과시적인 스포츠 전시 등은 근대 이후에 시작된 스포츠화가 아직 진행 중이라는 사실을 말해준다. IOC는 올림픽 종목 수를 제한하려고 애쓰고 있지만 단언컨대이 노력은 그다지 오래가지 못할 것이다. 새로 채택되기를 기다리는 스포츠 종목은 계속 발생할 것이며, 기존의 정규 종목을 임의로 삭제할 수없기 때문이다.

구기 스포츠의 세계

스포츠 메타포는 고대에 이미 사용되었다. 사도 바울은 「고린토인들에게 보낸 첫째 편지」(제9장 24-17절)에서 달리기 경주와 권투 장면을 비유에 사용했다. 그는 동시대의 청자 혹은 독자들이 이스트미아 제전의 시합 규칙을 잘 알고 있다는 전제 아래에 이 비유를 사용한 것이다.[21] 교부 아우구스티누스와 암브로시우스는 기독교 성직자를 레슬링 선수에 비유했다. 중세에 "하느님의 투사"를 이야기한다면, 아마 사람들은 십자군 전쟁보다는 마상 창 시합을 했던 기사들을 더 많이 떠올렸을 것이다. 대부분의 스포츠 메타포는 중세와 근대 초기에 만들어졌으며 지금까지도 사용된다. 그중에는 원래의 의미와 완전히 동떨어진 의미로 사용되는 것들도 있다. 지금은 민속 시합 중의 하나인 "새 사격"을 두고 진짜로 살아 있는 새를 쏜다고 생각하는 사람은 아무도 없다. 처음에는 살아 있는 새를 쏘았다. 그러나 이 시합이 문헌에 기록될 즈음에는 이미 목표물로 화

려한 색으로 꾸민 나무 모형을 사용하고 있었다. 가장 인기가 많은 것은 앵무새 모형이었다고 한다.[22]

스포츠 메타포가 일상 언어에 점점 더 많이 스며들고 있는 것은 스포츠화가 진행되고 있다는 지표이다. 프랑수아 라블레는『가르강튀아와 팡타그뤼엘』에서 수백 가지 시합과 스포츠 종목을 소개했다.[23] 그런데 이 책을 독일어로 번역한 슈트라스부르크 출신의 쥔디쿠스 요한 피샤르트는 작품에 대한 열정으로 소설 내용을 미화하다가 수를 두 배로 과장하고 말았다.[24] 윌리엄 셰익스피어는 자신의 희극과 비극 작품에서 스포츠를 암시하는 표현을 즐겼고 최소한 50가지의 스포츠를 언급했다.[25] 영국의 여행자 토머스 코리엇은 여행기에서 변화무쌍한 취리히의 역사를 "이 신사에서 저 신사에게로 정신없이 패스되는 행운의 여신의 테니스 공과도 같았다"고 묘사했다.[26] 코리엇만 이러한 비유를 사용한 것이 아니었다. 중세의 저자들은 영국의 통치자들을 경멸적으로 묘사할 때, 이들의 머리통으로 축구를 하라며 모가지를 날려버리라고 표현했다. 특히 공은 비유에 사용하기가 좋다고 여겨졌던 듯하다. 예컨대 코리엇은 사부아 왕가의 남자와 여자에 대해서 "이들은 후두가 잔뜩 부어올랐고 혹이 마치 주먹만큼, 영국의 축구공처럼 컸다"라고 묘사했다.[27] 타락한 세상을 유혈 스포츠에 비유한 표현들도 인기가 많았다.[28] 스포츠 시합에서의 동작도 비유로 종종 사용되었다. "모자를 링에 던지다"라는 표현은 도전한다는 뜻으로 사용되는데, 실제로 19세기까지는 이 동작을 통해서 권투 우승자에게 도전할 수 있었다.

스포츠에 대한 열광이 얼마나 대단했는지는 고전 문학 작품에서도 확인할 수 있다. 오비디우스의『변신 이야기(Metamorphosen)』(10권)에는 아폴론과 제피로스가 뮤즈 클리오의 미소년 아들인 히아킨토스를 애인으로 차지하려고 경쟁하는 이야기가 있다. 아폴론은 히아킨토스와 원반 던지기 놀이를 하는데, 둘 사이를 질투한 바람의 신 제피로스가 아폴론의

조반니 바티스타 티에폴로, "히아킨토스의 죽음", 1753년경. 티센 보르네미사 미술관 소장. 스페인 마드리드.

원반이 날아가는 방향을 돌려, 아폴론이 자신의 연인의 머리를 맞혀 죽게 만든다. 시합 중의 사고로 연인을 잃은 슬픔을 이기지 못하고 깊이 상심한 아폴론은 히아킨토스가 피를 흘리고 죽은 자리에 아름답고 향기로운 꽃을 피운다. 이 꽃이 바로 히아킨토스, 즉 히아신스이다. 1561년 조반니 안드레아 델랑길라라의 이탈리아어 번역본에서는 아폴론과 히아킨토스가 원반 던지기 대신 테니스 시합을 한다. 이 판본에서는 제피로스가 바람의 방향을 바꾸어 테니스 공으로 히아킨토스의 관자놀이를 명중시켜 죽게 만든다.[29] 베네치아의 화가 조반니 바티스타 티에폴로는 이 판본의 이야기를 모티브로 하여, 의뢰인을 위해서 당시 시대 상황에 맞춘 작품을 완성했다. 그림의 우측 하단에는 히아킨토스의 상징물인 테니스 라켓이 있고 그 옆에는 테니스 공이 있다.[30]

이 작품을 보고 예술가의 사소한 장난이라고 웃어넘길 사람이 있을지도 모르지만, 사실 그 이면에는 동성애에 대한 위험한 고백이 숨겨져 있다. 당시에는 동성과 성관계를 맺으면 유럽의 형법에 의해서 사형을 선고발았기 때문이다. 1752년에 이 작품을 의뢰한 샤움부르크-리페의 백작 빌헬름 프리드리히는 열정적인 테니스 선수였고, 뷔케부르크 성에 구기 경기장이 있었다. 빌헬름의 친구이자 테니스 파트너였던 한 음악가가 있었는데, 그의 아버지가 아들에게 보낸 편지에는 "너의 친구 아폴론"이라는 표현이 있다. 이 무렵 이 음악가는 베네치아에서 시합 중에 사고로 목숨을 잃었다. 빌헬름의 할아버지인 샤움부르크-리페의 백작 프리드리히 크리스티안도 뷔케부르크의 구기 경기장에서 테니스 시합을 지나치게 하다가 목숨을 잃었다. 하노버 왕가의 선제후이자 영국의 왕세자였던 프레더릭 루이스 웨일스 공도 테니스 공을 맞고 (다른 판본에서는 크리켓 공이라고 되어 있다) 목숨을 잃었다. 시합 중의 사고는 그 정도로 심각한 문제였던 듯하다.[31]

스포츠와 권력

고대 로마의 시인 유베날리스는 로마 시민들이 "빵과 키르쿠스 시합"에 정신이 팔려서 정치적인 무능력자가 될 것이라고 확신했다. 스포츠와 권력의 관계는 지난 수십 년간 사회학자들이 집중적으로 연구해온 분야이다. 프랑크푸르트 학파에 속하는 학자들, 특히 테오도어 W. 아도르노는 스포츠가 교묘한 억압의 수단이라는 극단적인 주장을 내놓았다. 아도르노가 비참한 망명 생활 중에 정립한 이 이론은 나치의 스포츠뿐만 아니라 미국의 문화 산업을 이루는 스포츠에도 적용된다.[32] 프랑스의 문화 이론가 미셸 푸코에게서도 이러한 관점을 확인할 수 있다. 푸코는 스포츠를 국가의 폭력적인 제도화 장치의 일부라고 보았으며, 이 장치가 근대부터 인간의 신체를 길들이려는 시도를 해왔다고 주장했다.[33]

이탈리아의 철학자 안토니오 그람시의 견해는 이들과는 크게 차이가 난다. 그람시도 아도르노처럼 파시스트의 대중 선동 행위를 목격했지만, 그는 억압으로부터 해방될 수 있는 잠재력이 스포츠에 있다고 보았다.

다른 한편으로, 그람시와 그의 후계자들은 스포츠를 자본가 계급인 부르주아의 문화 헤게모니의 한 요소라고 보았다. 즉, 점점 많아지는 여가 시간에 "키르쿠스 시합"으로 민중의 관심을 돌려 불안정한 청년들을 이 체제에 편입시킨다는 것이다. 또한 스포츠는 즐거움의 원천으로서 긍정적인 에너지를 방출할 수 있다고도 보았다.[34] 피에르 부르디외도 일찍이 스포츠를 연구 주제로 다룬, 몇 안 되는 사회학자들 중의 한 사람이다. 그는 그람시의 이론과는 독립적으로 연구를 진행하다가, 그람시와 비슷한 시각으로 스포츠의 기원을 계급과 관련된 것으로 바라보게 되었다.[35] 부르디외의 연구 결과에 의하면, 노동자 계층은 육체적인 힘을 중시하고 현재 지향적인 스포츠 종목을 주로 즐긴다. 이를테면 레슬링, 권투, 가라테, 역도, 보디빌딩과 같은 무술 스포츠, 축구, 럭비, 미식축구처럼 몸을 많이 사용하는 단체 스포츠, 자동차 경주나 기계체조처럼 위험하고 모든 신체를 사용하는 스포츠 등이다. 반면, 중산층과 상류층은 건강과 사회적인 위신과 관련된 미래 지향적인 스포츠를 선호한다. 이를테면 조깅이나 산책 등과 같은 건강 지향적인 스포츠, 자연과 관련이 있는 스포츠(등산, 카약, 크로스컨트리 스키), 신체 접촉이 적은 단체 경기(배구, 크리켓) 혹은 골프, 요트, 폴로, 사냥처럼 사회적인 신분을 과시할 수 있고 클럽 활동과 액세서리 등 상징 자본의 축적이 필요한 스포츠 등이다. 물질적인 조건뿐만 아니라 신체를 사용하는 방법 등 다양한 사회계급의 정서가 사람들이 스포츠를 선택하는 데에 영향을 끼친다. 계급별 아비투스는 지배적인 권력 관계를 유지하는 데에 결정적인 영향을 끼치고, 이러한 관계가 신체에도 새겨진다는 것이다.[36]

스포츠를 통해서 산업화 이전 사회의 권력 균형을 설명할 수도 있다. 스위스나 네덜란드, 베네치아와 같은 공화국뿐만 아니라, 프랑스, 토스카나, 독일의 제후 국가와 같은 세습군주국에서도 사회 지배계층은 대중 스포츠를 후원하고 스포츠 행사에 방문하고 건강이 허락한다면 시합에 참여하기도 해야 한다는 의무감을 느꼈다. 옛 유럽의 군주들은 오늘날 정치인들처럼 "선거를 위한 달리기"(서문 참조)를 할 필요는 없었으나, 그들 역시 국민의 지지를 얻기 위해서 노력해야 했다. 근대 초기 정치 이론에 의하면, 국민으로부터 인정받지 못한 통치자는 폭군으로 여겨졌 다. 통치는 서로 존중받는 관계를 바탕으로 했다. 무능한 통치자라면 스 포츠 후원도 별다른 도움이 되지 않았다. 영국의 찰스 1세는 재정과 종 교 정책에 실패하여 문자 그대로 머리가 날아갔다. 반면, 영국의 제임스 1세는 『체육 교서』를 통해서 종교계의 공격에 맞서 스포츠를 장려하는 정책을 펼치며 국민의 지지를 얻었다.

페미니즘 여성 문화학자들은 "스포츠와 권력"이라는 주제에 이중적인 관점으로 접근한다. 이들은 스포츠가 여성에게 여성의 강인함을 드러낼 뿐만 아니라 카메라 앞에서 활동 영역을 정복할 기회를 제공한다고 본 다. 동시에 여성은 스포츠를 통해서 남성과는 다른 방식으로 착취되며 자본주의의 이해관계에 노출된다고도 본다. 이른바 서핑, 비치발리볼, 체조처럼 노출이 있는 옷을 입는 여자 선수들은 특히 인기가 높다. 아슬 아슬한 패션의 여성 카레이서 대니카 패트릭은 대부분의 포뮬러 1 챔피 언보다 연 수입이 훨씬 많다.[37] 레슬리 헤이우드는 새로운 광고 아이콘 으로서 자존감 높은 서핑 선수의 이미지를 더했는데, 이는 광고 회사에 서 만들어낸 것이다. "오늘날 여자 운동선수는 세계 경제에서 중요한 아 이콘으로서, 자기 확신, 성공, 도약의 이미지를 구체화한다. 그녀는 '새 로운 것', 민주주의의 가능성, 세계화, 신자유주의, 다시 말해서 자유로 운 시장의 자본이 '충분히 열심히 일하는' 모두에게 열려 있음을 대변한 다. 현재 여자 서핑 선수는 유연성이라는 신자유주의 이데올로기, 스스 로 만들어나가는 주체성, 모두의 가능성을 담은 이미지를 전달함으로써, 남자 서핑 선수의 문화적인 이미지를 낙오자이자 비생산적인 저항자로 재정립하고자 한다. 여자 선수의 유연한 신체는 세계 경제의 특징인 유연성을 상징하며, 성공적인 자아 실현이라는 개념을 전달하는 여자 선수의 이미지는 연간 약 5억 달러 규모의 산업에 불을 지피기에 충분하다." 그러나 이와 결합된 이데올로기 때문에 이러한 성공 모델이 여자 운동선수에게 이득이 되는 것만은 아니다. "그러나 이러한 이데올로기가 여자 서핑 선수와 그녀의 현재 몸매로 구체화되는 한, 여자 서핑 선수들은 그 이미지로부터 소외될 수밖에 없다. 이 세상에서 자신의 자리를 찾고자 한다면, 그녀들은 이 모든 이야기를 직접 풀어내야만 한다."[38] 여자 서핑 선수들이 자신의 이야기를 스스로 풀어내야 한다는 제안은 다소 현실성이 떨어져 보인다. 매스미디어에서 재현되는 이미지에 관한 문화학자들의 연구가 제아무리 많아진다고 해도 홍보 체계에 큰 변화를 가져오지는 못할 것이다.

스포츠는 재미를 주는 것

많은 사회학자들에 따르면, 현재 우리는 체험 사회에서 살고 있다.[39] 그리고 우리가 여가 활동에 부여하는 의미와 가치는 건강을 중시했던 이전 세대와는 확실히 다르다. 체험을 추구하면서, 전통적으로는 유한 계급이 중요시했던 기제가 더욱 넓은 계층의 사람들에게 효과를 발휘하고 있다. 타인과의 차별화, 과시적인 소비, 세계적인 유행 지향, 사회에는 무익한 개인의 순간적인 욕구 등이 바로 그것이다.[40] 스포츠를 체험의 범주에 포함시킨다면, 새로운 트렌드 스포츠가 발명되는 속도가 점점 빨라지는 이유를 이해할 수 있을 것이다. 또한 끊임없이 다른 유행을 좇는 트렌드 발굴 현상 및 스포츠에서 엔터테인먼트 산업의 특성이 점점 강해지는 이유 역시 이해할 수 있다. 익스트림 스포츠는 전문적인 행사의 홍보와 잘 맞아떨어져 후원을 받게 되었고, 이를 통해서 발전했다. 익스트림 스포츠는 과거의 키르쿠스나 6일간 레이싱에서 나타났던 구경거리의 요소들을 일상적으로 제공하며, 대형 스타디움에도 진출했다.[41] 이러한 발전의 논리는 계속된다. 세계적인 슈퍼스타 마돈나는 2012년 인디 애나폴리스 스타디움에서 열린 슈퍼볼의 하프타임 쇼에서 6만9,000명의 관중 앞에서 공연을 했다. 물론, 이 공연은 미국 내셔널 풋볼 리그(NFL) 최종 결승전의 부수적인 행사였다. 쇼와 스포츠 행사는 상호 의존 관계가 되어 메가 이벤트로 발전했다. 예컨대 뉴잉글랜드 패트리어츠와 뉴욕 자이언츠의 경기는 전 세계적으로 8억 명이 시청했다.[42] 「포브스」가 스포츠 스타를 영화 및 팝 스타와 같은 유명인사 영역에 포함한 것도 바로 이 논리를 따른 것이다.

현재 스포츠는 18세기 유럽에서 탄생한 사회적인 집단 형태인 클럽에서 종종 체계화된다. 스포츠 클럽에서 이루어지는 모든 활동을 스포츠로 볼 수 있는지에 관한 질문은 체스가 스포츠에 포함되는지에 관한 질문만큼이나 의미가 없다. 최근 베를린 연방주 감사원이 체스가 스포츠가 아니기 때문에 지원금이나 세금 혜택을 제공할 수 없다는 입장을 밝히자 베를린 체스 연합이 크게 저항한 일도 있었다.[43] 스포츠 클럽은 많은 사람들에게 직장과 가정 생활의 균형과 사교 활동에 도움을 준다. 빠른 변화를 요구하는 트렌드 스포츠는 종종 전통 스포츠 클럽을 압도하는데, 클럽에서 추구하는 것이 완전히 달라졌기 때문이다. 요즘 사람들은 스포츠 클럽에 정체성 탐색, 자신과 생각이 맞는 사람들과의 교류, 공통의 언어 및 의상, 새로운 생활방식의 시도, 노인 세대의 클럽에서는 소화하기가 힘든 새로운 스포츠 종목의 수용 등을 요구한다.[44] 이제 스포츠는 클럽에서만 체계화되지 않는다. 스포츠는 체육 수업, 장애인 시설 등에서의 재활 활동, 직장 내 스포츠 모임, 체육관의 회원 등록 제도, 문화센터의 스포츠 강좌, 신문 광고 또는 페이스북을 이용한 스포츠 모임 등 가능한 모든 제도적인 형태와 기관을 통해서 행해진다. 스포츠는 점점 더 개인화되어 혼자 조깅을 하거나 자전거를 타거나 수영을 한다. 또는 가족, 학교 친구, 대학생 모임, 직장 동료, 친구 등 사적인 모임 단위로 스포츠를 즐긴다. 독일 올림픽 체육 연맹의 조사 결과, 독일인의 30퍼센트가 여전히 스포츠 클럽 회원이지만,[45] 자아실현을 추구하는 40세 미만의 지식인들, 즉 트렌드 선도자들은 스포츠 클럽의 필요성을 더는 느끼지 않는다. 이들이 개발한 새로운 스포츠는 주로 젊은 층들의 엔터테인먼트 분야에서 반응이 좋다.[46]

이러한 사교 스포츠 모임에서는 무엇을 할까? 항상 경기의 공식 규칙을 지켜야 할까? 대부분의 회원들이 자신들의 상황에 맞게 변형된 규칙을 활용하지는 않을까? 잔디 위에서, 재킷이나 자전거, 비닐봉지 등 무엇인가를 골대라고 치고, 오프사이드 규칙은 적용하지 않는 2 대 2의 축구 경기를 상상해보라. 나는 공식 축구 경기보다 이러한 스포츠의 모습을 훨씬 더 많이 볼 수 있으리라고 생각한다. 20세기 축구를 완성한 축구 선수 펠레나 마라도나도 이러한 규칙과 장비로 길거리나 해변에서 축구를 하다가 위대한 선수가 되지 않았을까? 길거리 축구도 스포츠이다. 이 사실에 이의를 제기하는 사람은 없을 것이다. 콜라 캔을 차서 고물 자동차를 맞히는 모습을 FIFA에서는 볼 수 없을지라도 말이다. 스포츠 과학의 범위에 속하지 않을지라도, 규범화되지 않은 경기는 여전히 존재한다.

20세기 이전 영국인들은 스포츠라는 단어를 재미를 주는 것이라고 정의했고, 이 단어는 여가나 취미와 동의어였다. 이 단어는 독일어로 시간 때우기 혹은 오락으로 번역되었다.[47] 경주, 상금이 걸린 사격 대회, 구기 시합, 모든 형태의 신체 단련(exercitia corporis)이 스포츠였으며, 신체 활동이 없는 카드 게임이나 낚시, 자루 달리기 경주, 그리고 우리가 현재 아이들 놀이나 우스꽝스러운 행동이라고 하는 모든 활동 역시 스포츠였다.[48] 기록 추구와 성적에 대한 집착 현상에 대해서 묻는다면, 1986년에 등장한 호머 심슨 캐릭터가 그 대답이 될 것이다. 그는 모든 것을 초토화시키는 인물의 전형이다. 그런데 심슨은 BBC 채널 4에서 실시한 여론 조사에서 이 시대에 가장 인기가 많은 텔레비전 캐릭터로 선정되었다.

게으름, 무능력, 아무런 생각 없음으로 요약할 수 있는 심슨의 성격이 우리 안에 있기 때문일 것이다.[49]

수백 년간 이어진 신학적인 논쟁으로 인해서 대부분의 유럽인들은 도박은 스포츠가 아니라고 확신한다. 물론, 여기에서 스포츠 내기는 예외이다. 19세기에 많은 스포츠 종목들에 새로운 경기 원칙이 생겼으며, 새로운 스포츠가 발명되었다. 시민계층의 스포츠 클럽 활동과 매스 커뮤니케이션 수단의 발전으로 새로운 스포츠 조직이 탄생할 수 있었다. 르네상스를 통한 고대의 부활이 근대에 미친 영향은 올림픽만 생각해도 알 수 있다. 모든 대형 스포츠 행사가 최고 성적과 기록에 광적으로 집착하고 상업화되었을지라도, 우리는 여전히 "스포츠를 한다"라는 표현을 사용한다. 사람들에게 스포츠란 그 원래 의미인 "시간 보내기"인 것이다.

주

서문 : 일단, 노 스포츠!

1   J. Wille (Hg.), Das Tagebuch und Ausgabenbuch des Churfürsten Friedrich IV. von der Pfalz, in : Zeitschrift für die Geschichte des Oberrheins 3 (1880) 201‒295.
2   Moriz Ritter, Friedrich IV., in : ADB 7 (1877) 612‒621.
3   Diogenes Laertius, Leben und Meinungen berühmter Philosophen, Hamburg 1998, 150.
4   The Sporting Magazine 1 (1792) 12.
5   www.n-tv.de/img/37/3705836/O_1000_680_680_Mao-schwimmt.jpg.
6   "마지막으로……고든이 출마했다!", in : The Mail, 8. 11. 2009.
7   Home-exercise-equipment.blogspot.com/2011/11/Romney-runs-3-miles-day.html.
8   Richard Tames, Sporting London. A Race Through Time, London 2005, 150.
9   Allen Guttmann, Vom Ritual zum Rekord. Das Wesen des modernen Sports, Schorndorf 1979.
10 Pierre Bourdieu, Historische und soziale Voraussetzungen modernen Sports, in : Gerd Hortleder/ Gunter Gebauer (Hg.), Sport-Eros-Tod, Frankfurt/Main 1986, 91‒112.
11 Christiane Eisenberg, Fußball-Soccer-Calcio, München 1997.
12 Dies., "English Sports" und deutsche Bürger, Paderborn 1999.
13 Horst Bredekamp, Florentiner Fußball. Die Renaissance der Spiele, Frankfurt/Main 1993.
14 Otto Brunner, Land und Herrschaft, Darmstadt ⁵1965, 163.
15 Peter Blickle, Nekrolog Otto Brunner (1898‒1982), in : Historische Zeitschrift 236 (1983) 779‒781.
16 Sport, in : Der Neue Pauly, Bd. 11, 838.
17 Roland Renson, Traditional Rural Sports in Europe, in : Tony Collins et al. (Hg.), Encyclopedia of Traditional British Rural Sports (= ETBRS), London 2005, 1‒20, S. 6‒7.
18 Alison Weir, All Goodly Sports, in : Henry VIII. The King and His Court, New York 2001, 105‒112.
19 Lionel Arthur Govett, The King's Book of Sports. A History of the Declarations of King James I [1618] and King Charles I. [1633] as to the Use of Lawful Sports on Sundays, with a reprint of the declarations, London 1890.
20 M. J., Sports and Pastimes; or Sport for the City and Pastime for the Country, London 1676.
21 Joseph Strutt, The Sports and Pastimes of the People of England [……] from the earliest period to the present times, London 1801. ‒ Christina Hole, English Sports and Pastimes, London 1949.
22 Pia Maria Grüber (Hg.), "Kurzweil viel ohn' Maß und Ziel". Alltag und Festtag auf den Augsburger Monatsbildern der Renaissance, München 1994. ‒ Harald Tersch, Freudenfest

und Kurzweil, Wien in Reisetagebüchern der Kriegszeit (ca. 1620-1650), in : Andreas Weigl (Hg.), Wien im Dreißigjährigen Krieg. Bevölkerung-Gesellschaft-Kultur-Konfession, Wien 2001, 155-249.

23 Wett-Rennen, in : Johann Heinrich Zedler (Hg.), Großes vollständiges Universal-Lexicon aller Wissenschaften und Künste, 64 Bde. und 4 Ergänzungsbde., Halle/Leipzig 1732-1754, Bd. 55, 1085-1098.

24 Giovanni de' Bardi, Discorso sopra il giuoco del calcio fiorentino, Florenz 1580. - Reprint in : Carlo Bascetta (Hg.), Sport e giuochi. Trattati e scritti dal XV al XVIII secolo, Bd. 1, Mailand 1978, 127-162.

25 Georges Vigarello, Jeux populaires : Les paris et les prix dans la France classique, in : John McClelland/Brian Merrilees (Hg.), Sport and Culture in Early Modern Europe, Toronto 2009, 317-336.

26 Francisco Alcocer, Tratado del juego [······] y las apuestas, suertes, torneos, iustas, juegos de cana, toros y truhanes, Salamanca 1559.

27 Lambert Daneau, Brieue Remonstrance sur les Ieux de Sort, ou de Hazard, [Genf] 1574.

28 Jean-Jules Jusserand, Les sports et jeux d'exercice dans l'ancienne France, Paris 1901. Nd. Genf 1986. - Jeux et sports dans l'histoire, Paris 1992.

29 Franz Begov, Sportgeschichte der frühen Neuzeit, in : Horst Ueberhorst (Hg.), Geschichte der Leibesübungen, Bd. 3/1, Berlin 1980, 145-164.

30 Wolfgang Decker, Sport, in : Der Neue Pauly 11, 838.

31 Robert Gugutzer, Sport, in : Sina Farzin/Stefan Jordan (Hg.), Lexikon Soziologie und Sozialtheorie. Hundert Grundbegriffe, Stuttgart 2008, 274-278, S. 275.

32 Allen Guttmann, A Whole New Ball Game, London 1988, 2.

33 Gustav Adolf Erich Bogeng (Hg.), Geschichte des Sports aller Völker und Zeiten, Leipzig 1926.

34 Karl Weule, Ethnologie des Sports. Der Sport der Natur- und Urvölker. Exotische Sports [sic!], in : Ebd., 1-75.

35 Kendall Blanchard, The Anthropology of Sport, Westport 2005, 38-56.

36 Johan Huizinga, Homo ludens, Basel 1944, 88.

37 Ebd., 16-19.

38 Edward Norbeck, Man at Play, in : Play. Natural History Magazine, Special Supplement (1971) 48-53.

39 Clifford Geertz, Deep Play. Notes on the Balinese Cockfight, in : Ders. (Hg.), The Interpretation of Cultures. Selected Essays, New York 1973, 412-453.

40 Allen Guttmann, A Whole New Ballgame. An Interpretation of American Sports, 1988.

41 Michael Mandelbaum, The Meaning of Sports, New York 2004.

42 Allen Guttmann, Vom Ritual zum Rekord, Schorndorf 1979.

43 Klaus Wiemann, Die Phylogenese des menschlichen Verhaltens im Hinblick auf die Entwicklung sportlicher Betätigung, in : Horst Ueberhorst (Hg.), Geschichte der Leibesübungen, Bd. 1, Berlin 1972, 48-61.

44 Ingomar Weiler, Langzeitperspektiven zur Genese des Sports, in : Nikephoros 2 (1989) 7-26.

45 Marshall Sahlins, Stone Age Economics, London 1974, 1-40.

46 Pferd, in : Der Neue Pauly 9, 692-703.

47 Norbert Elias, Über den Prozess der Zivilisation, 2 Bde., Frankfurt/Main 1978.

48 Ders./Eric Dunning, Sport im Zivilisationsprozess, Münster 1981.

49 Henning Eichberg, Geometrie als barocke Verhaltensnorm, in : ZHF 4 (1977) 17-50.

50 Ders., Vom Fest zur Fachlichkeit, in : Ludica 1 (1995) 183-200.

51 Alexandre Fernandez Vaz, Sport und Sportkritik im Kultur- und Zivilisationsprozess, Butzbach 2004, 44.

52 이 슬로건은 1894년 IOC 창립 기념 회의에서 (처음) 사용되었고, 1924년 올림픽에서 공식 채택되어 1949년 IOC 정관에 수용되었다. 이후 이 슬로건은 올림픽 오륜기와 함께 올

림픽 상징 중의 하나가 되었다.

53 Gherardo Ortalli, Perché Ludica?, in : Ludica. Annali di storia e civilta del gioco 1 (1995) 5-7.
54 Wolfgang Behringer, Arena and Pall Mall. Sport in the Early Modern Period, in : German History 27 (2009) 331-357.
55 Ders., Sport, in : EDN 12 (2010) 381-399.
56 John McClelland, Introduction : "Sport" in Early Modern Europe, in : Ders./Brian Merrilees (Hg.), Sport and Culture in Early Modern Europe, Toronto 2009, 23-40.
57 Wolfgang Behringer, Frühe Neuzeit, in : EDN 4 (2006) 80-87.
58 Arnd Krüger/John McClelland (Hg.), Die Anfänge des modernen Sports in der Renaissance, London 1984.
59 Rebekka von Mallinckrodt (Hg.), Bewegtes Leben. Körpertechniken in der Frühen Neuzeit, Katalog Wolfenbüttel 2008.
60 Peter Burke, The Invention of Leisure in Early Modern Europe, in : Past & Present Nr. 146 (1995) 136-150.
61 Winfried Schulze, Einführung in die neuere Geschichte, Stuttgart ⁴2001, 58-60.
62 Rudolf zur Lippe, Vom Leib zum Körper, Reinbek 1988.
63 Wolfgang Behringer, Alltag, in : EDN 1 (2005) 216-235.
64 Alan G. Ingham, The Sportification Process. A Biographical Analysis Framed by the Work of Marx, Weber, Durkheim and Freud, in : Richard Giulianotti (Hg.), Sport and Modern Social Theorists, New York 2004, 11-32.
65 Kendall Blanchard, The Anthropology of Sport, Westport 2005, 9-22.
66 Jens Adolphsen et al., Sportrecht in der Praxis, Stuttgart 2011.
67 Michael Kleinjohann, Sportzeitschriften in der Bundesrepublik Deutschland, Frankfurt/ Main 1987.
68 Wildor Hollmann/Kurt Tittel, Geschichte der deutschen Sportmedizin, Gera 2008.
69 Christoph Asmuth (Hg.), Was ist Doping?, Bielefeld 2010.
70 Marcus Rosenstein, Das Ballsport-Lexikon. Die Ball- und Kugelspiele der Welt, Berlin 1997, 8.
71 이 자리를 빌려 나의 비서인 유디트와 조교인 카타리나 라인홀트 박사, 유스투스 니퍼데 이 박사, 그리고 학술 및 연구 동료 요한나 블루메, 펠리시타스 프뢰슬, 리디아 슐츠, 이 자벨 블리츠, 막시밀리안 롤스호펜, 야나 프라이, 베른벨 부흐하이트, 사라 에르만트라우 트, 알렉산더 회벨트, 마지막으로 자브뤼켄 연구 콜로키움 회원들에게 특별히 감사하다 는 인사를 전한다.
72 Rebekka von Mallinckrodt/Angela Schattner, Sport in Early Modern Europe, GHI London 17.-19. 11 2011.
73 Wolfgang Behringer/Mara Wade, 36. Internationaler Wolfenbütteler Sommerkurs : Kommunikation und Körperkultur in der Frühen Neuzeit. Herzog August Bibliothek Wolfenbüttel, 15.-26. 8. 2011.

제1장 : 고대의 운동 경기

1 Ulrich Sinn, Olympia. Kult, Sport und Fest in der Antike, München 1996, 36-38.
2 Ebd., 33-34.
3 Pindar, Siegeslieder. Griechisch-Deutsch, hg. und übers. von Dieter Bremer, Düsseldorf 2003.
4 Augusta Hönle, Olympia in der Politik der griechischen Staatenwelt. Von 776 bis zum Ende des 5. Jahrhunderts, Bebenhausen 1972.
5 Jacob Burckhardt, Griechische Kulturgeschichte, Darmstadt 1962.
6 Christian Meier, Das große Fest zu Olympia im klassischen Altertum, in : Uwe Schultz (Hg.), Das Fest. Eine Kulturgeschichte von der Antike bis zur Gegenwart, München 1988, 38-49.

7   Wolfgang Decker, Sport in der griechischen Antike. Vom minoischen Wettkampf bis zu den Olympischen Spielen, München 1995, 46-47.
8   Zeitrechnung, in : Der Neue Pauly 12 (2002) 717-724.
9   Diogenes Laertius, Leben und Meinungen berühmter Philosophen, Hamburg 1998, 149-150, 241-245.
10 Wolfgang Decker, Sport in der griechischen Antike. Vom minoischen Wettkampf bis zu den Olympischen Spielen, München 1995.
11 Paul Dräger, Die Fahrt der Argonauten, griechisch/deutsch, Stuttgart 2002.
12 Joachim Ebert, Zum Pentathlon der Antike. Untersuchungen über das System der Siegerermittlung und der Ausführung des Halterensprunges, Berlin 1963.
13 Wolfgang Decker, Pentathlon, in : Der Neue Pauly 9, 524-525.
14 Ders., Sport und Spiel im Alten Ägypten, München 1987, 32-41, S. 37.
15 Selim Hassan, The Great Limestone Stela of Amenhotep II, in : Annales du Service des antiquités de l'Égypte (Kairo) 37 (1937) 129-134.
16 Wolfgang Decker, Sport und Spiel im Alten Ägypten, München 1987, 32-41.
17 Helmut Wilsdorf, Der Ringkampf im alten Ägypten, Würzburg 1939.
18 C. D. Jarrett-Bell, Rowing in the XVIII. Dynasty, in : Ancient Egypt 15 (1930) 11-19.
19 Walter Burkert, Von Amenophis II. bis zur Bogenprobe des Odysseus, in : Grazer Beiträge 1 (1973) 69-78.
20 John A. Wilson, Ceremonial Games in the New Kingdom, in : Journal of Egyptian Archeology 17 (1931) 211-220.
21 Wolfgang Decker, Sport und Spiel im Alten Ägypten, 25.
22 Ebd., 14-21.
23 Ebd., 26-34.
24 R. Knab, Die Periodoniken, Gießen 1934; Nd. Chicago 1980.
25 Decker, 59-65.
26 Ebd., 39-41.
27 Stadion, in : Der Neue Pauly 11, 886-890.
28 Gymnasion, in : Der Neue Pauly 2, 20-27.
29 Donald G. Kyle, Athletics in Ancient Athens, Leiden 1987.
30 Ernst Wegner, Das Ballspiel der Römer, Würzburg 1938.
31 Petrus Faber, Agonisticon, Paris 1592, 128, zit. nach : Norbert Müller, Der Humanist Petrus Faber - ein unbekannter "Sportschriftsteller" des ausgehenden 16. Jahrhunderts, in : Sarkhadun Yaldai et al. (Hg.), Menschen im Sport, Köln 1997, 39-51.
32 Barbara Levick, Julia Domna, Syrian Empress, London 2007.
33 Philostratos, in : Der Neue Pauly 9, 887-894.
34 Sinn, Olympia, 85.
35 Ebd., 96-103.
36 "이미 오래 전, 선거권을 팔지 않았을 때부터 우리 로마 시민들은 의무를 방기해왔다. 옛 날에는 군사지휘권, 고위관직, 군대 등 모든 것을 위임했던 시민들은 이제 단 두 가지만을 간절하게 바라고 있으니, 빵과 키르쿠스가 바로 그것이다." Juvenal, Satiren. Lateinisch-Deutsch, hg. von Joachim Adamietz, München 1993, Satire Nr. 10, 77-81.
37 Karl-Wilhelm Weeber, Panem et circenses. Massenunterhaltung als Politik im antiken Rom, Mainz 1994, 145-155.
38 Michele Renee Salzmann, On Roman Time. The Codex-Calendar of 354 and the Rhythms of Urban Life in Late Antiquity, Berkeley/Ca. 1991.
39 John Evelyn, Diary, hg. von William Bray, 2 Bde., Reprint London 1973, 166.
40 Circus, in : Der Neue Pauly 2, 1210-1220.
41 Ebd.
42 "Italiae vero urbibus non eadem est ratione faciendum, ideo quod a maioribus consuetudo tradita est gladiatoria munera in foro dari". Vitruv, De architectura libri decem. Zehn

476

Bücher über Architektur, Darmstadt ⁵1996 (lib 5, cap 1), S. 206⁻207.

43 "[……] et ad spectaculorum rationem utilis dispositio" : ebd., S. 206.

44 "Post xystum autem stadium ita figuratum, ut possint hominum copiae cum laxamento athletas certantes spectare". Ebd. (lib 5, cap 11) 248⁻249.

45 Villy Sörensen, Seneca. Ein Humanist an Neros Hof, München 1984, 132⁻137.

46 Vitruv, De architectura libri decem. Zehn Bücher über Architektur, übers. und mit Anmerk., Darmstadt 1996 (lib 5, cap 1), 206⁻207.

47 Augusta Hönle, Munus, Munera, in : Der Neue Pauly 8, 483⁻494.

48 Egon Flaig, Gladiator, in : Der Neue Pauly 4, 1076⁻1078.

49 Donald G. Kyle, Spectacles of Death in Ancient Rome, London 1998, 112.

50 Augusta Hönle, Venatio, in : Der Neue Pauly 12/2, 3.

51 Plutarch, Crassus, in : Plutarchi vitae parallelae, Bd. 1, Fasc. 2, hg. von Konrat Ziegler/ Hans Gärtner, Stuttgart 1960, 8⁻11.

52 Appian, Römische Geschichte, übers. von Otto Veh, 2 Bde., Stuttgart 1987/1989, 1. Buch, Über die Bürgerkriege, 7.

53 Jacob Burckhardt, Griechische Kulturgeschichte, Frankfurt/Main 2007, 754.

54 Ludwig Drees, Olympia. Götter, Künstler und Athleten, Stuttgart 1967, 47.

55 Karl-Wilhelm Welwei, Sparta. Aufstieg und Niedergang einer antiken Großmacht, Stuttgart 2004.

56 Cornelia Ewigleben, "What these Women love is the sword". The Performers and their Audiences, in : Eckart Kohne/Cornelia Ewigleben (Hg.), The Power of Spectacle in Ancient Rome. Gladiators and Caesars, Berkeley 2000, 125⁻139.

57 Cassius Dio, Römische Geschichte, übers. von Otto Veh, 5 Bde., Düsseldorf 2007, Buch 62, 17.3.

58 Petronius, Satiricon oder das Gastmahl des Trimalcion. In der Übertragung von Wilhelm Heinse, München 1980, XLV.

59 Amy Zoll, Gladiatrix. The True Story of History's Unknown Woman Warrior, New York 2002, 27.

60 Mark Vesley, Gladiatorial training for girls in the "collegia iuvenum" of the Roman Empire, in : Echos du Monde Classique 42 (1998) 85⁻93.

61 Sueton, Vita Domitiani, 4.1., in : De vita caesarum/Die Kaiserviten, Düsseldorf 1997.

62 Peter Connolly, Colosseum. Arena der Gladiatoren, Stuttgart 2005.

63 Amphitheater, in : Der Neue Pauly 1, 619⁻624.

64 L. A. Govett, The King's Book of Sports. A History of the Declarations of King James I. and King Charles I. as to the Use of Lawful Sports on Sundays, London 1890.

65 Tertullian, De spectaculis/Über die Spiele, Stuttgart 1988, 18⁻19.

66 Ebd., 52⁻53.

67 Ebd., 68⁻69.

68 Ebd., 60⁻61.

69 Ebd., 66⁻67.

70 Augustinus, zit. in : Petrus Faber, Agonisticon, Paris 1592, 207.

71 Faber, Agonisticon, Paris 1592, 128, hier zit. nach : Norbert Müller, Der Humanist Petrus Faber – ein unbekannter "Sportschriftsteller" des ausgehenden 16. Jahrhunderts, in : Sarkhadun Yaldai et al. (Hg.), Menschen im Sport, Köln 1997, 39⁻51, S. 46.

72 Jonathan Harris, Constantinople. Capital of Byzantium, London 2007.

73 Karl Lennartz, Kenntnisse und Vorstellungen von Olympia und den Olympischen Spielen in der Zeit von 393⁻1896, Schorndorf 1974, 13.

74 Wolfgang Decker, Sport, in : Der Neue Pauly 11, 838⁻846. – Ders., Sportfeste, in : Der Neue Pauly 11, 847⁻855. – Rolf Hurschmann, Sportgeräte, in : Der Neue Pauly 11, 655⁻657. – Peter Gummert, Sport, in : Der Neue Pauly 15/3, 208⁻219.

75 Hartmut Leppin, Theodosius der Große und das christliche Kaisertum, Darmstadt 2003.

76 Fergus Millar, A Greek Roman Empire. Power and Belief under Theodosius II. (408-450), Berkeley 2006.

77 John P. V. D. Balsdon, Life and Leisure in Ancient Rome, Michigan UP 1974, 252.

78 James Evans, The "Nika" Rebellion and the Empress Theodora, in : Byzantion 54 (1984) 380-382.

79 Alan Cameron, Circus factions. Blues and Greens at Rome and Byzantium, Oxford 1976, 278-281.

80 Norman Tobias, Basil I (867-886) the founder of the Macedonian dynasty, New Brunswick/ N. J. 1969.

81 Michael B. Poliakoff, Wrestling, in : Encyclopedia of World Sport : From Ancient Times to the Present, hg. von David Levinson/Karen Christensen, Santa Barbara/Ca. 1996, Bd. 4, 1194.

82 Charles Benn, China's Golden Age. Everyday Life in the Tang Dynasty, Oxford 2002.

83 James Riordan, Sport and Physical Education in China, London 1999, 32.

84 Benn, China's Golden Age, 172.

85 Nishiyama Hidetaka, Karate - Die Kunst der leeren Hand, Lauda 2007.

86 Meir Shahar, The Shaolin Monastery. History, Religion, and the Chinese Martial Arts, Honolulu 2008.

87 Andrew Morris, "To Make the Four Hundred Million Move" : The Late Qing Dynasty. Origins of Modern Chinese Sport and Physical Culture, in : CSSH 42 (2000) 876-906.

88 Allen Guttmann/Lee Thompson, Japanese Sports. A History, Honolulu 2001.

89 Vernon Scarborough/David R. Wilcox (Hg.), The Mesoamerican Ballgame, Tucson 1991.

90 Jacinto Quirarte, The Ballcourt in Mesoamerica : Its Architectural Development, in : Alana Cordy-Collins/Jean Stern (Hg.), Pre-Columbian Art History : Selected Readings, Palo Alto/Ca. 1975, 63-69.

91 Pierre Colas/Alexander Voss, A Game of Life and Death - The Maya Ball Game, in : Nikolai Grube (Hg.), Maya Divine Kings of the Rain Forest, Köln 2006, 186-191.

92 John W. Fox, The Lords of Light versus the Lords of Dark : The Postclassic Highland Maya Ballgame, in : Vernon Scarborough/David R. Wilcox (Hg.), The Mesoamerican Ballgame, Tucson 1991, 213-240.

93 Marie Ellen Miller, The Ballgame, in : Record of the Art Museum, Princeton University, 48 (1989) 22-31.

94 Historia Chichimeca, nach : Jacques Soustelle, Daily Life of the Aztecs on the Eve of the Spanish Conquest, Palo Alto/Ca. 1955, 160.

95 Kendall Blanchard, Traditional Sports, America, in : Encyclopedia of World Sport. From Ancient Times to the Present, 3 Bde., hg. von David Levinson et al., Santa Barbara/Ca. 1996, Bd. 3, 1075-1083.

제2장 : 중세의 마상 시합

1 Lexikon des Mittelalters, Bd. 7, Sp. 2134 bzw. 2105-2111 (Spiele).

2 Rolf Sprandel, Sport, in : LMA 7, 2105-2106.

3 Achatz von Müller, Die Festa S. Giovanni in Florenz. Zwischen Volkskultur und Herr-schaftsinszenierung, in : Uwe Schultz (Hg.), Das Fest, München 1988, 153-163.

4 Miguel Ángel Ladero Quesada, Sport II. Südeuropa, in : LMA 7, 2106-2108. - Ders., La Fiesta en la Europa Mediterránea Medieval, in : S. Cavachiocchi (Hg.), Il Tempo libero, Prato 1995, 83-110.

5 Joachim Bumke, Höfische Kultur, München 2005, 306-307.

6 Thomas von Aquin, Summa Theologiae, II/1, 4,6.

7 Robert A. Mechikoff, A History and Philosophy of Sport and Physical Education, New York 2010, 114.

8 Walter Endrei, Spiele im privaten Bereich, in : LMA 7, 2108-2111.

9   Das Nibelungenlied, hg. von Helmut Brackert, Frankfurt/Main 1970, 32–33.

10 Joachim Bumke, Höfische Kultur, 342.

11 Georges Duby, Guillaume le Maréchal oder der beste aller Ritter, Frankfurt/Main 1997.

12 Joachim Bumke, Höfische Kultur, 343.

13 Philippe Contamine, Turnier (A. Allgemein, Westeuropa), in : LMA 8 (2003) Sp. 1113–1115.

14 Ulrich von Liechtenstein, Frauendienst, Ms. ca. 1255, 177, 1–315, 8.

15 Joachim Bumke, Höfische Kultur, 344.

16 Franco Cardini, Turnier (C. Italien), in : LMA 8 (2003) Sp. 1118.

17 P. Schreiner, Turnier (D. Byzanz), in : LMA 8 (2003) Sp. 1118.

18 A. Ranft, Turnier (B. Mitteleuropa), in : LMA 8 (2003) Sp. 1115–1116.

19 Peter Moraw, Die Hoffeste Kaiser Friedrich Barbarossas von 1184 und 1188, in : Uwe Schultz (Hg.), Das Fest, München 1988, 70–83.

20 Joachim Bumke, Höfische Kultur, 303.

21 Ebd., 304.

22 Ebd., 348–356.

23 Matthäus von Paris, Chronica majora, Bd. 2, 650 (nach Bumke 356).

24 Bumke 356.

25 Richard Tames, Sporting London, London 2005, 15–17.

26 Hagen Seehase/Ralf Krekeler, Der gefiederte Tod. Die Geschichte des englischen Langbogens in den Kriegen des Mittelalters, Ludwigshafen 2001.

27 Roger Ascham, Toxophilus. The School of Shooting, London 1545.

28 William Wood, The Bowman's Glory, or Archery Revived, London 1682.

29 Richard Tames, Sporting London, 18.

30 Beverley Ann Tlusty, Risk, Honor, and Safety in German Martial Sports. Paper at the Conference "Sport in Early Modern Europe", London 17.–19. 11. 2011.

31 Christoph Schorer, Memminger Chronik, Ulm 1660, 12–13.

32 Ebd., 34–35.

33 Ebd., 36.

34 August Alckens, Herzog Christoph der Starke von Bayern–München, Mainburg 1975.

35 Carl Theodor Gemeiner, Regensburgische Chronik, Bd. 2, Regensburg 1821, 472–473.

36 Max Radlkofer, Die Schützengesellschaften und Schützenfeste Augsburgs im 15. und 16. Jahrhundert, in : Zeitschrift des Historischen Vereins für Schwaben und Neuburg 21 (1894) 87–138, S. 98–99.

37 Klaus Zieschang, Vom Schützenfest zum Turnfest, Würzburg 1973, 79–80.

38 Augsburger Schützenbrief von 1507, zit. in : Klaus Zieschang, ebd., 78–79.

39 Max Radlkofer, Die Schützengesellschaften, 106–108.

40 Klaus Zieschang, Vom Schützenfest zum Turnfest, 83–84.

41 Schorer, Memminger Chronik, 43.

42 Gustav Hergsell (Hg.), Talhoffers Fechtbuch von 1443, Prag 1889. – Gustav Hergsell, Talhoffers Fechtbuch von 1467, Prag 1887. – Hans Talhoffer, Medieval Combat. A Fifteenth–Century Illustrated Manual of Swordfighting and Close–Quarter Combat, hg. von Mark Rector, London 2000.

43 Henner Kuhle/Helma Brunck, 500 Jahre Fechtmeister in Deutschland. Ältester privilegierter Berufsstand, Kelkheim im Taunus 1987.

44 Tower–Museum, London, Ms., 33. – Ehemals Bibliothek Gotha, Ms. membr. I, 115.

45 Hans–Peter Hils, Meister Johann Liechtenauers Kunst des langen Schwertes, Frankfurt/Main 1985.

46 Heidemarie Bodemer, Das Fechtbuch : Untersuchungen zur Entwicklungsgeschichte der bildkünstlerischen Darstellung der Fechtkunst in den Fechtbüchern des mediterranen und westeuropäischen Raumes vom Mittelalter bis Ende des 18. Jahrhunderts, Diss. phil. Stutt-

gart 2008.

47 Luca Landucci, Ein florentinisches Tagebuch 1450-1516, nebst einer anonymen Fortsetzung 1516-1542, hg. von Marie Herzfeld, Jena 1912, 39-40.

48 Ebd., 76-77.

49 코시모 일 베키오(코시모 데 메디치)는 1459년 교황 비오 2세와 장래 밀라노의 공작 갈레아초 마리아 스포르차를 위해서 이러한 베나티오네스를 개최했다. Enea Silvio Piccolomini, Commentarii. Ich war Pius II. Memoiren eines Renaissance-Papstes, hg. von Günter Stölzl, Augsburg 2008, 109.

50 Landucci, 273-279.

51 Albert Hauser, Was für ein Leben. Schweizer Alltag vom 15. bis 18. Jahrhundert, Zürich 1990, 169.

52 William Fitzstephen, A Description of London [ca. 1174/1183, übers. aus dem Lateinischen], in : Henry Thomas Riley (Hg.), Liber Custumarum. Rolls Series, No. 12, vol. 2, London 1860, 2-15.

53 Walter Endrei, Spiele und Unterhaltung im Alten Europa, Hanau 1988, 99.

54 Enea Silvio Piccolomini, Commentarii. Ich war Pius II. Memoiren eines Renaissance-Papstes, Augsburg 2008, 345-347.

55 Das Nibelungenlied, hg. von Helmut Brackert, Frankfurt/Main 1970, 101-105.

56 Edith Ennen, Frauen im Mittelalter, München 1994, 49-52.

57 Nibelungenlied, in : KLL 8, 6719-6722.

58 François Alexandre de Garsault, L'art du paumier-raquetier et de la paume, Paris 1767.

59 Ders., Die Kunst der Ball- und Raquetten macher und vom Ballspiele, übers. von Daniel Gottfried Schreber, in : Schauplatz der Künste und Handwerke, oder vollständige Beschreibung derselben/verfertiget oder gebilliget von denen Herren der Academie der Wissenschaften zu Paris, übers. und mit Anmerkungen versehen von Johann Heinrich Gottlob von Justi, Bd. 7, Leipzig 1768, 225-276, S. 236.

60 Journal d'un bourgeois de Paris de 1405 à 1449, hg. von Colette Beaune, Paris 2009, 239.

61 Heiner Gillmeister, Tennis. A Cultural History, New York 1997, 98.

62 Anja Grebe et al., Schloss Runkelstein, Regensburg 2005.

63 Walter Endrei, Spiele und Unterhaltung im Alten Europa, Hanau 1988, 99.

64 Albert Hauser, Was für ein Leben. Schweizer Alltag vom 15. bis 18. Jahrhundert, Zürich 1990, 172.

65 Edward Armstrong, Dante in Relation to the Sports and Pastimes of His Age, in : The Modern Language Review 1 (1964) 173-187, S. 184.

66 Robert C. Davis, Say it with Stones. The Language of Rock-Throwing in Early Modern Italy, in : Ludica 10 (2004) 113-129.

67 Walter Endrei, Spiele und Unterhaltung im Alten Europa, Hanau 1988, 108.

68 Robert C. Davis, The War of the Fists. Popular Culture and Public Violence in Late Renaissance Venice, Oxford 1994.

69 이러한 그림들 중 하나는 현 총독의 궁전에, 또 하나는 베니스의 카레초니코 박물관에 있다.

70 Robert C. Davis, The Spectacle Almost Fit for a King : Venice's Guerra de' Canne of 26 July 1574, in : Ellen E. Kittel/Thomas F. Madden (Hg.), Medieval and Renaissance Venice, Chicago 1999, 181-212.

71 William Fitzstephen, A Description of London, 2-15.

72 Walter Endrei, Spiele und Unterhaltung im Alten Europa, Hanau 1988, 114 f.

73 Thomas Reilly, Science and Football. A History and an Update, in : Thomas Reilly/Jan Cabri/Duarte Araújo (Hg.), Science and Football V. The Proceedings of the Firth World Congress on Science and Football, New York 2005, 3-12, S. 4.

74 Hagen Seehase/Ralf Krekeler, Der gefiederte Tod. Die Geschichte des englischen Langbogens in den Kriegen des Mittelalters, Ludwigshafen 2001.

75 Jean-Jules Jusserand, Les sports et jeux d'exercice dans l'ancienne France, Paris 1901; Neudruck Genf 1986.

76 William Heywood, Palio and Ponte. An Account of the Sports of Central Italy from the Age of Dante to the Twentienth Century, London 1904.

77 "팔라 그로사라고 불리는 경기를 하던 중에 공을 팔에 맞는 바람에 부러졌다고 한다." Edward Armstrong, Dante in Relation to the Sports and Pastimes of His age, in : The Modern Language Review 1 (1964) 173-187, S. 182-183.

78 Dom Vaissette, Histoire générale du Languedoc, Paris 1733-1745, 5 Bde., Bd. 2, col. 518.

79 Walter Endrei, Spiele und Unterhaltung im Alten Europa, Hanau 1988, 112.

80 Heiner Gillmeister, Tennis. A Cultural History, London 1998, 17-21.

81 바르톨로메오 비텔레스치를 의미하는 듯하다. 그는 1438-1442년과 1449-1463년에는 코르네토의 주교를 지냈고, 1444-1449년에는 산 마르코의 추기경을 지냈다. 1463년 예루살렘 성지 순례 중에 그리스에서 사망했다. 그의 시신은 코르네토 성당에 안치되었다.

82 Enea Silvio Piccolomini, Commentarii, 321-324.

83 William Fitzstephen, A Description of London, 2-15.

84 Wolfgang Behringer, Kulturgeschichte des Klimas. Von der Eiszeit bis zur globalen Erwärmung, München ⁵2010, 126-129.

85 Luca Landucci, Ein florentinisches Tagebuch 1450-1516, nebst einer anonymen Fortsetzung 1516-1542, hg. von Marie Herzfeld, Jena 1912.

86 M. Welber (Hg.), Affreschi dei mesi di torre d'Aquila Castello Buonconsiglio (sec. XV), Trient 1992.

87 Walter Endrei, Spiele und Unterhaltung im Alten Europa, Hanau 1988, 106-107.

88 Henry Hoek, Der Ski, München ⁵1911, 201-203.

89 E. John B. Allen,The Culture and Sport of Skiing, Boston 2007.

90 Claus Krag, Sverre - Norges største middelalderkonge, Oslo 2005.

91 Olaus Magnus, Historia de gentibus septentrionalibus, Rom 1555. - Ausgabe Antwerpen 1562 (online), 3, 42, 113.

92 Sverre Bagge, From Gang Leader to the Lord's Anointed, Odense 1996.

93 Michael Roberts, The Early Vasas. A History of Sweden, 1523-1611, 1968.

94 Olaus Magnus, Historia de gentibus septentrionalibus, 128-129.

95 Angela Schattner, Places of Sport und Spaces for Sport in Early Modern England, Paper at the Conference "Sport in Early Modern Europe", London 17.-19. 11. 2011.

96 William Fitzstephen, A Description of London, 2-15.

97 Alexandra Foghammar, "allen inwonern zu lust und ergetzung". Die Hallerwiese ist Nürnbergs älteste Grünanlage, in : Nürnberg heute 70 (2001) 50-55.

98 Antonio de Beatis, The Travel Journal 1517-1518, hg. von John Hale, London 1979, 69.

99 Poggio Bracciolini, Die Berichte über Baden und St. Gallen, übers. von W. Oechsli, Zürich 1893, 361.

100 Benedetto Dei, La Cronica dall'anno 1400 all'anno 1500, hg. von Roberto Barducci, Florenz 1985, 79; nach : Bredekamp 1993, 44.

101 Enea Silvio Piccolomini, zit. nach : F. K. Mathys, Spiel und Sport im alten Basel, Basel 1954, 16-21.

102 Luigi Roffare, La Repubblica di Venezia e lo Sport, Mestre ²1999, 39-40.

103 Richard Lassels, The Voyage of Italy, Paris 1670, 212.

104 Heidrun Wozel, Die Dresdner Vogelwiese - Vom Armbrustschießen zum Volksfest, Dresden 1993.

105 1837년 미국의 볼링 금지 조치에 대한 대응으로 탄생한 미식볼링과 혼동하지 말 것. 사람들은 금지 조치를 피해 볼링을 즐기기 위해서 볼링 핀을 기존의 9개에서 10개로 늘리고 사각형 대신 삼각형 모양으로 핀을 배열했다.

106 Maximilian I., Der Weiß Kunig, Reprint Leipzig 2006.

107 Rudolf Keck, "Homo ludens" oder "Homo militans". Zur Geschichte mittelalterlicher und

frühneuzeitlicher Sportbetätigung, in : Max Liedtke (Hg.), Sport und Schule, Bad Heilbrunn 1998, 55-88.
108 Rainer Babel, Heinrich II., in : Peter C. Hartmann (Hg.), Französische Könige und Kaiser der Neuzeit, München 1994, 71-90.
109 John H. M. Salmon, Society in Crisis. France in the Sixteenth Century, London 1979.
110 Irene Mahoney, Katharina von Medici. Königin von Frankreich - Fürstin der Renaissance, München 1988, 263.
111 David Buisseret, Henry IV., London 1984.
112 Henry Peacham, The Compleat Gentleman. Fashioning him absolute in the most necessaries and commendable Qualities concerning Mind or Bodie, that may be required in a Noble Gentleman, London 1627, hg. von G. S. Gordon, Oxford 1906, 214.

제3장 : 르네상스 시대의 스포츠

1   John McClelland, Einleitung, in : Arnd Krüger/John McClelland (Hg.), Die Anfänge des modernen Sports in der Renaissance, London 1984, 9-18.
2   Giannozzo Manetti, Über die Würde und Erhabenheit des Menschen [1452], hg. von August Buck/übers. von Hartmut Leppin, Hamburg 1990, 27.
3   Martin Schmeisser : "Wie ein sterblicher Gott……" Giannozzo Manettis Konzeption der Würde des Menschen und ihre Rezeption im Zeitalter der Renaissance, München 2006.
4   Giovanni Pico della Mirandola, Oratio de hominis dignitate. Rede über die Würde des Menschen [1494], hg. von Gerd von der Gönna, Stuttgart 1997.
5   Vespasiano da Bisticci, Große Männer und Frauen der Renaissance [1483], hg. von Bernd Roeck, München 1995, 230-231.
6   Lucien Febvre, Wie Jules Michelet die Renaissance erfand (1950), in : Ders., Das Gewissen des Historikers, hg. von Ulrich Raulff, Berlin 1988, 211-221.
7   Pietro Paolo Vergerio, De ingenuis moribus et liberalibus adolescentiae studiis [1402], Venedig 1472.
8   Karl Alois Kopp, Pietro Paolo Vergerio, der erste humanistische Pädagoge, Luzern 1894.
9   Gregor Müller, Mensch und Bildung im italienischen Renaissance-Humanismus, Baden-Baden 1984, 73-75.
10 John McClelland, Leibesübungen in der Renaissance und die freien Künste, in : Arnd Krüger/John McLelland (Hg.), Der Anfang des modernen Sports in der Renaissance, London 1984, 85-110.
11 Vespasiano da Bisticci, Große Männer und Frauen der Renaissance, 283-284.
12 Renate Schweyen, Guarino Veronese. Philosophie und humanistische Pädagogik, München 1973.
13 Peter Gummert, Sport (Antikenrezeption), in : Der Neue Pauly 15/3 (2003) Sp. 208-219.
14 Bernardino da Siena, Le Prediche volgari, Bd. II, Siena 1884, 436, 438; Bd. III, Siena 1888, 136.
15 Leon Battista Alberti, Über das Hauswesen (Della Famiglia, 1440), Zürich 1962, 90.
16 Ebd., 89-91.
17 Giorgio Nonni, Vorwort, in : Antonio Scaino, Trattato del giuoco della palla, Venedig 1555, hg. von Giorgio Nonni, Urbino 2000.
18 Paolo Cortese, De Cardinalatu, s. 1. [vermutl. Rom] 1510, ab p. 76 verso.
19 Dioscoride Anarzarbeo, Della materia medicinale. Tradotto in lingua fiorentina da M. Marcantonio Montigiano da S. Gimignano, Medico, Florenz 1547.
20 Martin Dolch, Paolo Corteses Bemerkungen über das Ballspiel der geistlichen Würdenträger (1510), in : Stadion 8/9 (1982/83) 85-97.
21 Paul Monroe, Gymnasia, in : The New International Encyclopeaedia, 1905 (online-Version).
22 Klaus Zieschang, Vom Schützenfest zum Turnfest, Würzburg 1973, 106.
23 Ebd., 107.

24 원문은 다음과 같다. "부디, 건강한 신체에 건강한 정신을 허하소서." Juvenal, Satiren, Kapitel 10, 356.

25 Joachim Camerarius, Dialogus de gymnasiis, Basel 1536.

26 Ernst Laas, Die Pädagogik des Johannes Sturm, Leipzig 1872. - Bernd Schröder (Hg.), Johannes Sturm (1507-1589) - Pädagoge der Reformation, Jena 2009.

27 Hubert Schwerd, Die Rolle der Leibesübungen in den Schulordnungen des 16. und 17. Jahrhunderts, in : A. Schwerd (Hg.), Gymnasium und Wissenschaft. Festgabe zur Hundertjahrfeier des Maximiliansgymnasiums in München, München 1949, 56-131.

28 Dudley Fenner, A Short and Profitable Treatise of Lawfull and Unlawfull Recreations, Middleburg 1587.

29 Simon Verrepäus, De ingenuis scholasticorum moribus libellus, Köln 1583.

30 Hubert Schwerd, Die Rolle der Leibesübungen, 56-131.

31 Hippolytus Guarinonius, Die Grewel der Verwüstung menschlichen Geschlechtes, Ingolstadt 1610, 1212.

32 Samuel Pepys, Die Tagebücher. Vollständige Ausgabe in neun Bänden, Berlin 2010, VII, 74.

33 Georg Engelhard von Löhneysen, Die neu-eröffnete Hof-, Kriegs- und Reitschul, 1588.

34 Ders., Della Cavalleria. Das ist : Gründtlicher und ausführlicher Bericht von allem was zu der löblichen Reuterei gehörig, Remlingen 1609.

35 3권의 책으로 구성되어 궁정술, 정치술, 통치술을 다룬다. 궁정술에서는 젊은 군주를 위한 교육과 정보를 다루면서 젊은 군주에게 미덕, 예술, 언어 및 오락 활동과 신체 단련을 교육하는 방법이 쓰여 있다. Frankfurt/Main 1679.

36 Georg Gumpelzhaimer, Gymnasma de exerciis academicorum, Straßburg 1652, 309-310, zit. nach Löhneysen, Aulicus Politicus, cap. 54.

37 Peter Burke, Die Geschicke des "Hofmann". Zur Wirkung eines Renaissance-Breviers über angemessenes Verhalten, Berlin 1996.

38 Baldassare Castiglione, Il libro del Cortegiano [1528]. - Das Buch vom Hofmann, übers. und erläutert von Fritz Baumgart, München 1986, 45-49.

39 Juan Luis Vives, De tradendis discipulis, Antwerpen 1531. - Nach : Carl Rossow, Italienische und deutsche Humanisten und ihre Stellung zu den Leibesübungen, Leipzig 1903, 50. - Roland Renson, Le jeu chez Juan Luis Vives, in : Philippe Aries/Jean-Claude Margolin (Hg.), Les jeux a la Renaissance, Paris 1982, 469-487.

40 Antonio de Guevara, Menosprecio de corte y alabanza de aldea, Valladolid 1539.

41 Thomas Elyot, The Boke named The Governour, London 1531.

42 François Rabelais, Gargantua und Pantagruel [1534], Frankfurt/Main 1974, 98-102.

43 Wilhelm Streib, Geschichte des Ballhauses, in : Leibesübungen und körperliche Erziehung 54 (1935) 373-382, 419-432, 448-464, zit. S. 449.

44 Roy Strong, Feste der Renaissance, 1450-1650. Kunst als Instrument der Macht, Freiburg 1991, 24-31.

45 Michael Hörmann, Ringrennen am Stuttgarter Hof. Die Entwicklung des Ritterspiels im 16. und 17. Jahrhundert, in : Sozial- und Zeitgeschichte des Sports 3 (1989) 50-69, 63-64.

46 Ingrid Hanack (Hg.), Die Tage bücher des Herzogs Johann Friedrich von Württemberg aus den Jahren 1615-1617, Göppingen 1972, 1-109.

47 Juvenal, Satiren. Lateinisch-Deutsch, hg. von J. Adamietz, 356.

48 Galenos aus Pergamon, in : Der Neue Pauly 4, 748-756.

49 Galenus, Il libro dell'esercitio della palla, Mailand 1562.

50 Hieronymus Mercurialis, Artis gymnasticae apud antiquos celeberrimae, nostris temporis ignoratae, libri sex, Venedig 1569. - Venedig 1573. - Pavia 1577. - Ders., De arte gymnastica libri sex, in quibus exercitationum omnium vetustarum genera, loca, modi, facultates et quidquid denique ad corporis humani exercitationes pertinet, diligenter

explicatur, Paris 1577. – Venedig ^{3}1587. – Venedig 1601. – Venedig 1644. – Amsterdam 1672. – Faenza 1856. – Imola 1884. – Rom 1970. – München 1994.

51 Girolamo Mercuriale, De arte gymnastica. The Art of Gymnastics, hg. von Concetta Pennuto, Florenz 2008.

52 Cristobal Mendez, Libro del exercicio corporal, Sevilla, 1553.

53 Vincenzo Giustiniani, Discorso sopra il giuoco del pallamaglio (1626), in : Sport e Giuochi II, 326–332.

54 Sandra Cavallo/Tessa Storey, The Conceptualization and Practice among the Roman Aristocracy in the 17th Century. Paper at the Conference "Sport in Early Modern Europe", London 17.–19. 11. 2011.

55 Rodrigo da Fonseca, De tuenda valetudine, et producenda vita liber, Florenz 1602.

56 Robert Burton, Anatomie der Melancholie (1651), Stuttgart 1988, 186–187.

57 Levinus Lemnius, De habitu et constitutione corporis, Antwerpen 1561.

58 버튼이 메르쿠리알리스의 스포츠 의학 이전에 발표된 작품만 인용했다는 점이 눈에 띈다. 그는 아마도 메르쿠리알리스가 인용한 모든 문헌을 인용했을 것이다.

59 Robert Burton, Anatomie der Melancholie, übers. nach der 6., verbesserten Ausgabe London 1651, Stuttgart 1988, 187–189.

60 Hippolytus Guarinonius, Die Grewel der Verwüstung menschlichen Geschlechtes, Ingolstadt 1610.

61 Jürgen Bücking, Hippolytus Guarinonius (1571–1654), Pfalzgraf zu Hoffberg und Volderthurn. Eine kritische Würdigung, in : Österreich in Geschichte und Literatur, o. O. 1968, 65–80.

62 Friedrich Hoffmann, De motu, optima corporis medicina, Halle 1701. – Auch in : Friedrich Hoffmann, Dissertationes physico-medicae curiosae selectiores, ad sanitatem tuendam maxime pertinentes, Bd. 1, Leiden 1708, 259–303 (online).

63 Francis Fuller, Medicina gymnastica, Cambridge 1705 (online).

64 Archangelo Tuccaro, Trois dialogues de l'exercise de sauter et voltiger en l'air, Paris 1599.

65 Ebd.

66 Friedrich Karl Mathys, Tuccaro, der Schöpfer des modernen Bodenturnens, in : Olympisches Feuer 36 (1986) 50–52.

67 Friedrich Ludwig Jahn, Die deutsche Turnkunst zur Einrichtung der Turnplätze, Berlin 1816.

68 Sandra Schmidt, Kopfübern und Luftspringen. Bewegung als Wissenschaft und Kunst in der Frühen Neuzeit, München 2008.

69 Karl Lennartz, Kenntnisse und Vorstellungen von Olympia und den Olympischen Spielen in der Zeit von 393–1896, Schorndorf 1974, 172.

70 Matteo Palmieri, Libro della vita civile, dialoghi LIV, Florenz 1529, zit. nach : Lennartz 22.

71 Polydorus Virgilius, De inventoribus rerum, 1499. – Basel 1575.

72 Ders., Von den Erfyndern der Dyngen, Augsburg 1537.

73 Pausanias, Beschreibung Griechenlands, München 1972, Bd. 1, 277–280, 294–295 und 300–301.

74 Karl Lennartz, Kenntnisse und Vorstellungen von Olympia, 26–27.

75 Friedrich Lindenbrog, Commentarius de ludis veterum, Paris 1605. – Jan de Meurs[ius], De ludis Graecorum, Leiden 1622.

76 Erasmus von Rotterdam, Apophthegmata [1532], I, 40, zit. nach : Peter Gummert, Sport, in : Der Neue Pauly 15/3, 218.

77 Hans Sachs, Der Fechtspruch. Ankunft und Freiheit der Kunst, in : Ders., Werke, hg. von Adelbert Keller, Stuttgart 1870, Bd. 4, 209–210.

78 Peter McIntosh, Hieronymus Mercurialis' "De arte gymnastica". Klassifizierung und Dogma

der Leibeserziehung im 16. Jahrhundert, in : Arnd Krüger/John McClelland (Hg.), Der Anfang des modernen Sports in der Renaissance, London 1984, 43–57, S. 49.

79 Andrea Palladio, I quattro libri dell'architettura. Die vier Bücher zur Architektur, Wiesbaden 2008, 270–273 (Drittes Buch, Cap. XXI, Delle Palestre e dei Xisti).

80 Andreas Beyer, Andrea Palladio. Teatro Olimpico. Triumpharchitektur für eine humanistische Gesellschaft, Frankfurt/Main 1987, 33–38.

81 Gerrit Confurius, Sabbioneta – Oder die schöne Kunst der Stadtgründung, Frankfurt/Main 1985, 178–186.

82 Abraham Ortelius, Theatrum Orbis Terrarum, Antwerpen 1570.

83 Phlegon Trallianus, De mirabilibis et longaevis libellus. Eiusdem de Olympicis fragmentum, Basel 1568. – Ders., De ludis Olympicis, Straßburg 1590.

84 Petrus Faber, Agonisticon, sive de re athletica ludisque veterum gymnicis, musicis, atque circensibus spicilegiorum tractatus, Paris 1592.

85 Thomas Kyd, Works, hg. von Frederick S. Boas, Oxford 1901, 138.

86 Alessandro Adimari, Ode di Pindaro, Pisa 1631, 12.

87 Giorgio Coresio, Narratio inclyti certaminis Florentinorum graecis versibus, quod apud illos calcio, apud antiquos vero Arpastum appellatur, Venedig 1611, A2 recto.

88 Maria Kloeren, Sport und Rekord (Diss. Köln 1935), Münster 1985, 14–16.

89 Simone Clarke, Olympus in the Cotswolds. The Cotswold Games and Continuity in Popular Culture, 1612–1800, in : The International Journal of the History of Sport 14 (1997) 40–66.

90 Johann Heinrich Krause, Gymnastik und Agonistik der Hellenen aus den Schriften und Bildwerken des Altertums, Leipzig 1841.

91 Norbert Conrads, Ritterakademien in der Frühen Neuzeit, Göttingen 1982, 28 und 326–333 (Quelle).

92 Von offentlicher Disciplin der Jungen vom Adel, in : Ebd., 326–333, S. 328.

93 Friedrich Koldewey, Die Ritterakademie zu Wolfenbüttel, in : Ders., Beiträge zur Kirchen- und Schulgeschichte des Herzogtums Braunschweig, Wolfenbüttel 1888, 1–83.

94 Johann Schwarz, Geschichte der Savoyschen Ritterakademie in Wien vom Jahre 1746 bis 1778, Wien 1897.

95 Norbert Conrads, Ritterakademien in der Frühen Neuzeit, 112.

96 Der geöffnete Ritter-Platz, Hamburg 1706. – Valentin Trichter, Curiöses Reit-, Jagd-, Fecht-, Tanz- oder Ritter-Exercitien-Lexicon, Leipzig 1742.

97 Ludwig Ditzinger/Johann Ch. Neyffer, Illustrissimi Wirtembergici Ducalis Novi Collegii, quod Tubingae qua situm qua exercita accurata delineatio, s. l., s. d. [Tübingen ca. 1606].

98 Bruno Mahler, Die Leibesübungen in den Ritterakademien, Erlangen 1921, 8, 11–12, 21–22.

99 Karl Waßmannsdorff, Die Turnübungen in den Philanthropinen zu Dessau, Marschlins, Heidesheim und Schnepfenthal. Ein Beitrag zur Geschichte des neueren Turnwesens, Heidelberg 1870, 6–7.

100 Gernot Heiß, "Ihro keiserliche Mayestät zu Diensten······unserer ganzen fürstlichen Familie aber zur Glori". Erziehung und Unterricht der Fürsten von Liechtenstein im Zeitalter des Absolutismus, in : Evelin Oberhammer (Hg.), Der ganzen Welt ein Lob und Spiegel. Das Fürstenhaus Liechtenstein in der frühen Neuzeit, Wien 1990, 155–181.

101 Gottfried Wilhelm Leibniz, Werke, hg. von Onno Klopp, Bd. 5, Hannover 1866, 21, 65.

102 Carlo Bascetta, Sport e giuochi. Trattati e scritti del XV al XVII secolo, 2 Bde., Mailand 1978.

103 Heiner Gillmeister, Fifteen Love. The origin of scoring by fifteens in Tennis, in : L. S. Butler/P. J. Wordie (Hg.), The Royal Game, Stirling 1989, 88–99.

104 Andre Pauernfeindt, Ergrundung ritterlicher Kunst der Fechterey, Wien 1516.

105 Karl Waßmannsdorff, Aufschlüsse über Fechthandschriften und gedruckte Fechtbücher des

16. Jahrhunderts, Berlin 1888.

106 Fabian von Auerswald, Ringerkunst, Wittenberg 1539.
107 Antonio Manciolino, Opera nuova [······] nel mestier de l'armi, Venedig 1531.
108 Nikolaus Wynmann, Colymbetes, sive de arte natandi dialogus, Augsburg 1538.
109 Everard Digby, De arte natandi libri duo, Cambridge 1587.
110 Roger Ascham, Toxophilus. The School of Shooting, London 1545.
111 Francisco Alcocer, Tratado del juego [······] y las apuestas, suertes, torneos, iustas, juegos de cana, toros y truhanes, Salamanca 1559.
112 Federico Grisone, Gli ordini di cavalcare, Neapel 1550.
113 Ders., Künstliche Beschreibung [······] die Pferdt [······] geschickt und vollkommen zu machen, Augsburg 1566. – Auflagen unter dem Obertitel "Ippokomike": 1570, 1573, 1580, 1585, 1590, 1599, 1623.
114 Antoine de Pluvinel, Le maneige royal, Paris 1623.
115 Antonio Scaino, Trattato del giuoco della palla, Venedig 1555.
116 Stefan Größing, Pallone – ein aristokratisches Ballspiel, in : Homo ludens 6 (1996) 79–107, S. 82.
117 Jan van de Berghe, De Kaetspel Ghemoralizeert (1431), hg. von Jacobus A. R. Frederikse, Leiden 1915.
118 Jean Gosselin, Déclaration de deux doutes qui se trouvent en comptant le ieu de la paume (1579), in : Charles Hulpeau (Hg.), Le Ieu Royal de la Paulme, Paris 1632, 1–9.
119 Jean Forbet L'Aisne, L'utilité qui provient du jeu de la paume au corps et à l'esprit, avec les règles du jeu de prix, Paris 1592.
120 Archangelo Tuccaro, Trois dialogues de l'exercice de sauter et voltiger en l'air, Paris 1599.
121 Giocondo Baluda, Trattato del modo di volteggiare e saltare il cavallo di legno, 1620.
122 Johann Georg Pasch, Kurtze jedoch gründliche Beschreibung des Voltesierens. Sowohl auf dem Pferde als auch über den Tisch, Halle 1661.
123 Cees de Bondt, Royal Tennis in Renaissance Italy, Turnhout/Belgien 2006, 165 ff.
124 Rinaldo Corso, Dialogo del ballo, Venedig 1555, hg. von Alessandro Arcangeli, Verona 1987.
125 Fabritio Caroso, Il Ballarino, Venedig 1581.
126 Cesare Negri, Nuove invencioni di Balli, Mailand 1604.
127 Doris Weickmann, Der dressierte Leib. Eine Kulturgeschichte des Balletts, Frankfurt/Main 2002.
128 Thoinot Arbeau [= Jehan Tabourot], Orchésographie, Langres 1588. – Paris 1589.
129 Gervase Markham, The Discourse of Horsemanshippe, London 1593. – Ders., Cavelarice, or the English Horseman, London 1607. – Ders., Country Contentments, or, the husband-man's recreation, Containing the whole Art of Riding [······], of Hunting [······], Shooting, Bowling, Tennis [······], London 1615. – Ders., The Young Sportsman's Instructor, London s. d. [ca. 1615]. – Ders., The Art of Archery, London 1634.
130 Robert Johns, A Treatise on Skating, London 1772.
131 Valentin Trichter, Curiöses Reit-, Jagd-, Fecht-, Tanz- oder Ritter-Exercitien-Lexicon, Leipzig 1742.
132 Gerhard Ulrich Anton Vieth, Versuch einer Encyklopädie der Leibesübungen, Theil 1 : Beiträge zur Geschichte der Leibesübungen, Halle 1793.
133 Johann Christoph Friedrich Gutsmuths, Gymnastik für die Jugend, Schnepfenthal 1793.
134 Joseph Strutt, The Sports and Pastimes of the People of England [······] from the earliest period to the present times, London 1801.
135 Alessandro Arcangeli, Exercise for Women. Paper at the Conference "Sport in Early Modern Europe", London 17.–19. 11. 2011.
136 Rodrigo da Fonseca, Del conservare sanità, Florenz 1603.

137 Sandra Cavallo/Tessa Storey, The Conceptualization and Practice among the Roman Aristocracy in the 17th Century. Paper at the Conference "Sport in Early Modern Europe", London 17.-19. 11. 2011.
138 Robert Dallington, The View of France, London 1604.
139 Antonio Scaino, Trattato del giuoco della palla, Venedig 1555, 2.
140 Erwin Mehl, "Von siebenerley unterschiedlichen Förm und Nutzbarkeit des Ballenspiels", in : Die Leibeserziehung (1957) 200-207.
141 Giacomo Franco, Habiti delle donne venetiane, Venedig 1610.
142 Luigi Roffare, La Repubblica di Venezia e lo sport, Venedig 1931, 102 und 112-114.
143 Alison Weir, Elizabeth the Queen, London 1998, 14, 22, 56.
144 Maria Kloeren, Sport und Rekord (Diss. Köln 1935), Münster 1985, 34-35.
145 Samuel Pepys, Die Tagebücher, Berlin 2010, I, 110.
146 Ebd., III, 173.
147 Ebd., VIII, 213.
148 The Sporting Magazine 1 (1792/93) 9.
149 Maria Kloeren, Sport und Rekord, 44-46.

제4장 : 스포츠의 발명
1 Alison Weir, Elizabeth the Queen, London 1998, 208.
2 Ebd., 389.
3 Samuel Pepys, Die Tagebücher I, 256.
4 Ebd., III, 312.
5 Ebd., III, 524.
6 Heiner Gillmeister, Tennis. A Cultural History, London 1998.
7 Christian Jaser, Capital Distractions. Urban Sport Spaces and Facilities in Paris (15th-16th Centuries), Paper at the Conference "Sport in Early Modern Europe", London 17.-19. 11. 2011.
8 Stefan Größing, Pallone - ein aristokratisches Ballspiel, in : Homo ludens 6 (1996) 79-107.
9 Antonio Scaino, Trattato del giuoco della palla, Venedig 1555, hg. von Giorgio Nonni [s. l., ca. 2001].
10 Stefan Größing, Pallone, 82.
11 Hippolytus Guarinonius, Die Grewel der Verwüstung mensch lichen Geschlechtes, Ingolstadt 1610, hier zit. nach : Erwin Mehl, Von siebenerley unterschiedlichen Förm und Nutzbarkeit des Ballenspiels, in : Die Leibeserziehung (1957) 200-207, S. 205.
12 Horst Bredekamp, Florentiner Fußball : Die Renaissance der Spiele, Berlin 2001.
13 Martin Dolch, Das Ballonspiel auf dem großen Wandteppich im Pfalzgrafensaal, Kaiserslautern 1978.
14 Georg Gumpelzhaimer, Gymnasma de exercitiis academicorum, Straßburg 1652, 363.
15 Traiano Boccalini, Ragguali di Parnasso [Venedig 1612], hg. von Giuseppe Rua, Bari 1934, 159.
16 "Affinis pilae exercitio est ille ludus, Italis Palli Malli á pila & malleo dictus, non multi ab hinc annis in Regno Neapolitano inventus, nunc in universae Europae valdè familiaris, ob singularem eius fructum" : Georg Gumpelzhaimer, Gymnasma de exercitiis academicorum. In quo per discursum disseritur de eorum necessitate, modo, tempore, personis, utilitate, hg. von Johann Michael Moscherosch, Straßburg 1652, 369.
17 Cees de Bondt, Pallacorda or Tennis at the Italian Renaissance Courts 1450-1650, in : The Proceedings of the Fourth Congress of the History of Sports in Europe, Florenz 1999, 94-99.
18 Giovanni de' Bardi, Discorso sopra il giuoco del calcio fiorentino, Florenz 1580. - Reprint in : Carlo Bascetta (Hg.), Sport e giuochi. Trattati e scritti dal XV al XVIII secolo, Bd. 1, Mailand 1978, 127-162. - Deutsche Übers. zit. nach Bredekamp 2001, 68.

19 Horst Bredekamp, Florentiner Fußball, Berlin 2001.

20 Giorgio Coresio, Narratio inclyti certaminis Florentinorum graecis versibus, quod apud illos calcio, apud antiquos vero Arpastum appellatur, Venedig 1611, B3 verso.

21 Die Reise des Kronprinzen Władisław Wasa in die Länder Westeuropas in den Jahren 1624/25, hg. von Adam Przybos, übers. von Bolko Schweinitz, München 1988, 196-197.

22 따로 명시하지 않는다면, 여기에서 설명한 모든 내용은 다음을 기반으로 한다. Horst Bredekamp, Florentiner Fußball, Berlin 2001, 186-212.

23 Philippe de Commynes, Memoiren, hg. von Fritz Ernst, Stuttgart 1972, 395.

24 Wim Blockmans, Philipp I., in : Brigitte Hamann (Hg.), Die Habsburger, München 1988, 382-385, S. 385.

25 Heiner Gillmeister, Tennis. A Cultural History, London 1998.

26 www.real-tennis.nl/czech.

27 Bernhard Baader, Der bayrische Renaissancehof (······), Leipzig 1943, 67-71.

28 Martin Dolch, Das Ballonspiel auf dem großen Wandteppich im Pfalzgrafensaal, Kaiserslautern 1978.

29 Sönke Lorenz (Hg.), Das Haus Württemberg. Ein biographisches Lexikon, Stuttgart 1997.

30 Anton Wilhelm Ertl, Kur-Bayerischer Atlas, München 1687, hg. von Hans Bleibrunner, Passau 1968, 112-113.

31 John Bowle, Henry VIII., London 1965.

32 Simon J. Thurley, The Royal Palaces of Tudor England. Architecture and Court Life, 1460-1547, London 1993, 186.

33 Alison Weir, Henry VIII. The King and His Court, New York 2001, 105-113 "All Goodly Sports".

34 Gerd Treffer, Franz I. von Frankreich, Regensburg 1993, 113.

35 Alison Weir, Henry VIII., 209-217.

36 Ebd., 234-237.

37 Ebd., 241.

38 Ebd., 304.

39 Ebd., 323-324.

40 Ebd., 361.

41 Das Tagebuch Ott Heinrichs, in : Hans Rott (Hg.), Die Schriften des Pfalzgrafen Ott Heinrich, in : Mitteilungen zur Geschichte des Heidel-berger Schlosses 6 (1912) 46-133, S. 95.

42 Ebd., 98-99.

43 Friedrich Zoepfl, Ein Tagebuch des Pfalzgrafen Wolfgang Wilhelm von Pfalz-Neuburg aus dem Jahr 1593, in : Jahrbuch des Historischen Vereins Dillingen 37 (1924) 136-146. - Ders., Ein Tagebuch des Pfalzgrafen Wolfgang Wilhelm von Pfalz-Neuburg aus dem Jahr 1600, in : Jahrbuch des Historischen Vereins Dillingen 38 (1925) 72-99. - Ders., Ein Tagebuch des Pfalzgrafen Wolfgang Wilhelm von Pfalz-Neuburg aus dem Jahr 1601, in : Jahrbuch des Historischen Vereins Dillingen 39/40 (1926/27) 173-209.

44 Martin Dolch, Das Ballonspiel auf dem großen Wandteppich im Pfalzgrafensaal, Kaiserslautern 1978.

45 J. Wille (Hg.), Das Tagebuch und Ausgabenbuch des Churfürsten Friedrich IV. von der Pfalz, in : Zeitschrift für die Geschichte des Oberrheins 3 (1880) 201-295, S. 203-243.

46 Ebd., 244-295.

47 Alison Weir, Elizabeth the Queen, London 1998, 14.

48 Roger Ascham, Toxophilus. The School of Shooting, London 1545.

49 Ders., The Schoolmaster, London 1570.

50 Alison Weir, Elizabeth the Queen, London 1998, 300.

51 Ebd., 157.

52 Ebd., 56.

53 Ebd., 455.

54 [Samuel Tuke], A Character of Charles the Second, Written by an Impartial Hand, and Exposed to Publick View for Information of the People, London 1660. – Auch zit. in : Jenny Uglow, A Gambling Man. Charles II and the Restoration, London 2009, 51–52.

55 Jenny Uglow, A Gambling Man, 59–62.

56 John Evelyn, Diary, hg. von William Bray, 2 Bde., London 1973, 360–361.

57 Edmund Waller, On St. James' Park, as Lately Improved by His Majesty (1661), zit. nach : Jenny Uglow, A Gambling Man, 62.

58 Ebd., 450–452.

59 Hans Erhard Escher, Beschreibung des Zürich-Sees, sambt der daran gelegenen Orthen, Zürich 1692.

60 Giorgio Crovato/Maurizio Crovato, Regate e regatanti. Storia e storie della voga a Venezia, Venedig 2004.

61 J. B. Masüger, Schweizer Buch der alten Bewegungsspiele, Zürich 1955.

62 Samuel Pepys, Die Tagebücher, Berlin 2010, II, 136.

63 Robert C. Davis, The War of the Fists, Oxford 1994.

64 Ders., The Spectacle Almost Fit for a King : Venice's Guerra de' Canne of 26 July 1574, in : Ellen E. Kittel/Thomas F. Madden (Hg.), Medieval and Renaissance Venice, Chicago 1999, 181–212.

65 John Evelyn, Diary, hg. von William Bray, 2 Bde., London 1973, 65.

66 John McClelland, Einleitung, in : Arnd Krüger/John McClelland (Hg.), Die Anfänge des modernen Sports in der Renaissance, London 1984, 9–18, S. 14–15.

67 Konrad Eisenbichler, The Boys of Archangeli. A Youth Confraternity in Florence, 1411–1785, Toronto 1998.

68 Cees de Bondt, "Heeft yemant lust met bal, of met reket te spelen". Tennis in Nederland, 1500–1800, Hilversum 1993.

69 Elisabeth Belmas, Jeu et civilisation des moeurs : le jeu de paume à Paris du XVIe au XVIIIe siècle, in : Ludica 3 (1997) 162–176.

70 John Lough, France Observed in the Seventeenth Century by British Travellers, Boston 1984, 118.

71 Samuel Pepys, Die Tagebücher, Berlin 2010, I, 286 und IV, 171–172 (dort das Zitat).

72 Heiner Gillmeister, A Tea for Two. On the Origins of Golf, in : Homo ludens 6 (1996) 17–38.

73 Natalia Ginzburg, Lessico familiare, Turin 1963.

74 Antonio de Beatis, The Travel Journal 1517–1518, hg. von John Hale, London 1979, 93–94.

75 Wolfgang Brunner, Städtisches Tanzen und das Tanzhaus, in : Alfred Kohler/Heinrich Lutz (Hg.), Alltag im 16. Jahrhundert. Studien zu Lebensformen in mitteleuropäischen Städten, Wien 1987, 45–65.

76 Livio Galafassi, I diversi giochi di palla praticati nella Mantova Gonzaghesca, in : Civiltà Mantovana 35 (2000) 69–80.

77 Cees de Bondt, The Court of the Estes, Cradle of the Game of Tennis. Trattato del giuoco della palla (1555) di Antonio Scaino, in : Schifanoia 22/23 (2002) 81–102.

78 Ders., Ballhaus, in : Werner Paravicini (Hg.), Höfe und Residenzen im spätmittelalterlichen Reich, Ostfildern 2005, 205–207.

79 Harald Tersch, Freudenfest und Kurzweil. Wien in Reisetagebüchern der Kriegszeit (ca. 1620–1650), in : Andreas Weigl (Hg.), Wien im Dreißigjährigen Krieg, Wien 2001, 155–249.

80 Wolrad von Waldeck, Des Grafen Wolrad von Waldeck Tagebuch während des Reichstags zu Augsburg 1548, hg. von Karl L. P. Tross [= Bibliothek des Literarischen Vereins Stuttgart, Bd. 59], Stuttgart 1861. – Nachdruck Hildesheim/New York 1980, 53, 107, 110.

81 Berndt Ph. Baader, Der bayerische Renaissancehof Herzog Wilhelms V. (1568–1579). Ein

Beitrag zur bayerischen und deutschen Kulturgeschichte des 16. Jahrhunderts, Leipzig 1943, 67.

82 Matthaeus Merian, Topographia Provinciarum Austriacarum, Frankfurt/Main 1649, 142–144.

83 Hans Georg Ernstinger, Raißbuch von 1570–1610, hg. von Ph. A. F. Walther, Stuttgart 1877.

84 Norbert Nail, "……ganz ruinieret und zum Ballspielen untauglich gemacht". Zur Geschichte des Marburger Ballhauses, in : Claudia Mauelshagen/Jan Seifert (Hg.), Sprache und Text in Theorie und Empirie. Festschrift für Wolfgang Brandt, Stuttgart 2001, 209–221.

85 Günther G. Bauer, Das fürstliche Salzburger Hofballhaus 1620/25–1775, in : Homo ludens 6 (1996) 107–148.

86 Johann Friedrich Penther, Ausführliche Anleitung zur Bürgerlichen Baukunst, Augsburg 1748, Bd. 4, 101.

87 Cees de Bondt, Royal Tennis in Renaissance Italy, Turnhout/Belgien 2006, 221.

88 Wilhelm Streib, Geschichte des Ballhauses, in : Leibesübungen und körperliche Erziehung 54 (1935) 373–382, 419–432, 448–464, S. 375.

89 Robert Dallington, The View of France, London 1604, hg. von Humphrey Milford, Oxford 1936. – John Lough, France Observed in the Seventeenth Century by British Travellers, Boston 1984, 117–118.

90 Samuel Pepys, Die Tagebücher VIII, 525.

91 Antoine de Pluvinel, Le Maneige Royal, Paris 1623. – Paris 1624. – Paris 1660. – Deutsche Übers. Braunschweig 1626. – Neu-auffgerichtete Reut-Kunst, Frankfurt/Main 1670.

92 Die Reise des Kronprinzen Władisław Wasa in die Länder Westeuropas in den Jahren 1624/1625, München 1988, 184–186.

93 Ebd., 194–195.

94 Thomas Platter der Jüngere, Beschreibung der Reisen durch Frankreich, Spanien, England und die Niederlande 1595–1600, hg. von Rut Keiser, Basel 1968, 581.

95 F. Koldewey, Die Ritterakademie zu Wolfenbüttel, in : Ders., Beiträge zur Kirchen- und Schulgeschichte des Herzogtums Braunschweig, Wolfenbüttel 1888, 1–83.

96 Bruno Mahler, Die Leibesübungen in den Ritterakademien, in : Zeitschrift für Geschichte der Erziehung und des Unterrichts 8/9 (1918/19) 170–219, S. 191–193.

97 현재 이에르-브루아주는 인구 700명 미만인 마을이다(프랑스의 샤랑트-마리팀).

98 Thomas Platter der Jüngere, Beschreibung der Reisen, 452–453.

99 Leonhard Christoph Sturm, Durch einen großen Theil von Teutschland [……] gemachte Architectonische Reise-Anmerckungen, Augsburg 1720.

100 Norbert Conrads, Ritterakademien in der Frühen Neuzeit. Bildung als Standesprivileg im 16. und 17. Jahrhundert, Göttingen 1982, Abbildung 4 (vor S. 249).

101 Johann Schwarz, Geschichte der Savoyschen Ritterakademie in Wien vom Jahre 1746 bis 1778, Wien 1897, 90.

102 Samuel Pepys, Die Tagebücher IV, 13.

103 Alison Weir, Elizabeth the Queen, London 1998, 241–243.

104 Thomas Platter der Jüngere, Beschreibung der Reisen, 844–845.

105 Michael Hörmann, Ringrennen am Stuttgarter Hof. Die Entwicklung des Ritterspiels im 16. und 17. Jahrhundert, in : Sozial- und Zeitgeschichte des Sports 3 (1989) 50–69, S. 63–64.

106 Roswitha von Bary, Henriette Adelaide, Kurfürstin von Bayern, Regensburg 2004, 190.

107 Antonio Scaino, Trattato del giuoco della palla, Venedig 1555, 282.

108 Thomas Platter der Jüngere, Beschreibung der Reisen, 105.

109 Thomas Coryate, Die Venedig- und Rheinfahrt 1608, Stuttgart 1970, 173–176.

110 Johann Wilhelm von Archenholtz, England und Italien, Leipzig 1785, Teil II, 60–61.
111 Antoine de Brunel, Voyage d'Espagne (1655), in : Revue Hispanique 30 (1914) 119–376, Kap. XVII.
112 Marcelin Defourneaux, Daily Life in Spain in the Golden Age, Stanford/Ca. 1979, 132–135.
113 Christoph Daigl, "All the World is but a Bear–Baiting". Das englische Hetztheater im 16. und 17. Jahrhundert, Berlin 1997, 65–108.
114 Thomas Platter der Jüngere, Beschreibung der Reisen, 792–793.
115 Samuel Pepys, Die Tagebücher IV, 177.
116 Ebd., VIII, 78.
117 Ebd., 302–303.
118 Christoph Daigl, "All the World is but a Bear–Baiting", 152.
119 Georges Vigarello, The Upward Training of the Body from the Age of Chivalry to Courtly Civility, in : Michael Fehe (Hg.), Fragments for a History of the Human Body, 2, New York 1989, 149–199.
120 F. K. Mathys, Spiel und Sport im alten Basel, Basel 1954, 25–27.
121 Richard Mulcaster, Positions, Wherein those primitive Circumstances can be Examined, which are necessarie for the Training up of Children, London 1581.
122 Antonio Scaino, Trattato del giuoco della palla, Venedig 1555, 9–10.
123 Ingrid Hanack (Hg.), Die Tagebücher des Herzogs Johann Friedrich von Württemberg aus den Jahren 1615–1617, Göppingen 1972, 10.
124 Berndt Ph. Baader, Der bayerische Renaissancehof, 70.
125 Julius Richter, Das Erziehungswesen am Hofe der Wettiner Albertinischen (Haupt–)Linie [= Monumenta Germaniae Paedagogica Bd. LII], Berlin 1913, 220–221.
126 Ludwig Ditzinger/Johann Ch. Neyffer, Illustrissimi Wirtembergici Du calis Novi Collegii, quod Tubingae qua situm qua exercita accurata delineatio, s. l., s. d. [Tübingen ca. 1606].
127 Thomas Platter der Jüngere, Beschreibung der Reisen, 27 (Genf), 39 (Lyon), 78 (Montpellier), 118–127 (Avignon), 419–421 (Brouage), 459 (La Rochelle), 580–581, 594–596 (Paris), 657–658 (Brüssel), 682 (Antwerpen), 788–789 (London), 844 (Windsor), 867 (Richmond).
128 Wilhelm Streib, Geschichte des Ballhauses, in : Leibesübungen und körperliche Erziehung 54 (1935) 373–382, 419–432, 448–464, S. 375.
129 Samuel Kiechel, Die Reisen des Samuel Kiechel, übertragen und hg. von Hartmut Prottung, München 1987, 40 und 52.
130 Christoff Weigel, Abbildung der Gemein–Nützlichen Haupt–Stände, Regensburg 1698, 175–178 (Fechtmeister), 179–182 (Tanzmeister), 183–185 (Ballmeister).
131 요한 게오르크 벤더의 구기 스포츠 수업은 신분이 높은 귀족들에게 인기가 많았다. 구기 시합을 몹시 배우고 싶어했던 귀족들은 뉘른베르크의 구기 스포츠 사범인 요한 게오르크 벤더로부터 유용한 경기 기술을 배웠다. Nürnberg 1680.
132 Pars pro Toto die beiden Leipziger Tanzmeister : Johann Pasch, Beschreibung wahrer Tantz–Kunst, Frankfurt 1707. – Gottfried Taubert, Tantzmeisters zu Leipzig, Rechtschaffener Tantzmeister, oder gründliche Erklärung der frantzösischen Tantz–Kunst, Leipzig 1717.
133 Norbert Nail, "ganz ruiniret (······)", 209–221.
134 Hans Khevenhüller, Geheimes Tagebuch 1548–1605, hg. von Georg Khevenhüller–Metsch, Graz 1971.
135 Christoph Daigl, "All the World is but a Bear–Baiting", 166.
136 Thomas Schnitzler, Die Kölner Schützenfeste des 15. und 16. Jahrhunderts. Zum Sportfest in "vormoderner" Zeit, in : Jahrbuch des Kölnischen Geschichtsvereins 63 (1992) 127–142, S. 137–138.
137 Richard Mulcaster, Positions, Wherein those primitive Circumstances can be Examined,

which are necessarie for the Training up of Children, London 1581 (online).

138 Hermann Wiesflecker, Kaiser Maximilian I., München 1986, Bd. V, 391.
139 Roy Strong, Feste der Renaissance, 1450‒1650. Kunst als Instrument der Macht, Freiburg 1991.
140 Vera Jung, Körperlust und Disziplin. Studien zur Fest‒ und Tanzkultur im 16. und 17. Jahrhundert, Köln 2001, 65‒195.
141 Gustav Freytag, Bilder aus der deutschen Vergangenheit, Bd. III, Aus dem Jahrhundert der Reformation, 2. Teil, Leipzig o. J. [ca. 1910], 420‒464. ‒ F. K. Mathys, Spiel und Sport im alten Basel, Basel 1954, 19‒21.
142 Walter Endrei, Spiele und Unterhaltung im Alten Europa, Hanau 1988, 160.
143 Ingrid Hanack (Hg.), Die Tagebücher des Herzogs Johann Friedrich von Württemberg aus den Jahren 1615‒1617, Göppingen 1972.
144 Max Radlkofer, Die Schützengesellschaften und Schützenfeste Augsburgs im 15. und 16. Jahrhundert, in : Zeitschrift des Historischen Vereins für Schwaben und Neuburg 21 (1894) 87‒138.
145 Gustav Freytag, Bilder aus der deutschen Vergangenheit, Bd. III, Aus dem Jahrhundert der Reformation, 2. Teil, Leipzig o. J. [ca. 1910], 420‒464, S. 446.
146 Pia Maria Grüber (Hg.), Kurzweil (······), 241‒251.
147 Ronald Gobiet (Hg.), Der Briefwechsel zwischen Philipp Hainhofer und August d. J. von Braunschweig‒Lüneburg, München 1984, Briefe Nr. 215, 223‒227, 229, 232, 234, 236, 238‒239.
148 Andreas Gugler, Feiern und feiern lassen. Festkultur am Wiener Hof in der zweiten Hälfte des 16. und der ersten Hälfte des 17. Jahrhunderts, in : Frühneuzeit‒Info 11 (2000) 68‒176.
149 Ludwig Krapf/Christian Wagenknecht (Hg.), Stuttgarter Hoffeste. Texte und Materialien zur höfischen Repräsentation im frühen 17. Jahrhundert, Tübingen 1979.
150 Alain Landurant, Montgomery, le régicide, Paris 1988.
151 Ingrid Hanack (Hg.), Die Tagebücher des Herzogs, 34.
152 Eric Dunning, Sport. Readings from a Sociological Perspective, London 1971.
153 www.real‒tennis.nl/czech.
154 Christoph Daigl, "All the World is but a Bear‒Baiting", 147‒151.
155 Horst Bredekamp, Florentiner Fußball, 115.
156 Alan Dundes/Alessandro Falassi, La Terra in Piazza. An Interpretation of the Palio of Siena, Berkeley 1975.
157 Rosemarie Aulinger, Das Bild des Reichstags im 16. Jahrhundert. Beiträge zu einer typologischen Analyse schriftlicher und bildlicher Quellen, Göttingen 1980.
158 Hermann von Weinsberg, Das Buch Weinsberg. Kölner Denkwürdigkeiten aus dem 16. Jahrhundert, 2 Bde., hg. von Konstantin Höhlbaum [= Publikationen der Gesellschaft für Rheinische Geschichtskunde], Leipzig 1886‒1887. ‒ 3. Bd., bearbeitet von Friedrich Lau, Bonn 1897, 97‒107.
159 Fürstin Louise von Anhalt‒Dessau, Die Englandreise im Jahre 1775, hg. von Johanna Geyer‒Kordesch, Berlin 2007, 78.
160 Felix Platter, Tagebuch 1536‒1567, hg. von Valentin Lötscher [= Basler Chroniken, Bd. 10], Basel/Stuttgart 1976. ‒ Felix Platter, Beloved Son Felix. The Journal of Felix Platter, a Medical Student in Montpellier in the Sixteenth Century [1552‒1557], übers. von Seán Jennett, London 1961, 126.
161 Thomas Platter der Jüngere, Beschreibung der Reisen, 334.
162 Michel de Montaigne, Essais [1592]. Erste moderne Gesamtübers. von Hans Stillett, Frankfurt/Main 1998 [2. Buch, Essai 17, Über den Dünkel], S. 319.
163 John McClelland, Montaigne and the Sports in Italy, in : Renaissance and Reformation 27 (2003) 41‒51.

164 John Evelyn, Diary, hg. von William Bray, 2 Bde., London 1973, 172.

165 Ebd., 213.

166 Ebd., 175-176.

167 John McClelland, Montaigne and the Sports in Italy, in : Renaissance and Reformation 27 (2003) 41-51.

168 Girolamo Cardano, De propria vita [1576], Paris 1643. - Amsterdam 1654. Lyon 1666. - Des Girolamo Cardano von Mailand eigene Lebensbeschreibung. Aus dem Lateinischen übers. von Hermann Hefele, Jena 1914. - 2. Aufl. Kempten 1969, 30-31.

169 Cees de Bondt, Ballhaus, in : Werner Paravicini (Hg.), Höfe und Residenzen im spätmittelalterlichen Reich, Ostfildern 2005. - (online-Version auf der Homepage der Residenzen-Kommission der Akademie der Wissenschaften zu Göttingen).

170 Walter Endrei, Spiele und Unterhaltung im Alten Europa, Hanau 1988, 147-148.

171 Eberhard Werner Happel, Größte Denkwürdigkeiten der Welt. Oder sogenannte Relationes Curiosae, Hamburg 1684, hg. von Uwe Hübner und Jürgen Westphal, Berlin 1990, 282-286.

172 Peter Volk, Barocke Rennschlitten am Münchner Hof, in : Staats- und Galawagen der Wittelsbacher. Kutschen, Schlitten und Sänften aus dem Marstallmuseum Schloß Nymphenburg, Bd. 2 : Staats- und Galawagen der Wittelsbacher, hg. von Rudolf Wackernagel, o. O. 2002, 106-108.

173 Claudia Schnitzer/Petra Hölscher (Hg.), Eine gute Figur machen. Kostüm und Fest am Dresdner Hof, Dresden 2000, 100-333, S. 141 und S. 182-186.

174 Wolfgang Behringer, Schlitten, in : EDN 11 (2010) 769-771.

175 Die Reise des Kronprinzen Władisław Wasa in die Länder Westeuropas in den Jahren 1624/25, München 1988, 48-52.

176 Johann Wilhelm von Archenholtz, England und Italien, Teil II, Leipzig 1785, 89.

177 Richard Tames, Sporting London, London 2005, 64-81.

178 Michael De-la-Noy, The King Who Never Was. The Story of Frederick, Prince of Wales, London 1996.

179 A New and Accurate History of Boxing, in : The Sporting Magazine, 1 (London 1793), 11-14, S. 12.

180 The Sporting Magazine 1 (1792/93) 8.

181 Dave Day, Developing "Science" and "Wind" : Eighteenth Century Sports Training. Paper at the Conference "Sport in Early Modern Europe", London 17.-19. 11. 2011.

182 Max Schmeling, Ich boxte mich durchs Leben, Stuttgart 1967.

183 Dave Day, Developing "Science" and "Wind" : Eighteenth Century Sports Training. Paper at the Conference "Sport in Early Modern Europe", London 17.-19. 11. 2011.

184 Mendoza, The Art of Boxing, London 1789.

185 Thomas Parkyns, Wrestling Manual, London 1713.

186 Dave Day, Developing "Science" and "Wind" : Eighteenth Century Sports Training. Paper at the Conference "Sport in Early Modern Europe", London 17.-19. 11. 2011.

187 Pierce Egan, Boxania, 5 Bde., London 1813-1828.

188 The Sporting Magazine 1 (London 1793) 11-14, S. 11-12.

189 The Sporting Magazine 2 (1793/94) 43.

190 Ebd., 10-12.

191 James B. Roberts/Alexander Skutt, The Boxing Register : International Boxing Hall of Fame Official Record Book, Ithaca/New York [4]2006, 25.

192 Domenico Angelo, L'école des armes, London 1763. - [2]1765. - [3]1767.

193 Richard Tames, Sporting London, 20-21.

194 David Chapman, Sandow the Magnificent. Eugen Sandow and the Beginnings of Bodybuilding, Champaign/Illinois 1994. - [2]2006.

195 Charles Henry Timperley, A Dictionary of Printers and Printing, London 1839, 878.

196 다음과 같이 중쇄되었다. Nimrods German Tour (1828), Wismar 2006.
197 The Sporting Magazine 1 (1792/93) III-VIII.
198 Johannes Caius, De canibus Britannicis, London 1570. - Of Englishe Dogges : The Diuersities, the Names, the Natures, and the Properties, London 1576.
199 George Aitken, Life and Works of John Arbuthnot, Oxford 1892.
200 Handbuch für Hetzliebhaber, Wien 1796.
201 Karl Möseneder (Hg.), Feste in Regensburg. Von der Reformation bis zur Gegenwart, Regensburg 1986.
202 John Evelyn, Diary, hg. von William Bray, 2 Bde., London 1973, II, 49.
203 Elisabeth Hardouin-Fugier, Bullfighting : A Troubled History, Chicago 2010, 115.
204 John Martin, Clay Pigeon Shooting, in : ETBRS (2005) 64-65.
205 Jakob Philipp Bielfeld, Freundschaftliche Briefe nebst einigen andern, 2 Bde., Leipzig 1765, Bd. 1, in : Michael Maurer, "O Britannien, von deiner Freiheit einen Hut voll", München 1992, 113-122, S. 115.
206 Ebd., 116.
207 Zacharias Conrad von Uffenbach, Merkwürdige Reisen durch Niedersachsen, Holland und Engelland, Bd. 2, Ulm 1753, in : ebd., 43-74, Zit. S. 55-65.
208 Friedrich Justinian von Günderode, Beschreibung einer Reise aus Teutschland durch einen Teil von Frankreich, England und Holland, 2 Bde., Breslau 1783, Bd. 1, in : ebd., 205-224, S. 222.
209 Johann Wilhelm von Archenholtz, England und Italien, Teil I, Leipzig 1785, 538.
210 Peter Thomson, Cockpit Theatre, in : Martin Banham (Hg.), The Cambridge Guide to Theatre, Cambridge 1995, 225.
211 Jason Scott-Warren, When Theaters were Bear-Gardens; Or, What's at Stake in the Comedy of Humours, in : Shakespeare Quarterly 54 (2003) 63-82.
212 E. K. Chambers, The Elizabethan Stage, 4 Bde., Oxford 1923.
213 Wilhelm Streib, Geschichte des Ballhauses, in : Leibesübungen und körperliche Erziehung 54 (1935) 373-382, 419-432, 448-464.
214 Joachim K. Rühl, Die "Olympischen Spiele" Robert Dovers, Heidelberg 1975.
215 Celia Haddon, The First Ever English Olimpic Games, London 2004.
216 Annalia Dubrensia, hg. von M. Walbancke, London 1636 (Reprints 1736, 1877, 1878, 1962).
217 Simone Clarke, Olympus in the Cotswolds. The Cotswold Games and Continuity in Popular Culture, 1612-1800, in : The International Journal of the History of Sport 14 (1997) 40-66.
218 Gerald Redmond, Toward Modern Revival of the Olympic Games : The Various 'Pseudo-Olympics' of the 19th Century, in : OGT (1988) 71-88.
219 Erhard Hirsch, Die Dessau-Wörlitzer Reformbewegung im Zeitalter der Aufklärung. Personen - Strukturen - Wirkungen, Tübingen 2003.
220 Johann Christoph Friedrich Gutsmuths, Gymnastik für die Jugend, Schnepfenthal 1793, 126-127.
221 Johanna Geyer-Kordesch (Hg.), Die Englandreise der Fürstin Louise von Anhalt-Dessau im Jahre 1775, Berlin 2006.
222 Roland Naul, Olympische Erziehung, Aachen 2007, 44-54.
223 Richard D. Mandell, The First Modern Olympics, Berkeley 1976, 33-34.
224 Elisabeth Badinter/Robert Badinter, Condorcet (1743-1794), Paris 1988.
225 X. L. Messinesi, A Branch of Wild Olives. The Olympic Movement and the Ancient and Modern Olympic Games, New York 1973, 52.
226 Johann Amos Comenius, Orbis sensualium pictus, Nürnberg 1658.
227 Ders., Didactica Magna (1657), hg. von Andreas Flitner, Stuttgart 1992, 99.
228 John Locke, Essay Concerning Human Understanding, London 1690.

229 Ders., Some Thoughts Concerning Education, London 1693.
230 Ders., Two Treatises of Government, London 1689.
231 Thomas Pangle, The Spirit of Modern Republicanism. The Moral Vision of the American Founders and the Philosophy of Locke, Chicago 1988.
232 Johann Bernhard Basedow, Das in Dessau errichtete Philanthropinum, Leipzig 1774.
233 Ebd.
234 Johann Bernhard Basedow, Das Elementarwerk, Leipzig ²1785.
235 Karl Waßmannsdorff, Die Turnübungen in den Philanthropinen zu Dessau, Marschlins, Heidesheim und Schnepfenthal. Ein Beitrag zur Geschichte des neueren Turnwesens, Heidelberg 1870.
236 Johann Christoph Friedrich Gutsmuths, Gymnastik für die Jugend, Schnepfenthal 1793.
237 Ders., Spiele zur Übung und Erholung des Körpers und Geistes für die Jugend, ihre Erzieher und alle Freunde unschuldiger Jugendfreuden, Schnepfenthal 1796.
238 Ders., Turnbuch für die Söhne des Vaterlandes, Frankfurt/Main 1817.
239 Fritz Osterwalder, Pestalozzi – ein pädagogischer Kult. Pestalozzis Wirkungsgeschichte in der Herausbildung der modernen Pädagogik, Weinheim 1996.
240 Arnd Krüger, The Origins of Pierre de Coubertin's Religio Athletae, in : Olympika. The International Journal of Olympic Studies 2 (1993) 91-102.
241 Michael McCrum, Thomas Arnold, Headmaster, Oxford 1989.
242 Tobias Pilz, Der Einfluss der Philanthropen auf die Turnbewegung von Friedrich Ludwig Jahn, Hamburg 2007.
243 Wolfgang Behringer, Turnen, in : EDN 13, 839-841.
244 George S. Williamson, What Killed August von Kotzebue? The Temptations of Virtue and the Political Theology of German Nationalism, 1789-1819, in : JMH 72 (2000) 890-943.
245 Ernst Frank, Friedrich Ludwig Jahn. Ein moderner Rebell, 1972.
246 Ernst Jung, Wartburgfest 1817. Aufbruch zur deutschen Einheit, Stuttgart 1991.
247 Heinrich Best/Wilhelm Weege, Biographisches Handbuch der Abgeordneten der Frankfurter Nationalversammlung 1848/49, Düsseldorf 1998.
248 Joachim Burkhard Richter, Hans Ferdinand Maßmann. Altdeutscher Patriotismus im 19. Jahrhundert, Berlin/New York 1992.
249 Oliver Ohmann, Turnvater Jahn und die Deutschen Sportfeste, Erfurt 2008.
250 Adolf Spieß, Die Lehre der Turnkunst, 4 Bde., Basel 1840-1846.
251 Johannes Niggeler, Turnschule für Knaben und Mädchen, 2 Bde., 1860-1861.
252 Hannes Neumann, Die deutsche Turnbewegung in der Revolution 1848/49 und in der amerikanischen Emigration, Schorndorf 1968.
253 Carl Schurz, Lebenserinnerungen. Vom deutschen Freiheitskämpfer zum amerikanischen Staatsmann. Mit einem Vorwort von Theodor Heuss, Zürich 1988.
254 Gertrud Pfister, The Role of German Turners in American Physical Education, in : International Journal of the History of Sport 26 (2009) 893-925.
255 Henry Metzner, History of the American Turners, Rochester/NY 1974.
256 Anne Bloomfield, Martina Bergman-Osterberg. Creating a Professional Role for Women in Physical Training, in : History of Education 34 (2005) 517-534.
257 Grant Jarvie, Highland Games. The Making of a Myth, Edinburgh 1991.
258 John Burnett/Grant Jarvie, Highland Games, in : ETBRS (2005) 148-151.
259 Correspondance inédit de Mabillon et de Montfaucon avec l'Italie, hg. von M. Valery, Bd. 3, Paris 1846, 213-214.
260 Richard Chandler, Travels in Greece, London 1776. – Reisen in Griechenland, Leipzig 1776.
261 Johann Joachim Winckelmann, Geschichte der Kunst des Alterthums, 1767.
262 Martin Gabriel, Philhellenismus, in : EDN 9, 1089-1092.

263 Ernst Curtius, Olympia, Berlin 1852.

264 Ders./Friedrich Adler, Ausgrabungen zu Olympia, 3 Bde., Berlin 1877-1878.

265 Gerald Redmond, Toward Modern Revival of the Olympic Games : The Various 'Pseudo-Olympics' of the 19th Century, in : Jeffrey O. Segrave/Donald Chu (Hg.), The Olympic Games in Transition, Champaign 1988, 71-88, S. 67.

266 Ake Svahn, Olympic Games in Sweden 1834, in : ICSPE Review 3 (1980) 35-36.

267 Ann Donaldson, The Scottish Highland Games in the United States, Gretna/LA 1986.

268 Kristine Toohey/Anthony James Veal, The Olympic Games. A social science perspective, Cambridge/Mass. 2007, 33-34.

269 Andreas von Dall'Armi, Das Pferderennen zur Vermählungsfeier Seiner Königlichen Hoheit des Kronprinzen von Baiern, München 1811.

270 Karl Lennartz, Kenntnisse und Vorstellungen von Olympia und den Olympischen Spielen in der Zeit von 393-1896, Schorndorf 1974, 66-69.

271 Gerda Möhler, Das Münchner Oktoberfest. Brauchformen des Volksfestes zwischen Aufklärung und Gegenwart, München 1980, 130-135.

272 Johann Heinrich Krause, Theagenes oder wissenschaftliche Darstellung der Gymnastik, Agonistik und Festspiele der Hellenen, Halle 1835. - Ders., Olympia oder Darstellung der großen Olym pischen Spiele und der damit verbundenen Festlichkeiten, Wien 1838. - Ders., Die Gymnastik und Agonistik der Hellenen aus den Schriften und Bildwerken des Altertums, Leipzig 1841.

273 Ernst Curtius, Olympia, Berlin 1852.

274 Jakob Philipp Fallmerayer, Olympia (1853), in : Ders., Gesammelte Werke, hg. von Georg Martin Thomas, Bd. 2, Leipzig 1861, 419-440, hier Zit. 419-420.

275 Die neuen Olympien in Griechenland, in : Deutsche Turn-Zeitung 4 (1859), Heft 5, 21-22.

276 Deutsche Turn-Zeitung 5 (1860) Heft 1, 8. - Ediert in : Karl Lennartz, Kenntnisse und Vorstellungen von Olympia, 194-195.

277 Sam Mullins, British Olympians. William Penny Brookes and the Wenlock Games, London 1986.

278 Ernst Georg Ravenstein, A Handbook of Gymnastics and Athletics, London 1867.

279 Kristine Toohey/Anthony James Veal, The Olympic Games, 32.

280 Pierre de Coubertin, Olympism. Selected Writings, Lausanne 2000, 281.

281 Sam Mullins, British Olympians, London 1986.

282 Maro Kardamitsi-Adami, Classical Revival : The Architecture of Ernst Ziller 1837-1923, Athen 2006.

283 J. P. Mahaffy, The Olympic Games at Athens in 1875, in : Macmillans's Magazine 32 (1876) 325-327.

284 David C. Young, A Brief History of the Olympic Games, London 2004.

285 Konstantinos Georgiadis, Die ideengeschichtliche Grundlage der Erneuerung der Olympischen Spiele im 19. Jahrhundert in Griechenland und ihre Umsetzung 1896 in Athen, Kassel 2000, 13-37.

제5장 : 우리 시대의 스포츠

1 Doping : Betrug im Sport. Schneller, höher, weiter - oft mit Hilfe verbotener Substanzen, in : Spiegel Online Wissenschaft, 1. Dezember 2011.

2 Henning Eichberg, Der Weg des Sports in die industrielle Zivilisation, Baden-Baden 1979.

3 Ders., Sport im 19. Jahrhundert - Genese einer industriellen Verhaltensform, in : Horst Überhorst (Hg.), Geschichte der Leibesübungen, Bd. 3/1, Wuppertal 1980, 350-412.

4 Christiane Eisenberg (Hg.), Fußball - Soccer - Calcio, München 1997.

5 Eric Dunning/Kenneth Sheard, Barbarians, Gentlemen and Players. A Sociological Study of the Development of Rugby Football, Oxford 1979.

6   Gerhard Schulze, Die Erlebnisgesellschaft. Kultursoziologie der Gegenwart, Frankfurt/ Main 1992, 22.

7   Allen Guttmann, Games and Empires. Modern Sports and Cultural Imperialism, New York 1996.

8   Héctor López Martínez, Plaza de Acho : Historia y Tradición, Lima 2005.

9   Roger Hutchinson, Empire Games : The British Invention of Twentieth-Century Sport, London 1996.

10   Tom Fort, The Grass is Greener : Our Love Affair with the Lawn, London 2000.

11   Franz Bosbach/John R. Davis (Hg.), Die Weltausstellung von 1851 und ihre Folgen, München 2002.

12   Richard Tames, Sporting London, London 2005, 122-124.

13   Archibald Maclaren, A Military System of Gymnastic Exercises for the Use of Instructors, London 1862.

14   Max Robertson, Wimbledon 1877-1977, London 1977.

15   Manuela Müller-Windisch, Aufgeschnürt und außer Atem, München 2000, 25.

16   Lily Cheetham, Skating, the Ladies' Chapter, in : D. Adams (Hg.), Skating, London 1890, 70-86.

17   Donald Walker, Exercises for Ladies, London 1837.

18   Bettie Rayner Parkes, Remarks on the Education of Girls, London 1854, 11, zit. nach : Manuela Müller-Windisch, Aufgeschnürt und außer Atem, 36.

19   Concordia Löfving, On Physical Education, and its Place in a Rational System of Education, London 1882.

20   Jennifer Hargreaves, Sporting Females, London 1997, 77.

21   www.tennisfame.com/hall-of-fame/mary-outerbridge.

22   Robert M. Quackenbush, Who's That Girl With the Gun? A Story of Annie Oakley, New York 1988.

23   History of Women in Sports Timeline : www.nothnet.org/stlawrenceaauw/timelne2.htm.

24   Violet Greville (Hg.), The Gentlewoman's Book of Sports, London 1893.

25   Manuela Müller-Windisch, Aufgeschnürt und außer Atem, 25-29.

26   Gertrud Pfister, Vom Turnrock zum Bodystocking. Zur Entwicklung der Frauenturn- und Sportbekleidung, in : Sportswear, Krefeld 1992, 45-55.

27   Jeffrey Pearson, Lottie Dod – Champion of Champions. Story of an Athlete, London 1988.

28   Marion Tinling, Lady Florence Dixie, 1855-1905, in : Dies., Women into the Unknown, Westport 1989, 105-111.

29   John J. MacAloon, This Great Symbol. Pierre de Coubertin and the Origins of the Modern Olympic Games, Chicago 1981.

30   Pierre de Coubertin, L'éducation en Angleterre, Paris 1888.

31   Michael L. Smith, Olympics in Athens 1896. The Invention of the Modern Olympic Games, London 2004.

32   March L. Krotee, Organisational Analysis of the IOC, in : OGT (1988) 113-148.

33   Richard D. Mandell, The First Modern Olympics, Berkeley 1976, 112.

34   www.olympiastatistik.de.

35   Karl Lennartz (Hg.), Die Olympischen Spiele 1896 in Athen, Kassel 1996.

36   Pascal Ory, Les Expositions universelles de Paris, Paris 1982.

37   Karl Lennartz/Walter Teutenberg, Olympische Spiele 1900 in Paris, Kassel 1995.

38   André Drevon, Paris 1900, in : EMOM (2004) 27-32.

39   www.olympiastatistik.de.

40   www.sports-reference.com/olympics/athletes.

41   Kristine Toohey/Anthony J. Veal, The Olympic Games. A Social Science Perspective, Cambridge/Mass. 2007, 27.

42 Kevin B. Wamsley/Kevin Young, Coubertin's Olympic Games, in : GO (2004) xiii–xxv.

43 John Horne/Wolfram Manzenreiter (Hg.), Sports Mega-Events. Social Scientific Analyses of a Global Phenomenon, Malden/Ma. 2006.

44 Pierre de Coubertin, Why I Revived the Olympic Games (1908), in : OGT (1988) 101–106, S. 104.

45 Benedict Anderson, Imagined Communities. Reflections on the Origin and Spread of Nationalism, London 1991.

46 Mark Dyreson, Making the American Team. Sport, Culture, and the Olympic Experience, Urbana 1998.

47 Arnd Krüger, The Nazi Olympics of 1936, in : GO (2005) 43–57.

48 Heinz Florian Oertel/Kristin Otto, Vancouver 2010. Unser Olympiabuch, Berlin 2010.

49 de.wikipedia.org/wiki/World_Games.

50 Christiane Eisenberg, "English Sports" und deutsche Bürger, Paderborn 1999, 152–214.

51 유대교를 믿는 독일인이었던 푹스는 1937년 이민을 갔다. 캐나다에서 그는 고드프레이 폭스로 개명했다. 제프 헤르베르거는 그를 "청년 시절의 프란츠 베켄바워"라고 불렀다. Harald Kaiser, Als Fuchs auf Torjagd ging : Zehn Treffer in einem Spiel, in : Der Kicker, 29. Juni 2009, 78–79.

52 Cesar R. Torres/Mark Dyreson, The Cold War Games, in : GO (2005) 59–82, S. 61.

53 Ross McKibbin, Classes and Cultures. England 1918–1951, Oxford 1998, 377–379.

54 Ebd., 345.

55 Ebd., 381.

56 Hart Cantelon, Amateurism, High-Performance Sport, and the Olympics, in : GO (2005) 83–102, S. 90.

57 Lord J. Killanin, My Olympic Years, London 1983, 61.

58 Cesar R. Torres/Mark Dyreson, The Cold War Games, 59–82.

59 Hart Cantelon, Amateurism, 83–101.

60 Richard Mandell, The First Modern Olympics, 135–141.

61 Hans W. Giessen/Heinz-Helmut Lüger, Ein Grenzgänger der ersten Stunde. Michel Bréal : Vom Marathon zum Pynx, in : Dokumente. Zeitschrift für den deutsch-franz. Dialog 4 (2008) 59–62.

62 Joschka Fischer, Mein langer Lauf zu mir selbst, Köln 1999.

63 Leslie Heywood, Third Wave Feminism, Global Economy, and Women's Surfing : Sport as Stealth Feminism in Girl's Surf Culture, in : Anita Harris (Hg.), Next Wave Cultures : Feminism, Subcultures, Activism, London 2008, 63–82.

64 Leslie Heywood/Shari L. Dworkin, Built to Win : The Female Athlete as Cultural Icon, Minneapolis 2003, xv.

65 Karen Karbo, The Ubergirl Cometh, in : The Outsider, Oktober 1995, 60–66.

66 David E. Martin/Roger W. H. Gynn, The Olympic Marathon. Running through the Ages, Illinois 2000, 22.

67 Kevin B. Wamsley/Gertrud Pfister, Olympic Men and Women, in : GO (2005) 103–125.

68 Charles Little, "What a freak-show they made!" Women's Rugby League in 1920s Sydney, in : Football Studies 4/2 (2001) 25–40 (online).

69 John Williams/Jackie Woodhouse, Can Play, Will Play? Women and Football in Britain, in : John Williams/Steven Wagg (Hg.), British Football and Social Change, Leicester 1991, 85–111.

70 다음의 신문 기사를 참조. Sport und Sonne 6 (1925), nach : Eduard Hoffmann/Jürgen Nendza, Verlacht, verboten und gefeiert. Zur Geschichte des Frauenfußballs in Deutschland, Weilerswist 2005.

71 Gertrude Pfister, "Must Women Play Football?" Women's Football in Germany, Past and Present, in : Football Studies 4/2 (2001) 41–57.

72 Eduard Hoffmann/Jürgen Nendza, Verlacht, verboten und gefeiert, Weilerswist 2005.

73   Hannelore Ratzeburg et al., Frauen Fußball Meisterschaften. 25 Jahre Frauenfußball, Kassel 1995.

74   Gail J. Newsham, In a League of their Own!, London 1997.

75   Gertrude Pfister, "Must Women Play Football?", 49-51.

76   de.wikipedia.org/wiki/Fußball_Weltmeisterschaft_der_Frauen_2007.

77   de.wikipedia.org/wiki/Fußball_Weltmeisterschaft_der_Frauen_2011.

78   Bild-Zeitung, 12. 2. 1979, S. 7 (abgebildet in : Klein/Pfister 1985).

79   Angela Gebhardt, Neuer Sport-BH, in : Bild-Zeitung, 29. 8. 1979, S. 7.

80   Marie-Luise Klein/Gertrud Pfister, Goldmädel, Rennmiezen und Turnküken. Die Frau in der Sportberichterstattung der BILD-Zeitung, Berlin 1985, 109.

81   Eva Herzog, "Frisch, frank, fröhlich, frau". Frauenturnen im Kanton Basel-Landschaft. Ein Beitrag zur Sozialgeschichte des Breitensports, Liestal 1995, 389-396.

82   Herbert Marxen, Der Sport veredelt die Frau : Weltmeisterinnen, Karikatur von 1931.

83   Alfred Richartz, Sexualität - Körper - Öffentlichkeit. Formen und Umformungen des Sexuellen im Sport, in : SZGS 3 (1990) 56-72, S. 69.

84   Frank Becker, Die Sportlerin als Vorbild der "neuen Frau". Versuche zur Umwertung der Geschlechterrollen in der Weimarer Republik, in : SZGS 3 (1994) 34-55.

85   Barbara Cox/Shona Thompson, Facing the Bogey : Women, Football and Sexuality, in : Football Studies 4/2 (2001) 7-24.

86   Eike Emrich et al., Zur Situation der Sportvereine im Deutschen Sportbund (1996) : www.dosb.de/fileadmi/fm-dsb/arbeitsfelder/wiss-ges/Dateien/FISAS-Kurzfassung.pdf.

87   Jeré Longman, The Girls of Summer. The U. S. women's soccer team and how it changed the world, New York 2000.

88   de.wikipedia.org/wiki/Liste_der_Mitglieder_des_Internationalen_Olympischen_Komitees.

89   Alle Auswertungen dieses Abschnitts nach den Daten auf den Websites von : de.wikipedia.org/wiki/Fußball-Weltmeisterschaft.

90   Bill Malon, The 1904 Olympic Games. Results for all Competitors in all Events, with Commentary, Jefferson 1999, 12.

91   William J. Baker, Traditional Sports : Africa, in : Encyclopedia of World Sport. From Ancient Times to the Present, 3 Bde., hg. von David Levinson et al., Santa Barbara/Ca. 1996, Bd. 3, 1062-1067.

92   Alan Trevithick, Traditional Sports : Asia, in : Encyclopedia of World Sport, Bd. 3, 1067-1070.

93   Christopher McDougall, Born to Run, New York 2009.

94   Kendall Blanchard, Traditional Sports : America, in : Encyclopedia of World Sport, Bd. 3, 1075-1083.

95   Marie Ellen Miller, The Ballgame, in : Record of the Art Museum/Princeton University 48 (1989) 22-31.

96   Amy Bushnell, "That Demonic Game". The Campaign to Stop Indian Pelota Playing in Spanish Florida, 1675-1684, in : The Americas 35 (1978) 1-19.

97   Thomas Vennum, American Indian Lacrosse : Little Brother of War, Washington D. C. 1994.

98   George Catlin, A Choktaw Ball Game, in : Margaret Mead/Nicolas Calas (Hg.), Primitive Heritage. An American Anthropology, New York 1953, 289-295.

99   Kendall Blanchard, Traditional Sports : America, in : Encyclopedia of World Sport, Bd. 3, 1075-1083.

100   Jeffrey Powers-Beck, The American Indian Integration of Baseball, 1897-1945, in : American Indian Quarterly 25 (2001) 508-538.

101   Reet Howell, Traditional Sports : Oceania, in : Encyclopedia of World Sport, Bd. 3, 1083-1091.

102   www.sports-reference.com/olympics/athletes/ew/ray-ewry-1.html.

103 Erhard Wunderlich (Hg.), Handball. Die Welt eines faszinierenden Sports, München 2006.
104 Bernd-Volker Brahms, Handbuch Badminton, Aachen 2009.
105 Jürgen Schmicker, Das große Buch vom Tischtennis, Schwalmtal 2000.
106 Eu-min Ko, Taekwondo, München 1980.
107 Emma Lile, Sack Racing, in : ETBRS (2005) 235.
108 www.sports-reference.com/olympics/athletes/he/ed-hennig-1html.
109 Ulrich Salchow, Das Kunstlaufen auf dem Eise, Leipzig 1925.
110 Theo Stemmler, Vom Jeu de Paume zum Tennis, Frankfurt/Main 1988.
111 Marcus Rosenstein, Das Ballsportlexikon, Berlin 1997, 52-58.
112 Keven McQueen, Cassius M. Clay. Freedom's Champion. The life-story of the famed Kentucky emancipationist, Paducah/Kentucky 2001.
113 Jan Philipp Reemtsma, Mehr als ein Champion. Über den Stil des Boxers Muhammad Ali, Reinbek ²2002.
114 Manning Marable, Malcolm X. A Life of Reinvention, New York 2011.
115 David Remnick, King of the World. Der Aufstieg des Cassius Clay, oder : Die Geburt des Muhammad Ali, Berlin 2010.
116 Mark Kram, Ghosts of Manila, New York 2001.
117 Peter Kemper, Muhammad Ali. Leben, Werk, Wirkung, Berlin 2010.
118 www.deaflympics.com/news/pressreleases.asp/ID=1542.
119 Susan Goodman, Spirit of Stoke Mandeville : The Story of Sir Ludwig Guttmann, London 1986.
120 Joan Scruton, Stoke Mandeville : Road to the Paralympics, Aylesbury 1998.
121 Arnold Schwarzenegger/Douglas Kent Hall, Arnold : The Education of a Bodybuilder, New York 1977. - Dies., Arnold's Bodyshaping for Women, New York 1979. - Arnold Schwarzenegger/Bill Dobbins, The New Encyclopedia of Modern Bodybuilding, New York ²1998. - Arnold Schwarzenegger, Bodybuilding für Männer : Das perfekte Programm für Körperund Muskeltraining, München 2004.
122 Michael Blitz/Louise Krasniewicz, Why Arnold Matters : The Rise of a Cultural Icon, New York 2004.
123 Christiane Eisenberg (Hg.), Fußball - Soccer - Calcio. Ein englischer Sport auf seinem Weg um die Welt, München 1997.
124 Konrad Koch, Fußball. Regeln des Fußball-Vereins der mittleren Klassen des Martino-Katherineums zu Braunschweig, Braunschweig 1875.
125 Kurt Hoffmeister, Der Wegbereiter des Fußballspiels in Deutschland : Prof. Dr. Konrad Koch (1846-1911). Eine Biografie, Braunschweig 2011.
126 Karl Planck, Fusslümmelei. Über Stauchballspiel und englische Krankheit, Stuttgart 1898. - Reprint Münster 2004.
127 Martin Furgler et al., Ein Jahrhundert FC St. Gallen 1879-1979.
128 Dietrich Schulze-Marmeling, Barça, oder die Kunst des schönen Spiels, Göttingen 2010, 26.
129 Christiane Eisenberg u. a., FIFA 1904-2004 : 100 Jahre Weltfußball, Göttingen 2004.
130 Franz Josef Brüggemeier, Zurück auf den Platz. Deutschland und die Fußball-Weltmeisterschaft 1954, München 2004.
131 Petar Radenkovic, Das Spielfeld ist mein Königreich, München 1966.
132 Sepp Maier, Wer mit dem Ball tanzt, Hamburg 2000.
133 Jürgen Busche, Der FC Bayern ist unbeliebt, in : Norbert Seitz (Hg.), Doppelpässe. Fußball & Politik, Frankfurt/Main 1997, 109-114.
134 빈에서 출생한 리하르트 콘은 세계적인 감독이 되었다. 그는 우루과이 팀, 헤르타 BSC 베를린을 이끌었으며, 1925년에는 디나모 자그레브 전신(준우승), 1926년에는 피르스트 비에나 FC(준우승), 1926-1927년에는 FC 바르셀로나, 1927-1928년에는 KS 바르샤비앙 카, 1928-1930년에는 TSV 1860 뮌헨, 1930-1931년에는 VfR 만하임, 1931-1933년에는

FC 바이에른 뮌헨, 1933년에는 그라스호퍼 취리히, 1934년에는 FC 바르셀로나, 1935년에는 FC 바젤, 이후 1935-1939, 1951-1952, 1955-1956년에는 페예노르트 로테르담을 진두지휘했다. 1936, 1938년에는 페예노르트 로테르담을 우승으로 이끌었다. 1997년 로테르담은 그의 이름을 따서 거리명(리하르트 돔비스트라트)을 지었다. Dietrich Schulze-Marmeling (Hg.), Strategen des Spiels – Die legendären Fußballtrainer, Göttingen 2005, 54-63.

135 Nils Havemann, Fußball unterm Hakenkreuz, Frankfurt/Main 2005, 216-218 und 277-278.
136 Ein Leben für den Fußball. Wer war Kurt Landauer?, in : www.hagalil.com/archiv/2009/07/ 21/landauer.
137 Sebastian Fischer, Ungeliebte Vereinsgeschichte : Bayern Münchens jüdischer Meistermacher, in : einestages. Zeitgeschichten auf Spiegel online.
138 David Schelp, Das Gebrüll der Löwen, in : Jüdische Allgemeine v. 26. 8. 2010, online in : www.juedische-allgemeine.de/article/view/id/8491.
139 Lutz Hachmeister, Schleyer. Eine deutsche Geschichte, München 2004.
140 Nils Havemann, Fußball unterm Hakenkreuz, 213-225.
141 Anton Löffelmeier, Die "Löwen" unterm Hakenkreuz. Der TSV 1860 München im Nationalsozialismus, Göttingen 2009.
142 Franz Beckenbauer, Ich. Wie es wirklich war, München 1992.
143 de.wikipedia.org/wiki/Gerd_Müller (24. Dez. 2011).
144 Paul Breitner, Ich will kein Vorbild sein, München 1980. – ²1981. – Paul Breitner, Kopf-Ball, Frankfurt/Main 1982. – ²1984.
145 Nick Golüke/Uli Köhler, Uli Hoeneß. Attacke mit Herz; TV-Dokumentation, 45 Minuten, BR, Erstausstrahlung 2. Januar 2010.
146 Sonja Brandmaier, Die Kommerzialisierung des Sports, Hamburg 1998. – Christoph Bausenwein, Das Prinzip Uli Hoeneß, Göttingen 2009. – Patrick Strasser, Hier ist Hoeneß, München 2010.
147 Ralf Grengel/Rafael Jockenhöfer, 100 Jahre FC Bayern München······und ein Paar Titel mehr, Berlin 2001.
148 Torsten Geiling/Niclas Müller, Das FC-Bayern-Hass-Buch, Frankfurt/Main 2002.
149 Nils Havemann, Fußball unterm Hakenkreuz, 222-224.
150 de.wikipedia.org/wiki/Fritz_Szepan.
151 이적료는 다음을 참조. www.transfermarkt.de/de/statistiken.
152 Richard Mandell, The First Modern Olympics, Berkeley 1976, 134.
153 Jesse Owens/Paul G. Neimark, The Jesse Owens Story, New York 1970.
154 Armin Hary, 10,0, München 1960.
155 Kinofilm Klitschko von Sebastian Dehnhardt, deutsches Debüt Juni 2011. Vgl. ferner die arte-Reihe Lebt wohl, Genossen! sowie György Dalos' gleichnamiges Buch, München 2011.
156 Florian Schafroth, Die Sportmetaphorik in der politischen Kommunikation (Zusammen-fassung) : www.imb-uni-augsburg.de/files/zusammenfassung_schafroth.pdf.
157 Kay D. Woelfel, Sports Metaphors as a Motivational Leadership Strategy, in : Academic Leadership. The Online Journal : www.academicleadership.org/article/sports-metaphors-as-amotivational-leadership-strategy.
158 Stephan R. Walk, The Footrace Metaphor in American Presidential Race, in : Sociology of Sport Journal 1 (1995) 36-55.
159 Robert A. Palmatier/Harold L. Ray, Sports Talk. A Dictionary of Sports Metaphors, Santa Barbara/Ca. 1989.
160 Torsten Heidemann, Ein doppelter Blick : Metaphern in der deutschen und französischen Fußballberichterstattung, in : Wolfgang Settekorn (Hg.), Fußball – Medien. Medien – Fußball. Zur Medienkultur eines weltweit populären Sports, Hamburg ²2007, 70-84.
161 Sportmetaphern oder warum Teenager Baseball verstehen sollten, in : USA Erklärt (8. Juli

2009), in : usaerklaert.wordpress.com/2009/07/08/sportmetaphern. - Alvin L. Hall/Thomas
L. Altherr, Eros at the Bat : American Baseball and Sexuality in Historical Context, in :
The Cooperstown Symposium on Baseball and American Culture 1998, s. l. 2000, 157-
182.

162 De la Hoya vs. Mayweather, Der teuerste Kampf der Geschichte, in : Spiegel online, 10.
5. 2007.

163 Markus Alexander, Cristiano Ronaldo - Der neue Fußballgott, Rostock 2009.

164 Zinédine Zidane/Dan Franck, Der mit dem Ball tanzt, München 2005.

165 sportbild.de/SPORT/fussball/2010/03/17/geld-rangliste-top-20-gehaelter/das-verdienen-
diemega-stars.html.

166 www.spiegel.de/sport/fussball/0,1518,616591,00.html.

167 이 광고는 youtube.com에서 볼 수 있다.

168 www.gutefrage.net/frage/wie-viel-verdient-man-so-als-profi-tennisspieler.

169 www.lohnspiegel.org/osterreich/home/vip-gehalt/gehalt-tennisspieler.

170 www.forbes.com/profile/rafael-nadal.

171 www.forbes.com/wealth/celebrities/list?ascend=true&sort=moneyRank.

172 www.lohnspiegel.org/osterreich/home/vip-gehalt/gehalt-sportler.

173 www.forbes.com/wealth/billionaires.

174 John Horne/Wolfram Manzenreiter (Hg.), Sports Mega-Events. Social Scientific Analyses
of a Global Phenomenon, Malden/Ma. 2006.

175 John Horne/Wolfram Manzenreiter, An introduction to the sociology of sports megaevents,
in : ebd., 1-24.

176 Kimberley S. Schimmel, Deep Play : Sports Mega-Events and Urban Social Conditions in
the USA, in : ebd., 160-174.

177 Xin Xu, Modernizing China in the Olympic Spotlight : China's National identity and the
2008 Beijing Olympiad, in : ebd., 90-107.

178 Andrew Morris, "To Make the Four Hundred Million Move" : The Late Qing Dynasty.
Origins of Modern Chinese Sport and Physical Culture, in : CSSH 42 (2000) 876-906, S.
876.

179 그린란드(5) 포함.

180 페르시아와 아라비아 반도 포함.

181 러시아(167), 우크라이나(106), 터키(181), 아르메니아(10), 그루지아(17) 포함.

182 출처 : www.worldstadiums.com.

183 출처 : www.worldstadiums.com, 수정 : de.wikipedia.org/Liste_der-größten_Stadien_der_Welt.

184 펜실베이니아 주립 대학교.

185 출처 : www.worldstadiums.com, 수정 : de.wikipedia.org/Liste_der-größten_Stadien_der_Welt.

186 Angelo Spampinato, Stadi del mondo, 2004.

187 de.wikipedia.org/wiki/Deutscher_Fußball-Bund.

188 en.wikipedia.org/wiki/The_New_York_Athletic_Club.

189 Wolfgang Kaschuba, Sportivität : Die Karriere eines neuen Leitwertes. Anmerkungen zur
"Versportlichung" unserer Alltagskultur, in : Sportwissenschaft 19 (1989) 164-171.

190 Ernst van Aaken, Dauerbewegung als Voraussetzung der Gesundheit, Düsseldorf 1974.

191 Kenneth H. Cooper, Bewegungstraining, Frankfurt/Main 1970.

192 Jane Fondas Fitness-Buch, Stuttgart 1983.

193 Detlef Lienau/Arnulf von Scheliha, Fitnessstudio/Gesundheit, in : Dietrich Korsch/Lars
Charbonnier (Hg.), Der verborgene Sinn. Religiöse Dimensionen des Alltags, Göttingen
2008, 118-128.

194 de.wikipedia.org/wiki/Ewiger_Medaillenspiegel_der_Olympischen_Sommerspiele.

195 Thomas Hahn, Eine böse Laune. Zum Tode von Sarah Burke, der Pionierin,
Wegbereiterin und Akkord-Gewinnerin des Freeskifahrens, in : Süddeutsche Zeitung,
21./22. Jan. 2012, 37.

196 Joachim Bumke, Höfische Kultur, München 2005, 344.
197 Karl Lennartz, Olympische Spiele 1908 in London, Kassel 1998.
198 Barbara Cox/Shona Thompson, Facing the Bogey : Women, Football and Sexuality, in : Football Studies 4/2 (2001) 7-24, S. 7-8 (online).
199 Ebd., S. 13.
200 Kathrin Zehnder, Zwitter beim Namen nennen. Intersexualität zwischen Pathologie, Selbstbestimmung und leiblicher Erfahrung, Bielefeld 2010.
201 de.wikipedia.org/wiki/caster_semenya.
202 Stephan Bernhard Marti, Androgynität, in : EDN 1 (2005) 377-382.
203 Lorraine Daston, The Nature of Nature in Early Modern Europe, in : Configurations 6 (1998) 149-172.
204 Makeover for Southafrican Gender-Row Runner, in : BBC News, 8. September 2009.
205 Alexander Huber/Thomas Huber/Reinhold Messner, The Wall. Die neue Dimension des Kletterns, München 2000.
206 Andreas Gottlieb Hempel, Die Messner Mountain Museen. Architektur und Berge, München 2011.
207 Reinhold Messner, Berge versetzen. Das Credo eines Grenzgängers, München 2010.
208 Stefano Ardito, Mont Blanc. Die Eroberung eines Bergmassivs, Erlangen 1996.
209 Conrad Gesner, Über die Bewunderung der Gebirgswelt (1541), hg. von Traugott Schiess, St. Moritz 1901.
210 Karlheinz Stierle, Francesco Petrarca. Ein Intellektueller im Europa des 14. Jahrhunderts, München 2005.
211 Arno Borst, Alpine Mentalität und europäischer Horizont im Mittelalter, in : Ders., Barbaren, Ketzer und Artisten. Welten des Mittelalters, München 1988, 471-527.
212 Tenzing Norgay, Der Tiger vom Everest. Die Autobiographie Sherpa Tenzings, niedergeschrieben von J. R. Ullman, Wiesbaden 1955.
213 Reinhold Messner, Mein Weg, München 2006.
214 Joe Tomlinson, Extreme Sports, Augsburg 1997.

에필로그 : 스포츠란 무엇인가?

1 Aurelius Augustinus, Confessiones/Bekenntnisse, lat./dt., Hamburg 2000, 25 (Buch 11, 14).
2 de.wikipedia.org/wiki/Liste_der_vom_IOC_anerkannten_Sportarten.
3 Jürgen Schwier, "Do the right things" - Trends im Feld des Sports, in : dvs-information 13,2 (1998) 7-13.
4 David Le Breton, Lust am Risiko. Von Bungee-Jumping, U-Bahn-Surfen und anderen Arten, das Schicksal herauszufordern, Frankfurt/Main 1995.
5 Iain Borden, Skateboarding, Space and the City : Architecture and the Body, Oxford 2001.
6 Heiner Gillmeister, Fifteen Love. The Origin of Scoring by Fifteens in Tennis, in : L. S. Butler/P. J. Wordie (Hg.), The Royal Game, Stirling 1989, 88-99.
7 Jacob Burckhardt, Griechische Kulturgeschichte, Frankfurt/Main 2007, 744.
8 Khushwant Singh, Turbaned Tornadoe. The Oldest Marathon Runner Fauja Singh, Kalkutta 2011.
9 Eric J. Hobsbawm, Inventing Traditions, in : Eric J. Hobsbawm/Terence Ranger (Hg.), The Invention of Tradition, Cambridge 1983, 1-14, S. 1.
10 Bob Pegg, Rites and Riots. Folk Customs of Britain and Europe, Blandford 1981.
11 Stephen Vlastos (Hg.), Mirror of Modernity : Invented Traditions of Modern Japan, Berkeley 1998.
12 Tony Collins, Invented Traditions, in : ETBRS (2005) 171-173.
13 Omar Gisler, Fußballderbys - Die 75 fußballverrücktesten Städte der Welt, München 2007.

14 Marco Sievers, The Highland Myth as an Invented Tradition of the 18th and 19th Century and its Significance for the Image of Scotland, Norderstedt 2005.

15 James I., The King's Majesty's Declaration to his Subjects Concerning Lawful Sports to be Used (1618), London 1633. - L. A. Govett, The King's Book of Sports. A History of the Declarations of King James I and King Charles I as to the Use of Lawful Sports on Sundays, London 1890.

16 Michael Hörrmann, Ringrennen am Stuttgarter Hof. Die Entwicklung des Ritterspiels im 16. und 17. Jahrhundert, in : Sozial- und Zeitgeschichte des Sports 3 (1989) 50-69.

17 Stephan Oettermann, Läufer und Vorläufer, Frankfurt/Main 1984.

18 Henning Petershagen, Zünftige Lustbarkeiten. Das Ulmer Fischerstechen. Der Bindertanz, Ulm 1994.

19 Thomas S. Henricks, The Democratization of Sport in Eighteenth Century England, in : Journal of Popular Culture 18 (1984) 3-20.

20 Arnd Krüger/John McClelland, Ausgewählte Bibliographie zu Sport und Leibesübungen in der Renaissance, in : Dies. (Hg.), Der Anfang des modernen Sports in der Renaissance, London 1984, 132-180.

21 Christine Gerber, Paulus und seine Kinder, Berlin 2005, 192-197.

22 Eduard Jacobs, Die Schützenkleinodien und das Papageienschießen, Wernigerode 1887.

23 François Rabelais, Gargantua und Pantagruel [1534], Frankfurt/Main 1974, 91-95 und 95-104.

24 Johann Fischart, Affentheurlich Naupengeheurliche Geschichtklitterung (Gargantua). Text der Ausgabe letzter Hand von 1590, hg. von Ute Nyssen, Darmstadt 1977, 238-251 und 251-270.

25 Paul G. Brewster, Games and Sports in Shakespeare, in : FFC 72 (1959) 3-26.

26 Thomas Coryate, Die Venedig- und Rheinfahrt 1608, Stuttgart 1970, 227.

27 Ebd., 67.

28 Christoph Daigl, "All the World is but a Bear-Baiting". Das englische Hetztheater im 16. und 17. Jahrhundert, Berlin 1997.

29 Giovanni Andrea dell'Anguillara, De le Metamorfosi d'Ovidio libri III, Venedig 1561.

30 Rose-Marie Hagen/Rainer Hagen, Giovanni-Battista Tiepolo : Der Tod des Hyacinth. Tennis-Match mit Gott Apoll, in : art. Das Kunstmagazin 7 (1985) 66-71.

31 Cees de Bondt, Tiepolo's "The Death of Hyacinth" and the Image of the Game of Tennis in Art (1500-1800), in : Studi Veneziani 47 (2004) 381-403.

32 David Inglis, Theodor Adorno on Sport. The Jeu d'Esprit of Despair, in : Richard Giulianotti (Hg.), Sport and Modern Social Theorists, New York 2004, 81-96.

33 Cheryl L. Cole/Michael D. Giardina/David L. Andrews, Michel Foucault. Studies of Power and Sport, in : ebd., 207-224.

34 David Rowe, Antonio Gramsci : Sport, Hegemony and the National-Popular, in : ebd., 97-110.

35 Pierre Bourdieu, Sport and Social Class, in : Social Science Information 17 (1978) 819-840.

36 Ders., Die feinen Unterschiede, Frankfurt/Main 1982, 332-354.

37 www.forbes.com/wealth/celebrities/list?ascend=true&sort=moneyRank.

38 Leslie Heywood, Third Wave Feminism, Global Economy, and Women's Surfing : Sport as Stealth Feminism in Girl's Surf Culture, in : Anita Harris (Hg.), Next Wave Cultures, London 2008, 63-82, S. 81-82.

39 Gerhard Schulze, Die Erlebnisgesellschaft. Kultursoziologie der Gegenwart, Frankfurt/Main 1992 (^{2}2005).

40 Thorstein Veblen, The Theory of the Leisure Class, New York 1899.

41 Jürgen Schwier, "Do the right things" - Trends im Feld des Sports, in : dvs-information 13,2 (1998) 12.

42 www.indianapolissuperbowl.com.
43 Ist Schach Sport?, in : Berliner Zeitung, 28. Jan. 2002, S. 26 (online).
44 Jürgen Schwier, Jugend – Kultur – Sport, Hamburg 1998, 9-29.
45 Eike Emrich et al., Zur Situation der Sportvereine im Deutschen Sportbund (1996) : www.dosb.de/fileadmi/fm-dsb/arbeitsfelder/wiss-ges/Dateien/FISAS-Kurzfassung.pdf.
46 Gerhard Schulze, Die Erlebnisgesellschaft, Frankfurt/Main 1992, 54.
47 Wolfgang Behringer, Vergnügung, in : EDN 14 (2011) 106-108.
48 Sack Racing, in : ETBRS (2005) 235.
49 There's nobody like him······except you, me, everyone, in : Sunday Times, 20. 7. 2007.

참고 문헌

Alessandro Arcangeli, Recreation in the Renaissance. Attitudes Towards Leisure und Pastimes in European Culture, c. 1425-1675, New York 2003.

Carlo Bascetta (Hg.), Sport e giuochi. Trattati e scritti dal XV al XVIII secolo, 2 Bde., Mailand 1978.

Johann Bernhard Basedow, Das Elementarwerk, Leipzig 21785.

Wolfgang Behringer, Arena and Pall Mall. Sport in the Early Modern Period, in : German History 27 (2009) 331-357.

Kendall Blanchard, The Anthropology of Sport, Westport 2005.

Gustav Adolf Erich Bogeng (Hg.), Geschichte des Sports aller Völker und Zeiten, 2 Bde., Leipzig 1926.

Cees De Bondt, Royal Tennis in Renaissance Italy, Turnhout/Belgien 2006.

Pierre Bourdieu, Die feinen Unterschiede. Kritik der gesellschaftlichen Urteilskraft, Frankfurt/ Main 1982.

Ders., Sozialer Sinn, Frankfurt/Main 1987.

Dennis Brailsford, British Sport. A Social History, Cambridge 1992.

Horst Bredekamp, Florentiner Fußball. Die Renaissance der Spiele, Frankfurt/Main 1993.

Franz Josef Brüggemeier, Zurück auf den Platz. Deutschland und die FußballWeltmeisterschaft 1954, München 2004.

Joachim Bumke, Höfische Kultur. Literatur und Gesellschaft im hohen Mittelalter, 2 Bde., München 1986; 11. Auflage 2005.

Alan Cameron, Circus Factions. Blues and Greens at Rome and Byzantium, Oxford 1976.

Baldassare Castiglione, Das Buch vom Hofmann [Il Cortegiano, 1528]. Übersetzt und erläutert von Fritz Baumgart, München 1986.

Norbert Conrads, Ritterakademien in der Frühen Neuzeit. Bildung als Standesprivileg im 16. und 17. Jahrhundert, Göttingen 1982.

Pierre de Coubertin, Olympische Erinnerungen [1931], Frankfurt/Berlin 1996.

Wolfgang Decker, Sport und Spiel im Alten Ägypten, München 1987.

Ders., Sport in der griechischen Antike. Vom minoischen Wettkampf bis zu den Olympischen Spielen, München 1995.

Der Neue Pauly. Enzyklopädie der Antike, (Hg.) Hubert Cancik/Helmuth Schneider, 16 Bde., Stuttgart 1996-2003 (= Der Neue Pauly).

Eric Dunning (Hg.), Sport and Society. A Selection of Readings, London 1971.

Henning Eichberg, Geometrie als barocke Verhaltensnorm. Fortifikation und Exerzitien, in : Zeitschrift für Historische Forschung 4 (1977) 17-50.

Christiane Eisenberg, "English Sports" und deutsche Bürger. Eine Gesellschaftsgeschichte 1800-

1939, Paderborn 1999.

Norbert Elias/Eric Dunning, Sport im Zivilisationsprozess, Münster 1981.

Encyclopedia of Traditional British Rural Sports, (Hg.) Tony Collins/John Martin/Wray Vamplew, London 2005 (= ETBRS).

Encyclopedia of World Sport. From Ancient Times to the Present, 3 Bde. (Hg.) David Levinson/Karen Kristensen, Santa Barbara/Ca. 1996 (= EWS).

Encyclopedia of the Modern Olympic Mouvement, (Hg.) John E. Findling/Kimberley D. Pelle, Westport 2004 (= EMOM).

Enzyklopädie der Neuzeit, (Hg.) Friedrich Jäger, 16 Bde., Stuttgart 2005–2012 (= EDN).

Ernst Freys (Hg.), Gedruckte Schützenbriefe des 15. Jahrhunderts, 2 Bde., München 1912.

Alison Futrell, Blood in the Arena. The Spectacle of Roman Power, Austin 1997.

Clifford Geertz, The Interpretation of Cultures. Selected Essays, New York 1973.

Heiner Gillmeister, Kulturgeschichte des Tennis, München 1990.

Richard Giulianotti (Hg.), Sport and Modern Social Theorists, New York 2004.

Hippolytus Guarinonius, Die Grewel der Verwüstung Menschlichen Geschlechtes, Ingolstadt 1610 (leider noch nicht online).

Georg Gumpelzhaimer, Gymnasma de exercitiis academicorum. In quo per discursum disseritur de eorum necessitate, modo, tempore, personis, utilitate, Straßburg 1621.

Johann Christoph Friedrich Gutsmuths, Gymnastik für die Jugend, Schnepfenthal 1793.

Allen Guttmann, Vom Ritual zum Rekord. Das Wesen des modernen Sports, Schorndorf 1979.

Ders., A Whole New Ballgame. An Interpretation of American Sports, 1988.

Ders., Sports. The first Five Millennia, Amherst/Mass. 2004.

Albert Hauser, Was für ein Leben. Schweizer Alltag vom 15. bis 18. Jahrhundert, Zürich ³1990.

Nils Havemann, Fußball unterm Hakenkreuz : Der DFB zwischen Sport, Politik und Kommerz, Frankfurt/Main 2005.

Leslie Heywood/Shari L. Dworkin, Built to Win. The Female Athlete as Cultural Icon, Minneapolis 2003.

Johan Huizinga, Homo Ludens. Versuch einer Bestimmung des Spielelements in der Kultur, Basel 1944.

Charles Hulpeau (Hg.), Le Ieu Royal de la Paulme, Paris 1632.

Friedrich Ludwig Jahn, Die deutsche Turnkunst zur Einrichtung der Turnplätze, Berlin 1816.

James I., The King's Majesty's Declaration to his Subjects Concerning Lawful Sports to be Used (1618), London 1633.

Jean-Jules Jusserand, Les sports et jeux d'exercise dans l'ancienne France, Paris 1901.

Arnd Krüger/John McClelland (Hg.), Die Anfänge des modernen Sports in der Renaissance, London 1984.

Karl Lennartz, Kenntnisse und Vorstellungen von Olympia und den Olympischen Spielen in der Zeit von 393–1896, Schorndorf 1974.

Lexikon des Mittelalters, 9 Bde. und ein Registerband, München 1980–1999 (=LMA).

Rebekka von Mallinckrodt (Hg.), Bewegtes Leben. Körpertechniken in der Frühen Neuzeit, Katalog Wolfenbüttel 2008.

Michael Mandelbaum, The Meaning of Sports. Why Americans Watch Baseball, Football, and Basketball and What They See When They Do, New York 2004.

G[ervase] M[arkham], The Young Sportsman's Instructor, in Angling, Fowling, Hawking, Hunting [……], London s. a. [ca. 1615].

Friedrich Karl Mathys, Spiel und Sport im alten Basel, Basel 1954.

John McClelland/Brian Merrilees (Hg.), Sport and Culture in Early Modern Europe. Le sport dans la civilisation de l'Europe pré-moderne, Toronto 2009.

Peter C. McIntosh (Hg.), Sport and Society, London 1963.

Ross McKibbin, Classes and Cultures. England 1918-1951, Oxford 1998.

Robert A. Mechikoff, A History and Philosophy of Sport and Physical Education. From Ancient Civilizations to the Modern World, New York ⁵2010.

Jean-Michel Mehl, Les jeux au royaume de France du XIIIᵉ au début du XVIᵉ siecle, Paris 1990.

Hieronymus Mercurialis, Artis Gymnasticae apud antiques celeberrimae, nostris temporis ignoratae, libri sex, Venedig 1569 (leider noch nicht online).

Richard Mulcaster, Positions, Wherein those Primitive Circumstances can be Examined, which are Necessarie for the Training up of Children, London 1581 (online).

Manuela Müller-Windisch, Aufgeschnürt und außer Atem. Die Geschichte des Frauensports, München 2000.

Stephan Oettermann, Läufer und Vorläufer. Zu einer Kulturgeschichte des Laufsports, Frankfurt/ Main 1984.

Gherardo Ortalli, Dal medioevo all'eta umanistica : quando il gioco diventa serio, in : Carlo Petrini/Ugo Volli (Hg.), Cibo, festa, moda [= Luigi Luca Cavalli Sforza (Hg.), La cultura italiana, 10 Bde., Bd. 6], Turin 2009, 238-283.

Thomas Platter der Jüngere, Beschreibung der Reisen durch Frankreich, Spanien, England und die Niederlande 1595-1600, (Hg.) Rut Keiser, Basel 1968.

Antoine de Pluvinel, Le Maneige Royal, Paris 1623 (online).

Steven W. Pope/John R. Nauright (Hg.), Routledge Companion to Sports History, London 2010.

James Riordan, Sport and Physical Education in China, London 1999.

Ders./Arnd Krüger (Hg.), The International Politics of Sport in the 20th Century, London 1999.

Luigi Roffare, La Repubblica di Venezia e lo sport, Venedig 1931.

Marcus Rosenstein, Das Ballsport-Lexikon. Die Ball- und Kugelspiele der Welt, Berlin 1997.

Antonio Scaino, Trattato del giuoco della palla, Venedig 1555, (Hg.) Giorgio Nonni, Urbino 2000.

Walter Schaufelberger, Der Wettkampf in der alten Eidgenossenschaft. Zur Kulturgeschichte des Sports vom 13. bis ins 18. Jahrhundert, 2 Bde., Bern 1972.

Sandra Schmidt, Kopfübern und Luftspringen. Bewegung als Wissenschaft und Kunst in der Frühen Neuzeit, München 2008.

Gerhard Schulze, Die Erlebnisgesellschaft. Kultursoziologie der Gegenwart, Frankfurt/Main 1992 (²2005).

Dirk Schümer, Gott ist rund. Die Kultur des Fußballs, Frankfurt/Main 1998.

Jeffrey O. Segrave/Donald Chu (Hg.), The Olympic Games in Transition, Champaigne/Illinois 1988 (= OGT).

Ulrich Sinn, Olympia. Kult, Sport und Fest in der Antike, München 1996.

Joseph Strutt, The Sports and Pastimes of the People of England [······] From the Earliest Period to the Present Times, London 1801.

Richard Tames, Sporting London. A Race through the Times, London 2005.

Georg Tanzer, Spectacle müssen sein. Die Freizeit der Wiener im 18. Jahrhundert, Wien 1992.

Tertullian, De spectaculis/Über die Spiele, (Hg. und übers.) Karl-Wilhelm Weeber, Stuttgart 1988.

Norah M. Titley, Sports and Pastimes. Scenes from Turkish, Persian and Mughal Paintings, London 1979.

Valentin Trichter, Curiöses Reit-, Jagd-, Fecht-, Tanz- oder Ritter-Exercitien-Lexicon, Leipzig 1742.

Arcangelo Tuccaro, Trois dialogues de l'exercise de sauter et voltiger en l'air, Paris 1599.

Horst Ueberhorst (Hg.), Geschichte der Leibesübungen, 6 Bde., Berlin 1971-1989.

Jenny Uglow, A Gambling Man. Charles II and the Restoration, London 2009.

Jacques Ulmann, De la gymnastique aux sports moderne : Histoire des doctrines de l'éducation physique, Paris 1982.

Thomas Vennum, American Indian Lacrosse : Little Brother of War, Washington D.C. 1994.

Paul Veyne, Brot und Spiele. Gesellschaftliche Macht und politische Herrschaft in der Antike, Frankfurt/Main u. a. 1988.

Gerhard Ulrich Anton Vieth, Versuch einer Encyklopädie der Leibesübungen, Theil 1 : Beiträge zu einer Geschichte der Leibesübungen, Halle 1793.

Vitruv, De architectura libri decem. Zehn Bücher über Architektur, übers. und mit Anmerkungen versehen von Dr. Curt Fensterbusch, Darmstadt ^{5}1996.

Alison Weir, Henry VIII. The King and his Court, New York 2001.

Michael Whittington (Hg.), The Sport of Life and Death. The Mesoamerican Ballgame, New York 2001.

Sally Wilkins, Sports and Games of Medieval Cultures, London 2002.

Francis Willughby, Book of Games [ca. 1665]. A Seventeenth Century Treatise on Sports, Games and Pastimes, (Hg.) David Cram/Jeffrey L. Forgeng/Dorothy Johnston, Aldershot 2003.

Kevin Young/Kevin B. Wamsley (Hg.), Global Olympics. Historical and Sociological Studies of the Modern Games, Amsterdam/Oxford 2005 (= GO).

Johann Heinrich Zedler (Hg.), Großes vollständiges Universal-Lexicon aller Wissenschaften und Künste, 64 Bde. und 4 Ergänzungsbde., Halle/Leipzig 1732‒1754. ‒ Reprint Graz 1961. ‒ online : http://mdz.bib-bvb.de/digibib/lexika/zedler/ (= Zedler).

Amy Zoll, Gladiatrix. The True Story of History's Unknown Woman Warrior, New York 2002.

그림 출처

—WikiCommons - *"public domain"*

역자 후기

자연에서 생물들이 살아가는 모습을 보면 감탄이 절로 난다. 우리 눈에 보이지 않는 미생물조차 누가 가르쳐주지 않아도 본능적으로 생존법을 알고 있다. 그러나 단지 생존하기 위해서가 아니라, 자신에게 주어진 삶을 즐기며 개척해나가는 동물은 인간밖에 없다. 그래서 인간이 만물의 영장이라고 불리는 듯하다. 인간은 생존을 위한 활동을 하고도 남아도는 시간을 보내기 위해서 다양한 취미를 개발해왔는데, 그중 하나가 스포츠이다.

스포츠는 단지 움직이고자 하는 인간의 욕구를 표출하는 활동이 아니다. 스포츠에는 인간의 문화와 역사가 녹아 있다. 이 책은 고대 그리스의 올림픽에서 시작하여 근대 올림픽, 현대의 익스트림 스포츠까지 두루 다룬다. 고대 그리스의 올림픽, 고대 로마의 스포츠 제전, 중세의 마상 시합, 다양한 스포츠의 유래, 시대에 따른 스포츠에 대한 관점의 변화, 스포츠에 열광했던 역사 속 인물들, 각 민족의 전통 스포츠, 정치와 스포츠의 관계, 스포츠의 전문화, 스포츠 클럽, 스포츠의 상업화와 기록 스포츠, 현대의 대중 스포츠 등 스포츠에 관한 거의 모든 내용이 담겨 있다.

500쪽에 달하는 분량에 부담이 느껴진다면 몇 페이지만 넘겨보기를 바란다. 읽다 보면 어느새 책 속에 푹 빠져 있을 것이다. 이 책은 정말 넓은 범위에서 다양한 정보를 제공한다. 그럼에도 지치지 않고 완독할 수 있는 이유는 책의 구성에 있다. 이 책은 연대기순으로 정보를 나열하기보다는 주제의 흐름을 따라서 자연스럽게 전개한다. 예를 들어 테니스의 경우, 테니스라는 단어의 유래와 함께 유사한 형태의 나라별 스포츠를 소개하고, 테니스를 즐기게 된 배경, 테니스와 관련된 역사적인 사건(테니스 코트의 서약) 등을 이야기하듯이 편안하게 풀어간다. 덕분에 지루함에 빠지지 않고 다음 쪽으로 넘어갈 수 있다.

이 책을 번역하기 위해서 참고 서적을 찾다가 놀라운 사실을 알게 되었다. 스포츠에 관한 관심이 그 어느 때보다도 높고 나름 스포츠 강국이라고 하는 우리나라에 스포츠의 역사를 다룬 책이 거의 없었다. 임용 고시 준비생들을 위한, 체육사를 다룬 책 정도만 있었다. 특정 종목을 다룬 책은 있지만 대부분 경기 방식이나 규칙에 대한 내용이고, 이 책처럼 정치, 경제, 문화, 철학, 역사적 측면과 다양한 관점에서 쓰인 책은 없었다. 대부분의 사람들은 경기 결과와 스타 선수들에게만 관심을 두기 때문이리라.

물론 한 권의 책에 스포츠의 역사에 관한 모든 것을 담을 수는 없으므로 생략된 주제들도 있다. 유럽의 스포츠 위주이고 아시아의 스포츠는 많이 다루지 않은 것은 아쉽다. 그러나 유럽인도 아닌 우리가 『로마인 이야기』를 읽으며 열광하는 이유는 인간의 역사가 담겨 있어서 그 속에서 인간의 본능을 읽을 수 있기 때문일 것이다. 이러한 측면에서 『스포츠의 탄생』은 스포츠에 관심이 있는 독자는 물론, 그동안 스포츠를 멀리했던 독자들까지 모두에게 유익한 책이 될 것이다.

2021년 여름

역자 강영옥

인명 색인